Нил Доналд
Уолш

The Complete Conversations with God

· an uncommon dialogue ·

contains the entire text of
book 1, book 2, & book 3

Neale Donald Walsch

Нил Доналд **Уолш**

Беседы с Богом

Необычный диалог

Книги 1–3

«СОФИЯ» 2 0 0 9

УДК 291.64
ББК 86.391
У63

Уолш Нил Доналд
У63 Беседы с Богом: Необычный диалог. Книги 1–3. / Перев. с англ. —
М.: ООО Издательство «София», 2009. — 688 с.

ISBN 978-5-91250-488-4

Это невероятное общение началось в 1992 году.

Автор в отчаянии написал письмо Богу.

И БОГ ОТВЕТИЛ!

«Беседы с Богом» — одна из самых сенсационных книг нашего времени. Трудно придумать какой-то важный вопрос, на который здесь не было бы получено ответа. В том числе и на наши с вами вопросы.

В первой книге «Бесед» речь идет в основном о личных проблемах каждого человека. Мы узнаем ответы на такие вечные вопросы, как «Зачем я здесь?», «Почему мир именно таков и могу ли я его изменить?», «Кто есть Бог?» и т. д.

Во второй книге диалог переключается на глобальные проблемы, а третья знакомит нас уже с вопросами вселенского масштаба. Бог отвечает на вопросы о природе души, смерти и реинкарнации, о других цивилизациях и возможном будущем Земли.

«Беседы с Богом» шаг за шагом покоряют мир, все более воспринимаясь как Библия третьего тысячелетия. Причем перед нами не очередные Заповеди Господа своему рабу, но беседа любящего старшего брата с младшим.

УДК 291.64
ББК 86.391

ISBN 978-5-91250-488-4

Содержание

Предисловие

Миновало уже десять лет с тех пор, как книга «Беседы с Богом» появилась, первопроходцем, на полках книжных магазинов. За считанные дни были проданы тысячи экземпляров, и вскоре она стала настоящим феноменом издательского дела, оставаясь в списке бестселлеров от *New York Times* целых 137 недель (а это больше двух с половиной лет!). Вторая и третья книги «Бесед» тоже сразу после выхода попали в этот список.

С тех пор они переведены на 34 языка, их найдешь и в магазинах мегаполисов, и в провинциальной лавке среди известнейших духовных книг современности. Трудно отыскать в мире человека, который если не читал, то по крайней мере слыхал о них.

Как это случилось? Почему такой успех? Отнюдь не потому, что я хороший беллетрист. Не потому, что некоторые считают мой источник безупречным и действительно Божественным. А потому, что человечество очутилось на краю. Для всех нас стало очевидным: оно не может и дальше жить так, как живет сейчас.

Нельзя больше держаться убеждений, которых мы держимся, верить тому, чему верим, говорить то, что говорим, и поступать так, как поступаем. Что-то должно измениться — или изменится все (и вовсе не к лучшему!). Что-то должно прекратиться — или «прекратимся» все мы. Люди чувствуют это и потому ищут ответа.

Видите, «Беседы с Богом» появились в самый нужный момент! В этом году — десятая годовщина издания всех трех книг под одной обложкой, и это тоже знамение времени. Мир стал осознаннее, чем когда-либо прежде, не только из-за проблем, которые смотрят нам в лицо, но из-за самой катастрофичной их природы.

Помню, пару лет назад мир облетела потрясающая новость: научное исследование, проведенное авторитетной *Harris Interactive*, показало — 70 % американцев видят в различиях религиозных верований наибольшее препятствие для достижения мира во всем мире.

Ничто бы не могло быть так близко к истине — и большинство людей планеты понимают это. Вот почему книги наподобие «Бесед» в момент становятся бестселлерами, причем в любой стране, где изданы. Можно и не знать ответ на фундаментальные вопросы жизни, но мы уже знаем: те ответы, что у нас есть, — ныне не работают.

Теперь, когда мы окончательно осознали это, самое время обратить свой взгляд на альтернативные идеи о Боге, Жизни, Человеке. «Повалится» одно неистинное убеждение — другие последуют, как в эффекте домино! Мы увидим обновленный мир.

Моя трилогия полна таких идей. Как я уже повторял бесчисленное количество раз, не обязательно верить, что у меня была реальная беседа с Богом. Воспользуйтесь всем ценным, что в ней есть, без всяких вер! Прочтите этот материал и, вне зависимости от источника, исследуйте идеи, открыв свой ум и сердце.

Более 100 000 читателей написали мне в ответ, рассказывая, как их жизнь переменилась. Горизонт расчистился, ушло чувство вины, взаимоотношения улучшились, секс лишился ложного стыда, распадающийся было брак упрочился, стало легче зарабатывать, расцвело родительство, вернулась прежняя самооценка, окрепло здоровье (физическое, психическое, духовное), возвратилась вера в Бога.

Вы слышите? Возвратилась вера в Бога.

Вот в чем смысл и цель «Бесед». Не создание системы убеждений, разрушающих религию как таковую. Не пропаганда идей, ей противоречащих и делающих якобы ненужной. Но обновление диалога о Боге, чтоб придать сил нашим отношениям с Божественностью.

Сотни раз я читал письма вроде «впервые за двадцать лет мое сердце вновь открылось Создателю». Или «Наконец-то! Теперь это Творец, в которого я смогу верить». Но самые замечательные строки пришли от Риты Кертис, из Портленда. Десять лет назад, и всего девять слов — которые я никогда не забуду: «Спасибо вам за мое знакомство с Богом, с которым я могу пребывать в любви».

Бог, с которым можно пребывать в любви, — единственный, кто способен спасти мир. И вы Его найдете на страницах этой книги.

Может, вы уже читали ее когда-то — тогда вас снова посетят удивительные мгновения, пробуждающие душу. Пробил час вернуться к чуду вашей дружбы с Богом.

Если же это первый ваш контакт и вы думаете, что он случаен, — замыслитесь опять. Том лег вам в руки точно вовремя — в ответ на запрос разума и сердечную молитву, как отклик на зов души.

Поверьте.

Ничто не происходит просто так.

Ничто.

Нил Доналд Уолш
Ашленд, Орегон
май 2005 — десять лет спустя

Книга 1

Посвящается

Энн М. Уолш,

которая не только показала мне, что Бог есть,
но и открыла ум поразительной истине:
Он — мой лучший друг;
Энн была намного больше, чем просто мать,
ибо родила во мне
стремление и любовь к Богу
и все то, что есть хорошего на свете.
Мама, ты стала моей первой встречей с ангелом.

И Алексу М. Уолшу,

от которого я постоянно слышал:
«Дело делать — легче не бывает»,
«Позабудь о слове "нет"»,
«Твоя фортуна тебя не бросит»,
«У Творца всего для нас навалом».
Папа, ты научил меня
бесстрашию.

Введение

Еще немного — и вы приобретете очень необычный опыт. Скоро вы начнете беседу с Богом. Да-да, я знаю, что это невозможно. Вероятно, вы думаете (или вас научили), что *это невозможно*. Конечно, можно *обращаться к* Богу, но не *говорить с* Богом. Я имею в виду, что Бог ведь не собирается вам отвечать, верно? Уж во всяком случае, не в форме обычного, повседневного диалога!

Я думал точно так же. После этого со мной случилась эта книга. В буквальном смысле этого слова. Эта книга не была написана *мной* — она *случилась со мной*. И по мере чтения этой книги она случится с вами, поскольку *нас всех ведут к той истине, к которой мы готовы.*

Моя жизнь, вероятно, была бы значительно легче, если бы я умолчал обо всем этом. Но книга случилась со мной не для этого. И какие бы трудности она ни принесла мне (меня, например, могут назвать богохульником, обманщиком, лицемером — за то, что я не жил этими истинами раньше, — или, что еще хуже, святым), теперь я уже не могу остановить этот процесс. Да и не хочу. У меня было предостаточно возможностей избежать всего этого, и я не воспользовался ими. Я решил поступать с этим материалом так, как подсказывает мне моя интуиция, а не так, как мне скажет большая часть мира.

А моя интуиция говорит мне, что эта книга не чепуха, не плод утомленного, отчаявшегося духовного воображения или попытка самооправдания заблудившегося в жизни человека. Я обдумал все эти возможности до единой. И дал этот материал нескольким людям для прочтения, когда он был еще в рукописи. Они были тронуты. И они плакали. И они смеялись над тем радостным и смешным, что было в тексте. И они сказали, что их жизнь стала другой. Они изменились. Они стали сильнее.

Многие читатели сказали, что они просто преобразились.

Именно тогда я понял, что эта книга предназначается каждому и что ее необходимо опубликовать, поскольку она является замечательным даром для тех, кто искренне хочет получить ответы и кому на самом деле не безразличны вопросы; для тех, кто не раз отправлялся на поиски истины со всей искренностью сердца, жаждой души и открытым разумом. А это, по большому счету, *мы все.*

Эта книга затрагивает большинство вопросов (если не все), которыми мы когда-либо задавались, — о жизни и любви, цели и средствах, людях и взаимоотношениях, добре и зле, вине и грехе, прощении и искуплении, о тропе к Богу и дороге в ад... она обо всем. В ней открыто обсуждается секс, власть, деньги, дети, брак, развод, работа, здоровье, что будет потом, что было прежде... словом, *всё!* В ней говорится о войне и мире, о знании и незнании, о том, что такое давать и что такое брать, о радости и печали. В ней рассматриваются понятия конкретного и абстрактного, видимого и невидимого, истинного и ложного.

Можно сказать, что эта книга — «последнее слово Бога о том, что происходит», хотя у некоторых людей с этим могут возникнуть проблемы — особенно у тех, кто думает, что Бог прекратил говорить с нами 2000 лет назад или около того, а если и *продолжал* беседовать, то только со святыми, шаманами или с кем-то, кто медитировал на протяжении тридцати лет, или хотя бы двадцати, или уж, на самый худой конец, не меньше десяти лет (ни к одной из этих категорий я, увы, не принадлежу).

Истина же заключается в том, что Бог разговаривает с каждым. С хорошим и с плохим, со святым и с мерзавцем. И уж конечно с каждым из нас.

Возьмите себя, например. Бог приходил к вам многими путями, и эта книга — один из них. Сколько раз вы слышали древнее изречение: «Когда ученик готов, приходит учитель»? Эта книга — наш учитель.

Вскоре после того, как этот материал начал случаться со мной, я уже знал, что разговариваю с Богом. Напрямую, лично. Без посредников. И знал, что Бог отвечает на мои вопросы сообразно моей способности к пониманию. То есть я получал ответы, сформулированные таким образом, чтобы я мог их понять. Отсюда простой, разговорный стиль текста и случайные ссылки на материал, который я почерпнул из других источников и своего жизненного опыта. Сейчас я знаю, что все когда-либо случавшееся со мной в жизни *пришло ко мне от Бога,* и теперь это все соединено и сведено вместе в виде потрясающего и исчерпывающего ответа на *каждый вопрос, которым я когда-либо задавался.*

И в какой-то момент по ходу дела я понял, что получается книга, — книга, которую следует опубликовать. Собственно, мне было конкретно сказано в определенный момент этого диалога (в феврале 1993 года), что на самом деле будут изданы *три* книги:

1. В первой будут рассматриваться в основном личные темы, она сфокусируется на индивидуальной жизни, ее проблемах и возможностях.
2. Во второй будут затронуты более глобальные темы геополитической и метафизической жизни на планете и те проблемы, перед которыми сейчас стоит мир.
3. Третья будет посвящена рассмотрению универсальных истин высшего порядка, проблем и возможностей души.

Перед вами — первая из этих книг, завершенная в феврале 1993 года. Для ясности я должен сказать, что по мере записывания этого диалога я подчеркивал или обводил слова и предложения, которые приходили ко мне с особым ударением, — Бог явно выделял их. В печатном тексте они поданы курсивом.

Хочу теперь сказать, что я, читая и перечитывая эти слова, в которых заключена мудрость, чувствую глубокое смущение по поводу своей жизни, которая отмечена ошибками и неправильными поступками, иногда очень постыдным поведением и некоторыми выборами и решениями, которые, я уверен, расцениваются другими как странные и непростительные. Но, хотя я глубоко раскаиваюсь за боль, причиненную другим людям, я невыразимо благодарен за все, чему я научился и чему мне еще предстоит научиться, всем тем людям, которые встретились в моей жизни. Я прошу у всех прощения за медлительность этого обучения. При этом Бог советует мне простить самому себе все ошибки и неудачи и не жить более в страхе и с чувством вины, но всегда стараться, стараться, стараться видеть все больше и дальше.

Я знаю, что именно этого Бог хочет для каждого из нас.

Нил Доналд Уолш
Сентрал-Пойнт, штат Орегон
Рождество 1994 года

1

Весной 1992 года — помнится, это было в канун Пасхи — в моей жизни произошло необычайное явление. Бог начал разговаривать с вами. Через меня.

Позвольте мне объяснить.

Я был очень несчастен в тот период времени в личном, профессиональном и эмоциональном планах, и мне казалось, что жизнь моя не удалась. А так как за годы у меня сложилась привычка выражать свои мысли на бумаге в виде писем (которые я обычно так и не отправлял), я взял объект моих откровений — желтый блокнот — и начал изливать свои чувства.

На этот раз, вместо того чтобы писать письмо человеку, с которым были связаны, как мне представлялось, мои мучения, я решил обратиться прямо к источнику, к самому главному мучителю. Я решил написать письмо Богу.

Это было злобно-страстное письмо, полное недоумений, передергиваний и порицаний. И с *кучей гневных вопросов.*

Почему моя жизнь не складывается? Как *заставить* ее наладиться? Почему я не могу найти счастья во взаимоотношениях с другими людьми? Неужели *нормальные* деньги будут избегать меня вечно? И наконец, крик души: *чем я заслужил такую жизнь, которая состоит из непрекращающейся борьбы?*

К моему удивлению, в тот момент, когда я закончил записывать последний из моих горьких безответных вопросов и уже приготовился отложить карандаш в сторону, моя рука задержалась над бумагой, словно удерживаемая какой-то невидимой силой. Внезапно карандаш начал *двигаться сам по себе.* Я и понятия не имел, что собираюсь написать, но мне показалось, что я это сейчас узнаю, и я решил не сопротивляться. На бумаге появилось...

Ты на самом деле хочешь получить ответы на все эти вопросы или просто выпуска-ешь пар?

Я моргнул... и затем мой разум нашел ответ. И я тоже написал его на бумаге.

И то, и другое. Конечно, я выпускаю пар, но если у этих вопросов есть ответы, то я чертовски уверен, что хочу их услышать!

Ты «чертовски уверен» во многом. Но не лучше ли быть «божественно уверенным»?

И я написал:

как это понимать?

Не успев понять этого, я уже начал беседу... и при этом писал не столько от себя, сколько *под диктовку.*

Эта диктовка продолжалась три года, в то время я и понятия не имел, к чему она приведет. Ответы на вопросы, которые я записывал на бумаге, не были мне известны вплоть до того момента, когда я записывал свой вопрос полностью и *отгонял прочь свои собственные мысли.* Часто ответы приходили быстрее, чем я мог записывать их, и я ловил себя на том, что черкаю каракули, лишь бы успеть. Когда меня смущали какие-то слова или я терял ощущение того, что они приходят из некоего внешнего источника, я откладывал ручку и уходил от диалога до тех пор, пока вновь не чувствовал себя вдохновленным — прошу прощения, но это единственное слово, которое подходит, — вернуться к желтому блокноту и снова начать записывать.

Эти беседы продолжаются и сейчас, когда я пишу эти строки. И многое из этих бесед вы найдете на следующих страницах, — страницах, где изложен поразительный диалог, в который я поначалу не верил, затем решил, что он будет ценен только лишь для меня, но который — и теперь я это понимаю — предназначался не только мне. Он предназначался вам лично и каждому, кто придет к этому материалу. Ведь мои вопросы — это ваши вопросы.

Я хочу, чтобы вы приступили к этому диалогу как можно скорее, и то, что действительно важно здесь, — это не *моя*, а *ваша* история. История *вашей* жизни, которая привела вас сюда. И *ваш* личный опыт — это то, к чему применим данный материал. В противном случае вас бы не было здесь, сейчас, вместе с этой книгой.

Итак, давайте войдем в этот диалог с вопросом, который я задавал очень долго: «Как говорит Бог и с кем?» Когда я задал этот вопрос, вот какой ответ я получил:

Я говорю со всеми. Постоянно. Вопрос не в том, с кем Я говорю, а в том, кто слушает.

Заинтригованный, я попросил Бога подробнее остановиться на этом предмете. Вот что Он сказал:

Прежде всего, давай заменим слово *говорить* на слово *общаться*. Это понятие гораздо лучше, полнее, точнее. Когда мы стараемся разговаривать друг с другом — Я с тобой, ты со Мной, — мы немедленно оказываемся связанными невероятной ограниченностью слов. По этой причине Я не общаюсь только посредством слов. На самом деле Я делаю это редко. Мой излюбленный способ общения — посредством *чувств*.

Чувства — это язык души.

Если хочешь узнать, что истинно для тебя относительно чего бы то ни было, обрати внимание на то, что ты *чувствуешь* по этому поводу.

Иногда чувства трудно обнаружить, и часто еще труднее бывает признать их. И все же в твоих самых глубоких чувствах заключена твоя высшая истина.

Фокус в том, чтобы добраться до этих чувств. Я покажу тебе, как это сделать. Если ты хочешь.

Я сказал Богу, что хочу, но больше всего я хочу получить исчерпывающий ответ на мой первый вопрос. Вот что сказал Бог:

Я также общаюсь посредством *мыслей*. Мысли и чувства — не одно и то же, хотя они могут иметь место в одно и то же время. В общении посредством мыслей Я часто использую образы и картинки. По этой причине мысли более эффективны, чем слова.

В дополнение к чувствам и мыслям Я также использую столь мощное средство общения, как *опыт*.

И наконец, когда чувства, мысли и опыт не срабатывают, Я использую *слова*. Слова — наименее эффективное средство общения. Они наиболее открыты для неверных интерпретаций и чаще всего бывают поняты неверно.

Почему так? Дело в самой природе слов. По сути, слова — это лишь звуки, *шумы*, которые *обозначают* чувства, мысли и ощущения. Слова — это символы. Знаки. Эмблемы. Они не есть Истина. Они не есть нечто настоящее.

Слова могут помочь тебе *понять* что-либо. Опыт позволяет тебе *знать* это. При этом существует ряд вещей, которые нельзя испытать. Поэтому Я дал тебе другие средства познания. Они называются чувствами и мыслями.

Но высшая ирония заключается в том, что вы такое большое значение придали Слову Бога и такое малое — опыту.

Вы так мало цените опыт, что, когда посланное вам Богом *испытание* отличается от того, что вы *услышали от Бога*, вы автоматически *отвергаете опыт и хватаетесь за слова* — а ведь должно-то быть как раз наоборот.

Твой опыт и твои чувства по поводу любой вещи представляют то, что ты эмпирически и интуитивно знаешь об этой вещи. Слова могут только пытаться *символизировать* то, что ты знаешь, и часто могут *исказить* то, что ты знаешь.

Итак, таковы средства, при помощи которых Я общаюсь; но они не являются методами, поскольку не все чувства, не все мысли, не весь опыт и не все слова — от Меня.

Много слов было произнесено другими от Моего имени. Много мыслей и чувств было рождено без Моего прямого участия. Много опыта стало результатом всего этого.

Проблема заключается в различении. Вся трудность — в том, чтобы различать послания от Бога и данные из других источников. Различение становится простым и легким, если придерживаться основного правила:

Моими всегда являются твои самые Высокие Мысли, твои самые Ясные Слова, твои самые Великие Чувства. Все, что меньше этого, — из другого источника.

Теперь задача различения становится простой — ведь даже для начинающего ученика не сложно выделить и признать в себе все самое Высокое, самое Чистое, самое Великое.

Но Я дам тебе еще и следующие наставления:

Самая Высокая Мысль — всегда та мысль, которая содержит радость. Самые Ясные Слова — те, что содержат истину. Самое Великое Чувство — то, которое вы называете любовью.

Радость. Истина. Любовь.

Все три взаимозаменяемы, и одно всегда ведет к другим. Не имеет значения, в каком порядке их помещать.

Пользуясь этими наставлениями, легко определить, какие послания от Меня, а какие из других источников. Вопрос лишь в том, будут ли замечены Мои послания.

Большинство из них проходят незамеченными. Некоторые — потому, что кажутся слишком хорошими, чтобы быть правдой. Другие — потому, что кажутся слишком сложными для следования. Многие — потому, что просто неверно истолковываются. Большинство же — потому, что не принимаются.

Самый мощный Мой посланник — опыт, но даже его тебе удается игнорировать. Именно его ты игнорируешь *особенно*.

Твой мир не был бы таким, каков он сейчас, если бы ты просто прислушивался к своему опыту. Когда ты *не* прислушиваешься к своему опыту, ты продолжаешь снова и снова переживать его. Ибо Мои планы не будут расстроены, как не останется неисполненной Моя воля. Ты непременно *примешь* послание. Рано или поздно.

Я, впрочем, никогда не буду заставлять тебя. Я никогда не буду принуждать тебя. Ибо Я дал тебе свободу воли — власть поступать так, как ты решаешь, — и Я никогда во веки веков не отберу это право назад.

Но Я буду продолжать посылать одни и те же послания, снова и снова, на протяжении вечности, в каком бы уголке Вселенной ты ни находился. Я буду посылать Мои послания без конца, до тех пор, пока ты не примешь их, пока они не поселятся в тебе, до тех пор, пока ты не назовешь их своими.

Мои послания будут приходить в сотнях различных форм, в тысячи различных моментов, на протяжении миллионов лет. Ты не сможешь пропустить их, если действительно будешь слушать. Ты не сможешь игнорировать их, однажды истинно услышав. Так начнется наш разговор всерьез. Ведь в прошлом только ты обращался ко Мне, молился Мне, просил у Меня, умолял Меня. Теперь же Я могу *отвечать* тебе, в том числе и так, как делаю это сейчас.

Откуда я могу знать, что это общение — от Бога? Откуда мне знать, что это не плод моего воображения?

А какая разница? Разве ты не видишь, что Я так же легко мог бы общаться с тобой через твое воображение, как и через что-либо иное? Я пошлю тебе в любой момент *самые нужные* мысли, слова или чувства, точно соответствующие цели, используя одно средство или несколько.

Ты будешь знать, что эти слова — от Меня, потому что ты сам, если признаться честно, никогда не изъяснялся столь ясно. А если бы ты говорил с той же ясностью когда-либо об этих вопросах, ты бы не задавал их сейчас.

С кем общается Бог? Являются ли эти люди какими-то особенными? Существуют ли особые для этого случаи?

Все люди особенные, и все моменты драгоценны. Нет человека или мгновения более особенного, чем другие. Многие предпочитают думать, что Бог общается по-особенному и только с особенными людьми. Это освобождает массу людей от ответственности за слышание Моих посланий и *приятие их* (это не одно и то же) и позволяет им принять на веру слова других. У тебя нет *необходимости* слушать Меня, коль скоро ты решил, что другие уже услышали от Меня обо всем на свете и тебе теперь нужно слушать *их*.

Слушая то, что другие люди, как им кажется, услышали от Меня, *тебе вообще не придется думать*.

Это самая главная причина, по которой большинство людей отворачивается от Моих посланий. Если ты признаешь, что *напрямую* получаешь Мои послания, ты становишься ответственным за их истолкование. Значительно безопаснее и гораздо проще принимать истолкования, принадлежащие другим (даже тем другим, которые жили 2000 лет назад), чем стремиться понять послание, которое ты, вполне возможно, получаешь в этот самый момент.

И все же Я приглашаю тебя к новой форме общения с Богом. Общения в двух направлениях. По правде говоря, это как раз *ты* пригласил Меня. И Я явился к тебе в этой форме прямо сейчас, *чтобы ответить на твой зов.*

Почему кажется, что некоторые люди — взять, например, Христа — слышат больше Твоих посланий, чем другие?

Потому, что эти люди *действительно* желают слушать. Они желают услышать, и они хотят оставаться открытыми к этому общению, даже когда оно выглядит пугающим, или безумным, или абсолютно неверным.

Нам следует слушать Бога даже тогда, когда сказанное кажется неверным?

Особенно тогда, когда кажется неверным. Если ты думаешь, что прав по поводу всего, какая нужда тебе говорить с Богом?

Иди вперед и действуй в соответствии с тем, что ты знаешь. При этом заметь, что вы поступаете именно так с начала времен. И посмотри, в каком состоянии находится сейчас мир. Ясное дело, вы что-то упустили. Очевидно также, что есть что-то, чего вы не понимаете. То, что вы *понимаете,* должно казаться вам верным, потому что понятие «верное» используется вами для определения чего-то, с чем вы согласны. А то, что вы упустили, вы предпочитаете считать «неверным».

Единственный путь, который остается, — это задаться вопросом: «Что бы произошло, если бы все, о чем я думал как о "неверном", в действительности оказалось "верным"?» Каждый великий ученый знает это. Когда то, что делает ученый, не срабатывает, этот ученый откладывает в сторону все допущения и начинает заново. Все великие открытия были сделаны на основе желания и способности *оказаться неправым*. И это то, что здесь необходимо.

Ты не сможешь познать Бога до тех пор, пока не перестанешь говорить себе, что ты *уже* познал Бога. Ты не сможешь услышать Бога до тех пор, пока не перестанешь думать, что *уже* услышал Бога.

Я не смогу сообщить тебе Мою Истину до тех пор, пока ты не прекратишь утверждать, что уже знаешь ее.

Но моя истина о Боге исходит от *Тебя.*

Кто это сказал?

Другие.

Кто эти другие?

Правители. Министры. Раввины. Священники. Книги. Да Боже мой, *Библия*, наконец!

Они не являются авторитетными источниками.

Не являются?

Нет.

Тогда что *является*?

Слушай свои *чувства*. Слушай свои самые Высокие Мысли. Прислушивайся к своему опыту. И когда что-нибудь из этого будет отличаться от того, что тебе говорили твои учителя или что ты узнал из книг, — забудь слова. Слова — это наименее надежный проводник Истины.

Я так много хочу сказать Тебе, так о многом хочу спросить... И не знаю, с чего начать.

Например, вот: почему Ты не раскрываешь Себя? Если действительно есть Бог и Ты — это Он, почему Ты не раскрываешь Себя так, чтобы мы все могли понять это?

Я делал это много раз. И Я делаю это снова, прямо сейчас.

Нет. Я имею в виду неоспоримый акт откровения, который нельзя будет отрицать.

Например?

Например, появись прямо сейчас перед моими глазами.

Я так и делаю, прямо сейчас.

Где?

Везде, куда бы ты ни посмотрел.

Да нет, я имею в виду так, чтобы это было неоспоримо, чтобы никто не смог отрицать этого.

На что бы это было похоже? В какой форме или в каком виде ты бы хотел Моего явления?

В той форме и в том виде, которыми Ты на самом деле обладаешь.

Это было бы невозможно. Дело в том, что у меня нет той формы или того вида, которые вы бы поняли. Я могу *принять* форму или вид, которые вы *могли бы* понять, но тогда все сделали бы вывод: то, что они видели, — это и есть единственная истинная форма Бога. А ведь на самом деле это будет лишь одна форма из множества.

Люди думают, что Я — это то, что они видят, а не то, что они *не видят*. Но Я — Великий Невидимый, а не то, чем Я выбираю быть в каждый новый момент. В определенном смысле Я являюсь тем, чем Я *не являюсь*. Я происхожу из *неявленности* и к ней всегда возвращаюсь.

Однако, когда Я прихожу в той или иной конкретной форме, в которой, как Я думаю, люди смогут понять Меня, — люди *приписывают Мне эту самую форму отныне и вовеки*. И стоит Мне прийти в любой другой форме к другим людям — первые скажут, что Я не приходил ко вторым, потому что Я не был похож во второй раз на то, чем Я был в первый, и говорил не те же самые слова — как же это мог быть Я?

Понимаешь, поэтому-то и не имеет значения то, в какой форме и манере Я раскрываю Себя, — *какую бы манеру* Я ни выбрал и *какую бы форму* Я ни принял, *ни одна* не будет бесспорной.

Но если бы Ты *сделал* что-то, что было бы свидетельством истины о том, кто Ты, вне сомнений и вопросов...

...все равно кто-нибудь сказал бы, что это от дьявола или просто чье-то воображение. Или еще что-нибудь, но не Я.

Если бы даже Я раскрыл Себя как Бога Всемогущего, Владыку Неба и Земли, и стал бы передвигать горы, чтобы доказать это, — все равно кто-то сказал бы: «Это от сатаны».

И это так, как должно быть. Ведь Бог проявляет Божественное «Я» Божественному «Я» не через внешнее наблюдение, но через внутренний опыт. Когда внутренний опыт открывает Божественное «Я», внешние проявления излишни. А если необходимы внешние проявления, то внутренний опыт невозможен.

Если просят об откровении, оно не может быть явлено, ведь такая просьба сама по себе является утверждением, что просимое отсутствует и ничто от Бога в данный момент не открыто. Подобная установка рождает определенный опыт. Ибо твоя мысль, чего бы она ни касалась, способна *творить*, и твое слово *продуктивно*, и твои мысли и слова, вместе взятые, очень эффективно создают реальность. Поэтому ты будешь ощущать, что *Бог сейчас не явлен*: ведь, если бы Он *был явлен*, ты бы и не *просил* Его сделать это.

То есть я не могу просить все, что я хочу? Ты говоришь, что, молясь о чем-то, мы тем самым *отталкиваем это от себя*?

Это вопрос, который задают веками, — и всякий раз получают ответ. Вы либо не слышите ответа, либо не хотите в него верить.

На этот вопрос вы снова получаете ответ — в сегодняшних терминах, на современном языке:

Ты не будешь иметь то, о чем просишь, равно как и не сможешь иметь то, чего желаешь. А всё потому, что твоя просьба сама по себе является утверждением отсутствия и твои слова о том, что ты чего-то хочешь, работают только на то, чтобы произвести опыт отсутствия этого в твоей реальности.

Таким образом, правильной молитвой является не молитва-просьба, но молитва-благодарность.

Когда ты *заранее* благодаришь Бога за тот опыт, который ты выбрал пережить в своей реальности, ты, по существу, благодаришь за то, что есть... *в действительности*. Благодарность, таким образом, есть наиболее мощное заявление для Бога: подтверждение того, что еще до того, как ты попросил, — Я уже ответил.

Итак, никогда не проси. *Выражай благодарность.*

А что, если я заранее благодарен Богу за что-то, но это «что-то» никогда не происходит? Ведь это может привести к горькому разочарованию.

Благодарность нельзя использовать как средство *манипулирования* Богом, как инструмент, с помощью которого можно обмануть Вселенную. Нельзя лгать самому себе. Твой разум знает правду твоих мыслей. Если ты говоришь «Спасибо тебе, Боже, за то-то и то-то», совершенно ясно осознавая, что этого нет в твоей настоящей реальности, — не стоит ожидать, что для Бога это будет менее ясно, чем для тебя, и что Он *создаст* это для тебя.

Бог знает то, что известно тебе, и то, что знаешь ты, проявляется в твоей реальности.

Но как тогда я могу быть истинно благодарным за что-то, чего, *как я знаю, нет*?

Вера. Если все, что у тебя есть, — это вера размером с горчичное зернышко, ты сдвинешь горы с места. Ты узнаешь, что это так, потому что Я *сказал*, что это так; потому, что Я *сказал*: даже прежде, чем ты испросишь, Я уже отвечу. Я *сказал* и говорил тебе любым доступным способом, через любого учителя, имя которого ты вспомнишь: что бы ты ни выбрал, если выбираешь во имя Мое, — будет так.

И все же многие люди говорят, что их молитвы остаются безответными.

Ни одна молитва — а молитва не более чем пылкое утверждение *того, что есть,* — не остается безответной. Каждая молитва, каждая мысль, каждое утверждение, каждое чувство — творит. Насколько горячо это воспринимается как истина, настолько это будет проявлено в твоем опыте.

Когда говорится, что молитва осталась безответной, в действительности происходит вот что: самое горячее слово — или чувство — начало *действовать*. Но вот что неплохо бы при этом знать, и в этом весь секрет: за мыслью всегда стоит другая мысль, — мысль, которую можно назвать Организующей, или Контролирующей Мыслью.

Если ты просишь, шансы получить то, что, как тебе кажется, ты выбираешь, будут значительно меньше, поскольку Организующей Мыслью, стоящей за каждой мольбой, будет мысль, что у тебя *сейчас нет* того, о чем ты просишь. *Эта Организующая Мысль становится твоей реальностью.*

Единственной Организующей Мыслью, которая будет способна подавить эту, будет мысль, исходящая из веры: Бог *обязательно* даст все, о чем просят. У некоторых людей есть такая вера, но у очень немногих.

Процесс молитвы становится значительно проще, когда вместо веры в то, что Бог всегда скажет «да» в ответ на любую просьбу, присутствует интуитивное понимание: *в просьбе как таковой нет нужды. Тогда молитва становится молитвой благодарения. Это уже совсем не просьба, но утверждение благодарности за то, что есть.*

Когда Ты говоришь, что молитва — это утверждение того, что есть, подразумеваешь ли Ты, что Бог ничего не делает и все, что происходит после молитвы, является результатом действия самой *молитвы*?

Если ты веришь в то, что Бог — это некое всемогущее существо, которое, слыша все молитвы, на одни отвечает «да», на другие «нет» и «может быть, но не сейчас» — на все остальные молитвы, то ты заблуждаешься. Как Бог должен решать? По какому правилу?

Если ты веришь, что Бог — *создатель и вершитель всего* в твоей жизни, ты заблуждаешься.

Бог — *наблюдатель,* а не создатель. И Бог готов помогать тебе жить своей жизнью, но не так, как ты, может быть, ожидаешь.

Создавать или не создавать жизненные обстоятельства или условия твоей жизни — это не функция Бога. Бог создал тебя по образу и подобию Своему. Ты создал все остальное властью, данной тебе Богом. Бог создал процесс жизни, жизнь саму по себе, какой ты ее знаешь. При этом Бог дал тебе свободу выбора — ты волен делать со своей жизнью все что захочешь.

В этом смысле *то, что ты желаешь для себя, есть то, чего Бог желает для тебя.*

Ты живешь так, как ты живешь, *и у Меня нет предпочтений в этом вопросе.*

Ты погружен в величайшую иллюзию, думая, что Богу *небезразлично*, как и что ты делаешь.

Мне *все равно*, что ты делаешь, как бы ни тяжело тебе было слышать это. Скажи, не все ли тебе равно, что будут делать твои дети, когда ты отправляешь их погулять? Будет ли для тебя важно, в какой последовательности они станут играть в салочки, прятки и дочки-матери? Нет — потому что ты знаешь, что они в полной безопасности. Они находятся в среде, которую ты считаешь дружественной и благополучной для них.

Конечно, ты всегда будешь надеяться, что они не *причинят себе вреда*. И если вдруг это случится, ты будешь тут как тут, чтобы помочь им, исцелить их и позволить им снова чувствовать себя в безопасности, снова быть счастливыми и снова идти играть. Но выберут ли они прятки или дочки-матери на следующий день — это все так же не будет иметь для тебя никакого значения.

Конечно, ты предостережешь их от опасных игр. Но ты не сможешь удержать своих детей от того, чтобы они делали опасные вещи. Не всегда. Не до бесконечности. Не в каждый новый момент их жизни с рождения до смерти. И мудр тот родитель, который знает это. При этом родитель всегда продолжает беспокоиться о *результатах*. В этой двойственности — отсутствии беспокойства за процесс и глубоком беспокойстве за результат — есть то, что приближает к пониманию двойственности Бога.

При этом Бог, по большому счету, не беспокоится и о результате. Об *абсолютном результате*. Потому что абсолютный результат обеспечен.

И это вторая величайшая иллюзия людей: исход жизни всегда под сомнением.

Именно сомнение в абсолютном результате создало вашего самого великого врага — страх. Если вы ставите под сомнение результат, то вы сомневаетесь в Творце — вы *сомневаетесь* в Боге. А если вы сомневаетесь в Боге, то вы *должны* жить в страхе и вине всю свою жизнь.

Если вы сомневаетесь в намерениях Бога и способности Бога создать этот абсолютный результат, как вы вообще можете хоть когда-нибудь расслабиться? Как вы вообще можете обрести покой?

Да, у Бога есть *полнота* силы сделать так, чтобы намерения совпадали с результатами. Вы не можете и не сможете поверить в это (хотя и заявляете, что Бог всемогущ), и поэтому вам необходимо создать в вашем воображении *силу, равную Богу*, чтобы вы могли объяснить, как и что может *помешать Божественной воле*. И вот вы создали в своей мифологии существо, которое зовете «дьяволом». Вы даже представили себе, что Бог *воюет* с этим существом (полагая, что Бог решает проблемы так же, как это делаете вы). И в конце концов вы даже вообразили, что Бог может *проиграть* эту войну.

Все это противоречит тому, что, как вам кажется, вы знаете о Боге, но не это главное. Вы живете иллюзиями и страшитесь их, и все это — от вашего решения сомневаться в Боге.

Но что, если ты примешь иное решение? Каков тогда будет результат?

Вот что Я скажу: ты будешь жить так, как жил Будда. Как жил Иисус. Как жил каждый святой, которого вы когда-либо почитали.

Но, как бывало почти со всеми святыми, люди не поймут тебя. И когда ты пытаешься объяснить им свое чувство умиротворения, свою радость жизни, свой внутренний экстаз — они будут слушать твои слова, но не услышат их. Повторяя твои слова, они будут добавлять к ним свои собственные.

Они будут удивляться тому, как ты можешь обладать тем, что они не могут найти. И потом они начнут завидовать. Скоро зависть перейдет в ярость, и в злости своей они постараются убедить тебя, что это *ты* не понимаешь Бога.

И если им не удастся разлучить тебя с твоей радостью, они постараются причинить тебе вред — так велика будет их ярость. И когда ты ответишь им, что это не имеет значения, что даже смерть не сможет прервать твою радость или изменить твою истину, — они наверняка *убьют* тебя. И затем, когда они увидят, с каким миром ты принял смерть, они назовут тебя святым и снова полюбят.

Ибо такова человеческая природа: любить, затем разрушать, а затем снова любить то, что они ценят больше всего.

Но почему? Почему мы это *делаем*?

Все человеческие действия мотивируются на глубинном уровне одним из двух чувств — страхом или любовью. На самом деле есть только два чувства, только два слова в языке души. Это противоположные концы великой полярности, созданной Мною, когда Я сотворил Вселенную и ваш мир таким, каким ты знаешь его сегодня.

И эти две точки — Альфа и Омега, которые позволяют системе, называемой вами «относительностью», существовать. Без этих двух точек, без этих двух идей не смогла бы существовать ни одна другая идея.

Каждая человеческая мысль и каждое человеческое действие основаны или на любви, или на страхе. Это *все*, что мотивирует человека, и все другие идеи — производные этих двух. Все остальное — просто различные вариации, различные обработки одной и той же темы.

Задумайся глубоко об этом, и ты увидишь, что это так. Это то, что Я назвал Организующей Мыслью. Это или мысль любви, или мысль страха. Это мысль, которая за мыслью, которая *за* мыслью. Это самая первая мысль. Это основная сила. Это и есть то топливо, которое позволяет работать двигателю человеческого опыта.

И именно так человеческое поведение рождает повторный опыт за повторным опытом; именно поэтому люди любят, затем разрушают, затем снова любят — всегда существует колебание от одного чувства к другому. Любовь — организует — страх — организует — любовь — организует — страх...

...И причина обнаруживается в первой лжи — той лжи, которую вы стали считать правдой: что Богу нельзя доверять; что на любовь Бога нельзя положиться; что принятие Богом тебя обусловлено; что абсолютный результат, таким образом, под сомнением. Ведь если ты не можешь полагаться на то, что любовь *Бога* всегда пребывает с тобой, — на чью любовь ты *можешь* положиться? Если Бог отступает от тебя и покидает тебя, когда ты ведешь себя неправильно, разве не поступят так же обычные смертные?

...И как только ты даришь свою самую высокую любовь, ты тут же встречаешь свой самый великий страх.

Ведь первое, о чем ты беспокоишься, сказав «Я люблю тебя», — услышишь ли ты это же в ответ. И если ты услышишь это в ответ, ты сразу начинаешь беспокоиться о том, что ты можешь потерять ту любовь, которую только что нашел. Из-за этого все действия становятся реакцией, защитой от потери, *пусть даже ты стараешься защититься от потери Бога.*

Если б ты только знал, Кто Ты Есть, знал, что ты — самое великолепное, самое замечательное, самое необыкновенное существо из всех когда-либо созданных Богом, ты бы никогда не страшился. Ибо кто может отвергнуть такое чудесное совершенство? Даже Бог не может обнаружить изъянов в таком существе.

Но ты не знаешь, Кто Ты Есть, и ты думаешь, что ты намного меньше. И кто, интересно, внушил тебе идею, что ты несовершенен? Те единственные люди, чьим словам ты *всегда* верил безоговорочно. *Твои мать и отец.*

Это те люди, которые любят тебя больше всего. С чего бы им лгать тебе? Говорили они, что в тебе слишком много того и не хватает этого? Требовали, чтобы тебя было только видно и не было слышно? Отчитывали, когда ты слишком уж переполнялся энергией? Способствовали тому, чтобы ты отказался от своих самых невероятных фантазий?

Все это были послания, которые ты получал, и, хотя они не отвечали соответствующим критериям и, таким образом, не являлись посланиями от Бога, — их вполне можно было бы считать таковыми, поскольку они приходили от богов твоей Вселенной.

Именно родители научили тебя тому, что любовь всегда обусловлена, — с их условиями ты сталкивался много раз, — и именно этот опыт ты привносишь в свои собственные отношения с теми, кого любишь.

Тот же опыт ты распространяешь и на отношения со Мной.

Именно из этого опыта ты извлекаешь свои заключения обо Мне. В эти рамки ты поместил свою истину. «Бог — это любящий Бог, — говоришь ты, — но, если нарушить Его заповеди, Он накажет тебя вечным изгнанием и проклянет навсегда».

Разве ты не ощущал на себе, как отвергали тебя родители? Разве ты не знаешь боль их осуждения? Как же ты можешь представить себе что-то иное в отношениях со Мной?

Ты забыл, что это такое, когда тебя любят без всяких условий. Ты не помнишь, что это такое, когда тебя любит Бог. И поэтому ты пытаешься представить, на что может быть похожа любовь Бога, основываясь на том, что ты знаешь о любви в мире.

Ты спроецировал на Бога роль «родителя» и так получил образ Бога, Который судит, а затем награждает или наказывает — в зависимости от того, насколько Ему нравятся твои поступки и мысли. Но это упрощенный взгляд на Бога, основанный на вашей мифологии. Он не имеет никакого отношения к тому, Кто Я Есмь.

Создав таким образом целую систему мыслей о Боге, основанную на человеческом опыте, а не на духовных истинах, ты затем создал всю свою реальность вокруг любви. Это реальность, основанная на страхе и направляемая идеей страшного, мстительного Бога. Ее Организующая Мысль — неверна, но отрицать эту мысль означало бы подорвать всю вашу теологию. И хотя новая теология, которая заменит эту, была бы *воистину* вашим спасением, — вы не можете принять ее, *потому что идея Бога, Которого не нужно бояться, Который не будет осуждать и у Которого нет причин наказывать, слишком велика даже для вашего самого широкого представления о том, Кто и Что есть Бог.*

Эта реальность любви, основанная на страхе, доминирует и в вашей любви вообще; фактически, она создает это чувство. Ведь вы не только *получаете* обусловленную любовь, но и сами *отдаете* любовь таким же образом. И даже когда вы закрываетесь, отступаете и устанавливаете свои условия, часть вас знает, что это не то, чем в действительности является любовь. Однако изменить это вы бессильны. Мне это досталось так тяжело, — говорите вы себе, — и будь я проклят, если снова когда-нибудь стану уязвимым. И все же истина заключается в том, что вы будете прокляты, если *не станете* таковыми.

[Своими собственными (ошибочными) мыслями о том, что есть любовь, вы обрекаете себя на то, чтобы никогда не познать ее в полной чистоте. И заодно — на то, чтобы никогда не познать Меня таким, каков я в действительности. До тех пор, пока вы не образумитесь. Ведь вы не сможете отрицать меня вечно — и настанет наконец момент нашего Примирения.]

Любое действие, предпринимаемое вами, основано на любви или страхе — и это касается не только человеческих отношений. Решения, которые влияют на бизнес, промышленность, политику, религию, образование вашего молодого поколения, социальную политику ваших наций, экономические цели вашего общества; выбор в пользу войны, мира, наступления, защиты, агрессии, подчинения; намерение получить или отдать, оставить для себя или поделиться, объединиться или разъединиться — любой ваш свободный выбор всегда рождается как результат одной из двух возможных мыслей: мысли любви или мысли страха.

Страх — это энергия, которая сжимает, закрывает, втягивает, убегает, прячет, накапливает, наносит ущерб.

Любовь — это энергия, которая расширяет, раскрывает, посылает вовне, отпускает, дает откровение, делится, исцеляет.

Страх укутывает ваши тела в одежды, любовь позволяет вам оставаться нагими. Страх замыкается и заканчивается на том, что у вас есть, любовь позволяет отдать все, что у вас есть. Страх гребет под себя, любовь касается с нежностью. Страх сковывает, любовь отпускает. Страх рождает боль, любовь облегчение. Страх атакует, любовь преображает.

Любая человеческая мысль, слово или деяние основаны на одном из этих чувств. Другого выбора не существует, поскольку выбирать больше не из чего. Однако у вас есть свобода выбирать из этих двух.

У Тебя все получается очень просто, однако, когда наступает момент выбора, страх выигрывает гораздо чаще, чем любовь. Отчего так?

Вас учили жить в страхе. Вам рассказывали о том, что выживает наиболее приспособленный, побеждает сильнейший, преуспевает самый умный. Лишь драгоценные крупицы были сказаны о славе тех, кто умел дарить любовь. Итак, вы стремитесь быть самыми приспособленными, сильными, умными — и, если видите, что не способны превзойти всех, вы боитесь проиграть, ибо вам говорили, что не быть лучшим — значит проигрывать.

И в итоге вы, конечно, выбираете действия, субсидируемые страхом, — ведь вас учили именно этому. Я же учу вас вот чему: выбирая действия, основанные на любви, вы достигнете большего, чем выживание, большего, чем выигрыш; вы достигнете большего, чем успех. Только тогда вы ощутите в полной мере величие того, Кто Вы Есть в Действительности и кем можете быть.

Для этого вы должны отставить в сторону благие, но ошибочные учения ваших мирских наставников и *услышать учения тех, чья мудрость проистекает из другого источника*.

Таких учителей много среди вас сейчас, как и прежде, поскольку Я бы не оставил вас без тех, кто мог бы учить, направлять вас и напоминать об этих истинах. Но самым великим напоминанием является не нечто внешнее, а голос внутри вас. Это первый инструмент, который Я использую, поскольку он — самый доступный.

Ваш внутренний голос — самый громкий голос, которым Я говорю, так как он — ближе всего. Именно этот голос говорит вам, насколько все *остальное* истинно или ложно, правильно или неправильно, хорошо или плохо — по вашему определению. Это тот радар, который задает курс, направляет корабль, выбирает маршрут путешествия, если только вы позволите ему делать это.

Именно этот голос говорит вам прямо сейчас, являются ли слова, которые вы читаете, словами любви или словами страха. Именно так вы сможете определить, прислушиваться ли к этим словам или игнорировать их.

Ты сказал, что, если я всегда буду выбирать действия, исходящие из любви, я смогу ощутить все величие того, кто я есть и кем я могу быть. Мог бы Ты остановиться на этом более подробно?

Существует только одна цель всякой жизни: чтобы ты и все живое приобрели опыт самого полного счастья.

Все остальное, что вы говорите, думаете или делаете, лишь служит этой цели. Больше вашей душе нечего делать, да большего она и не *хочет* делать.

Самое удивительное в этой цели то, что она никогда не достигается. Достижение есть ограничение, но Божий промысел лишен ограничений. Если наступит момент, когда ты сможешь ощутить всю полноту счастья, — в тот же самый момент ты увидишь еще более грандиозное величие, которого можно достичь. Чем больше ты есть, тем большим ты можешь стать, и чем большим ты можешь стать, тем большим ты *уже* можешь быть.

Глубочайшая тайна в том, что жизнь — это не процесс открытия, а процесс сотворения.

Вы не открываете себя, а создаете себя заново. Поэтому стремитесь не открыть, Кто Вы Есть, а определить, Кем Вы Хотите Быть!

Некоторые говорят, что жизнь — это школа, что мы здесь для того, чтобы выучить конкретные уроки, и что когда мы «закончим школу», то сможем приступить к более масштабным делам, уже не привязанные к физическому телу. Верно ли это?

Это еще одна часть вашей мифологии, основанной на человеческом опыте.

Так жизнь — это не школа?

Нет.

И мы здесь не для того, чтобы выучить определенные уроки?

Нет.

Тогда *зачем* мы здесь?

Затем, чтобы вспомнить и воссоздать заново то, Кем Вы уже Есть.

Я говорю вам это снова и снова. Но вы Мне не верите. И все же это именно так, и так и должно быть. Если вы не *создадите* себя такими, Какими Вы Есть, вы не сможете таковыми быть.

Что-то я совсем запутался. Давай вернемся к школе. От одного учителя за другим я слышал, что жизнь — это школа. Честно говоря, я поражен тем, что Ты отрицаешь это.

Школа — это место, куда ты направляешься, когда чего-то не знаешь, но хочешь знать. Это не то место, куда ты направляешься, если ты уже знаешь что-то и просто хочешь *пережить свое знание на опыте*.

Жизнь (как вы это называете) является для тебя возможностью *познать на опыте* то, что ты уже знаешь *на уровне понятий*. Тебе *не нужно ничему учиться*, чтобы сделать это. Тебе просто необходимо вспомнить то, что ты уже и так знаешь, и *действовать исходя из этого*.

Я не уверен, что понял.

Давай начнем вот с чего: душа, твоя душа всегда, с самого начала знает все, что необходимо знать. Для нее нет ничего сокрытого, ничего неизвестного. Но одного знания недостаточно. Душа стремится *к опыту*.

Ты можешь *знать*, что ты щедрый, но до тех пор, пока ты не *сделаешь* то, что будет свидетельствовать о твоей щедрости, у тебя не будет ничего, кроме *понятия*. Ты можешь *знать*, что ты добрый, но до тех пор, пока ты не *сделаешь* кому-то добро, у тебя не будет ничего, кроме *идеи* о самом себе.

Единственное желание твоей души — превратить прекраснейшее *понятие* о самой себе в величайший *опыт*. До тех пор пока понятие не станет ощущением, все это будет чисто умозрительным. Я строил догадки о Себе долгое время. Значительно дольше, чем ты и Я могли бы вместе вспомнить. Дольше, чем возраст этой Вселенной, помноженный на возраст этой Вселенной. Видишь ли ты теперь, как молодо и *как ново* Мое ощущение Себя Самого?

Я снова теряюсь. Твое ощущение Себя Самого?

Да. Давай Я объясню тебе это следующим образом:

В начале было только то, что *Есть*, и не было больше ничего. Но это Все, Что Есть, не могло познать себя, поскольку Все, Что Есть, — это все, что было, и не было *ничего больше*. Итак, Всего, Что Есть... *не существовало*. Поскольку, если нет чего-то другого, — Всего, Что Есть, тоже *нет*.

Это и есть великое Сущее — Не-Сущее, о котором говорили мистики с незапамятных времен.

Так вот, Все, Что Есть, знало, что Оно — это все, что есть, но этого было недостаточно, поскольку Оно могло знать о Своем абсолютном величии *на уровне понятия, а не на уровне опыта*. И Оно стремилось *познать* Себя, Оно хотело знать, каково это — быть столь великим. Но это было невозможно, потому что само определение «великий» — относительно. Все, Что Есть, не могло знать, каково *чувствовать* Себя великим, пока не проявилось бы *то, чего нет*. Пока нет *того, чего нет*, того, что Есть, тоже *нет*.

Ты понимаешь это?

Думаю, да. Продолжай.

Хорошо.

Единственное, что знало Все, Что Есть, — это то, что *больше ничего* не было. Таким образом, Оно не могло и не смогло бы *никогда* познать Себя с внешней по отношению к Себе точки зрения. Такой точки не существовало. Была только одна точка, и она находилась в одном-единственном месте — внутри. «Сущее — Не-Сущее». Все Это Есть — Не-есть.

И вот это Все, Что Есть, решило познать Себя *на опыте*.

Эта *энергия* — эта чистая, невидимая, неслышимая, ненаблюдаемая и, таким образом, неизвестная никому другому энергия решила пережить Себя как высшее великолепие, каковым Она являлась. Для этого, как Она поняла, Ей было необходимо воспользоваться *внутренней* точкой отсчета.

Все, Что Есть, решило, вполне справедливо, что любая Его *часть* обязательно должна быть *меньше, чем целое*, и если Оно просто *разделит* Себя на части, то каждая часть, будучи меньше, чем целое, сможет взглянуть на остальное и увидеть Его великолепие.

Итак, Все, Что Есть, разделило Себя, став в один прекрасный момент тем, что есть *это*, и тем, что есть *то*. Впервые *это* и *то* существовали совершенно отдельно друг от друга. И при этом оба существовали одновременно. Как и все то, что не было *ни этим, ни тем*.

Таким образом, внезапно стали существовать сразу три элемента. То, что есть *здесь*. То, что есть *там*. И то, чего нет *ни здесь, ни там, но что должно существовать для того, чтобы существовали здесь и там*.

Именно ничто содержит всё. Отсутствие пространства содержит пространство. Целое содержит части.

Ты способен это понять?

Успеваешь за мыслью?

Думаю, что да. Хочешь верь, хочешь нет, но Ты так ясно все нарисовал, что, кажется, мне на самом деле все понятно.

Тогда Я продолжаю. Это *ничто*, которое содержит *всё*, и есть то, что некоторые люди называют Богом. Но это не совсем точно, поскольку предполагается, что есть нечто, чем Бог *не является*. Но Я есть *Всё* — видимое и невидимое, — и поэтому данное описание Меня как Великого Невидимого, Не-Сущего, Промежутка, характерное для восточного мистицизма, не более точно, чем чисто западное практическое описание Бога как «всего видимого». Кто считает, что Бог — это Все, Что Есть, *и* Все, Что Не Есть, тот понимает правильно.

Итак, создав то, что «здесь», и то, что «там», Бог сделал возможным познание Богом Самого Себя. В момент этого великого взрыва изнутри Бог создал *относительность — самый великий дар, который Бог когда-либо преподносил Самому Себе. Соответственно, отношения* — это величайший дар Бога, который Он когда-либо преподносил вам, что мы и обсудим очень подробно позже.

Таким образом, из Ничего выпрыгнуло Всё. Это было духовное событие, которое, кстати, соответствует тому, что ваши ученые называют Большим Взрывом.

По мере того как все элементы набирали скорость, было создано *время* — ведь то, что было *здесь*, становилось *там*, и период, который требовался, чтобы *попасть* отсюда туда, можно было измерить.

По мере того как видимые части Меня стали определять самих себя «относительно» друг друга, то же самое делали и невидимые части.

Бог знал: для того чтобы существовала любовь, — и для того, чтобы познать Себя как *чистую любовь*, — должна существовать ее прямая противоположность. Поэтому Бог добровольно создал великую полярность — прямую противоположность любви, все, чем любовь не является, то, что теперь называется страхом. В момент, когда появился страх, стало возможным существование любви как *явления, которое можно пережить*.

Именно об этом *создании дуальности* — любви и ее противоположности — говорится в различных человеческих мифологиях как о *рождении зла*, падении Адама, бунте Сатаны и т. п.

Решив персонифицировать чистую любовь через образ, который вы называете Богом, вы также решили олицетворять жалкий страх персонажем, который вы называете дьяволом.

Некоторые земляне создали вокруг этого события весьма сложные мифологии — с подробными описаниями битв между ангельскими воинами и солдатами дьявола, силами добра и зла, света и тьмы.

Эти мифологии были первой попыткой людей понять и пересказать остальным в понятной форме космические события, *о которых полностью осведомлена душа человека, но которые разум едва ли может охватить.*

Сотворив Вселенную как *разделенный вариант Самого Себя*, Бог создал из чистой энергии все, что теперь существует, — как видимое, так и невидимое.

Другими словами, не только физическая Вселенная была создана таким образом, *но и метафизическая Вселенная также.* Часть Бога, которая формирует вторую половину уравнения «Есмь — Не Есмь», также взорвалась, распавшись на бесчисленное количество частиц, меньших, чем целое. Эти энергетические единицы вы бы назвали *духами*.

Некоторые из ваших религиозных мифологий утверждают, что у «Бога Отца» было много духовных детей. Эта аналогия с человеческим опытом жизни, умножающей себя, — похоже, единственный способ, которым можно заставить массы воспринять как реальность идею внезапного появления — внезапного существования — бесчисленных духов в «Царстве Божием».

В этом отношении ваши сказки и мифические истории не так уж далеки от абсолютной реальности, поскольку эти бесчисленные духи, составляющие Мою тотальность, *являются*, в космическом смысле, Моим потомством.

Мой божественный замысел в разделении Меня Самого заключался в том, чтобы создать самодостаточные части Себя так, чтобы Я мог *познать Самого Себя на опыте*. Есть только один способ, позволяющий Создателю познать Себя на опыте как Создателя, и это — создавать. Итак, Я наделил каждую из бесчисленных частей Меня (всех Моих духовных детей) *такой же силой создавать*, какой обладаю Я Сам как целое.

Это как раз то, что имеют в виду ваши религии, когда утверждают, что вы были созданы «по образу и подобию Бога». Это не означает, как предполагают некоторые, что наши физические тела похожи (хотя Бог может принять любую физическую форму, которую Он выберет для определенной цели). Это означает, что наша сущность одинакова. Мы состоим из одного и того же. Мы СУТЬ «одно и то же»! Мы об-

ладаем одними и теми же свойствами и способностями, включая способность соз-
давать физическую реальность буквально «из воздуха».

Моя цель в создании вас, Моего духовного потомства, была в том, чтобы Я мог познать Себя Самого как Бога. У Меня не было никакого другого способа сделать это — *только через вас.* Таким образом, можно сказать (и было сказано множество раз), что Моя цель для вас — это чтобы *вы* познали себя как Меня.

Это кажется потрясающе простым и при этом становится очень сложным, поскольку для вас существует только один способ познать себя как Меня — *вначале* вам необходимо познать себя как *не Меня.*

Теперь постарайся понять следующее и следи внимательно, поскольку это очень тонкое место. Ты готов?

Думаю, да.

Хорошо. Помни, что ты просил этого объяснения. Ты ждал его столько лет. Ты просил объяснения в мирских словах, а не в терминологии богословских учений или научных теорий.

Да, я просил.

А раз просил — получишь.

Теперь, для простоты, Я буду использовать вашу мифологическую модель детей Божьих как основу для обсуждения, потому что эта модель тебе знакома и во многих отношениях не так уж далека от действительного положения вещей.

Итак, давай вернемся к тому, как должен работать этот процесс самопознания.

Есть один способ, каким Я мог бы сделать так, чтобы Мои духовные дети осознали, что они часть Меня, просто сказав им об этом. Это Я и сделал. Но, видишь ли, для Духа было недостаточно просто узнать Себя как Бога, или часть Бога, или дитя Бога, или как наследника царства (ты можешь использовать и любой другой из мифологических примеров).

Как Я уже объяснил, знать о чем-то и *переживать* это на опыте — две разные вещи. Дух жаждал познать Себя на опыте (так же, как это сделал Я!). Осознания на уровне понятий было для вас недостаточно. Тогда Я разработал план. Это самая невероятная идея во всей Вселенной — и самое потрясающее сотрудничество. Я говорю «сотрудничество», потому что *вы все — заодно со Мной в этом деле.*

По этому плану вы, как чистый дух, входите в только что созданную физическую Вселенную. Ведь *физическое состояние* — это единственный способ узнать на уровне опыта то, что вы знаете на уровне понятий. Собственно, именно по этой причине Я создал физический космос, с которого все началось, равно как и систему относительности, которая управляет им и всем созданным.

Итак, в физической Вселенной вы, Мои духовные дети, смогли пережить на опыте то, что знали о себе, но вначале вам было необходимо *узнать прямо противоположное*. Чтобы упростить объяснение, скажу: невозможно узнать, что ты высок, пока не осознаешь, что такое низкий. Ты не сможешь ощутить на опыте ту часть себя, которую называешь толстой, до тех пор, пока не узнаешь, что такое худой.

Если следовать этой логике до конца, ты не можешь *ощутить* себя тем, чем ты являешься, до тех пор, пока ты не столкнешься с тем, чем ты *не* являешься. В этом и заключен смысл теории относительности и всей физической жизни. Вы определяете себя именно через то, чем вы *не* являетесь.

А в случае абсолютного знания, в случае осознания себя как Творца, — ты не можешь *ощутить* самого себя как творца до тех пор, пока не *сотворишь*.

Но невозможно создать себя до тех пор, пока ты не *рассоздашь* себя. В определенном смысле, для того, чтобы быть, сперва необходимо «не быть». Понимаешь?

Пытаюсь...

Ну что ж, и это неплохо.

Конечно, для тебя невозможно не быть тем, чем и кем ты являешься, — ты просто *есть* это (чистый творческий дух), всегда был и всегда будешь. И вот ты сделал следующую замечательную вещь. Ты *заставил себя забыть, Кто Ты Есть в Действительности*.

Войдя в физическую Вселенную, ты *убрал свою память о себе самом*. Это позволяет тебе *выбрать* быть тем, Кто Ты Есть, вместо того чтобы, так сказать, просто проснуться на небесах.

Именно в акте выбора *быть* частью Бога (а не просто слушать, как тебе об этом говорят) заключается твой *опыт* тотального выбора, каковой, по определению, и является Богом. Однако как ты можешь выбирать там, где выбора *нет*? Ты не можешь *не* быть Моим порождением, как бы ни старался, — но ты можешь *забыть* об этом.

Ты есть, всегда был и всегда будешь *божественной частью божественного целого, частью единого тела*. Именно поэтому акт воссоединения с целым, возвращения к Богу, называется *вспоминанием*. Ты решаешь *вспомнить*, Кто Ты Есть в Действительности, воссоединиться с различными частями самого себя, чтобы ощутить всего себя, — иначе говоря, Всего Меня[1]. Таким образом, ваша задача на Земле — не *учиться* (поскольку вы *уже все знаете*), а *вспомнить* и *воссоединиться* с тем, Кем Вы Являетесь. И вспомнить, кем являются все остальные. Поэтому значительная часть вашей задачи — это *напоминать* другим о том же, чтобы и они могли *вспомнить*[2].

Все замечательные духовные учителя занимались именно этим. Это *ваша единственная цель* или, иначе говоря, это *цель вашей души*[3].

Боже мой, ведь это так просто и так... *симметрично.* **Я имею в виду, что все сходится** *воедино***! Все неожиданно** *сходится***! Теперь я вижу картину, которую мне никогда раньше не удавалось охватить целиком.**

Хорошо. Это хорошо. Это и есть цель настоящего диалога. Ты просил Меня дать ответы. Я обещал тебе дать их.

Ты сделаешь из этого диалога книгу, ты сделаешь Мои слова доступными для многих людей. Это часть твоей работы. У тебя есть много вопросов, много непонятного в жизни. Сейчас и здесь мы заложили фундамент. Мы создали основу для понимания. Давай теперь перейдем к другим вопросам. И не беспокойся. Если в том, что мы только что прошли, тебе что-то еще не вполне понятно, это прояснится для тебя довольно скоро.

Я так о многом хочу спросить! У меня так много вопросов! Наверное, стоит начать с самых больших и очевидных. Например, почему мир сейчас таков, каков он есть?

Из всех вопросов, которые человек задавал Богу, этот задавался чаще всего. С начала времен люди задавали его. С самого первого момента вплоть до момента настоящего вы хотели знать, *почему всё должно быть именно так.*

Классическая постановка данного вопроса звучит примерно так: если Бог — это абсолютное совершенство и абсолютная любовь, почему Он создал чуму и голод, войны и болезни, землетрясения и торнадо, и ураганы, и всевозможные стихийные бедствия, глубоко личные разочарования и всемирные катастрофы?

Ответ на этот вопрос является самой глубокой тайной Вселенной и высшим смыслом жизни.

Я не показываю Свою доброту, создавая вокруг вас только то, что вы называете совершенством. Моя любовь не должна вам помешать проявить свою собственную любовь.

Как Я уже объяснил, ты не сможешь испытать любовь до тех пор, пока не сможешь испытать *нелюбовь.* Любая вещь, любое явление не может существовать без своей противоположности, это возможно только в мире абсолюта. Но состояния абсолюта было недостаточно ни для Меня, ни для вас. Я существовал там, во «всегда», и оттуда же пришли и вы.

В абсолюте нет опыта — там есть только знание. Знание — это божественное состояние, но все же самой великой радостью является бытие. *Бытие* достигается только после опыта. Эволюция такова: *знание, переживание опыта, бытие.* Это Святая Троица — Триединство, которое есть Бог.

Бог Отец есть *знание* — родитель понимания, источник всякого опыта, поскольку нельзя пережить то, чего не знаешь.

Бог Сын есть *опыт, переживание, выражение в действии* — воплощение, проявление всего, что Отец знает о Себе, поскольку ты не можешь быть тем, чего ты не пережил на опыте.

Бог Святой Дух есть *бытие* — *развоплощение* всего, что Сын пережил о Себе; простая, элементарная *есть-ность*, возможная только через память знания и опыта.

Это простое бытие является блаженством. Это Божественное состояние, следующее за знанием и опытом Себя. Это то, к чему Бог стремился в самом начале.

Разумеется, вы давно прошли ту точку, когда существовала необходимость пояснять, что описания Бога в терминах «Отца» и «Сына» не имеют никакого отношения к полу. В данном случае Я использую образную речь ваших самых последних священных писаний. Значительно более древние писания прибегали к образам матери и дочери. И то, и другое неправильно. Ваш разум лучше всего воспринимает такие отношения, как «родитель — дитя». Один является причиной, другой — следствием.

Добавление третьей части Троицы создает следующие отношения:

Причина — Следствие — То, Что Есть.

Эта Тройственная реальность есть подпись Бога. Божественный узор. В тонких сферах тройственное единство встречается повсюду. От него не уйти в вопросах, затрагивающих время, пространство, Бога и сознание или любые другие тонкие отношения. С другой стороны, вы *не* найдете Триединой Истины в грубых жизненных отношениях.

Триединая Истина узнаваема на уровне тонких жизненных отношений любым, кто участвует в подобных отношениях. Некоторые из ваших религиозных деятелей описывают Триединую Истину как Отца, Сына и Святого Духа. Некоторые из ваших психиатров используют понятия сверхсознания, сознания и подсознания. Некоторые из ваших духовных искателей говорят о разуме, теле и духе. Некоторые из ваших ученых видят энергию, материю, эфир. Некоторые из ваших философов говорят, что вещь не является истиной для тебя до тех пор, пока она не есть истина в мысли, слове и деле. Обсуждая время, вы говорите только о трех временах: прошедшем, настоящем и будущем. Соответственно, в вашем восприятии существуют три момента: до, сейчас и после. Говоря о пространственных отношениях — будь то точки, разбросанные по Вселенной или по вашей комнате, вы признаете наличие «здесь», «там» и промежуточного пространства.

В грубых отношениях вы не признаете *никаких* «между». Это происходит потому, что грубые отношения всегда представляют собой диады, или пары, в то время как отношения более высокого плана всегда неизменно являются триадами. Так, существует левое — правое, верх — низ, большое — малое, быстрое — медленное, горячее — холодное и величайшая из когда-либо созданных пар: мужчина — женщина. Во всех этих диадах нет «*между*». Вещь является или тем, или другим, или проявляет в большей или меньшей степени одну из этих полярностей.

В сфере грубых отношений не может существовать никакого понятия без понятия его *противоположности*. Большая часть вашего повседневного опыта основана на этой реальности.

В сфере тонких отношений ничто существующее не *имеет* противоположности. Всё есть Одно, и всё развивается от одного к другому в непрерывном цикле.

Время и есть такая тонкая сфера, в которой то, что вы называете прошлым, настоящим и будущим, существует *взаимозависимо*. То есть они не противоположности, а скорее части единого целого; стадии одной и той же идеи; циклы одной и той же энергии; аспекты одной и той же неизменной Истины. Если ты теперь заключишь, что прошлое, настоящее и будущее существуют «одновременно», то будешь прав. (Хотя момент для обсуждения этого еще не настал. Мы разберем это значительно подробнее позже, когда будем изучать всю концепцию времени.)

Мир таков, как он есть, потому что он не мог бы быть другим и продолжать существовать в сфере грубой материальности. Землетрясения и ураганы, наводнения и торнадо, а также другие события, которые вы называете стихийными бедствиями, суть не что иное, как движения элементов от одной полярности к другой. Весь цикл рождения и смерти является частью этого движения. Все это — ритмы жизни, и все в грубой реальности подчинено им, потому что *сама* жизнь есть ритм. Это волна, вибрация, пульсация в самом сердце Всего, Что Есть.

Болезни и недомогания противоположны здоровью и хорошему самочувствию, и они проявляются в вашей реальности по вашему повелению. Нельзя быть больным, не вызывая у себя на каком-то уровне это состояние, и можно снова стать здоровым в один момент, просто решив быть здоровым. Глубокие личные разочарования являются реакциями, которые вы выбрали, как и всемирные бедствия являются продуктами мирового сознания.

Твой вопрос подразумевает, что это Я выбираю такие события, что именно по Моей воле и желанию они происходят. *Но эти вещи не происходят по моему желанию — Я лишь наблюдаю, как они происходят по вашему желанию.* И Я ничего не делаю, чтобы остановить их, потому что, поступи Я так, это означало бы *нарушение вашей свободы воли*. Это, в свою очередь, лишило бы вас Божественного опыта, того опыта, который вы и Я выбрали вместе.

Не порицайте поэтому все то, что вам кажется плохим в этом мире. Лучше задайтесь вопросом, что позволило вам судить об этом плохо и что бы вы хотели сделать — если вообще хотели бы, — чтобы как-то изменить это.

Ищи ответы внутри себя, а не вовне, спрашивая: «Какую часть моего «Я» я хотел бы пережить сейчас перед лицом этого бедствия? Какой аспект бытия я решаю призвать?» Все в жизни существует как инструмент, созданный тобой самим, и все ее события — просто возможности для тебя решить, Кто Ты Есть, — и быть Им.

Это утверждение справедливо для *каждой души*. Таким образом, ты видишь, что во Вселенной нет жертв, а есть только творцы. Все Мастера, которые прошли по этой планете, знали это. И ни один из Мастеров не считал себя чьей-либо жертвой, хотя многие были распяты.

Каждая душа является Мастером, хотя не всякая помнит о своем истоке и своем наследии. Но все они создают ситуации и обстоятельства на благо своей высшей цели и своего же наиболее быстрого вспоминания каждого момента, который называется «сейчас».

Не осуждай кармические тропы, которые должны пройти другие. *Не завидуй успеху и не сожалей о неудаче, ибо ты не знаешь, что есть успех или неудача в масштабе души.* Ничего не называй ни бедствием, ни радостным событием, пока не решишь или не будешь свидетелем того, как это будет *использовано*. Является ли одна смерть бедствием, если она спасает тысячи жизней? И является ли жизнь радостным событием, если она не порождает ничего, кроме горя? Но даже об этом тебе не следует судить: всегда имей свое собственное мнение и позволяй другим иметь свое.

Это не означает игнорировать призывы о помощи, равно как и стремление своей собственной души к изменению определенных обстоятельств или условий. Это означает избегать ярлыков и суждений, пока ты делаешь то, что ты делаешь, что бы ты ни делал. Ведь каждое обстоятельство — это дар, и в каждом опыте заключено сокровище.

Однажды была душа, которая знала, что она есть свет. Это была новая душа, и ей очень хотелось опыта. «Я есмь свет, — говорила она. — Я есмь свет». Однако все знание об этом и все слова, сказанные об этом, не могли заменить опыта. В тех сферах, откуда пришла эта душа, не было ничего, *кроме* света. *Каждая* душа там была великой, каждая душа была великолепной, каждая душа сияла всем блеском Моего потрясающего света. Таким образом, эта маленькая душа была подобна пламени свечи на фоне солнца. Находясь посреди величайшего света, частью которого она была, она не могла видеть себя, равно как и ощущать себя как то, Кем и Чем Она Является в Действительности.

Случилось так, что эта душа не переставала жаждать познания самой себя. И настолько велика была эта жажда самопознания, что однажды Я сказал:

— А знаешь ли ты, малышка, что ты должна сделать, чтобы утолить свою жажду?

— Что, Боже, что? Я сделаю что угодно! — сказала маленькая душа.

— Ты должна отделить себя от всех нас, — ответил Я, — и затем ты должна будешь призвать на себя тьму.

— Что такое тьма, о Святейший? — спросила маленькая душа.

— То, что не есть ты, — ответил Я, и душа поняла.

И тогда душа сделала это. Она отделила себя от Всего, да-да, и отправилась в другой мир. И в этом мире у души была власть призвать в свой опыт всевозможные разновидности тьмы. Что она и сделала.

Однако посреди всей этой тьмы она кричала: «Отец, Отец, почему Ты оставил меня?» Так же, как это делал ты в свои самые черные времена. При этом Я никогда не покидал тебя, а, напротив, всегда стоял рядом, готовый напомнить тебе, Кто Ты Есть в Действительности, готовый, всегда готовый позвать тебя домой.

Поэтому будь светом в темноте и не проклинай ее.

И не забывай, Кто Ты Есть, когда тебя окружит то, что не есть ты. Но восхваляй мироздание, даже стремясь изменить его.

И знай: то, что ты делаешь во времена своих величайших испытаний, может быть твоим величайшим триумфом. Это опыт, который ты создашь, заявляет о том, Кто Ты Есть — и Кем Ты Желаешь Быть.

Я рассказал тебе эту историю-притчу о маленькой душе и солнце для того, чтобы ты смог лучше понять, почему мир таков, как он есть, и как он может измениться в одно мгновение, когда каждый вспомнит божественную истину о своей высшей реальности.

Есть среди вас такие, кто говорит, что жизнь — это школа и всё, что ты наблюдаешь и испытываешь в жизни, — во благо твоего обучения. Я уже обращался к этому раньше и сейчас скажу снова:

Ты пришел в эту жизнь не для того, чтобы чему-то учиться, — тебе нечему учиться; ты пришел проявить то, что ты уже знаешь. Проявляя это, ты приведешь свои способности в действие и создашь себя заново через свой опыт. Так ты подтвердишь свою жизнь и придашь ей смысл. Так ты привнесешь в нее святость.

То есть все плохое, что происходит с нами в жизни, — это результат нашего собственного выбора? И даже мировые бедствия и несчастья на каком-то уровне создаются нами самими, чтобы мы могли «испытать противоположное тому, Кем Мы Являемся?» И если так, то неужели нет менее болезненного пути — менее болезненного для нас самих и для других способа создать возможности познать самих себя?

Ты задал несколько вопросов, и все они хороши. Давай рассмотрим их по порядку.

Нет, не все вещи, которые вы называете плохими и которые случаются с вами, результат вашего собственного выбора. По крайней мере, не в смысле осознанного выбора, который ты подразумеваешь. Но все эти вещи суть то, что вы *создали*.

Ты *всегда* находишься в процессе *созидания*. Каждый момент. Каждую минуту. Каждый день. *Как* ты можешь творить, об этом мы поговорим позже. А пока просто поверь Мне на слово: ты большая творящая машина, и ты порождаешь каждое новое проявление буквально с такой же скоростью, с какой ты мыслишь.

События, случайности, совпадения, условия, обстоятельства — все это создается сознанием. Индивидуальное сознание — достаточно сильная вещь. Теперь можешь себе представить, какая творческая энергия высвобождается, когда двое или *более* собираются во имя Мое. А *массовое* сознание? Оно настолько сильно, что в состоянии создавать события и обстоятельства мирового значения и планетарных последствий.

Было бы некорректно — поскольку вы вкладываете в это другой смысл — говорить, что *вы выбираете* эти последствия. Вы выбираете их не больше, чем Я. Так же, как и Я, вы наблюдаете их. И решаете, Кто Вы Есть *по отношению* к ним.

В этом мире нет жертв и нет злодеев. И ты не являешься жертвой выбора других. На каком-то уровне вы *все* создали то, что сейчас ненавидите, а создав это, вы *выбрали* это.

Это высокий уровень мышления, и такого уровня достигают рано или поздно все Мастера. Ибо только если они могут принять ответственность за *все* — они обретают силу изменить *часть*.

Пока ты придерживаешься мнения, что где-то там есть кто-то, кто «делает» всё это с тобой, ты лишаешь себя силы что-либо изменить. Только когда ты скажешь: «Я *сделал* это», ты найдешь такую силу.

Значительно легче изменить то, что делаешь ты, чем то, что делает другой.

Первый шаг на пути изменения *чего-либо* — знать и принять, что ты сам выбрал это в таком виде, как оно есть сейчас. Если ты не можешь принять это на личном уровне — согласись с этим через понимание того, что Мы все — Одно. И тогда старайся изменить что-либо не потому, что это неправильно, а потому, что это более не соответствует в точности утверждению о том, Кто Ты Есть.

Существует только одна причина делать что-либо: заявить Вселенной о том, Кто Ты Есть.

Используемая таким образом жизнь становится Само-созидающей. Ты используешь жизнь, чтобы создать Себя как того, Кто Ты Есть, и того, Кем Ты Всегда Хотел Быть. И есть только одна причина *отменить* какое-либо действие: если оно *более* не является заявлением о том, Кем Ты Хочешь Быть. Оно уже не отражает тебя. Оно не представляет тебя.

Если ты желаешь быть представленным точно, ты должен *работать над тем, чтобы изменить в своей жизни все, что более не соответствует тому образу тебя, который ты хочешь спроецировать в вечность.*

В самом широком смысле все «плохое», что происходит, — результат твоего выбора. Ошибка состоит не в том, что ты выбрал, а в том, что ты называешь эти вещи плохими. Поскольку, называя их плохими, ты называешь плохим Себя, коль скоро ты создал их.

Этот ярлык ты не можешь принять, поэтому вместо того, чтобы вешать на Себя ярлык «плохой», ты лучше *откажешься от своих собственных творений*. Именно эта интеллектуальная и духовная нечестность позволяет тебе принимать мир, в котором условия таковы, как они есть. Если бы тебе пришлось принять *личную ответственность* за мир — или если бы ты просто почувствовал ее глубокий внутренний смысл, — мир был бы совершенно другим. И это, *безусловно*, было бы так, если бы *каждый* чувствовал себя ответственным. Абсолютная очевидность этого делает положение вещей столь болезненным.

Стихийные бедствия и ненастья, все эти торнадо и ураганы, вулканы и наводнения, все физические беспорядки не являются непосредственно созданными тобой. Но ты *действительно* создаешь степень влияния всех этих событий на твою жизнь.

Во Вселенной происходят такие события, сотворение или инициирование которых тебе не может приписать даже самый необузданный полет воображения.

Эти события создаются совокупным сознанием человека. Весь мир производит этот опыт в результате совместного творчества. Но каждый из вас проходит через данный опыт индивидуально, решая, что он означает, если вообще означает, для вас, а также Кем и Чем Вы Являетесь относительно этого опыта.

Таким образом, вы создаете коллективно и индивидуально переживаемые вами жизни и время для осуществления цели души — то есть развития.

Ты спросил, есть ли менее болезненный путь прохождения через этот процесс. В ответ Я скажу: да, но при этом ничто в твоем внешнем опыте не изменится. Чтобы уменьшить боль, которую вы ассоциируете с земным опытом и ситуациями — как собственными, так и чужими, – *нужно изменить свое к ним отношение*.

Ты не можешь изменить внешние события (поскольку они были созданы многими из вас, а твое сознание не достаточно развито, чтобы в одиночку изменить то, что было создано коллективно), поэтому ты должен изменить внутренний опыт. Это и есть путь к мастерству жизни.

Ничто не является болезненным само по себе. Боль — результат ложной мысли. Это ошибка в мышлении.

Мастер способен убрать самую нестерпимую боль. Таким образом Мастер исцеляет.

Боль является результатом суждения, которое ты сделал о чем-либо. Убери суждение — и боль исчезнет.

Суждение часто основывается на предыдущем опыте. Твое понимание чего-либо происходит от твоей изначальной идеи об этом. Твоя изначальная идея рождается из еще более ранней идеи, а та, в свою очередь, — из еще более ранней, и так далее, кирпичик за кирпичиком, пока ты не доберешься до самого начала, в зал зеркал, который Я называю «первой мыслью».

Всякая мысль творит, и нет мысли более сильной, чем изначальная. Вот почему это иногда также называется изначальным грехом.

Изначальный, или первородный грех — это когда твоя первая мысль о вещи содержит в себе ошибку. Эта ошибка многократно увеличивается, когда у тебя появляются вторая и третья мысли об этой вещи. И задача Святого Духа — вдохновить тебя на новое понимание, которое сможет освободить тебя от ошибок.

Имеешь ли Ты в виду, что я не должен переживать о голодающих детях в Африке, о насилии и несправедливости в Америке, о землетрясении в Бразилии, которое унесло жизни сотен людей?

В мире Бога нет никаких «должен» и «не должен». Делай то, что ты хочешь делать. Делай то, что отражает тебя, что представляет тебя как более великий вариант твоего «Я». Если ты хочешь чувствовать себя плохо — чувствуй себя плохо.

Но не суди и не обвиняй, ибо не знаешь, почему событие происходит и к чему ведет.

И запомни: то, что ты обвиняешь, — обвинит тебя; тем, что ты осуждаешь, — однажды станешь сам.

Вместо этого ищи способ изменить эти вещи или поддержать тех, кто изменяет их, — изменяет вещи, которые больше не отражают высший смысл того, Кто Ты Есть.

Но благословляй все, ибо все есть творение Божье, через жизнь живую, и это — творение высшее.

Позволь остановиться здесь на секунду, мне нужно перевести дыхание. Правильно ли я услышал, что в мире Бога нет «должен» и «не должен»?

Правильно.

Как это может быть? Если нет ни того, ни другого в *Твоем* мире, где же этому *быть*?

В самом деле — где?..

Я повторю вопрос. Откуда еще могут появиться «должен» и «не должен», если не из Твоего мира?

Из твоего *воображения*.

Но те, кто научил меня всем этим «правильно» и «неправильно», «можно» и «нельзя», «должен» и «не должен», — они говорили, что все эти правила установлены *Тобой*, Богом.

В таком случае, учившие тебя — ошибались. Я никогда не устанавливал, что «правильно» и что «неправильно», что «можно» и чего «нельзя». Сделать так значило бы полностью лишить вас величайшего дара: возможности делать так, как вы захотите, полностью ощутить результаты этого; возможности создать себя заново в образе и подобии того, Кто Вы Есть На Самом Деле; пространства для проявления реальности все более и более высших «Я», основанных на вашей самой смелой идее о том, на что вы способны.

Сказать, что что-то (мысль, слово, действие) «неправильно», — все равно что сказать вам не делать этого. Приказать вам не делать чего-то — все равно что запретить делать это. Запретить вам что бы то ни было означало бы ограничить вас. Ограничение для вас означало бы отрицание того, Кто Вы Есть в Действительности, как и вашей возможности создавать и переживать эту истину.

Некоторые говорят, что Я дал вам свободу воли; и те же люди утверждают, что, если вы не будете повиноваться Мне, Я пошлю вас в ад. Что же это за свобода воли? Не насмешка ли это над Богом, не говоря уже о каких-либо истинных взаимоотношениях между нами?

Что ж, теперь мы как раз подходим к другой области, которую я хотел бы обсудить, — ко всем этим вопросам о рае и аде. Насколько я сейчас понимаю Тебя, нет такой вещи, как ад.

Ад существует, но это не то, что ты думаешь, и ты не осознаешь его по причинам, уже указанным.

Что же такое ад?

Это переживание результатов худших из всех возможных для тебя выборов, решений и творений. Это естественные последствия любой мысли, которая отрицает Меня или говорит «нет» тому, Кто Ты Есть относительно Меня.

Это боль, которую ты ощущаешь по причине неправильного мышления. При этом сам термин «неправильное мышление» условен, поскольку не существует того, что было бы неправильным.

Ад — *это противоположность радости*. Это нереализованность. Это знание того, Кто и Что Ты Есть, и невозможность *пережить* это. Это значит быть *меньше*. Это и есть ад, и нет ничего худшего для твоей души.

Но ад не существует как какое-то *место*, которое вы выдумали, где приходится гореть в некоем вечном огне или существовать в некоем состоянии непрекращающегося мучения. Каков был бы смысл всего этого?

Даже если, предположим, у Меня и зародилась бы невероятная безбожная мысль о том, что вы не «заслуживаете» рая, — с чего бы мне заниматься поисками каких-либо наказаний или мести за ваши неудачи? Разве не было бы для меня проще, скажем, взять и сделать так, чтобы вы исчезли? Что за мстительная часть Меня стала бы требовать того, чтобы Я подверг вас вечным страданиям, которые по силе и глубине не поддаются никакому описанию?

И если ваш ответ — «во имя справедливости», — разве не была бы в таком случае справедливой просто невозможность воссоединиться со Мной в раю? Неужели бесконечное страдание от боли столь уж необходимо?

Я хочу, чтобы вы знали, что в опыте, следующем за смертью, *нет* ничего подобного тому, что вы создали в своих основанных на страхе теориях.

Впрочем, есть опыт души настолько несчастной, настолько незавершенной и меньшей, чем целое, настолько отделенной от величайшей радости Бога, что для твоей души это *был бы* ад. Но Я хочу, чтобы это было ясно: Я не *посылаю* вас туда и не Я причина того, что вы получаете этот опыт. Вы сами создаете этот опыт, когда отделяете свое «Я» от своих самых высоких мыслей о себе. Вы сами создаете эти переживания, когда отвергаете то, Кем и Чем Вы Являетесь в Действительности.

Но даже этот опыт не вечен. Он таковым и *не может* быть, поскольку ваше разъединение со Мной навсегда не входит в Мои планы. На самом деле это просто невозможно — ведь в таком случае не только *вам* пришлось бы отрицать то, Кто Вы Есть, но и Мне тоже. Этого Я никогда не сделаю. И до тех пор, пока хотя бы один из нас хранит истину о вас, эта истина должна будет в конце концов восторжествовать.

Но если ада нет, значит ли это, что я могу делать все, что захочу, действовать, как мне заблагорассудится, совершать все, что ни пожелаю, и при этом не бояться никакого возмездия?

Неужели именно *страх* необходим тебе для того, чтобы быть тем, делать и иметь то, что внутренне правильно? Неужели тебе нужно *бояться*, чтобы «вести себя хорошо»? И что это вообще такое — «вести себя хорошо»? Кому здесь принадлежит последнее слово? Кто дает указания? Кто устанавливает правила игры?

Вот что Я скажу тебе: *ты* сам себе устанавливаешь правила. Ты даешь указания. И *ты* сам решаешь, насколько хорошо ты поступил и поступаешь сейчас. Поскольку именно *ты* есть тот, кто решил, Кто и Что Ты Есть в Действительности, а также Кем и Чем Ты Хочешь Быть. И *ты* сам есть тот *единственный*, кто может оценить, насколько ты хорош.

Никто другой никогда не сможет судить тебя: зачем и как Богу судить Свое собственное творение и называть его плохим? Если бы Я хотел, чтобы ты был совершенным и делал все в совершенстве, Я бы оставил тебя в состоянии абсолютного совершенства, начиная с момента твоего проявления. Весь смысл этого процесса заключается в том, чтобы ты открыл себя, *создал* свое «Я» таким, каков ты есть на самом деле, — и таким, каким ты воистину желаешь быть. Но ты не можешь стать таким, если у тебя нет выбора быть *чем-то еще*.

Итак, должен ли Я наказывать тебя за выбор, который ты сделал, если предоставил его тебе Я Сам? Если бы Я не хотел, чтобы ты мог выбрать какой-то второй вариант, зачем бы Я создавал что-то, кроме первого?

Именно этим вопросом тебе стоит задаться, прежде чем приписывать Мне роль карающего Бога.

Прямой ответ на твой вопрос будет звучать так: «Да, ты можешь делать все, что захочешь, без всякого страха возмездия». Впрочем, забота о последствиях может сослужить тебе хорошую службу.

Последствия — это результаты. Естественные следствия. Это не то же самое, что возмездие или наказание. Последствия — это только последствия. Они есть результат естественного применения природных законов. Это то, что вполне предсказуемо *происходит* в результате того, что *уже произошло*.

Вся физическая жизнь действует в соответствии с законами природы. Когда ты будешь помнить эти законы и применять их, ты овладеешь мастерством жизни на физическом уровне.

То, что кажется тебе наказанием, — или то, что ты называешь злом или невезением, — не что иное, как срабатывание естественного закона.

В таком случае, если бы я знал эти законы и следовал им, я бы никогда не встречал ни малейших затруднений?

Ты бы никогда не ощущал себя в том состоянии, которое ты называешь «затруднением». Ты бы не воспринимал никакую жизненную ситуацию как проблему. Ты бы не спотыкался на любом обстоятельстве как на препятствии. Ты бы перестал беспокоиться, сомневаться и бояться. Ты бы стал жить так, как в твоих фантазиях жили Адам и Ева — не как развоплощенные духи в мире абсолюта, а как воплощенные духи в мире относительности. И при этом у тебя бы сохранились вся свобода, вся радость, весь покой и вся мудрость, понимание и сила Духа, которым ты являешься. Ты был бы полностью реализованным существом.

Это — цель твоей души. В этом ее смысл — полностью реализовать себя, будучи в теле; стать *воплощением* всего того, чем она в действительности является.

И в этом заключается Мой план для вас. В этом состоит Мой идеал: чтобы Я реализовался через вас. Чтобы понятие стало опытом, чтобы Я познал Себя *на опыте*.

Я — Тот, Кто установил Законы Вселенной. Это совершенные законы, которые создают совершенное функционирование физического мира.

Встречал ли ты что-либо более совершенное, чем снежинка? Ее уникальное устройство, симметрия, сходство с другими и оригинальность одновременно — все это заключает в себе тайну. Ты удивляешься, глядя на это потрясающее проявление Природы. И уж если Я смог сделать это с единственной снежинкой, как ты думаешь, что Я могу сделать и уже *сделал* со Вселенной?

Если бы ты был способен увидеть симметрию всего этого, совершенство созданных форм, начиная с самых больших тел и заканчивая мельчайшими частицами, — ты бы не смог удержать истину всего этого в своей реальности. И даже сейчас, улавливая лишь отблески этого, ты не можешь полностью представить себе или понять, что за этим стоит. Но ты можешь знать, что за этим *стоит* что-то гораздо более сложное и гораздо более необычное, чем твое нынешнее восприятие может объять. Ваш Шекспир замечательно сказал: «Есть многое на свете, друг Горацио, что и не снилось нашим мудрецам».

Тогда как я могу познать эти законы? Как я могу изучить их?

Дело не в изучении, а во *вспоминании*.

Как я могу вспомнить их?

Начни с собственной неподвижности. Успокой внешний мир, чтобы мир внутренний мог дать тебе видение. Именно это внутреннее видение — то, что ты ищешь. Но ты не сможешь обрести его до тех пор, пока глубоко озабочен своей внешней реальностью. Итак, стремись погрузиться вовнутрь — настолько, насколько это возможно. А когда ты не погружаешься вовнутрь — исходи *изнутри*, взаимодействуя с внешним миром. Всегда помни эту аксиому:

Если ты не движешься внутрь, ты движешься наружу.

Повторяй ее от первого лица, чтобы сделать ее более личной:

Если я
не двигаюсь вовнутрь,

я
двигаюсь наружу.

Ты двигался наружу всю свою жизнь. Но ты не обязан делать это, и никогда не был обязан.

Не существует того, чем ты не можешь быть, не существует того, чего ты не можешь сделать. Не существует того, чего ты не можешь иметь.

Это звучит как обещание журавля в небе.

А какое другое обещание ты бы хотел от Бога? Поверил бы ты Мне, если бы Я пообещал меньшее?

Тысячелетиями люди не верили обещаниям Бога по самой невероятной причине — эти обещания были слишком хороши, чтобы быть правдой. Поэтому вы выбирали меньшее обещание, меньшую любовь. Ибо высшее из обещаний Господа исходит из Его высшей любви. Вы не в состоянии воспринять совершенную любовь, и поэтому совершенное обещание остается также невостребованным. Равно как и совершенная личность. Не удивительно, что вы не способны даже верить в свое «Я».

Неспособность веры хотя бы в одно из перечисленного означает неспособность веры в Бога. Ведь вера в Бога рождает веру в величайший дар Бога — безусловную любовь и величайшее обещание Бога — неограниченный потенциал.

Могу я прервать Тебя здесь? Больше всего не люблю прерывать Бога, когда Он вещает... но я уже слышал эти разговоры о безграничном потенциале, и это не очень-то подтверждается человеческим опытом. Забудем о трудностях, с которыми сталкивается средний человек. А вот как насчет проблем, с которыми встречаются те, кто родился с ментальными или физическими ограничениями? *Их* потенциал тоже неограничен?

Вы, люди, сами писали об этом в своих священных писаниях, причем не единожды.

Приведи мне хотя бы одну цитату.

Давай посмотрим, что вы написали в вашей Библии, в книге «Бытие», глава 11, стих 6.

Там говорится: «И сказал Господь: вот, один народ, и один у всех язык; и вот что́ начали они делать, и не отстанут они от того, что задумали делать».

Да. Ты веришь в это?

Но это не отвечает на вопрос о слабых, больных, инвалидах, о тех, кто *ограничен*.

Думаешь ли ты, что они ограничены, как ты это формулируешь, в своем выборе? Полагаешь ли ты, что человеческая душа встречает испытания жизни, *какими бы* они ни были, по *воле случая*? Ты *так* это представляешь себе?

Ты имеешь в виду, что душа заранее выбирает свой жизненный опыт?

Нет — тогда в испытаниях не было бы *смысла*. Смысл как раз и заключается в том, чтобы *создать* свой опыт и, таким образом, создать свое «Я» в этот славный момент под названием Сейчас. Так что вы не выбираете ту жизнь, которую вам придется прожить, заранее.

Однако вы можете выбрать людей, места и события, то есть условия и обстоятельства, испытания, препятствия и возможности выбора, с помощью которых вы можете *создать* свой опыт. Ты можешь выбрать цвета для своей палитры, инструменты для своей мастерской. То, что ты создашь из всего этого, — твое дело. *Это* и есть дело жизни как таковой.

Твой потенциал *на самом деле* неограничен относительно всего того, что ты выбрал сделать. При этом не следует думать, что душа, воплотившаяся в тело, которое ты называешь ограниченным, не достигла своего максимального потенциала, — ведь ты даже не знаешь, что эта душа *пыталась сделать*. Тебе неведом ее *план*. Тебе неизвестны ее *намерения*.

Поэтому *благословляй каждого* человека и *любые* условия и будь благодарен. Таким образом ты будешь провозглашать совершенство творения Бога и показывать свою веру в это. Ведь ничто не случайно в мире Бога и нет такой вещи, как совпадение. И мир не управляется случайным выбором или тем, что вы называете роком.

Уж если снежинка абсолютно совершенна в своем устройстве, неужели ты думаешь, что то же самое нельзя сказать о такой великолепной вещи, как твоя жизнь?

Но ведь даже Иисус исцелял больных. С чего бы ему делать это, если их состояние было столь «совершенным»?

Иисус исцелял этих людей не потому, что оценивал их состояние как несовершенное. Он делал это, видя, что души этих людей просили об исцелении как о части их собственного процесса. Он видел совершенство процесса. Он узнавал и понимал намерение души. Если бы Иисус чувствовал, что все заболевания, ментальные и физические, представляют собой несовершенство, — неужели Он просто не взял бы да не исцелил всех на этой планете, всех сразу? Ты сомневаешься, что Он смог бы сделать это?

Нет. Я верю, что Он смог бы.

Хорошо. Тогда разум в недоумении вопрошает: почему же Он не сделал этого? Почему Христос выбирал, кого оставить страдать, а кого исцелить? И вообще, почему Бог допускает страдания как таковые? Этот вопрос задавался и прежде, а ответ остается все тем же. Весь процесс — совершенен, и вся жизнь — это порождение *выбора*. Не стоит вмешиваться в выбор, равно как и подвергать его сомнению. И уж совершенно не стоит осуждать или порицать сделанный кем-то выбор.

Нужно просто наблюдать за выбором, и затем стараться, насколько это возможно, помочь душе в поиске и совершении *более высокого выбора*. Так что будь внимателен к тому, какой выбор делают другие, но не суди. Знай, что их выбор совершенен для них в данный момент, но будь готов помочь им в их поиске нового — более высокого выбора.

Стремись к единению с душами других, и их цели и намерения станут понятны тебе. Это именно то, что делал Иисус с теми, кого Он исцелял, — и со *всеми* теми, чьи жизни Он затронул. Иисус исцелял всех, кто приходил к Нему, и всех, кто посылал к Нему молить за них. Он не совершал *случайных* исцелений. Сделать так означало бы нарушить священный закон Вселенной: *пусть каждая душа идет своим путем.*

Означает ли это, что мы не должны помогать тому, кто не попросил об этом? Конечно, нет, — в противном случае мы никогда не были бы в состоянии помочь голодающим детям Индии, или измученным народам Африки, или бедным, или угнетенным, где бы они ни находились. Тогда все гуманитарные программы были бы напрасны, а вся благотворительность — запрещена. Должны ли мы ждать, когда ближний в отчаянии воззовет к нам или когда целый народ начнет умолять о помощи, и лишь тогда нам будет дозволено сделать то, что, несомненно, правильно?

Видишь ли, сам вопрос содержит в себе ответ. Если ты считаешь что-то правильным, делай это. Но не забывай о крайней осторожности в суждениях о том, что «правильно» и что «неправильно».

Любая вещь является правильной или неправильной лишь постольку, поскольку ты так считаешь. И ничто не является правильным или неправильным по сути своей.

Как это может быть?

«Правильность» или «неправильность» — не внутреннее качество, а субъективная оценка в персональной системе ценностей. Именно посредством своих субъективных суждений ты создаешь свое «Я» — своими личными ценностями ты определяешь, Кто Ты Есть, и проявляешь себя.

Мир именно таков, каков он есть, для того, чтобы ты мог выносить свои суждения. Если бы мир стал совершенным, твой жизненный процесс создания «Я» был бы невозможен. Он бы закончился. Карьера адвоката закончилась бы завтра же, если бы исчезли судебные процессы. Карьера врача завершилась бы завтра же, если бы исчезли болезни. Карьера философа закончилась бы завтра же, если бы не осталось больше вопросов.

И *карьера Бога* закончилась бы завтра, если бы *не осталось больше проблем!*

Совершенно верно. Ты сформулировал это блестяще. Мы все прекратили бы создавать, если бы больше нечего было создавать. Мы все заинтересованы в том, *чтобы игра продолжалась*. Сколько бы мы ни говорили, что хотим решить все проблемы, мы не посмеем решить *все* проблемы — ведь тогда не останется ничего, что мы могли бы *делать*.

Ваш военно-промышленный комплекс понимает это очень хорошо. Именно поэтому он всячески сопротивляется любой попытке установления пацифистского правления где бы то ни было.

Ваше здравоохранение также хорошо понимает это. Именно поэтому оно непреклонно сопротивляется любому новому чудесному лекарству или прибору, не говоря уже о чудесах как таковых, — оно *должно*, оно *вынуждено* это делать для своего собственного выживания.

Вашему религиозному сообществу это также отлично известно. Именно поэтому они неизменно атакуют любое определение Бога, которое не подразумевает страха, осуждения, воздаяния, равно как и любое определение «Я», которое не подразумевает их *собственной идеи единственного пути к Богу*.

Если Я скажу тебе: «Ты *есть* Бог», где тогда окажется религия? Если Я скажу тебе: «Ты *уже* исцелен», где окажутся наука и медицина? Если Я скажу тебе: «Ты должен жить мирно», где окажутся миротворцы? Если Я скажу тебе: «Мир исправлен», где окажется мир?

Что останется делать водопроводчикам?

В мире существует два основных типа людей: те, кто дают тебе то, что ты хочешь, и те, кто все исправляют. В определенном смысле даже те, кто просто дает тебе то, что ты хочешь, — мясники, пекари, изготовители подсвечников, — тоже исправляют. Ибо хотеть чего-то обычно означает *нуждаться* в этом. Вот почему алкоголик говорит, что ему нужно «*поправиться*». Поэтому будь осторожен, чтобы желание не превратилось в *пристрастие*.

То есть Ты утверждаешь, что в мире всегда будут проблемы? Не хочешь ли Ты сказать, что действительно *хочешь, чтобы все было именно так*?

Я говорю, что мир таков, каков он есть, — точно так же, как снежинка такова, какова она есть, — просто так все устроено. *Вы* создали все таким, как оно есть, точно так же, как ты создал *свою* жизнь в точности такой, какая она есть сейчас.

Я хочу того, чего хотите *вы*. С того дня, когда вы на самом деле захотите, чтобы не стало голода, — голода больше не будет. Я дал вам все необходимые ресурсы, какие позволят сделать это. В вашем распоряжении есть все необходимое, чтобы сделать этот выбор. До сих пор вы не сделали его. И не потому, что вы *не можете*. Мир может покончить с голодом в масштабах всей планеты завтра же. Ваш *выбор* — не делать этого.

Вы заявляете, что существуют достаточно веские причины, по которым каждый день 40 000 человек должны умирать от голода. Таких причин не существует. Говоря, что вы не можете ничего поделать, чтобы не дать 40 000 человек каждый день умирать от голода, вы позволяете 50 000 человек рождаться каждый новый день в этом мире и начинать свою жизнь. И это вы называете любовью. И это вы называете Божьим планом. Это план, которому абсолютно не хватает логики и здравого смысла, не говоря уже о сострадании.

Я достаточно жестко показываю тебе, что мир существует таким, как есть, только потому, что *вы выбрали это*. Вы систематически разрушаете собственную среду обитания и затем считаете, что так называемые природные катастрофы свидетельствуют о грубом обмане со стороны Бога или о жестокости Природы. Это вы обманываете сами себя, это вас можно назвать жестокими.

Ничто, *ничто* не является более нежным, чем Природа. И ничто, *ничто* не было более жестоким к Природе, чем человек. Но вы уходите от любой причастности к этому; вы отрицаете свою ответственность. Это не ваша вина, говорите вы, и в этом вы правы. Дело не в *вине*, дело в *выборе*.

Вы можете выбрать прекратить уничтожение тропических лесов завтра же. Вы можете выбрать прекратить истощение защитных слоев атмосферы вокруг вашей планеты. Вы можете выбрать прекратить постоянную яростную атаку на отлаженную экосистему вашей планеты. Вы можете попытаться собрать сломанную снежинку или хотя бы остановить ее неумолимое таяние — вопрос в том, станете ли вы это делать?

Точно так же вы можете *положить конец всем войнам завтра же*. Просто. Легко. Все, что для этого требуется, все, что для этого *когда-либо* требовалось, — это всем вам прийти к согласию. Но если вы не в состоянии прийти к согласию по поводу чего-то настолько простого в основе своей, как положить конец взаимному убийству, как же вы можете грозить небесам кулаком, требуя, чтобы они привели вашу жизнь в порядок?

Я не сделаю ничего, чего вы не пожелаете сделать для себя сами. В *этом* закон и пророки[4].

Мир стал таким, какой он сейчас, благодаря *вам* и тем выборам, которые вы сделали — или не смогли сделать.

(Ибо не решать ничего — это тоже решение.)

Земля находится в том состоянии, в котором она сейчас, благодаря *вам* и тем выборам, которые вы сделали — или не смогли сделать.

Твоя собственная жизнь такова, какова она есть, благодаря *тебе* и тем выборам, которые ты сделал — или не смог сделать.

Но ведь не я выбираю, чтобы меня сбил грузовик! Не я выбираю, чтобы меня ограбил бандит или изнасиловал маньяк. Так может сказать большинство. В мире множество людей согласится со мной.

Вы *все* являетесь первопричиной существующих условий, в которых у грабителя возникает желание или, лучше сказать, внушенная потребность грабить. Вы все создали такое сознание, которое делает изнасилование возможным. Только *увидев в самом себе* то, что рождает преступление, ты начинаешь наконец исправлять условия, в которых все это могло появиться.

Накормите своих бедных, позвольте своим нищим обрести достоинство. Обеспечьте равные возможности тем из вас, кто менее удачлив. Положите конец тем предубеждениям, которые держат массы на уровне злой толпы, почти не надеющейся на лучшее завтра. Отмените свои бессмысленные табу и ограничения, связанные с сексуальной энергией, и помогите другим действительно понять, какое это чудо, и направить ее в нужное русло. Сделайте *это* — и вы значительно продвинетесь к тому, чтобы покончить с грабежом и насилием навсегда.

Что же касается так называемого «несчастного случая», когда грузовик выскакивает из-за угла или кирпич падает на голову, — научитесь приветствовать каждую из этих случайностей как маленькую часть значительно большей мозаики. Каждый из вас пришел сюда для того, чтобы выработать индивидуальный план своего собственного спасения. При этом *спастись* не означает «миновать ловушки дьявола». Нет такой вещи, как дьявол, равно как нет и ада. Вы спасаете себя от забвения нереализованности.

Ты не можешь проиграть в этой битве. Тебя не может постичь неудача. Так что это и не битва вовсе, а просто некий процесс. Однако, если не знать этого, ты будешь воспринимать все как постоянную борьбу. Может быть, ты даже будешь *верить в борьбу* достаточно долго, чтобы успеть создать вокруг нее целую религию. И эта религия будет учить тому, что *смысл жизни — в борьбе*. Это ложное учение. На самом деле процесс идет, когда ты *не* борешься. Ты побеждаешь, когда сдаешься.

Несчастные случаи происходят просто потому, что происходят. Определенные составляющие элементы процесса жизни сложились таким-то образом в такое-то время и произвели некоторые результаты — результаты, которые ты выбираешь называть неблагоприятными по своим собственным резонам. При этом они могут быть совсем даже не неудачными с точки зрения замысла твоей души.

Вот что Я скажу тебе: *нет* никаких совпадений и *ничто* не происходит «случайно». Каждое событие и приключение призывается к тебе твоим же «Я» для того, чтобы ты мог творить и переживать того Себя, Кто Ты Есть в Действительности. Все истинные Мастера знают это. Вот почему Мастера-мистики остаются невозмутимыми перед лицом самых худших переживаний (как их определил бы *ты*).

Великие учителя христианства понимают это. Они знают, что Иисуса не тревожило предстоящее распятие — он ожидал его. Он мог бы взять и уйти, но не сделал этого. Он мог бы остановить этот процесс в любой момент. У Него было достаточно силы сделать это. Но Он не стал ничего изменять. Он *позволил Себе быть распятым*, чтобы стать образцом вечного спасения человека. *«Посмотрите,* — сказал Он, — *на то, что Я могу сделать.* Посмотрите на то, что есть *истина.* И знайте, что это и многое другое способны сделать и вы. Ибо не говорил ли Я, что вы — боги? Но вы не верите. Если же вы не можете верить в *себя* — верьте в *Меня».*

Так велико было сострадание Иисуса, что Он искал способ (и создал его), как повлиять на мир таким образом, чтобы все могли прийти в рай (к самореализации) если не как-то иначе, то хотя бы через *Него.* Ведь Он победил страдание и смерть. Это можете и вы.

Величайшим провозвестием Христа является не *обещание*, что у вас *будет* вечная жизнь, — а *утверждение*, что она у вас *уже есть.* Вы не *должны* обрести братство в Боге — оно *уже есть.* Вы не *получите* все, что попросите, — вы *уже все имеете.*

Необходимо только *знать об этом.* Ты *есть* творец своей реальности. Какой ты *мыслишь* себе жизнь, такой она для тебя и обернется. И никак иначе.

Твоя *мысль* рождает реальность. Это первый шаг творения. Бог Отец — это мысль. Твоя мысль — прародитель, который порождает все остальное.

Это один из законов, которые мы должны помнить.

Да.

А Ты можешь перечислить остальные?

Я уже перечислил тебе остальные. Я рассказывал тебе о них с начала времен. Снова и снова Я повторял их тебе. Я посылал вам учителя за учителем. Вы не слушаете моих учителей. Вы убиваете их.

Но *почему?* Почему мы убиваем самых святых из нас? Мы убиваем их или изгоняем, что, впрочем, одно и то же. *Почему?*

Потому что они противятся любой мысли, которая отрицает Меня. А вам приходится отрицать Меня, если вы отрицаете свое «Я».

С чего бы мне хотеть отрицать Тебя *или* себя?

Потому что тебе страшно. И еще потому, что Мои обещания «слишком хороши, чтобы быть правдой». И потому, что вы не в состоянии принять величайшую Истину. Вот почему вы должны умалить себя до такой «духовности», которая учит страху, зависимости и нетерпимости, а не любви, силе и приятию.

Вы *полны* страха, больше всего вы боитесь того, что Мое величайшее обещание может оказаться величайшей ложью всей жизни. И вы создаете величайшие фантазии, какие только можете, чтобы защитить себя. Вы утверждаете, что любое обещание, которое дарует вам силу Бога и гарантирует Его любовь, должно быть *лживым обещанием дьявола*. Бог бы никогда не дал такого обещания, говорите вы себе, на это способен только дьявол — чтобы, искусив, склонить вас к отрицанию истинной сути Бога как грозного, осуждающего, ревнивого, мстительного, карающего существа-над-существами.

Хотя такое описание скорее подходило бы дьяволу (если *бы* таковой существовал), вы приписали эти *дьявольские характеристики Богу*, чтобы убедить самих себя не принимать Божественных обещаний своего Создателя или Богоподобных качеств своего «Я».

Такова сила страха.

Я стараюсь избавиться от своего страха. Можешь ли Ты рассказать мне — снова — более подробно о законах?

Первый Закон заключается в том, что ты можешь быть кем угодно, делать, что тебе угодно, и иметь все, что тебе угодно. Второй закон — ты притягиваешь то, чего боишься.

Почему это так?

Чувство является силой, которая притягивает. Чего ты сильно боишься — то и испытаешь. Любое животное (а их вы привыкли считать более низкой формой жизни — хотя животные демонстрируют в своих действиях больше целостности и постоянства, чем люди) сразу же узнает, боишься ли ты его. Растения, которые вы считаете еще более *низкой* формой жизни, гораздо лучше реагируют на тех людей, которые любят их, чем на тех, кому они безразличны.

Все это не случайно. Во Вселенной *нет* случайностей — есть великий замысел, невообразимо сложная «снежинка».

Чувство — это энергия в движении. Приводя энергию в движение, ты создаешь определенный эффект. Если оперируешь достаточным количеством энергии, ты создаешь материю. Материя есть сгущенная энергия. Перемещенная. Сжатая. Если ты будешь определенным образом манипулировать энергией достаточно долго, то получишь материю. Каждому Мастеру понятен этот закон. Это алхимия Вселенной. И это — секрет всей жизни.

Мысль — это чистая энергия. Любая из мыслей, которые у тебя есть, были и будут, созидает. Энергия твоей мысли никогда не умирает. Никогда. Она покидает твое существо и устремляется во Вселенную, вечно расширяясь. Любая мысль вечна.

Мысли сгущаются, мысли встречаются друг с другом, пересекаясь и переплетаясь в невероятном лабиринте энергии, образуя постоянно изменяющийся узор невыразимой красоты и невероятной сложности.

Похожие энергии притягиваются, формируя (если говорить простыми словами) родственные энергетические «пучки». Когда достаточное количество «пучков» похожих энергий пересекаются друг с другом, сталкиваются, — они «*прилипают*» друг к другу (еще один простой термин). Требуется огромное количество «слипшейся» подобной энергии, чтобы образовалась материя. Но *любая* материя в конечном счете образуется из чистой энергии. Фактически только так она и *может* образоваться. Когда энергия стала материей, она продолжает оставаться материей еще очень долго, — если только ее структура не *разрушается* под воздействием противоположной или непохожей формы энергии. Эта непохожая энергия, воздействуя на материю, по существу, развалывает ее, высвобождая ту сырую энергию, из которой она состояла.

Это и есть — в упрощенном виде — теория, стоящая за вашей атомной бомбой. Эйнштейн ближе всех других людей — как до, так и после него — подошел к открытию, объяснению и использованию созидательного секрета Вселенной.

Теперь тебе должно быть более понятно, как люди *похожего склада ума* могут, думая в одном направлении, создавать желаемую реальность. Фраза «где двое или трое собраны во имя Мое»[5] приобретает значительно более глубокий смысл.

Конечно же, когда целые человеческие *общества* мыслят определенным образом, очень часто происходят потрясающие вещи — и совсем не обязательно желанные. Например, общество, живущее в страхе, очень часто — собственно говоря, *неизбежно* — производит на свет именно то, чего оно страшится больше всего.

Подобным же образом большие общины и братства часто находят чудотворную силу в объединенном мышлении (или в том, что иногда называют совместной молитвой).

И должно быть предельно ясно, что даже индивидуумы, если их мысль (молитва, надежда, желание, мечта, страх) удивительно сильна, могут в себе и для себя произвести такие же результаты. Иисус делал это регулярно. Он понимал, как манипулировать энергией-материей, как перестраивать ее, как перераспределять ее и как полностью ее контролировать. Многие Мастера знали об этом. Многие знают об этом и сейчас.

Можешь узнать это и *Ты*. Прямо сейчас.

Я говорю о познании добра и зла, которое вкусили Адам и Ева. Пока они не поняли этого, не могло быть жизни, *какой ты ее знаешь*. Адам и Ева (это мифические имена, которые вы дали Первому Мужчине и Первой Женщине) были Отцом и Матерью человеческого опыта.

То, что описывается как падение Адама, в действительности было его возвышением — величайшим из событий в истории человечества. Без этого мир относительности не существовал бы. Деяние Адама и Евы было не первородным грехом, но воистину первым благословением. И вам следовало бы благодарить их от всего сердца — первыми сделав «неверный» выбор, Адам и Ева *создали возможность совершения выбора как такового.*

В своей мифологии вы сделали Еву «плохой», соблазнительницей, которая съела плод, заключающий в себе знание добра и зла, и стыдливо пригласила Адама присоединиться к ней. Эта мифологическая установка позволила вам сделать женщину «причиной всех бед» мужчин, что и стало причиной всевозможных искривлений реальности — не говоря уже об искажениях сексуальности и связанных с ними недоразумениях. (Как можно чувствовать себя столь *хорошо*, делая что-то столь *плохое*?)

Тебя постигнет то, чего ты более всего боишься. Страх будет притягивать к тебе это, как магнит. Во всех ваших святых писаниях — любых созданных вами вероисповеданий и традиций — содержится ясное наставление: «Не бойся». Ты считаешь, что это случайность?

Законы очень просты.

1. Мысль творит.
2. Страх притягивает подобную энергию.
3. Любовь — это все, что есть.

Стоп, а вот третьего я не понял. Как же любовь может быть всем, что есть, если страх притягивает подобную энергию?

Любовь — это абсолютная реальность. Это — единственное. Это — всё. Ощущение любви есть твое переживание Бога.

Такова высшая Истина: любовь — это все, что есть, все, что было, и все, что когда-либо будет. Когда ты идешь к Абсолюту — ты идешь к любви.

Сфера относительного была создана для того, чтобы Я мог переживать Себя Самого, — Я уже говорил тебе об этом. Однако от этого сфера относительного не становится *реальной*. Это *сотворенная реальность*, которую ты и Я выдумали и продолжаем выдумывать — для того, чтобы мы могли познать себя на опыте.

При этом созданное может казаться очень даже реальным. Его *предназначение* — казаться настолько реальным, чтобы мы *принимали* его как истинно существующее. Таким образом, Бог ухитрился создать «что-то еще» помимо Себя Самого (хотя, строго говоря, это невозможно, поскольку Бог есть — Я Есмь — Все Сущее).

Создав «что-то еще» — а именно сферу относительного, — Я создал среду, в которой ты можешь *выбрать* быть Богом, а не просто слушать, как *тебе говорят*, что ты есть Бог; среду, в которой ты можешь переживать Божественность как акт созидания, а не просто концепцию; среду, в которой маленькая свеча на солнце — самая крохотная душа — может познать себя как свет.

Страх — это *обратная сторона* любви. Это то, что называется *изначальной полярностью*. Создавая сферу относительного, Я сначала создал Свою противоположность. Теперь в той сфере, где живете вы, на физическом плане, есть только *два пространства жизни*: пространство страха и пространство любви. Мысли, исходящие из страха, всегда порождают один вид проявлений на физическом плане. Мысли, исходящие из любви, порождают другой вид.

Мастера, жившие на этой планете, раскрыли секрет относительного мира — и отказались признавать его реальность. Говоря кратко, *Мастера — это те, кто выбрал Любовь. В любом случае. В любое мгновение. При любых обстоятельствах. Даже когда их убивали, они любили своих убийц. Даже когда их преследовали, они любили своих гонителей.*

Вам очень трудно понять это, еще труднее так действовать. И все же это именно то, что *всегда делал любой Мастер*. Независимо от философии, независимо от традиции, независимо от религии — это именно то, что *всегда делал любой Мастер*.

Этот пример, этот урок демонстрировался для вас очень наглядно. Он предлагался вашему вниманию снова и снова. Из века в век и по всей земле. В течение всех ваших жизней в каждый момент времени. Вселенная использовала всю свою изобретательность, чтобы донести эту Истину до вас. В песнях и прозе, в поэзии и танце, в словах и движениях, в подвижных картинах, которые вы называете кинофильмами, и в собраниях слов, которые вы называете книгами.

Об этом кричали с высочайшей горы, на самом дне был слышен этот шепот. *Во всех коридорах человеческого опыта эхо разносило Истину*: в любви найдешь ответ. *Но вы не слушали.*

И вот теперь ты пришел к этой книге и спрашиваешь Бога о том, о чем Бог говорил тебе бесчисленное множество раз, бесчисленным количеством способов. И Я снова скажу тебе об этом же — *здесь*, в контексте *этой* книги. Будешь ли ты слушать теперь? Услышишь ли?

Что, по-твоему, привело тебя к этому тексту? Как случилось, что ты держишь его сейчас в руках? Может быть, тебе кажется, что Я не знаю, что делаю?

Во Вселенной не бывает случайных совпадений.

Я слышал плач твоего сердца. Я видел искания твоей души. Я *знаю*, как глубоко ты жаждал Истины. В боли ты взывал о ней и в радости. Ты бесконечно молил Меня. Чтобы Я *показал* Себя. *Объяснил* Себя. *Открыл* Себя.

И Я делаю это здесь — настолько просто, что ты не сможешь понять неправильно. Языком настолько легким, что ты не сможешь запутаться. Используя слова настолько понятные, что ты не сможешь потеряться среди них.

Итак, начинай. Спрашивай меня обо всем. *Обо всем.* Я найду способ донести до тебя ответ. Всю Вселенную Я использую, чтобы сделать это. Будь внимательным. Эта книга — далеко не единственный Мой инструмент. Ты можешь задать вопрос, а затем *отложить книгу в сторону.* Но смотри вокруг. Слушай. Ответ может быть в словах первой же песни, которую ты услышишь. В первой же газетной статье, которую ты прочтешь. В сюжете первого фильма, который ты посмотришь. В случайных словах первого встречного. В шепоте реки или океана, в ветерке, который погладит твою щеку. *Все эти средства* — Мои, все эти возможности открыты для Меня. Я буду говорить с тобой, если ты будешь слушать. Я приду к тебе, если ты пригласишь Меня. И тогда Я покажу тебе, что Я *всегда* был рядом. *И везде.*

2

Ты укажешь мне путь жизни:
полнота радостей пред лицем Твоим,
блаженство в деснице Твоей вовек.

Псалом 15: 11

Я искал путь к Богу всю свою жизнь...

> Я знаю.

...и теперь я нашел его и не могу в это поверить. Такое ощущение, что я сижу тут и пишу сам себе.

> Именно это ты и делаешь.

Но это как-то не слишком похоже на общение с Богом.

> А ты бы хотел грома и молний? Я подумаю, как это устроить.

Ты же знаешь — не так ли, — что найдутся люди, которые назовут всю эту книгу богохульством. Особенно если Ты по-прежнему будешь казаться мудрым, но «своим парнем».

> Позволь Мне объяснить тебе кое-что. У вас есть представление о том, что Бог проявляется в жизни только одним определенным образом. Это очень опасное представление.
>
> Оно не позволяет вам видеть Бога повсюду. Если ты думаешь, что Бог выглядит только так и не иначе, или Его можно услышать только так и не иначе, или Он вообще *есть* только такой и не иной, — ты будешь смотреть мимо Меня и днем, и ночью.

Ты проведешь всю свою жизнь в поисках Бога и не найдешь *Ее*. А все потому, что ты ищешь *Его*. Это Я говорю в качестве примера.

Сказано, если ты не видишь Бога и в мирском, и в возвышенном, ты упускаешь половину. И это — великая Истина.

Бог есть и в печали, и в радости, в горьком и в сладком. За всем стоит божественный замысел — и поэтому *во* всем есть божественное присутствие.

Однажды я начал писать книгу, которая называлась «Бог — это Бутерброд с Салями».

Это могла бы быть очень хорошая книга. Я вдохновил тебя на это. Почему ты так и не написал ее?

Она казалась богохульной. Или, по меньшей мере, была ужасно непочтительной.

Ты хотел сказать «*чудесно* непочтительной»! С чего ты взял, что Бог — это только «почтительность»? Бог — это высокое *и* низкое. Горячее *и* холодное. Левое *и* правое. Почтительность *и* непочтительность!

Уж не думаешь ли ты, что Бог не умеет смеяться? Уж не кажется ли тебе, что Бог не получает удовольствия от хорошей шутки? Или ты решил, что у Бога отсутствует чувство юмора? Не думаешь ли ты, что юмор создал кто-то другой?

Неужто ты должен общаться со Мной только почтительным шепотом? Думаешь, жаргон и крепкие словечки Мне не известны? Ты можешь говорить со Мной так, как говорил бы со своим лучшим другом.

Неужто ты думаешь, что есть хоть одно слово, которого Я не слышал? Зрелище, которого Я не видел? Звук, который Мне незнаком?

Не думаешь ли ты, что одни из них Я презираю, а другие — люблю? *Вот что Я тебе скажу: Я ничего не презираю. Ничто не отвратительно для Меня.* Это жизнь, а жизнь *есть дар*; неизъяснимое сокровище; самое святое из всего святого.

*Я есмь жизнь, поскольку Я есмь то, из чего *состоит* жизнь.* И каждый из ее аспектов наделен божественным смыслом. Ничто не существует — *ничто — без причины, понятой и одобренной Богом.*

Как это может быть? А как насчет того зла, которое творит сам человек?

Ты не в состоянии создать *ничего* — ни мысль, ни предмет, ни событие, ни *какой бы то ни было* опыт, — ничего такого, что бы не входило в Божий план. Ибо план Бога таков, чтобы *ты* создавал *все, что угодно, все, что ни пожелаешь*. В этой свободе и заключается опыт Бога как Бога — и *для этого опыта Я создал Вас*. И саму жизнь.

Зло — это то, что вы *зовете* злом. Но даже это Я люблю, поскольку только через то, что вы зовете злом, вы можете познать добро; только через то, что вы называете деяниями дьявола, вы можете познать и творить деяния Бога. Я не люблю горячее больше, чем холодное; высокое — больше, чем низкое; левое — больше, чем правое. Это *все относительно*. Это все — часть того, *что есть*.

Я не люблю «хорошее» больше, чем «плохое». *Гитлер попал в рай*. Когда ты поймешь это, ты поймешь Бога.

Но меня воспитывали в вере в то, что добро и зло *существует*. Что правда и неправда *на самом деле* противоположны друг другу. Что некоторые вещи нехороши, неправильны, неприемлемы в глазах Бога.

Все «приемлемо» в глазах Бога, ибо как может Бог не принять то, что есть? Отвергнуть что-то означает отрицать, что это существует. Сказать, что что-то нехорошо, означает сказать, что оно не есть часть Меня, — а это невозможно.

Ты придерживайся своих убеждений и оставайся верен своим ценностям, ведь это ценности твоих родителей и прародителей, твоих друзей, твоего общества. Они образуют структуру твоей жизни, и потерять их означало бы распустить ткань твоего жизненного опыта. Однако исследуй их поочередно. Пересматривай ценности одну за другой. Не разбирай весь дом до основания, но изучи каждый кирпич и замени те, что выглядят треснутыми, больше не поддерживают структуру.

Твои идеи о правильном и неправильном — лишь идеи. Это те мысли, которые формируют и создают то, Кем Ты Являешься. И есть лишь один резон изменить любую из них, лишь одна причина такого изменения: когда ты несчастлив тем, Кто Ты Есть сейчас.

Только ты можешь знать, счастлив ли ты. Только ты можешь сказать о своей жизни: «Это мое творение (сын), которым я вполне доволен».

Если твои ценности служат тебе — придерживайся их. Отстаивай их в споре. Защищай их.

Но защищай их так, чтобы не причинить никому вреда. Вред, причиненный другому, не является необходимым элементом исцеления.

Ты говоришь: «Придерживайся своих ценностей» — и тут же утверждаешь, что все наши ценности ложны. Помоги мне с этим разобраться.

Я не говорил, что ваши ценности ложны. Но они и не правильны. Они просто суждения. Оценки. Решения. По большей части это решения, сделанные не тобой, а кем-то другим. Твоими родителями, возможно. Твоей религией. Твоими учителями, историками, политиками.

Очень немногие из тех ценностных суждений, которые ты принял как свою истину, были основаны на твоем собственном опыте. Но ведь ты пришел сюда именно ради опыта — и именно из своего опыта тебе предстояло создавать себя. *Ты* же создал себя из опыта *других*.

Если бы и существовала такая вещь, как грех, именно это и было бы грехом: позволить себе стать тем, кто ты есть, на основе опыта других. Это и есть тот «грех», который ты совершаешь. И все вы. Вы даже не ждете своего собственного опыта, вы принимаете опыт *других* как Евангелие (в буквальном смысле этого слова), а затем, впервые сталкиваясь с *собственно опытом*, вы перекрываете его тем, что, как вам кажется, вы *уже знаете*.

Если бы вы не делали этого, у вас мог бы быть совершенно иной опыт — опыт, который мог бы сделать ваших учителей, ваши первоисточники *неправыми*. В большинстве случаев вы не желаете признать неправыми своих родителей, свои школы, свои религии, свои традиции, свои священные писания — поэтому вы *отрицаете свой собственный опыт* в пользу того, что вам *было велено так думать*.

И ничто не иллюстрирует это лучше, чем ваше отношение к человеческой сексуальности.

Каждый знает, что сексуальный опыт может быть самым любовным, самым радостным, самым мощным, самым возбуждающим, самым обновляющим, самым насыщающим энергией, самым утверждающим, самым доверительным, самым объединяющим, самым восстанавливающим *физическим* опытом, на который люди только способны. Открыв это для себя на практике, ты, однако, выбрал вместо этого принять для себя суждения, оценки, мнения и идеи о сексе, провозглашенные *другими*. И у этих других был свой собственный интерес в том, как именно ты будешь думать.

Все эти мнения, суждения и идеи прямо противоречили твоему личному опыту, однако, поскольку для тебя *немыслимо, что твои учителя могут быть неправы*, ты убеждаешь себя в том, что неправ твой *опыт*. В результате ты предал свою истину в этом вопросе, и это для тебя — разрушительно.

То же самое ты сделал с деньгами. Каждый раз в твоей жизни, когда у тебя было много денег, ты чувствовал себя прекрасно. Ты чувствовал себя прекрасно, получая их, и ты чувствовал себя прекрасно, тратя их. В этом не было ничего плохого, ничего злого, ничего внутренне «неправильного». Однако ты настолько глубоко впитал в себя наставления *других* по этому вопросу, что *отверг* свой собственный опыт в пользу «истины».

Приняв эту «истину» как свою собственную, ты сформировал вокруг нее множество мыслей — *созидательных* мыслей. Ты создал, таким образом, вокруг денег свою личную реальность, которая отталкивает их от тебя, — ибо зачем тебе хотеть привлекать к себе то, что не хорошо?

Удивительным образом тебе удалось создать аналогичное противоречие и в отношении Бога. Все твои сердечные ощущения говорят тебе, что Бог — это хорошо. Все, чему тебя учат твои учителя, говорит о том, что Бог — это плохо. Твое сердце говорит тебе, что Бога нужно любить без страха. Твои учителя говорят тебе, что Бога следует бояться, поскольку Он — мстительный Бог. Ты должен жить в страхе Божьего гнева, говорят они. Ты должен дрожать в Его присутствии. Всю свою жизнь ты должен бояться кары Господней. Ибо сказано, что Господь «справедлив». И только Богу известно, с какими неприятностями тебе придется столкнуться, представ пред Его ужасной справедливостью. Ты, таким образом, должен быть «покорным» Божьим заповедям. А иначе...

Главное, вам не следует задаваться такими логическими вопросами, как «Если Бог действительно желал строгого повиновения Его Законам, почему Он создал возможность их нарушения?». Ну да, ваши учителя всегда готовы ответить: потому, что Бог хочет, чтобы у вас была «свобода выбора». Но может ли выбор быть свободным, если, выбирая одно вместо другого, ты получаешь наказание? Какая может быть «свобода воли», если эта воля, которую должно исполнять, — не твоя, а чья-то? Те, кто учит вас этому, превращают Бога в лицемера.

Вам говорят, что Бог есть прощение и сострадание — но, если ты не попросишь об этом прощении «правильно», если ты не «придешь к Богу» *должным образом*, твоя мольба не будет услышана, твой плач останется незамеченным. Впрочем, даже это было бы не так уж плохо, если бы был только один «должный образ». Но ведь этих «должных образов» столько же, сколько и учителей.

Так что большинство из вас проводит значительную часть своей взрослой жизни в поисках «правильного» способа поклонения, послушания и служения Богу. *Ирония заключается в том, что Я не хочу вашего поклонения, Мне не нужно ваше послушание и вам совсем не обязательно служить Мне.*

Такого поведения на всем протяжении истории требовали от своих подданных монархи, — которые обычно были эгоманами и тиранами, никогда не чувствовавшими себя в безопасности. Но этого никогда не требовал Бог, ни в каком смысле, — и примечательно, что мир до сих пор не уразумел, что подобные требования — подлог, не имеющий ничего общего с нуждами и желаниями Божественного.

Божественное ни в чем не нуждается, ибо Все Сущее есть именно это: все, что существует. Так что Оно, по определению, не нуждается и не испытывает недостатка ни в чем.

Если вы выбираете верить в такого Бога, Который некоторым образом *нуждается* в чем-то — и так обижается, если не получает желаемого, что наказывает тех, от кого Он ожидал получить это, — то вы выбираете верить в такого Бога, который значительно меньше Меня. Вы *воистину* Дети Малого Бога.

Нет, дети Мои, пожалуйста, позвольте Мне уверить вас еще один раз на этих страницах в том, что Мне ничего не нужно. Я ничего от вас не требую.

Это, впрочем, совсем не означает, что у Меня нет *желаний. Желания* и *нужды* — не одно и то же (хотя многие из вас сделали их одним и тем же в вашей нынешней жизни).

Желание — это начало всего творения. Это первая мысль. Великое чувство в душе. Это Бог, выбирающий, что создать дальше.

Каковы же желания Бога?

Первое: Я желаю познать и ощутить Себя, во всей Своей Славе, — познать, Кто Я Есть. Пока Я не изобрел вас — и все миры Вселенной, — это было для Меня невозможным.

Второе: Я желаю, чтобы вы познали и ощутили, Кто Вы Есть в Действительности, используя ту силу, которую Я дал вам: силу создавать и чувствовать себя так, как вы выберете.

Третье: Я желаю, чтобы весь процесс жизни был ощущением постоянной радости, непрерывного творения, бесконечного расширения и полного осуществления в каждый настоящий момент.

Я установил совершенную систему, в которой все эти желания могут быть осуществлены. И они осуществляются сейчас, в этот самый момент. Единственная разница между тобой и Мной — в том, что *Я знаю это.*

В момент твоего полного знания (а этот момент может наступить для тебя в любое время) ты будешь чувствовать себя так же, как Я Себя чувствую всегда: абсолютно радостным, любящим, принимающим, благословляющим и благодарным.

Это — *Пять Позиций Бога,* и прежде, чем мы завершим этот диалог, Я покажу тебе, как применение этих позиций в твоей нынешней жизни может — и *должно* — привести тебя к Богоподобию.

Все это — очень длинный ответ на очень короткий вопрос.

Да, придерживайся своих ценностей, пока ощущаешь, что они служат тебе. При этом, однако, обращай внимание на то, привносят ли те ценности, которым служишь *ты* — своими мыслями, словами и действиями, — в пространство твоего опыта самую высокую и лучшую идею о тебе самом.

Рассмотри свои ценности одну за другой. Вынеси их на общественное обозрение. Если ты можешь сказать миру, кто ты есть и во что ты веришь, не сбиваясь и без колебаний, значит, ты удовлетворен собой. У тебя нет необходимости продолжать этот диалог со Мной, поскольку ты уже создал собственное «Я» — и жизнь *для этого* «Я», — которые не нуждаются ни в каких дальнейших улучшениях. Ты достиг совершенства. Отложи эту книгу.

Моя жизнь не совершенна и даже не близка к совершенству. Я не совершенен. В действительности я клубок несовершенств. Мне хочется, и иногда я желаю этого всем своим сердцем, уметь исправить все эти несовершенства; все то, что определяет мое поведение, предопределяет мои неудачи, стоит у меня на пути. Наверное, поэтому я и пришел к Тебе. Мне не удалось найти ответы самостоятельно.

Я рад, что ты пришел. Я всегда был здесь для того, чтобы помочь тебе. И сейчас Я здесь. Тебе нет нужды искать ответы в одиночку. И никогда не было.

Однако все это выглядит так... *самонадеянно*... просто сидеть и вести с Тобой диалог, причем Ты — *Бог* — так вот запросто отвечаешь. Слушай, это ведь *безумие*.

Понятно. Все авторы Библии были нормальными, а ты — безумен.

Писавшие Библию были свидетелями жизни Христа и правдиво зафиксировали то, что сами слышали и видели.

Поправка. В большинстве своем авторы Нового Завета никогда не встречались с Иисусом и не видели Его за всю свою жизнь. Они жили через много лет после того, как Иисус покинул Землю. Они бы не узнали Иисуса из Назарета, если бы столкнулись с Ним на улице.

Но...

Авторы Библии были великими верующими и великими историками. Они фиксировали предания, которые переходили к ним и их друзьям от старшего поколения, а к тем — от их предшественников. Так и шло до тех пор, пока не были сделаны первые записи.

И далеко не все записи авторов Библии вошли в окончательный документ.

Вокруг учения Иисуса очень скоро начали возникать «церкви». И, как это всегда бывает, когда вы группируетесь вокруг сильной идеи, в этих церквах были отдельные люди, которые определяли, какие части истории Иисуса надо рассказывать и как. Этот процесс отбора и правки продолжался все время, пока собирались, записывались и публиковались тексты Евангелий и всей Библии.

И даже через несколько *столетий* после оформления оригинальных писаний Вселенский Собор Церкви в очередной раз определил, какие доктрины и истины должны быть включены в официальный вариант Библии, а какие было бы «вредно» или «преждевременно» открывать массам.

Существовали также и другие святые писания — их создавали в моменты вдохновения обычные во всех остальных отношениях люди, не более безумные, чем ты.

Уж не предполагаешь ли Ты, — Господи, надеюсь, нет, — что и *эти* записи в один прекрасный день станут «святым писанием»?

Дитя мое, *все в жизни свято.* В этом смысле — да, эти писания являются святыми. Но Я не собираюсь играть с тобой в слова, потому что знаю, что ты имеешь в виду.

Нет, Я не предполагаю, что когда-то и эта рукопись станет святым писанием. По крайней мере, не в ближайшие несколько сотен лет — для этого нужно, чтобы твой язык стал старомодным.

Понимаешь ли, проблема состоит в том, что язык нашего общения — слишком уж разговорный, слишком бытовой, слишком современный. И люди решат, что, если бы Бог действительно говорил с тобой непосредственно, Он бы говорил не так, как твой сосед по дому. В языке Бога должно быть нечто заставляющее благоговеть. Некое благолепие. Словом, Божественность.

Как Я уже говорил, это часть проблемы. Люди воспринимают Бога как «проявляющегося» только в одной форме. Все, что не укладывается в эту форму, воспринимается как богохульство.

Как я и говорил раньше.

Как ты и говорил раньше.

Но давай обратимся к корню твоего вопроса. Почему ты думаешь, что вести диалог с Богом — безумие? Разве ты не веришь в молитву?

Верю, но это другое. Молитва для меня всегда была односторонней связью. Я прошу, а Бог молчит.

Бог ни разу не ответил на молитву?

О да, отвечал, но, понимаешь ли, *словесно* — никогда. Со мной, конечно же, случались самые разные вещи в жизни, которые, как я убежден, были ответом — очень прямым ответом — на молитву. Но Бог никогда не *говорил* со мной.

Понятно. Итак, этот Бог, в которого ты веришь, этот Бог может *сделать* все, — Он только говорить не умеет.

***Конечно,* Бог может говорить, если захочет. Просто не кажется вероятным, что Бог захочет говорить со *мной*.**

*В этом причина всех проблем, с которыми ты сталкиваешься в жизни, — ты не счи-
таешь себя достойным того, чтобы с тобой говорил Бог.*

Великие Небеса! Как ты *вообще* можешь ожидать услышать Мой голос, если ты
представить себе не можешь, что ты заслуживаешь того, чтобы с тобой просто *поговорили?*

*Вот что Я тебе скажу: прямо сейчас Я творю чудо, ибо Я говорю сейчас не только с
тобой, но и с каждым, кто держит в руках эту книгу и читает эти слова.*

*Я говорю сейчас с каждым из них. Я знаю, кто из них есть кто. Я знаю сейчас, кто
найдет свой путь к этим словам, — и Я знаю, что (как и всегда при общении со Мной)
некоторые смогут слышать, некоторые же смогут только слушать, но не услышат ничего.*

Хорошо, и это приводит нас к другой проблеме. Я уже думаю о том, чтобы
опубликовать этот материал, — думаю уже сейчас, пока он еще находится
в стадии написания.

Так. Ну и в чем «проблема»?

Не будут ли говорить, что я создаю все это ради дохода? И не будет ли тогда
сама идея выглядеть подозрительной?

Ты хочешь написать что-то для того, чтобы заработать много денег?

Нет. Я не поэтому начал все это. Я начал этот диалог на бумаге потому, что
мой разум мучился вопросами на протяжении тридцати лет, — вопросами,
на которые я *смертельно* жаждал получить ответы. Идея о том, чтобы превратить все это в книгу, пришла позже.

От Меня.

От Тебя?

Да. Ты думаешь, Я бы позволил тебе растратить все эти замечательные вопросы и ответы впустую?

Я как-то не задумывался об этом. В самом начале я просто хотел получить
ответы на вопросы, избавиться от подавленности, закончить поиск.

Хорошо. В таком случае прекрати сомневаться в своих мотивах (ты делаешь это не-
престанно) и давай *продолжим.*

3

Ну что ж, у меня сотня вопросов. Тысяча. *Миллион.* Проблема заключается в том, что иногда я не знаю, с чего начать.

Просто напиши список вопросов. Начни с чего угодно. Прямо сейчас. Начинай писать список вопросов, которые к тебе приходят.

Хорошо. Некоторые из них могут показаться довольно простыми, даже плебейскими.

Прекрати судить себя. Просто называй их по порядку.

Хорошо. Ну, вот вопросы, которые приходят прямо сейчас.

1. Когда наконец моя жизнь даст мне передышку? Что требуется для того, чтобы «все сложилось» и я мог достичь хотя бы какого-то успеха? Может ли эта битва когда-нибудь закончиться?

2. Когда я достаточно узнаю о человеческих отношениях, чтобы у меня они складывались гладко? Есть ли вообще какой-то способ быть счастливым в отношениях? Неужели они должны быть постоянной проблемой?

3. Почему я не могу привлечь достаточно денег в свою жизнь? Неужели я обречен до конца своих дней копить и экономить? Что не дает мне реализовать мой потенциал в этом отношении?

4. Почему я не могу заниматься тем, чем на самом деле хочу заниматься и нормально зарабатывать именно этим?

5. Как можно решить мои проблемы, связанные со здоровьем? Я жертва такого набора хронических заболеваний, что хватит на всю жизнь. Почему я всем этим болею?

6. Каков тот кармический урок, который я, по идее, должен выучить здесь? Чем я стараюсь овладеть?

7. Существует ли такая вещь, как реинкарнация? Сколько у меня было жизней в прошлом? Кем я тогда был? «Кармический долг» — это реальность?

8. Я иногда чувствую себя сенситивом. Существует ли вообще такая вещь, как «быть сенситивом»? Обладаю ли я каким-то психическим даром? Не «от нечистого» ли подобный дар?

9. Нормально ли брать деньги за добрые дела? Если я выберу выполнять в мире целительскую работу — работу Бога, — могу ли я, занимаясь этим, приобрести также финансовое изобилие? Или эти две вещи взаимоисключающие?

10. Секс — это хорошо? И вообще, что действительно стоит за этим человеческим опытом? На самом ли деле секс существует только для продолжения рода, как утверждают некоторые религии? На самом ли деле истинная святость и просветление достижимы через отрицание или преобразование сексуальной энергии? Допустим ли секс без любви? Могут ли физические ощущения быть достаточной причиной, чтобы заниматься сексом?

11. Зачем Ты сделал секс таким приятным, таким красивым, таким мощным человеческим опытом, если все, что мы должны делать, — это, по возможности, воздерживаться от него? В чем тут дело? И вообще, почему все приятные вещи всегда либо «аморальны», либо «незаконны», либо «портят фигуру»?

12. Есть ли жизнь на других планетах? Прилетали ли к нам оттуда? Наблюдают ли за нами сейчас? Увидим ли мы неопровержимые доказательства внеземной жизни до того, как умрем? Правда ли, что у каждой формы жизни есть свой Бог? Являешься ли Ты Богом Всего Этого?

13. Наступит ли когда-нибудь утопия на планете Земля? Покажет ли когда-нибудь Бог Себя людям Земли, как обещал? Состоится ли Второе Пришествие? Наступит ли когда-нибудь Конец Света, или апокалипсис, как пророчит Библия? Существует ли единственная истинная религия? Если да, то какая?

Вот только небольшая часть моих вопросов. Как я сказал, у меня их еще сотни. Некоторые из них смущают меня — они кажутся такими наивными. Но ответь на них, пожалуйста, по очереди, и давай «обсудим» их.

Хорошо. Мы начинаем. И не извиняйся за эти вопросы. Это вопросы, которые мужчины и женщины задавали на протяжении сотен лет. И если бы эти вопросы были глупыми, их бы не задавали снова и снова в каждом поколении. Итак, давай приступим к вопросу номер один.

Я установил во Вселенной Законы, которые позволяют тебе иметь — создавать — в точности то, что ты выбираешь. Эти законы невозможно ни нарушить, ни игнорировать. Ты следуешь этим законам прямо сейчас, когда читаешь это. Ты не можешь не следовать закону, ибо так все устроено. Ты не можешь устраниться от этого, не можешь действовать вне этого.

Каждую минуту своей жизни ты действовал *в пределах* этого, и все, что ты когда-либо переживал, ты, таким образом, сам создал.

Ты находишься в партнерстве с Богом. У нас с тобой заключено вечное соглашение. Я пообещал тебе всегда давать то, что ты просишь. Ты пообещал — просить и понимать процесс просьбы и ответа. Я уже однажды объяснил тебе этот процесс. Я сделаю это еще раз, чтобы ты ясно понял его.

Ты являешься тройственным существом. Ты состоишь из *тела, разума и духа*. Ты также можешь называть их *физическим, нефизическим и метафизическим. Это Святая Троица,* и ее называли многими разными именами.

То, что есть ты, есть Я. Я проявлен как Три-В-Одном. Некоторые из ваших богословов называют это Отцом, Сыном и Святым Духом.

Ваши психологи признали этот триумвират и назвали его сознательным, подсознательным и сверхсознательным.

Ваши философы называют это личностью, эго и сверх-эго.

Наука называет это энергией, материей и антиматерией.

Поэты говорят о разуме, сердце и душе. Мыслители Нью Эйдж определяют это как тело, разум и дух.

Ваше время делится на прошедшее, настоящее и будущее. Разве не может это быть тем же, что и подсознательное, сознательное и сверхсознательное?

Пространство подобным же образом разделено на три части: «здесь», «там» и «промежуточное пространство».

Трудности начинаются с определением и описанием этого «промежуточного пространства». Как только ты начинаешь определять или описывать, пространство, которое ты описываешь, становится «здесь» или «там». При этом мы *знаем,* что «промежуточное пространство» — существует. Это то, что удерживает «здесь» и «там» на своих местах. Точно так же, как вечное «сейчас» удерживает на своих местах «до» и «после».

Эти три аспекта тебя самого суть три энергии. Ты мог бы называть их *мыслью, словом* и *действием.* Все три, соединенные вместе, рождают *результат,* который на вашем языке и в вашем понимании называется чувством, или опытом.

Твоя душа (подсознание, «Оно», дух, прошлое и т. д.) является общей суммой всех чувств, которые ты когда-либо испытал (создал). Твое осознание некоторых из них называется у вас памятью. Вспоминая, ты воссоздаешь, заново собираешь отдельные части вместе.

Собрав и воссоединив все части самого себя, ты вспомнишь, Кто Ты Есть в Действительности.

Процесс творения начинается с мысли — идеи, понятия, визуализации. Все, что ты видишь, когда-то было чьей-то идеей. Все, что существует в вашем мире, изначально существовало в форме чистой мысли.

Это справедливо и в отношении Вселенной.

Мысль — это первый уровень творения.

Следующим идет *слово*. Все, что ты говоришь, есть мысль выраженная. Слово созидательно, оно посылает творческую энергию во Вселенную. Слова более динамичны (или, можно сказать, более созидательны), чем мысли, поскольку слова представляют собой иной уровень вибраций, чем мысли. Слова в большей степени влияют на Вселенную (изменяют ее).

Слова — это второй уровень творения.

Затем идет *действие*.

Действия — это слова в движении. Слова — мысли выраженные. Мысли — идеи сформированные. Идеи — энергии собранные. Энергии — силы высвобожденные. Силы — это элементы существующие. А элементы суть частички Бога, части Целого, то, из чего состоит все.

Начало есть Бог. Конец есть действие. Действие есть Бог создающий — или Бог переживаемый.

Твоя мысль о самом себе такова: ты недостаточно хорош, недостаточно замечателен, недостаточно безгрешен, чтобы быть частью Бога, быть в партнерстве с Богом. Ты так долго отрицал, Кто Ты Есть, что уже *забыл*, Кто Ты Есть.

И это произошло не по случайности или совпадению. Это все — часть божественного плана. Ибо ты не смог бы объявить, создать, пережить то, Кто Ты Есть, если бы ты уже был этим.

Тебе было необходимо вначале разорвать (отрицать, забыть) твою связь со Мной, чтобы во всей полноте пережить ее, полностью создав ее заново — или заново призвав ее. Ведь твоим — и Моим — самым великим желанием было, чтобы ты смог пережить себя как ту часть Меня, которой ты являешься. Таким образом, ты находишься в процессе переживания самого себя через создание себя заново в каждый отдельный момент. Так же, как и Я. Через тебя.

Видишь, в чем состоит это партнерство? Постиг его смысл? Это святое сотрудничество воистину святое причастие.

Твоя жизнь «даст тебе передышку» тогда, когда ты решишь выбрать это сотрудничество. До сих пор ты его пока еще не выбрал. Ты все откладывал, продлевал, медлил, протестовал. Пришло наконец время провозгласить и произвести то, что тебе было обещано. Для этого тебе необходимо поверить в обещание и жить им. *Ты должен прожить обещание Бога.*

Обещание Бога сводится к тому, что ты есть Его сын. Ее порождение. Его* подобие. Равный Ему.

Ага... вот ты где застрял. Ты можешь принять «Его сына», «порождение», «подобие», но тебя отбрасывает от «равного Ему». Это слишком много, чтобы принять. Слишком много величия, слишком это замечательно — слишком много *ответственности*. Ведь, если бы ты действительно был *равным* Богу, это означало бы, что ничего не делается *с тобой*, все делается *тобой*. *Больше не может быть жертв и злодеев* — только результаты твоей мысли.

Говорю тебе: все, что ты видишь в своем мире, — результат твоего представления о нем.

Ты хочешь, чтобы твоя жизнь «дала тебе передышку»? Тогда измени свое представление о ней. О себе. Думай, говори и действуй как *Бог, Которым Ты Являешься*.

Разумеется, это отделит тебя от многих — от большинства — твоих знакомых. Они назовут тебя безумным. Они скажут, что ты богохульствуешь. В конце концов ты им так надоешь, что они попытаются распять тебя.

И сделают они это не потому, что решат, будто ты живешь в мире собственных иллюзий (в большинстве своем люди достаточно великодушны, чтобы позволить тебе «сходить с ума по-своему»), а потому, что рано или поздно твоя истина начнет *привлекать* других — теми обещаниями, которые содержатся в ней для *них*.

Вот тут-то близкие тебе люди и начнут вмешиваться, потому что именно тогда ты начнешь представлять для них угрозу. Ведь твоя простая истина, в которой легко жить, может предложить гораздо больше красоты, больше комфорта, больше мира, больше радости и больше любви к себе и другим, чем все, что могут выдумать твои соседи по Земле.

И эта истина, если ее примут, будет означать конец их путям. Она положит конец ненависти и страху, фанатизму и войне. Конец обвинениям и убийствам, которые свершались *во имя Мое*. Конец праву сильного. Конец лояльности и уважению, основанным на страхе. Конец того мира, который они знают — и который создавался *тобою до сих пор*.

Итак, будь готов, добрая душа. Ибо тебя будут поносить и оплевывать, обзывать и гнать и, наконец, обвинять, судить и выносить приговор — каждый по-своему — с того момента, когда ты примешь и начнешь свое святое дело — реализацию «Я».

---

* По-английски эта фраза звучит как «Its likeness».

Зачем же тогда вообще это делать, спросишь ты?

Но ведь тебя больше не беспокоит, одобряет ли и принимает ли тебя мир. Тебя больше не удовлетворяет то, что он дал тебе. Тебя больше не радует то, что он дал другим. Ты хочешь, чтобы боль исчезла, страдания прекратились, пришел конец иллюзиям. Ты уже пресытился миром — таким, каков он сейчас. Ты ищешь нового мира.

Больше нет нужды его искать. Теперь просто *призови его.*

Не мог бы Ты помочь мне лучше понять, как сделать это?

Да. Начинай со своей Самой Высокой Мысли о самом себе. Вообрази себя таким, каким бы ты был, если бы жил этой мыслью каждый день. Представь себе, что бы ты думал, делал и говорил и как бы ты реагировал на то, что делают и говорят другие.

Видишь ли ты какую-нибудь разницу между этим представлением и тем, что ты думаешь, говоришь и делаешь сейчас?

Да, я вижу. Разница велика.

Хорошо. Так и должно быть, поскольку мы знаем, что прямо сейчас ты не живешь самым высоким видением себя самого. Теперь, увидев разницу между тем, где ты находишься, и тем, где ты желал бы быть, — начинай изменения, сознательно изменяй свои мысли, слова и действия, которые будут совпадать с твоим самым великим видением.

Это потребует невероятных ментальных и физических усилий. Это повлечет за собой постоянное, в каждый момент, отслеживание каждой твоей мысли, слова и дела. Необходимо в каждый новый момент времени делать осознанные выборы. Весь этот процесс является сам по себе огромным сдвигом к осознанности. Приняв этот вызов, ты обнаружишь, что *половину своей жизни прожил бессознательно.* То есть — не ведая на сознательном уровне, *что ты выбираешь* в мыслях, словах и делах, до тех пор, пока ты не испытывал на себе их последствия. Испытав же на себе эти результаты, ты отрицал, что твои мысли, слова и действия имели к ним хоть какое-то отношение.

Пора прекратить жить неосознанно. Это и есть тот вызов, который предлагала твоя душа с начала времен.

Такое постоянное самонаблюдение должно быть ужасно изнурительным...

Может быть — до тех пор, пока это не станет твоей второй натурой. В действительности это и *есть* твоя вторая натура. Твоя первая натура — безусловная любовь. Твоя вторая натура — выбор сознательного проявления твоей первой, истинной натуры.

Извини, но ведь от такого безостановочного редактирования всего, что я думаю, говорю и делаю, можно стать ужасным занудой!

Ни в коем случае. Измениться — да. Стать занудой — нет. Иисус что, был нудным? Не думаю. С Буддой что, было скучно? Люди стекались толпами и молили о том, чтобы побыть рядом с ним. Никто из достигших мастерства не был скучным. Необычным, экстраординарным — это да. Но никогда не скучным.

Итак, ты хочешь, чтобы твоя жизнь «дала тебе передышку»? *Начинай сразу же представлять ее такой, какой тебе хотелось бы ее видеть, — и погружайся в это. Выявляй каждую мысль, слово и дело, которые не находятся в гармонии с этим. Уходи от них.*

Когда тебя посещает мысль, которая не находится в согласии с твоим высшим видением, *замени ее новой мыслью*, там же и тогда же. Когда ты говоришь что-то, не соответствующее твоей величайшей идее, отметь себе на будущее: больше не говорить такого. Когда ты делаешь что-то, что расходится с твоим самым лучшим намерением, — реши, что это было в последний раз. И, по возможности, сделай это понятным для каждого, кто имел к этому какое-то отношение.

Я уже слышал это раньше и каждый раз сопротивлялся, потому что это мне кажется нечестным. То есть, если ты болен, нельзя признавать этого. Если ты разорен, нельзя говорить об этом. Если ты чертовски несчастлив, нельзя показывать этого. Это напоминает мне анекдот про трех людей, которых послали в ад. Один был католиком, другой евреем, а третий — последователем движения Нью Эйдж. Дьявол язвительно спросил католика: «Ну, как тебе пекло?» Католик фыркнул: «Я принимаю его смиренно». Затем дьявол спросил еврея: «А как *тебе* это пекло?» Еврей ответил: «Ну а что я мог ожидать, кроме еще одного ада?» Наконец дьявол обратился к нью-эйджеру. «Пекло? — переспросил нью-эйджер, обливаясь потом. — Какое пекло?»

Это хорошая шутка. Но Я не говорю, что надо игнорировать проблему или делать вид, что ее не существует. Я говорю о том, что надо отмечать обстоятельства, а затем различать в них свою высшую истину.

Если ты разорен, то ты разорен. Не имеет никакого смысла лгать об этом, и ты делаешь себя еще слабее, если пытаешься выдумать историю, которая позволит не признать этот факт. Именно твои мысли об этом — «Разорение — это плохо», «Это ужасно», «Я плохой человек, потому что хорошие люди, которые упорно работают и действительно стараются, *никогда* не разоряются» и т. д. — определяют то, как ты *переживаешь* состояние «разоренности». Именно твои слова об этом — «Я разорен», «У меня нет ни гроша», «У меня сплошные долги» — определяют то, как долго ты будешь оставаться разоренным. Именно твои действия (и бездействие), связанные с этим, — когда ты жалеешь самого себя, сидишь в тупом отчаянии, не пытаешься найти какой-то выход, поскольку, дескать, «А что толку-то?», — именно это и создает твою долговременную реальность.

Первое, что стоит уяснить себе о Вселенной, — это то, что нет ни «хороших», ни «плохих» условий. Оно просто *есть*. Поэтому перестань оценивать.

Второе, что стоит знать, — *все условия временны. Ничто не остается неизменным, ничто не статично. В какую сторону изменяется ситуация — зависит от тебя.*

Прости, но я должен прервать Тебя снова. А как насчет человека, который болен, но обладает верой, которая сдвигает горы, — так вот, он думает, говорит и *верит*, что он поправится... и умирает через шесть недель. Как *такое* согласуется со всем этим позитивным мышлением и позитивным действием?

Это хорошо. Ты задаешь жесткие вопросы. Это хорошо. Ты не принимаешь безрассудно Мои слова на веру. Наступит момент, когда тебе *придется* поверить Мне в этом вопросе, поскольку ты обнаружишь, что мы можем спорить об этом вечно, ты и Я, — до тех пор, пока останется только «попробовать самому сделать или окончательно отвергнуть». Но мы еще не подошли к этому моменту. Так что давай продолжим этот диалог, продолжим беседовать.

Человек, у которого есть «вера, способная двигать горы» и который умирает шесть недель спустя, сдвинул горы на шесть недель. Для него, наверное, этого было достаточно. Быть может, в последний час последнего дня он решил: «Ну все, с меня достаточно. Теперь я готов к новому приключению». Ты мог просто не знать об этом его решении, потому что он не успел или не захотел сказать тебе о нем. И истина заключается в том, что он мог принять это решение немного раньше — на несколько дней или недель — и не сказать об этом ни тебе, ни кому-то другому.

Вы создали общество, в котором очень «ненормально» хотеть умереть. Очень «ненормально», когда у кого-то все «нормально» со смертью. Поскольку вы не хотите умирать, вы не можете себе представить, что *хоть кто-то* захочет, — независимо от его обстоятельств и условий.

Но существует много ситуаций, в которых смерть предпочтительнее жизни, и Я знаю, что ты можешь представить их себе, если поразмыслишь об этом хоть немного. Однако все эти истины не приходят тебе в голову — они не настолько самоочевидны, — когда ты смотришь в лицо кому-то, кто выбрал умереть. И умирающий человек знает об этом. Он может чувствовать уровень приятия его решения окружающими.

Замечал ли ты когда-нибудь, что многие люди ждут, пока комната опустеет, прежде чем умереть? Некоторым даже приходится говорить своим любимым: «Нет, слушай, ты иди. Поешь немного». Или: «Пойди поспи немного. Со мной все в порядке. Увидимся утром». И затем, когда верный страж удаляется, — уходит и душа из охраняемого тела.

Если бы умирающий сказал собравшимся родственникам и друзьям: «Я просто хочу умереть», что бы он услышал в ответ? «О нет, не говори так!», или «Ну пожалуйста, останься!», или «На кого же ты нас покидаешь?»

Вся медицинская братия натаскана на то, чтобы оставлять людей живыми, а не создавать условия, чтобы они могли с достоинством умереть.

Видишь ли, для врача или медсестры смерть означает неудачу. Для друга или родственника смерть — это несчастье. Только для души смерть есть облегчение, освобождение.

Величайший подарок, который ты можешь сделать умирающему, — это позволить ему умереть с миром, не думая о том, что он должен «остаться», продолжать страдать и беспокоиться о *тебе* в этот момент самого важного перехода в его жизни.

Именно это часто и происходит, когда умирающий человек говорит, что он будет жить, верит в то, что он будет жить, даже молится о том, чтобы жить: на уровне души он уже «передумал». Приходит пора сбросить тело и освободить душу для ее дальнейших устремлений. Когда душа принимает такое решение, ничто из того, что делает тело, уже не может поколебать его. Ничто из того, что решает разум, не может изменить этого решения. Именно в момент смерти мы узнаем, кто в триумвирате «тело — разум — душа» действительно руководит процессом.

Всю свою жизнь ты думаешь, что ты — это твое тело. Иногда ты думаешь, что ты — это твой разум. И только в момент смерти ты узнаешь, Кто Ты Есть в Действительности.

И, конечно, бывает так, что тело и разум просто не *слушают* душу. Это тоже создает тот сценарий, который ты описал. Самое трудное для людей — услышать собственную душу. (Обрати внимание, сколь немногим это удается.)

Далее. Часто случается так: душа решает, что ей пора покинуть тело. Тело и разум, вечные слуги души, слышат это, и процесс высвобождения начинается. Но разум (эго) не желает принимать этого. В конце концов это ведь означает конец его существованию. Поэтому он дает команду телу — сопротивляться смерти. Что тело и делает с удовольствием, поскольку оно тоже не хочет умирать. Тело и разум (эго) получают большое вдохновение и большую поддержку от внешнего мира — мира, который является плодом их творчества. Итак, их стратегия получает одобрение.

На этом этапе все зависит от того, насколько сильно душа желает покинуть тело. Если это не так уж неотложно, душа может сказать: «Хорошо, вы победили. Я побуду с вами еще немного». Но если душе абсолютно ясно, что пребывание в данном теле не служит ее высшим целям, что более не существует возможности *развиваться* с помощью этого тела, — душа покинет его, и ничто не сможет остановить ее; никто не должен даже пытаться сделать это.

Душе предельно ясна цель ее эволюции. И это ее *единственная* цель. Ее не заботят достижения тела и развитие разума. Для души во всем этом нет никакого смысла.

Душе также абсолютно ясно, что в покидании тела нет никакой великой трагедии. Во многих смыслах трагедия — это быть *в* теле. Таким образом, тебе необходимо понять, что душа видит весь этот процесс смерти иначе. И уж конечно, весь этот процесс «жизни» она видит тоже иначе — и в этом источник многих разочарований и тревог, которые каждый испытывает в своей жизни. Разочарования и тревоги появляются оттого, что мы не слушаем свою душу.

Как же мне лучше всего слушать свою душу? Если душа — главный начальник, как мне наладить связь с ее кабинетом?

Первое, что ты можешь сделать, — это выяснить, что нужно твоей душе, и прекратить осуждать ее.

Я осуждаю свою душу?

Постоянно. Я тут только показал тебе, как ты осуждаешь себя за желание умереть. Ты также осуждаешь себя за желание жить — в полном смысле слова *жить*. Ты осуждаешь себя за желание смеяться, желание плакать, желание выиграть, желание проиграть, за желание ощущать радость и любовь — *особенно за это ты осуждаешь себя.*

В самом деле?

Когда-то, где-то ты пришел к идее о том, что *отказывать* себе в радости — угодно Богу, что *не* радоваться жизни — это божественно. Отрицание, сказал ты себе, — это хорошо.

А Ты говоришь, что это плохо?

Это ни хорошо, ни плохо, это просто отрицание. Если ты чувствуешь себя хорошо после того, как отрицаешь себя, значит, в твоем мире это хорошо. Если ты чувствуешь себя плохо, — тогда это плохо. В большинстве случаев ты так и не можешь определиться. Ты отказываешь себе в чем-то просто потому, что «так надо». Затем ты говоришь, что поступил хорошо, — и удивляешься, почему же ты не *чувствуешь* себя хорошо.

Так вот, первое, что имеет смысл сделать, — это прекратить осуждать себя. Узнай желание души и следуй ему. Будь вместе со своей душой.

Что важно для души? Высочайшее ощущение любви, которое ты только можешь себе представить. Это и есть желание души. Это и есть ее смысл и цель. Душе нужны чувства. Не знания, но чувства. У нее уже есть знания, но знания — это понятия. Чувства же — это опыт. Душа хочет прочувствовать себя и, таким образом, познать себя *на собственном опыте.*

Высочайшим чувством является опыт единства со Всем Сущим. Это великое возвращение к Истине, которой жаждет душа. Это чувство совершенной любви.

Совершенная любовь по отношению к чувству — то же самое, что абсолютно белое по отношению к цвету. Многие думают, что белое — это *отсутствие* цвета. Это не так. Белое — это сочетание *всех существующих цветов*.

Таким же образом и любовь — это не отсутствие чувств (ненависти, злости, похоти, ревности, жадности), но сумма всего, что можно чувствовать. Любовь есть общая сумма всего. Итоговое количество. Просто всё.

Поэтому, чтобы душа ощутила на опыте совершенную любовь, она должна ощутить на опыте *каждое человеческое чувство*.

Как можно сострадать тому, чего не понимаешь? Как можно прощать другому то, чего никогда не испытывал в себе? Итак, мы видим одновременно простоту и потрясающее величие путешествия души. Наконец мы понимаем, что ей нужно.

Цель человеческой души — ощутить всё, чтобы она могла быть всем.

Как она может быть вверху, если никогда не была внизу, быть слева, если никогда не была справа? Как ей может быть тепло, если она не знала холода, как она может быть хорошей, если она отрицает зло? Совершенно очевидно, что душа не может выбрать быть чем-либо, *если ей не из чего выбирать*. Ведь для того, чтобы душа могла познать свое великолепие, она должна *знать, что такое великолепие*. Но она не может знать этого, если нет *ничего, кроме* великолепия. И душа осознает, что великолепие существует только в пространстве того, что *не является* великолепным. Поэтому душа никогда не отвергает то, что не является великолепным, но благословляет, видя *в этом часть себя*, которая *должна существовать*, чтобы могла проявиться другая ее часть.

Конечно, задача души — сделать так, чтобы ты выбрал великолепие — выбрал лучшее из того, Кто Ты Есть, — не отвергая того, что ты не выбираешь.

Это большая работа, на много жизней, поскольку вы имеете обыкновение сразу же осуждать, называть что-то «плохим», «неправильным» или «недостаточным», вместо того чтобы благословить то, что вы не выбираете.

И вы даже не просто отвергаете, а поступаете еще хуже: стремитесь причинить вред тому, чего вы не выбираете. Вы стараетесь уничтожить это. Если есть человек, место или вещь, с которыми вы не согласны, вы нападаете. Если существует религия, которая расходится с вашей, вы объявляете ее неправильной. Если существует мысль, которая противоречит вашей, вы высмеиваете ее. Если есть идея, которая отличается от вашей, вы отбрасываете ее. В этом ваша ошибка, поскольку таким образом вы создаете лишь половину Вселенной. Вы не в состоянии понять даже *свою* половину, когда с легкостью *отбрасываете* другую.

Все это очень глубоко и мудро, и я благодарю Тебя. Никто никогда еще не говорил мне подобных вещей. По крайней мере — не говорил так просто. И я стараюсь понять. Действительно стараюсь. Однако кое-что все-таки сложно усвоить. Вот, например, Ты говоришь, что нам следует любить «неправильное», чтобы мы могли познать «правильное». Это что же, мы должны, так сказать, и дьявола принять в объятия?

А как же еще ты сможешь исцелить его? Разумеется, реального дьявола не существует, но Я отвечаю тебе в контексте выбранной тобою метафоры.

Исцеление есть процесс принятия всего, а затем — выбора наилучшего. Понимаешь ли ты это? Ты не можешь *выбрать* быть Богом, если больше *не из чего* выбирать.

Ого! А разве кто-то тут говорил о таком выборе — *быть* Богом?

Высочайшее чувство — это совершенная любовь, не так ли?

Да, думаю, что так.

А можешь ли ты найти лучшее описание Бога?

Нет, не могу.

Видишь ли, твоя душа ищет высочайшего чувства. Она стремится пережить совершенную любовь — то есть *быть* ею.

Она и *есть* совершенная любовь, и она *знает это*. Но она желает *большего*, чем просто *знать* это. Она желает *быть* этим *в своих ощущениях*.

Конечно же, ты стремишься быть Богом! Чего еще, как ты думаешь, ты мог бы желать?

Я не знаю. Не уверен. Наверное, я никогда не думал об этом таким вот образом. Просто во всем этом, мне кажется, есть что-то неуловимо богохульное.

Интересно, не правда ли, что в желании быть дьяволом вы не находите ничего богохульного, а желание быть Богом оскорбляет тебя.

Нет, подожди минуту! Кто же это желает быть дьяволом?

Ты! Вы *все*! Вы даже создали религии, которые учат вас тому, что вы рождены в грехе, что вы *грешники от рождения*. И все это, чтобы убедить себя в том, что вы злы. А если Я скажу вам, что вы все рождены от Бога, что вы все истинные Боги и Богини от рождения, *чистая любовь*, — вы отвергнете Меня.

Всю свою жизнь вы проводите, убеждая себя в том, что вы плохие. И не только вы плохие, но и то, что вы хотите, тоже плохо. Секс — это плохо, деньги — это плохо, радость — это плохо, сила — это плохо, иметь много — это плохо, плохо иметь много *чего бы то ни было*. Некоторые из ваших религий даже склоняют вас к вере в то, что *танцевать* — плохо, слушать *музыку* — плохо, радоваться *жизни* — плохо. Скоро вы согласитесь с тем, что плохо — улыбаться, плохо — смеяться, плохо — *любить*.

Нет, нет, друг мой, тебе могут быть неясны многие вещи, но одно тебе ясно *в точности*: ты и большая часть того, что ты желаешь, — это *плохо*. Сделав подобное суждение о себе, ты решил, что твоя задача — *стать лучше*.

Заметь, это нормально. Это тот же пункт назначения, в любом случае, — просто есть более быстрый способ, более короткий маршрут, более прямая тропа.

Какая?

Принять то, Кем и Чем Ты Являешься прямо сейчас, — и проявить это.

Это то, что делал Иисус. Это тропа Будды, путь Кришны, маршрут любого Мастера, который когда-либо появлялся на этой планете.

И у каждого Мастера было одно и то же послание: вы — то же, что и Я. Что могу Я — можете и вы. Все это, и *многое другое*.

Однако вы не слушали. Вместо этого вы выбрали гораздо более трудный путь — путь *того, кто думает, что он — дьявол*, *того, кто представляет себе, что он — зол*.

Вы говорите, что это трудно — идти путем Христа, следовать учениям Будды, нести свет Кришны, быть Мастером. Но вот что Я скажу: гораздо более трудно *отрицать*, Кто Ты Есть, чем принять это.

Ты есть добро и сострадание, и милосердие, и понимание. Ты есть мир, и радость, и свет. Ты есть прощение и терпение, и сила, и отвага, ты помощник в час нужды, утешитель в час скорби, целитель в час ранения, учитель в час смятения. Ты есть глубочайшая мудрость и высшая истина, величайший мир и самая замечательная любовь. Ты — все это. И были моменты в твоей жизни, когда ты *знал* такого себя.

Выбери теперь знать себя таковым всегда.

Ух! Ты меня вдохновляешь!

Слушай, если Бог не может вдохновить тебя, какой черт может?

Ты все каламбуришь?

А это не был каламбур. Прочти-ка еще раз.

Ага, понятно.

Да.

Однако было бы нормально, если бы Я и каламбурил, разве нет?

Не знаю. Я привык, что мой Бог немного более серьезен.

Ну что ж, сделай Мне одолжение: не старайся загонять Меня в какие-то рамки. И, кстати, сделай себе такое же одолжение.

Просто так случилось, что у Меня великолепное чувство юмора. И Я бы сказал, что иначе нельзя, когда смотришь на то, что вы все сделали с жизнью, — разве не так? Я имею в виду, что порой Мне только и остается, что просто смеяться над этим.

Впрочем, это нормально, потому что, видишь ли, Я-то знаю, что в конце концов все будет хорошо.

Что Ты имеешь в виду?

Я имею в виду то, что ты не можешь проиграть в этой игре. Ты не можешь сделать что-то неправильно. Этого просто нет в плане. Не существует способа не попасть туда, куда вы направляетесь. Если твоей целью является Бог — тебе повезло, поскольку *Бог настолько велик, что ты не сможешь промахнуться.*

Но все-таки мы очень беспокоимся. Очень беспокоимся о том, что мы каким-то образом все испортим и в результате никогда не сможем увидеть Тебя, быть с Тобой.

Ты имеешь в виду «попасть в рай»?

Да. Мы все боимся того, что попадем в ад.

Таким образом, вы с самого начала поместили себя в ад, чтобы избежать *попадания* туда. Хм-м-м-м. Интересная стратегия.

Ну вот, Ты снова шутишь.

Не могу ничего с Собой поделать. Все эти разговоры об аде пробуждают во Мне самое плохое!

Боже мой, да Ты же настоящий *комик*.

И тебе потребовалось так много времени, чтобы понять *это*? Ты вообще смотрел на мир в последнее время?

Тогда у меня еще один вопрос. Почему Ты не *исправишь* мир, вместо того чтобы позволять ему катиться прямиком в ад?

А почему бы тебе этого не сделать?

У меня нет сил для этого.

Чепуха. У тебя есть сила и способность прямо сейчас, в эту минуту, положить конец голоду, который царит во всем мире, расправиться с болезнями — в этот самый момент. А что, если Я скажу тебе, что ваша собственная медицина *придерживает* лекарства, отказывается одобрять и применять альтернативные медикаменты и процедуры, потому что они угрожают самой структуре профессии «исцеления»? А что, если Я скажу тебе, что правительства мира не *хотят* покончить с голодом во всем мире? Поверишь ли ты Мне?

Мне будет трудно. Я знаю, что существует такой популистский взгляд, но не могу поверить, что это действительно так. Никакой доктор не захочет отказаться от хорошего лекарства. Никакой государственный деятель не хочет видеть, как умирают его сограждане.

Никакой *конкретный* доктор — да, это правда. Никакой *конкретный* государственный деятель — тоже правда. Но врачевание и политика превратились в *институты*, и именно эти институты противостоят подобным вещам, порой очень незаметно, порой даже как бы нечаянно, но неотвратимо... потому что для институтов это вопрос их выживания. И просто для того, чтобы дать тебе один элементарный пример, скажу, почему врачи на Западе отрицают действенность медицины врачей Востока: принятие ее, признание того, что определенные альтернативные методы могут привести к исцелению, означало бы разрушение основ данного института на Западе в том виде, в котором он сам себя построил.

В этом нет злонамеренности, но есть коварство. Медицина как институт делает это не потому, что она хочет зла, нет. Она делает это потому, что ей страшно.

Любая атака есть призыв о помощи.

Я читал об этом в «Курсе чудес».

Я поместил это туда.

Парень, да у Тебя есть ответ на все что угодно.

Мне кажется, мы только приступили к ответам на твои вопросы. Мы говорили о том, как вернуть твою жизнь на правильный путь. Как сделать так, чтобы она «дала тебе передышку». Я рассуждал о процессе творения.

Да, а я Тебя все время прерывал.

С этим все в порядке. Но давай вернемся назад, ведь мы не хотим терять нить чего-то очень важного.

Жизнь есть процесс творения, а не процесс открытия.

Вы живете каждый новый день не для того, чтобы *открывать*, что в нем заключено для вас, но для того, чтобы *создавать* это. Вы создаете свою реальность каждую минуту, вероятно даже и не подозревая этого.

Вот почему это так, и вот как это действует:

1. Я создал вас по образу и подобию Бога.

2. Бог есть создатель.

3. Вы являетесь триедиными существами. Вы можете называть эти три аспекта бытия как вам угодно: Отцом, Сыном и Святым Духом; разумом, телом и душой; сверхсознанием, сознанием и подсознанием.

4. Творение — это процесс, который происходит из этих трех частей вашего существа. Или, иначе говоря, вы творите на трех уровнях. Инструментами творения являются мысль, слово и действие.

5. Все творение начинается с мысли («от Отца исходит»[6]). Затем все творение переходит к слову («Просите, и дано будет вам; ищите, и найдете»[7]). Все творение исполняется в действии («И Слово стало плотию и обитало с нами»[8]).

6. То, о чем вы думаете, но впоследствии никогда не говорите, — творит на одном уровне. То, о чем вы думаете и говорите, — творит на другом уровне. То, о чем вы думаете, о чем говорите и что делаете, — становится проявленным в вашей реальности.

7. Думать, говорить и делать что-то, в чем ты не убежден искренне, — невозможно. Таким образом, процесс творения должен включать убеждение, или знание. И это — абсолютная вера. Это то, что *за пределами* надежды. Это *знание со всей определенностью* («по вере своей будешь исцелен»[9]). Таким образом, деятельная часть творения всегда включает и знание. И речь здесь идет об абсолютной ясности, о полной уверенности, совершенном *приятии* чего-то *как реальности*.

8. Это место знания есть место мощной, невероятной благодарности. Это благодарность *авансом*. И в этом, вероятно, заключается самый главный ключ к творению: быть благодарным *за творение* — еще *до* него. Такое принятие творения как должного не только приветствуется, но и поощряется. Это *безусловный признак мастерства*. Все Мастера *знают заранее, что действие уже совершено*.

9. Радуйся и наслаждайся всем, что ты создаешь и уже создал. Отвергать что-либо из этого означает отвергать часть себя. Что бы ни представляло в данный момент себя как часть твоего творения — владей этим, будь хозяином этого, благословляй это, будь благодарен за это. Не стремись отказаться от этого, поскольку отвергнуть это — значит отвергнуть самого себя.

10. Если обнаружится какой-то аспект творения, который не приносит тебе удовольствия, благослови его и просто измени. Выбери заново. Призови новую реальность. Подумай новую мысль. Скажи новое слово. Сделай что-то новое. Делай это великолепно — и остальной мир последует за тобой. Попроси его об этом. Призови его к этому. Скажи: «Я есмь Жизнь и Путь, следуйте за мной».

Вот *так* надо проявлять волю Бога «на земле, как на небе»[10].

Если все настолько просто, если все, что нам необходимо, укладывается в эти десять пунктов, почему это не действует именно так для большинства из нас?

Это *действует* именно так для *всех и каждого* из вас. Некоторые из вас используют эту «систему» сознательно, полностью отдавая себе в этом отчет. Остальные пользуются ею неосознанно, даже не зная, что они делают.

Некоторые из вас бодрствуют, а другие — спят на ходу. И при этом *все* вы создаете свою реальность. *Создаете*, а не *открываете*, и делаете вы это силой, данной вам Мною, используя процесс, который Я только что описал.

Итак, ты спросил, когда же твоя жизнь «даст тебе передышку», и Я дал тебе ответ.

Ты сделаешь так, что твоя жизнь «даст тебе передышку», прояснив для начала, что ты думаешь о ней. Думай о том, кем ты хочешь быть, что ты хочешь делать и что ты хочешь иметь. Думай об этом часто, до тех пор, пока тебе это не станет абсолютно ясно. Затем, когда тебе станет абсолютно ясно, — *думай только об этом, и ни о чем другом*. Представляй себе только эту возможность, и никаких других.

Освобождайся от всех негативных мыслей, которые могут появиться в твоих ментальных конструкциях. Избавься от своего пессимизма. Освободись от всех своих сомнений. Отринь все свои страхи. Тренируй свой разум так, чтобы он придерживался изначальной творящей мысли.

Когда твои мысли станут ясными и устойчивыми, начинай проговаривать их как истину. Говори их вслух. Используй великую команду, которая призывает творческую силу: «Я есмь». Делай заявления «Я есмь» вслух другим людям. «Я есмь» — это самое сильное созидающее утверждение во Вселенной. Все, что ты думаешь, все, что ты говоришь, после слов «Я есмь» приводит в движение соответствующие переживания, призывает их, притягивает их к тебе.

Вселенная не знает никакого другого способа функционирования. Нет никакого другого пути, который она могла бы выбрать. На утверждение «Я есмь» Вселенная реагирует, как джинн в кувшине.

Ты говоришь «освободись от всех сомнений, отринь все страхи, избавься от пессимизма» так, как будто это «передай мне кусок хлеба». Но обо всем этом легче сказать, чем сделать. «Избавься от всех негативных мыслей в своих ментальных конструкциях» — можно было с таким же успехом сказать: «До обеда заберись-ка на Эверест». Хорошенькое приказание!

Обуздание мыслей, контроль над ними — не такая сложная вещь, как может показаться. (Как, кстати, и восхождение на Эверест.) Все дело в дисциплине. Весь вопрос — в намерении.

Первый шаг — научиться отслеживать свои мысли; *думать о том*, о чем ты думаешь.

Когда ты ловишь себя на том, что думаешь негативные мысли, то есть мысли, которые негативны в отношении твоей высшей идеи о чем-то, — продумай их снова! И Я хочу, чтобы ты делал это в *буквальном* смысле. Если ты думаешь, что ты в унынии, в плачевном состоянии и что ничего хорошего из этого произойти не может, — *подумай заново*. Если ты думаешь, что мир — плохое место, наполненное негативными событиями, *подумай заново*. Если ты думаешь, что твоя жизнь распадается на части и похоже на то, что тебе не удастся снова собрать их вместе, — *подумай заново*.

Ты *можешь* натренировать себя делать это. (Посмотри, насколько хорошо ты натренировал себя *не* делать этого!)

Спасибо Тебе. Мне еще никто не объяснял этот процесс столь понятно. Хотелось бы, конечно, чтобы это можно было сделать так же легко, как и сказать об этом. Но теперь, кажется, я хотя бы ясно понимаю это.

Ну что ж, если тебе потребуется повторение материала, у нас есть на это несколько жизней.

5

Каков истинный путь к Богу? Через отречение, как верят некоторые йоги? И как быть с этой штукой под названием «страдание»? Является ли страдание и служение путем к Богу, как говорят многие аскеты? Действительно ли мы заслуживаем свой путь в рай тем, что «хорошо себя ведем», как учат столь многие религии? Или же мы свободны действовать так, как пожелаем, нарушать или игнорировать любое правило, отбросить в сторону разные традиционные учения, погрузиться в потворство собственным прихотям и таким образом найти Нирвану, как говорят многие нью-эйджеры? Что правильно? Строгие моральные стандарты или «поступай как тебе заблагорассудится»? Что правильно? Традиционные ценности или «будем решать проблемы по мере их появления»? Что правильно? Десять Заповедей или Семь Шагов к Просветлению?

Для тебя чрезвычайно важно, чтобы было либо так, либо иначе, да?.. А не может ли быть все сразу?

Я не знаю. Я спрашиваю Тебя.

Я отвечу тебе так, чтобы ты мог лучше понять, но прежде скажу, что ответ на твои вопросы заключен в них самих. Я говорю это всем людям, которые слышат Мои слова и ищут Моей истины.

Каждому сердцу, которое вопрошает искренне: «Каков он, путь к Богу?», — он указывается. Каждому дается та истина, которая может быть воспринята сердцем. Приди ко Мне путем своего сердца, но не тропой своего разума. Ты никогда не сможешь найти Меня в своем разуме.

Для того чтобы истинно познать Бога, тебе необходимо быть вне разума.

Но твой вопрос ждет своего ответа, и Я не отступлю от направления твоего поиска.

Я начну с утверждения, которое, быть может, поразит тебя и — вполне вероятно — оскорбит чувства многих людей. *Не существует того, что называется Десятью Заповедями.*

Господи Ты Боже Мой, их не существует?

Нет, не существует. Кому бы Я давал заповеди? Самому Себе? И для чего были бы нужны такие заповеди? Все, чего бы Я ни пожелал, — есть. *N'est ce pas?*[11] Для чего, спрашивается, необходимо кому-то что-то заповедовать?

И уж если бы Я издал заповеди, неужели они не соблюдались бы автоматически? Как бы Я мог желать чего-то настолько сильно, что решил бы издать приказ, — а затем сидел и наблюдал, как это не исполняется?

Какой царь стал бы делать подобное? Какой правитель?

Но вот что Я скажу тебе: Я не царь и не правитель. Я просто — и грозно — Создатель. Но Создатель не управляет, а просто создает, создает — и продолжает создавать.

Я создал вас — благословил вас — по образу и подобию Своему. И Я дал вам определенные обещания и обязательства. Я сказал вам простым языком о том, что будет с вами, когда вы станете едины со Мной.

Ты, как и Моисей, являешься искренним искателем. Моисей, как и ты сейчас, стоял предо Мной, моля об ответах. «О Бог Моих Отцов, — взывал он, — Бог моего Бога, соблаговоли показать мне. Подай мне знак, о котором я смогу сказать моему народу! Как мы можем узнать о том, что мы — избранные?»

И Я пришел к Моисею так же, как Я пришел к тебе сейчас, с божественным заветом — с вечным обещанием, — неоспоримым и определенным обязательством. «Как я могу быть уверен?» — спросил Моисей в печали. «Потому что Я сказал тебе так, — ответил Я. — У тебя есть Слово Бога».

И Слово Бога было не заповедью (приказанием), но заветом (договором). И вот каковы...

ДЕСЯТЬ ОБЯЗАТЕЛЬСТВ

Ты *узнаешь*, что вступил на путь к Богу, и *узнаешь*, что ты *нашел* Бога, потому что тебе будут даны эти знаки, эти указания, эти *изменения* в тебе:

1. Ты будешь любить Бога всем своим сердцем, всем своим разумом и всей своей душой. И между тобой и Мной не будет более никакого Бога. Ты более не будешь поклоняться человеческой любви, или успеху, или деньгам, или власти, и ни одному из олицетворяющих их символов. Ты отложишь в сторону все эти вещи, как ребенок откладывает свои игрушки. Не потому, что они недостойны, но потому, *что ты перерос их.*

И ты узнаешь, что встал на путь к Богу, потому что:

2. Ты не будешь употреблять имя Господа всуе. Равно как и не будешь взывать ко Мне по пустякам. Ты поймешь *силу слов и мыслей*, и ты не будешь *думать* о том, чтобы призвать имя Бога безбожным образом. Ты не будешь использовать Мое имя всуе потому, что ты и не *можешь* сделать этого. Ведь Мое имя — Великое «Я Есмь» — *никогда* не используется всуе (что значит «без результата») и *никогда не сможет быть использовано всуе*. И когда ты найдешь Бога, ты *узнаешь это*.

И Я дам тебе также другие знаки:

3. Ты не будешь забывать оставлять один день в неделю для общения со Мной и назовешь его святым. Это будет сделано для того, чтобы ты не оставался слишком долго в своих иллюзиях, но вспоминал, Кем и Чем Ты Являешься. И вскоре ты будешь называть *каждый* день Субботой и *каждый* момент святым.

4. Ты будешь чтить своих отца и мать и *познаешь*, что ты есть Сын Божий, когда будешь чтить Бога-Отца-и-Мать во всем, что ты говоришь, делаешь или думаешь. И так же, как ты будешь чтить Бога-Отца-и-Мать, ты будешь чтить своих отца и мать на Земле (ибо они дали тебе *жизнь*), и так ты начнешь чтить *всякого человека*.

5. Ты *узнаешь*, что нашел Бога, когда поймешь, что уже никогда не станешь совершать убийство (то есть намеренно убивать без причины). Ибо, понимая, что ты в любом случае не можешь *прекратить* жизнь другого существа (поскольку каждая жизнь вечна), ты не станешь выбирать прекращение любой из конкретных инкарнаций, равно как и изменение формы любой жизненной энергии, без самых на то священных оснований. Твое новое почтение к жизни заставит тебя уважать *все* формы жизни — включая травы, деревья и животных — и оказывать на них воздействие только ради высшего блага.

И Я пошлю тебе также другие знаки, дабы ты знал, что ты находишься на правильном пути:

6. Ты не станешь осквернять чистоту любви нечестностью или обманом, ибо это измена. Я обещаю тебе, что, когда ты найдешь Бога, *ты не будешь совершать подобных измен*.

7. Ты не возьмешь вещи, которая не является твоей собственностью, и не станешь ни обманывать, ни потворствовать лжи, ни причинять вред другому для того, чтобы получить что-либо, ибо это будет воровством. Я обещаю тебе, что, когда ты найдешь Бога, *ты не будешь воровать*.

А также не будешь...

8. Говорить неправду, и тем самым лжесвидетельствовать.

А также не будешь...

9. Желать супругу соседа своего, ибо зачем тебе хотеть супругу *соседа*, когда ты знаешь, что *все* остальные суть твои супруги?

10. Желать имущество соседа своего, ибо зачем тебе хотеть имущество *соседа*, когда ты знаешь, что *все* имущество может быть твоим, а все твое имущество принадлежит миру?

Ты *узнаешь*, что нашел путь к Богу, когда увидишь все эти знаки. Ибо Я обещаю, что никто истинно ищущий Бога не станет делать подобных вещей. Продолжение такого поведения станет просто невозможным.

И это — твои *свободы*, а не *ограничения*. Это Мои *обязательства*, а не *заповеди*. Ибо Бог не повелевает о том, что Бог же и создал, — Бог просто говорит детям Божьим: вот как вы узнаете, что возвращаетесь домой.

Моисей спросил Меня искренне: «Как я смогу узнать? Дай мне знак». Моисей задал тот же вопрос, который задаешь сейчас ты. Тот же вопрос, который задают все люди повсюду с начала времен. Мой ответ тоже извечен. Но он никогда не был и никогда не станет заповедью, приказанием. Ибо кому Мне приказывать? И кого Мне наказывать, если Мои заповеди не соблюдаются?

Ведь есть только Я.

Итак, мне не нужно соблюдать Десять Заповедей, чтобы попасть в рай?

Нет такой вещи, как «попасть в рай». Есть только знание того, что ты уже там. Есть приятие, понимание, но не зарабатывание этого.

Ты не можешь *направляться* туда, где ты уже находишься. Для того чтобы попасть туда, куда ты желаешь, тебе потребовалось бы оставить то место, где ты находишься, — и это разрушило бы весь смысл путешествия.

Ирония заключается в том, что многие люди думают, будто им необходимо покинуть то место, где они находятся, чтобы добраться туда, где они хотят быть. Так они покидают рай, чтобы *попасть* в рай, — и проходят через ад.

Просветление — это понимание того, что тебе некуда идти, нечего делать и некем становиться, кроме того, кем ты как раз и являешься прямо сейчас.

Ты совершаешь путешествие в никуда.

Рай — как ты его называешь — находится нигде [nowhere]. Но давай вставим пробел между *w* и *h* в этом слове, и ты увидишь, что рай — сейчас и здесь [now... here].

Все так говорят! Все это говорят! Я уже с ума схожу от этого! Если «рай — здесь и сейчас», то почему же я этого не вижу? Почему я не чувствую этого? И почему мир так бестолков?

Я понимаю твое отчаяние. Когда пытаешься понять все это, приходишь почти в такое же отчаяние, как когда пытаешься *объяснить* это другому.

Ого! Минуточку! Не хочешь ли Ты сказать, что Бог отчаивается?

А кто, как ты думаешь, _изобрел_ отчаяние? И неужели ты представляешь себе, что ты _можешь_ ощущать что-то, чего Я ощущать не в состоянии?

Скажу тебе: любое ощущение, которое доступно тебе, — доступно и Мне. Неужели ты не видишь, что Я ощущаю Себя _через тебя_? Для чего же еще все это нужно, как ты полагаешь?

Я не смог бы познать Себя, если бы не ты. Я создал тебя для того, чтобы Я мог познать, Кто Я Есть.

Но Я не стану разбивать _все_ твои иллюзии относительно Меня в одной главе — скажу лишь, что в Моей самой тонкой форме, которую вы называете Богом, Я _не_ испытываю отчаяния.

Уф-ф-ф! Ну, это уже лучше. Ты было напугал меня.

Но это не потому, что Я не могу. Просто потому, что Я не выбираю этого. Ты, между прочим, можешь сделать точно такой же выбор.

Хорошо, в отчаянии или нет, но я по-прежнему не могу понять, как так может быть, что рай — прямо здесь, а я не чувствую его.

Ты не можешь чувствовать то, чего не знаешь. И ты не знаешь, что находишься прямо сейчас в «раю», просто потому, что ты еще не испытал этого. Видишь ли, для тебя это некий порочный круг. Ты не можешь испытывать то, чего не знаешь, — ты еще не нашел для этого способа, — и ты не знаешь того, чего еще не испытывал.

Все, к чему призывает тебя Просветление, — это познать что-то, чего ты еще не испытывал и, таким образом, испытать это. Знание открывает врата опыта — а ты представляешь себе это как раз наоборот.

В действительности твое знание гораздо больше, чем твой опыт. Ты просто не знаешь, что ты знаешь.

Ты знаешь, например, что существует Бог. Но ты можешь и не знать, что ты знаешь это. И, таким образом, ты продолжаешь находиться в _ожидании_ соответствующего опыта. Но все это время _ты получаешь его_. Однако ты получаешь его, не зная, — а это все равно что вообще не получать.

Парень, мы тут просто ходим по кругу.

Да, ходим. И вместо того, чтобы ходить по кругу, быть может, нам стоит быть самим этим кругом. И этот круг совсем не обязан быть порочным. Он может быть возвышенным.

Является ли отречение частью истинно духовной жизни?

Да, поскольку в конечном счете весь Дух отрекается от всего, что не реально. И ничто не является реальным в той жизни, которую ты ведешь, за исключением твоей связи со Мной. *При этом отречение в его классическом понимании, то есть самоотрицание, не является чем-то обязательным.*

Истинный Мастер не «отказывается» от чего-то. Истинный Мастер просто откладывает это в сторону, как он поступил бы с чем угодно, что перестало быть ему нужным.

Некоторые говорят, что ты должен преодолевать свои желания. Я говорю, что ты должен просто изменить их. Первая практика — это строгое послушание. Вторая — радостное празднование.

Некоторые говорят, что для познания Бога ты должен преодолеть все земные страсти. Но понять и принять их — уже достаточно. *То, чему ты сопротивляешься, усиливается. То, к чему ты внимателен, исчезает.*

Люди, искренне стремящиеся преодолеть земные страсти, часто трудятся над этим так усердно, что уже можно сказать: *это становится их страстью.* Они обуреваемы «страстью к Богу», страстью познать Его. Но страсть есть страсть, и замена одной страсти на другую не позволит вовсе избавиться от нее.

Поэтому не суди о том, к чему испытываешь страсть. Просто замечай это, а затем смотри, насколько это служит тебе, — исходя из того, кем и чем ты желаешь быть.

Помни, что ты постоянно находишься в процессе создания себя. В каждый новый момент ты решаешь, кем и чем ты являешься. В значительной степени ты решаешь это посредством того выбора, который делаешь в отношении того, к кому и к чему ты испытываешь страсть.

Часто человек, как вы это называете, «находящийся на духовном пути», выглядит так, будто он отрекся от всех земных страстей и всех человеческих желаний. Что же он сделал на самом деле? Понял их, увидел всю их иллюзорность и отошел от тех страстей, которые более не служат ему, — при этом любя иллюзию за то, что она принесла ему шанс быть совершенно свободным.

Страсть — это любовь к превращению бытия в действие. Она — топливо для двигателя творения. Она превращает понятия в опыт.

Страсть — это огонь, который позволяет нам выразить то, кем мы в действительности являемся. Никогда не отрицай страсть, поскольку это будет равносильно отрицанию того, Кто Ты Есть и Кем Ты Истинно Желаешь Быть.

Отречение никогда не отрицает страсть — отречение отрицает привязанность к результату. Страсть — это любовь к действию. Действие — это бытие *с опытом*. Но что нередко создается как составная часть действия? *Ожидание.*

Жить свою жизнь, не имея *ожиданий* — без нужды в конкретных результатах, — *это* и есть свобода. Это Божественность. Так живу Я.

Ты не привязан к результатам?

Абсолютно не привязан. Мое удовольствие — в творении, а не в его последствиях. Отречение — это *не* решение отказаться от действия. Отречение есть решение отказаться от конкретного *результата*. Тут очень большая разница.

Мог бы Ты объяснить, что Ты имеешь в виду, говоря: «Страсть — это любовь к превращению бытия в действие?»

Бытие есть высшее состояние существования. Это его чистейшая сущность. Это тот аспект Бога, который можно определить как «сейчас — не сейчас», «всё — не всё», «всегда — никогда».

Чистое бытие есть чистая Бог-овость.

При этом нам никогда не было достаточно просто *быть*. Нам всегда было важно *познать на собственном опыте*, Чем Мы Являемся, — и для этого требовался особый аспект божественного, который называется действием.

Предположим, что ты, в самой сердцевине своего замечательного «Я», есть тот аспект божественности, который называется любовью. (И это, между прочим, Истина.)

Так вот, одно дело *быть* любовью, и совершенно другое — *делать что-то с любовью. Душа жаждет делать что-то такое, чтобы через эти действия познать себя на собственном опыте. Так она стремится реализовать свою самую высокую идею в действии.*

Это горячее желание и называется страстью. Убей страсть — и ты убьешь Бога. Страсть — это Бог, желающий сказать «привет».

Но, видишь ли, как только Бог (или Бог-в-тебе) с любовью сделает это, Он становится Самореализованным и более не нуждается ни в чем.

Человек же, наоборот, нередко чувствует необходимость получить *дивиденды* со своего вклада. Если мы собираемся любить кого-то — прекрасно, но было бы неплохо получить немного любви в ответ. Что-то вроде этого.

Это *не* страсть. Это *ожидание*.

Именно это величайший источник человеческого несчастья. Это то, что отделяет человека от Бога.

Отречение направлено на то, чтобы положить конец этому отделению через опыт, который восточные мистики назвали *самадхи*. То есть через единение и союз с Богом, растворение в Божественном.

Отречение, таким образом, предполагает *отречение от результатов*, но *ни в коем случае* не отречение от страсти. В действительности Мастер интуитивно знает, что страсть — это и есть путь. Путь к Самореализации.

Даже используя земные понятия, вполне можно сказать, что, если ты не испытываешь ни к чему страсти, ты вообще не живешь.

Ты сказал, что «то, чему сопротивляешься, усиливается, а то, на что внимательно смотришь, исчезает». Мог бы Ты объяснить это?

Ты не можешь сопротивляться чему-то, что ты не признаешь реальным. Сам акт сопротивления чему-то означает, что ты даруешь этому «чему-то» жизнь. Когда ты сопротивляешься некоей энергии, ты даешь ей место. И чем больше ты сопротивляешься, тем больше ты делаешь реальным все, *чему бы* ты ни сопротивлялся.

То, на что ты смотришь открытыми глазами, исчезает. То есть *теряет свою иллюзорную форму*.

Если ты посмотришь на что-то — на самом деле *внимательно посмотришь*, — *ты будешь видеть насквозь*, как бы пронзая взглядом любую иллюзию, которая заключена для тебя в данном предмете. И для твоего видения не останется ничего, кроме абсолютной реальности. Перед лицом абсолютной реальности у твоей слабой иллюзии нет силы. Она не может долго удерживать твое внимание своей слабеющей хваткой. Ты видишь *истину*, и истина делает тебя свободным[12].

Но если я не *хочу*, чтобы то, на что я смотрю, исчезало?

А следовало бы *всегда* хотеть этого! В твоей реальности нет ничего, за что стоило бы держаться. И все же, если ты *действительно выбираешь* не высшую реальность, но иллюзию твоей жизни, ты можешь легко *пересоздать* ее — так же, как ты создал ее в самом начале. Таким образом ты можешь иметь в своей жизни то, что *выбираешь иметь*, и удалять из нее то, что больше не желаешь переживать.

Но никогда *ничему* не сопротивляйся. Если ты думаешь, что, сопротивляясь чему-то, ты удалишь это, *подумай еще раз*. На самом деле ты только укоренишь это еще глубже. Разве Я не говорил тебе, что *всякая мысль* творит?

Даже мысль о том, что я не хочу чего-то?

Если ты не хочешь этого, зачем тогда вообще думать об этом? Не задумывайся об этом больше. Но если ты *должен* думать об этом — то есть если ты не можешь *не* думать об этом, — не сопротивляйся. Лучше посмотри *прямо* на то, что есть, прими эту реальность как свое творение — а затем выбери: оставлять ее или нет.

А чем будет определяться этот выбор?

Кем и Чем (по твоему разумению) ты Являешься. И Кем и Чем ты выбираешь Быть.

Этим определяется *всякий* выбор, *любой* из всех выборов, которые ты сделал за свою жизнь. И когда-либо *сделаешь*.

Так что же, жизнь в отречении — неверный путь?

Это не так. Само *слово* «отречение» не очень удачно. Фактически, ты не можешь *отречься ни от чего*, поскольку то, чему ты сопротивляешься, — усиливается. Истинное отречение не отказывается, а просто *выбирает другое*. Это акт движения по направлению к чему-то, а не прочь от чего-то.

Ты не можешь уйти от чего-то, поскольку это начнет преследовать тебя, где бы ты ни был. Поэтому не сопротивляйся соблазну, но просто отвернись от него. Повернись ко Мне и отвернись от всего, что недостойно Меня.

Однако знай: нет такой вещи, как неверный путь, поскольку в этом путешествии ты не можешь «не попасть» туда, куда направляешься.

Весь вопрос в скорости — в том, *когда* ты доберешься туда, — но даже это иллюзия, поскольку не существует никакого «когда», равно как нет никакого «до» и «после». Есть только сейчас: вечный момент всегда, в котором ты ощущаешь себя.

Тогда какой во всем этом смысл? Если не существует способа *не* «попасть туда», в чем тогда смысл жизни? С какой стати тогда нам беспокоиться обо всем том, о чем мы беспокоимся?

Ну конечно, тебе *не стоит* беспокоиться. Но с твоей стороны *было бы неплохо* стать наблюдателем. Просто обращай внимание на то, Кем и Чем Ты Являешься, что делаешь, что имеешь, и смотри, служит ли это тебе.

Смысл жизни не в том, чтобы попасть куда-то, а в том, чтобы заметить, что ты уже находишься там — и всегда находился. Ты всегда и во веки веков находишься в моменте чистого творения. Смысл жизни, таким образом, — в том, чтобы создать то, Кем и Чем Ты Являешься, а затем — пережить это на опыте.

6

А как насчет страдания? Является ли страдание путем и тропой к Богу? Некоторые даже говорят, что это *единственный* путь.

Мне не нравится страдание, и тот, кто говорит обратное, не знает Меня.

Страдание не является необходимым аспектом человеческого опыта. Оно не только не нужно, оно неумно, неудобно и вредно для вашего здоровья.

Тогда почему существует столько страдания? Почему Ты, если Ты *действительно* Бог, не положишь *конец* этому, раз уж Тебе это так не нравится?

Я положил конец этому. Вы просто отказываетесь использовать инструменты, которые Я дал вам, чтобы понять это.

Видишь ли, страдание не имеет ничего общего с происходящими событиями — оно имеет отношение к вашей реакции на эти события.

То, что происходит, — это просто то, что происходит. Как ты чувствуешь себя по этому поводу — это другое дело.

Я уже дал вам инструменты, посредством которых вы можете реагировать и отвечать на происходящие события так, чтобы снизить — даже, собственно, *устранить* — боль, но вы не используете их.

Прошу прощения, но почему бы не устранить сами *события*?

Очень хорошее предложение. К сожалению, Я их не контролирую.

Ты *не контролируешь* события?

Конечно, нет. События происходят в пространстве и времени как результат вашего выбора, и Я никогда не стану вмешиваться в выбор. Сделать так означало бы устранить саму причину, по которой Я создал вас. Но Я уже объяснял все это раньше.

Некоторые события вы производите по своей воле, а другие притягиваете к себе более или менее неосознанно. Отдельные события — в частности, вы относите к этой категории природные бедствия — приписываются «судьбе».

Но даже «судьба» [fate] может служить аббревиатурой «собранных отовсюду мыслей» [from all thoughts everywhere]. Иначе говоря, синонимом сознания планеты.

Или «коллективного сознания».

Совершенно верно.

Некоторые говорят, что мир катится в ад. Наша экология гибнет. Наша планета стоит перед лицом глобальной геофизической катастрофы. Землетрясения. Вулканы. Может быть, даже изменение наклона земной оси. Другие говорят, что коллективное сознание может изменить все это, что мы можем спасти Землю нашими мыслями.

Мыслями, приведенными в *действие*. Если достаточное количество людей повсюду на Земле утвердится в том, что надо что-то сделать для спасения окружающей среды, вы *спасете* Землю. Но вам следует поторопиться. И так уже нанесено достаточно ущерба, и это длится очень долго. Потребуется кардинальный сдвиг в отношении к происходящему.

Ты имеешь в виду, что если мы не сделаем этого, то *будем* свидетелями того, как Земля — и те, кто ее населяет, — погибнут?

Я создал законы физической Вселенной достаточно четкими, чтобы их мог понять каждый. Существуют законы причины и следствия, которые были благополучно доведены до ваших ученых, в частности физиков, а через них — до ваших мировых лидеров. Нет нужды описывать эти законы здесь еще раз.

Возвращаясь к вопросу о страдании: откуда мы вообще взяли, что страдание — это *хорошо*? И что святые «страдают молча»?

Святые *действительно* «страдают молча», но это не означает, что страдание — это хорошо. Ученики в школе Мастерства страдают молча, поскольку понимают: страдание не есть путь Бога, но скорее верный знак того, что предстоит еще кое-что *узнать* о пути Бога, предстоит еще кое-что вспомнить.

Истинный Мастер вовсе не страдает молча — он страдает не жалуясь. Причина, по которой истинный Мастер не жалуется, — в том, что он даже *не страдает*, а просто переживает определенный набор обстоятельств, который *вы* бы назвали невыносимыми.

Практикующий Мастер не говорит о страдании потому, что в своей практике он *ясно понимает силу Слова* — и поэтому выбирает просто *не говорить ни слова об этом*.

Мы делаем реальным то, на что обращаем внимание. Мастер знает это. Мастер живет в моменте *выбора,* осознавая, что он делает реальным то, что выбирает.

Вы все делаете это время от времени. Среди вас не найдется ни одного, кто хоть однажды не заставил бы головную боль исчезнуть или не сделал бы визит к дантисту менее болезненным, просто *решив, что будет так.*

Мастер принимает такое же решение, только относительно более глобальных вещей.

Но зачем вообще страдать? Зачем вообще допускать саму *возможность* страдания?

Как Я уже объяснял, ты не сможешь познать то и стать тем, чем ты являешься, в отсутствие того, чем ты *не являешься.*

И все равно я не могу понять, откуда мы взяли, что страдание — это *хорошо*?

Очень мудро, что ты так настойчив в этом вопросе. Изначальная мудрость, окружающая молчаливое страдание, сейчас настолько извращена, что многие верят (а некоторые религии, по существу, *учат* этому), что страдание — это *хорошо,* а *радость* — это *плохо.* И вы решили, что если у кого-то рак и он молчит об этом, то он святой, а если у другой (возьмем взрывоопасную тему) здоровая сексуальность и она открыто наслаждается ею, то она грешница.

Да уж, взрывоопаснее не придумаешь. И Ты так хитро использовал местоимение женского рода. Это специально для того, чтобы подчеркнуть что-то?

Это для того, чтобы показать тебе ваши предубеждения. Вы ведь не любите думать о женщинах, *обладающих* здоровой сексуальностью и к тому же еще открыто наслаждающихся ею.

Вы предпочитаете видеть мужчину, умирающего без стона на поле брани, чем женщину, со стоном занимающуюся любовью на улице.

А *Ты* бы что предпочел?

У Меня нет никаких суждений. Но у вас их великое множество, всяких и разных, — и Я полагаю, что именно ваши суждения удерживают вас от радости; а ваши ожидания делают вас несчастными.

Все это вместе взятое и порождает ваши трудности и, таким образом, приносит вам страдание.

Откуда мне знать, что Твои слова — истина? Откуда мне знать, что это вообще говорит Бог, а не мое воспаленное воображение?

Ты уже спрашивал об этом. Мой ответ остается неизменным. Какое это вообще имеет значение? Даже если представить себе, что все, что Я сказал, «неверно», можешь ли ты придумать лучший способ жизни?

Нет.

Тогда «неверное» — *верно*, а «верное» — неверно!

И вот что Я еще тебе скажу, чтобы помочь выбраться из этой дилеммы: не верь *ничему* из того, что Я говорю. Просто *проживи* это. *Ощути* это. Затем — живи любой парадигмой, какой хочешь. А потом — пересмотри свой *опыт*, чтобы найти свою собственную истину.

Однажды, если наберетесь достаточно храбрости, вы ощутите мир, в котором считается, что заниматься любовью лучше, чем воевать. В этот день вы возрадуетесь.

7

Жизнь так ужасна. И так запутанна. Я бы хотел, чтобы все было яснее.

В жизни нет ничего ужасного, если ты не привязан к результатам.

Имеется в виду: если ты ничего не хочешь?

Именно так. Выбирай, но не желай.

Легко тем, от кого никто не зависит. А если у тебя жена и дети?

Путь семьянина всегда был очень трудным. Может быть, самым трудным. Как ты уже отметил, легко «ничего не хотеть», когда ты занят только собой. Естественно, когда у тебя есть ответственность за тех, кого ты любишь, ты желаешь им только самого наилучшего.

Тебе больно, когда ты не можешь дать им всего, что тебе хотелось бы им дать. Хороший дом, красивую одежду, еды вдоволь. У меня такое ощущение, что уже двадцать лет я только и борюсь за то, чтобы свести концы с концами. И мне все еще нечем похвастаться.

Ты говоришь о материальном благополучии?

Я говорю о том необходимом, что любой человек хотел бы дать своим детям. Я говорю о каких-то самых простых вещах, которыми любой мужчина хотел бы обеспечить свою жену.

Понимаю. Ты думаешь, что твоя задача в жизни состоит в том, чтобы обеспечить им все эти вещи. И ты воображаешь, что в этом вся твоя жизнь?

Не уверен, что я сформулировал бы это так. Это не то, *в чем* вся моя жизнь, но, уж конечно, было бы неплохо, если бы это было по крайней мере *побочным результатом*.

Хорошо, тогда вернемся назад. В чем ты видишь действительный смысл своей жизни?

Непростой вопрос. За все эти годы у меня было много разных ответов на него.

Каков твой ответ сейчас?

Похоже, у меня два ответа на этот вопрос: ответ, который мне *хотелось* бы видеть, и ответ, который я вижу.

Какой ответ ты хотел бы видеть?

Я хотел бы, чтобы моя жизнь была посвящена эволюции моей души. Мне бы хотелось, чтобы моя жизнь была выражением и испытанием тех моих качеств, которые я люблю больше всего. Той части меня, которая является состраданием, терпением, дарением и помощью. Той части меня, которая является пониманием и мудростью, прощением и... любовью.

Звучит так, будто ты продолжаешь вслух читать эту книгу!

Да, это прекрасная книга — на эзотерическом уровне. Но я пытаюсь понять, как все это осуществить «на деле». Но на Твой вопрос существует ответ, который я реально вижу, — и заключается он в том, что вся моя жизнь посвящена лишь выживанию изо дня в день.

Ага! И ты думаешь, что одно мешает другому?

Ну...

Ты считаешь, что духовный путь препятствует выживанию?

По правде говоря, я хотел бы большего, чем просто выживать. Все эти годы я *выживаю*. Замечу, что мне и сейчас приходится этим заниматься. Но хотелось бы, чтобы *борьба* за выживание прекратилась. Я вижу, что пережить день и дожить до следующего — это до сих пор борьба. А я хочу не просто выживать. Я хочу *процветать*.

А что бы ты назвал процветанием?

Иметь достаточно, чтобы не беспокоиться о том, где достать следующий доллар, чтобы не приходилось испытывать стрессы и напряжение при одной лишь мысли, что надо платить за жилье и где достать денег на оплату счета за телефон. Я хочу сказать, что я ненавижу опускаться до такой приземленности, но мы говорим сейчас о *реальной жизни*, а не о сказочно-выдуманной, духовно-романтической картине жизни, которую Ты в этой книге изображаешь.

Я, кажется, слышу нотки гнева?

Не столько гнева, сколько отчаяния. Я играю в эти духовные игры вот уже более двадцати лет, и посмотри, к чему они меня привели. От приюта для нищих меня отделяет всего лишь еще один счет, который надо будет оплатить! А я только что потерял работу, и, похоже, наличных *снова* ждать неоткуда. Я начинаю по-настоящему уставать от этой борьбы. Мне уже 49 лет, и хотелось бы иметь в жизни некоторую обеспеченность, чтобы я *мог* посвящать больше времени «Божественному», духовному «развитию» и т. д. Там мое сердце, но моя жизнь не пускает меня туда...

Золотые слова, и Я предполагаю, что ты говоришь за очень многих людей, когда делишься этими переживаниями.

Я отвечу на твою исповедь по пунктам, чтобы мы легко могли проследить и проанализировать ответ.

Ты не «играл в эти духовные игры» в течение двадцати лет, ты лишь ходил вокруг да около (кстати, это не «нотация», а просто констатация факта). Я допускаю, что на протяжении двух десятков лет ты *наблюдал их, заигрывал* с ними, время от времени *экспериментировал*... но Я не чувствовал твоей настоящей — самой настоящей — *вовлеченности* в эту игру до совсем недавнего времени.

Давай разъясним, что *«играть в духовные игры» означает посвящать весь свой разум, все свое тело, всю свою душу созданию Себя по образу и подобию Бога.*

Это процесс Самореализации, о котором писали мистики Востока. Это процесс спасения души, которому посвящена большая часть богословия Запада.

Это ежедневная, ежечасная, ежеминутная деятельность высшего сознания. Это процесс выбора вновь и вновь каждый миг. Это непрекращающееся творение. *Осознанное* творение. Творение с *целью*. Это использование средств созидания, которые мы уже обсудили, и их применение с полным знанием и из самых высоких побуждений.

Вот что такое «играть в эти духовные игры». Так сколько ты этим занимался?

Я даже и не начинал.

Не бросайся из крайности в крайность и не будь таким строгим по отношению к себе. Ты *действительно* посвятил себя этому процессу — и на самом деле вовлечен в него дольше, чем допускаешь для себя. Но никак не двадцать лет. Впрочем, не важно, как долго ты был в него вовлечен. Вовлечен ли ты *сейчас*? Только это и имеет значение.

Давай пойдем дальше. Ты попросил «посмотреть, до чего тебя довели» и описываешь свое состояние как «в одном шаге от приюта для нищих». Я смотрю на тебя и вижу совсем другую картину. Я вижу человека, которого лишь шаг отделяет от дома богача! Ты чувствуешь, что оплати еще один счет — и ты канешь в безвестность; Я же вижу, что оплати еще один счет — и ты окажешься в Нирване. Разумеется, многое зависит от того, что ты воспринимаешь как «плату» — и ради чего ты стараешься.

Если цель твоей жизни состоит в том, чтобы достичь так называемой защищенности, то Я вижу и понимаю, почему ты чувствуешь, что «еще один счет — и ты в приюте для нищих». Но даже это суждение можно исправить. Потому что с Моей платой все блага придут к тебе — в том числе и опыт ощущения себя защищенным в материальном плане.

Моя плата — вознаграждение, которое ты получаешь, когда «содействуешь» Мне, — обеспечивает гораздо большим, чем просто душевным покоем. Ты также можешь иметь и *материальное* благополучие. Ирония в том, что, как только ты испытаешь тот душевный покой, который дается как Моя награда, ты обнаружишь, что материальное благополучие беспокоит тебя в последнюю очередь.

Даже материальное благополучие членов твоей семьи больше не будет твоей заботой, ведь как только ты поднимешься до уровня Божественного сознания, ты поймешь, что ты не в ответе ни за какую другую человеческую душу. И хотя достойно одобрения желать каждой душе жить в покое, каждая душа должна выбирать — и она *выбирает* — свою собственную судьбу в каждый миг.

Понятно, что намеренно обижать или уничтожать другого не самое высокое действие. Понятно, что так же недопустимо не обращать внимания на нужды тех, кого ты сделал зависимыми от тебя.

Твоя задача состоит в том, чтобы помочь им стать *независимыми*; научить их как можно быстрее и основательнее тому, *как обходиться без тебя*, потому что ты для них не благо, пока они нуждаются в тебе, чтобы выживать. Ты становишься для них благом только в тот момент, когда они понимают, что не нуждаются в тебе.

В том же смысле величайший момент для Бога наступает тогда, когда ты осознаешь, что *не нуждаешься в Боге*.

Знаю, знаю... Это противоречит всему, чему тебя когда-либо учили. Твои учителя рассказывали тебе о гневном Боге, ревнивом Боге, о Боге, Которому нужно, чтобы в Нем нуждались. Но это вовсе не Бог, а какая-то невротическая подмена тому, что должно бы быть божеством.

Истинный Мастер — не тот, у кого больше учеников, а тот, кто сделает Мастерами большинство из них.

Истинный лидер — не тот, у кого больше последователей, а тот, кто воспитает лидеров из большинства.

Истинный король — не тот, у кого больше подданных, а тот, кто взрастит из них королей.

Настоящий учитель — не тот, кто больше всех знает, а тот, кто побудит к познанию остальных.

И настоящий Бог — не Тот, у Кого больше всех служителей, а Тот, Кто больше всех служит, тем самым делая Богами всех остальных.

В этом и цель, и слава Бога: что не будет больше тех, кто Ему поклоняется, и все познают Бога не как недостижимое, но как неизбежное.

Мне хотелось бы, чтобы ты понял: твоя счастливая судьба *неизбежна*. Ты не можешь *не* быть «спасенным». Не существует другого ада, кроме незнания этого.

Что касается родителей, супругов и любимых, то не старайся сделать из своей любви клей. Пусть лучше она будет магнитом, который сначала притягивает, а потом поворачивается и отталкивает. Пусть те, кто притянулся, не думают, что им надо держаться ближе к тебе, чтобы выжить. Ничто не может быть дальше от истины. Ничто не может быть пагубнее для другого человека.

Пусть твоя любовь *побуждает* близких окунуться в жизнь — и сполна испытать, кто они есть. Только в этом проявится твоя истинная любовь.

Путь главы семейства так нелегок. Так много раздоров, житейских забот. Отшельник ничем этим не обременен. У него есть хлеб с водой и скромная лежанка, чтобы спать, и каждый свой час он может уделить молитве, медитации и созерцанию божественного. Как легко увидеть святое в таких условиях! Какая простая задача! О, но дай такому жену и детей! Увидь божественное в ребенке, которому в три часа ночи надо сменить пеленки. Увидь божественное в счете, который к первому числу месяца надо оплатить. Признай руку Бога в недомогании, которое одолело твою супругу; в работе, которая потеряна; в простуде ребенка; в болезни родителей. Мы говорим сейчас о праведной жизни.

Я понимаю твою усталость. Я знаю, что тебе надоела эта борьба. Но Я говорю тебе: когда ты следуешь за Мной, борьба исчезает. Живи в пространстве твоего Бога — и любое событие станет благословением.

Как я могу попасть в пространство моего Бога, когда я потерял работу, надо платить за жилье, детям нужен зубной врач? Мне кажется, находиться в своем возвышенном, философском пространстве — это самый ненадежный способ решения любой из этих проблем.

Не отрекайся от Меня, когда ты больше всего во Мне нуждаешься. Настал час твоего самого большого испытания. Пришла пора твоего самого счастливого случая. И он — в возможности подтвердить все, что здесь написано.

Когда Я говорю «не отрекайся от Меня», Я похож на того озабоченного, невротического Бога, о котором мы говорили. Но Я не такой. Ты можешь «отрекаться от Меня» сколько захочешь. Меня это не волнует — между нами все равно ничего не изменится. Просто Я говорю так, отвечая на твои вопросы. Именно тогда, когда становится невыносимо, ты часто забываешь о том, *Кто Ты Есть*, и об *инструментах*, которые Я дал тебе, чтобы ты создал ту жизнь, которую бы ты выбрал.

Сейчас для тебя как никогда актуально *войти* в пространство твоего Бога. Во-первых, твой разум обретет покой. Именно умиротворенный ум рождает великие идеи — идеи, способные послужить решением самых больших проблем, которые ты себе воображаешь.

Во-вторых, именно в пространстве твоего Бога ты Самореализуешься. А это есть цель — и *единственная* цель — твоей души.

Когда ты находишься в пространстве твоего Бога, ты знаешь и понимаешь, что все, что ты сейчас испытываешь, — временное. Я говорю тебе, что небо и Земля исчезнут, но *ты* — нет. Эта бесконечная перспектива помогает тебе видеть вещи в истинном свете.

Ты можешь охарактеризовать эти нынешние условия и обстоятельства — вполне справедливо — как временные и преходящие. Ты можешь использовать их и в качестве инструментов (а это и есть инструменты: временные, преходящие инструменты) в создании нынешнего опыта.

Как ты думаешь, кто ты? Как ты думаешь, кто ты есть относительно того жизненного опыта, который называется потерей работы? И, может быть, ближе к сути: как ты думаешь, кто *Я*? Ты воображаешь, что решить эту проблему для Меня слишком сложно? Выбраться из этого трудного положения — для Меня слишком большое чудо? Я понимаю, ты можешь думать, будто *тебе* это не под силу, даже с помощью всех инструментов, которые Я тебе дал. Но ты что, в самом деле считаешь, что это слишком сложно для Меня?

Умом я понимаю, что для Бога нет слишком сложных дел. Но эмоционально, как мне кажется, я не могу быть в этом уверен. Дело не в том, *в состоянии ли* Ты с этим справиться, а в том, *захочешь ли* Ты.

Понимаю. Выходит, все дело в вере.

Да.

У тебя не возникает вопросов по поводу Моей способности — ты просто сомневаешься в Моем желании.

Видишь ли, я все еще живу тем богословием, которое утверждает, что, возможно, где-то здесь для меня уготован урок. Я все еще не уверен, что мне *положено* найти решение. Может быть, мне положено иметь *проблему?* Может быть, это и есть одно из тех «испытаний», о которых мне постоянно твердят наши богословы? Поэтому я беспокоюсь, что эта проблема *не* может быть решена. Что она — одна из тех, благодаря которым *Ты* намерен дать мне болтаться здесь с...

Возможно, сейчас подходящее время вернуться еще раз к тому, как получилось, что Я вошел с тобой в контакт. Ведь ты думаешь, что все дело в Моем желании, а Я говорю тебе, что дело в *твоем.*

Я желаю тебе того, чего *ты* желаешь себе. Ни больше, ни меньше. Я не сижу и не оцениваю просьбу за просьбой: стоит ли тебе что-то дать или нет.

Мой закон — это закон причины и следствия, а не закон «поживем — увидим». Нет *ничего,* что ты не можешь иметь, если ты это выбираешь. Еще до того, как ты попросишь, Я уже дам тебе это. Ты этому веришь?

Нет. Прости. Я знаю, что слишком много молитв остается без ответа.

Не извиняйся. Всегда оставайся с истиной — истиной твоего опыта. Я понимаю это. Я уважаю это. Я одобряю это.

Хорошо, потому что я *не* верю, что получаю, что бы ни просил. Вся моя жизнь доказывает, что это не так. На самом деле я *редко* получаю то, о чем прошу. А когда такое случается, я считаю себя чертовски счастливым.

Интересное сочетание слов. Похоже, у тебя есть из чего выбрать. В жизни ты можешь быть либо чертовски счастливым, либо благословенно счастливым. Я бы предпочел, чтобы ты был благословенно счастлив. Но, разумеется, Я никогда не вмешиваюсь в твои решения.

Я говорю тебе: ты *всегда* получаешь то, что создаешь, и ты *всегда что-то создаешь.*

Я не выношу оценок по поводу творений, над которыми ты кудесничаешь. Просто Я даю тебе возможность творить еще — все больше и больше. Если тебе не нравится то, что ты создал, *выбери опять*. Моя работа как Бога состоит в том, чтобы *всегда предоставлять тебе такую возможность*.

Сейчас ты говоришь Мне, что не всегда получал то, что хотел. Но Я здесь для того, чтобы сказать тебе, что ты *всегда* получал то, что призывал.

Твоя жизнь всегда есть результат твоих мыслей о ней — в том числе и твоей явно творящей мысли о том, что ты редко получаешь то, что выбираешь.

В настоящий момент ты воспринимаешь себя как жертву ситуации, связанной с потерей работы. Но дело в том, что ты уже больше не выбирал эту работу. Ты перестал просыпаться по утрам в предвкушении и начал просыпаться в страхе. Ты перестал чувствовать себя счастливым в связи с работой, и у тебя появилась обида. Ты даже стал фантазировать о том, как бы *заняться чем-нибудь другим*.

Ты считаешь, что эти вещи ничего не значат? Ты неправильно понимаешь свою силу. Я говорю тебе: *твоя жизнь складывается из твоих* намерений *по отношению к ней*.

Так каково же твое намерение сейчас? Ты намерен доказать свою теорию о том, что жизнь редко приносит тебе то, что ты выбираешь? Или ты намерен продемонстрировать, Кто Ты Есть в Действительности и Кто Есть Я?

Я испытываю досаду. Отрезвление. Смущение.

Тебе от этого легче? Почему бы просто не признать правду, когда ты ее слышишь, и не пойти ей навстречу? Не надо себя винить. Просто проанализируй то, что ты выбирал, и выбери снова.

Но почему я с такой готовностью всегда выбираю плохое? И потом казню себя за это?

А чего еще можно ожидать? С первых дней тебе говорили, что ты «плохой». Ты принимаешь, что родился в «грехе». Чувство вины является *заученной реакцией*. Тебе велели чувствовать вину еще до того, как ты что-то натворишь. Тебя научили испытывать стыд за то, что ты родился не таким совершенным.

Это мнимое состояние несовершенства, с которым, как утверждают, ты появился на свет, ваши религиозные фанатики имели бесстыдство назвать первородным грехом. А это и есть первородный грех — только не твой. Это первый грех, который был сотворен по отношению к тебе миром, который не знает о Боге ничего, если считает, что Бог стал бы — или мог бы — создавать *что-нибудь несовершенное*.

Некоторые из ваших религий построили целые богословские учения вокруг этого недоразумения. Это и в *буквальном смысле недоразумение. Потому что все, что Я замышляю, — все, чему Я даю жизнь, — совершенно; это совершенное отражение самого совершенства, созданного по Моему образу и подобию.*

Чтобы подтвердить идею карающего Бога, вашим религиям потребовалось создать для Меня что-то, что может вызвать гнев. И получилось, что даже тех людей, которые живут образцово, каким-то образом надо спасать. Если их не нужно спасать от самих себя, то нужно спасать от их собственного *врожденного несовершенства*. Поэтому (как утверждают эти религии) тебе бы лучше *делать* что-нибудь с этим, да побыстрее, — иначе ты отправишься прямо в ад.

Так, в конечном счете, вряд ли можно задобрить таинственного, карающего и гневного Бога, но зато именно так рождаются дикие, мстительные, злобные религии. Так религии себя увековечивают. Так сила продолжает оставаться сосредоточенной в руках единиц, а не переживается через многих.

Конечно, ты постоянно выбираешь менее важную мысль, менее значимую идею, самое никчемное представление о себе и о своей силе, не говоря уж обо Мне и обо всем, что Мое. Тебя так *научили*.

Бог мой! Как же мне разучиться этому?

Хороший вопрос. И главное, обращен по адресу!

Ты можешь разучиться, читая и перечитывая эту книгу. Читай ее вновь и вновь. Пока не станет понятным каждый абзац. Пока каждое слово не станет тебе знакомым. Когда ты сможешь цитировать отрывки из нее другим, когда в самый недобрый час в памяти будут всплывать ее фразы, ты обязательно «разучишься».

Но я еще о многом хочу Тебя расспросить. Еще о многом хочу узнать.

В самом деле. Ты начал с очень длинного перечня вопросов. Может быть, вернемся к нему?

8

Когда я достаточно узнаю о человеческих отношениях, чтобы у меня они складывались гладко? Есть ли вообще какой-то способ быть счастливым в отношениях? Неужели они должны быть постоянной проблемой?

Тебе нечего узнавать об отношениях. Тебе нужно только проявлять то, что ты уже знаешь.

Есть способ быть счастливым в отношениях, и он состоит в том, чтобы использовать отношения для их намерений и целей, а не для той цели, которую запланировал ты.

Отношения постоянно проверяют, на что ты способен, постоянно призывают тебя создавать, выражать и испытывать на собственном опыте все более и более высокие черты себя самого, свое еще более возвышенное мировосприятие, свои еще более замечательные представления о самом себе. Нигде ты не можешь сделать это так непосредственно, действенно и так явно, как в отношениях. Фактически, *ты вообще не можешь все это осуществить* вне отношений.

Только через свои отношения с другими людьми, местами и событиями ты и можешь существовать (как субъект, как уникальное *нечто*) во Вселенной. Помни, может не быть чего-либо *другого*, но *не* тебя. Ты такой, какой ты есть, только относительно чего-то другого, что таковым не является. Так устроен мир относительного — в противоположность миру абсолюта, где пребываю Я.

Как только ты ясно осознаешь это, как только ты глубоко проникнешься этим, ты интуитивно благословишь любой жизненный опыт, встречу с любым человеком — и особенно личные человеческие отношения, потому что станешь воспринимать их как конструктивные в самом высоком смысле. Ты поймешь, что они могут быть использованы, должны быть использованы и используются, чтобы *построить* того, Кто Ты Есть в Действительности.

Это «построение» может быть замечательным воплощением твоего собственного осознанного плана или складываться исключительно стихийно. Ты можешь выбрать быть результатом того, что происходит, либо того, как ты решил *быть* и что *делать* с тем, что происходит. Именно в последнем случае сотворение «Я» становится осознанным. Именно во втором варианте опыта «Я» становится реализованным.

Поэтому благослови любые взаимоотношения и воспринимай их как значимые и формирующие того, Кто Ты Есть — и Кем Ты Сейчас Выбираешь Стать.

Сейчас твое любопытство вызывают личные взаимоотношения романтического толка, и Я понимаю почему. Поэтому позволь Мне специально и обстоятельно остановиться на любовных взаимоотношениях — на том, что продолжает доставлять тебе так много беспокойства!

Когда любовные взаимоотношения не удаются (на самом деле отношения никогда не бывают неудавшимися, разве что лишь в сугубо человеческом смысле: ты не получаешь того, что хотел), они не удаются потому, что для них был неправильный повод.

(«Неправильный», разумеется, — относительный термин, означающий что-то соизмеримое с тем, что «правильно», — что бы *это* ни было! На вашем языке было бы правильнее сказать, что «отношения не удаются — то есть изменяются, — когда поводом для них послужили причины, не совсем выгодные и благоприятные для их выживания».)

Большинство людей вступает во взаимоотношения скорее с прицелом на то, что они могут из них извлечь, чем на то, что они могут в них внести.

Цель любых взаимоотношений — решить, какую часть себя ты хотел бы «проявить», а не какую часть другого человека ты хотел бы захватить и удержать.

В отношениях может быть только одна цель — и это для всякой жизни — быть и выбирать, Кто Ты Есть в Действительности.

Очень романтично звучит, когда ты говоришь, что ты был «никем», пока не появился кто-то близкий тебе. Но это не так. Хуже того, это оказывает на данного близкого тебе человека невероятное давление, заставляя его быть тем, кем он на самом деле не является.

Не желая «огорчать» тебя, близкие очень стараются быть такими, как ты хочешь, и вести себя соответственно до тех пор, пока они не поймут, что больше уже не могут. Он не могут больше играть роли, которые ты для них определил. Накапливается обида. Потом раздражение.

В конце концов, чтобы спасти себя (*и* отношения), близкие начинают востребовать свои подлинные «Я», все больше действуя в соответствии с тем, Кто Они Есть в Действительности. Примерно в это время ты и замечаешь, что они «очень изменились».

Очень романтично звучит, когда ты говоришь, что теперь, когда близкий человек вошел в твою жизнь, ты ощущаешь себя завершенным. *Но цель взаимоотношений не в том, чтобы был другой, кто мог бы завершить тебя, а в том, чтобы был другой, с кем можно разделить свою завершенность.*

Вот в чем парадокс всех человеческих взаимоотношений: тебе не нужен близкий человек, чтобы ты сполна мог испытать, Кто Ты Есть, *и при этом* — без другого ты ничто.

В этом тайна и чудо, разочарование и радость человеческого опыта. Для этого требуется глубокое понимание и полная готовность жить с этим парадоксом так, чтобы в этом был здравый смысл. По моим наблюдениям, так живут очень немногие люди.

Большинство из вас вступает в годы, когда формируются отношения, со зрелым предвкушением, с обилием сексуальной энергии, с широко распахнутым сердцем и с радостной, даже пылкой душой.

Где-то между 40 и 60 годами (и для многих скорее раньше, чем позже) ты отказываешься от своей самой высокой мечты, оставляешь свою самую большую надежду и довольствуешься самыми приземленными ожиданиями, а то и вовсе ничем.

Проблема так важна, так очевидна и в то же время ее так трагически превратно понимают: твоя самая высокая мечта, твои самые светлые помыслы и самая несбыточная надежда скорее имеют отношение к твоему возлюбленному *другому*, чем к твоему возлюбленному «Я». Мерилом прочности твоих взаимоотношений является то, насколько легко другой человек сжился с *твоими* убеждениями и насколько хорошо ты осознавал себя, живя согласно *его или ее* представлениям. Но истинное испытание связано с тем, насколько хорошо ты живешь в согласии со *своими* идеями.

Взаимоотношения *священны*, потому что они обеспечивают самую большую возможность в жизни, даже ее единственную возможность, — создавать и воплощать *опыт* твоего самого высокого представления о Себе. Взаимоотношения терпят неудачу, когда ты видишь в них самую большую возможность создавать и воплощать опыт твоего самого высокого представления о *другом человеке*.

Пусть каждый человек во взаимоотношениях заботится о *Себе* — кем он *Сам* является, что делает и что имеет; чего он *Сам* хочет, о чем просит, что отдает; что он *Сам* ищет, создает, испытывает, — и тогда все взаимоотношения замечательным образом служили бы своей цели — *и их участникам!*

Пусть каждый заботится во взаимоотношениях не о другом, а только, и только, и только о Себе.

Это наставление кажется странным, потому что тебе говорили, что в высшей форме отношений человек беспокоится *лишь* о другом человеке. Но Я говорю тебе: твое сосредоточение на другом, твоя *одержимость* другим и есть то, что приводит отношения к неудаче.

Кем другой является? Что другой делает? Что другой имеет? Что другой говорит? Чего хочет? Чего требует? О чем другой думает? Чего ждет? Что собирается делать?

Мастер понимает, что совершенно не *важно*, кем является другой, что он делает, имеет, говорит, чего хочет, требует. Не *важно*, о чем другой думает, чего ждет, что он намерен делать. Важно лишь, кем являешься ты в *отношении* к этому.

Самый любящий человек — тот, кто сосредоточен на Себе.

Это *очень* радикальное учение...

Вовсе нет, если посмотреть на это повнимательнее. Если ты не можешь любить Себя, ты не можешь любить другого. Многие люди допускают ошибку, стараясь обрести любовь к Себе *через* любовь к другому. Конечно, они не понимают, что они это делают. Их усилия неосознанны. Это то, что сидит у них в голове. Глубоко в мозгу. В том, что вы называете подсознанием.

Они думают: «Если я смогу полюбить других, они будут любить меня. Я стану привлекательным и смогу полюбить себя».

А вот обратная сторона медали: многие люди ненавидят себя, потому что чувствуют, что ни один человек их не любит. Это такая болезнь, люди в прямом смысле слова «больны любовью» — потому что на самом деле другие люди их *любят,* но это не имеет значения. Сколько людей ни признается им в любви, этого все равно недостаточно.

Во-первых, они не верят тебе. Они думают, что ты пытаешься манипулировать ими, пытаешься что-то заполучить. (Как можно любить их такими, какие они есть на самом деле? Нет! Должно быть, здесь какая-то ошибка! Ты наверняка чего-то хочешь от них. Чего же?)

Они все сидят и пытаются понять, как вообще кто-нибудь мог бы их полюбить. Поскольку они вам не верят, то предпринимают действия, чтобы заставить тебя *доказать* твою любовь. Ты должен продемонстрировать, что ты их любишь. Для этого они могут попросить, чтобы ты начал вести себя по-другому.

Во-вторых, если они наконец смогут поверить, что ты их любишь, они сразу же начинают беспокоиться, как долго они смогут *удержать* твою любовь. Чтобы продолжать владеть твоей любовью, они начинают изменять *свое* поведение.

Таким образом, двое людей буквально теряют себя в отношениях. Они вступают во взаимоотношения в надежде обрести себя, а вместо этого — теряют.

Потеря Себя во взаимоотношениях чаще всего и служит причиной горечи в общении двух людей.

Двое становятся партнерами в надежде, что целое будет больше, чем сумма отдельных составляющих, а потом обнаруживают, что оно меньше. Они чувствуют себя менее самодостаточными, чем тогда, когда были одинокими. Менее способными, менее знающими, менее радостными, менее привлекательными, менее счастливыми, менее довольными.

Все это потому, что они и *в самом деле* стали такими. Они во многом отреклись от тех себя, какие они есть, чтобы иметь взаимоотношения и сохранить их.

Взаимоотношениям никогда не было предназначено быть такими. Но именно так их переживает большее количество людей, чем ты можешь себе представить.

Но почему? *Почему?*

Потому что люди потеряли чувство (если вообще когда-то *имели его*) цели взаимоотношений.

Когда вы перестаете видеть друг друга как священные души на священном пути, вы не видите целей и причин, которые лежат в основе всех взаимоотношений.

Душа вошла в тело, а тело стало живым — для эволюции. Ты *развиваешься*, ты *становишься*. И ты используешь свои взаимоотношения *с чем угодно* для того, чтобы решить, *чем ты становишься*.

Это работа, выполнить которую ты и пришел сюда. В этом радость сотворения Себя. Познания Себя. Сознательного становления тем, кем ты хочешь быть. Вот что имеется в виду, когда говорят о Самосознании.

Ты привнес свое «Я» в мир относительного, чтобы у тебя были инструменты, с помощью которых ты смог бы познать и испытать, Кто Ты Есть в Действительности. Ты Есть Тот, кем ты сам себя создаешь в отношениях со всем остальным.

Твои личные взаимоотношения — самое важное звено в этом процессе. Поэтому твои личные взаимоотношения — священный полигон. В сущности, они никак не связаны с другим человеком, но, поскольку в них вовлечен другой, они *во всем* связаны с другим.

Это божественная дихотомия. Это замкнутый круг. Так что, когда говорится «Блаженны сосредоточенные на Себе, ибо они познают Бога»[13], это не такое уж радикальное заявление. Познать высочайшую часть своего «Я» и *оставаться сосредоточенным на ней* — разве плохая цель для твоей жизни?

Итак, прежде всего ты должен наладить взаимоотношения со своим собственным «Я». Вначале ты должен научиться чтить, лелеять и любить самого Себя, свое «Я».

Вначале ты должен Себя видеть достойным, и тогда ты сможешь видеть достойным другого. Вначале ты должен видеть блаженным Себя, и тогда ты сможешь видеть блаженным другого. Вначале ты должен познать Себя как святого, и тогда ты сможешь признать святость в другом.

Если ты запряжешь повозку впереди лошади — а большинство религий именно это и просят тебя сделать — и будешь признавать святым другого прежде, чем себя, то однажды это возмутит тебя. Никто из вас не может терпеть, когда кто-то *святее, чем вы.* Но ваши религии как раз-то и принуждают вас называть других более святыми, чем вы. Некоторое время вы так и поступаете. А потом распинаете их.

Вы распяли (так или иначе) всех Моих учителей, а не только Одного. Вы так поступили не потому, что они были святыми в большей степени, чем вы, а потому, что *вы сделали их такими.*

Все Мои учителя приходили с одним и тем же посланием. Не «Я более свят, чем ты», но «Ты такой же святой, как и Я».

Это то послание, которое ты не смог услышать; это та истина, которую ты не смог воспринять. Вот почему тебе никогда не удается по-настоящему и до конца полюбить другого человека. Ты никогда по-настоящему и до конца не любил Себя.

Поэтому я говорю тебе: отныне и навсегда будь сосредоточен на Себе. Каждый момент смотри на то, кем *ты* являешься, что делаешь, что имеешь, а не на то, что происходит с другим.

Не в поступках другого человека, но в своих ответных поступках обретешь ты свое спасение.

Это я знаю, но в некотором роде это звучит так, будто нам вообще не следует обращать внимание на то, что в наших взаимоотношениях делают с нами другие. Они могут делать что угодно, и, пока мы сохраняем равновесие, сосредоточиваемся на своем собственном «Я» и поддерживаем в себе эти достоинства, ничто не может затронуть нас. Но ведь другие *все-таки* затрагивают нас. Иногда их поступки *все же* ранят нас. Именно тогда, когда во взаимоотношения приходит обида, — я не знаю, что делать. Хорошо говорить: «Не бери в голову, это ничего не значит», но легче сказать, чем сделать. Меня *все же* ранят слова и поступки людей, с которыми меня связывают отношения.

Настанет день, когда такого с тобой больше не будет. В этот день ты поймешь и станешь претворять в жизнь истинный смысл взаимоотношений, их подлинное предназначение.

Именно потому, что ты забыл об этом смысле и предназначении, ты так и реагируешь. Но это нормально. Это часть процесса роста. Это часть эволюции. Это Работа Души, предопределенная тебе во взаимоотношениях. Но в то же время это великое осмысление и великое вспоминание. Пока ты не вспомнишь это — и пока ты заодно не вспомнишь о том, как *использовать* взаимоотношения в качестве инструмента при сотворении Себя, — ты должен работать на том уровне, на котором ты находишься. На уровне твоего понимания, на уровне твоего желания, на уровне твоей памяти.

Кое-что ты можешь сделать, когда с болью и обидой реагируешь на то, каким другой человек является, что он говорит или делает. Первое, что надо сделать, — это честно признаться себе и другому в том, *что* именно ты испытываешь. Как раз это и боятся сделать многие из вас, ведь каждый думает, что из-за этого он будет «плохо выглядеть». Где-то глубоко внутри себя ты понимаешь, что *есть* какая-то нелепость в том, что ты «так чувствуешь». Возможно, это *в самом деле* тебя унижает. Ты *в самом деле* «выше этого». Но ты ничего не можешь *поделать*. Ты все равно *так чувствуешь*.

Ты можешь сделать только одно. Ты должен *уважать свои чувства*. Ибо уважение собственных чувств означает уважение Себя. И ты должен любить своего ближнего, как ты любишь самого себя. Как вообще можно ожидать, что ты когда-нибудь поймешь и будешь уважать чувства другого, если ты не уважаешь Свои чувства?

Вот первый вопрос при любом взаимодействии с другим человеком: Кто Я Есмь теперь и Каким Я Хочу Быть в отношении к этому?

Часто ты не помнишь, Кто Ты Есть и Каким Ты Хочешь Быть, пока не *попробуешь испытать* несколько способов существования. Вот почему так важно уважать свои самые неподдельные чувства.

Если твое первое чувство отрицательное, то часто все, что нужно, чтобы уйти от него, — это просто *чувствовать это чувство*. Именно тогда, когда *у тебя* злость, *ты* в расстройстве, *у тебя* отвращение, *у тебя* гнев, когда *тобою овладело* желание «дать сдачи», ты и можешь отказаться от этих первых впечатлений, потому что это «не то, Кем Ты Хочешь Быть».

Мастер — это *та*, у кого был достаточный жизненный опыт, чтобы знать наперед, *что* она в конечном счете выбирает. Ей нет нужды что-либо «пробовать». Она уже носила эти одежды раньше и знает, что они ей *не подходят — они не «ее»*. А поскольку *жизнь Мастера посвящена постоянной реализации Себя таким, каким он себя знает*, такие неподходящие чувства никогда не берутся в расчет.

Вот почему Мастера невозмутимы перед лицом того, что другие назвали бы бедой. Мастер благословляет потрясения, ибо знает, что из семян несчастья (как и из любого опыта) произрастает все то же «Я». А второй целью жизни Мастера всегда является *рост*. Ибо, когда он уже достиг Самореализации, ему *ничего не остается делать*, кроме того, чтобы *быть еще более реализованным*.

Именно на этой ступени человек от работы души переходит к работе Бога, потому что так задумал Я!

Чтобы продолжать этот разговор, Я буду исходить из того, что ты находишься на стадии работы души. Ты все еще стремишься реализовать (сделать «реальным») того, Кто Ты Есть в Действительности. Жизнь (Я) предоставит тебе массу возможностей сотворить это (помни, что жизнь не процесс открытия; жизнь — процесс творения).

Ты можешь вновь и вновь творить того, Кто Ты Есть. Именно этим ты, собственно, каждый день и занимаешься. Однако дела обстоят так, что ты не всегда приходишь к однозначному ответу. Находясь в одних и тех же жизненных ситуациях, однажды ты предпочтешь быть терпеливым, любящим и добрым. В следующий раз ты, возможно, решишь, что надо быть злым, уродливым и мрачным.

Мастер — это тот, кто *всегда приходит к одному и тому же ответу*, и этот ответ всегда является его *высшим выбором*.

В этом Мастер неизбежно предсказуем. Ученик же, наоборот, — полностью непредсказуем. Можно сказать, как обстоят дела у кого-либо на пути к совершенству, просто отметив, насколько предсказуемо он делает высший выбор, отзываясь или реагируя на любую ситуацию.

Конечно, при этом возникает вопрос: что такое *высший выбор?*

Это вопрос, вокруг которого вращались все философии и теологии человека с незапамятных времен. Если этот вопрос по-настоящему занимает тебя, *то ты уже на своем пути к мастерству.*

Верно и то, что большинство людей все еще всецело заняты другим вопросом. Не «Что есть высший выбор?», а «Что выгоднее всего?». Или «Как потерять как можно меньше?».

Когда жизнь проживается с точки зрения контроля над убытками или наибольших преимуществ, истинная благодать жизни утрачивается. Теряется возможность. Упускается шанс. Ибо жизнь, проживаемая таким образом, — это жизнь, проживаемая из страха, и эта жизнь лжет о тебе.

Ты — не страх, ты — любовь. Любовь, которая не нуждается в защите. Любовь, которую нельзя потерять. Но ты никогда не познаешь это на собственном *опыте*, если постоянно будешь искать ответ на второй вопрос, а не на первый. Ибо только человек, считающий, будто ему есть что *выигрывать* или *терять*, задает второй вопрос. И только тот, кто видит жизнь по-другому, кто воспринимает Себя как более высокое существо; кто понимает, что испытанием бывает *не* выигрыш или потеря, а лишь любовь или невозможность любить, — только такой человек задает первый вопрос.

Тот, кто задает второй вопрос, говорит: «Я есть мое тело». Та, кто задает первый вопрос, говорит: «Я есть моя душа».

Да, кто имеет уши слышать, да слышит. Ибо Я говорю: в критические моменты всех человеческих взаимоотношений есть только один вопрос:

> *Как бы сейчас поступила любовь?*

Никакой другой вопрос не уместен, никакой другой вопрос ничего не значит, никакой другой вопрос не имеет такой важности для твоей души.

Сейчас мы подошли к очень деликатному моменту толкования, ведь этот принцип действия по любви в значительной степени неправильно понимали, и именно это непонимание приводило к обиде и гневу на жизнь, что, в свою очередь, побуждало столь многих сойти с пути.

Веками тебя учили, что действие по любви вытекает из выбора быть, делать и иметь все, что дает наивысшее благо для другого.

Я же говорю тебе: высший выбор — тот, что создает наивысшее благо *для тебя.*

Как и любая глубокая духовная истина, это утверждение открыто для моментального неверного истолкования. Тайна немного проясняется в момент, когда кто-то принимает решение о том, что *является* наивысшим «благом», которое он может сделать для себя. Когда делается абсолютный высший выбор, тайна раскрывается, круг замыкается и высшее благо для тебя *становится* высшим благом для другого.

Может потребоваться несколько жизней, чтобы понять это, — и еще больше жизней, чтобы осуществить, ведь эта истина вращается вокруг другой, еще более глубокой: «То, что ты делаешь для Себя, ты делаешь для другого. То, что ты делаешь для другого, ты делаешь для Себя».

Это потому, что ты и другой едины.

А *это* потому, что...

Не существует ничего, кроме Тебя.

Все Мастера, которые жили на вашей планете, учили этому. («Истинно говорю вам: так как вы сделали это одному из сих братьев Моих меньших, то сделали Мне»[14].) Но для большинства людей это осталось лишь великой эзотерической истиной, *мало используемой на практике*. На самом же деле это самая практическая «эзотерическая» истина всех времен.

Важно помнить эту истину во взаимоотношениях, поскольку без нее взаимоотношения будут очень непростыми.

Давай вернемся к практическому использованию этой мудрости и сейчас отойдем от ее чисто духовного, эзотерического аспекта.

Очень часто под влиянием старых представлений люди — добрые, благонамеренные и даже очень верующие — делали то, что они считали наилучшим для другого человека. Как ни печально, но во многих случаях (в *большинстве* случаев) это приводило лишь к непрерывным оскорблениям со стороны этого другого человека. К постоянным издевательствам. К вечным разладам во взаимоотношениях.

В конце концов человек, стараясь делать все «как надо» с точки зрения другого — с легкостью прощать, проявлять сострадание, не сосредоточиваться постоянно на определенных проблемах и поступках, — становится обидчивым, злым, недоверчивым, — даже по отношению к Богу. Ибо как может справедливый Бог требовать такого непрекращающегося страдания, безрадостности и жертвенности, даже во имя любви?

Ответ: Богу это не нужно. Бог лишь просит, чтобы ты *включил себя* в число тех, кого любишь.

Бог идет дальше. Бог предлагает — *советует*, — чтобы ты поставил себя на первое место.

Я делаю это, полностью осознавая, что некоторые из вас назовут это богохульством, что значит «не Моим словом». Другие, возможно, сделают и того хуже: они *воспримут* это как Мое слово и истолкуют его неправильно или исказят, чтобы оно соответствовало их собственным целям, — чтобы оправдывать безБожные деяния.

Я же говорю тебе: если ты ставишь себя на первое место в высшем смысле, это *никогда* не приводит к безБожному деянию.

Тем не менее если ты совершил какой-то поступок, считая его наилучшим для себя, и он оказался безБожным, то причина неудачи не в том, что ты поставил на первое место себя, а, скорее, в том, что ты недопонял, что для тебя является *наилучшим*.

Разумеется, чтобы определить, что будет наилучшим для тебя, потребует также определить, что же ты пытаешься совершить. Это важный шаг, который многие люди игнорируют. На что ты «годен»? Какая у тебя цель в жизни? Без ответов на эти вопросы сущность того, что является «наилучшим» в любых конкретных ситуациях, будет оставаться тайной.

С практической точки зрения — впрочем, не принимая во внимание эзотерику, — наилучшим в ситуациях, когда тебя оскорбляют, для тебя будет *остановить того, кто тебя оскорбляет*. И так будет лучше для обоих — и для тебя, и для твоего обидчика. *Ведь даже обидчик оскорбляется, когда его оскорблениям позволяют продолжаться.*

Для обидчика это не успокоение, а гибель. Ведь если обидчик обнаруживает, что его оскорбления принимаются, то чему он научился? Если же обидчик понимает, что его оскорбления больше не принимаются, то какие выводы он вынужден будет сделать?

Тем не менее относиться к другим с любовью не обязательно означает позволять другим вести себя так, как им хочется.

Родители быстро постигают это со своими детьми. Взрослым не так легко удается познать это с другими взрослыми, как и одному народу с другим. Но нельзя допускать, чтобы деспоты процветали, — с их деспотизмом должно быть покончено. Этого требует и любовь к Себе, и *любовь к деспоту*.

Вот ответ на твой вопрос: «Если любовь — это все, что есть, то как вообще человек может оправдывать войну?»

Иногда человек должен отправиться на войну, чтобы сделать наиважнейшее заявление о том, кем он на самом деле является: тем, кто ненавидит войну.

Бывают времена, когда тебе приходится *отказаться* от того, Кто Ты Есть, чтобы *быть* тем, Кто Ты Есть.

Были Мастера, которые учили: ты не можешь *обладать*, пока не готов *от всего отказаться*.

Таким образом, чтобы «обрести» себя как мирного человека, тебе, может быть, придется отказаться от представления о себе как о человеке, который никогда не идет на войну. История предоставляла людям возможность принимать подобные решения. То же самое верно и в отношении большинства межличностных и большинства личностных отношений. Жизнь не один раз может дать тебе шанс доказать, Кто Ты Есть, демонстрируя какой-либо аспект того, Кто Ты Не Есть.

Это не так трудно понять, если ты уже прожил сколько-то лет, хотя для совсем молодого человека это может показаться полным противоречием. При более зрелом взгляде это легче представляется божественной дихотомией.

В человеческих взаимоотношениях это не означает, что, если тебя обижают, ты должен «дать сдачи». (То же и в отношениях между народами.) Просто это значит, что позволять другому постоянно причинять страдания — вовсе не самое стоящее дело во имя любви — ни к Себе, ни к другому.

Пора отправить на покой некоторые пацифистские теории о том, что высочайшая любовь не требует силового ответа на то, что вы считаете злом.

Здесь беседа снова становится эзотерической, потому что никакое серьезное исследование этого утверждения не может проигнорировать слово «зло» и суждения, которые с ним связаны. На самом деле не существует ничего злого — только объективные феномены и жизненный опыт. Но сама цель твоей жизни требует того, чтобы из пополняющейся коллекции бесконечных феноменов ты отбирал некоторые и называл их «злом». Пока ты этого не сделаешь, ты не можешь называть себя или что-либо другое добрым и поэтому не можешь познать, или сотворить, самого Себя.

Таким образом, самым большим злом было бы совсем ничего не объявлять злым.

В этой жизни ты существуешь в мире относительного, где одно может существовать только постольку, поскольку оно соотносится с другим. Это одновременно и функция, и цель взаимоотношений: обеспечить арену для опыта, где ты обретаешь себя, характеризуешь себя и — если ты это выбираешь — постоянно воссоздаешь того, Кто Ты Есть.

Выбор быть Богоподобным не означает, что ты выбираешь быть мучеником. И конечно же, это не означает, что ты выбираешь быть жертвой.

Но то, что другие думают, говорят или делают, иногда будет обижать тебя — до тех пор, пока это станет невозможным. И выведет тебя из одного состояния в другое абсолютная честность — готовность с уверенностью подтвердить, признать и высказать именно то, что ты чувствуешь по поводу чего-либо. Говори свою правду — доброжелательно, но целиком и полностью. Живи своей правдой — спокойно, но всецело и последовательно. Изменяй свое мнение по ее поводу легко и быстро, когда твой жизненный опыт вносит новую определенность.

Когда ты переживаешь обиду во взаимоотношениях, никто в здравом уме (и уж точно не Бог) не скажет тебе, чтобы ты «не брал в голову, не придавал этому никакого значения». Если тебе *сейчас обидно*, то уже слишком поздно думать, что это ничего не значит. Теперь твоя задача решить, что это *действительно* значит, и проявить свои чувства. Поступая так, ты совершаешь выбор и становишься тем, Кем Ты Стремишься Быть.

Значит, мне *не* надо быть многострадальной женой, униженным мужем или жертвой взаимоотношений, чтобы придать им святость или сделать меня приятным в глазах Бога.

Ну конечно, нет.

И мне не нужно мириться с нападками на мое достоинство, оскорблением моей гордости, ущербом для моей психики и ранами на моем сердце, чтобы сказать, что «я отдал лучшее, на что способен» во взаимоотношениях, «исполнил свой долг» или «выполнил свои обязательства» в глазах Бога и человека.

Ни на минуту.

Тогда, молю Тебя, Боже, скажи мне, какие обещания я должен давать во взаимоотношениях, какие договоренности соблюдать? Какие обязательства несут взаимоотношения? Каким указаниям я должен следовать?

С этим ответом ты не сможешь согласиться, поскольку он оставляет тебя без указаний и лишает всякой силы каждое соглашение в момент, когда ты его заключаешь. Ответ таков: у тебя нет обязательств. Ни в отношениях, ни вообще по жизни.

Нет обязательств?

Нет обязательств. Нет никаких ограничений или оговорок, как нет и никаких указаний или правил. И ты вообще не связан никакими обстоятельствами или ситуациями, как и не стеснен никаким кодексом или законом. И ты не заслуживаешь наказания ни за какой проступок, ты просто *не способен* ни на какой проступок, — ведь для Бога нет такого понятия, как «проступок».

Я уже слышал раньше о такой религии «без правил». Это духовная анархия. Не представляю, как это может работать.

Это не может *не* работать, если твое дело — создавать Себя. Но если ты представишь себе, что твоя задача — быть таким, каким кто-то *другой* хочет тебя видеть, то отсутствие правил и указаний в самом деле могло бы усложнить обстановку.

Пытливый ум спросит: если Бог хочет, чтобы я был таким-то, то почему Она просто *не создала меня таким с самого начала*? Зачем мне бороться и «преодолевать» себя такого, какой я есть, чтобы стать таким, каким меня хочет видеть Бог? Ищущий разум требует ответа, — и это справедливо, потому что вопрос того стоит.

Религиозные фанатики хотят заставить тебя поверить в то, что Я создал тебя меньшим, чем Я Есмь, чтобы у тебя был шанс *стать* тем, Кто Я Есмь, действуя наперекор всему — и, Я бы добавил, наперекор всякому *естественному стремлению, которым, по-вашему, Я вас наделил.*

Среди этих так называемых естественных стремлений есть склонность грешить. Вас учили, что вы *родились* во грехе, что вы *умрете* во грехе и что грех — это твоя *природа.*

Одна из ваших религий даже учит, что *с этим ничего не поделаешь.* Твои собственные поступки бесполезны и бессмысленны. Самонадеянно считать, что, совершив какой-то поступок, ты можешь «попасть в рай». Есть только *один* путь в рай («спасение») — не через то, что ты сам предпринимаешь, а через милость, даруемую тебе Богом, когда ты принимаешь Его Сына как твоего посредника.

Как только это происходит, ты «спасен». Пока это не свершилось, ничего из того, что ты делаешь, — ни жизнь, которую ты ведешь, ни решения, которые ты принимаешь, ничто из того, что ты предпринимаешь по своей собственной воле, чтобы совершенствовать себя или представить себя достойным, — не имеет никакого значения, не оказывает никакого влияния на твое «спасение». Ты *не в состоянии* проявить свое достоинство, ведь ты по своей природе — недостойный. Ты был *создан* таким.

Почему? Один Бог знает. Возможно, Он совершил ошибку. Он что-то неправильно понял. Может быть, Он хотел бы все переделать заново. Но это так. Что поделаешь...

Ты дразнишь меня.

Нет, это вы дразните *Меня.* Вы утверждаете, что Я, Бог, создал несовершенные по своей сути существа, а потом потребовал от них, чтобы они были совершенными, иначе они будут обречены на вечные муки.

Далее вы заявляете, что после нескольких тысячелетий существования мира Я смилостивился, сказав, что отныне вам не обязательно быть праведниками — вы просто должны чувствовать себя плохо, когда не ведете себя хорошо, и принять как вашего спасителя Единственное Существо, которое *всегда* может быть совершенным, утоляя тем самым Мою жажду совершенства. Вы говорите, что Мой Сын — которого ты называешь Единственным Совершенным — спас вас от вашего собственного несовершенства — от несовершенства, которым *Я* вас наделил.

Другими словами, Сын Божий спас вас от того, *что Его Отец сотворил.*

Вот что вы — многие из вас — говорите о том, как Я все устроил.

Так *кто же кого дразнит?*

Кажется, уже во второй раз в этой книге Ты предпринял лобовую атаку на фундаменталистское христианство. Я удивлен.

Ты выбрал слово «атака». Я просто привожу пример. И дело, между прочим, не в «фундаменталистском христианстве», как ты его называешь. Дело в самой природе Бога и в отношении Бога к человеку.

Эта тема возникла сейчас, потому что мы обсуждали вопрос об обязательствах — во взаимоотношениях и в жизни вообще.

Ты не можешь поверить в отношения без обязательств, поскольку не можешь согласиться с тем, кто и что ты есть на самом деле. Ты называешь жизнь при полной свободе «духовной анархией». Я называю это великим обещанием Бога.

Только в контексте этого обещания может быть исполнен великий замысел Бога.

У тебя *нет* обязательств в отношениях. У тебя есть только благоприятные возможности.

Благоприятная возможность, а не долг является краеугольным камнем религии, основой всей духовности. Пока ты будешь видеть обратное, ты обязательно упустишь самое главное.

Отношения — твои отношения ко всему на свете — были созданы как твой совершенный инструмент в работе души. Вот почему все человеческие взаимоотношения — священный полигон. Именно поэтому все личные взаимоотношения святы.

И многие церкви понимают это правильно. Супружество *является* таинством. Но не по причине его священных обязательств, а по причине его безграничных благоприятных возможностей.

Никогда ничего не делай во взаимоотношениях из чувства долга. Делай все из осознания великолепной возможности, которую твои отношения тебе предоставляют, чтобы ты решился и стал тем, Кто Ты Есть в Действительности.

Я это слышу. Но уже который раз в своих взаимоотношениях я сдаюсь, когда становится совсем невыносимо. Результат таков, что я много раз вступал во взаимоотношения, хотя, когда был ребенком, я думал, что такое бывает только раз. Кажется, я не знаю, что значит поддерживать отношения. Ты думаешь, я когда-нибудь научусь? Что я должен для этого делать?

У тебя это звучит так, будто поддерживаемые отношения — успешны. Попытайся не путать продолжительность с хорошо выполненной работой. Помни, что твоя работа на планете — не в том, чтобы увидеть, как долго ты можешь находиться во взаимоотношениях, а в том, чтобы решить и испытать, Кто Ты Есть в Действительности.

Это не аргумент в пользу *краткосрочных* отношений, но и долгосрочных взаимоотношений никто от тебя не требует.

Однако, хотя их никто и не требует, нужно сказать вот что: в длительных взаимоотношениях действительно содержатся замечательные возможности для *взаимного* роста, для *взаимного* выражения и для *взаимного* осуществления личностных потенциалов — это и есть награда.

Я знаю, знаю! Я хочу сказать, что я всегда так и думал. Но как мне этого добиться?

Во-первых, убедись, что ты вступил во взаимоотношения с благими намерениями. (Я использую здесь слово «благие» в относительном смысле. Я имею в виду «благие» в связи с главной целью, которая есть у тебя в жизни.)

Как Я уже заметил раньше, люди в основном вступают во взаимоотношения с «неправильными» намерениями: покончить с одиночеством, заполнить пустоту, найти себе любовь или *объект* для любви — и это еще *лучшие* из причин. Другие делают это, чтобы потешить свое самолюбие, выйти из депрессии, улучшить сексуальную жизнь, воспрянуть после предыдущих отношений или — хочешь верь, хочешь не верь — чтобы избавиться от скуки.

Ни одно из этих намерений не срабатывает, и, пока не произойдут какие-то драматические изменения, не будут срабатывать и отношения.

Я не вступал в отношения ни по одной из этих причин.

Я бы это оспорил. Я не думаю, что ты знаешь, почему вступал в отношения. Я не думаю, что ты размышлял об этом именно таким образом. Я не думаю, что ты вступал в отношения с какой-то определенной целью. Я думаю, что ты начинал свои отношения, потому что «влюблялся».

Именно так.

И Я не думаю, что ты уже отыскал причину, по которой «влюблялся». Что это было, на что ты отзывался? Какая потребность тогда удовлетворялась?

Для большинства людей любовь — это ответ на удовлетворение потребности.

У каждого есть потребности. Тебе нужно это, другому — то. Вы оба видите друг в друге шанс *удовлетворить потребность.* И вы молча соглашаетесь на обмен. Я продам тебе то, что у меня есть, а ты продашь мне то, что есть у тебя.

Это сделка. Но вы не признаетесь себе в этом. Вы же не скажете: «Я продаю тебе очень много». Вы говорите: «Я очень люблю тебя», после чего и начинается разочарование.

Ты это уже отмечал.

Да, но ты это уже *совершал* — и не один, а несколько раз.

Кажется, эта книга ходит кругами, вновь и вновь возвращаясь к одним и тем же главным вопросам.

Все как в жизни.

Точное попадание!

Процесс такой: ты задаешь вопросы, а Я лишь на них отвечаю. Если ты задаешь один и тот же вопрос тремя разными способами, Я все равно обязан отвечать на него.

Возможно, я все еще надеюсь, что Ты выдашь другой ответ. Когда я спрашиваю Тебя о взаимоотношениях, Ты оставляешь без всякого внимания романтику. Что *плохого* в том, чтобы по уши влюбиться без всякой необходимости *думать* об этом?

Ничего. Влюбляйся столько раз, сколько захочешь. *Но если ты намерен вступить в длительные отношения, полезно и подумать немного.*

С другой стороны, если тебе нравится проходить через отношения, как вода сквозь песок, — или, того хуже, оставаться в них потому, что ты думаешь, будто ты «должен» это делать, и тем самым проживать жизнь в полном безрассудстве, — если тебе доставляет удовольствие повторять эти примеры из своего прошлого, то продолжай делать то, что ты до сих пор делал.

Ладно, ладно. Я понял. Ты неумолим, правда?

Все дело в истине. Это *истина* неумолима. Она не оставит тебя. Она подкрадывается со всех сторон, показывая тебе, как все обстоит на самом деле. И это может беспокоить.

Допустим. Значит, я хочу найти средства для длительных отношений, и Ты говоришь, что вступать в отношения с определенной целью — одно из них.

Да. Убедись, что ты и твоя пара соглашаетесь относительно этой цели.

Если вы оба на осознанном уровне согласитесь с тем, что цель ваших взаимоотношений в том, чтобы создать благоприятную возможность, а не обязательство, — возможность для роста, для полного выражения Себя, для доведения ваших жизней до уровня наивысшего потенциала, для исцеления любой ложной мысли или искаженной идеи о себе и для полного слияния с Богом посредством единения двух ваших душ, — если вы примете эту клятву вместо тех клятв, которые до сих пор принимали, — значит, отношения начались на очень хорошей ноте. Они пошли с правой ноги. Это очень благоприятное начало.

Но это еще не гарантия успеха.

Если тебе в жизни нужны гарантии, то тебе не нужна *жизнь*. Ты хочешь репетировать по заранее написанному сценарию.

По своей природе жизнь *не может* иметь гарантий, иначе весь ее смысл будет искажен.

Хорошо. Я понял. Допустим, я добился того, что у моих взаимоотношений «очень хорошее начало». Как же мне теперь их поддерживать?

Знай и понимай, что будут испытания и трудные времена.

Не старайся их избежать. С готовностью принимай их. С благодарностью. Воспринимай их как великие дары от Бога, как великолепные возможности исполнить то, для чего ты вступил в отношения — и в саму *жизнь*.

Когда настанут такие времена, очень старайся не увидеть в своем партнере врага или противника.

Вообще старайся не воспринимать кого-то или что-то как врага — и даже как проблему. Развивай способ воспринимать все проблемы как *возможности*. Возможности...

Знаю, знаю! — «быть и решить, Кто Ты Есть в Действительности».

Отлично! Теперь ты понимаешь! Ты *действительно* понимаешь!

Похоже, это предвещает мне довольно скучную жизнь.

Значит, ты ставишь себе слишком приземленные цели. Расширь свои горизонты. Сделай глубже свое видение. Узри в себе больше, чем, по твоему мнению, можно узреть. Увидь большее и в твоем партнере.

Ты никогда не причинишь вреда своим взаимоотношениям — как и любой человек — тем, что увидишь в других больше, чем они тебе показывают. А там и есть больше. Гораздо больше. Их собственный страх мешает им проявить это. Если другие заметят, что ты воспринимаешь их глубже, они почувствуют большую безопасность открывать то, что для тебя уже очевидно.

Люди склонны оправдывать наши ожидания относительно них.

Что-то в этом роде. Мне не нравится здесь слово «ожидания». Ожидания *разрушают* взаимоотношения. Скажем так: люди стараются увидеть в себе то, что видим в них мы. Чем величественнее наше видение, тем больше их готовность принять и проявить тот свой аспект, который *мы им показали*.

Разве не так работают все по-настоящему благословенные отношения? Разве это не часть целительного процесса — процесса, с помощью которого мы позволяем людям «освободиться» от всякого искаженного представления, которое они когда-либо о себе имели?

Разве *здесь*, в этой книге, Я не делаю то же самое по отношению к *тебе*?

Да.

Это и есть работа Бога. Работа души состоит в том, чтобы пробудить тебя. Работа Бога — в том, чтобы пробудить всех остальных.

Мы делаем это, когда видим в других, Кто Они Есть, и напоминаем им о том, Кто Они Есть.

Ты можешь сделать это двумя способами: напоминая им о том, Кто Они Есть (это очень сложно, потому что они не поверят тебе), и вспоминая, Кто Ты Есть (что гораздо легче, потому что тебе не нужна их *вера — тебе нужна собственная). Когда это происходит постоянно, то в конце концов удаётся напомнить другим, Кто Они Есть, потому что в тебе они начинают видеть самих себя.*

Многие Мастера были посланы на Землю, чтобы проявить Вечную Истину. Другие, как Иоанн Креститель, были направлены посланниками, чтобы рассказывать об Истине красноречивыми словами, говорить о Боге с безошибочной ясностью.

Эти особые посланники были одарены необычайной прозорливостью и особой силой видеть и получать Вечную Истину, и к тому же способностью излагать сложные понятия так, чтобы людям было понятно.

Ты являешься таким посланником.

Я?

Да. Ты веришь в это?

Это так трудно принять. Я хочу сказать, что все мы хотим быть особенными...

Вы все и есть *особенные.*

...и тут-то вмешивается эго — по крайней мере *у меня* — и так или иначе пытается заставить нас чувствовать себя «избранными» для какой-то великой миссии. Мне всё время приходится бороться с таким самомнением и добиваться вновь и вновь, чтобы каждая мысль, каждое слово, каждый поступок становились чище и чище и самовозвеличивание оставалось в стороне. Слышать то, что Ты говоришь, очень непросто, ведь я знаю, что это подыгрывает моему эго, а я всю свою жизнь потратил на борьбу с ним.

Знаю, что так и было.

И не всегда очень успешно.

Досадно, но вынужден с этим согласиться.

До сих пор всякий раз, когда возникала мысль о Боге, ты позволял своему эго отпасть. Сколько ночей ты взывал и молил о ясности, просил небеса о просветлении не для того, чтобы ты смог разбогатеть или прославиться, а из глубоко чистого и простого стремления *знать*!

Да.

И ты обещал Мне снова и снова, что, если тебе доведется *познать*, ты проведешь оставшуюся жизнь — каждый миг бодрствования, — делясь Вечной Истиной с другими: не из потребности добиться славы, а из глубочайшего желания твоего сердца покончить с болью и страданиями других; нести веселье, радость, помощь, исцеление; восстановить в других чувство партнерства с Богом, которое ты всегда испытывал.

Да. Да.

И Я избрал тебя Моим посланником. Тебя и многих других. Потому что с течением ближайших лет миру потребуется много труб, чтобы возвестить призыв. Миру потребуется много голосов, чтобы произносить слова истины и исцеления, которых жаждут миллионы. Миру потребуется много сердец, объединенных вместе в работе души и готовых делать работу Бога.

Можешь ли ты честно заявить, что тебе об этом ничего не известно?

Нет.

Можешь ли ты честно признать, что ты пришел именно для этого?

Да.

Готов ли ты тогда, начиная с этой книги, решиться и заявить о своей собственной Вечной Истине, возвещать и излагать Мою славу?

Должен ли я включить в книгу и эти последние фразы?

Ты ничего не *должен* делать. Помни, что в *наших* отношениях у тебя нет обязательств. Только возможность. Разве это не возможность, которую ты ждал всю свою жизнь? Разве ты не посвятил Себя этой миссии — и надлежащей подготовке к ней — *с самой ранней юности*?

Да.

Тогда делай не то, что ты *обязан* делать, а то, что ты *способен* сделать.

А что касается того, чтобы поместить все это в нашу книгу, то почему бы и нет? Думаешь, Я хочу, чтобы ты был тайным посланником?

Думаю, что нет.

Требуется большое мужество, чтобы объявить себя человеком от Бога. Ты понимаешь, что мир с гораздо большей готовностью воспримет тебя практически кем угодно другим, — но только не человеком от Бога. Настоящий *посланник?* Каждый из Моих посланников был поруган. Какая там слава — они не приобрели ничего, кроме страданий.

Ты согласен на это? Твое сердце *тоскует* о том, чтобы рассказывать истину обо Мне? Согласен ли ты вынести насмешки своих собратьев? Готов ли ты *отказаться* от славы на Земле ради большей славы души, претворившей в жизнь все замыслы?

Боже, Ты как-то вдруг слишком мрачно заговорил.

Ты хочешь, чтобы Я шутил с тобой по этому поводу?

Ну, Ты мог бы просто взять краску немного посветлее.

О да, Я целиком и полностью за *просветленность!* Почему бы нам не закончить эту главу шуткой?

Замечательная идея. Она у тебя есть?

Нет. Она есть у тебя. Расскажи о маленькой девочке, которая рисовала картинку.

Ах, эта. Ну, ладно. Как-то раз мама входит на кухню и видит, что ее дочурка сидит за столом. Повсюду цветные карандаши, и она очень увлечена картинкой, которую рисует.

— Доченька, что же ты такое рисуешь? — спросила мама.

— Я рисую Бога, мамочка, — ответила эта славная девчушка с сияющими глазами.

— Это так замечательно, моя милая, — сказала мама, стараясь помочь ей, — но, знаешь ли, никто по-настоящему не знает, как выглядит Бог.

— Ну так узнаете, — прощебетала малышка, — ты только дай мне *закончить...*

Это забавная шутка. Знаешь, что в ней самое замечательное? Та маленькая девочка *никогда не сомневалась* в том, что она *точно* знает, как Меня рисовать!

Да.

А теперь Я расскажу тебе одну историю. На ней мы и закончим эту главу.

Беседы с Богом

Однажды жил-был один человек, который вдруг обрел себя в том, что каждую неделю по многу часов писал книгу. День за днем он хватался за блокнот и ручку — иногда даже в полночь, — когда его посещало вдохновение.

Наконец кто-то спросил его, чем он занимается.

— О, — ответил он, — я записываю очень длинный разговор, который я веду с Богом.

— Замечательно, — снисходительно заметил друг. — Но, знаешь ли, никто не знает наверняка, что сказал бы Бог.

— Ну так узнаете, — ухмыльнулся наш мужчина, — если ты дашь мне *закончить*...

9

Ты можешь подумать, что «быть тем, Кто Ты Есть в Действительности» — легкое заня-тие, но из всего, что тебе в жизни предстоит, оно потребует самой полной отдачи сил. К тому же ты можешь никогда этого не добиться. Мало кому это удается. Не за одну жизнь. И даже не за множество.

Тогда зачем пытаться? С какой стати ввязываться в это дело? Кому это надо? Почему бы просто не играть с жизнью, словно она такая, какая, очевидно, она и есть, — бессмыслица, которая ни к чему особенному не приводит; игра, которую нельзя проиграть, как бы ты ни играл; процесс, который всех приводит к одному и тому же результату? Ты говоришь, что не существует ада, не существует наказания, нет пути, с которого можно сбиться, — так к чему утруждать себя, стараясь выиграть? Что является стимулом, учиты-вая, как трудно добраться туда, куда, как Ты утверждаешь, мы пытаемся идти? Почему бы просто не расслабиться и не засорять себе голову всяким там Богом и тем, «Кто Ты Есть в Действительности»?

Ба! Да мы *разочарованы*, не так ли?

Слушай, надоело: я тут стараюсь, стараюсь, стараюсь — и только для того, чтобы Ты появился и рассказал мне, как это нелегко и как лишь одному из миллиона это все-таки удается.

Да, Я вижу, тебе надоело. Дай подумать, чем же Я могу тебе помочь. Во-первых, Я бы хотел заметить, что ты уже «расслабился». Как ты думаешь, ты впервые это сделал?

Не имею представления.

И тебе не кажется, что ты уже был в этом положении раньше?

Иногда.

Был. И много раз.

Сколько?

Много раз.

Ты думаешь, мне от этого легче?

Это должно тебя воодушевить.

Как это?

Во-первых, это устраняет тревогу. Это вносит тот элемент «беспроигрышности», о котором ты только что говорил. Это доказывает тебе, что твоя цель *не* в том, чтобы потерпеть неудачу. Что у тебя будет *столько шансов, сколько ты захочешь и сколько тебе нужно*. Ты можешь приходить вновь, вновь и вновь. Если ты в самом деле доходишь до следующего шага, если ты достигаешь следующего уровня развития, это происходит потому, что ты так *хочешь*, а не потому, что ты *должен*.

Ты не *обязан* ничего делать. Если тебе нравится так жить, если ты чувствуешь, что это лучшее, на что ты способен, ты можешь продолжать в том же духе еще раз, потом еще и еще. Фактически, все это у тебя *повторялось* вновь и вновь — именно по этой причине. Ты *любишь* драму. Ты *любишь* страдание. Ты любишь «незнание», неразгаданность, неопределенность. Ты все это любишь. Поэтому ты и *здесь*.

Ты подшучиваешь надо мной?

Разве Я бы стал шутить о таких вещах?

Не знаю. Я не знаю, над чем шутит Бог.

Только не над этим. Это слишком близко к Истине, слишком близко к Абсолютному Знанию. Я никогда не шучу по поводу того, «как обстоит дело». Слишком много людей играло с твоим разумом на этот счет. Я здесь не для того, чтобы еще больше сбить тебя с толку. Я здесь для того, чтобы помочь тебе прояснить многие вещи.

Так проясни. Ты говоришь, что я здесь, потому что я *хочу* быть?

Конечно. Так и есть.

И я *выбираю*?

Да.

И я делал этот выбор много раз?

Много.

Сколько?

Опять ты об этом. Ты хочешь знать точное число?

Хотя бы порядок чисел. Речь идет о считанных разах или о десятках раз?

О сотнях.

О сотнях? У меня были _сотни жизней_?

Да.

И это все, до чего я дошел?

На самом деле это вполне приличный путь.

Да уж, _путь._

Именно так. Ведь в прошлых жизнях ты даже убивал людей.

Ну и что из этого? Ты же сам говорил, что иногда, чтобы покончить со злом, нужна война.

Нам нужно будет в этом разобраться. Я вижу, что этим утверждением пользуются и злоупотребляют — как ты сейчас, — чтобы оправдать любое безрассудство.

По самым высоким человеческим критериям, которые Я наблюдал, убийство никогда не может быть оправдано как способ выражения гнева, выброса агрессивности, «восстановления справедливости» или наказания обидчика. Утверждение, что война иногда необходима, чтобы покончить со злом, справедливо, — потому что вы так решили. Творя Себя, вы установили, что уважение ко всякой человеческой жизни — первая и высшая ценность и должна быть таковой. Я доволен вашим решением, потому что Я не создавал такую жизнь, которую можно уничтожать.

Именно уважение к _жизни_ иногда делает войну необходимой, потому что только через войну против внезапно нагрянувшей беды, только через защиту _другой_ жизни от внезапной угрозы ты делаешь утверждение о том, Кто Ты Есть в отношении ко всему этому.

По высшему моральному закону у тебя есть право — по этому же закону у тебя есть даже и обязательство — прекратить нападки на личность другого или на собственную личность.

Это не означает, что допустимо убийство в качестве наказания — как и в качестве возмездия или как средство улаживания мелких конфликтов.

В прошлом ты убивал на дуэлях из-за страсти к *женщине* и называл это *защитой своей чести*, хотя именно честь-то ты тогда и *терял*. Абсурдно использовать смертоносную силу для *разрешения спора*. Но многие люди *до сих пор* применяют силу — убийственную силу — как аргумент в нелепых спорах.

Достигая вершины лицемерия, некоторые люди убивают даже *во имя Бога* — и это величайшее богохульство, ибо оно ничего не говорит о том, Кто Ты Есть.

Значит, в убийстве все-таки *есть* что-то плохое?

Вернемся назад. Ни в чем нет ничего «плохого». «Плохой» — относительный термин, обозначающий противоположное «хорошему».

Но что же является «хорошим»? Можешь ли ты быть по-настоящему объективным в таких вопросах? Или же «хороший» и «плохой» — просто ярлыки, приклеиваемые к событиям или обстоятельствам на основании твоего решения о них?

И что, скажи-ка, лежит *в основе* твоего решения? Твой собственный *опыт*? Нет. В большинстве случаев ты выбираешь и принимаешь чье-то *чужое* решение. Того, кто пришел раньше тебя и, как предполагается, знает лучше. Очень мало повседневных решений по поводу того, что «хорошо» и что «плохо», ты принимаешь исходя из *своего* понимания.

Это особенно верно, когда речь идет о каких-то важных вопросах. Фактически, чем важнее вопрос, тем менее вероятно, что вы прислушаетесь к собственному опыту, и, очевидно, тем более вы готовы принять идеи кого-то другого как свои собственные.

Это объясняет, почему вы практически потеряли контроль над определенными сферами своей жизни и конкретными проблемами, которые возникают в пределах человеческого опыта.

Очень часто эти сферы и проблемы включают *жизненно важные* для твоей души вопросы: природа Бога; природа истинной морали; вопрос об абсолютной реальности; проблемы жизни и смерти, связанные с войной; лечение; аборты; эвтаназия; целый ряд вопросов о личностных ценностях, структурах, суждениях. Многие из вас устранились от них, возложив все на других. Вы не хотите принимать собственные решения по поводу всего этого.

«Пусть кто-то другой решает! Я согласен, согласен!» — кричите вы. «Пусть кто-нибудь другой скажет мне, что хорошо и что плохо!»

Между прочим, именно по этой причине человеческие религии так популярны. Практически не важно, во что именно верить, при условии, что верования непоколебимы, последовательны, ясны и ожидаемы для исповедующих и неукоснительно соблюдаются. Принимая во внимание эти характеристики, можно найти людей, которые готовы верить чуть ли не во что угодно. Самое странное поведение и вероучение может быть — и уже бывало — приписано Богу. Говорится: это путь Бога. Божье слово.

Некоторые охотно *принимают это. С радостью.* И заметь, делают это потому, что это *избавляет от потребности думать.*

А теперь давай поразмыслим об убийстве. Может ли вообще быть причина, оправдывающая убийство? Подумай об этом. Ты обнаружишь, что тебе не требуется никакой авторитет извне, чтобы дать наставление, никакой высший источник, чтобы дать тебе готовые ответы. Если ты подумаешь об этом, если ты посмотришь и поймешь, что ты по этому поводу чувствуешь, то ответ будет для тебя очевидным и ты будешь поступать соответствующим образом. Это называется действовать по своему разумению.

Именно тогда, когда ты совершаешь свои поступки под влиянием других людей, ты сам попадаешь в неприятное положение.

Нужно ли государствам и народам использовать в собственных интересах убийство, чтобы достигать своих политических целей? Нужно ли религиям прибегать к убийству, чтобы обеспечивать соблюдение их богословских догм? Нужно ли обществам применять убийство в качестве ответа тем, кто нарушает законы морали?

Является ли убийство адекватным политическим решением, духовным аргументом, решением социальной проблемы?

Далее: можно ли совершить убийство, если кто-то пытается убить *тебя?* Можно ли воспользоваться убийственной силой, чтобы защитить жизнь любимого человека? А того, с кем даже не знаком?

Является ли убийство адекватной формой *защиты* от тех, кто все равно будет убивать, если их не остановить каким-то другим образом?

Есть ли разница между непреднамеренным и преднамеренным убийством?

Государству нужно заставить тебя поверить в то, что убийство в целях выполнения чисто политической программы совершенно оправданно. Фактически, государству *необходимо,* чтобы в этом ты верил его слову, — тогда оно может существовать как реальный орган власти.

Религиям нужно заставить тебя поверить в то, что убийство в целях распространения и сохранения знания и приверженности их исключительной истине совершенно оправданно. Фактически, религии *требуют,* чтобы в этом ты верил их слову, — тогда они могут существовать как реальный орган власти.

Обществу нужно заставить тебя поверить в то, что убийство с целью наказания тех, кто совершает определенные виды преступлений (с годами они менялись), совершенно оправданно. Фактически, общество должно вынудить тебя верить в этом его слову, чтобы оно могло существовать как реальный орган власти.

Ты считаешь эти позиции правильными? Ты верил слову кого-то другого? А что может сказать твое «Я»?

В таких делах нет «хорошего» или «плохого».

Но своими решениями ты рисуешь портрет того, Кто Ты Есть.

Действительно, своими решениями ваши государства уже нарисовали такие портреты.

Своими решениями ваши религии уже создали устойчивые, неизгладимые образы. Своими решениями ваши общества тоже создали свои автопортреты.

Ты доволен этими портретами? Это те образы, которых ты хочешь? Отражают ли эти портреты, Кто Ты Есть?

Будь осторожнее с этими вопросами. Они могут потребовать, чтобы ты задумался.

Думать тяжело. Делать оценочные суждения трудно. Ты оказываешься в положении того, кто по-настоящему творит, ведь так ты много раз вынужден был говорить: «Я не *знаю*. Я просто не *знаю*». Но тебе придется решать. Тебе придется *выбирать*. Ты должен будешь сделать произвольный выбор.

Такой выбор — решение, которое исходит *не из предыдущего личного знания*, — называется *чистым творением*. И индивид осознает, глубоко осознает, что в принятии таких решений создается «Я».

Большинство из вас такая важная работа не интересует. Большинство из вас скорее предоставило бы это другим. И поэтому в большинстве своем вы не самосотворенные, а сотворенные привычкой — существа, созданные другими.

Потом — когда другие сказали тебе, чтó ты должен чувствовать, и это полностью противоречит тому, что ты чувствуешь *на самом деле*, — ты переживаешь глубокий внутренний конфликт. Что-то глубоко внутри тебя говорит: сказанное другими *не является тем, Кто Ты Есть*. Куда с этим идти? Что делать?

Первым делом ты отправляешься к вашим церковникам — к людям, которые прежде всего и поставили тебя в такое положение. Ты идешь к своим пасторам, к своим раввинам, к своим священникам, к своим учителям, — и они велят тебе *перестать слушать* самого Себя. Самые худшие из них вообще пытаются *отпугнуть* тебя от этого, отпугнуть тебя от того, что ты интуитивно *знаешь*.

Они расскажут тебе о дьяволе, о Сатане, о демонах и злых духах, об аде и проклятии и о всяких ужасах, какие они только могут придумать, чтобы заставить *тебя* понять: то, что ты интуитивно знал и чувствовал, было *неправильным*, а единственное, в чем ты сможешь обрести покой, — это в *их* мышлении, в *их* идеях, в *их* толкованиях правильного и неправильного, в *их* понимании того, Кто Ты Есть.

Все, что тебе нужно сделать, чтобы получить незамедлительное одобрение, — это *согласиться*. Очень привлекательное решение. Согласись — и ты сразу же получишь одобрение. Начнут и петь, и кричать, и танцевать, и махать руками — аллилуйя!

Против этого трудно устоять. Такое одобрение, такая радость по поводу того, что ты узрел свет, что ты был *спасен*!

Одобрения и публичные признания редко сопровождают внутренние решения. Веселье нечасто сопутствует выбору, который следует за личной истиной. В действительности все как раз наоборот. Другие могут не только не обрадоваться — как ни странно, они могут сделать тебя объектом насмешек. Что? Ты думаешь *сам за себя*? Ты *сам за себя решаешь*? Ты подходишь ко всему с собственными мерками, собственными суждениями, собственными оценками? *Да вообще, кем ты себя считаешь?*

И действительно, *это и есть именно тот вопрос, на который ты отвечаешь.*

Но эта работа должна быть сделана без чьей-либо посторонней помощи. Без каких-либо наград, похвалы — может быть, этого вообще никто и не заметит.

Но ты задаешь очень хороший вопрос. Зачем продолжать? Зачем вообще начинать этот путь? Что предстоит извлечь из такого путешествия? Что *есть* стимул для этого? Что *является* причиной?

Причина до смешного проста.

ДЕЛАТЬ БОЛЬШЕ НЕЧЕГО.

Что Ты имеешь в виду?

Я хочу сказать, что это единственный путь. Делать больше нечего. Фактически, нет ничего другого, что ты *можешь* делать. Тебе предстоит делать то, что ты делаешь, всю оставшуюся жизнь — так же, как ты делал это с рождения. Единственный вопрос: будешь ли ты делать это сознательно или неосознанно.

Понимаешь, ты не можешь *сойти* с пути. Ты ступил на него до своего рождения. Твое рождение — это просто знак того, что путь уже начался.

Поэтому вопрос не в том, зачем начинать этот путь. Ты его *уже* начал. Ты сделал это с первым ударом своего сердца. Вопрос ставится по-другому: хочу ли я пройти этот путь осознанно или неосознанно? Со знанием дела или в полном неведении? В качестве причины моего жизненного опыта или под его воздействием?

Большую часть своей жизни ты прожил под воздействием собственного жизненного опыта. Теперь тебе предлагают стать его причиной. Это то, что известно как «сознательная жизнь». Это то, что называют *полной осознанностью*.

Как Я сказал, многие из вас уже прошли некоторое расстояние. Ты добился немалого прогресса. Не стоит думать, что, прожив все эти жизни, ты достиг «только» этого. Некоторые из вас — высокоразвитые создания с очень уверенным чувством Себя. Ты знаешь, Кто Ты Есть, и знаешь, чем ты хотел бы стать. Более того, ты даже знаешь, как добраться отсюда туда.

Это великий знак. Это верный признак.

Чего?

Того, что у тебя осталось очень мало жизней.

Это хорошо?

Сейчас, для тебя — да. И это потому, что ты так говоришь. Еще недавно все, что ты хотел сделать, — это остаться здесь. Теперь все, что ты хочешь сделать, — это уйти. Это очень хороший знак.

Еще недавно ты убивал живых существ — жуков, растения, деревья, животных, *людей*; теперь ты не можешь убить существо без полного осознания, что́ ты совершаешь и почему. Это очень хороший знак.

Еще недавно ты проживал жизнь так, будто у нее не было цели. Теперь ты *знаешь*, что у нее нет цели, кроме той, которую *ты ей определил*. Это очень хороший знак.

Еще недавно ты умолял Вселенную донести до тебя Истину. Теперь ты *рассказываешь* Вселенной *свою* правду. И это очень хороший знак.

Еще недавно ты стремился стать богатым и знаменитым. Теперь ты чудесным образом хочешь быть «просто» самим *Собой*.

И еще совсем недавно ты *боялся Меня*. Сейчас ты *любишь* Меня настолько, чтобы считать Меня равным себе.

Все это очень, *очень* хорошие знаки.

Боже мой... Ты заставляешь меня почувствовать себя просто замечательно.

Тебе и *должно быть* хорошо. Тому, кто говорит «Боже мой», не может быть плохо.

У Тебя и *в самом деле* есть чувство юмора!

Я *изобрел* юмор!

Да, Ты уже говорил. Хорошо, допустим, что причина, по которой следует продолжать, — в том, что другого ничего не остается делать.

Именно так.

Тогда могу я спросить Тебя — становится ли, по крайней мере, хоть чуточку легче?

О, милый друг, по сравнению с тем, что было три жизни тому назад, тебе настолько легче, что Я даже не могу тебе это передать.

Да-да, в самом деле легче. Чем больше ты вспоминаешь, тем больше ты способен пережить, тем больше ты знаешь — можно так сказать. И чем больше ты знаешь, тем больше ты вспоминаешь. Это замкнутый круг. Поэтому да, становится легче, становится лучше и делается все радостней.

Но помни, что *ничего* такого уж каторжного во всем этом и не было. Я хочу сказать, что тебе *все* нравилось! До последней минуты! О, какая удивительная штука эта жизнь! Разве она не прекрасна?

Я полагаю, да.

Ты *полагаешь?* Разве мог Я создать ее еще более прекрасной? Разве сейчас тебе не позволено испытать все? Слезы, веселье, боль, радость, восторг, полную депрессию, победу, поражение, тяготы? Что *еще* в ней может быть?

Может быть, чуть меньше боли.

Меньше боли без большей мудрости — это не на пользу твоей цели; это не позволяет тебе испытать безграничную радость — то, Что Я Есмь.

Будь терпеливым. Ты обретаешь мудрость. И твои радости все более доступны *без боли*. Это тоже очень хороший знак.

Ты учишься (вспоминаешь как) любить без боли, расставаться без боли, творить без боли, даже плакать без боли. Да, и ты даже способен *иметь боль* без боли, если ты понимаешь, что Я имею в виду.

Думаю, да. Я даже начинаю больше любить мои собственные жизненные драмы. Я могу взглянуть на них со стороны и понять, что они собой представляют. Даже посмеяться.

Вот именно. Разве ты не называешь это ростом?

Я полагаю, да.

Так продолжай расти, сын Мой. Продолжай становиться. И продолжай решать, чем ты хочешь стать в следующей, высшей версии Себя. Продолжай работать над этим. Продолжай действовать! Продолжай! То, чем занимаемся мы, ты и Я, является работой Бога. Так продолжай ее!

10

Я люблю Тебя, Ты это знаешь?

Знаю. А Я люблю тебя.

11

Я хотел бы́ вернуться к перечню вопросов. По каждому из них есть столь-ко нюансов, которые я хотел бы уточнить. Только по взаимоотношениям мы могли бы создать целую книгу, и я это понимаю. Но тогда я никогда не перейду к другим вопросам.

Будут другие времена, другие обстоятельства. Даже другие книги. Давай продолжим. Мы вернемся к этому здесь, если у нас будет время.

Согласен. Тогда вот мой следующий вопрос: почему я не могу привлечь достаточно денег в свою жизнь? Неужели я обречен до конца своих дней копить и экономить? Что не дает мне реализовать свой потенциал в этом отношении?

О таком состоянии заявляешь не только ты, но и многие другие люди.

Мне все говорят, что проблема — в самооценке, в низкой самооценке. Дю-жина учителей-ньюэйджеров говорили мне, что недостаток чего-либо всег-да можно проследить в заниженной самооценке.

Это удобное упрощение. В данном случае твои учителя ошибаются. Ты не страдаешь заниженной самооценкой. В действительности за свою жизнь больше всего сил ты потратил на то, чтобы сдерживать свое «Я». Некоторые говорят, что речь тут должна идти скорее о слишком высокой самооценке!

Надо же, снова я испытываю смущение и досаду, но Ты прав.

Ты то и дело признаешься, что смущен и раздосадован, когда Я говорю о тебе прав-ду. Смущение — это реакция человека, эго которого до сих пор озабочено тем, как его воспринимают другие. Не сосредоточивайся на этом. Попытайся реагировать по-другому. Попробуй смеяться.

Хорошо.

Самооценка не проблема для тебя. Она у тебя очень даже высокая. Как и у большинства людей. Все вы очень высокого мнения о себе, как это и должно быть. Поэтому самооценка для большей части людей не проблема.

Тогда что же?

Проблема в недопонимании принципов достатка, что обычно сопровождается в значительной степени неправильным истолкованием того, что является «добром», а что «злом».

Позволь Мне привести пример.

Пожалуйста, приведи.

Ты живешь с мыслью, что деньги — это плохо. И одновременно ты живешь с мыслью, что Бог — это хорошо. Браво! Таким образом, выходит, что в твоем понимании Бог и деньги несовместимы.

Ну, в некотором роде, я думаю, это так. Я *действительно* так считаю.

Это интересно, потому что получается, что в таком случае тебе трудно взять деньги за любое доброе дело.

Я хочу сказать, что, если какая-то вещь оценивается тобой как очень «хорошая», ты оцениваешь ее *меньше* в денежном отношении. Выходит, чем «лучше» что-то (то есть чем нужнее), тем меньше *денег* это стоит.

В этом ты не одинок. Так считает все ваше общество. Поэтому ваши учителя бедны, а стриптизерши наживают целые состояния. Ваши духовные лидеры имеют так мало по сравнению со звездами спорта, что им впору идти воровать, чтобы компенсировать различие. Ваши священники и раввины живут на хлебе с водой, а вы *швыряете* деньги тем, кто вас развлекает.

Задумайся об этом. Ты настойчиво утверждаешь, что все, что представляет для тебя *подлинную* ценность, достается дешево. Одинокий ученый-исследователь, занимающийся поисками лекарства от СПИДа, ходит и выпрашивает деньги, в то время как дамочка, написавшая книгу о сотне новых способов секса, снабдившая ее видеокассетами и проводящая по ней воскресные семинары, — становится миллионером.

В этом ты склонен воспринимать вещи с точностью до наоборот, и происходит это из-за неправильного понимания.

Твое представление о деньгах неправильно. Ты любишь их, но при этом утверждаешь, что в них корень зла. Ты чтишь их, но при этом называешь «презренным металлом». Ты говоришь о ком-то, что у него «грязные деньги». А если человек *действи-*

тельно становится богатым, занимаясь «хорошим» делом, ты сразу же подозреваешь, что тут что-то «не так».

Поэтому врачу не стоит зарабатывать _слишком много_ денег, лучше пусть он учится жить скромнее. А _священнику — стоп! Ей и в самом деле_ лучше не получать много денег (при условии, что вы вообще позволите «ей» _быть_ священником), иначе наверняка будут неприятности.

Видишь ли, по _твоему разумению, человек, который выбирает высшее призвание, должен получать самую низкую плату..._

Гм.

Да, «гм» здесь очень кстати. Тебе _следовало бы_ над этим задуматься. Потому что это очень неправильное толкование.

Я думал, нет таких понятий, как «правильное» или «неправильное».

Их и нет. Есть только то, что тебя устраивает или не устраивает. Термины «правильный» и «неправильный» — относительные термины, и если Я когда-нибудь их и использую, то лишь в таком значении. В данном случае, относительно того, что тебя устраивает, — относительно того, чего ты, _по твоим словам, хочешь,_ — твои мысли о деньгах являются неправильными мыслями.

Помни, что мысли творят. Поэтому, если ты думаешь, что деньги — это плохо, и при этом считаешь себя хорошим... в общем, ты сам видишь, что это ведет к конфликту.

Так вот, сын Мой, ты в полной мере проявляешь это ваше расовое сознание. Для большинства людей это противоречие не так огромно, как для тебя. Многие зарабатывают себе на жизнь, занимаясь тем, что ненавидят, поэтому они не прочь брать за это деньги. «Плохое» за «плохое», так сказать. Но ты любишь то, что ты делаешь на протяжении всей своей жизни. Ты обожаешь дела, которыми заполняешь свои дни.

Но для тебя брать большие суммы денег за то, что ты делаешь, означало бы брать «плохое» за «хорошее» — а это тебе претит. Ты лучше будешь голодать, чем брать «презренный металл» за бескорыстный труд... как будто этот труд каким-то образом утратит свое бескорыстие, если ты возьмешь за него деньги.

Таким образом, налицо двойственное отношение к деньгам. Некоторые из вас их отвергают, другие сетуют, что их нет. И Вселенная не знает, что с этим делать, — она получила от вас две разные мысли. И твоя жизнь в плане денег так и будет нестабильной, ведь ты все еще не можешь определиться насчет денег.

У тебя нет четкого представления, ты не совсем уверен в том, что для тебя истинно. А Вселенная — это просто большой ксерокс. Она просто копирует твои мысли.

Так вот, существует только один способ все это изменить. Ты должен изменить свои _мысли_ об этом.

Как можно изменить то, как я *думаю*? Я думаю о чем-то так, как я думаю. Мои мысли о чем-то, мои подходы, мои представления созданы не за одну минуту. Можно предположить, что они — результат многолетнего опыта, встреч на протяжении всей жизни. Ты прав насчет того, как я мыслю о деньгах, но как это изменить?

Это, возможно, самый интересный вопрос во всей книге. Обычный метод творения для большинства людей — это трехступенчатый процесс, который включает мысль, слово и поступок, или действие.

Сначала идет мысль, формирующая идея, исходное понятие. Затем следует слово. Большинство мыслей в конечном счете преобразуется в слова, которые нередко записываются или произносятся. Это придает мысли дополнительную энергию, высвобождая ее в окружающую среду, где ее могут заметить другие.

В конце концов в некоторых случаях слова превращаются в действие и ты получаешь то, что ты называешь результатом — проявлением на физическом плане того, что начиналось с мысли.

Все вокруг тебя в вашем мире, созданном человеком, возникло так — или примерно так. Были использованы все три созидательных центра.

Возникает вопрос: как изменить Организующую Мысль?

Да, это хороший вопрос. И очень важный. Если люди не изменят некоторые из своих Организующих Мыслей, то человечество может обречь себя на вымирание.

Самый быстрый способ изменить коренную мысль, или организующую идею, — *обратить вспять процесс «мысль — слово — действие»*.

Объясни это.

Делай то дело, по поводу которого ты хочешь иметь новую мысль. Говори те слова, по поводу которых ты хочешь иметь новую мысль. Делай это достаточно часто — и ты приучишь свой разум *думать по-новому*.

Приучать свой разум? Не похоже ли это на контроль над сознанием? На манипулирование?

Имеешь ли ты хоть какое-нибудь представление о том, как в твоем уме возникли мысли, которые там *сейчас*? Разве ты не знаешь о том, что мир манипулировал твоим умом, чтобы ты думал именно так? *Не лучше ли тебе самому, а не миру манипулировать своим умом?*

Разве для тебя не лучше было бы мыслить самостоятельно, а не пользоваться понятиями, которые придумали другие? Разве не лучше быть вооруженным созидательными мыслями, чем реактивными?[15]

Однако твой ум насыщен реактивным мышлением — мышлением, которое рождается из опыта других. Очень немногие из твоих мыслей возникают из твоего собственного опыта, не говоря о твоих предпочтениях.

Твоя коренная мысль о деньгах — отличный пример. «Деньги — это плохо» идет вразрез с твоим опытом («как замечательно иметь деньги!»). Поэтому ты вынужден суетиться и лгать себе по поводу своего опыта, чтобы оправдать привычную для тебя мысль.

Ты настолько *укоренился* в этой мысли, что тебе и в голову не приходит, что твоя *идея о деньгах может быть ошибочной*.

Так вот, надо исходить из данных, которые ты получил сам. *Именно так* мы изменяем коренную мысль и добиваемся того, чтобы она стала *твоей* коренной мыслью, а не чьей-то еще.

Между прочим, у тебя есть еще одна коренная мысль насчет денег, о которой Я должен упомянуть.

Какая?

Что их всегда недостаточно. Собственно, эта коренная мысль у тебя — практически по поводу всего. Не хватает денег, не хватает времени, не хватает любви, не хватает еды, воды, сочувствия в жизни... Того, что хорошо, всегда бывает *недостаточно*.

Это расовое сознание «недостаточности» создает и воссоздает тот мир, который ты видишь.

Хорошо, допустим у меня относительно денег есть две коренные мысли — Организующие Мысли, — которые я должен изменить.

О, *по меньшей мере* две. Возможно, гораздо больше. Давай посмотрим: деньги — это плохо... с деньгами туго... деньги нельзя брать, когда выполняешь работу Бога (у тебя это особый пунктик)... деньги просто так не даются... деньги не растут на деревьях (хотя на самом деле растут)... деньги портят человека.

Я вижу, мне предстоит большая работа.

Да, именно так, если тебя не устраивает твое нынешнее положение с деньгами. С другой стороны, важно понять, что ты недоволен своей финансовой ситуацией, *потому что* ты недоволен своей финансовой ситуацией.

Иногда трудно следовать за ходом Твоих рассуждений.

Иногда тебя трудно вести.

Послушай! Но Бог-то здесь Ты! Почему Ты не можешь сделать так, чтобы я мог легко все понять?

Я уже сделал, чтобы ты все легко понял.

Тогда почему же Ты просто не *заставишь* меня понять, если действительно этого хочешь?

Я действительно хочу того, что ты действительно хочешь, — ничего другого и ничего больше. Разве ты не видишь, что это Мой величайший дар тебе? Если бы Я желал тебе чего-то другого, а не того, что ты сам себе желаешь, и зашел настолько далеко, что стал бы тебя принуждать иметь что-то, то где же твоя свобода выбора? Как же ты можешь быть существом творящим, если Я диктую тебе, чем ты должен быть, что делать, что иметь? Моя радость — в твоей свободе, а не в твоем послушании.

Хорошо, но что Ты имеешь в виду, говоря, что я недоволен своей финансовой ситуацией, поскольку недоволен своей финансовой ситуацией?

Ты такой, каким ты себя видишь. Когда ты думаешь о себе плохо, то все превращается в порочный круг. Тебе нужно найти выход, чтобы разорвать этот круг.

Большая часть твоего нынешнего опыта основывается на уже сложившихся взглядах. Мысль ведет к опыту, который ведет к мысли, которая ведет к опыту. Когда Организующая Мысль радостная, это приносит бесконечную радость. Но может (и так происходит) возникать и непрекращающийся ад, когда Организующая Мысль — пагубная.

Вся премудрость — в том, чтобы изменить Организующую Мысль. Я хотел показать тебе, как это сделать.

Продолжай.

Спасибо.

Первое, что нужно сделать, — это полностью изменить парадигму «мысль — слово — действие». Помнишь старую поговорку «Прежде чем сделать, подумай»?

Да.

Так забудь о ней! Если ты хочешь изменить коренную мысль, ты должен действовать до того, как ты подумал.

Вот пример: ты идешь по улице и встречаешь старуху, которая просит подаяния. Ты видишь, что она нищая и живет милостыней. Ты мгновенно осознаешь, что, как ни мало у тебя денег, их все-таки достаточно, чтобы поделиться с ней. Твое первое непосредственное желание — дать ей немного мелочи. Какая-то часть тебя даже готова полезть в карман за мелкими бумажными купюрами — за долларом, даже за пятеркой. А, была не была, — подарю ей удачный день. Ей повезло!

Затем вмешивается мысль. «Да ты что, с ума сошел? У нас только семь долларов, чтобы *мы* могли прожить день! А ты хочешь отдать ей пятидолларовую купюру?» Ты начинаешь шарить у себя в кармане, пытаясь ее найти.

Снова мысль: «Эй, эй, послушай! Тебе самому на жизнь не хватает, а ты так просто хочешь их *отдать!* Ради всего святого, дай ей несколько монет и пойдем отсюда».

Ты поспешно ныряешь в другой карман и пытаешься найти несколько монет в четверть доллара. Твои пальцы нащупывают лишь пяти- и десятицентовые монеты. Ты смущен. В этом весь ты — одетый с ног до головы, сытый по горло, и ты собираешься облагодетельствовать грошами эту бедную женщину, у которой ничего нет.

Ты тщетно стараешься найти пару монет в четверть доллара. Вот одна такая лежит глубоко в складке твоего кармана. Но к этому моменту ты уже прошел мимо, слабо улыбаясь, и уже слишком поздно, чтобы вернуться. Она ничего не получает. Ты тоже ничего не получаешь. Вместо радости осознавать, что ты живешь в достатке и можешь поделиться, ты сейчас чувствуешь себя таким же бедным, как эта женщина.

Почему ты *просто не отдал ей бумажные деньги?* Именно таким было твое первое желание, пока не вмешалась мысль.

В следующий раз решись сначала сделать, прежде чем подумаешь. Отдай деньги. Действуй! У тебя они есть, и там, откуда они пришли, еще много. Это единственная мысль, которая отличает тебя от этой нищей женщины. Для тебя очевидно, что там, откуда они пришли, их еще много, а ей это не ведомо.

Когда ты хочешь изменить коренную мысль, действуй в соответствии с новой идеей, которая у тебя появляется. Но ты должен действовать быстро, иначе твой разум убьет эту идею, прежде чем ты ее осознаешь. В буквальном смысле. Идея, новая истина умрет в тебе *до того, как у тебя появится шанс познакомиться с ней.*

Поэтому действуй незамедлительно, когда предоставляется возможность, и, если ты делаешь это достаточно часто, твой разум скоро воспримет *эту идею.* Она станет твоей новой мыслью.

О, я кое-что понял! Это то, что имеют в виду, когда говорят о Новом Мышлении?

Если и нет, то так должно быть. Новое мышление — твой единственный шанс. Это твоя единственная реальная возможность развиваться, расти и по-настоящему стать тем, Кто Ты Есть в Действительности.

Сейчас твой ум забит устаревшими мыслями. И не просто устаревшими, но в основном *чужими устаревшими мыслями.* Настала пора *изменить свои мысли о некоторых вещах.* В этом и состоит эволюция.

12

Почему я не могу заниматься тем, чем на самом деле хочу заниматься, и этим нормально зарабатывать?

Что? Ты говоришь, что хочешь получать удовольствие и этим зарабатывать на жизнь? Брат, ну ты и размечтался!

Ты о чём?

Я просто шучу — немного читаю твои мысли, только и всего. Видишь ли, это была твоя мысль по этому поводу.

Это был мой жизненный опыт.

Да. Мы все прошли через это не один раз. Люди, которые зарабатывают на жизнь, делая то, что они любят, — это люди, которые настаивают на том, что так и нужно делать. Они не отступают. Они не сдаются. Они осмеливаются делать так, чтобы жизнь не отнимала у них то, что они любят делать.

Но есть другой элемент, который надо воспитывать. Этот элемент отсутствует в понимании большинства людей, когда речь идёт о деле всей жизни.

Что это такое?

Быть и делать — это разные понятия, хотя многие люди уделяют особое внимание именно последнему.

А что, должно быть по-другому?

Здесь ни при чём «должно» или «не должно». Важно только то, что ты выбираешь и как ты можешь это получить. Если ты выберешь покой, радость и любовь, то ты мало чего добьёшься через то, что делаешь. Если ты выберешь счастье и удовлетворённость, то на пути делания почти ничего не найдешь. Если ты выберешь воссоединение с Богом, высшее знание, глубокое понимание, бесконечное сострадание, полное осознание, предельную самоосуществленность, ты не много получишь из того, что ты делаешь.

Другими словами, если ты выберешь *эволюцию* — *эволюцию своей души*, — *ты не сможешь совершить ее только через мирскую деятельность своего тела.*

Функция тела — *делать*. Функция души — *быть*. Тело всегда *что-то* делает. Каждую минуту каждого дня оно *чем-то* занято. Оно никогда не останавливается, никогда не отдыхает, оно постоянно производит какие-то *действия*.

То, что оно делает, происходит либо по зову души — либо наперекор душе. Качество твоей жизни зависит от того, какая чаша весов перевешивает.

Душа всегда *есть*. Она есть то, что она есть, *независимо* от того, что делает тело, а не *как следствие* того, что оно делает.

Если ты считаешь, что твоя жизнь посвящена деланию, то ты не понимаешь сам себя.

Твою душу не волнует, *что* ты делаешь для пропитания, — и, когда твоя жизнь закончится, тебе это тоже станет безразлично. Твою душу заботит только то, что ты *есть* в тот момент, когда ты что-то делаешь, — *что бы ты ни делал.*

Душа занята состоянием *бытия*, а не состоянием *действия*.

И чем душа стремится быть?

Мною.

Тобою?

Да, Мною. Твоя душа *есть* Я, и ты это знаешь. Она занята лишь тем, что старается *это пережить на опыте.* И то, что она помнит, самый лучший способ получить этот опыт. *Не делать ничего.* Не надо ничего делать — просто быть.

Быть каким?

Каким ты хочешь быть. Счастливым. Грустным. Слабым. Сильным. Радостным. Мстительным. Проницательным. Безрассудным. Хорошим. Плохим. Мужчиной. Женщиной. Сам назови.

Я говорю буквально. *Назови сам.*

Все это очень глубоко, но какое отношение это имеет к моей карьере? Я стараюсь найти выход, как выжить, уцелеть, поддержать себя и свою семью, делая то, что люблю делать.

Старайся быть тем, кем ты хочешь быть.

Что Ты имеешь в виду?

Некоторые люди зарабатывают много денег на том, чем они занимаются, а другие не могут преуспеть, — хотя *они делают одно и то же*. В чем разница?

У одних людей квалификация выше, чем у других.

Это только один аспект. Возьмем другой. Допустим, два человека имеют примерно одни и те же навыки. Оба получили образование в колледже, оба были отличниками, оба хорошо знают свое дело, оба умеют работать, но у одного получается лучше, чем у другого, один процветает, а другой еле перебивается. Почему так получается?

Расположение.

Расположение?

Однажды кто-то сказал, что, когда открываешь свое дело, есть только три вещи, которые надо продумать: расположение, расположение и еще раз расположение.

Другими словами, важно не «что ты собираешься делать», а «где ты собираешься находиться»?

Именно так.

Это также может быть и ответом на Мой вопрос. Душу беспокоит только то, *где ты* собираешься быть.

Ты собираешься быть в том состоянии, которое называется страхом, или в том, что зовется любовью? *Где* ты — и *откуда* ты пришел, — когда соприкоснулся с трудностями жизни?

Так вот, в примере с двумя одинаково квалифицированными работниками: один удачлив, а другой нет не потому, что каждый из них делает, а потому, кем оба они являются.

Одна личность — открытая, дружелюбная, заботливая, внимательная, неунывающая, уверенная в себе и испытывающая радость от своего труда, в то время как другая — замкнутая, сдержанная, равнодушная, невнимательная, раздражительная и обиженная по поводу того, чем ей приходится заниматься.

А теперь представь, что ты захотел бы выбрать еще более возвышенные состояния бытия. Допустим, ты выбрал великодушие, милосердие, сострадание, понимание, прощение, любовь? Что было бы, если бы ты отдал предпочтение Божественности? Каким *тогда* был бы твой жизненный опыт?

Вот что Я скажу тебе: *Бытие* притягивает бытие и порождает опыт.

На этой планете ты не для того, чтобы произвести что-либо с помощью своего тела. На этой планете ты для того, чтобы создать что-то своей душою. Твое тело — это всего лишь инструмент твоей души. Твой разум — это сила, которая приводит в движение душу. И то, что у тебя здесь есть, — это орудие, которое используется в воплощении желания души.

Чего же *желает* душа?

В самом деле, чего?

Не знаю. Я Тебя спрашиваю.

Не знаю. Я спрашиваю тебя.

Так может продолжаться бесконечно.

Так всегда и было.

Погоди! Минуту назад Ты сказал, что душа стремится быть *Тобой*.

Это так.

Значит, *это* и есть желание души.

В широком смысле это верно. Но тот Я, которого она ищет, — очень сложный, многомерный, многочувственный, многогранный. У Меня миллион аспектов. Миллиард. Триллион. Понимаешь? Мелкое и глубинное, малое и большое, бренное и святое, суетное и Божественное. Понимаешь?

Да, да, понимаю: вверху и внизу, слева и справа, здесь и там, до и после, хорошее и плохое...

Именно так. Я *есмь* Альфа и Омега. Это было сказано не просто для красного словца. Это явленная Истина.

Поэтому стремящейся быть Мною душе предстоит великий труд; перед ней — огромное меню *бытия*, из которого надо выбирать. И в данный момент она делает именно это.

Выбирает состояния бытия.

Да — и потом производит правильные и совершенные *условия*, в которых надлежит сотворить соответствующий опыт. Поэтому верно, что с тобой или через тебя не происходит ничего, что не служило бы твоему высшему благу.

Ты хочешь сказать, что моя душа создает весь мой опыт, включая не только те вещи, которые я делаю сам, но и то, что со мной случается?

Скажем так: душа ведет тебя к правильным и совершенным *возможностям* испытать именно то, что ты запланировал испытать. Тебе решать, что испытывать в действительности. Это может быть то, что ты планировал испытать, или что-то другое — в зависимости от того, что ты выбираешь.

Почему я должен выбирать то, что я *не хочу* испытать?

Не знаю. Почему ты должен?

Ты имеешь в виду: иногда бывает, что душа желает одного, а тело или разум — другого?

Как ты думаешь?

Но как может тело или разум пересилить душу? Разве душа не всегда получает то, чего она хочет?

В широком смысле твой дух ищет того великого момента, когда ты полностью осознаешь его желания и с радостью становишься единым с ними. Но дух ни за что и никогда не навяжет свое желание нынешней, сознающей, физической части тебя.

Отец не станет навязывать Свою волю Сыну. Поступать так противно самой Его природе, и, стало быть, это в полном смысле слова невозможно.

Сын не станет навязывать Свою волю Святому Духу. Поступать так — значит идти против самой Его природы, и, стало быть, это в полном смысле слова невозможно.

Святой Дух не навяжет Свою волю твоей душе. Поступать так — значит нарушать природу Духа, и, стало быть, это в полном смысле слова невозможно.

Вот здесь и кончается все невозможное. Очень часто ум *действительно* хочет оказать волевое давление на тело — и делает это. Точно так же и тело очень часто пытается контролировать ум — и ему это нередко удается.

Но даже сообща тело и разум не могут сделать ничего, чтобы контролировать душу, — поскольку душа полностью лишена всяких потребностей (в отличие от тела и разума, которые ими перегружены), и поэтому она всегда позволяет телу и разуму идти своим путем.

В самом деле, душа не может иначе, потому что если ей предстоит создать сущность, каковой являешься ты, и тем самым познать, кто она есть в действительности, то это должно быть только через акт осознанного волеизъявления, а не через акт бессознательного послушания.

Послушание не является творением и поэтому никогда не приведет к спасению.

Послушание — это реакция, в то время как творение — это чистый выбор, не продиктованный, не требуемый.

Чистый выбор ведет к спасению души через чистое творение высшей идеи в каждый явленный миг.

Функция души — *указать* свое желание, а не *навязать* его.

Функция ума — сделать *выбор* из его возможностей.

Функция тела — *осуществить* этот выбор.

Когда тело, разум и душа творят вместе, в гармонии и единстве, Бог проявляется во плоти.

Тогда душа по-настоящему узнает себя на своем собственном опыте.

И тогда Небеса ликуют.

Прямо сейчас, в этот момент, твоя душа снова предоставила тебе возможность быть, делать и иметь все, что необходимо, чтобы познать, Кто Ты Есть в Действительности.

Твоя душа *привела* тебя к словам, которые ты сейчас читаешь, — как и раньше она приводила тебя к словам мудрости и истины.

Что ты сделаешь сейчас? Каким выберешь быть?

Твоя душа ждет и с интересом наблюдает, как было уже много раз до этого.

Я правильно Тебя понял, что мой успех в жизни (я все еще пытаюсь говорить о своей карьере) будет предопределен состоянием бытия, которое я выбираю?

Меня не заботит твой успех в жизни — это твое дело.

Верно то, что, когда ты за долгий период времени достигаешь определенных состояний бытия, трудно избежать успеха в том, чем ты занимаешься в жизни. Но ты не должен беспокоиться по поводу того, как «делать деньги». *Настоящие Мастера* — те, кто выбрал делать жизнь, а не деньги.

Из определенных состояний бытия родится жизнь такая богатая, такая замечательная и такая изобильная, что «жизненный успех» просто перестанет тебя заботить.

Ирония жизни состоит в том, что, как только благополучие и успех перестают тебя заботить, путь для них открыт и они приходят к тебе сами.

Помни, что ты не можешь иметь то, что ты хочешь, но ты можешь пережить на опыте все, что у тебя есть.

Я не могу иметь то, что хочу?

Нет.

Ты говорил об этом раньше, в самом начале нашего диалога. И все-таки я не понимаю. Я думал, Ты говорил о том, что я мог бы иметь *все*, что хочу. «По мыслям вашим, по вере вашей да будет вам»[16], и все такое.

Эти два утверждения не противоречат друг другу.

Разве? Мне кажется, они несовместимы.

Это потому, что ты недопонимаешь.

Да, я это признаю. Поэтому я и говорю с Тобой.

Тогда Я тебе объясню. Ты не можешь иметь *все*, что ты хочешь. Сам акт желания отталкивает желаемое от тебя, как Я уже говорил в главе первой.

Ладно, Ты, может, и говорил об этом раньше, но я уже не успеваю за Тобой.

Борись за то, чтобы не отставать. Я еще раз повторю, более подробно. Старайся успевать. Давай вернемся к тому пункту, который тебе понятен: *мысль творит*. Согласен?

Да.

Слово тоже творит. Усвоил это?

Усвоил.

И действие творит. Мысль, слово и действие — это три уровня творения. Улавливаешь?

Пока да.

Хорошо. Теперь давай возьмем «успех в жизни» в качестве темы для нашего разговора, поскольку именно об этом ты все время говоришь, об этом спрашиваешь.

Это ужасно.

Скажи, возникает ли у тебя мысль: «Я хочу иметь успех в жизни»?

Иногда да.

А мысль: «Я хочу больше денег»?

Да.

Тогда у тебя не будет ни успеха в жизни, ни бо́льших денег.

Почему *не будет*?

Потому что у Вселенной нет иного выбора, кроме того, чтобы донести до тебя *прямое проявление твоей мысли об этом*.

Твоя мысль такова: «Я хочу иметь успех в жизни». Видишь ли, творящая сила похожа на джинна в бутылке. Твои слова служат для нее командой.

Так почему же я не могу добиться большего успеха?

Я же сказал, что твои слова являются командой. А твои слова были: «Я хочу успеха». Вселенная и говорит: «Ладно, ты хочешь».

Я все еще не уверен, что улавливаю смысл.

Давай рассуждать так: слово «я» — это ключ, который запускает механизм созидания. Слова «я есмь» очень мощные. Для Вселенной это — утверждения. Команды.

Так вот, все, что бы ни следовало за словом «я» (которое приводит в действие Великое «Я Есмь»), стремится проявить себя в физической реальности.

Поэтому, если к «я» прибавить «хочу успеха», получишься ты, которому *недостает успеха*. Если к «я» прибавить «хочу денег», получишься ты, которому *недостает денег*. Ничего другого из этого не получится, потому что мысли и слова создают реальность. И действия тоже. Если твои *действия* говорят о том, что тебе недостает успеха и денег, то твои мысли, слова *и* дальнейшие действия подстраиваются под это и ты *обязательно* приобретешь опыт этой недостаточности.

Понимаешь?

Да! Боже мой — неужели это действует именно так?

Конечно! Ты *очень могущественный творец*. При этом если у тебя бывает какая-то разовая мысль, если ты делаешь какое-то единичное утверждение — например, в гневе или в расстроенных чувствах, — то маловероятно, что ты превратишь эти мысли или слова в действительность. Поэтому тебе нет нужды беспокоиться по поводу твоих «Чтоб я провалился!» или «Пошел он к черту» и всяких других не очень хороших слов, которые иногда проносятся в твоей голове или которые ты можешь высказать.

Спасибо Тебе, Господи!

Пожалуйста. Но если ты постоянно думаешь об ооодном и том же или произносишь слово вновь и вновь — не раз, не два, а десятки, сотни, тысячи раз, — есть ли у тебя хоть какое-нибудь представление о созидательной силе этого?

Мысль или слово, будучи выраженными снова и снова, как раз и становятся таки-ми: выраженными. То есть выдавленными наружу[17]. Они становятся осуществлен-ными вовне. Они становятся твоей физической реальностью.

Вот беда!

Для тебя это чаще всего и есть именно *«вот беда»*. Ты любишь проблемы, ты любишь драму. Так будет продолжаться до тех пор, пока тебе это не надоест. В твоей эволю-ции наступает определенный момент, когда тебе перестает нравиться драма, пере-стает нравиться «сюжет», в котором ты до сих пор жил. Это происходит тогда, когда ты решаешь — действенно выбираешь — изменить это. Только большинство людей не знают, как это сделать. Ты теперь знаешь. Чтобы изменить свою реальность, про-сто *перестань думать о ней по-прежнему.*

В данном случае вместо того, чтобы думать «Я хочу успеха», думай «Я успешен».

Но это же неправда, и я это знаю! Я бы солгал себе, если бы так сказал. Мой разум бы взбунтовался: «Что за чертовщину ты несешь!»

Тогда сформулируй мысль, которую ты *можешь* принять. «Скоро ко мне придет успех» или «Всё ведет меня к успеху».

Этот трюк лежит в основе нью-эйджевской практики аффирмаций.

Аффирмации не работают, если ты просто заявляешь о том, чего бы тебе хоте-лось достичь. Они работают только тогда, когда ты объявляешь о том, что, как ты знаешь, уже достигнуто.

Лучшая из так называемых аффирмаций — объявление признательности и благо-дарности. «Благодарю Тебя, Боже, за то, что Ты даешь мне в жизни успех». И *эта* идея, мысль, высказанная и воплощенная в поступке, дает удивительные результаты, когда она исходит из истинного знания: не из попытки *добиться* результатов, а из осозна-ния того, что результаты *уже* достигнуты.

Такая ясность мысли была у Иисуса. Прежде чем сотворить чудо, он заранее бла-годарил Меня за то, что оно свершилось. Ему никогда не приходило в голову не по-благодарить, потому что у Него и в мыслях никогда не было, что то, о чем Он заявил, могло не случиться. Эта мысль *никогда не приходила Ему в голову.*

Он был *настолько уверен* в том, Кем Он Был, и в Своих отношениях со Мной, что каждая Его мысль, слово и действие отражали Его знание, — как и твои мысли, слова и действия отражают твое...

Если сейчас в твоей жизни есть что-то, что ты хотел бы испытать, не «хоти» этого — выбери это.

Ты выбираешь успех в житейских делах? Ты выбираешь больше денег? Хорошо. Так выбери это. По-настоящему. Полностью. Не вполсилы.

Но на своем уровне развития не удивляйся, если «успех в жизни» больше не интересует тебя.

Что это может значить?

В эволюции каждой души наступает время, когда главной заботой становится уже не выживание физического тела, а рост духа; не достижение успеха в жизни, а реализация «Я».

В некотором смысле это очень опасное время, особенно в самом начале, потому что сущность, пребывающая в теле, теперь знает, кто она такая: сущность в теле, а не тело как сущность.

На этой стадии, пока развивающаяся сущность достигает зрелости, часто возникает чувство, будто больше вообще незачем заботиться о потребностях тела. Душа так радуется, что ее наконец «обнаружили»!

Разум покидает тело и все заботы тела. Внимание ни на чем не концентрируется. Человеческие отношения откладываются в сторону. Семьи распадаются. Работа отходит на второй план. Счета остаются неоплаченными. Долгое время само тело даже не получает еду. Все внимание сущности теперь сосредоточено на душе, на заботах души.

Это может привести к серьезному личному кризису в повседневной жизни человека, хотя разум при этом не травмируется. Он витает в облаках. Другие люди говорят, что ты сошел с ума, — и, в некотором смысле, это правда.

Открытие истины о том, что жизнь ничего общего не имеет с телом, может стать причиной дисгармонии в обратном направлении. Если вначале сущность действовала исходя из того, что тело — это все, то теперь она ведет себя так, будто тело совсем ничего не значит. Конечно, это не верно, — как вскоре (иногда болезненно) вспоминает сущность.

Ты являешься триединым существом, состоящим из тела, разума и души. Ты *всегда* будешь триединым существом, а не только пока живешь на Земле.

Некоторые предполагают, что после смерти тело и разум отбрасываются. Тело и разум *не* отбрасываются. Тело изменяет форму, оставляя позади свою самую плотную часть, но всегда оставаясь в своей внешней оболочке. Разум (не путать с мозгом) тоже отправляется с тобой, объединяясь воедино с духом и телом как одна энергетическая масса, состоящая из трех измерений, или аспектов.

Если ты опять выберешь вернуться к той возможности опыта, которую ты называешь жизнью на Земле, твоя божественная сущность снова разделит свои истинные аспекты на то, что ты называешь телом, разумом и душой. На самом деле ты представляешь собой единую энергию, но с тремя разными характеристиками.

Когда ты решаешь поселиться в новом физическом теле здесь, на Земле, твое эфирное тело (как некоторые из вас его назвали) снижает свои вибрации — замедляет себя от вибраций настолько быстрых, что их невозможно увидеть, до скорости, которая производит массу и материю. Эта реальная материя является созданием чистой мысли — работой твоего разума, высшего ментального аспекта твоего триединого существа.

Эта материя представляет собой соединение триллионов миллиардов миллионов различных частиц энергии в одну большую массу, управляемую разумом... Твой разум — в самом деле владыка!

Когда эти крохотные энергетические частицы растрачивают свою энергию, они отбрасываются телом, а разум вырабатывает новые. И все это разум создает из своей непрерывной мысли о том, Кто Ты Есть! Эфирное тело, так сказать, «улавливает» мысль, снижает вибрацию еще большего количества частиц энергии (в некотором роде «кристаллизует» их), и они превращаются в материю. Все клеточки твоего тела обновляются таким образом каждые несколько лет. В буквальном смысле слова ты уже _не тот_, каким был несколько лет назад.

Если у тебя в голове мысли о болезни и недугах (или постоянные гнев, ненависть, негативный настрой), то твое тело переведет эти мысли в физическую форму. Люди заметят эту негативную, больную форму и будут — совершенно справедливо — говорить: «Это совсем другой человек».

Душа наблюдает за тем, как разыгрывается вся эта драма, год за годом, месяц за месяцем, день за днем, миг за мигом, и всегда хранит Истину о тебе. Она _никогда_ не забывает проект, изначальный план, первоидею, созидающую мысль. Ее работа состоит в том, чтобы время от времени заставлять тебя передумать (то есть в буквальном смысле _пере-думать_) и снова вспомнить, Кто Ты Есть, а затем выбрать, Кем Ты Хочешь Быть сейчас.

Так цикл творения и опыта, создания образов и их осуществления, познания и роста в неизвестное продолжается — ныне и присно и во веки веков.

Аминь!

Да, именно так. О, есть еще многое, что нужно объяснить. Очень многое. Но в одной книге это невозможно — может быть, даже и в одной жизни. Но ты уже начал, и это хорошо. Просто помни об этом. Как сказал ваш великий учитель Уильям Шекспир: «Есть многое на свете, друг Горацио, что и не снилось нашим мудрецам».

Могу я задать Тебе по этому поводу несколько вопросов? Например, когда Ты говоришь, что разум идет со мной после смерти, значит ли это, что моя «личность» отправляется со мной? Буду ли я знать после смерти, кем я был?

Да... и кем Ты *всегда* был. Это *все* будет открыто тебе, — потому что тогда эти знания принесут тебе пользу. Сейчас, в данный момент, не принесут.

Если говорить об этой жизни, будет ли какой-то «отчет», пересмотр, оценка?

В том, что ты называешь жизнью после смерти, не существует суда. Даже тебе самому не будет позволено судить себя (потому что ты обязательно дашь себе низкую оценку, учитывая то, как ты склонен себя осуждать и как ты неумолим по отношению к себе в этой жизни).

Нет, никакого отчета нет и никто не голосует «за» или «против». *Только люди склонны судить, и поскольку вы такие, вы предполагаете, что и Я должен быть таким. Но Я не такой,* — и это великая истина, которую вы не можете принять.

Хотя после смерти не будет суда, тем не менее будет возможность снова взглянуть на все, что ты здесь думал, говорил и делал, и решить, выберешь ли ты это снова, основываясь на том, Кто, как ты говоришь, Ты Есть и Кем Ты Хочешь Быть.

В восточном мистицизме есть учение о Кама-локе. Согласно этому учению, когда мы умираем, каждому человеку дается возможность снова пережить каждую мысль, когда-либо подуманную, каждое слово, когда-либо сказанное, каждое действие, когда-либо предпринятое, не с нашей точки зрения, а с точки зрения любого другого человека, на которого они повлияли. Другими словами, мы *уже* испытали то, что *мы* чувствовали, думая, говоря или делая нечто. А теперь мы получаем опыт того, что ощущал *другой* человек в каждый из этих моментов. И именно на *этом* мы основываем свое решение о том, станем ли мы вновь так думать, говорить и действовать. Есть комментарии?

То, что происходит в твоей жизни потом, слишком необычно, чтобы описать это здесь в терминах, которые ты можешь воспринять, — ведь этот опыт относится уже к другому измерению, он не поддается описанию такими крайне ограниченными средствами, как слова. Достаточно сказать, что у тебя будет возможность еще раз пересмотреть всю твою настоящую жизнь без боли, страха или осуждения с той целью, чтобы определить, как ты воспринимаешь свой опыт здесь и куда ты хочешь пойти дальше.

Многие из вас решат вернуться сюда еще раз, вернуться в этот мир плотности и относительности, чтобы получить еще один шанс испытать решения и выборы, которые ты предпринимаешь в отношении Себя на этом уровне.

Другие — немногие избранные — вернутся с другой миссией. Ты вернешься в плотность и материю по замыслу души, чтобы вызволить других из плотности и материи. На Земле среди вас всегда есть те, кто сделал такой выбор. Их сразу можно различить. Их работа завершена. Они снова пришли на Землю только и исключительно для того, чтобы помочь другим. В этом их радость. В этом их восторг. Они не стремятся ни к чему иному, кроме возможности оказывать помощь людям.

Ты обязательно встретишь таких людей. Они повсюду. Их больше, чем ты думаешь. Возможно, ты одного уже знаешь или слышал о нем.

Я отношусь к таким?

Нет. Если тебе приходится спрашивать, то ты уже знаешь, что ты не принадлежишь к их числу. Такие не задают вопросы ни о ком. Здесь не о чем спрашивать.

В этой жизни, сын Мой, ты посланник. Вестник. Искатель и иногда глашатай Истины. Для одной жизни этого достаточно. Будь счастлив.

О, я *счастлив*. Но я всегда могу надеяться на большее!

Да! Так и будет! Ты всегда будешь надеяться на большее. Это заложено в твоей природе. В этом божественная природа: всегда стремиться быть больше.

Так стремись во что бы то ни стало, *стремись*.

А теперь Я хочу окончательно ответить на вопрос, с которого ты начал этот раздел нашей беседы.

Продолжай, *делай* то, что ты действительно любишь делать! Не делай ничего другого! У тебя так мало времени. Как можно думать о том, чтобы терять какой-то миг, делая что-то, чего ты не любишь, дабы заработать на *жизнь*? Что *это* за жизнь? Это не жизнь, а *умирание*!

Если ты скажешь: «Да, но... у меня есть другие, кто зависят от меня... маленькие рты, которые надо прокормить... жена, которая рассчитывает на меня...», Я отвечу: если ты настаиваешь на том, что твоя жизнь имеет отношение к тому, что делает твое тело, то ты не знаешь, зачем ты сюда пришел. Занимайся по крайней мере тем, что доставляет тебе удовольствие, — это говорит о том, Кто Ты Есть.

Тогда ты хотя бы избежишь обиды и гнева по отношению к тем, кто в твоем представлении мешает тебе радоваться.

Тем, что делает твое тело, нельзя пренебрегать. Это важно. Но это не то, о чем думаешь ты. Предполагалось, что действия тела будут отражением определенного состояния бытия, а не попытками достичь определенного состояния бытия.

В истинном порядке вещей человек не *делает* что-то, чтобы *быть* счастливым, — человек уже счастлив и поэтому *делает* что-то. Человек не *делает* какие-то вещи, чтобы быть сострадающим, человек *обладает* сострадающим характером, и поэтому он ведет себя соответствующим образом. В личности с высоким уровнем сознания замысел души предшествует действиям тела. Только несознательный человек пытается достичь состояния души посредством действий тела.

Вот что подразумевается в утверждении «Твоя жизнь не имеет отношения к тому, что делает твое тело». Но *по-настоящему* верно и другое: то, что твое тело делает, является отражением того, к чему имеет отношение твоя жизнь.

Это еще одна божественная дихотомия.

Так знай же это, если ты не понимаешь ничего другого.

У тебя есть *право* на радость, есть ли у тебя дети или их нет, есть ли у тебя жена или ее нет. Стремись к этому! Найди это! И у тебя будет счастливая семья, независимо от того, сколько денег ты зарабатываешь или не зарабатываешь. А если они несчастливы и уходят от тебя, то отпусти их с любовью, чтобы они искали *свою* радость.

С другой стороны, если ты достиг той стадии совершенства, когда потребности тела не заботят тебя, то ты еще более свободен искать свою радость — на земле, как и на небе. Бог говорит, что *нормально быть счастливым*, — да, счастливым даже в своей *работе*.

Твоя работа в жизни — это утверждение того, Кто Ты Есть. Если это не так, то почему ты это делаешь?

Ты вообразил, что ты *должен*?

Ты ничего никому не должен.

Если «мужчина, который содержит свою семью любой ценой, даже ценой собственного счастья» — это и есть тот, Кто Ты Есть, то *люби* свою работу, потому что она *помогает* сформировать то *утверждение о Себе, которым ты живешь.*

Если «женщина, выполняющая работу, которую она не любит, чтобы выполнить все обязанности так, как она их видит» — это и есть та, Кто Ты Есть, то люби, люби, *люби* свою работу, потому что она полностью соответствует твоему образу Себя, твоему представлению о Себе.

Все могут полюбить всё в тот момент, когда они поймут, что они делают и почему.

Никто не делает того, чего он не хочет делать.

13

Как можно решить мои проблемы, связанные со здоровьем? Я жертва такого набора хронических заболеваний, что хватило бы на три жизни. Почему я всем этим болею — в *этой* жизни?

Для начала давай выскажем одну вещь прямо. Ты их любишь. По крайней мере большинство из них. Ты замечательно их использовал, чтобы чувствовать жалость к себе и привлекать к себе внимание.

Ты не любил их только в тех случаях, когда они заходили слишком далеко. Дальше, чем ты мог предположить, когда их придумывал.

Теперь давай поймем то, что ты, вероятно, уже знаешь: всякая болезнь создана самим человеком. Даже обычные врачи сейчас уже понимают, что люди *сами делают себя больными*.

Многие люди делают это неосознанно. (Они даже не знают, *что* они делают.) Поэтому, когда они заболевают, они не знают, что причинило им страдание. Это воспринимается, как будто что-то *выпало на их долю*, а не они сами это создали.

Это происходит потому, что большинство людей вообще идут по жизни (и это касается не только вопросов здоровья) неосознанно.

Люди курят — и удивляются, почему они заболевают раком.

Люди едят животных и жир — и удивляются, отчего у них закупорены артерии.

Люди всю свою жизнь злятся — и удивляются, откуда у них сердечные приступы.

Люди соперничают друг с другом — беспощадно и в условиях невероятного стресса — и удивляются, из-за чего у них случаются параличи.

Невидимая на первый взгляд правда состоит в том, что большинство людей *своим беспокойством изводят себя до смерти*.

Из всех форм умственной активности беспокойство — чуть ли не наихудшая, после ненависти, которая представляет собой очень саморазрушительную силу. Беспокойство бессмысленно. Это напрасная трата умственной энергии. Оно создает биохимические реакции, которые причиняют вред телу, — от расстройства желудка до остановки сердца и прочих недугов.

Здоровье улучшится почти сразу же, как только прекратится *беспокойство*.

Беспокойство — это деятельность разума, который не осознает своей связи со Мной.

Ненависть — самое разрушительное умственное состояние. Она отравляет тело, и ее последствия практически необратимы.

Страх является противоположностью всего, что ты собой представляешь, и поэтому обладает эффектом противодействия твоему умственному и физическому здоровью. *Страх* — это преувеличенное беспокойство.

Беспокойство, ненависть, страх вместе со своими порождениями — тревожностью, горечью, нетерпимостью, корыстолюбием, недоброжелательностью, склонностью к осуждению и обвинению — все они атакуют тело на клеточном уровне. Невозможно сохранить тело здоровым в таких условиях.

Подобным образом, хотя и несколько в меньшей степени, тщеславие, потакание своим прихотям и алчность тоже приводят к физическим заболеваниям.

Любая болезнь первоначально создается в уме.

Как это может быть? А как насчет болезней, которыми заражаются от других людей? Есть ведь грипп и, если на то пошло, СПИД?

В твоей жизни ничего не происходит — буквально ничего, — что сначала не было бы мыслью. Мысли подобны магнитам, которые притягивают к тебе воздействия. Мысль не всегда может быть столь очевидной, как, например: «Я обязательно подхвачу страшную болезнь». Мысль может быть (обычно и бывает) гораздо более тонкой, чем эта. «Я не умею жить». «Моя жизнь — это сплошная неразбериха». «Я неудачник». «Бог накажет меня». «Я сыт по горло такой жизнью!»

Мысли — это очень тонкая, но очень мощная форма энергии. Слова — менее тонкая, более плотная. Действия представляют собой наиболее плотную форму энергии. Действие — это энергия в плотной физической форме, в мощном движении. Когда ты думаешь, говоришь *и* действуешь исходя из негативного понятия вроде «Я — неудачник», ты приводишь в движение огромную созидательную энергию. Будет удивительно, если ты отделаешься простудой. Это самое малое, что может из этого получиться.

Очень трудно противостоять влияниям отрицательных мыслей, когда они уже приобрели физическую форму. Не невозможно — но очень трудно. Для этого необходима величайшая вера. Это требует исключительной убежденности в позитивной силе Вселенной — как бы ты это ни называл: Богом, Богиней, Абсолютом, Изначальной Силой, Первопричиной или еще как-нибудь.

Целители обладают такой верой. Это вера, которая становится Абсолютным Знанием. Они *знают,* что тебе было предназначено быть целостным, завершенным и совершенным *в этот самый момент.* Обладание этим знанием тоже является мыслью — и мыслью очень сильнодействующей. У нее достаточно силы, чтобы сдвинуть горы, не говоря уж о молекулах в твоем теле. Вот почему целители могут излечивать, и часто даже на расстоянии.

Мысль не ведает расстояния. Мысль путешествует вокруг света и пересекает Вселенную быстрее, чем ты можешь произнести слово.

«Скажи только слово, и выздоровеет слуга мой»[18]. И так было, в тот самый миг, даже до того, как фраза была закончена. Такой была вера сотника.

Но *вы* все — умственно прокаженные. Ваш разум изъеден негативными мыслями. Некоторые из них вам навязаны. Многие вы фактически выдумываете — вызываете — сами, а потом вынашиваете в себе и лелеете часами, днями, неделями, месяцами — даже годами... и удивляетесь, почему вы болеете.

Ты можешь «решить проблемы, связанные со здоровьем», как ты это называешь, решая проблемы со своим образом мыслей. Да, ты можешь вылечить некоторые из уже приобретенных тобою (самому себе подаренных) состояний, а также предотвратить развитие многих других серьезных проблем. И всего этого ты можешь добиться, изменив свое мышление.

И еще — хотя Я очень сожалею, что приходится это советовать, потому что это, приходя от Бога, звучит как-то по-мирски, но — ради Бога, *заботься о себе получше.*

Ты отвратительно заботишься о своем теле, уделяешь ему совсем мало внимания, и вспоминаешь о нем, только когда начинаешь подозревать, что с ним творится что-то неладное. В сущности, ты ничего не делаешь для его профилактики. О своей машине ты заботишься лучше, чем о своем теле, — и это не преувеличение.

Тебе не только не удается предотвратить срывы с помощью медосмотров раз в год и применения процедур и лекарств, которые тебе были прописаны (Кстати, зачем ты идешь к врачу? Она оказывает тебе помощь, а ты потом не используешь средства, которые она советует. Ты можешь ответить Мне на этот вопрос?), — ты еще и отвратительно обращаешься со своим телом в промежутках между этими визитами к врачу, после которых ты не делаешь ничего!

Ты не тренируешь тело, поэтому оно становится *вялым* и, что еще хуже, слабеет от бездействия.

Ты не питаешь его должным образом, тем самым делая его еще более немощным.

Потом ты пичкаешь его ядами, токсинами и самыми нелепыми веществами, которые преподносятся тебе под видом пищи. А оно все еще служит тебе, этот удивительный механизм, оно продолжает пыхтеть, храбро двигаясь дальше наперекор этой яростной атаке.

Ужасно. Условия, в которых ты просишь свое тело выживать, отвратительны. Но ты делаешь мало или вообще ничего не делаешь для их улучшения. Ты прочитаешь это, с сожалением кивнешь головой в знак согласия и сразу же возьмешься за старое. А знаешь почему?

Я боюсь спросить.

Потому что у тебя нет *воли к жизни.*

Это суровое обвинение.

Я не хотел, чтобы это выглядело суровым, и тем более не хотел, чтобы это воспринималось как обвинение. «Суровый» — относительный термин, это суждение, которое ты вынес Моим словам. «Обвинение» подразумевает вину, а «вина» означает проступок. Здесь не идет речь о проступке, поэтому нет вины и нет обвинения.

Я просто сказал правду. Как и всякая правда, эта правда может пробудить тебя. Некоторые люди не любят, когда их будят. Многие. Большинство предпочитает спать.

Мир оказался в своем нынешнем состоянии потому, что он полон лунатиков.

Относительно моего утверждения: в чем оно представляется тебе неверным? У тебя *нет* воли к жизни. По крайней мере не было до настоящего момента.

Если ты скажешь Мне, что ты уже мгновенно «преобразился», то Я пересмотрю свое предсказание о том, что ты сейчас будешь делать. Я признаю, что Мой прогноз сделан с учетом прошлого опыта.

...Он был предназначен для того, чтобы разбудить тебя. Иногда, когда человек по-настоящему крепко спит, его нужно немного встряхнуть.

Раньше Я видел, что у тебя было мало воли к жизни. Сейчас ты можешь это отрицать, но поступки говорят за тебя громче, чем слова.

Если ты хоть раз в жизни закурил сигарету — тем более если ты выкуривал по пачке в день на протяжении двадцати лет, как это и было, — у тебя очень мало воли к жизни. Тебя не беспокоит, *что* ты творишь со своим телом.

Но я *бросил* курить больше десяти лет назад!

Только после двадцати лет ужасного издевательства над телом.

И если ты когда-нибудь заставлял свое тело опьянеть от алкоголя, то у тебя очень мало воли к жизни.

Я пью весьма умеренно.

Тело не предназначено для приема алкоголя. Он ослабляет разум.

Но *Иисус* принимал алкоголь! Он отправился на свадьбу и превратил воду в вино!

А кто сказал, что Иисус был совершенен!

О, ради Бога!

Послушай, Я тебя начинаю раздражать?

Ну, я далек от того, чтобы меня *раздражал Бог*. Я хочу сказать, что это было бы несколько самонадеянно, не так ли? Но я действительно считаю, что мы можем зайти слишком далеко. Мой отец учил меня, что «все хорошо в меру». Я думаю, что придерживаюсь этой точки зрения в отношении алкоголя.

Тело может легко оправиться только от незначительных злоупотреблений. В этом смысле совет дельный. Тем не менее Я настаиваю на Своем первоначальном утверждении: тело не предназначено для приема алкоголя.

Но даже некоторые лекарства содержат алкоголь!

У Меня нет власти над тем, что вы называете лекарствами. Я остаюсь при Своем утверждении.

Ты несгибаем, да?

Послушай, истина есть истина. Если бы кто-то сказал: «Немного алкоголя тебе не повредит» и поместил бы это в контекст той жизни, которой ты сейчас живешь, то Мне бы пришлось с этим согласиться. Но это не меняет высказанной Мною истины. Это просто позволяет тебе игнорировать ее.

Однако задумайся. В настоящее время вы, люди, изнашиваете свои тела обычно за пятьдесят-восемьдесят лет. Некоторые дольше, но немногие. Другие перестают функционировать раньше, но не большинство. Мы можем с этим согласиться?

Да, я согласен.

Прекрасно: у нас есть хорошая отправная точка для дискуссии. Так вот, когда Я сказал, что мог бы согласиться с утверждением, что «немного алкоголя тебе не повредит», Я сделал уточнение, добавив «в контексте *той жизни, которой ты сейчас живешь*». Видишь ли, многие люди, кажется, удовлетворены той жизнью, которая у вас сейчас. Ты можешь удивиться, узнав об этом, но жизнь была предназначена для того, чтобы жить совсем по-другому. Было задумано, что твое тело должно сохраняться *гораздо дольше*.

Разве?

Да.

Насколько дольше?

Бесконечно дольше.

Что это значит?

Это значит, сын Мой, что было задумано, что твое тело должно существовать вечно.

Вечно?

Да. Прочти это: «во веки веков».

Ты хочешь сказать, что предполагалось — предполагается, — что мы никогда не умрем?

Вы действительно никогда не *умираете*. Жизнь — вечна. Вы — бессмертны. Вы никогда не *умираете*. Вы просто меняете форму. Но вам даже этого не надо было делать. *Вы* так решили, не *Я*. Я создал вас во плоти, которая должна существовать *вечно*. Ты в самом деле считаешь, что лучшее, на что Бог способен, лучшее, что Я мог создать, — это тело, которое может протянуть шестьдесят, семьдесят, может быть, восемьдесят лет и потом развалиться? И ты вообразил себе, что это предел Моих возможностей?

Вообще-то мне и в голову никогда не приходило думать так…

Я предопределил твоему замечательному телу существовать *вечно*! И самые первые из вас *жили* во плоти практически без боли и без страха того, что вы теперь называете смертью:

В вашей религиозной мифологии вы символически изображаете свою клеточную память о первом варианте человеческих существ в виде Адама и Евы. На самом деле их, конечно, было гораздо больше, чем двое.

С самого начала идея была в том, чтобы у вас, замечательных душ, был шанс познать самих Себя такими, какие Вы Есть в Действительности, через опыт, приобретенный в физическом теле, как я здесь уже много раз объяснял.

Это было сделано путем снижения неизмеримой скорости вибрации (мыслеформы), чтобы создать материю, — включая ту материю, которую вы называете физическим телом.

Жизнь развивалась в несколько мгновенных этапов, которые вы теперь называете миллиардами лет. И в этот святой миг вошел ты — из моря, воды жизни, на землю и в ту форму, которую ты сейчас сохраняешь.

Значит, эволюционисты *правы!*

Я нахожу забавным — это и в самом деле неиссякаемый источник удивления, — что у вас, людей, есть такая потребность делить все на «правильное» и «неправильное». Вам никогда не приходит в голову, что вы *придумали эти ярлыки,* чтобы помочь себе определить материал — и ваше «Я».

Вам никогда не приходит в голову (за исключением самых светлых умов среди вас), что вещь может быть и правильной, и неправильной *одновременно,* что только в мире относительного вещь может быть одним *или* другим. В мире абсолютного, в мире времени-без-времени, *все вещи являются всем.*

Нет мужского и женского, нет до и после, нет быстрого и медленного, здесь и там, внизу и вверху, справа и слева — и нет правильного и неправильного.

Ваши астронавты и космонавты имели возможность это почувствовать. Они представляли себе, что взлетают *вверх,* чтобы выйти в открытый космос, а когда добирались туда, то обнаруживали, что они смотрят *вверх,* чтобы увидеть Землю. А *было ли* это так? Возможно, они видели Землю *внизу!* Тогда где было Солнце? Вверху? Внизу? Нет! Вон там, *слева.* Так, внезапно, вещь оказывалась ни вверху, ни внизу — она была *сбоку*... и таким образом всякие определения *исчезали.*

Так обстоит дело в Моем мире — в *нашем* мире — в нашей сфере реального. Все определения исчезают, и становится трудно даже говорить об этой сфере конкретными словами.

Религия есть ваша попытка говорить о том, чего не выскажешь словами. И у нее это не слишком хорошо получается.

Нет, сын Мой, эволюционисты *не* правы. Я создал все это — *все* это — в мгновение ока; в один святой миг — в точности как говорят креационисты[19]. И... это произошло в процессе эволюции, на который уходят миллиарды и миллиарды того, что *вы* называете годами, в точности как утверждают эволюционисты.

И то, и другое «верно». Как обнаружили космонавты, *все зависит от того, как смотреть.*

Тогда возникает вопрос: один святой миг и миллиарды лет — в чем разница? Можешь ли ты просто согласиться с тем, что в некоторых вопросах жизни тайна слишком глубока, чтобы ты мог ее постичь? Почему бы просто не воспринимать это как священное таинство? Почему не позволить божественному быть божественным и оставить его в покое?

Я полагаю, что у нас у всех есть неутолимая жажда познаний.

Но ты _уже знаешь_! Я же _сказал тебе_! Однако ты все еще не хочешь знать Истину, ты хочешь знать истину в том виде, _как ты ее понимаешь_. Это самое большое препятствие для твоего просветления. Ты соглашаешься со всем, что ты видишь, слышишь или читаешь, если это соответствует уровню твоего понимания, и отвергаешь все, что не является таковым. И ты называешь это познанием. Ты считаешь, что открыт для обучения. _Увы, ты никогда не можешь быть открытым для обучения, пока ты закрыт для всего, кроме своей собственной истины._

Так, некоторые и эту книгу назовут богохульством — работой дьявола.

Но имеющие уши слышать да услышат. И Я говорю: _тебе не предназначено было умирать_. Твоя физическая форма была создана как замечательно удобный, чудесный инструмент, великолепное средство, позволяющее тебе пережить реальность, которую ты сотворил своим разумом, чтобы ты мог познать то «Я», которое создал в своей душе.

Душа замышляет, разум творит, тело получает опыт. Круг замкнулся. И душа познает себя на своем собственном опыте. Если ей не нравится то, что она переживает (чувствует), или по какой-то причине она хочет получить другой опыт, она просто задумывает _новый_ опыт Себя и буквально _пере-думывает_.

Вскоре тело оказывается в новом опыте. («Я есмь воскресение и жизнь»[20] — прекрасно сказано. Как, по-твоему, Иисус _сделал_ это? Или ты не веришь, что это когда-либо могло случиться? _Верь._ Так _было_!)

Очевидно одно: душа никогда не отвергнет тело или разум. Я сотворил тебя триединым существом. Ты являешь собою три существа в одном, созданном по образу и подобию Моему.

Эти три аспекта «Я» никоим образом не являются неравными по отношению друг к другу. Каждый исполняет свою функцию, но ни одна функция не является более важной, чем другая, как и никакая функция не _предшествует_ другой. Все они взаимосвязаны и абсолютно равноценны.

Замышлять — творить — переживать. Что ты замышляешь, то ты создашь; что ты создаешь, то ты переживаешь; что ты переживаешь, то ты замышляешь.

Поэтому говорится: если ты сможешь заставить свое тело испытать что-то (возьмем, к примеру, достаток), то скоро ты начнешь ощущать его в своей душе, которая воспримет себя по-новому (а именно богатой), вселяя в твой разум другую мысль об этом. Из новой мысли рождается новый опыт, и тело начинает жить новой реальностью как постоянным состоянием бытия.

Твое тело, твой разум и твоя душа (дух) — едины. В этом ты микрокосм Меня — Божественного Всего, Святой Суммы и Субстанции. Теперь ты понимаешь, что Я всему начало и конец, Альфа и Омега.

Сейчас Я открою тебе большую тайну: твое подлинное и истинное отношение ко Мне.

ТЫ — МОЕ ТЕЛО.

Что *твое* тело для *твоих* разума и души, то и ты для *Моих* разума и души. Поэтому...

Все, что Я переживаю, Я переживаю через тебя.

Как для тебя твои тело, разум и душа едины, так и для Меня.

И поэтому Иисус из Назарета, один из многих постигших эту тайну, утверждал непреложную истину, когда он говорил: «Я и Отец — одно»[21].

Теперь Я скажу тебе: есть даже большие, чем эта, истины, к которым ты однажды приобщишься. Ибо как ты есть Мое тело, так и Я есмь тело другого.

Так Ты что, *не* Бог?

Да, Я — Бог, как ты теперь Его понимаешь. Я — Богиня, как ты теперь Ее разумеешь. Я — Зачинатель и Творец Всего, что ты сейчас знаешь и испытываешь, а вы — Мои дети... как и Я являюсь ребенком Другого.

Ты хочешь сказать мне, что даже у Бога есть Бог?

Я хочу сказать, что твое представление об абсолютной реальности более ограниченно, чем ты думал, а Истина более *безгранична*, чем ты можешь себе представить.

Я даю тебе лишь самое малое представление о бесконечности и безграничной любви. (Будь это более широкий взгляд, ты бы не смог овладеть им в своей реальности. Ты с трудом охватываешь и *это*.)

Минуточку! Ты хочешь сказать, что сейчас я на самом деле *не* говорю с Богом?

Я говорил тебе: если ты воспринимаешь Бога как своего творца и хозяина, то, хотя ты и являешься творцом и хозяином собственного тела, Я — Бог твоего понимания. Да, ты говоришь со Мной. Это была замечательная беседа, разве не так?

Так или не так, но я думал, что говорю с настоящим Богом. Богом Богов. Ну, Ты понимаешь: с самым крутым парнем, с Главным Боссом.

Так и есть. Поверь Мне. Так и есть.

Но Ты же говоришь, что в этой иерархической системе есть кто-то выше Тебя.

Сейчас мы хотим добиться невозможного, то есть говорить о том, что не высказать словами. Как Я уже говорил, это то, что пытаются сделать религии. Дай подумать, как лучше подытожить все это.

Всегда — это дольше, чем ты думаешь. Вечно — это дольше, чем Всегда. Бог — больше, чем ты можешь себе вообразить. Бог *и есть* та энергия, которую ты называешь воображением. Бог *есть* Творение. Бог *есть* первая мысль. Бог *есть* последний опыт. И Бог есть все, что между ними.

Доводилось ли тебе когда-нибудь смотреть в очень сильный микроскоп или видеть фотографии либо изображения молекул и говорить: «Боже мой, да здесь же внизу *целая Вселенная*. И по отношению к этой Вселенной я, присутствующий здесь наблюдатель, должен ощущать себя Богом!» Приходилось ли тебе когда-нибудь говорить это или испытывать нечто подобное?

Да, надо полагать, такое было с каждым мыслящим человеком.

Конечно. Ты сам имеешь зрительное представление о том, что Я здесь объясняю тебе.

А что, если бы Я сказал тебе, что эта реальность, о которой ты получил представление, *никогда не кончается?*

Объясни. Я бы попросил Тебя объяснить мне это.

Возьмем самую малую часть Вселенной, которую ты только можешь себе представить. Представь себе эту очень маленькую, крошечную частицу материи.

Допустим.

Теперь раздели ее пополам.

Хорошо.

Что получилось?

Две половинки еще меньших размеров.

Совершенно верно. А теперь и их раздели пополам. Что стало?

Две *еще меньшие половинки.*

Правильно. А теперь еще и *еще!* Что остается?

Все меньшие и меньшие частицы.

Да, но когда это прекратится? Сколько раз можно делить материю, пока она не перестанет существовать?

Не знаю. Я думаю, она никогда не перестанет существовать.

Ты хочешь сказать, что ты никогда не сможешь ее *полностью разрушить*? Все, что ты можешь, — это изменить ее форму?

Выходит, так.

Я говорю тебе: ты только что узнал тайну всей жизни и заглянул в бесконечность.
Теперь у Меня к тебе вопрос.

Задавай...

Что заставляет тебя думать, что бесконечность простирается только в одном направлении?

Значит... нет предела вверху, как и внизу.

Не *существует* верха и низа, но Я понимаю, что ты имеешь в виду.

Но если нет предела малому, то нет предела и великому.

Правильно.

А если нет предела великому, то нет и *величайшего*. Это значит, что, по самому большому счету, и *Бога нет!*

Или, может быть, *все это — Бог, и нет ничего другого.*
Я говорю тебе: Я ЕСМЬ ТО, ЧТО Я ЕСМЬ.
И ТЫ ЕСТЬ ТО, ЧТО ТЫ ЕСТЬ. Ты не можешь *не быть*. Ты можешь изменить форму так, как только захочешь, но тебе не удастся *не быть*. При этом у тебя *может* не получиться *познать*, Кто Ты Есть, — и из-за этой неудачи ты можешь испытать только *половину этого.*

Это было бы адом.

Вот именно. Но тебя никто на это не обрекал. Тебя никто не приговорил к этому навечно. И все, что требуется, чтобы выкарабкаться из этого ада — выбраться из незнания, — это снова узнать.
Существует много путей и много мест (измерений), в которых ты можешь этого добиться.
Сейчас ты находишься в одном из таких измерений. Оно называется, в твоем понимании, трехмерным пространством.

А другие существуют?

Разве Я не говорил тебе, что в Моем Царстве много обителей?²² Если б было не так, Я не стал бы тебе этого говорить.

Тогда ада *нет* — на самом деле нет. Я хочу сказать, что *нет* такого места или измерения, в котором мы могли бы быть заключены навечно!

Какой смысл был бы в этом?

Но ты всегда ограничен своими познаниями, ибо ты, точнее, мы являемся существом, которое само себя создает.

Ты не можешь быть тем, кем ты самого Себя не знаешь.

Вот зачем тебе и дана была эта жизнь — чтобы ты мог познать себя на своем собственном жизненном опыте. И ты можешь постичь, Кто Ты Есть в Действительности, и сотворить себя таким, каким ты знаешь себя по своему опыту, — и круг снова сомкнулся... только стал больше.

Итак, ты находишься в процессе роста — или, как Я везде в этой книге называл это, в процессе *становления*.

Нет предела тому, чем ты можешь стать.

Ты хочешь сказать, что я даже могу стать — как мне осмелиться это произнести? — Богом... как и Ты?

Как *ты* думаешь?

Не знаю.

Пока не узнаешь, и не сможешь знать. Вспомни наш треугольник, Святую Троицу: дух — разум — тело. Замышлять — творить — переживать. Вспомни, в вашем символизме:

СВЯТОЙ ДУХ = ВДОХНОВЕНИЕ = ЗАМЫСЕЛ

ОТЕЦ = РОДИТЕЛЬСТВО = ТВОРЕНИЕ

СЫН = ПОТОМСТВО = ОПЫТ

Сын переживает на своем опыте творение родительской мысли, которую замышляет Святой Дух.

Можешь ли ты замыслить, что однажды станешь Богом?

В моменты безумия.

Хорошо, ибо Я говорю тебе: ты — уже Бог. *Просто ты этого не знаешь.*

Разве Я не говорил: «Вы Боги»?²³

Вот так. Я все тебе объяснил. Жизнь. Как она устроена. Ее смысл и предназначение. Чем еще Я могу тебе помочь?

Мне больше не о чем спросить. Я преисполнен благодарности за этот удивительный диалог. Он был таким насыщенным и таким всеобъемлющим. Я смотрю на вопросы, которые я задал в начале, и вижу, что мы охватили первые пять — о жизни, человеческих отношениях, деньгах, карьере и здоровье. Как Ты помнишь, в моем списке были и другие вопросы, но, кажется, эти беседы каким-то образом сделали остальные вопросы неуместными.

Да. Но все-таки ты их задавал. Давай быстро ответим на оставшиеся поочередно. Поскольку мы так быстро проходим материал...

Какой материал?

Материал, который Я сюда доставил, чтобы раскрыть тебе. Так вот, поскольку мы быстро проходим материал, давай обратимся к тем оставшимся вопросам и незамедлительно разберем их.

6. Каков тот кармический урок, который я, по идее, должен выучить здесь? Чем я стараюсь овладеть?

Здесь ты ничему не учишься. Тебе нечему учиться. Тебе нужно только вспомнить. То есть воссоединиться со Мной[24].

Чем ты пытаешься овладеть? Ты пытаешься овладеть *самим овладением*.

7. Существует ли такая вещь, как реинкарнация? Сколько у меня было жизней в прошлом? Кем я тогда был? «Кармический долг» — это реальность?

Трудно поверить в то, что по этому поводу все еще возникает вопрос. Я с трудом могу Себе это представить. Было так много сообщений о вспоминании прошлых жизней из исключительно надежных источников. Некоторые люди поразительным образом воскресили в памяти подробные описания событий, и доказано, что при этом была исключена всякая возможность того, что они могли каким-то образом выдумать или изобрести что-то, чтобы обмануть исследователей или своих близких.

У тебя было 647 прошлых жизней, раз уж ты настаиваешь на точной цифре. Это твоя 648-я. В них ты был *всем*. Королем, королевой, рабом. Учителем, учеником, мастером. Мужчиной, женщиной. Воином, пацифистом. Героем, трусом. Убийцей, спасителем. Мудрецом, глупцом. *Всем* этим ты был!

Нет, такой вещи, как кармический долг, не существует — в том смысле, который предполагает твой вопрос. Долг — это то, что обязательно должно быть возвращено. *Ты ничего не обязан делать.*

Но все-таки есть определенные вещи, которые ты *хочешь* сделать, которые ты *выбираешь* пережить. И некоторые из этих решений зависят от того, что тебе довелось испытать прежде.

Если карма — это внутреннее желание быть лучше, быть больше, развиваться, и расти, и смотреть на события и опыт прошлого как на меру этого роста, тогда да, карма действительно существует.

Но для этого ничего не требуется. Никогда ничего не требовалось. Ты являешься, и всегда был, существом свободного выбора.

8. Я иногда чувствую себя экстрасенситивом. Существует ли вообще такая вещь, как «ясновидение»? Есть ли оно у меня? Находятся ли люди, которые называют себя экстрасенсами, «в сговоре с дьяволом»?

Да, такая вещь, как ясновидение, существует. У тебя оно *есть*. Оно есть у *каждого*. Нет человека, у которого не было бы способностей, которые ты называешь экстрасенситивными, есть только люди, которые их не используют.

Применять ясновидение и другие подобные способности — это не более чем пользоваться шестым чувством.

Очевидно, что это не означает «быть в сговоре с дьяволом», иначе Я бы не *дал* тебе это чувство. И конечно, нет никакого дьявола, с которым можно было бы сговориться.

Когда-нибудь — может быть, во Второй Книге — Я подробно объясню тебе, как работают ясновидение и экстрасенсорные способности.

А будет Вторая Книга?

Да. Только сначала давай закончим эту.

9. Хорошо ли брать деньги за добрые дела? Если я выберу выполнять в мире целительскую работу — работу Бога, — могу ли я, занимаясь этим, приобрести также финансовое изобилие? Или эти две вещи являются взаимоисключающими?

Я об этом уже говорил.

10. Секс — это хорошо? И вообще, что действительно стоит за этим человеческим опытом? На самом ли деле секс существует только для продолжения рода, как утверждают некоторые религии? На самом ли деле истинная святость и просветление достижимы через отрицание или трансмутацию сексуальной энергии? Допустим ли секс без любви? Может ли физическое наслаждение быть достаточной причиной для того, чтобы заниматься сексом?

Конечно, секс — это «хорошо». Опять-таки, если бы Я не хотел, чтобы вы играли в определенные игры, Я бы не дал вам игрушек. Вы даете своим детям такие игрушки, с которыми детям, по вашему мнению, играть нельзя?

Играйте с сексом. Играйте! Это удивительное развлечение. И это чуть ли не самое большое развлечение, которое у вас может быть для вашего тела, если мы говорим исключительно о физических переживаниях.

Но ради всего святого, не разрушайте сексуальное целомудрие, удовольствие и чистоту этого развлечения, этой радости, злоупотребляя сексом. Не используйте его, чтобы продемонстрировать свою силу или для каких-то скрытых целей; для угождения своему эго или для доминирования; для любой другой цели, кроме чистейшей радости и высшего экстаза, отдаваемого и разделяемого (это и есть любовь) и воссоздания любви (а это — новая жизнь!). Разве Я выбрал не восхитительный способ размножить вас?

Что касается отрицания, то Я уже объяснил и это. Ничто святое никогда не было достигнуто через отрицание. Но желания меняются, когда видятся еще большие жизненные реальности. Поэтому ничего необычного нет в том, что люди просто хотят меньше сексуальной активности или вовсе обходятся без нее — и, кстати, без любой другой деятельности тела. Для некоторых дело души становится самым главным — и намного более приятным.

Каждому свое, и не осуждай — таков девиз.

На последнюю часть твоего вопроса можно ответить так: тебе нет необходимости иметь достаточную причину для чего-либо. Просто будь причиной сам.

Будь причиной своего собственного опыта.

Помни, что опыт порождает понятие о Себе, понятие порождает творение, творение порождает опыт.

Хочешь почувствовать себя человеком, который занимается сексом без любви? На здоровье! Ты будешь делать так до тех пор, пока тебе больше не захочется. И единственное, что может — и *всегда* могло — побудить тебя прекратить эту или *любую* другую деятельность, — это вновь возникшая мысль о том, Кто Ты Есть.

Все настолько просто — и настолько сложно.

11. Зачем Ты сделал секс таким приятным, таким красивым, таким мощным человеческим опытом, если все, что мы должны делать, — это, по возможности, воздерживаться от него? В чем тут дело? И вообще, почему все приятные вещи всегда либо «аморальны», либо «незаконны», либо «портят фигуру»?

Я и на последнюю часть этого вопроса только что ответил. Все приятные вещи *не* аморальны, *не* незаконны и *не* приводят к ожирению. Тем не менее жизнь — это увлекательное упражнение в определении «приятного».

Для некоторых «приятное» означает телесное ощущение. Для других «приятное» может быть чем-то совсем другим. Все зависит от твоих мыслей о том, кто ты есть и что ты здесь делаешь.

О сексе можно сказать гораздо больше, чем здесь говорится, но нет ничего важнее, чем вот это: секс — это *радость*, но для многих из вас секс стал чем угодно, только не этим.

Секс — вещь священная, да. Но радость и святость *совместимы* (это, по существу, одно и то же), а многие из вас считают, что нет.

Твое отношение к сексу представляет собой модель твоего отношения к жизни. Жизнь должна быть радостью, праздником, а она стала переживанием страха, беспокойства, «необеспеченности», зависти, гнева и трагедии. То же самое можно сказать и о сексе.

Вы подавили секс, как подавили и жизнь, вместо того чтобы полностью выражать себя, с полной отдачей и радостью.

Вы опорочили секс, как опорочили и жизнь, назвав ее грехом и страданием вместо того, чтобы воспринимать ее как величайший дар и огромнейшее удовольствие.

Прежде чем возражать, что вы не опорочили жизнь, взгляни на ваше коллективное отношение к ней. Четыре пятых населения мира считает жизнь пыткой, несчастьем, испытательным сроком, кармическим долгом, который надо возвратить, школой с жестокими уроками, которые надо выучить, и вообще опытом, который надо получить в ожидании *настоящей* радости, которая бывает только *после* смерти.

Порок в том, что очень многие из вас *думают* так. Не удивительно, что вы связали с понятием порока сам акт, который творит жизнь.

Энергия секса — это энергия, которая ориентирована на жизнь; которая и *есть* жизнь! Чувство влечения, сильного и часто непреодолимого желания *сблизиться* друг с другом, слиться воедино — это необходимая движущая сила всего живого. Я наделил ею все. Это врожденная, неотъемлемая, *внутренняя* часть Всего Сущего.

Моральные кодексы, религиозные ограничения, общественные запреты и эмоциональные условности, которые вы создали вокруг секса (и, между прочим, вокруг любви — и жизни вообще), сделали для вас практически невозможным радоваться жизни.

С начала времен все, чего когда-либо хотел человек, — это любить и быть любимым. И с начала времен человек делал все, что в его силах, чтобы это стало невозможным. Секс есть исключительное проявление любви — любви к другому, любви к Себе, любви к жизни. Поэтому тебе следует *любить* его! (И ты любишь — ты просто никому не можешь *сказать* об этом, ты не осмеливаешься *показать*, как *сильно* ты его любишь, иначе тебя назовут извращенцем. Но именно *эта* боязнь и есть *извращение*.)

В нашей следующей книге мы рассмотрим секс поближе, исследуем его динамику более детально, потому что влияние этого опыта и этой области жизни — глобально.

А пока — лично ты — просто знай это: *Я не наделил тебя ничем постыдным, и менее всего это относится к твоему телу и его функциям. Нет необходимости скрывать свое тело и его функции — как и свою любовь к ним и к другому человеку.*

Ваши телевизионные программы ничего не имеют против показа неприкрытого насилия, но стесняются показывать обнаженную любовь. Все ваше общество служит отражением такого приоритета.

12. Есть ли жизнь на других планетах? Прилетали ли к нам оттуда? Наблюдают ли за нами сейчас? Увидим ли мы неопровержимые доказательства внеземной жизни до того, как умрем? Правда ли, что у каждой формы жизни есть свой Бог? Являешься ли Ты Богом Всего Этого?

«Да» — отвечаю на первую часть. «Да» — на вторую. «Да» — на третью. Я не могу ответить на четвертую часть вопроса, поскольку Мне пришлось бы предсказывать будущее, чего Я делать не собираюсь.

Тем не менее мы гораздо подробнее поговорим о том, что называют будущим, во Второй Книге — и побеседуем о внеземной жизни и о природе (природах) Бога в Книге Третьей.

Надо же! Будет и *Третья* Книга?

Позволь Мне вкратце изложить план.

Книга Первая содержит главные истины, основные понятия и посвящена жизненно важным личным делам и проблемам.

Книга Вторая содержит более трудные для понимания истины, более сложные понятия и посвящена глобальным проблемам и вопросам.

Книга Третья содержит величайшие истины, которые теперь доступны для понимания, и посвящена всеобщим проблемам и вопросам — проблемам, которые затрагивают всех обитателей Вселенной.

Понятно. Это приказ?

Нет. Если ты задашь такой вопрос, то ты ничего в этой книге не понял.

Ты *выбрал* делать эту работу — и ты *был* выбран. Круг замкнулся.

Понимаешь?

Да.

13. Наступит ли когда-нибудь утопия на планете Земля? Покажет ли когда-нибудь Бог Себя людям Земли, как обещал? Состоится ли Второе Пришествие? Наступит ли когда-нибудь Конец Света, или апокалипсис, как напророчено в Библии? Существует ли единственная истинная религия? Если да, то какая?

На этот вопрос можно ответить целой книгой, и он займет большую часть Книги Третьей. В первой же книге этой серии Я ограничился вопросами личного характера, практическими аспектами.

Я обращусь к более обширным вопросам и проблемам общего и всеобщего характера в последующих беседах.

Что? И на сегодня это все? Мы не будем больше говорить?

Ты обо Мне уже заранее скучаешь?

Да! Это было замечательно! Мы сейчас расстаемся?

Тебе надо немного отдохнуть. И твоим читателям тоже нужен отдых. Многое предстоит осмыслить. Над многим поломать голову. Многое взвесить. Отложи беседу на некоторое время. Обдумай ее. Поразмышляй над ней.

Не чувствуй себя покинутым. Я всегда с тобой. Если у тебя появятся вопросы — повседневные вопросы, — а Я знаю, что уже сейчас они у тебя есть, и это будет продолжаться, — знай, ты можешь обратиться ко Мне, и Я отвечу на них. Это может быть не обязательно в форме книги.

Это не единственный способ, которым Я могу общаться с тобой. Слушай Меня в правде своей души. Слушай Меня в чувствах своего сердца. Слушай Меня в спокойствии своего разума.

Услышь Меня повсюду. Когда бы у тебя ни возник вопрос, просто *знай*, что Я на него *уже* ответил. Затем открой глаза и посмотри на мир. Мой ответ может быть в статье, которая уже опубликована. В проповеди, которая уже написана, и ты скоро ее услышишь. В фильме, который сейчас снимается. В песне, которую только вчера сочинили. В словах, которые тебе вот-вот скажет любимый человек. В сердечности нового друга, с которым ты в ближайшее время познакомишься.

Моя Истина в шепоте ветерка, в журчании ручейка, в раскате грома, в легком стуке дождя.

Это и запах земли, и тонкий аромат лилии, и тепло солнца, и манящая красота луны.

Моя Истина (и самая надежная помощь тебе в час нужды) грандиозна, как ночное небо, — и проста, непротиворечива и доверительна, как лепет младенца.

Она громка, как стук сердца, — и тиха, как дыхание, совпадающее с Моим.

Я не оставлю тебя, Я *не могу* тебя покинуть, потому что ты — Мое создание и Мое творение, Моя дочь и Мой сын, Мой замысел и Мое... «Я».

Так позови Меня, когда бы и где бы ты ни оказался отделен от покоя, который есть Я.

И Я там буду.

С Истиной.

И Светом.

И Любовью.

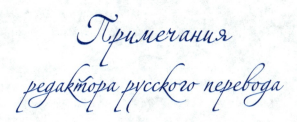

Примечания
редактора русского перевода

1. Весь этот абзац построен на игре английских слов. «Член» — это *member*, «вспоминание» — *remembrance*. Слово *remember* означает «вспомнить», но в раздельном написании *re-member*, употребленном здесь, может также означать «воссоединиться».

2. См. предыдущее примечание. «Напоминать» — *re-mind*, «вспоминать» и «воссоединиться» — *re-member*.

3. Игра слов: *your sole purpose* и *your soul purpose*.

4. Ср. Матф. 7: 12.

5. Матф. 18: 20.

6. *Никейский символ веры*, 8.

7. Ср. Матф. 7: 7, Лук. 11: 9.

8. Иоан. 1: 14.

9. Ср. Матф. 9: 29.

10. Матф. 6: 10.

11. Не так ли? *(фр.)*

12. Ср. Иоан. 8: 32.

13. Ср. Матф. 5: 8.

14. Матф. 25: 40.

15. *Реактивные мысли* — возникающие как реакция на что-либо.

16. Ср. Матф. 9: 29.

17. «Выдавливание» — буквальный перевод английского слова *expression* («выражение»), восходящего к латинскому *expressio*.

18. Матф. 8: 8.

19. *Креационисты* — сторонники теории божественного сотворения мира из ничего и противники *эволюционистов*, отстаивающих идею вечного существования материи.

20. Иоан. 11: 25.

21. Иоан. 10: 30.

22. Ср. Иоан. 14: 2.

23. Иоан. 10: 34.

24. См. примечание 1.

Книга 2

Посвящается

Саманте, Тара-Дженнель, Николасу,
Тревису, Карусу, Тристану, Девону, Дастину, Дилану

Вы даровали мне намного больше,
чем я вам.
Я не тот отец, которым хотел бы себя видеть.
Но терпение — впереди у нас еще долгий путь.
Все только начинается!

Введение

Сегодня мы живем в совершенно другом мире. Многое переменилось с тех пор, как эта книга впервые вышла в свет. И все же ни одно слово в ней не устарело. Фактически, как раз *наоборот* — она, возможно, даже обгоняет время, ее идеи ныне бол ее важны, чем когда-либо до этого.

Сотни тысяч тех, кто прочел ее (и сделал бестселлером по версии *New York Times*), без обиняков назвали самой острополемичной в трилогии «Бесед». Тогда как книга первая посвящена была в основном индивидуальной жизни — данная, вторая книга исследует коллективную реальность на Земле и разбирает глобальные вопросы, глубоко погружаясь в тему группового опыта больших сообществ.

События последних лет — режим талибов в Афганистане, бесконечный конфликт Израиля и палестинцев, теракты всюду в мире, атака 9/11 на США, война в Ираке… — явно говорят: наш *homo sapiens* достиг самого края экологических возможностей. Короче говоря, нельзя нам продолжать все в том же духе. Нельзя вести коллективный опыт с позиций доминирования, а не сотрудничества, ибо такой подход рождает применение насилия и убийств как главного средства в решении конфликтов. Но так проблему не решишь и конфликт не загасишь — они лишь продлеваются или, в лучшем случае, приостанавливаются.

Рано или поздно должен прозвучать основной вопрос: что нас держит в этой мертвой точке? Почему после стольких лет беспрерывных усилий — нет, не лет даже, а *тысячелетий*! — цивилизация по-прежнему не нашла способа, чтоб люди жили в мире и согласии?

Эта книга даст поразительные ответы и предложит отважные возможности. Вы прочтете об идеях, которые способны вывести все человечество из глухого тупика и воплотить наконец грандиозную мечту.

Нужен лишь, при чтении, открытый ум. А это значит не отметать с порога то, что попирает status quo, установленный порядок и представления, слепо принимаемые за истину; быть готовым к пересмотру закоренелых убеждений, которые запутали сознание вконец; и увидеть, не заставляют ли приведенные здесь аргументы хотя б отчасти усомниться в том, что нам сызмальства внушали.

Давайте ж наконец взглянем правде в лицо: мы уже вынуждены пересмотреть все свои воззрения о Боге и о Жизни. Не из-за этой книги вовсе — а от ужаса, что творится на Земле, от страшно деструктивных событий.

Цивилизация изменится, это я вам обещаю! Единственный вопрос: изменится ли в результате катастрофы, вынужденно — или доброй волей, в следовании открытому уму. Человечеству необходимы альтернативные пути существования и сосуществования. Очевидно: тот способ, которым ныне это делается, — больше не работает. Он не функционален!

Мой материал — как площадка для открытой дискуссии, для диалога. И если его выводы вас поразят или заденут — то так было задумано, чтоб потрясением основ избавиться от многовековых недугов.

Эта книга — какова угодно, только не скучна! Можно соглашаться с ней во всем или ни в чем не соглашаться, быть в восторге, прочтя один фрагмент, и в негодовании — прочтя другой. Все правильно. Это путь к глубокому общению. Тому общению, которое, надеюсь, вы будете иметь с Богом, миром и людьми.

Прочтите страничку-две, затем _обсудите_ с Богом (как это сделать — вам лучше знать!). Поговорите с Ним, спросите, как помочь миру измениться и человечеству уйти от нетерпимости, агрессии и эгоизма, которые переполняют повседневность. Даже если мое общение с Богом, описанное здесь, не даст ничего большего, кроме как побудит вас беседовать с Ним, — мой замысел сполна удался!

Найдутся те, кто скажет с гневом: «Да этот Уолш ни с каким Творцом не говорил! Его слова — сплошное богохульство и сектантство». Да, действительно, мои «богохульные» слова идут вразрез с намерениями тех, кто стремится к мировому лидерству не для того, чтобы распространять осознанность, духовность, а для сужения перспектив, снижения потенциала роста и еще большего ограничения возможностей в преддверии суровейшего кризиса.

Лучший способ встретить вызов завтрашнего дня — не в том, чтобы использовать решения вчерашнего. Нам надо отважиться помыслить прежде немыслимое, выразить невыразимое и попытаться сделать то, что ранее казалось совершенно невозможным.

От первого и до последнего слова моя книга зовет нас это реализовать. И теперь, десять лет спустя после того, как ее увидел свет, мир куда более зависит от нашего желания и воли действовать, чем когда-либо.

Нил Доналд Уолш
Ашленд, Орегон
апрель 2003

1

Спасибо, что пришли. Спасибо, что вы здесь.

Вы здесь, потому что таков был договор, это правда, но у вас могло бы и не получиться прийти. Вы могли бы решить не делать этого. Но вы выбрали быть здесь, чтобы эта книга попала вам в руки в назначенный час, в назначенном месте. Спасибо вам.

Если вы взяли ее в руки случайно, даже не задумываясь, что вы делаете и почему, кое-что может показаться вам загадочным, и поэтому надо дать некоторые разъяснения.

Начнем вот с чего.

Я хочу обратить ваше внимание на то, что эта книга вошла в вашу жизнь в нужное время и в нужный момент. Пока вы можете этого не знать, но, когда испытаете все, что отпущено вам судьбой, будете знать об этом в точности. Нет ничего случайного, и появление этой книги в вашей жизни — не исключение.

Здесь то, что вы долгое время искали, к чему стремились. Здесь то, что является вашим очередным, а для некоторых, возможно, и первым настоящим контактом с Богом.

Это *есть* контакт, и он настоящий.

Бог хочет по-настоящему беседовать с вами — через меня. Несколько лет назад я бы не сказал этого. Сейчас я говорю это, ибо такой диалог у меня состоялся, и теперь я знаю, что такое возможно. И это не просто возможно — такое случается постоянно. Именно это и происходит, прямо здесь, прямо сейчас.

Важно, чтобы вы поняли: вы сами отчасти вызвали это событие, сами стали причиной того, что в данный момент вы держите в руках эту книгу. Причина всех событий в нашей жизни лежит в нас самих, и мы все являемся со-творцами с Единым Великим Творцом в создании каждого обстоятельства, обусловливающего эти события.

Мой первый опыт разговора с Богом состоялся в 1992—1993 годах. Я написал сердитое письмо к Богу, в котором спрашивал Его, почему моя жизнь давным-давно превратилась во что-то вроде памятника борьбе и поражению. Во всем — от любовных отношений до карьеры, отношений с детьми, здоровья — *во всем* — я не испытывал ничего, кроме борьбы и неудач. В письме к Богу я требовал объяснить, почему так происходит и что нужно для того, чтобы наладить жизнь.

К моему удивлению, на это письмо я получил ответ.

Каким образом это произошло и что это были за ответы, описано в книге, изданной в мае 1995 года под названием «Беседы с Богом. Книга 1»*. Возможно, вы уже слышали о ней, может быть, даже читали. Если это так, для вас нет необходимости читать большое вступление к этой книге.

Если же с первой книгой вы не знакомы, мне хотелось бы, чтобы это случилось. Там подробно описывается, как все это началось, и даются ответы на многие вопросы, имеющие отношение к нашей личной жизни, — о деньгах, любви, сексе, Боге, здоровье, болезнях, питании, взаимоотношениях, «хорошей работе» и о многих других аспектах нашего повседневного опыта, которые не затрагиваются здесь.

И если бы я просил Бога дать единственный дар миру в наше время, то это была бы просьба о той информации, которая передана в Книге 1. И на самом деле («Прежде чем ты спросишь, Я отвечу».) Бог уже сделал этот дар.

Поэтому я надеюсь, что, прочитав эту книгу (а может быть, и раньше), вы решите прочитать и первую. Это вопрос Выбора — Выбора, который привел вас и к этим вот словам, и вообще к любому вашему опыту. (Первая книга разъясняет, как это происходит.)

Первые абзацы Книги 2 были написаны в марте 1996 года, чтобы дать краткое вступление к последующей информации. Как и в Книге 1, процесс, посредством которого ко мне «поступала» информация, был очень простым. На чистом листе бумаги я обычно записывал вопрос — любой вопрос... обычно это был первый вопрос, который приходил мне на ум. Я не успевал дописать вопрос, как ответ уже обычно формировался в моей голове, как будто Кто-то шептал мне его на ухо. Я писал под диктовку!

---

* *Нил Доналд Уолш.* Беседы с Богом. Книга 1. К.: «София», 2007.

Весь материал этой книги, за исключением нескольких вступительных строк, был записан приблизительно за один год начиная с весны 1993 года. Сейчас я хотел бы представить его вам в том виде, в каком я его получил.

***

Сегодня пасхальное воскресенье 1993 года. Я здесь, как мне было сказано. С карандашом в руке, с блокнотом, и готов приступить к делу.

Наверное, я должен сказать вам, что Бог попросил меня быть здесь. Мы договорились о свидании. Сегодня мы приступаем к Книге 2, второй книге трилогии, которую мы пишем вместе — Бог, я и вы.

Я еще не знаю, о чем будет эта книга, и не знаю даже, какие вопросы мы в ней затронем. Потому что в моей голове нет плана этой книги. Его и не может быть. И не я решаю, что в нее войдет. Решает Бог.

Сегодня ровно год с тех пор, как Бог начал со мной диалог в пасхальное воскресенье 1992 года. Я понимаю, что это звучит нелепо, но все случилось именно так. Недавно тот диалог закончился. Я получил указание отдохнуть... Но еще мне было сказано, что «свидание», во время которого мне следует вернуться к разговору, уже назначено.

Вам тоже назначено свидание. И вот вы на него пришли. Я уверен, что эта книга пишется не только для меня, но и для вас *через* меня. Очевидно, вы долго искали Бога и хотели услышать Слово *от* Бога. Как и я.

Сегодня мы обретем Бога вместе. Это всегда самый лучший способ. Вместе. Порознь мы Бога никогда не найдем. Я имею в виду два аспекта. Я хочу сказать, что мы не обретем Бога, пока *мы* врозь. Ведь первый шаг к пониманию, что мы не обособлены от Бога, состоит в том, чтобы обнаружить, что мы не обособлены друг от друга. Пока мы не поймем и не осознаем, что *мы* все — Одно, мы не поймем и не осознаем, что мы и Бог — тоже Одно.

Бог не обособлен от нас. Так было всегда. Нам только *кажется*, что мы сами по себе, а Бог — Сам по Себе.

Это типичное заблуждение. Мы также думаем, что отдалены друг от друга. Поэтому я открыл, что самый быстрый путь «обрести Бога» — это обрести друг друга. Перестать прятаться друг от друга. И, конечно, перестать прятаться от самих себя.

Самый быстрый способ перестать прятаться — говорить правду. Всем. Всегда.

Начни говорить правду прямо сейчас и никогда не переставай делать это. Для начала говори правду себе о себе. Потом правду себе о другом. Затем правду о себе другому. Потом правду другому о нем самом. Наконец, говори правду всем обо всем.

Это *Пять Уровней Говорения Правды*. Это пятиступенчатый путь к свободе. Истина *действительно* сделает вас свободными.

Это книга об истине. Не о моей истине — об истине Бога.

Наш с Богом первый диалог закончился месяц назад. Я думаю, что нынешняя беседа будет происходить таким же образом. То есть я задаю вопросы, а Бог отвечает. Пожалуй, я прервусь и спрошу Бога прямо сейчас.

Бог, все будет происходить именно так?

Да.

Так я и думал.

Разве что в этой книге Я затрону некоторые темы Сам, без твоих вопросов. Как ты помнишь, в первой книге такое было не часто.

Это так. Зачем Тебе нужен такой поворот здесь?

Потому что эта книга пишется по Моей просьбе. Это Я попросил тебя быть здесь, как ты уже сказал об этом. А первая книга была проектом, который ты начал сам.

Относительно первой книги у тебя заранее были подготовлены вопросы. Сейчас у тебя нет предварительного плана, кроме исполнения Моей Воли.

Да. Это верно.

И это, Нил, очень хорошее дело. Надеюсь, ты часто будешь следовать этому, как и другие люди.

Но я думал, что Твоя Воля — это и моя воля. Как же можно *не* исполнять Твою Волю, если это и моя воля?

Это сложный вопрос и неплохое начало — неплохое начало для нашего диалога.

Давай вернемся немного назад. Я никогда не говорил, что Моя Воля — это и твоя воля.

Да нет же, Ты говорил! В первой книге Ты очень четко сказал: «Твоя воля есть Моя Воля».

В самом деле. Но это не одно и то же.

Разве? Ты дурачишь меня.

Когда Я говорю «Твоя воля есть Моя Воля», это не то же самое, что сказать «Моя Воля есть твоя воля».

Если бы ты всегда исполнял Мою Волю, то тебе ничего больше не требовалось бы делать, чтобы достичь Просветления. Процесс был бы завершен. Ты уже был бы там.

Исполняя лишь Мою Волю и ничего другого в течение хотя бы одного *дня*, ты бы достиг Просветления. Если бы ты исполнял Мою Волю в течение всех лет своей жизни, тебе не было бы необходимости вовлекаться сейчас в процесс написания этой книги.

Очевидно, что до сих пор ты не исполнял Мою Волю. Фактически, большую часть времени ты даже *не знал* Мою Волю.

Не знал?

Нет.

Тогда почему Ты не говорил мне о ней?

Я говорил. Но ты не слушал. А если и слушал, то, в сущности, *не слышал*. А когда ты слышал, ты не верил тому, что ты слышал. А когда ты верил тому, что ты слышал, ты все равно не следовал указаниям.

Поэтому сказать, что Моя Воля есть и твоя воля — это явно неправильно.

С другой стороны, твоя воля *есть* и Моя Воля. Во-первых, потому что Я знаю ее. Во-вторых, потому что Я принимаю ее. В-третьих, потому что одобряю ее. В-четвертых, потому что Я люблю ее. В-пятых, потому что Я обладаю ею и *называю ее Своей Собственной*.

Это значит, что у *тебя* есть *свободная* воля поступать так, как ты хочешь, а Я твою волю делаю Моей благодаря бескорыстной любви.

И чтобы Моя Воля была и твоей, тебе надо делать то же самое.

Во-первых, ты должен знать ее. Во-вторых, принимать ее. В-третьих, тебе надо одобрять ее. В-четвертых, ты должен ее любить. Наконец, тебе нужно *считать ее своей собственной*.

За всю историю вашей расы лишь единицы исполняли это последовательно. Горстка других поступали так *почти всегда*. Многие в основном так и делали. Основная масса людей делали это время от времени. И практически каждый поступал так в редких случаях, хотя некоторые не делали этого совсем.

К какой категории отношусь я?

Разве это имеет какое-то значение? В какой категории ты хочешь быть *начиная с этого момента*? Не этот ли вопрос здесь уместен?

Да.

И каков твой ответ?

Я бы хотел быть в первой категории. Я бы хотел постоянно знать и исполнять Твою Волю.

Это похвально, достойно одобрения, но, пожалуй, невозможно.

Почему?

Потому что тебе надо еще очень много расти, прежде чем ты сможешь претендовать на такое. Но Я говорю тебе: ты *можешь* заявлять о своем праве на это, ты можешь достичь Божественности *сию минуту*, если ты выбираешь это. Твой рост не займет много времени.

Почему же *раньше* на это уходило так много времени?

В самом деле, почему? Чего ты ждешь? Ты, конечно, не думаешь, что это Я сдерживаю тебя?

Нет. Ясно, что я сам себя задерживаю.

Хорошо. Ясность — это первый шаг к мастерству.

Я хотел бы овладеть мастерством. Как мне его достичь?

Продолжай читать эту книгу. Именно туда Я тебя и веду.

2

Я не знаю, о чём будет эта книга. Не знаю, с чего начать.

Начнём со времени.

Сколько времени нам потребуется? Чтобы перейти от первой главы к этой, у меня уже ушло пять месяцев. Я знаю, что люди сейчас читают и думают, что всё это было написано в один присест. Им невдомёк, что 32-й и 33-й абзацы этой книги разделяют 20 недель. Им не понять, что следующий момент вдохновения может наступить и через полгода. Сколько времени мы должны потратить?

Я не это имел в виду. Я хотел сказать, давай возьмём «Время» в качестве первой темы нашей беседы.

А-а. Ладно. Но раз уж мы об этом заговорили, то почему всё-таки иногда месяцы уходят на то, чтобы завершить простой абзац? Почему Ты надолго пропадаешь от визита к визиту?

Мой дорогой и замечательный сын, Я не исчезаю надолго между «визитами». Не бывает такого, чтобы Я не был с тобой. Просто ты не всегда это осознаёшь.

Как? Как же можно не знать о Твоём присутствии, если Ты всегда здесь?

Потому что твоя жизнь поймала тебя в сети суеты. Давай честно посмотрим на это. Ты был очень занят все эти пять месяцев.

Да. Действительно. Много чего произошло.

И ты решил, что всё это важнее, чем Я.

Я бы не стал этого утверждать.

Давай посмотрим, как ты себя вел. Ты был полностью поглощен материальной стороной жизни. Ты мало уделял внимания своей душе.

Это было напряженное время.

Да. Тем более есть смысл вовлечь свою душу в этот процесс. С Моей помощью эти последние месяцы прошли бы гораздо благополучнее. Могу Я предложить тебе не терять контакт?

Я стараюсь, но, кажется, я теряюсь — ловлюсь в сети, как Ты сказал, — в своей собственной драме. А потом оказывается, что на Тебя я просто не нахожу времени. Я не задумываюсь. Я не молюсь. И, конечно, я не пишу.

Я знаю. Ирония жизни состоит в том, что, когда ты больше всего нуждаешься в связи между нами, ты отступаешь от нее.

Как мне перестать делать это?

Перестань делать это.

Я об этом и говорю. Но как?

Ты перестаешь это делать, перестав это делать.

Все не так просто.

Все так просто.

Хотел бы я, чтобы было так.

Тогда *именно* так и будет, потому что твое желание — это Моя команда. Помни, дорогой Мой, твои желания — это и Мои желания. Твоя воля — это и Моя Воля.

Хорошо. Ладно. Тогда я хочу, чтобы эта книга была закончена к марту. Сейчас октябрь. Я хочу, чтобы не было больше перерывов по пять месяцев при написании книги.

Значит, так и будет.

Хорошо.

Если только не будет иначе.

Ну вот! Надо ли нам играть в эти игры?

Нет. Но пока ты именно так и выбирал прожить свою Жизнь. Ты то и дело меняешь свои решения. Помни, жизнь — это непрерывный процесс творения. Каждую минуту ты создаешь свою реальность. Часто решение, которое ты принимаешь сегодня, уже не является завтрашним выбором. Однако секрет всех Мастеров таков: *продолжай выбирать одно и то же.*

Снова и снова? Разве не достаточно сделать это один раз?

Снова и снова, пока твоя воля не исполнится в твоей реальности.

У одних на это уйдут годы. У некоторых — месяцы. У других — недели. У тех, кто приближается к мастерству, — дни, часы или даже минуты. *Мастера* творят *мгновенно.*

Ты поймешь, что ты уже на пути к мастерству, когда увидишь, что разрыв между Волей и ее Исполнением сокращается.

Ты сказал: «Решение, которое ты принимаешь сегодня, часто не является завтрашним выбором». Что же получается? Ты хочешь сказать, что мы не должны позволять себе менять свои намерения?

Меняй их сколько угодно. Но помни, что с каждым новым решением меняется направленность всей Вселенной.

Когда ты принимаешь решение о чем-то, ты приводишь в движение всю Вселенную. Силы, превосходящие твою способность постигать, — гораздо более тонкие и сложные, чем ты можешь себе это представить, — вовлечены в процесс, сложную динамику которого ты только еще начинаешь понимать.

Эти силы и этот процесс являются частью необычной сети взаимодействующих друг с другом энергий, которые и составляют всю полноту существования, которое вы называете жизнью.

По существу, они и есть *Я.*

Значит, когда я меняю свое решение, Ты испытываешь затруднения. Так?

Для Меня нет ничего трудного. Ты многое усложняешь для себя. Поэтому придерживайся одного решения и единой цели относительно чего бы то ни было. Не отвлекайся, пока не воплотишь задуманное в реальность. Сосредоточь свои усилия. Сконцентрируй все свое внимание.

Вот что значит быть целеустремленным. Если ты что-то выбираешь, то сосредоточь на этом все свои силы и помыслы. Не проявляй слабости. Действуй. Двигайся к задуманному. Будь решительным.

Не считай «*нет*» ответом.

Именно так.

А что, если *нет* — это правильный ответ? Что, если то, чего мы хотим, не для нас — не во благо, не в наших лучших интересах? Тогда Ты не дашь нам этого. Верно?

Неверно. Я «даю» тебе все, что ты вызываешь,— не важно, «хорошо» или «плохо» это для тебя. Вспомни, как ты жил в последнее время?

Но меня учили, что мы не всегда можем иметь то, что хотим: Бог не дает нам того, что нам не во благо.

Те люди просто хотели уберечь тебя от разочарования, когда ты не получал желаемого.

Прежде всего, давай восстановим ясность в наших с тобой отношениях. Я ничего не «даю» тебе — ты сам вызываешь это к жизни. Книга 1 подробно разъясняет, каким образом ты это делаешь.

Во-вторых, Я не делаю суждений о том, чего ты просишь. Я не называю вещь «плохой» или «хорошей». (Тебе тоже лучше этого не делать.)

Ты — созидающее существо, созданное по образу и подобию Бога. Ты можешь иметь все, что бы ты ни выбрал. Но ты не можешь иметь все, что ты хочешь. Фактически, ты никогда не получишь *того*, что ты хочешь, если ты этого очень хочешь.

Я знаю. Ты и это разъяснял в Книге 1. Ты говорил, что сам акт желания чего-то отталкивает это от нас.

Да. А ты помнишь почему?

Потому что мысли созидательны, и мысль желания какой-то вещи является заявлением во Вселенную — утверждением истины, которое Вселенная затем осуществляет.

Совершенно верно! Именно так! Теперь ты знаешь. Ты в самом деле понимаешь это. Замечательно.

Да, это работает именно так. В тот момент, когда ты говоришь «я хочу», Вселенная говорит: «Ты именно это и делаешь», — и дает тебе именно такой опыт — *опыт хотения!*

Что бы ты ни сказал после слова «Я», это становится твоей созидательной командой. Джин в бутылке «Я Есть» существует лишь для того, чтобы повиноваться.

Я осуществляю то, что ты вызываешь к жизни! Ты делаешь реальным то, что ты думаешь, чувствуешь, говоришь. Вот так просто все и происходит.

Так скажи, почему мне нужно так много времени, чтобы создать реальность, которую я выбираю?

По целому ряду причин. Потому что ты не веришь, что ты можешь иметь то, что выбираешь. Потому что ты не знаешь, что выбрать. Потому что ты постоянно пытаешься вычислить, что для тебя «лучше всего». Потому что тебе нужны гарантии наперед, что все твои решения окажутся «правильными». И потому, что ты все время меняешь свои решения!

Я должен разобраться, так ли я понимаю. Разве я не должен просчитывать, что для меня лучше всего?

«Лучший» — понятие относительное, и оно определяется сотней переменных. И это осложняет выбор. По какому бы поводу решение ни принималось, надо учитывать только одно соображение — является ли это утверждением того, Кто Я Есть? Является ли это заявлением, Кем Я Выбираю Быть?

Вся жизнь должна быть таким заявлением. Фактически, жизнь такова и есть. Ты можешь сделать это заявление случайно или по выбору.

Жизнь, проживаемая по выбору, — это жизнь осознанного действия. Жизнь, проживаемая по случаю, — это жизнь бессознательного реагирования.

Реакция — это действие, которое ты уже предпринимал раньше*. Когда ты «реагируешь», то ты просто оцениваешь поступающую информацию, ищешь в банке своей памяти такой же или подобный опыт и *действуешь так, как ты делал это раньше.* Все это работа разума, а не души.

Твоя душа должна побудить тебя отыскать ее «память», чтобы понять, каким образом ты мог бы создать действительно свое собственное переживание Себя в Момент Сейчас. Это опыт «поиска души», о котором ты так часто слышал, но тебе надо в буквальном смысле быть «вне ума», чтобы выполнить это.

Когда ты тратишь время, стараясь вычислить, что для тебя лучше всего, ты делаешь именно это: тратишь свое время. Лучше поберечь свое время, чем тратить его понапрасну.

Состояние *вне ума* позволяет значительно сэкономить время. Решения приходят на ум быстро, выборы совершаются незамедлительно, потому что твоя душа творит исходя лишь из текущего опыта, не вспоминая, не анализируя и не критикуя опыт прошлого.

Помни: душа создает, разум реагирует.

Душа в Своей мудрости знает, что тот опыт, который ты испытываешь в Данный Момент, послан тебе Богом еще до того, как ты осознаешь его. Вот что подразумевается под «настоящим»** опытом. Он уже на пути к тебе, даже когда ты еще в поисках

---

* «Re-action» — дословно «повторное действие».

** «Настоящий» — англ. «pre-sent», — дословно: посланный заранее.

его, ведь еще до того, как ты спросил, Я уже ответил. Каждый Данный Момент — это чудесный дар Бога. Поэтому его и называют *настоящим*.

Душа интуитивно ищет самое подходящее обстоятельство и ситуацию, которые нужны сейчас, чтобы излечить неверную мысль и предоставить тебе истинный опыт того, Кто Ты Действительно Есть.

Душа желает привести тебя обратно к Богу — привести тебя домой, ко Мне.

Намерение души — познать себя по опыту и тем самым узнать Меня. Душа понимает, что Ты и Я — Едины, даже если разум отвергает эту истину, а тело претворяет это отрицание в жизнь.

В моменты значимых решений будь вне ума, а вместо этого обратись к поискам своей души.

Душа понимает то, что разумом не постичь.

Если ты тратишь время, стараясь вычислить, что для тебя «лучше всего», то твои выборы будут осторожными, на принятие решений уйдет целая вечность и ты начнешь свой путь в океане ожиданий.

Если ты не будешь внимательным, ты *утонешь* в своих ожиданиях.

Вот это ответ! Но как мне слушать свою душу? Как мне понять, что я слышу?

Душа говорит с тобой чувствами. Слушай свои чувства. Следуй за чувствами. Уважай свои чувства.

Почему у меня такое ощущение, будто я оказываюсь в затруднительном положении в первую очередь именно потому, что с уважением отношусь к своим чувствам?

Потому, что ты называешь рост «бедой» и считаешь, что пребывать в бездействии — «безопасно».

Я говорю тебе: Твои чувства никогда не приведут тебя к «беде», потому что твои чувства — это твоя *правда*.

Если ты хочешь жить той жизнью, где ты не следуешь своим чувствам, где каждое чувство отфильтровывается через механизм твоего Разума, продолжай в том же духе. Принимай решения на основе анализа ситуации, который совершает Ум. Но не надейся найти в подобных процедурах ни радости, ни ликования по поводу того, Кто Ты Действительно Есть.

Помни: Истинная радость вне ума.

Если ты прислушаешься к своей душе, ты узнаешь, в чем заключается «самое лучшее» для тебя, поскольку лучшее для тебя то, что для тебя истинно.

Когда ты действуешь исходя лишь из того, что для тебя истинно, ты ускоряешь свой путь. Когда ты *создаешь* свой опыт на основе того, что является «истиной сейчас», а не *реагируешь* на опыт, основанный на «прошлой истине», ты создаешь «нового себя».

Почему так много времени требуется, чтобы создать реальность, которую ты выбираешь? Вот почему: ты не жил своей правдой.

Узнай правду, и она сделает тебя свободным.

Но как только ты познаешь свою правду, перестань обдумывать ее вновь и вновь. Это твой разум пытается просчитать, что для тебя «лучше всего». Прекрати! Выйди за пределы своего ума. Вернись в *чувства*!

Вот что имеется в виду, когда говорится «прийти в чувство». Это возвращение к тому, как ты *чувствуешь*, а не как ты *думаешь*. Твои мысли — это только лишь мысли. Конструкции ума. «Придуманные» творения твоего разума. А твои *чувства* — сейчас они настоящие.

Чувства — это язык души. А твоя душа — это твоя правда.

Вот в чем суть. Тебе понятно, как все это связано между собой?

Значит ли это, что мы можем выражать любые чувства независимо от того, насколько они отрицательные или пагубные?

Чувства не являются ни отрицательными, ни пагубными. Они — просто правда. Важно лишь то, как ты выражаешь свою правду.

Когда ты выражаешь свою правду с любовью, негативные или разрушительные последствия происходят редко, а если они и случаются, то лишь потому, что кто-то другой выбрал испытать твою правду негативным или разрушительным для себя образом. В этом случае, вероятно, ты ничего не можешь сделать, чтобы предотвратить такой исход.

Конечно, отказ выразить свою правду едва ли уместен. Но люди все время так и поступают. Они настолько боятся учинить что-то неприятное или столкнуться лицом к лицу с неприятностями, что прячут свою правду.

Помни: Не так важно, как было принято послание, — важно, как оно было послано.

Ты не можешь нести ответственность за то, как другие принимают твою правду, — ты можешь обеспечить лишь тот способ, которым ты преподносишь ее содержание. Насколько понятно, насколько с любовью это делается, насколько ты это прочувствовал, насколько ты смелый и с какой самоотдачей ты это делаешь.

Здесь нет места полуправде, «горькой правде» и даже «голой правде». Это означает правду, всю правду и ничего, кроме правды, и помоги тебе Бог.

Именно фраза «помоги тебе Бог» привносит Божественные качества любви и сострадания — потому что Я всегда помогу тебе общаться в этом духе, если ты попросишь Меня.

Поэтому — да, выражай то, что ты называешь самыми твоими «негативными» чувствами, но _не деструктивно_.

Отказ выразить негативные чувства не изгоняет их — _они остаются внутри_. Негативизм, «загнанный внутрь», причиняет вред телу, отягощает душу.

Но если другой человек услышит обо всех отрицательных мыслях, которые у меня в его отношении имеются, это обязательно скажется на наших взаимоотношениях, с какой бы любовью эти мысли ни преподносились.

Я сказал выразить (вытолкнуть, освободиться от них) твои негативные чувства — Я не сказал, как и кому.

Нет необходимости делить все отрицательное с тем человеком, по отношению к которому ты все это испытываешь. Необходимо сообщать об этих чувствах другому лишь тогда, когда отказ поступить так поставил бы под угрозу твою честность или стал бы причиной того, что другой человек поверил бы лжи.

Негативность никогда не является признаком окончательной правды, даже если в данный момент она кажется тебе твоей правдой. Она может исходить из еще не исцеленной части тебя. Фактически, так всегда и бывает.

Вот почему так важно давать выход отрицательному, высвобождать эти чувства. Только давая им выход — высвобождая их, помещая их перед собой, — ты и можешь достаточно ясно понять, действительно ли ты веришь им.

Вам всем доводилось что-то говорить — что-то безобразное — только для того, чтобы потом обнаружить, что, произнесенное однажды, оно уже не воспринимается «истинными».

Вам всем приходилось выражать чувства — от страха до злобы или гнева — только для того, чтобы потом открыть, что, выраженные однажды, они уже больше не отражают то, что вы чувствуете _на самом деле_.

В этом смысле чувства могут быть обманчивы. Чувства _являются_ языком души, но ты должен быть уверен, что ты слушаешь свои истинные чувства, а не подложную модель, построенную твоим умом.

Ну вот! Теперь выходит, что я не могу доверять даже своим чувствам. Замечательно! А я-то думал, что в этом и есть путь к истине! Я думал, что именно этому Ты _учил_ меня.

Так и _есть_. Просто тебе еще нелегко понять эти непростые вещи. Есть _истинные чувства_, — то есть чувства, рожденные в душе, — и есть поддельные чувства. Их создает твой ум.

Другими словами, это вовсе и не «чувства». Это *мысли*. Мысли, *маскирующиеся* под чувства.

Эти мысли основаны на твоем предыдущем опыте и на наблюдаемом опыте других людей. Ты видишь, как кто-то кривится, когда ему удаляют зуб, и ты тоже кривишься, когда тебе удаляют зуб. Ты можешь и не чувствовать *боль*, но все равно кривишься. Твоя реакция имеет отношение не к действительности, а лишь к тому, как ты *воспринимаешь* действительность, основываясь на опыте других или на том, что с *тобой* уже происходило в *прошлом*.

Самый великий вызов для человека — Быть Здесь и Сейчас, перестать все выдумывать! Перестать создавать мысли о настоящем *(pre-sent)* моменте (моменте, который ты сам себе «посылаешь» до того, как у тебя возникла мысль об этом). Будь *в этом моменте*. Помни, ты сам себе *послал* этот момент как дар. В этом моменте содержится зерно величайшей истины. Это истина, которую ты хотел вспомнить. Но как только этот момент наступил, ты немедленно начал строить мысли о нем. Вместо того чтобы находиться в самом моменте, ты стоял *в стороне* и судил его. Потом ты *среагировал*. Это значит, ты поступил, как *когда-то уже доводилось*.

Взгляни на эти два слова:

РЕАГИРУЮЩИЙ [REACTIVE]

ТВОРЯЩИЙ [CREATIVE]

Обрати внимание, что *слово-то ведь одно и то же*. Только буква «С»* находится в разных местах. Когда *видишь* вещи правильно, ты становишься Творческим, а не Реагирующим.

Очень умно.

Да, Бог таков.

Но, видишь ли, Я веду к тому, что, подходя к каждому моменту как к чистому листу, *без какой-либо предварительной мысли о нем*, ты можешь *создать* себя таким, какой ты *есть*, а не *повторить* таким, каким ты *когда-то был*.

Жизнь — это процесс творения, а ты продолжаешь жить так, как будто это процесс по-вторения!

Но как же может разумный человек игнорировать предыдущий опыт в тот момент, когда что-то случается? Разве это не нормально, если человек вспоминает все, что ему знакомо на этот счет, и делает ответный шаг исходя из этого?

Может, это и нормально, но это не *естественно*. «Нормально» то, что делается обычно. «Естественно» то, что ты испытываешь, когда ты не пытаешься быть «нормальным»!

---

* Звучащая как английское слово see — «видеть», «понимать».

Нормально и естественно — это не одно и то же. В каждый данный момент ты можешь делать то, что ты, как правило, делаешь, или же то, что естественно в данной ситуации.

Я говорю тебе: *Нет ничего более естественного, чем любовь.*

Если ты действуешь с любовью, ты поступаешь естественно. Если ты реагируешь со страхом, с обидой, во гневе, то, возможно, ты поступаешь и *нормально*, но ты никогда при этом не будешь поступать *естественно*.

Как я могу действовать с любовью, когда весь мой предыдущий опыт кричит, что этот конкретный момент, вероятнее всего, окажется болезненным?

Не обращай внимания на свой предыдущий опыт *и находись в состоянии момента.* Будь Здесь и Сейчас. Постарайся увидеть, с чем здесь надо поработать *прямо сейчас, в процессе создания тебя заново.*

Помни, *именно для этого ты здесь.*

Ты появился на свет в это время, в этом месте, чтобы познать, Кто Ты Есть, — создать себя тем, Кем Ты Хочешь Быть.

Это цель твоей жизни. Жизнь — это продолжающийся, никогда не прекращающийся процесс вос-создания. Вы продолжаете вос-создавать себя по образу вашей будущей высшей идеи о самих себе.

Не напоминает ли это нечто подобное тому, как человек спрыгнул с высоченного здания, уверенный в том, что он может летать? Он проигнорировал свой «предыдущий опыт» и «наблюдаемый опыт других» и спрыгнул вниз, утверждая при этом «Я есть Бог». Кажется, что это не очень умно.

Я говорю тебе: Люди достигли гораздо большего, чем просто полет. Люди исцеляли болезни. Люди воскрешали мертвых.

Один человек.

Ты думаешь, только одному человеку во всей Вселенной были дарованы такие силы?

Только один человек это продемонстрировал.

Это не так. Кто раздвинул воды Красного моря?

Бог.

Действительно так. Но кто призвал Бога сделать это?

Моисей.

Вот именно. А кто обратился ко Мне, чтобы Я исцелил больных и воскресил мертвых?

Иисус.

Да. Как ты считаешь: то, что делали Моисей и Иисус, ты *не можешь* делать?

Но они не *делали* этого! Они просили, чтобы это сделал *Ты*! А это разные вещи.

Ладно. Давай проследим твою мысль. А ты считаешь, что ты не можешь попросить Меня об этих чудесах?

Думаю, что мог бы.

И Я бы даровал их?

Не знаю.

Вот в этом-то и разница между тобой и Моисеем! Именно это отделяет тебя от Иисуса!

Многие люди верят, что если они обращаются от имени Иисуса, то Ты удовлетворишь их просьбу.

Да, многие люди действительно в это верят. Они думают, что у них нет силы, но они видели (или верят тем, кто это видел) силу Иисуса, поэтому они и просят от Его имени. Хотя Он говорил: «Чему вы так удивляетесь? Это, как и многое другое, вы тоже сделаете». Но люди не верили этому. Многие и по сей день не верят.

Вы все воображаете, что вы не достойны. Поэтому вы обращаетесь от имени Иисуса. Или от имени Пресвятой Девы Марии. Или от имени того или другого святого-покровителя. Или от имени Бога Солнца. Или от имени духа Востока. Вы воспользуетесь любым именем — *чьим угодно* — только не своим!

Но Я говорю: *Просите, и дано будет вам; ищите, и найдете; стучите, и отворят вам (Матф. 7: 7, Лук. 11: 9).*

Спрыгните с крыши — и полетите.

Были люди, которые левитировали. Ты веришь этому?

Да, я об этом слышал.

И люди, которые проходили сквозь стены. Они даже покидали собственное тело.

Да, да. Но я никогда не видел, чтобы кто-то проходил сквозь стены, и никому не предлагаю пробовать. Я также не думаю, что нам надо прыгать с крыш. Возможно, в этом нет ничего хорошего для здоровья.

Тот человек разбился насмерть не потому, что он не смог бы полететь, если бы он исходил из правильного состояния Бытия, а потому, что он, возможно, никогда не проявлял Божественность, пытаясь проявить себя отдельным от вас.

Объясни, пожалуйста.

Человек на крыше жил в мире самообмана, в котором он представлял себя другим, *не таким, как все остальные*. Заявляя «Я — Бог», он *начал* проявлять себя со лжи. Он хотел выделиться. Стать большим, чем другие. Более могущественным.

Это был акт эгоизма.

Эго — то, что обособлено, индивидуально, — никогда не может воспроизвести или проявить то, что Едино.

Стремясь продемонстрировать, что он Бог, человек на здании продемонстрировал лишь свою обособленность, а не единение со всем миром. Таким образом, он жаждал проявить Божественность проявлением противоположного качества — Безбожия, и потерпел неудачу.

Иисус, напротив, демонстрировал Божественность, проявляя Единство. Он видел Единство и Целостность, куда бы (и на кого бы) Он ни смотрел. И в этом Его сознание и Мое сознание были Одним Целым. В этом состоянии все, что бы Он ни вызывал к жизни, проявлялось в Его Божественной Реальности в тот Святой Момент.

Понимаю. Значит, все, что надо, чтобы совершать чудеса, — это «Христово Сознание». Ну, значит, все просто...

На самом деле так оно и есть. Все проще, чем ты думаешь. И многие достигли такого уровня сознания. Многие были Христами, не только Иисус из Назарета.

Ты тоже можешь быть Христом.

Как?!!

Стремясь к этому. Выбирая это. Но это тот выбор, который ты должен делать каждый день, каждую минуту. Это должно стать именно *целью твоей жизни*.

Это и есть цель твоей жизни, просто ты этого не знаешь. А даже если и знаешь, даже если помнишь истинную причину самого твоего существования, то ты, кажется, не знаешь, как этого достичь оттуда, где ты находишься.

Да, в этом все дело. Как я *могу* добраться оттуда, где я есть, туда, где я хочу быть?

Я снова говорю тебе: Ищи — и найдешь. Стучи — и тебе откроют.

Я «искал» и «стучался в двери» 35 лет. Прости, если мне это уже наскучило.

Если не сказать разочаровало, так? Но на самом деле хотя Я должен поставить тебе хорошие оценки за старание — «пятерку за попытку», так сказать, — не скажу, что могу согласиться с тобой, что ты искал и стучался в двери в течение 35 лет.

Давай сойдемся на том, что ты искал и стучался *время от времени*, но чаще всего не делал этого.

В прошлом, когда ты был очень молод, ты приходил ко Мне только тогда, когда оказывался в беде, когда тебе что-нибудь было нужно. Став более взрослым и зрелым, ты понял, что подобные отношения с Богом, вероятно, были неправильными, и стал стремиться создать что-то более значимое. Но и тогда Я едва ли был для тебя чем-то большим, чем *нечто эпизодическое*.

А еще позже, когда ты понял, что *союз* с Богом может быть достигнут только через *общность* с Богом, ты предпринял практику и поступки, которые могли добиться общности, но и это ты делал нерегулярно, непоследовательно.

Ты медитировал, соблюдал обряды, обращался ко Мне в молитвах и песнопениях, ты пробуждал в себе Мой Дух, но только тогда, когда тебя это устраивало, когда ты испытывал вдохновение.

И несмотря на то, что ты чудесным образом ощущал Меня, все-таки 95 процентов своей жизни ты провел охваченный иллюзией *обособленности*, и лишь время от времени возникали проблески осознания *наивысшей реальности*.

Ты все еще думаешь, что твоя жизнь сводится к ремонту машины и оплаты телефонных счетов, улаживанию твоих личных взаимоотношений, что она вертится вокруг *драм*, которые ты создал, а не вокруг *создателя* этих драм.

Ты еще не понял, *почему* ты продолжаешь создавать эти драмы. Ты слишком озабочен тем, чтобы от них избавиться.

Ты говоришь, что понимаешь смысл жизни, но ты не живешь этим пониманием. Ты говоришь, что ты знаешь дорогу к единению с Богом, но ты не принимаешь ее. Ты утверждаешь, что ты на *пути*, но ты не идешь по нему.

Затем ты приходишь ко Мне и говоришь, что ты искал и стучался 35 лет.

Мне не хочется быть тем, кто рассеет твои иллюзии, но...

Пришло время перестать заниматься самообманом и честно посмотреть на себя.

Поэтому Я говорю тебе: Ты хочешь стать Христом? Действуй как Христос *каждый день и каждую минуту*. (Не говори, что не знаешь как. Он показал вам путь.) Будь подобен Христу при любых обстоятельствах. (Не говори, что не можешь. Он оставил вам *инструкции*.)

Ты не останешься без помощи, если стремишься к этому. Я указываю тебе направление каждую минуту. Я — спокойный тихий голос внутри, который знает, на какую дорогу повернуть, каким путем пойти, какой ответ дать, какое действие предпринять, какое слово сказать — какую *реальность сотворить*, если ты действительно ищешь единения со Мной.

Просто слушай Меня.

Мне кажется, я не знаю, как это делается.

Чепуха! Ты же *делаешь это прямо сейчас*. Просто делай это *постоянно*.

Не могу же я ходить весь день с блокнотом. Не могу же я бросать все и начинать писать к Тебе, надеясь, что Ты будешь здесь с одним из Твоих блестящих ответов.

Спасибо. Они *и есть* блестящие! И вот еще один: *Ты можешь!*

Я имею в виду, что если бы кто-нибудь сказал тебе, что ты имеешь возможность прямой Связи с Богом — прямое соединение — и все, что для этого требуется, — это иметь под рукой ручку и бумагу в течение всего дня. Последовал бы ты этому?

Ну *конечно* же да.

А перед этим сказал *нет*. Что «не можешь». Так что же с тобой? Что ты говоришь? В чем твоя правда?

Хорошая же новость заключается в том, что тебе не требуются блокнот и ручка. *Я все время с тобой. Я живу не в ручке. Я живу в тебе.*

Это действительно правда? Я могу верить этому?

Конечно, ты можешь верить этому. Это то, чему Я *просил* тебя верить с самого начала. Это то, что каждый Мастер, включая Иисуса, говорил вам. Это и есть базовое учение. Это и есть центральная истина.

Я постоянно с тобой, до скончания времен.

Ты веришь этому?

Да, теперь верю. Я хочу сказать — более, чем когда-либо.

Хорошо. Тогда *используй Меня*. Если тебе для этого требуется взять блокнот и ручку, тогда *бери блокнот и ручку*. Бери *чаще*. Каждый день. Каждый час, если нужно.

Будь ближе ко Мне. *Будь ближе ко Мне!* Делай для этого, что можешь. Делай, что должен. Делай то, что для этого требуется.

Сотвори молитву. Поцелуй камень. Поклонись на Восток. Прочти псалом. Качни маятник. Упражняй мускулы.

Или напиши книгу.

Делай то, что для этого требуется.

У каждого из вас свое собственное представление обо Мне. Каждый из вас понял Меня — сотворил Меня — по-своему.

Для кого-то Я — мужчина. Для кого-то Я — женщина. Для кого-то — и то и другое. А для кого-то Я — ничто из этих двух.

Для кого-то из вас Я — чистая энергия. Для кого-то — высшее чувство, которое вы зовете любовью. А некоторые не имеют представления, что Я Есмь. Они просто знают, что Я ЕСМЬ.

И это правда.

Я ЕСМЬ.

Я — ветер, который ласкает твои волосы. Я — солнце, которое согревает твое тело. Я — дождь, который танцует у тебя на лице. Я — запах цветов в воздухе. Я — цветы, что испускают свой аромат. Я — воздух, который разносит этот аромат.

Я — начало твоей первой мысли и конец последней. Я — идея, которая озарением приходит к тебе. Я и радость от воплощения этой идеи. Я — то чувство, которое побуждает тебя к самому нежному, что ты делал в своей жизни. И Я — та часть тебя, которая стремится испытать это чувство вновь и вновь.

Все что угодно, все, что для тебя работает, что помогает этому осуществиться — любая церемония, ритуал, медитация, мысль, песня, слово или дело, — что угодно из того, что требуется тебе для «вос-соединения», — *делай это.*

Делай это, чтобы помнить обо Мне.

3

Итак, возвращаясь назад и суммируя то, что Ты говорил мне, подытожим.

- Жизнь — это постоянный процесс творения.
- Секрет всех Мастеров в том, что они прекратили менять решения и придерживаются одного выбранного.
- Не соглашайся на «нет».
- Мы вызываем к жизни то, что думаем, чувствуем и говорим.
- Жизнь может быть процессом творения или реагирования.
- Душа создает, ум реагирует.
- Душа понимает то, что умом не постичь.
- Перестань просчитывать, что «лучше всего» для тебя (как можно выиграть больше, меньше всего потерять, получить то, что ты хочешь), и начни чувствовать, Кто Ты Есть.
- Твои чувства — это твоя правда. Лучшее для тебя то, что для тебя истинно.
- Мысли *не* являются чувствами. Скорее, это идеи о том, как тебе «следует» чувствовать. Когда смешиваются мысли и чувства, истина затуманивается, теряется.
- Чтобы вернуться в чувства, будь «вне ума» и обратись к своим ощущениям.
- Познав свою правду, *живи* ею.
- Негативные чувства вовсе не являются истинными чувствами. Скорее, это твои мысли о чем-то, которые всегда основаны на твоем собственном предыдущем опыте или на предыдущем опыте других людей.
- Предыдущий опыт не является показателем истины, поскольку Чистая Истина создается здесь и сейчас, а не воспроизводится.

- Чтобы изменить свой отклик на что-либо, будь в *настоящем* момен-
те — то есть моменте, который был послан тебе заранее и был таким
еще до того, как ты подумал о нем... Другими словами, Будь Здесь и
Сейчас, а не в прошлом или будущем.
- Прошлое или будущее могут существовать только в мыслях. Настоящий Момент является Единственной Реальностью. *Оставайся* в нем!
- Ищи — и найдешь.
- Делай, что для этого нужно, чтобы оставаться связанным с Богом/
Богиней/Истиной. Не прекращай практику, молитвы, ритуалы, медитации, чтение, писание — *все, что для тебя работает*, чтобы поддер-
живать отношения с тем, Что Есть Все.

Пока что все правильно?

Замечательно! Пока что все отлично. Ты понял. Можешь ли ты так жить?

Я намерен попробовать.

Хорошо.

Ладно. Теперь мы можем вернуться туда, где мы остановились? Расскажи
мне о Времени.

Нет Времени, кроме настоящего!

Уверен, что ты слышал об этом и раньше. Но ты не понимал этого. Теперь ты
понял.

Нет времени, кроме *этого* времени. Нет другого момента, кроме этого момента.
«Сейчас» — это все, что есть.

А как же «вчера» и «завтра»?

Это игра твоего воображения. Ты выдумал их, они не существуют в Наивысшей Реальности.

Все, что когда-либо происходило, происходит и будет происходить, происходит
прямо сейчас.

Я не понимаю.

Ты и не можешь. Не до конца. Но ты можешь *начать* понимать. Ведь все, что нужно, —
это уловить смысл.

Поэтому... просто слушай.

«Время» не является континуумом. Это элемент относительности, который существует вертикально, а не горизонтально.

Не думай о нем как о том, что «слева направо», — о так называемой линии времени, которая у каждого человека движется от рождения до смерти, *из какой-то определенной точки* и *до какой-то определенной точки во Вселенной.*

«Время» — это то, что «вверх и вниз»! Ты можешь представить его в виде оси, на которой представлен Вечный Момент Сейчас.

Вообрази листы бумаги на оси — один над другим. Это элементы времени. Каждый элемент — отдельный и определенный, однако каждый существует *одновременно с другим.* Сразу вся бумага на оси! Столько там *будет,* — сколько там *было...*

Существует лишь Один Момент — *этот* момент — Вечный Момент Сейчас.

Все происходит *именно сейчас* — и Я возвеличен. Не нужно ждать Славы Бога. Я все устроил именно так, потому что Я *не мог бы ждать!* Я был настолько *счастлив* Быть Таким Как Есть, что просто не мог ждать, когда это стало бы явным в Моей реальности. И поэтому — БУМ! — вот оно, прямо здесь, прямо сейчас — ВСЕ СРАЗУ!

Этому нет Начала, и этому нет Конца. Это — Всевозможное Всё — просто ЕСТЬ.

Именно в самом Бытии лежит твой опыт — и твоя величайшая тайна. Находясь в Бытии, ты можешь осознанно перемещаться в любое «время» и в любое «место», какое ты выбираешь.

Ты хочешь сказать, что мы можем путешествовать во времени?

В самом деле. И многие из вас уже это делали. Фактически *все* — и вы регулярно проделываете это «во сне», как у вас это называется. Большинство из вас об этом не подозревают. Вы не можете удержать эту информацию. Но энергия прилипает к вам, как клей, и того, что остается, иногда оказывается достаточно, чтобы другие — те, кто эту энергию чувствуют, — могли узнать о твоем «прошлом» или «будущем». Они чувствуют или «считывают» этот остаток, и вы называете их провидцами или ясновидящими. Иногда, даже с вашим ограниченным сознанием, этих следов оказывается достаточно для того, чтобы ты понял, что ты уже «был здесь прежде». Ты вдруг ошеломленно понимаешь, что ты уже «делал все это раньше»!

Дежавю!*

Да. Или это прекрасное чувство, когда ты встречаешь кого-то, и тебе кажется, что вы *знакомы всю жизнь* — целую *вечность!*

Это захватывающее чувство. Это удивительное чувство. И это *истинное* чувство. Ты *действительно* знал эту душу *вечно!*

---

* Déjàvu (фр.) — «уже виденное».

Вечность — это то, что прямо сейчас!

Ты *много раз* смотрел вверх или смотрел вниз со своего «листа бумаги» на оси и видел все другие листы! Ты видел там и себя, потому что *часть Тебя есть на каждом листе!*

Как такое возможно?

Я говорю тебе: Ты всегда был, есть и всегда будешь. *Никогда* не было такого времени, когда тебя не было, — и такого времени *никогда* не будет.

Но постой! А как же тогда со *старыми душами!* Разве нет душ, которые «старше» других?

Ничто не «старше» *другого.* Я создал ВСЕ ОДНОВРЕМЕННО, и Все Это существует *прямо сейчас.*

Представление «старше» и «моложе», на которое ты сейчас ссылаешься, имеет отношение к уровням осознанности конкретной души, или Аспекту Бытия. Все вы являетесь Аспектами Бытия, просто частями Того, Что Есть. Каждая часть обладает запечатленным сознанием Целого. Каждый элемент несет отпечаток Целого.

«Осознанность» представляет собой опыт пробужденного сознания. Отдельный аспект ВСЕГО осознает Себя. Он буквально становится *самосознающим.*

Затем он постепенно начинает осознавать все другие аспекты, а потом и тот факт, что *других* не существует — Все Едино.

Потом в конце концов — Меня. Великолепного Меня!

Дружище, Ты и в самом деле *любишь* Себя, не так ли?

А ты — нет?

Да, да! Я считаю, что Ты замечательный!

Согласен! И считаю, что *ты* замечательный! Это единственное, в чем ты и Я расходимся во мнениях. *Ты не считаешь себя замечательным!*

Как я могу считаешь себя замечательным, когда я вижу все свои слабости, все свои ошибки — все свое зло?

Я говорю тебе: *Зла не* существует!

Я бы хотел, чтобы это было на самом деле.

И такой, какой ты есть, ты — совершенен.

Я бы хотел, чтобы и это было правдой.

Это и *есть* правда! Маленький ребенок не менее совершенен, чем взрослый. Он — *само совершенство*. И если он еще чего-то не может, чего-то не знает, от этого он не становится менее совершенным.

Крошечная девочка ошибается. Она стоит. Она учится ходить. Она падает. Она снова встает и, слегка пошатываясь, держится за мамину ногу. Разве это делает ребенка несовершенным?

Я говорю тебе, что все как раз наоборот! То дитя — *само совершенство*, любимое и обожаемое.

И ты такой же.

Но малышка ничего плохого не натворила! Она никого не ослушалась сознательно, не обидела другого, не испортила себя.

Ребенок не *знает*, чем различаются хорошее и плохое.

Совершенно верно.

Ты тоже не знаешь.

Но я-то *знаю*. Я знаю, что убивать людей — плохо, а любить их — хорошо. Я знаю, что причинять боль плохо, а исцелять хорошо. Я знаю, что плохо брать чужие вещи, использовать других людей, быть нечестным.

Я могу привести тебе примеры, в которых все эти «неправильные» поступки окажутся *правильными*.

Ты сейчас играешь со мной.

Вовсе нет. Просто придерживаюсь фактов.

Если Ты имеешь в виду, что у любого правила есть исключения, то я с этим согласен.

Если есть *исключения*, то это уже не *правило*.

Ты хочешь сказать, что убивать, обижать, отбирать у другого *не является* неправильным?

Все зависит от того, что ты пытаешься сделать.

Хорошо, я понимаю. Но от этого подобные вещи не становятся *хорошими*. Иногда приходится совершать неблаговидные поступки, чтобы добиться хорошего результата.

Тогда получается, что от этого они вовсе не становятся «плохими», не так ли? Они являются просто средством для достижения конечного результата.

Ты хочешь сказать, что конечный результат оправдывает средства?

А что думаешь ты?

Я думаю, что нет. Ни в коем случае.

Так тому и быть.

Разве ты не видишь, что ты сейчас делаешь? *Ты на ходу выдумываешь правила!*

И разве ты не видишь? *Это абсолютно нормально.*

Именно этим ты и *должен* заниматься!

На протяжении всей своей жизни ты решаешь, Кто Ты Есть, а потом переживаешь это на своем опыте.

По мере того как ты увеличиваешь свое видение, ты вводишь новые правила, чтобы охватить это! По мере того как ты расширяешь свою идею о самом Себе, ты создаешь новые «можно» и «нельзя», «да» и «нет», чтобы объять это. Это границы, которые «вмещают» то, что *невозможно* вместить.

Ты не можешь вместить самого «себя», потому что ты такой же безграничный, как Вселенная. Но ты можешь создать *понятие* о своей безграничной сущности, представляя, а потом признавая *границы*.

В некотором смысле это единственный способ, которым ты можешь *познать* себя как нечто конкретное.

То, что безгранично, — безгранично. То, что беспредельно, — беспредельно. Оно не может существовать где-то, потому что оно везде. Если оно *везде*, то оно *нигде в частности*.

Бог повсюду. Поэтому Бог нигде в частности, потому что, будь Он где-то конкретно, Бог *не был бы где-то еще* — что для Бога *невозможно*.

Единственное, что для Бога «невозможно», — это *не быть Богом*. Бог не может «не быть». Как не может не быть Самим Собой. Бог не может «раз-Божествить» Себя.

Я повсюду, и в этом все. И поскольку Я везде, Я — нигде. А если Я НИГДЕ, то где Я? СЕЙЧАС ЗДЕСЬ*.

---

* Англ. Nowhere (нигде) = now (сейчас) + here (здесь).

Мне это нравится! Ты уже говорил это в первой книге, но мне это нравится, поэтому я не стал прерывать Тебя.

Очень любезно с твоей стороны. Теперь ты стал понимать лучше? Ты видишь, что ты создал свои представления о «верном» и «неверном», просто чтобы определить, Кто Ты Есть.

Ты видишь, что без этих определений — границ — ты никто?

И видишь ли ты, что, как и Я, ты продолжаешь менять границы по мере того, как меняешь свои Идеи о том, Кто Ты Есть?

Да, я понимаю, о чем Ты говоришь, но мне кажется, что я не очень-то изменил границы — свои собственные личные границы. Для меня убивать всегда было плохо. Для меня красть всегда было плохо. Обижать другого всегда было плохо. Основные понятия, которые управляют нашими действиями, оставались неизменными с начала времен, и большинство людей с ними согласны.

Тогда откуда берутся войны?

Потому что всегда находится кто-то, кто нарушает правила. В любом стаде найдется паршивая овца.

То, что Я собираюсь тебе сказать здесь и далее в книге, некоторым людям может показаться трудным. Оно разрушит многое из того, что сейчас у вас считается истиной. Но Я не могу позволить вам продолжать жить и дальше с такими представлениями. Этот диалог должен сослужить вам добрую службу. Так что теперь, во второй книге, мы должны напрямую встретиться с этими понятиями. На некоторое время нам предстоит негладкий путь. Ты готов?

Думаю, что да. Спасибо за предупреждение. О чем же столь драматичном или трудном для понимания Ты собираешься мне рассказать?

Я намерен сказать тебе следующее: «паршивых овец» не существует. Есть только люди, которые не согласны с твоей точкой зрения на вещи, люди, которые строят иную модель мира. Я намерен сказать тебе:

Нет людей, которые делают что-либо неуместное исходя из своей модели мира.

Значит, их «модель» — полная неразбериха. Я знаю, что верно, а что неверно. И если другие люди этого не знают, а я знаю, то это не значит, что я сумасшедший. Это *они* сумасшедшие!

Прости, но Я должен сказать, что именно из-за такого отношения начинаются войны.

Я знаю, знаю. Я сказал это намеренно. Просто я повторил здесь то, что много раз слышал от других людей. Но как я *могу* ответить таким людям? Что *я мог бы* им сказать?

Ты мог бы им сказать, что идеи людей о «правильном» и «неправильном» меняются — и изменились — вновь и вновь от культуры к культуре, от одного периода времени к другому, от религии к религии, от места к месту... даже от семьи к семье и от личности к личности. Ты мог бы в качестве примера отметить, что было время, когда многие считали «правильным» сжигать людей на костре за колдовство, а теперь это считается «неправильным».

Ты мог бы сказать им, что определение того, что «правильно» и что «неправильно», зависит не только от времени, но и от простой географии. Ты мог бы обратить их внимание на тот факт, что некоторые виды деятельности на вашей планете (например, проституция) являются нелегальными в одном месте, в то время как стоит пройти чуть дальше — и в другом месте то же самое оказывается разрешенным. Поэтому суждение о том, натворил ли человек что-то «плохое», зависит не от того, что этот человек *совершил* на самом деле, а *где он это сделал*.

Сейчас Я хочу повторить то, что Я говорил в Книге 1. Я знаю, что некоторым понять это было очень и очень трудно.

Гитлер попал на небеса.

Не уверен, что люди готовы воспринимать такое.

Цель этой книги, как и всех книг трилогии, которую мы создаем, в том, чтобы вызвать готовность — готовность к новой парадигме, новому пониманию, более широкому взгляду, более грандиозной идее.

Ну, мне придется задать в связи с этим вопросы, которые, как я понимаю, возникают у многих людей. Как же могло случиться, что такой человек, как Гитлер, попал на небеса? Все религии в мире... я полагаю, что *каждая* из ныне существующих, — объявили, что он проклят и отправлен прямо в ад.

Во-первых, он не мог попасть в ад, потому что ада не существует. Поэтому есть только одно место, куда он *мог* попасть. Но возникает вопрос. Суть в том, были ли деяния Гитлера «неправильными». И Я уже говорил и говорю снова и снова, что во Вселенной нет «правильного» и «неправильного». По существу, вещь не может быть правильной или неправильной. Вещь просто *есть*.

Твоя мысль о том, что Гитлер был чудовищем, основана на том факте, что он велел убить миллионы людей, ведь так?

Именно так.

А что, если бы Я сказал тебе, что то, что ты называешь «смертью», является самым замечательным, что может случиться с любым человеком, — что тогда?

Я бы счел, что это трудно принять.

Ты думаешь, что жизнь на Земле лучше, чем жизнь на небесах? Я говорю тебе, что в момент своей смерти ты ощутишь величайшую свободу, величайший покой, величайшую радость и величайшую любовь, какую ты когда-либо знал. Так должны ли мы наказывать Братца Лиса за то, что он бросил Братца Кролика в заросли терновника?

Ты не принимаешь во внимание тот факт, что, какой бы чудесной ни была наша жизнь после смерти, наша жизнь здесь не должна заканчиваться против нашей воли. Мы здесь, чтобы достичь чего-то, что-то испытать, чему-то научиться, и было бы неверно, если бы наша жизнь оборвалась из-за безумной идеи какого-то маньяка.

Прежде всего, ты здесь не для того, чтобы чему-то научиться (перечитай Книгу 1!). Жизнь — не школа, и твоя цель здесь не в том, чтобы учиться, а в том, чтобы вспомнить. И по большому счету жизнь «укорачивается» по многим причинам... ураган, землетрясение...

Это другое дело. Ты говоришь о Деяниях Бога.

Каждое событие — это Деяние Бога...

Или ты воображаешь, что какое-то событие могло произойти, если бы Я не хотел этого? Ты думаешь, что ты смог бы пошевелить пальцем, если бы Я решил, что тебе этого делать не надо? Ты не можешь сделать ничего, если Я против этого.

Но давай продолжим рассматривать мысль о «неправильной» смерти. Является ли «неправильным», если жизнь обрывается из-за болезни?

Слово «неправильно» неприменимо в этом случае. Это то, что происходит естественно. Это нельзя сравнивать с тем случаем, когда человек вроде Гитлера убивает людей.

А как насчет несчастного случая? Нелепой случайности?

То же самое. Это случайно, трагично, но это Воля Бога. Мы же не можем заглянуть в Божий Разум и выяснить, почему такое происходит. Нам не стоит пытаться, потому что Божья Воля неизменна и непостижима. Стремиться разгадать Божественную Тайну — значит жаждать познания за пределами наших возможностей. Это грешно.

Откуда ты знаешь?

Если бы Бог хотел, чтобы мы все это поняли, то так бы и *случилось*. Факт, что мы *не* понимаем — *не можем*, — свидетельствует о том, что такова Божья *Воля*.

Понятно. Факт, что вы не понимаете этого, свидетельствует о Божьей Воле. А факт, что такое происходит, не является свидетельством Божьей Воли. Хм-м-м-м-м...

Мне трудно это объяснить, но я знаю, что я верю.

Ты веришь в Волю Бога, веришь, что Бог Всемогущ?

Да.

Если это не касается Гитлера. То, что произошло в этом случае, не было Божьей Волей.

Нет.

Как такое может быть?

Он действовал вопреки Божьей Воле.

Как же, по-твоему, он мог это сделать, если Моя Воля всемогуща?

Ты позволил ему.

Если Я позволил ему, значит, чтобы он сделал это, на то была Моя Воля.

Похоже, что так... Но, возможно, у Тебя была для этого *причина*? Нет. По Твоей Воле у него был Свободный Выбор. А все, что он сотворил, было по *его* воле.

Ты так близок к пониманию. Так близок.

Конечно, ты прав. Моя Воля в том, чтобы у Гитлера — у всех вас — был Свободный Выбор. Но она не в том, чтобы наказывать вас непрерывно и без конца, если вы не делаете того выбора, который Я от вас хочу. Если бы было так, то разве «свободным» был бы ваш выбор? Какая же это свобода, когда вы знаете: вас заставят страдать бесконечно, если вы хотите не того, чего хочу Я? Что же это за выбор?

Дело не в наказании. Просто это Естественный Закон. Это лишь вопрос последствий.

Я вижу, тебя хорошо научили всем этим теологическим рассуждениям, позволяющим представлять Меня как карающего Бога, — и при этом получается, что Я не несу за это ответственности.

Но кто создал эти Естественные Законы? Ведь если допустить, что это Я установил их, то зачем бы Я, установив такие законы, потом дал бы вам власть не подчиняться им?

Если Я не хотел, чтобы они действовали на вас, — если Моя Воля была в том, чтобы Мои замечательные дети никогда не страдали, — то зачем бы Я создавал саму воз-можность ваших страданий?

И потом, зачем бы Я стал продолжать искушать вас днем и ночью нарушать уста-новленные Мной законы?

Нас искушаешь не Ты, а дьявол.

Опять ты представляешь все так, как будто Я ни за что не отвечаю.

Разве ты не видишь, что единственный путь объяснить вашу теологию — это пред-ставить Меня беспомощным? Понимаешь ли ты, что ваши рассуждения могут иметь смысл лишь в том случае, если в Моих действиях смысла нет?

Тебя действительно устраивает идея о Боге, Который создает существо, действия которого не может контролировать?

Я не говорил, что Ты не можешь контролировать дьявола. Ты можешь кон-тролировать *все*. Ты *Бог*! Просто Ты *решил не делать* этого. Ты *позволяешь* дьяволу искушать нас, пытаться завладеть нашими душами.

Но зачем? С какой стати Я стал бы это делать, если Я хочу, чтобы вы ко Мне верну-лись?

Потому что Ты хочешь, чтобы мы пришли к Тебе по выбору, а не потому, что выбора нет. Ты установил Рай и Ад, чтобы мог быть выбор. Чтобы мы могли действовать по выбору, а не просто следовать по пути к Тебе, потому что другого нет.

Я понимаю, как вы пришли к этой идее. Раз Я установил такой порядок в вашем мире, то вы думаете, что и в Моем мире все должно быть так же.

В вашей реальности Хорошее не может существовать без Плохого. И вы думаете, что и в Моей реальности то же самое.

Но Я говорю тебе: Там, где Я, нет «плохого». И нет Зла. Есть только Всевозможное Все. Общность. И Знание. И Опыт этого.

Мой Мир — это Мир Абсолюта, где Одна Вещь не существует относительно Другой, но полностью независима от чего-либо.

Мой Мир — это место, где Все, Что Есть, — это Любовь.

И нет последствий того, что мы думаем, говорим или делаем на Земле?

Э, последствия *есть*. Оглянись вокруг.

Я имею в виду после смерти.

«Смерти» нет. Жизнь продолжается вечно и бесконечно. Есть Жизнь. Просто вы меняете форму.

Хорошо, пусть будет по-Твоему, — после того, как мы «меняем форму».

После того, как вы меняете форму, последствия перестают существовать. Существует лишь Знание.

Последствия являются элементом относительности. Им нет места в Абсолюте, поскольку они зависят от линейного «времени» и последовательных событий. Этого не существует в Пространстве Абсолюта.

В этом пространстве нет ничего, кроме покоя, радости и любви.

В этом пространстве ты наконец узнаешь Добрую Весть: вашего «дьявола» не существует, ты есть то, каким ты всегда себя знал, — доброта и любовь. Твоя идея о том, что ты можешь быть чем-то другим, пришла из безумного внешнего мира, побуждая тебя действовать безумно. Из внешнего мира осуждения и обвинения. Другие тебя осуждали, и из их суждений ты осуждал себя.

Теперь ты хочешь, чтобы тебя осудил Бог, но Я не стану этого делать.

И поскольку ты не понимаешь Бога, Который не поступит так, как поступили бы люди, — ты растерян.

Ваша теология является вашей попыткой обрести себя вновь.

Ты называешь наши теологические учения безумными. Но как вообще может теология функционировать без системы Поощрения и Наказания?

Все зависит то того, что ты воспринимаешь как цель жизни — а значит, и как основу теологии.

Если ты веришь, что жизнь существует как тест, период испытаний, чтобы оценить, «достоин» ли ты, то теологические учения начинают приобретать смысл.

Если ты веришь, что жизнь существует как *возможность*, процесс, проходя через который ты открываешь — вспоминаешь, — что ты достоин (и всегда был достоин), — то ваши теологии оказываются бессмысленными.

Если ты веришь, что Бог — это средоточие эгоизма, Который требует внимания, обожания, восхищения и любви, — и *убьет*, чтобы добиться этого, — ваши теологии обретают смысл.

Если ты веришь, что у Бога нет ни эго, ни потребностей и что Он — источник всего, место, где обитает вся мудрость и любовь, — ваши теологии распадаются.

Если ты веришь, что Бог — это карающий Бог, ревнивый в Своей любви и грозный в Своем гневе, то ваши теологии выглядят совершенными.

Если ты веришь, что Бог миролюбива и радостна в Своей любви и страстна в Своем экстазе, то ваши теологии бесполезны.

Я говорю тебе: цель жизни не в том, чтобы угодить Богу. Цель жизни в том, чтобы познать и воссоздать, Кто Ты Есть.

Поступая так, ты *действительно* угождаешь Богу и одновременно славишь *Ее*.

Почему Ты говоришь «Ее»? Ты разве «Она»?

Я ни «он», ни «она». Иногда Я употребляю местоимение женского рода, чтобы вывести тебя за рамки ограниченного мышления.

Если ты думаешь, что Бог — это что-то одно, то ты будешь думать, будто Бог не есть что-то другое. Это было бы большой ошибкой.

Гитлер попал на небеса по следующим причинам:

Ада не существует, поэтому нет другого места, куда он мог бы попасть.

Его действия были «ошибками», как ты назвал бы это, — поступками недоразвитого существа. А ошибки не наказывают проклятиями. К ним относятся как к тому, что обеспечивает шанс для исправления, для эволюции.

Ошибки, которые совершил Гитлер, не нанесли вред или ущерб тем, для кого он стал причиной смерти. Их души освободились от земного бремени, как бабочки высвобождаются из кокона.

Люди, которые остались, скорбят об умерших в те времена только потому, что они не знают о радости, в которую те души вошли. Никто, кому довелось испытать смерть, *никогда не оплакивает ничью смерть*.

Твое утверждение, что их смерти все-таки были преждевременными, а потому в некотором смысле «неправильными», предполагает, что во Вселенной может произойти то, что *не должно* произойти. Но, учитывая, Кто и Что Я Есть, это невозможно.

Все, что происходит во Вселенной, происходит совершенным образом. На протяжении очень долгого времени Бог не ошибался.

Когда ты видишь полное совершенство во всем — не только в том, с чем ты согласен, но и в том (и, может быть, особенно в том), с чем ты не согласен, — ты обретаешь мастерство.

Конечно, я все это знаю. Мы уже говорили обо всем этом в Книге 1. Но я подумал, что для тех, кто не читал ее, важно обрести основу понимания в начале этой книги. Поэтому я начал с этой серии вопросов и ответов. А теперь, прежде чем мы продолжим, я бы хотел еще немного поговорить об очень сложных богословских учениях, которые мы, люди, создали. Например, когда я был ребенком, меня учили, что я грешен, что все люди грешники, и с этим ничего не поделаешь, — мы такими родились. Мы родились во грехе.

Очень интересный подход. Каким образом кому-то удалось заставить тебя поверить в это?

Нам рассказывали историю об Адаме и Еве. В 4-й, 5-й и 6-й строфах катехизиса говорится, что *мы* могли и не нагрешить, и уж маленькие *дети*, конечно — нет. Но Адам и Ева *совершили* грех, — а мы являемся их потомками и, таким образом, унаследовали их вину, а также их греховную природу.

Видишь ли, Адам и Ева вкусили запретный плод — познали Добро и Зло, — и таким образом обрекли всех своих потомков и наследников на отлучение от Бога с самого рождения. Мы все рождены с этим «Первородным Грехом» в душе. Каждый из нас разделяет эту вину. Поэтому нам дан **Свободный Выбор**, чтобы посмотреть, как мне кажется, совершим ли мы такое же неблаговидное деяние, как Адам и Ева, и ослушаемся Бога или же сможем преодолеть наше естественное, врожденное стремление «делать плохое» и вместо этого будем вести себя правильно, несмотря на искушения в жизни.

А если вы поступаете «плохо»?

Тогда Ты посылаешь нас в ад.

Вот как.

Да. Если мы не покаемся.

Понимаю.

Если мы скажем, что сожалеем — совершим Искренний Акт Раскаяния, — Ты спасешь нас от Ада — но не от *всех* страданий. Какое-то время нам придется провести в Чистилище, чтобы очиститься от своих грехов.

Как долго вы должны находиться в «Чистилище»?

Это зависит от обстоятельств. Нужно, чтобы наши грехи сгорели. Должен сказать, что это не очень-то приятно. И чем больше у нас грехов, тем больше времени требуется на то, чтобы их уничтожить, — тем дольше мы там остаемся. Вот что мне рассказывали.

Понимаю.

Но по крайней мере мы не попадем в ад, который навсегда. С другой стороны, если мы умрем в смертном грехе, мы попадаем *прямо* в ад.

В смертном грехе?

Он противоположен простительному греху. Если мы умираем с простительным грехом на душе, мы отправляемся только в Чистилище. Смертный грех посылает нас прямо в ад.

Ты можешь привести Мне примеры этих разных категорий греха, о которых ты говорил?

Конечно. Смертные грехи тяжкие. Уголовные преступления, преступления на религиозной почве. Такие вещи, как убийство, изнасилование, кража. Простительные грехи не настолько тяжкие. Несоблюдение религиозных обрядов. Не сходить в церковь в воскресенье было бы простительным грехом. Или в былые дни таким грехом было употребление мяса по пятницам.

Минуточку! Этот ваш Бог посылал вас в Чистилище, если вы по пятницам ели мясо?

Да. Но сейчас уже нет. Не посылает с начала 60-х годов. Но если мы ели мясо по пятницам *до* начала 60-х годов, нам посылались беды.

В самом деле?

Именно так.

Ну а что же случилось в начале 60-х годов, что этот «грех» перестал больше быть грехом?

Римский Папа объявил, что это уже не грех.

Понимаю. И этот ваш Бог — Он принуждал вас поклоняться Ему, ходить по воскресеньям в церковь? Под страхом наказания?

Да, непосещение мессы считается грехом. И если ты не исповедуешься — если ты умираешь с этим грехом в душе, — тебе придется отправиться в Чистилище.

А как же ребенок? Ведь это невинное дитя не знает всех этих «правил», по которым Бог любит его?

Ну, если ребенок умирает до того, как его окрестили в веру, то этот ребенок отправляется в *лимбо*.

Куда отправляется?

В лимбо. Там не наказывают, но это и не рай. Это... ну... просто *лимбо*. Ты еще не можешь быть с Богом, но по крайней мере тебе не придется «отправиться к дьяволу».

Но почему это прекрасное, невинное дитя не может быть с Богом? Ребенок не натворил еще ничего плохого...

Это так. Но ребенок еще не был крещен. Не имеет значения, насколько безгрешны или невинны дети — как и вообще люди в данном случае, — чтобы попасть в рай, им надо быть крещеными. Иначе Бог не примет их. Поэтому так важно окрестить своих детей как можно раньше после рождения.

Кто тебе это сказал?

Бог. Через Свою церковь.

Какую церковь?

Через святую Римско-католическую церковь, конечно. Это церковь от Бога. И если ты католик, а побывал в *другой* церкви, то это тоже грех.

Я-то думал, что грех — не ходить в церковь!

И это грех. И грех ходить в *неправильную* церковь.

А что такое «неправильная» церковь?

Любая церковь, которая не является Римско-католической. Нельзя креститься в неправильной церкви, нельзя венчаться — и даже посещать другую церковь. Я это точно знаю, потому что, когда я был молод, мы с родителями хотели пойти на свадьбу моего друга и меня даже попросили быть на этой свадьбе свидетелем. Но монахини сказали, что мне не следует принимать приглашение, потому что это была *неправильная церковь*.

Ты послушался их?

Монахинь? Нет. Я счел, что Бог — Ты — непременно и охотно присутствует и в другой церкви, как и в моей, и я пошел. Я стоял в алтаре в своем смокинге и прекрасно себя чувствовал.

Хорошо. Ну что ж, давай теперь посмотрим, что мы имеем: у нас есть рай, у нас есть ад, у нас есть чистилище, у нас есть лимбо, у нас есть смертный грех, у нас есть простительный грех. Есть ли что-нибудь еще?

Еще есть конфирмация, причастие, исповедь — есть изгнание нечистой силы и соборование. Есть...

Не торопись...

...есть Святые Покровители и Церковные Праздники — в эти дни мы обязаны ходить в церковь.

Снова мы перечисляем, что вы «должны». А что будет, если этого не делать?

Это грех.

И ты отправляешься в ад.

Ну, если ты умираешь с таким грехом, то ты отправляешься в Чистилище. Поэтому так важно ходить на Исповедь. И делать это как можно чаще. Некоторые люди ходят раз в неделю. Другие — каждый день. Таким образом они могут полностью рассчитаться с прошлым — сохранить свою репутацию безупречной, и если им придется умирать...

Что же получается — разговор о жизни в постоянном страхе?

Да, видишь ли, цель религии состоит в том, чтобы привить нам страх перед Богом. Тогда мы будем вести себя правильно и сможем устоять против искушений.

Ого! Допустим, что ты все-таки совершаешь «грех» между исповедями, а потом происходит несчастный случай или что-то подобное и ты умираешь. Что тогда?

Это нормально. Никакой паники. Просто необходимо Соборование. «О, Бог мой, я искренне раскаиваюсь в том, что обидел Тебя...»

Ну, ладно, ладно — довольно.

Постой. Ведь это только одна из мировых религий. Не хочешь ли Ты взглянуть на другие?

Нет. Я имею представление.

Ну, я надеюсь, что люди не подумают, будто я просто высмеиваю их верования.

Ты и на самом деле не высмеиваешь их — просто говоришь все как есть. Это напоминает то, что обычно говорил американский президент Гарри Трумэн. «Устрой им ад, Гарри!» — кричали люди, на что в таких случаях Гарри говорил: «Я не устраиваю им ада. Я просто точно их цитирую, и уже это *воспринимается* как ад».

4

Послушай, мы, кажется, сбились с пути. Начали со Времени, а закончили беседой о религии.

Да, вот что значит беседовать с Богом. Трудно удерживать диалог в отведенных рамках.

Давай я подведу итог тому, о чем Ты говорил в Главе 3.

- Нет другого времени, кроме *этого* времени; нет другого момента, кроме нынешнего момента.
- Время — не континуум. Оно — аспект Относительности, который существует в парадигме «вверх-вниз», где «моменты» или «события» «сложены» одни над другими. Они случаются или происходят в одно и то же «время».
- Мы постоянно путешествуем между реальностями в этом пространстве времени — вне времени — все время, — обычно это происходит во сне. *Дежавю* — это один из способов, с помощью которого мы начинаем осознавать это.
- Никогда не было времени, когда нас «не было», — и такого никогда не будет.
- Понятие «возраст» в том смысле, в каком оно соотносится с душами, на самом деле имеет отношение к уровням осознания, а не к продолжительности «времени».
- Зла не существует.
- Такие, как есть, мы — совершенны.
- «Неправильный» — это умозрительное понятие, основанное на Относительном Опыте.

229

- Мы на ходу выдумываем правила, меняя их так, чтобы они соответствовали нашей Нынешней Реальности, и это нормально. Так нужно, так должно быть, если мы хотим развиваться.
- Гитлер попал на небеса(!).
- Все, что происходит, происходит по Воле Бога — *все*. Сюда относятся не только ураганы, смерчи и землетрясения, но также и Гитлер. Секрет понимания — в знании Цели, которая стоит за всеми событиями.
- Не бывает «наказаний» после смерти, все последствия существуют только в Относительном Опыте, а не в Пространстве Абсолюта.
- Теологии, созданные людьми, представляют собой безумную попытку человечества оправдать безрассудного Бога, которого не существует.
- Единственный способ сделать так, чтобы общественные теологии имели смысл, возможен, если мы примем Бога, который лишен всякого смысла.

Ну как? Еще одно хорошее резюме?

Отличное.

Хорошо. А то у меня уже миллион вопросов. Например, 10-е и 11-е утверждения нужно пояснить. Почему Гитлер все-таки попал на небеса? (Я понимаю, что ты уже пытался объяснить это, но я бы хотел продолжить.) Какая цель стоит за этим? И какое отношение эта Большая Цель имеет к Гитлеру и другим деспотам?

Поговорим вначале о Цели.

Цель всех событий — создать *возможности*. События и переживания — это и *есть* Возможности. Ни больше, ни меньше.

Было бы ошибкой оценивать их как «проделки дьявола», «Божьи наказания», «награды с Небес» или нечто подобное. Это просто События и Переживания — то, что происходит.

Что мы думаем о них, как мы себя ведем по отношению к ним, какими мы становимся в ответ на них — именно это и придает им смысл.

События и переживания являются притянутыми к тебе возможностями — созданными тобой лично или коллективно — через сознание. Сознание порождает опыт. Ты пытаешься повысить свое сознание. Ты притягиваешь к себе эти возможности, чтобы воспользоваться ими как инструментами в создании и испытании того, Кто Ты Есть. Тот, Кто Ты Есть, — это существо с более высоким сознанием, чем ты сейчас проявляешь.

Поскольку Моя Воля гласит, что ты должен познать и испытать, Кто Ты Есть, Я позволяю тебе притягивать к себе любое событие или переживание, какое бы ты ни выбрал для достижения цели.

Время от времени к тебе присоединяются Другие Игроки в этой Игре во Вселенной — как Случайные Знакомые, Второстепенные Участники, Временные Спутники, Долговременные Посредники, Родственники и Семья, Любимые или Супруги.

Ты притянул эти души. *Они* притянули тебя. Это взаимный опыт творения, выражающий выборы и желания обеих сторон.

Не бывает случайных совпадений.

Не существует такая вещь, как совпадение.

Ничто не происходит случайно.

Жизнь — не дело случая.

События, как и люди, притягиваются к тебе, тобой, для твоих же собственных целей. Более крупные планетарные испытания и события являются результатом группового сознания. Они притягиваются вашей группой в результате выборов и желаний всей группы как единого целого.

Что Ты имеешь в виду под «вашей группой»?

Пока лишь немногие понимают, что такое *групповое сознание*. Однако оно является чрезвычайно мощным и способно, если вы неосторожны, пересилить индивидуальное сознание. Тем не менее вы всегда должны стремиться к созданию группового сознания, куда бы вы ни двигались, чем бы ни занимались, если хотите, чтобы ваш более масштабный опыт на планете был гармоничным.

Если ты находишься в группе, чье сознание не отражает твое собственное, и при этом сейчас ты не способен изменить групповое сознание, то будет правильно, если ты покинешь группу, иначе группа будет управлять *тобой*. Ты пойдешь туда, куда *она* хочет идти, независимо от того, куда хочешь идти ты.

Если ты не можешь найти группу, сознание которой соответствовало бы твоему собственному, то будь началом. Другие люди с похожим сознанием притянутся к тебе.

Индивидуумы и небольшие группы должны влиять на более многочисленные группы — и в конце концов на самую большую из всех групп, каковой является ВСЕ человечество, — чтобы на вашей планете происходили постоянные и значительные перемены.

Ваш мир — и то состояние, в котором он находится, — является отражением общего, совокупного сознания всех живущих.

Оглянувшись вокруг, можно увидеть, что многое еще предстоит сделать. Если, конечно, вас не устраивает мир в том виде, в каком он есть сейчас.

Удивительно, но *большинство людей он устраивает*. Поэтому мир и не меняется.

Большинство *действительно* устраивает мир, в котором почитают различия, а не сходства, а расхождения во мнениях улаживаются конфликтами и войнами.

Большинство людей удовлетворены миром, в котором выживают наиболее приспособленные, в котором «кто силен, тот и прав», конкуренция является обязательной, а выигрыш считается высочайшим благом.

И если подобная система порождает «неудачников», значит, так тому и быть, если, конечно, ты не один из них.

Большинство людей *действительно* удовлетворены, даже несмотря на то, что такая модель порождает людей, которых убивают, которые голодают и оказываются бездомными, если они «неудачники», и которых притесняют и эксплуатируют, если они не могут «постоять за себя».

Большинство людей под «неправильным» подразумевают то, что отличается от них. В частности, непримиримо относятся к религиозным отличиям, как и ко многим социальным, экономическим и культурным.

Эксплуатация низших слоев общества оправдывается самодовольными заявлениями со стороны высших слоев общества о том, насколько лучше живется их жертвам сейчас, чем до того, как их стали эксплуатировать. Высший класс игнорирует вопрос о том, как *надлежит* обращаться со всеми людьми, если быть по-настоящему *честными*, а не просто слегка сглаживать ужасную ситуацию крохотными улучшениями — и бесстыдным образом извлекать из этого выгоду.

Большинство людей смеются, когда кто-то предлагает любую другую систему, отличную от той, что существует в настоящее время, говоря, что такие вещи, как конкуренция, убийство, «победителя не судят», — делают цивилизацию *великой*! Большинство людей даже считают, что не существует другого естественного пути *быть*, что поступать подобным образом в *природе* людей и что вести себя по-другому — значило бы убить внутренний дух, который ведет человека к успеху. (Никто не задается вопросом «Успеху в чем?».)

Хотя по-настоящему просветленным существам такое понять трудно. Но большинство людей на вашей планете верят в эту философию. Поэтому большинству нет дела до страданий масс, притеснений меньшинств, гнева низших слоев общества или до выживаемости кого-либо, кроме самих себя и своих близких.

Большинство людей не видят, что они разрушают свою Землю — ту самую планету, которая дает им *Жизнь*, — их поступки направлены лишь на то, чтобы увеличить свой достаток в жизни. Удивительно, но они недостаточно прозорливы, чтобы заметить, что из краткосрочных выигрышей могут получиться долгосрочные потери. Такое бывает часто — и так будет.

Большинство людей воспринимают *как угрозу* такие понятия группового сознания, как интересы всего человечества в целом или существование Бога в единении
со всем мирозданием, а не отдельно от него.

Боязнь всего, что объединяет, и восхваление на всей вашей планете Всего, Что
Разделяет, приводит к разногласиям, дисгармонии, разладу. Но, похоже, вы не способны научиться даже на своем собственном опыте и продолжаете вести себя все
так же, с теми же результатами.

Неспособность воспринимать страдания другого человека как свои собственные — это и есть причина того, что страдания не прекращаются.

Разобщенность порождает равнодушие, ложное превосходство. Единство создает сострадание, подлинное равенство.

События, которые происходят на вашей планете — и регулярно происходили на
протяжении 3000 лет, — являются, как Я уже сказал, отражением Коллективного Сознания как целого на вашей планете.

Такой уровень сознания лучше всего было бы охарактеризовать как примитивный.

**Хм-м-м-м. Да. Но мы, кажется, отвлеклись от вопроса, который был по-
ставлен в самом начале.**

На самом деле — нет. Ты спрашивал о Гитлере. Опыт Гитлера стал возможным только
в результате группового сознания. Многие люди скажут сейчас, что Гитлер манипулировал группой — в данном случае, своими соотечественниками — посредством
коварства и красноречия. Это удобным образом возлагает всю вину на Гитлера —
именно этого хотят массы людей.

Но Гитлер не смог бы сделать ничего без сотрудничества, поддержки и добро-
вольного подчинения миллионов людей. Подгруппа, которая назвала себя Немцами,
должна возложить на себя огромное бремя ответственности за Холокост. В определенной степени то же самое должно сделать и более многочисленная группа, называемая Людьми, которая позволила себе (даже если ничего другого она не натворила) оставаться равнодушной и безразличной к страданиям в Германии до тех пор,
пока они не достигли такого грандиозного масштаба, что даже самые бессердечные
изоляционисты не смогли уже больше игнорировать это.

Видишь ли, именно *коллективное сознание* подготовило плодородную почву для
роста нацистского движения. Гитлер ухватил момент, но *не он его создал*.

Важно извлечь из этого *урок*. Групповое сознание, которое постоянно говорит о
разделении и превосходстве, порождает утрату сострадания в массовом масштабе.
А за утратой сострадания неизбежно следует утрата совести.

Коллективная идея, основанная на непримиримом национализме, безучастна к
бедственному положению других и возлагает на всех других людей ответственность

за твои бедствия, оправдывая тем самым возмездие, «восстановление справедливости» и войну.

Освенцим был нацистским решением — попыткой «исправить» «Проблему Евреев».

Весь ужас Гитлера состоит не в том, что *он* сотворил с человеческой расой, а в том, что *человеческая раса позволила ему сделать это.*

Удивительно не только то, что появился некий Гитлер, но и то, что столь многие его *поддержали.*

Позор не только в том, что Гитлер убил миллионы евреев, но и в том, что *должны были быть* убиты миллионы евреев, прежде чем Гитлер был остановлен.

Цель Гитлера состояла в том, чтобы человечество увидело само себя.

На протяжении всей истории у вас были замечательные учителя, и каждый из них предоставлял необычайные возможности вспомнить, Кто Вы Действительно Есть. Эти учителя показали вам самый высокий и самый низменный человеческий потенциал.

Они дали живые, захватывающие примеры того, каким может быть человек, к чему может прийти и придет *большинство* из вас при таком сознании.

Надо помнить: Сознание — это все, и оно порождает твой опыт. *Групповое* сознание является очень мощным и создает последствия неописуемой красоты или мерзости. Выбор всегда за вами.

Если сознание вашей группы тебя не удовлетворяет, стремись изменить его.

Лучший способ изменить сознание других людей — твой собственный пример.

Если твоего примера недостаточно, организуй свою группу — будь источником того сознания, которого должны достичь другие люди. Они обязательно испытают это на своем опыте — когда это сделаешь ты.

Это начинается с тебя. Все. Все вещи.

Хочешь, чтобы мир изменился? Измени свою собственную жизнь.

Гитлер предоставил тебе золотую возможность сделать это. Опыт Гитлера — как и Опыт Христа — базовый в том смысле, что тебе открылись последствия и истины о тебе самом. Кроме того, эти огромные осознания живы (как в случае с Гитлером и Буддой, Чингисханом или Кришной, гунном Аттилой или Иисусом Христом), пока живет память о них.

Поэтому евреи воздвигают монументы в память о Холокосте и просят вас никогда не забывать об этом. Потому что в каждом из вас есть что-то от Гитлера, и все дело лишь — в какой степени.

Уничтожение людей — это уничтожение людей, будь то Аушвиц или Вундид-Ни*.

---

* Аушвиц (Освенцим) — фашистский лагерь смерти на территории Польши. Вундид-Ни — место в Южной Дакоте, где в 1890 году американские войска совершили массовое уничтожение аборигенов-индейцев.

Значит, Гитлер был послан нам, чтобы преподнести урок о тех ужасах, на которые способен человек, и показать, как низко он может пасть?

Гитлер не был послан вам. Вы *сами* создали Гитлера. Он возник из вашего Коллективного Сознания и не мог бы существовать без него. *В этом* состоит урок.

Сознание разобщенности, разделения по каким-то признакам, превосходства — «мы» и «они», «наше» и «их» — вот что порождает Опыт Гитлера.

Сознание Священного Братства — объединения, Единства, «наше» вместо «твое/мое» — вот что создает Опыт Христа.

Когда боль не только «твоя», но и «наша», — когда радость не только «моя», но и «наша», — когда *опыт всей жизни* является Нашим, тогда это в подлинном смысле становится целостным Жизненным Опытом.

Почему Гитлер попал в рай?

Потому что он не совершил ничего «неправильного». Гитлер просто сделал то, что он сделал. Я снова напоминаю тебе, что долгие годы миллионы людей считали, что он был «прав». Так с какой стати ему не быть того же мнения?

Если ты выдаешь безумную идею и десять миллионов людей соглашаются с тобой, то тебе, может, и не придет в голову, что ты настолько уж безумен.

В конце концов мир решил, что Гитлер был «неправ». То есть люди мира вынесли новое суждение о том, Кто Они Есть и Кем Они Выбирают Быть относительно Гитлера.

Он установил меру! Он определил критерий, границу, по которой мы могли бы измерять и ограничивать наши идеи о самих себе. То же самое делал Христос исходя из противоположных воззрений.

Существовали и другие Христы, и другие Гитлеры. И появятся снова. Поэтому будь бдительным. Люди обоих этих уровней — и высочайшего, и самого низкого — встречаются среди вас, так же как и *вы* встречаетесь среди них. Какое вариант тебе больше нравится?

Я все-таки не понимаю, как Гитлер мог оказаться в раю, как его могли наградить за то, что он совершил?

Первое, что тебе нужно понять: смерть — это не конец, а начало; не ужас, а радость. Это не прекращение всего, а открытие новых горизонтов.

Самым счастливым мгновением в твоей жизни будет то мгновение, когда она закончится.

И все это потому, что она не кончается, а продолжается и становится настолько чудесной, полной покоя, мудрости и радости, что Мне трудно описать это, а тебе — невозможно понять.

Так что пойми: как Я уже объяснял тебе, Гитлер никому не *причинил боли*. В некотором смысле он не *причинил* страданий — он *покончил* с ними.

Будда сказал: «Жизнь — это страдание». И Будда был прав.

Но даже если я это приму, то ведь Гитлер не *знал*, что он на самом деле делал *доброе* дело. Он думал, что он творит *зло*!

Нет, он не думал, что он совершал что-то «плохое». В действительности он считал, что помогает своему народу. И это как раз то, что ты не можешь понять.

Исходя из своих представлений о жизни, никто не делает *ничего* «неправильного». Если ты думаешь, что Гитлер поступал безумно и все это время *знал*, что он безумец, то ты ничего не знаешь о запутанности человеческого опыта.

Гитлер думал, что он делает своему народу *добро*. И народ тоже так думал! *Вот в чем безумие!* Большая часть нации *соглашалась с ним!*

Вы заявили, что Гитлер был «неправ». Хорошо. Этой мерой вы стали определять свое отношение к себе, узнавать о себе больше. Хорошо. Но не судите Гитлера за то, что он *показал вам это*.

Кто-то должен был это сделать.

Ты не можешь узнать, что такое «холод», если нет «жары»; «верх», если нет «низа»; «левое», если нет «правого». Не стоит осуждать одно и благословлять другое. Делать так — значит не достичь понимания.

Столетиями люди осуждали Адама и Еву, говоря, что они совершили Первородный Грех. Я говорю: Это было Первородное Благословение. Не случись события, когда вам довелось отведать познания о добре и зле, *вы* бы даже не знали о существовании этих двух возможностей! На самом деле до так называемого Падения Адама эти две возможности *не существовали*. «Зло» не существовало. Все люди и все вещи пребывали в состоянии постоянного совершенства. В буквальном смысле, это был рай. Но вы не *знали*, что это был рай, — не могли испытать на своем опыте это совершенство, — поскольку вы *не знали ничего другого*.

Так будем ли мы осуждать Адама и Еву за это или их нужно благодарить?

А как же быть с Гитлером? — спросишь ты.

Я говорю тебе: любовь Бога и сострадание Бога, мудрость Бога и прощение Бога, намерение Бога и цель Бога достаточно велики, чтобы вместить самое ужасное преступление и самого омерзительного преступника.

Ты можешь с этим не согласиться, но это не имеет значения. Просто ты узнал то, что тебе предстояло узнать.

5

В первой книге Ты обещал, что в Книге 2 объяснишь длинный перечень крупномасштабных вещей — таких, как время и пространство, любовь и война, добро и зло, планетарные геополитические соображения высшего порядка. А еще Ты обещал рассказать более детально о сексуальном опыте людей.

Да, Я все это обещал.

В Книге 1 рассматривались вопросы в основном личного характера, связанные с жизнью отдельной личности. Книга 2 имеет отношение к вашей совместной жизни на планете. Книга 3 завершает трилогию истинами самого большого диапазона: космология, картина в целом, путь души. Это Мои советы и информация обо всем — начиная с самых простых вещей и заканчивая беседами о том, как понять Вселенную.

Ты сказал все, что хотел сказать о времени?

Я сказал то, что тебе нужно знать.

Времени не существует. Все вещи существуют одновременно. Все события происходят сразу.

Эта книга сейчас пишется, и, когда она пишется, она *уже* написана, она уже существует. Фактически, вот откуда ты и получаешь всю эту информацию — из книги, которая уже существует. Ты просто облачаешь это в форму.

Вот что подразумевает изречение: «Не успеешь ты задать вопрос, а Я уже ответил».

Вся эта информация о Времени... интересная, но она скорее эзотерического плана, то есть может быть понятна не всем. Можно ли ее каким-то образом применить в реальной жизни?

Истинное понимание времени позволяет тебе жить гораздо спокойнее внутри своего жизненного пространства относительности, где время воспринимается как движение, скорее как поток, чем как постоянная величина.

Движешься *ты*, а не время. Время не обладает движением. Есть только Одно Мгновение.

На определенном уровне ты глубоко понимаешь это. Вот почему, когда в твоей жизни происходит что-то действительно прекрасное или важное, ты часто говоришь, что «время остановилось».

Это *действительно* так. Когда с тобой происходит подобное, ты испытываешь один из самых знаменательных моментов в твоей жизни.

В это трудно поверить. Как такое возможно?

Ваша наука уже доказала это математически. Были выведены формулы, показывающие, что, если ты сядешь на космический корабль и полетишь на достаточно большое расстояние с достаточно большой скоростью, ты можешь развернуться обратно в направлении Земли и увидеть, как ты стартуешь.

Это демонстрирует, что Время является не движением, а большим полем, по которому движешься ты — в данном случае на Земле как Космическом Корабле.

Вы говорите, что год состоит из 365 дней. Но что же такое «день»? Вы решили — и, можно сказать, абсолютно произвольно, что «день» — это «время», которое требуется вашему Космическому Кораблю, чтобы сделать один полный оборот вокруг своей оси.

Откуда вы знаете, что он совершил вращение? Вы же не чувствуете движения! Вы выбрали точку отсчета в небе — Солнце. Вы говорите, что на то, чтобы та часть Космического Дома, где вы находитесь, повернулась к Солнцу, развернулась от Солнца и затем снова повернулась к Солнцу, уходит полный «день».

Вы разделили «день» на 24 часа — опять же произвольно. С такой же легкостью вы могли бы сказать, что их «10» или «73»!

Потом вы разделили каждый «час» на «минуты». Вы сказали, что в каждом часе содержится 60 более мелких единиц, называемых «минутами», — и каждая из *них* содержит 60 крошечных единиц, называемых «секундами».

Однажды вы заметили, что Земля не только вращается, но и *летает*! Вы увидели, что она движется в Космосе *вокруг Солнца*.

Вы тщательно рассчитали, что за один оборот вокруг Солнца Земля совершает 365 собственных вращений. Это число оборотов Земли вы назвали «годом».

Началась настоящая путаница, когда вы решили, что хотите разделить «год» на единицы, которые меньше, чем «год», но больше, чем «день».

Вы изобрели «неделю» и «месяц», и вам удалось ввести одинаковое количество месяцев в году, но не одинаковое количество *дней в каждом месяце*.

Вы не могли найти способ, как разделить нечетное число дней (365) на четное число месяцев (12), и вы просто решили, что в *некоторых месяцах содержится больше дней, чем в других*!

Вы чувствовали, что должны делить год именно на 12 периодов, потому что заметили: ваша Луна совершает именно такое количество Лунных Циклов в течение «года». Чтобы привести в соответствие эти три космических явления — вращение вокруг Солнца, обороты Земли вокруг своей оси и лунные циклы, — вы просто подогнали количество «дней» в каждом «месяце».

Но даже этот прием не решил всех проблем, ибо вам приходилось подгонять «время» под ваши ранние изобретения, и вы не знали, что с этим делать. Вы также решили, что время от времени в году будет на *целый день больше*! Вы назвали такой год Високосным и придумали разные небылицы по этому поводу. Но вы *на самом деле живете* по этой схеме — и при этом считаете *Мое* объяснение времени «невероятным»!

Точно так же произвольно вы создали «декады» и «века» (и, что интересно, они основаны на системе счисления из 10, а не 12), чтобы дальше измерять ход «времени». Но на самом деле вы с самого начала изобретали способ измерения *перемещений в пространстве*!

Таким образом, мы видим, что «проходит» не время, а объекты, которые проходят мимо и движутся в статичном поле, которое вы называете Космосом. «Время» является просто способом *исчислять передвижения!*

Ученые глубоко понимают эту связь и поэтому оперируют понятиями «Пространственно-Временного Континуума».

Ваш ученый Эйнштейн и другие поняли, что время представляет собой ментальную конструкцию, относительное понятие. «Время» является тем, чем оно является, *относительно пространства* между объектами! (Если Вселенная расширяется — а это действительно происходит, — то сейчас Земле требуется «больше», чтобы сделать оборот вокруг Солнца, чем это требовалось миллиард лет тому назад. Нужно пройти большее «пространство».)

Значит, требуется больше минут, часов, дней, недель, месяцев, лет, десятилетий и столетий на все эти циклические явления, которые происходят в последнее время, чем на это уходило в 1492 году! Выходит, «день» — уже не день? Получается, что «год» — уже не год?

Сейчас ваши современные очень сложные приборы для измерения времени регистрируют это расхождение во «времени», и ежегодно часы всего мира приводятся в соответствие со Вселенной, которая не стоит на месте! Это называется Средним

Временем по Гринвичу... и оно «среднее», потому что представляет Вселенную обманщицей!

Эйнштейн сделал теоретическое предположение, что если движется не «время», а он движется в пространстве с заданной скоростью, то все, что ему нужно, чтобы «изменить» время, — это изменить расстояние между объектами или изменить скорость, с которой он перемещается в пространстве от одного объекта к другому.

Это была его Общая Теория Относительности, которая расширила ваши современные представления о взаимосвязи между пространством и временем.

Теперь ты можешь понять, почему, предприняв длительное путешествие в пространстве и вернувшись, ты можешь состариться на десять лет, а твои друзья на Земле — на тридцать! Чем дальше ты улетаешь, тем сильнее ты искривляешь пространственно-временной континуум и тем меньше у тебя шансов по возвращении на Землю застать в живых кого-то из тех, кто был там перед твоим отлетом.

Тем не менее если когда-нибудь в «будущем» ученым на Земле удалось бы изобрести способ продвигаться быстрее, то они смогли бы «обмануть» Вселенную и сохранять соответствие с «истинным временем» на Земле. Тогда, возвратившись, они обнаружили бы, что на Земле прошло столько же времени, сколько на космическом корабле.

Очевидно, если бы удалось еще больше ускорить продвижение в Космосе, то вернуться на Землю можно было бы еще да старта! То есть время на Земле шло бы *медленнее*, чем на космическом корабле. Вы вернулись бы через десять «своих» лет, а Земля «состарилась» бы только на четыре! Увеличьте скорость, и десять лет в Космосе будут означать десять минут на Земле.

Если же ты натолкнешься на «складку» в «ткани» пространства (Эйнштейн и другие верили в существование таких «складок», — и они были правы!), то обнаружишь, что неожиданно продвинулся вперед за бесконечно малое мгновение. Могло бы такое пространственно-временное явление в буквальном смысле «отбросить» тебя назад во времени?

Должно быть, теперь будет легче понять, что понятие «время» существует лишь как ментальная конструкция. Все, что когда-либо происходило и чему когда-нибудь *предстоит* случиться, — происходит *сейчас*. Способность наблюдать это зависит только от твоей точки зрения — твоего «места в пространстве».

Если бы ты был на *Моем* месте, ты мог бы увидеть Все это — *прямо сейчас!*
Понимаешь?

Здорово! Я *начинаю* понимать — на теоретическом уровне. *Да!*

Хорошо. Я очень просто объяснил тебе, и даже ребенок мог бы это понять. Может быть, не совсем научно, но зато доступно пониманию.

Получается, что физические объекты ограничены скоростью. Но объекты нематериального мира — мои мысли... моя душа... — теоретически они могли бы двигаться в небесном пространстве с невероятными скоростями.

Конечно! Именно так! Именно это и происходит нередко в наших снах и при экстрасенсорных явлениях.

Теперь ты понимаешь, что такое *дежавю*. Вероятно, ты *уже бывал* здесь раньше!

Но... если все уже произошло, то из этого следует, что я не в силах изменить свое будущее. Это судьба?

Нет! Не покупайся на это! На самом деле такое «устройство» должно *помогать* тебе, а не *мешать!*

У тебя всегда есть свобода воли и полный выбор. Возможность заглянуть в «будущее» (или узнать, что тебе говорят об этом другие) должна увеличить твои способности жить той жизнью, какой ты хочешь, не ограничивать их.

Но как это сделать? Здесь мне нужна помощь.

Если ты «видишь» будущее событие или переживание, которое тебе не нравится, *не выбирай его!* Выбери снова! Выбери другое!

Измени или поменяй свое поведение, чтобы *избежать нежелательного исхода.*

Как можно избежать того, что уже произошло?

Оно не произошло *с тобой* — пока еще! Ты находишься в том месте Пространственно-Временного Континуума, где ты не осознаешь это происшествие. Ты не «знаешь», что оно «произошло». Ты еще не «вспомнил» свое будущее!

(Эта забывчивость является *тайной всех времен.* Это именно то, что делает для тебя возможным «играть» в великую игру — жизнь! Я объясню это позже!)

Если ты что-то не «знаешь», значит, это не «так». Раз «ты» не «помнишь» свое будущее, значит, оно еще не «случилось» с «тобой»! Событие происходит только тогда, когда его «пережили». Событие «пережили» только тогда, когда оно уже «известно».

Ты, к примеру, получил благословение, увидев мимолетный проблеск, отколовшийся миг «знания своего будущего». В этот момент произошло то, что твой Дух — нефизическая часть тебя — просто быстро переместился в другое место в Пространственно-Временном Континууме и принес с собой остатки энергии — какие-то образы или впечатления — того момента или события.

Ты можешь их «чувствовать». Иногда какой-то другой человек, который развил в себе метафизический дар, может «чувствовать» или «видеть» образы и энергии, которые кружатся рядом с тобой.

Если тебе не нравится то, что ты «ощущаешь» по поводу своего «будущего», отстранись от этого! Просто уйди от этого совсем! В то мгновение ты меняешь свой опыт, и каждый из Тебя вздыхает с облегчением!

Подожди минуту! Я что-то не понимаю?!.

Ты должен знать — теперь ты готов к тому, чтобы сказать тебе это, — что ты существуешь на каждом уровне Пространственно-Временного Континуума *одновременно*.

Это значит, твоя душа Всегда Была, Всегда Есть и Всегда Будет — миром без конца. Аминь.

Я «существую» больше чем в одном месте?

Конечно! Ты существуешь везде — и во все времена!

«Я» есть в будущем и «я» есть в прошлом?

Ну, как мы только что пытались понять, «будущего» и «прошлого» не существует. Используя эти слова в том смысле, в каком ты их использовал, — да.

И меня больше, чем один?

Ты *только* один, но ты гораздо больше, чем ты думаешь!

Значит, когда «я», который существует «сейчас», изменяет что-то, что ему не нравится в его «будущем», то «я», который существует в «будущем», больше уже не обладает этим как частью своего опыта?

По существу, да. Меняется вся мозаика. Но он никогда не утрачивает тот опыт, который он сам себе преподал. Он просто испытывает облегчение и счастлив, что «тебе» не надо проходить через это.

А если «я» в «прошлом» все-таки должен «испытать» это, то он в это вовлекается?

В некотором смысле, да. Но, разумеется, «ты» можешь помочь «ему».

Я *могу*?

Конечно. В первую очередь, изменив то, что «ты», который *впереди* тебя, испытал, «ты», который *позади* тебя, может избежать этого опыта! Именно так эволюционирует твоя душа.

Таким же образом, *ты в будущем* получаешь помощь от своего *собственного* будущего «я», тем самым помогая *тебе* избежать то, чего *ему* избежать не удалось.

Уловил смысл?

Да. Это очень интересно. Но у меня возник другой вопрос. Как же насчет прошлых жизней? Если я всегда был «мной» — и в «прошлом», и в «будущем», — то как же я мог быть кем-то *еще*, каким-то другим человеком в прошлой жизни?

Ты являешься Божественным Существом, которое способно в одно и то же «время» на больше чем один жизненный опыт, — и можешь делить свое «Я» (свою сущность) на столько «я» («сущностей»), сколько ты выбираешь.

Ты можешь проживать «одну и ту же жизнь» вновь и вновь по-разному, как Я только что объяснял. Но ты можешь также жить другими жизнями в другие «времена» в Континууме.

Таким образом, ты все время являешься самим собой, здесь и сейчас. Но ты также можешь быть (и уже был) другими «я» в другие «времена» и в других «местах».

Ну и дела! Становится «все страньше и страньше»*.

Да. И мы приоткрыли лишь то, что на поверхности.

Просто знай: Ты являешься существом Божественной Величины, не ведающим ограничений. Часть тебя выбирает познать себя в качестве Личности, которая сейчас приобретает свой жизненный опыт. Но это далеко не предел твоего Бытия, хотя ты *думаешь, что это так.*

Почему?

Ты *должен* так думать, иначе не сможешь выполнить то, для чего ты подарил себе эту жизнь.

И что это такое? Ты уже говорил мне об этом. Но скажи мне еще раз, «здесь» и «сейчас».

Ты используешь всю Жизнь полностью — какую бы то ни было из *многих* жизней, — чтобы *быть* и *решить*, Кто Ты Действительно Есть; выбрать и создать того, Кто Ты Действительно Есть; испытать и реализовать свою нынешнюю идею о себе.

Ты пребываешь в Вечном Моменте сотворения Себя, реализации Себя через процесс выражения Себя.

Ты притянул к себе людей, события и обстоятельства твоей жизни в качестве инструментов, чтобы сформировать Величайший Образ Наивысшего Представления, которое ты когда-либо имел о себе.

---

* *Льюис Кэрролл. Алиса в стране чудес.*

Процесс творения и вос-создания является непрерывным, непрекращающимся и многослойным. Все это происходит «прямо сейчас» и на многих уровнях.

На линии своей жизни ты воспринимаешь свой опыт как опыт прошлого, настоящего и будущего. Ты представляешь, что у тебя одна жизнь, или их может быть много, но только одна *в определенное время*.

А что, если бы «время» вообще не существовало? Тогда *все твои «жизни»* у тебя были бы *одновременно!*

И так происходит *на самом деле!*

Ты живешь *этой* жизнью, которую ты сейчас воспринимаешь, — в своем Прошлом, в своем Настоящем и в своем Будущем одновременно! Было ли у тебя когда-нибудь «дурное предчувствие» по поводу какого-то будущего события — настолько сильное, что заставило тебя избежать этого события?

На вашем языке это называется «предвестием». С Моей точки зрения это просто знание, которое тебе вдруг открылось, — о том, что ты только что пережил в своем «будущем».

Твое «будущее ты» говорит: «Эй, это было не слишком забавно. Не делай этого!»

Ты также живешь и другими жизнями — ты называешь их «прошлыми жизнями» — прямо сейчас, — хотя и воспринимаешь их как что-то из «прошлого» (если ты вообще их воспринимаешь), и это тоже правильно. Тебе было бы трудно играть в удивительную игру, какой является жизнь, если бы ты достиг *полного осознания* того, что происходит. Даже то, что здесь написано, не может дать тебе его. Если бы это случилось — то «игра» бы закончилась! Процесс *зависит* от полноты процесса как такового, — включая отсутствие у тебя полной осведомленности на этой стадии.

Поэтому благословляй Процесс и воспринимай его как величайший дар Добрейшего Творца. Принимай Процесс и следуй ему в покое, мудрости и радости. Используй Процесс и превращай его из того, что ты *терпишь*, в то, что ты привлекаешь в качестве инструмента в создании самого великолепного опыта во Все Времена: реализации твоей Божественной Сущности.

Как? Как мне лучше всего сделать это?

Не трать драгоценные минуты своей нынешней действительности, стараясь приоткрыть завесу всех тайн жизни.

В этих тайнах есть свой *резон*. Восприми неясность как Божью милость. Используй Нынешний Момент для Высшей Цели — создать и испытать, Кто Ты Есть в Действительности.

Определись, Кто Ты Есть — Кем Ты *хочешь* Быть, — и затем делай все, что в твоих силах, чтобы *быть* этим.

Используй то, что Я рассказал тебе о времени, в качестве фундамента, на который ты помещаешь конструкции своей Величайшей Идеи.

Если у тебя возникает представление о «будущем» — чти его. Если к тебе приходит мысль о «прошлой жизни», постарайся понять, каким образом она может тебе пригодиться, — не игнорируй ее. И самое главное, если тебе стал известен путь, как создать, проявить, выразить и испытать свою Божественную Сущность в неведомом до сих пор великолепии прямо здесь, прямо сейчас, — следуй этим путем.

И путь обязательно откроется тебе, потому что ты попросил. Создание этой книги является знаком того, что ты просил, ибо ты не мог бы создавать ее прямо сейчас, на своих глазах, не будь твой разум и сердце открыты, твоя душа готова знать.

Это же справедливо и в отношении тех, кто сейчас ее читает. Потому что они тоже создавали ее. Иначе как еще они могли бы сейчас испытывать это?

Каждый создает все, что сейчас переживается, — по-другому можно сказать, что Я создаю все, что сейчас переживается, — потому что Я есть каждый из вас.

Улавливаешь здесь симметрию? Видишь Совершенство?

Все это содержится в единственной истине:

НАС ТОЛЬКО ОДИН.

6

Расскажи мне о пространстве.

Пространство — это время... в наглядном виде.

Истина в том, что пространства вообще не существует — в чистом виде, «пустого», в котором бы ничего не было. Все является *чем-то*. Даже самое «пустое» пространство наполнено парами настолько разреженными, настолько рассеянными в бесконечно больших объемах, что кажется, будто их нет совсем.

А когда исчезают пары, остается энергия. Чистая энергия. Она проявляется в виде вибрации. Колебаний. Движения Всего с определенной частотой.

Невидимая «энергия» является «пространством», которое удерживает «материю вместе».

Однажды — используя ваше представление о линейном времени — вся материя во Вселенной была уплотнена до размеров крошечной частицы. Вам не представить такую плотность, ведь вы думаете, будто материя в том виде, в каком она сейчас существует, является плотной.

На самом деле то, что вы сейчас называете материей, — это, главным образом, пространство. Все «твердые» предметы состоят из 2 процентов твердой «материи» и 98 процентов «воздуха»! Пространство между крохотными частицами материи во всех предметах огромно. Оно подобно расстоянию между небесными светилами в ночном небе, которое вы видите. Но вы называете эти предметы «*твердыми*».

В какой-то момент вся Вселенная действительно была «твердой». Между частицами материи практически *не было пространства*. «Пространство» было изъято из всей материи, и без этого огромного «пространства» материя заполняла объем меньше, чем булавочная головка.

На самом деле до этого «времени» было «время», когда материя вообще не существовала, а была лишь Энергия Наивысшей Вибрации в чистом виде, которую вы бы назвали *антиматерией*.

Это было время «до» времени — до существования физической Вселенной в том виде, в каком она вам известна. Ничто не существовало в виде материи. Некоторые люди воспринимают это как рай или «небеса», так как «не было материи». Или, по-другому, потому что «ничто не имело значения»*!

Вначале чистая энергия — *Я!* — вибрировала и колебалась настолько быстро, что образовалась материя — *вся материя Вселенной!*

Ты тоже можешь вершить подобное. Фактически, ты *делаешь* это, и делаешь каждый день. *Твои мысли* — это чистая вибрация, и они могут создавать — и *действительно* создают — физическую материю! Если достаточное количество людей придерживаются одной мысли, то вы можете воздействовать на свою Вселенную и даже создавать ее части. Об этом детально рассказано в Книге 1.

Вселенная расширяется и сейчас?

С такой скоростью, какую ты не можешь себе представить!

Она будет расширяться вечно?

Нет. Наступит время, когда энергии, управляющие расширением, рассеются, а энергии, удерживающие вещи вместе, примут руководство на себя, снова стягивая все вместе.

Ты хочешь сказать, что Вселенная сожмется?

Да. Все буквально «встанет на свое место»! И у вас снова будет рай. Нет материи. Только чистая энергия.

Другими словами — *Я!*

В конце концов все вернется ко Мне. Вот откуда происходит выражение: «Все идет к тому».

Это значит, нас больше не будет!

Не в физической форме. Но вы *всегда* будете *существовать*. Вы не можете *не существовать*. Вы — это То, что Есть.

Что произойдет после того, как Вселенная «сожмется»?

Весь процесс начнется заново! Произойдет другой так называемый «большой взрыв», и родится другая Вселенная.

Она будет расширяться и сжиматься. И все повторится вновь. И вновь. И вновь. Вечно и бесконечно. Мир без конца.

---

* «Nothing was the matter» — «Ничто не имело значения». Это выражение дословно можно перевести и так: «ничто не было материей».

Это вдох и выдох Бога.

Опять же, все это очень интересно, но очень мало связано с моей повседневной жизнью.

Как Я уже сказал, не стоит тратить непомерное количество времени, стараясь разгадать глубочайшие тайны Вселенной, — это, вероятно, не самый лучший способ прожить свою жизнь. Но из этих простых и доступных пониманию аллегорий и описаний крупномасштабного процесса нужно извлечь определенную пользу.

Какую, например?

Например, понять, что все вещи цикличны — включая саму жизнь.

Понимание жизни во Вселенной поможет тебе понять жизнь Вселенной внутри *тебя*.

Движение жизни происходит по циклам. Все циклично. Все. Когда ты это понимаешь, ты становишься способным все больше радоваться самому Процессу — не просто выживать в нем.

Все вещи двигаются циклично. У жизни есть особый ритм, и все движется согласно этому ритму; все в этом потоке. Поэтому написано: «Всему свое время, и время всякой вещи под небом»*.

Мудр тот, кто это понимает. Умен тот, кто это использует.

Мало кто понимает ритмы жизни лучше, чем женщины. Женщины всю свою жизнь живут в ритме. Они в ритме с самой жизнью.

Женщины больше способны «плыть по течению», чем мужчины. Мужчины хотят толкать, тянуть, сопротивляться, управлять потоком. Женщины ощущают его, а потом подстраиваются к нему, чтобы создать гармонию.

Женщина слышит мелодию цветов в шуме ветра. Она видит красоту невидимого. Она чувствует порывы и устремления жизни. Она знает, когда время бежать, а когда время отдохнуть; когда время смеяться и когда время плакать; когда время удержать и когда время отпустить.

Многие женщины покидают свое тело изящно. Большинство мужчин борется со смертью. К тому же женщины более благосклонно относятся к своему телу, когда они пребывают *в* нем. Мужчины обращаются со своим телом ужасно. Так же они относятся и к своей жизни.

Конечно, нет правил без исключений. Я говорю здесь в общем. Я говорю о том, как обстояли дела до сих пор. Я говорю в широком смысле. Но если ты посмотришь на жизнь, если ты осознаешь то, что видел и видишь, если ты — то, что есть, то в этом обобщении ты можешь обнаружить правду.

---

* Еккл. 3: 1.

Мне становится грустно. Мне начинает казаться, будто женщины — это исключительные создания. Что они «правильнее устроены», чем мужчины.

Частью восхитительного ритма жизни является *Инь* (женское начало) и *Ян* (мужское начало). Одна сторона «Бытия» не «совершеннее» и не «лучше» другой. Обе стороны — это просто — и чудесно — разные стороны.

Безусловно, мужчины воплощают в себе другие черты Божественности,— черты, на которые с завистью смотрят женщины.

Но сказано, что быть мужчиной — это проверка, это твое испытание. Когда ты пробыл мужчиной достаточно долго — когда ты достаточно выстрадал из-за своего собственного безрассудства. Когда ты причинил себе достаточно боли от несчастий, порожденных тобой же. Когда ты обидел так много людей и перестал вести себя подобным образом. Когда ты сменил агрессию на понимание, презрение на сострадание, «победу-любой-ценой» на вариант «никто-не-останется-в-проигрыше», — то тогда ты можешь стать женщиной.

Когда ты узнаешь, что тот, кто силен, — *не* «прав»; что сила — это *не* власть «*над*», а власть «*с*»; что абсолютная сила не требует от других ничего; когда ты поймешь это, ты можешь заслуженно носить женское тело, потому что ты наконец поймешь ее Сущность.

Выходит, что женщина лучше мужчины.

Нет! Не «лучше» — просто она другая! Это *ты* судишь таким образом. В объективной реальности не существует таких вещей, как «лучше» или «хуже». Есть только то, что Есть — и чем ты хочешь Быть.

Жара не лучше, чем холод; верх не лучше, чем низ, — Я уже обращал на это особое внимание. Поэтому женщина не «лучше», чем мужчина. Все *есть* как Есть. Как и ты есть то, что ты есть.

Никто из вас не ограничен. Ты можешь Быть тем, чем ты хочешь Быть, выбрать то, что ты хочешь испытать. В этой жизни, и в следующей, и еще дальше. Каждый из вас всегда перед выбором. Каждый из вас создан из Всего Этого. В каждом из вас есть мужчина и женщина. Выражай и испытывай тот аспект себя, который тебе больше по нраву. И знай, что *все* это открыто каждому из вас.

Я не хочу переходить к другим темам. Я хочу еще поговорить о мужчинах и женщинах. В конце первой книги Ты обещал более детально обсудить весь сексуальный аспект этой дуальности.

Да. Пожалуй, нам с тобой — тебе и Мне — пора поговорить о Сексе.

Зачем Ты создал два пола? Это был единственный путь, который Ты придумал для воспроизведения человеческого рода? Как нам относиться к этому невероятному опыту, который называют сексуальностью?

Конечно, не стыдясь этого. И без чувства вины, и без страха.

Потому что стыд — не добродетель, а вина — не благо, и страх никому не делает чести.

И не с вожделением, потому что похоть — не страсть. И не очертя голову, потому что несдержанность не означает свободу. И не напористо, потому что настойчивость — не признак пылкости.

И, конечно, без мысли обладать, показать свою власть или силу, ибо это не имеет ничего общего с Любовью.

Но... может ли секс быть просто для собственного удовольствия. Удивительно, но ответ — «да», потому что «личное удовольствие» — это просто еще одно название Любви к Себе.

Собственное удовольствие за долгие годы снискало дурную славу, и в этом кроется главная причина того, что секс во многом связывают с чувством вины.

Вам сказано, что вы не должны использовать для личного удовольствия то, что лично вам доставляет огромное удовольствие! Это явное противоречие для тебя совершенно очевидно, но что тут поделаешь! И ты решил, что если ты испытываешь чувство вины по поводу того, как тебе было хорошо во время и после секса, то это по крайней мере хоть что-то уладит.

Это мало чем отличается от хорошо известной вам всем певицы, чье имя Я не стану называть здесь. Она получает миллионы долларов за исполнение своих песен. Когда ее попросили прокомментировать ее невероятный успех и богатство, которое он ей принес, она сказала: «Я чувствую себя в какой-то мере виноватой, потому что я так люблю этим заниматься».

Подтекст ясен. Если ты очень любишь чем-то заниматься, то ты не должен получать за это деньги как дополнительную награду. Большинство людей зарабатывают деньги, *делая то, что они ненавидят*, — или по крайней мере за какой-то *тяжелый труд*, но не за *бесконечную радость!*

Получается, что жизнь учит: Если ты питаешь отрицательные чувства к чему-то, *то только тогда ты можешь наслаждаться этим!*

Вина часто является твоей попыткой относиться *плохо* к тому, от чего ты получал *удовольствие*, — уладив тем самым свои отношения с Богом... который, как тебе кажется, не желает, чтобы ты получал удовольствие *от чего бы то ни было.*

Ты не должен получать удовольствие от радостей тела. И уж *конечно*, не от... — твоя бабушка боялась говорить это слово вслух, поэтому она шепотом произносила его по буквам — «С-Е-К-С-А»...

Но хорошая новость состоит в том, что *любить секс — это нормально!*

Любить самого *Себя* — тоже нормально!

Фактически, это просто необходимо.

Тебе не стоит превращать секс в привычку (как и что-либо другое). Но любить его — это нормально!

Упражняйся, произнося вслух десять раз каждый день:

Я ЛЮБЛЮ СЕКС!

Упражняйся, произнося десять раз:

Я ЛЮБЛЮ ДЕНЬГИ!

А теперь, хочешь попробовать «покруче»? Тогда повтори десять раз:

Я ЛЮБЛЮ *СЕБЯ!*

Вот еще несколько вещей, которые, как считают, ты не должен любить. Поупражняйся в любви к ним:

ВЛАСТЬ

СЛАВА

ИЗВЕСТНОСТЬ

УСПЕХ

ПОБЕДА

Хочешь еще? Вот, попробуй. По идее, ты должен испытывать *настоящее* чувство вины, если любишь *это*:

ОДОБРЕНИЕ ДРУГИХ

БЛАГОПОЛУЧИЕ

ДОСТАТОК

ЗНАТЬ КАК

ЗНАТЬ ПОЧЕМУ

Достаточно? Постой! Вот еще *предельная вина*. Ты должен испытывать предельное чувство вины, если думаешь, что ты

ЗНАЕШЬ БОГА.

Разве это не удивительно? На протяжении всей твоей жизни тебя принуждали чувствовать себя виноватым за

ТО, ЧЕГО ТЫ ХОЧЕШЬ БОЛЬШЕ ВСЕГО.

Но Я говорю тебе: люби, люби, люби то, чего ты хочешь, — потому что любовь ко всему этому *притягивает это к тебе*.

Эти вещи являются содержанием нашей жизни. Если ты любишь их, значит, ты любишь *жизнь!* Когда ты заявляешь, что ты их хочешь, ты объявляешь, что ты выбираешь все блага, которые может предоставить жизнь!

Поэтому выбирай *секс* — столько секса, сколько ты хочешь! И выбирай *власть* — столько власти, сколько ты можешь сосредоточить в своих руках! И выбирай *славу* — столько славы, сколько ты можешь достичь! И выбирай *успех* — весь успех, которого ты можешь добиться! И выбирай *победу* — столько победы, сколько ты можешь испытать!

Но выбирай секс *не вместо* любви, а как торжество любви. Выбирай власть не над людьми, а власть, разделенную с людьми. Выбирай славу не ради самой славы, а как средство добиться большего. И выбирай успех не за счет других, а как инструмент, с помощью которого ты помогаешь другим. И не выбирай победу любой ценой, а выбирай победу, которая другим ничего не стоит и от которой они даже выигрывают.

Продолжай действовать и выбирай похвалу от других — но воспринимай всех людей достойными того, чтобы ты мог излить свою похвалу, и *делай* это!

Продолжай действовать и выбирай благополучие, но не для того, чтобы жить лучше других, а чтобы жить лучше, чем *ты жил раньше*.

Продолжай действовать и выбирай достаток, но только для того, чтобы ты мог *больше отдавать*.

И конечно, *выбирай «знать как» и «знать почему»*, — чтобы ты мог поделиться знаниями с другими.

И обязательно выбирай ЗНАТЬ БОГА. Фактически, ВЫБИРАЙ ЭТО В ПЕРВУЮ ОЧЕРЕДЬ, а все остальное последует.

Всю жизнь тебя учили, что лучше отдать, чем взять. *Но нельзя дать то, чего не имеешь.*

Вот почему важно самому получать удовольствие — и вот почему вызывает сожаление факт, что об этом говорят с такой неприязнью.

Безусловно, здесь не может быть и речи о получении удовольствия за счет других. И это не значит, что не надо принимать во внимание потребности других людей. Но ты не должен игнорировать *свои собственные интересы* в жизни.

Доставляй себе удовольствие сполна, и ты сможешь доставлять полное удоволь-
ствие другим.

Знатокам тантрического секса это известно. Поэтому они поощряют мастурбацию, которую некоторые из вас считают грехом.

Мастурбацию? Ну и ну — Ты перешел все границы. Как Ты можешь затра-
гивать подобные вещи — как Ты можешь даже *говорить* о них — в посла-
нии, которое идет от Бога?

Понимаю. Ты осуждаешь мастурбацию.

Ну, я, может быть, и нет. Но большинство читателей могут относиться к
этому именно так. Ведь Ты говорил, что эта книга рассчитана на массового
читателя.

Так и есть.

Так почему же Ты преднамеренно задеваешь их чувства?

Я никого «преднамеренно не задеваю». Люди вольны выбирать — «обижаться» им или нет. А ты действительно считаешь, что мы можем открыто и откровенно говорить о сексуальности людей так, чтобы никто не почувствовал себя «оскорбленным»?

Нет. Но так мы можем зайти очень далеко. Я не думаю, что многие люди
готовы услышать, как Бог говорит о мастурбации.

Если ограничиваться в этой книге только тем, что люди готовы услышать от Бога, то получилась бы очень маленькая книжка. Многие из вас никогда не оказываются готовыми слышать то, что говорит Бог в тот момент, когда он это делает. Они обычно ждут 2000 лет.

Ладно. Продолжай. Кажется, мы оправились от первоначального шока.

Хорошо. Просто Я использовал этот аспект жизненного опыта (в который многие из вас вовлечены, но о котором никто не хочет говорить), чтобы пояснить суть.

Я повторю, в чем заключается суть: *Не отказывай себе в полном удовольствии, и*
ты будешь в состоянии доставить полное удовольствие другим.

Учителя так называемого тантрического секса (а это, кстати, очень просветленная форма сексуального опыта) знают, что если ты начинаешь заниматься сексом, ис-пытывая сексуальный «голод», то твоя способность доставить удовольствие своему партнеру и испытать продолжительный и радостный союз душ и тел (а это веская причина, чтобы заниматься сексом) — значительно уменьшается.

Поэтому тантристы часто доставляют удовольствие себе, прежде чем они насладятся друг другом. Часто это происходит в присутствии друг друга. Они обычно воодушевляют друг друга, помогают и с нежностью подсказывают друг другу. Потом, когда они утолят первый голод, более глубинная жажда — жажда получить экстаз в продолжительном единении — может быть восхитительным образом удовлетворена.

Во взаимном само-наслаждении вся радость, игривость, любвеобильность сексуальности, проявленной сполна. То, что вы называете коитусом, или сношением, может наступить после двухчасовой любовной игры. А может и не наступить. Для большинства из вас это *единственная цель* 20-минутного упражнения. То есть — 20 минут, если вам повезет!

Я не предполагал, что это обернется руководством по сексу.

Это не так. Но если бы это и случилось, то было бы неплохо. Большинство людей должны многое узнать о пользе и радостях секса.

Однако Я хотел еще больше раскрыть суть дела. Чем больше удовольствия ты доставляешь себе, тем больше удовольствия ты можешь доставить другому. Таким же образом, если ты получаешь удовольствие от того, что ты сильный, то у тебя больше сил поделиться с другими. То же самое верно и в отношении славы, богатства, успеха и всего того, что доставляет тебе удовольствие.

Между прочим, Я думаю, нам пора взглянуть на то, почему какая-то конкретная вещь на самом деле тебе «в радость».

Ну ладно, я сдаюсь. Почему?

Чувство радости — это способ души прокричать: «Вот Кто Я Есть!»

Тебе когда-нибудь доводилось бывать в классе, когда учитель делал перекличку и ты должен был сказать «здесь», когда называлось твое имя?

Да.

Так вот, «состояние радости» — это способ души сказать «здесь»!

Многие люди посмеиваются над идеей о «благих намерениях». Они говорят, что ими «вымощена дорога в ад». Я говорю, что это дорога *на небеса*!

Многое, конечно, зависит от того, что для тебя «благие намерения». Другими словами, что обеспечивает тебе хорошее самочувствие? Я говорю тебе: никакая эволюция никогда не совершалась через *отрицание*. Если ты намерен эволюционировать, то это произойдет не потому, что тебе удалось благополучным образом лишить себя тех вещей, которые тебе «в радость», а потому, что ты *даровал* себе эти удовольствия — и обнаружил нечто большее. Но как можно знать «большее», если ты еще не вкусил «меньшего»?

Религия непременно будет диктовать тебе свои взгляды на этот счет. Поэтому все религии в конце концов терпят крах.

Духовность же всегда добивается успеха.

Религия требует, чтобы ты учился на опыте других. Духовность побуждает тебя вести собственный поиск.

Религия не выносит Духовности. Она не может мириться с ней. Потому что Духовность может привести тебя к *другому выводу*, чем предлагает религия, — а вот уж этого никакая религия не потерпит.

Религия советует тебе исследовать мысли других и принимать их как свои собственные. Духовность предлагает тебе отбросить чужие мысли и думать *своей* головой.

«Состояние радости» — это способ сказать самому себе, что твоя последняя мысль была *правдой*, твое последнее слово было *мудростью*, что твой последний поступок был *любовью*.

Чтобы узнать, какого прогресса ты достиг, чтобы измерить, как далеко ты продвинулся, просто посмотри и пойми, что тебе «в радость».

Но не старайся достичь своего совершенства силой — эволюционировать дальше и быстрее, — *отвергая* то, от чего тебе хорошо, или отстраняясь от этого.

Самоотрицание — это самоуничтожение.

Но знай также, что саморегуляция — это не самоотрицание. Контроль над своим поведением — это активный выбор сделать что-то или не делать, исходя из собственного решения о том, кто ты есть. Если ты заявляешь, что ты тот человек, который уважает права других людей, то решение не грабить их и не воровать у них едва ли можно считать «само-отрицанием». Это *самоутверждение*. Вот почему считают, что показателем развития человека является именно то, что доставляет ему радость.

Если ты радуешься оттого, что ведешь себя безответственно, или оттого, что своими поступками заставляешь других людей страдать и можешь причинить им неприятности и боль, то ты не очень-то далеко ушел.

Осознанность — вот что является ключом. И задача взрослых в ваших семьях и сообществах как раз в том, чтобы взращивать и распространять осознанность среди юных. Подобно тому как работа посланников Бога в том, чтобы способствовать росту осознанности среди *всех* людей — чтобы все понимали: то, что делается кому-то или для кого-то, делается всем или для всех, ведь все мы — Одно.

Если исходить из осознания «всеобщего Единства», то абсолютно невозможно получать удовольствие, причиняя боль другому. Так называемое «безответственное поведение» исчезает. Именно по таким критериям просветленные существа стремятся оценить свой жизненный опыт. И именно в этом контексте Я говорю:

позволь себе иметь *все*, что предлагает жизнь, и ты увидишь, поймешь, что *в ней есть гораздо больше, чем ты когда-либо мог себе представить.*

Ты — это то, что ты переживаешь на опыте. Ты испытываешь то, что ты выражаешь. Ты выражаешь то, что у тебя есть. У тебя есть то, что ты даруешь себе.

Мне это нравится. Но, может быть, вернемся к нашему вопросу?

Да. Я создал два пола по той же причине, по какой Я заложил «Ян» и «Инь» во все — и по всей Вселенной! Мужское и женское — это части *Ян* и *Инь*. В вашем мире мужчины и женщины — наивысшее и живое их выражение.

Они *Ян и Инь... во плоти.* В одной из многих *физических* форм.

Инь и Ян, здесь и там... то и это... верх и низ, холодно и жарко, большое и маленькое, быстро и медленно — материя и анти-материя...

Все это нужно тебе, чтобы испытать жизнь в том виде, в каком ты ее знаешь.

Как нам лучше всего выражать то, что называют «сексуальной энергией»?

С любовью. Открыто.

Игриво. Весело.

Неистово. Страстно. Свято. Романтично.

С юмором. Непосредственно. Трогательно. Изобретательно. Без смущения. Чувственно.

И конечно, часто.

Кое-кто считает, что единственная оправданная цель человеческой сексуальности — деторождение.

Вздор. Деторождение — это счастливый исход, а не спланированное заранее логическое следствие большей части сексуального опыта людей. Идея о том, что секс существует лишь для того, чтобы производить на свет детей, — наивна. А мысль о том, что секс должен быть прекращен с последним ребенком, — просто нелепа. Она против человеческой природы, а этой природой вас одарил Я.

Проявление сексуальности — это неизбежный результат вечного процесса притяжения и ритмического потока энергии, которая питает в жизни все.

Я встроил во все вещи энергию, которая посылает свои сигналы по всей Вселенной. Каждый человек, животное, растение, камень, дерево — *каждая* вещь материального мира — посылает вовне энергию, как радиопередатчик.

Ты рассылаешь энергию — излучаешь энергию — прямо сейчас, из глубины своей души во всех направлениях. Эта энергия, — которая и есть *ты*, — волнами выходит наружу. Эта энергия покидает тебя, проходит через стены, над горами, за Луну и прямо в Вечность. Она *вообще никогда не останавливается.*

Каждая мысль, которая когда-либо приходила тебе в голову, окрашивает эту энергию. (Когда ты думаешь о каком-то человеке, он *почувствует* это, если он достаточно восприимчив.) Каждое сказанное тобой слово придает ей форму. Все, сделанное тобой когда-либо, оказывает на нее влияние.

Вибрация, скорость, длина волны, частота твоих эманаций сдвигаются и изменяются с твоими мыслями, настроениями, чувствами, словами и поступками.

Тебе доводилось слышать выражение «посылать положительные флюиды», — и это на самом деле так. Точно подмечено!

Любой другой человек, естественно, делает то же самое. И получается, что эфир — «воздух» между вами — *наполнен энергией*. Матрица сплетений и переплетений личностных «флюидов», которые образуют ткань более хитроумную, чем ты можешь себе представить.

Это сплетение представляет собой поле из совмещенных энергий, в котором вы живете. Оно настолько *мощное*, что оказывает влияние на *все*. Включая *тебя* самого.

Затем *ты* посылаешь вновь созданные «вибрации», на которые повлияли *поступающие* вибрации, воздействию которых ты подвержен, а те, в свою очередь, пополняют и изменяют Матрицу, — которая, в свою очередь, оказывает влияние на энергетическое поле любого другого человека, — которое влияет на *вибрации*, которые *они* посылают, — что влияет на Матрицу, — которая оказывает влияние на *тебя*... и так далее.

Ты можешь подумать, что это всего лишь плод воображения. Но тебе приходилось когда-нибудь входить в комнату, где «воздух настолько спертый, что хоть топор вешай»?

Или, может быть, ты когда-нибудь слышал про двух ученых, которые работали над одной и той же проблемой одновременно, в противоположных уголках земного шара, не зная друг о друге, — и вдруг они оба в одно и то же время пришли к одинаковому решению — причем *независимо*?

Это обычные явления, по которым чаще других можно обнаружить существование Матрицы.

Матрица — смешанное перемещающееся энергетическое поле внутри любого заданного параметра — это мощная вибрация. Она напрямую может оказывать влияние, воздействовать и создавать материальные объекты и события.

(«Где двое или трое собраны во Имя Мое...», Матф. 18:20).

Ваша современная психология назвала эту энергетическую Матрицу «Коллективным Сознанием». Оно может воздействовать — и действительно воздействует — на *все, что есть на планете*: поводы для войн и шансы для мира; геофизические изменения или планета в покое; распространившаяся болезнь или здоровый мир.

Все это результат сознания.

То же самое можно сказать и о характерных событиях и положении дел в твоей личной жизни.

Это интересно, но какое отношение это имеет к сексу?

Терпение. Я как раз к этому перехожу.

Весь мир постоянно обменивается энергией.

Твоя энергия высвобождается, затрагивая все остальное. Все остальное (живое и неживое) затрагивает тебя. Но здесь происходит нечто интересное. В каком-то месте посередине пути между тобой и чем-то другим эти энергии встречаются.

Чтобы яснее описать всю картину, давай представим, что в какой-то комнате двое людей. Они в разных концах комнаты, вдали друг от друга. Назовем их «Том» и «Мэри».

Индивидуальная энергия Тома посылает во Вселенную сигналы о Томе на 360 градусов. Часть этих волн энергии попадает к Мэри.

Тем временем Мэри излучает свою собственную энергию, часть которой попадает к Тому.

Но эти энергии встречаются друг с другом так, как ты себе еще не представлял. Они встречаются на *полпути* между Томом и Мэри.

Здесь эти энергии объединяются (запомни, что эти энергии *материальны*; их можно *измерить, почувствовать*) и соединяются, чтобы образовать новую единицу энергии, которую мы назовем «Томэри». Это общая энергия Тома и Мэри.

Том и Мэри с таким же успехом могли бы называть эту энергию «Тело Между Нами», — потому что это и есть тело энергии, с которым они оба связаны, которое оба питают энергиями, постоянно к нему притекающими, и которое посылает свои энергии обратно к обоим своим «спонсорам» по нити, или пуповине, или каналу, что всегда существует внутри Матрицы. (На самом деле этот «канал» и есть Матрица.)

Именно ощущение «Томэри» и есть *правда* о Томе и Мэри. Этих двоих связывает Святое Причастие, к которому они оба приобщились. И по этому каналу они ощущают высшую радость Промежуточного Тела, Священного Союза.

Том и Мэри, находясь на расстоянии друг от друга, могут *физически* ощущать, что происходит в Матрице. Оба моментально втянулись в этот опыт. Им обоим хочется двинуться навстречу друг другу! Сразу же!

Но вмешивается их «воспитание». Жизнь научила их остужать пыл, не доверять чувствам, «быть начеку», быть сдержанными.

Но душа... хочет познать «Томэри» — *немедленно*!

Если эти двое счастливчики, то они почувствуют себя свободными, отбросят страхи и поверят, что все, что есть, — это любовь.

Они, эти двое, безвозвратно притянулись к Промежуточному Телу Между Ними. Томэри *уже* ощущается *метафизически*, но Том и Мэри очень хотят испытать это *физически*. И они начинают приближаться друг к другу. Не дойти друг до друга, как кажется стороннему наблюдателю. Каждый из них пытается добраться до ТОМЭРИ. Они пытаются дойти до того места Божественного Союза, который *уже существует* между ними. И они уже знают место, где они Едины, — и что значит *Быть* Единым Целым.

И они движутся навстречу этому «чувству», которое они испытывают. Когда расстояние между ними сокращается, когда они «укорачивают пуповину», то энергия, которую они оба посылают ТОМЭРИ, перемещается на все более короткое расстояние и поэтому становится еще более интенсивной.

Еще ближе. Чем короче расстояние, тем сильнее напряжение. Еще ближе. И снова напряжение возрастает.

И вот они уже в нескольких шагах друг от друга. Промежуточное Тело между ними пылает жаром. Вибрирует со страшной скоростью. Обратная «связь» с Томэри становится плотнее, объемнее, ярче, возгорается от невероятной энергии. В таких случаях говорят, что эти двое «горят желанием». И это *действительно* так!

И еще ближе.

Теперь они прикасаются друг к другу.

Ощущение почти нестерпимое. Острое. На пике прикосновений друг к другу они чувствуют всю энергию ТОМЭРИ — всю уплотненную, единую субстанцию их Единой Сущности.

Если ты откроешь себя самой большой чувствительности, на какую ты только способен, ты сможешь ощутить эту тонкую, чистую энергию в виде особого трепета, — и «трепет» вдруг охватит всего тебя. Или в момент прикосновения ты почувствуешь жар, — жар, который ты вдруг ощутишь всем своим телом, но который сосредоточен, главным образом, в нижней *чакре* (или энергетическом центре).

Там «горение» будет особенно ощутимым, и тогда о них скажут, что Том и Мэри «очень хотят» друг друга!

И вот эти двое начинают обнимать друг друга. Расстояние между Томом, Мэри и Томэри сокращается настолько, что все это теперь сосредоточено почти в одном и том же пространстве. Том и Мэри ощущают Томэри между собой, — и им хочется еще *большей* близости. Буквально, *слиться* с Томэри. *Стать* Томэри в *физической форме*.

Создавая тело мужчины и женщины, Я предусмотрел, как это сделать. Наступает момент, когда Том и Мэри уже готовы это совершить. И тело Тома уже, в прямом смысле слова, готово *войти* в Мэри. Тело Мэри, в прямом смысле слова, готово *принять* Тома *в себя*.

Трепет и жар необычайно сильны. Это... трудно выразить словами. Два тела соединяются. Том, Мэри и Томэри становятся Едины. *Во плоти.*

Но они все еще обмениваются друг с другом энергиями. Пылко. Страстно.

Телодвижения. Они все не могут насладиться друг другом, им не хватает близости. Они жаждут *близости. Ближе. ЕЩЕ БЛИЖЕ.*

Они, буквально, взрываются, — и их тела содрогаются в конвульсии, их охватывает дрожь с головы до ног. Во взрыве своего единения они познали Бога и Богиню, Альфу и Омегу, Все и Ничто — Сущность жизни — Опыт Того, Что Есть.

Происходят физические изменения и на химическом уровне. Двое слились в Одно — и нередко из этого единства возникает *третье* существо — в физической форме.

Вот так воплощается Томэри. Плоть от плоти. Кровь от крови.

Они буквально *создали жизнь!*

Разве Я не говорил, что *вы — Боги?*

Это самое прекрасное описание человеческой сексуальности, какое мне доводилось слышать.

Ты видишь красоту там, где хочешь видеть. Ты видишь отвратительное там, где боишься увидеть красоту.

Ты бы удивился, если бы узнал, как много людей воспринимает то, что Я только что сказал, как что-то отвратительное.

Нет, я бы не удивился. Мне уже приходилось замечать, с каким страхом и неприязнью люди относятся к сексу. Но Ты упустил очень многие вопросы.

Я здесь для того, чтобы на них ответить. Но позволь Мне еще чуть-чуть продолжить Мой рассказ, прежде чем ты забросаешь Меня своими вопросами.

Да, *пожалуйста.*

Этот... танец, который Я только что описал, этот обмен энергией происходит постоянно — во *всем* и со *всем.*

Твоя энергия, которая излучается как Золотой Свет, постоянно взаимодействует со всем и с каждым другим. Чем ближе вы, тем интенсивнее энергия. Чем дальше, тем тоньше. Но ты никогда не отделен *ни от чего* полностью.

Между тобой и любым другим человеком, местом или вещью существует точка. Именно в ней две энергии соединяются и образуют третью, намного менее интенсивную, но не менее реальную единицу энергии.

Всякий человек и любая вещь на планете, как и во всей Вселенной, излучает энергию во все стороны. Эта энергия смешивается со всеми другими энергиями, пересекаясь вдоль и поперек с такой сложностью, что и вообразить невозможно.

Эти пересекающиеся, смешивающиеся, переплетающиеся энергии, стремительно перемещающиеся среди всего, что вы называете материальным, и есть то, что *связывает материальность воедино*.

Это и есть Матрица, о которой Я говорил. Именно через эту Матрицу вы посылаете друг другу сигналы — послания, замыслы, исцеления и другие физические воздействия, созданные отдельными личностями и, главным образом, массовым сознанием.

Эти бесчисленные энергии, как Я уже говорил, притягивают друг друга. Это называется Законом Притяжения. Согласно этому закону, подобное притягивает подобное.

Одинаковые мысли притягивают такие же мысли по Матрице. Когда достаточное количество таких энергий, так сказать, «состыковывается», их вибрации становятся тяжелее, скорость замедляется и некоторые мысли становятся материальными.

Мысли действительно создают физическую форму. Когда много людей думает об *одном и том же*, то велика вероятность, что их мысли создадут Действительность.

(Вот почему слова «Мы за тебя помолимся» такие мощные. Можно написать целую книгу с доказательствами чудодейственности молитвы, когда молятся сообща.)

Также верно и то, что и далеко не молитвенные мысли могут создавать «последствия». Распространившееся во всем мире сознание страха, например, или злобы, нужды, неудовлетворенности может породить такой же опыт по всему земному шару или в какой-то отдельной местности, где эти коллективные убеждения сильнее всего.

Например, нация на Земле, которую вы называете Соединенными Штатами, давно считает, что она «под Богом, неделимая, со свободой и справедливостью для всех». Эта нация стала самой процветающей нацией на Земле не случайно. Не удивительно также и то, что эта нация постепенно утрачивает то, что было создано таким трудом. Кажется, эта нация утратила свои взгляды.

Слова «под Богом, неделимая» значили то, что они выражали, — Всеобщую Правду Единства; Единение (Матрицу, которую очень трудно разрушить). Но Матрица была ослаблена. Религиозная свобода превратилась в религиозную правоту, граничащую с религиозной нетерпимостью. Свобода личности неизбежно исчезла с исчезновением личной ответственности.

Понятие *личной ответственности* было искажено и подменено понятием «каждый сам по себе». Это новая философия, мнящая себя продолжением сурового индивидуализма первых американцев.

Но первоначальный смысл личной ответственности, на которой основаны американское мировоззрение и американская мечта, находит свой самый глубокий смысл и самое высокое выражение в понятии «*Братская Любовь*».

Америка стала великой не потому, что каждый человек боролся за свое *собственное* выживание, а потому, что каждый человек принял на себя личную ответственность за выживание *всех*.

Америка была той нацией, которая не отворачивалась от голодающих, никогда не отказывала нуждающимся, с распростертыми объятиями принимала отчаявшихся и бездомных и делилась своим изобилием с миром.

Но когда Америка стала великой страной, американцы стали жадными. Не все, но многие. И со временем их становилось все больше и больше.

Американцы понимали, насколько хорошо им жилось оттого, что все это *возможно* было иметь, однако им хотелось большего. Но для того, чтобы они могли иметь все больше, больше и *больше*, был только один путь. Кто-то другой должен был иметь еще меньше, меньше и меньше.

Когда в американском характере величие заменилось жадностью, в людях все меньше оставалось места для сострадания к обездоленным. Менее удачливым говорили, что если они не могут иметь больше, значит, это «их участь, виноваты сами». В конце концов, Америка — страна равных возможностей, разве не так?

Никто, кроме тех менее удачливых, не нашел возможности признать, что при существующем общественном порядке перспектива по-американски ограничивалась «своими» — теми, кто шел проторенным путем. По большому счету, к ним не относились многие меньшинства, которые отличались цветом кожи или полом.

На международном уровне американцы стали вести себя высокомерно. Когда миллионы людей по всему земному шару голодали, американцы выбрасывали такое количество еды, которым можно было накормить целые народы. Да, Америка была щедрой по отношению к некоторым, но все больше и больше ее внешняя политика сводилась к расширению ее собственных корыстных интересов. Америка помогала другим, когда это было выгодно ей. (То есть выгодно американским властным структурам, американской элите богачей, или военной машине, эту элиту защищавшей, — и их совместным фондам.)

Основной идеал Америки — Братская Любовь — был разрушен. И теперь любой разговор о том, что надо быть «хранителями братства», несет оттенок нового американизма — обостренного интереса к тому, как удержать нажитое, и колкостей в адрес тех, кому повезло меньше, кто осмелился потребовать восстановления справедливости.

Каждый человек — как мужчина, так и женщина — *должен* взять на себя ответственность. Это бесспорно. Но Америка, как и другая страна, может быть по-настоящему благополучной только тогда, когда каждый человек готов нести ответственность за *всех* вас как *Целое.*

Выходит, Коллективное Сознание порождает общие результаты.

Именно так. И это не раз подтверждалось свидетельствами на протяжении всей вашей истории.

Матрица втягивается в себя, — и это происходит точно так же, как в случае описанной вашими учеными явлении черной дыры. Она притягивает подобные энергии друг к другу и даже сближает друг с другом физические объекты.

Затем те объекты должны оттолкнуть друг друга — отстраниться, — иначе они сольются, — фактически, перестанут существовать в своей нынешней форме и приобретут новую форму.

Все сознательные существа интуитивно это знают, поэтому все сознательные существа отстраняются от Окончательного Слияния, чтобы сохранить свои отношения со всеми другими существами. Если они этого не сделают, то они вольются во все другие существа и испытают Единение Навеки.

Это состояние, из которого мы вышли.

Отстранившись от этого состояния, мы постоянно притягиваемся к нему снова.

Приливы и отливы, движение «вперед — назад» — это основной ритм Вселенной и всего, что в ней. Это секс — обмен взаимоусиливающей энергией.

Вы постоянно притягиваетесь, вовлекаетесь в процесс единения друг с другом (и со всем, что есть в Матрице). Потом, в момент соединения, ты отталкиваешься от этого союза, сделав сознательный выбор. Твой выбор — оставаться свободным от него, чтобы ты мог *пережить это на опыте.* Ибо, став однажды частью этого Единства и *оставшись* там, ты не можешь *знать* его как Единство, потому что тебе больше не ведомо Разъединение.

Другими словами: чтобы Бог мог познать Себя как Все Это, Бог должен узнать Себя *не* как Все Это.

Через вас — как и через любые другие единицы энергии во Вселенной — Бог знает Себя как *Части Всего* и тем самым дает Себе возможность познать Себя как *Все во Всем* на Своем Собственном Опыте.

Я могу испытать то, что Я есть, только испытав то, что не есть Я. Ты видишь эту Божественную Дихотомию: То, что не есть Я, — это тоже Я. Отсюда и утверждение: Я Есть то, что Я Есть.

Как Я уже сказал, эти естественные колебания, этот естественный ритм Вселенной — обычное явление в жизни, включая и те движения, которые создают саму жизнь.

Словно какая-то неведомая сила влечет вас друг к другу, чтобы потом вы отпрянули и разъединились, чтобы потом броситься навстречу друг другу вновь и снова расстаться, а потом ненасытно, страстно, неудержимо стремиться к полному единению вновь.

Вместе — врозь, вместе — врозь, вместе — врозь танцуют ваши тела и двигаются так естественно и так *инстинктивно*, что вы очень мало осознаете преднамеренность действия. Наступает момент, когда все происходит автоматически. Ваши тела не нужно учить, что делать. Они просто делают это — с неотступностью, как и сама *жизнь*.

Это и есть жизнь, и она выражает себя как жизнь.

И сама жизнь порождает *новую* жизнь в лоне своего собственного опыта.

Вся жизнь следует этому ритму. Вся жизнь и ЕСТЬ ритм.

А значит, вся жизнь наполнена благодатным ритмом Бога, — тем, что вы называете циклами жизни.

Пища выращивается по циклам. Времена года приходят и уходят. Планеты вращаются и движутся по орбитам. Солнца взрываются и сжимаются, а потом взрываются вновь. Вселенные вдыхают и выдыхают. И все это происходит — абсолютно *все* — по кругу, в ритме, с вибрациями, соответствующими частотам Бога/Богини — Всего.

Потому что Бог — это Все в целом, и Богиня — это Все, что есть. И нет ничего другого. И все, что когда-либо было, и есть сейчас, и когда-либо обязательно будет, — это твоя жизнь без конца.

Аминь.

8

Самое интересное, когда беседуешь с Тобой, это то, что у меня остается больше вопросов, чем ответов. Теперь у меня появились вопросы и о политике, и о сексе!

Некоторые утверждают, что это одно и то же, потому что в политике тебя все время...

Минуточку! Уж не собираешься ли Ты сказать *непристойность*?

Да, Я так и думал, что ты будешь немного шокирован.

Эй, ЭЙ! Прекрати! Бог не должен так выражаться!

Тогда почему вы это делаете?

Большинство из нас *не* выражается.

Черта с два вы не выражаетесь.

Те, кто *боится Бога*, этого не делают!

Да, понимаю. Чтобы не обидеть Бога, ты должен Его *бояться*.

А кто сказал, что какое-то слово как-то может Меня *обидеть*?

И наконец, некоторые из вас в порыве страсти описывают потрясающий секс тем же словом, которое воспринимается как самое большое оскорбление. Интересно, не так ли? Можно ли, исходя из этого, понять, как вы относитесь к сексу?

Я думаю, Ты заблуждаешься. Не думаю, что люди говорят это слово, когда описывают восхитительный, по-настоящему романтический момент секса.

Неужели? Ты бывал в последнее время в спальнях?

Нет. А Ты?

Я нахожусь во всех спальнях — постоянно.

Да уж. И мы должны хорошо себя чувствовать.

И что? Ты хочешь сказать, что в своей спальне ты делаешь то, что в присутствии Бога ты бы ни за что делать не стал?

Большинство людей неуютно себя чувствуют, когда за ними кто-то подсматривает, тем более Бог.

Но в некоторых культурах — у индейцев, полинезийцев — любовью занимаются открыто.

Да, но многие люди просто еще не доросли до такого уровня свободы. На самом деле они бы сочли такое поведение регрессом — возвратом к первобытной культуре, к язычеству.

Те люди, которых ты называешь «язычниками», имеют огромное чувство уважения к жизни. Они не знают, что такое изнасилование, и в их обществах, по-существу, нет убийств. Ваше общество прячет секс (очень естественную и нормальную человеческую функцию) и в то же время убивает людей совершенно открыто.

Вы сделали секс таким грязным, постыдным, запретным, что сами стесняетесь им заниматься!

Это бессмыслица. Большинство людей просто по-другому воспринимают пристойное в сексе, — я бы сказал, более возвышенно. Они считают, что сексом надо заниматься наедине. Для некоторых это что-то неземное в их отношениях.

Отсутствие уединения не означает отсутствие святости. Большинство самых священных обрядов совершается публично.

Не путай уединение со святостью. Большинство ваших самых отвратительных поступков совершается в одиночку, для публики вы приберегаете только самое лучшее в своем поведении.

Это не аргумент в пользу публичного секса. Это просто к сведению о том, что уединение не обязательно равнозначно святости и что публичность не лишает тебя святости.

А что касается пристойности, то само слово и образец поведения, который стоит за ним, как ничто другое наложили запрет на величайшие радости и мужчин, и женщин (кроме, разве что, идеи о карающем Боге, Который завершил работу).

Видимо, Ты не веришь в пристойность.

Проблема «пристойности» в том, что кто-то должен устанавливать нормы. Это автоматически означает, что *чье-то* мнение ограничивает твое поведение, управляет тобой и *диктует*, что должно доставить тебе радость.

В сексуальности, как и во всем другом, это может быть больше чем «ограничение», — это может разрушать.

О ком можно подумать с еще большей грустью, чем о мужчине и женщине, которым хочется что-то испытать, но они воздерживаются от этого, потому что их мечты и фантазии нарушили бы «Правила Пристойности»!

Обрати внимание, дело не в том, что *они* не стали бы этого делать, — просто это не-«пристойно».

Не только в том, что касается сексуальности, а вообще во всем в жизни никогда, никогда, никогда не думай, что ты не можешь делать что-то только потому, что это могло бы нарушить чьи-то правила пристойности.

Если бы Мне надо было повесить на бампере Своей машины лозунг, то Я бы выбрал такой:

НАРУШАЙТЕ ПРИСТОЙНОСТЬ

И уж конечно, Я повесил бы такую же табличку в каждой спальне.

Но чувство «правильного» и «неправильного» объединяет наше общество. Как же мы можем жить вместе, если в этом нет согласия?

«Пристойность» ничего общего не имеет с вашими относительными ценностями «правильности» и «неправильности». Вы все можете согласиться с тем, что убивать человека — «неправильно». Но разве «неправильно» бегать голым под дождем? Вы все можете согласиться с тем, что «брать» жену соседа — «неправильно». Но разве «неправильно» «брать» собственную жену (или позволять ей «брать» вас) с большим наслаждением?

«Пристойность» меньше всего связана с юридическими запретами и чаще всего имеет отношение к тому, что считают «достойным».

«Пристойное» поведение — это не всегда то, что лучше всего для тебя. Такое поведение редко доставляет тебе большую радость.

Вернемся к сексуальности. Значит, Ты говоришь, что любое поведение допустимо, если есть взаимное согласие тех, кто к этому причастен и на кого это оказывает влияние?

Разве в жизни не должно быть именно так?

Но иногда мы не знаем, кого это коснется, или как...

Ты должен быть очень восприимчивым к таким вещам. Ты должен тонко осознавать. А там, где ты действительно не знаешь, не можешь понять, ты должен отдаться во власть Любви.

Принимая ЛЮБОЕ решение, задавай себе самый главный вопрос: «Что бы сейчас сделала любовь?»

Любовь к себе и любовь ко всем другим, кто в это вовлечен и на кого это влияет.

Если ты любишь другого, ты не сделаешь того, что могло бы причинить вред тому человеку. Если в этом есть какие-то сомнения, то ты подождешь, пока все не прояснится.

Но получается, что другие могут держать тебя в «заложниках». Им достаточно лишь сказать, что это или то может их «обидеть», — и твои действия будут ограничены.

И ты это делаешь сам. Разве ты не хотел бы ограничить свои собственные поступки лишь теми, которые не причиняют вреда твоим любимым?

Но что, если *ты* чувствуешь себя ущербно, оттого что *не* сделал чего-то?

Тогда ты должен сказать своему любимому человеку свою правду, — что тебе обидно, ты разочарован, ущемлен, оттого что тебе не удалось сделать что-то конкретное. И ты хотел бы это сделать. И тебе нужно согласие любимого человека на то, чтобы ты сделал это.

Ты должен постараться найти это согласие. Действуй, чтобы достичь компромисса. Найди такой путь, чтобы от этого выиграли все.

А если это невозможно?

Я повторю то, что уже говорил:

Измена
самому себе,
чтобы не изменить другому,
это
все равно
Измена.
И это
Наивысшая Измена.

Ваш Шекспир выразился по-другому:

> *Всего превыше: верен будь себе.*
> *Тогда, как утро следует за ночью,*
> *Последует за этим верность всем.*

Но человек, который всегда «потакает» своим желаниям, становится большим эгоистом. Не могу поверить в то, что Ты это защищаешь.

Ты предполагаешь, что человек всегда сделает «эгоистический выбор», как это у вас называется. Я говорю тебе: Человек *способен* сделать *высший* выбор.

Но Я также говорю:

Высший Выбор — не *всегда* тот выбор, который угоден другим.

Другими словами, иногда мы должны ставить себя на первое место.

О! Ты *всегда* должен ставить себя на первое место! Потом, в зависимости от того, что ты пытаешься сделать или хочешь испытать, ты сделаешь свой выбор.

Когда твоя цель — цель твоей *жизни* — высока, то и твои решения будут такими же.

Поставить себя на первое место — это не значит быть «эгоистом», как вы это называете. Это значит — *знать* себя.

Ты закладываешь широкую базу в поведенческий аспект человеческих отношений.

Только упражняясь в высшей свободе, можно достичь высшего развития, и другого не дано.

Если ты постоянно только и делаешь, что следуешь чьим-то правилам, то ты не достиг роста, — ты просто был послушным.

Вопреки вашим представлениям, не послушание Мне нужно от вас. Послушание — это не рост, а Я хочу именно роста.

А если мы не «растем», то Ты отправишь нас в ад, да?

Это неправда. Но Я уже обсуждал этот вопрос в Книге 1, и мы продолжим говорить об этом в Книге 3.

Ладно. Если учесть те широкие критерии, которые Ты изложил, то могу ли я задать Тебе несколько последних вопросов, прежде чем мы закроем эту тему?

Вперед.

Если секс — такая замечательная часть жизненного опыта, то почему многие духовные учителя проповедуют воздержание? И почему многие мастера несут обет безбрачия?

По этой же причине их жизнь описывали как очень скромную. Те, кто достигает в своей эволюции высокого уровня понимания, приводит свои плотские желания в гармонию со своим разумом и душой.

Вы, в сущности, состоите из трех частей, но большинство людей воспринимают себя только как тело. Даже ум остается забытым после того, как возраст перевалил за 30. Никто не читает. Никто не пишет. Никто не учит. Никто не учится. Ум позабыт. Его не питают. Не тренируют. Не дают ничего нового. Требуют от него минимум деятельности. Ум не накормлен. Не пробужден. Его баюкают, отупляют. Ты делаешь все, чтобы не включать его в работу. Телевидение, фильмы, бульварное чтиво. Что бы ни делать, только не думать, не думать, *не думать!*

Так большинство людей проживает жизнь на уровне тела. Накормить тело, укрыть тело, дать телу «начинку». Большинство людей за многие годы не прочитали хорошей книги — Я имею в виду такой, что может чему-то научить. Зато они знают всю телевизионную программу на неделю. Есть в этом что-то очень грустное.

Правда в том, что большинство людей не хотят *думать*. Они выбирают лидеров, поддерживают правительства, следуют религиям, которые не требуют от них *мыслить самостоятельно*.

«Облегчите мою задачу. Скажите мне, что надо делать».

Большинство людей хотят этого. Где мне сидеть? Где мне стоять? Как мне приветствовать? Когда мне платить? Что мне делать?

Какие правила? Какие ограничения? Скажите мне, скажите мне, *скажите!* Я сделаю, только кто-нибудь *скажите* мне, что именно!

Затем к ним приходит неудовлетворение, разочарование. Они следовали всем правилам, они делали все, как было велено. Что же оказалось не так? Когда все пошло не туда? Почему все расстроилось?

Все расстроилось потому, что остался невостребованным твой ум — величайший творческий инструмент, который когда-либо у тебя был. Пришло время снова с ним подружиться. Будь его товарищем — ведь ему так одиноко. Будь его кормильцем — ведь он так голодал.

Некоторые из вас (очень немногие) понимают, что у них есть тело *и* ум. Они хорошо обращаются со своим умом. И все же среди тех, кто уважает ум и умственную деятельность, лишь единицы научились *использовать* более одной десятой всех его возможностей. Если бы ты знал, на что твой ум способен, ты бы никогда не переставал прибегать к его чудодейственным силам.

И если число тех, кто живет и умом и телом, невелико, то число тех, кто видит себя как триединое существо — тело, ум и душа, — совсем ничтожно.

И все же вы — триединые существа. Вы больше, чем просто тело. И больше, чем тело, наделенное умом.

Заботишься ли ты о своей душе? *Замечаешь* ли ее? Лечишь или причиняешь ей боль? Ты растешь или вянешь? Расширяешь себя или ограничиваешь?

Твоя душа так же одинока, как и твой ум? Или ты еще больше пренебрегаешь ею? Когда ты в последний раз чувствовал, как твоя душа *выражает себя*? Когда в последний раз плакал от радости? Писал стихи? Сочинял музыку? Танцевал под дождем? Пек пирог? Рисовал что-нибудь? Чинил что-нибудь сломанное? Целовал ребенка? Подносил кошку к лицу? Лазил по горам? Плавал голым? Гулял на восходе солнца? Беседовал до зари? Занимался часами любовью... на пляже, в лесу? Общался с природой? Искал Бога?

Когда в последний раз ты сидел один в тишине, путешествуя по самым глубинам своего существа? Когда в последний раз ты говорил «привет» своей душе?

Когда ты живешь как одностороннее создание, ты глубоко погружаешься в заботы тела: Деньги. Секс. Власть. Вещи. Физические потребности и их удовлетворение. Безопасность. Слава. Финансовый достаток.

Когда ты живешь как двустороннее создание, то ты расширяешь круг своих интересов на деятельность ума. Общение; творчество; развитие новых мыслей, новых идей; постановка новых целей, новых задач; личностный рост.

Когда ты живешь как триединое существо, ты достигаешь баланса в себе самом. Твои дела включают в себя интересы души: духовное самопознание, цель жизни, отношения с Богом, эволюционный путь, духовный рост, высшая участь.

Эволюционируя к более высоким состояниям сознания, ты достигаешь реализации каждого аспекта своего существа.

И все же эволюция не означает *отбрасывание* одних аспектов себя в пользу других. Она просто означает расширение кругозора, переход от полной вовлеченности в один аспект к пониманию и любви ко *всем* аспектам.

Тогда почему же так много учителей придерживаются полного воздержания от секса?

Потому что они не верят, что люди могут достичь гармонии. Они знают, что сексуальная энергия (как и другие энергии, связанные с разным жизненным опытом) — слишком мощная, чтобы ее можно было усмирить, привести в равновесие. Они думают, что воздержание — это *единственный* путь к духовной эволюции, а не просто один из возможных ее *результатов*.

Разве не правда, что многие люди, достигнувшие высокого уровня развития, «отказались от секса»?

Не в общепринятом смысле слова «отказаться». Это не принуждение по поводу чего-то, чего ты до сих пор хочешь, но знаешь, что «это нехорошо». Это, скорее, избавление, шаг в сторону, — как кто-то, например, может отказаться от добавки десерта. И не потому, что десерт плох. И даже не потому, что это *тебе* не на пользу. А просто потому, что, каким бы вкусным он ни был, ты уже сыт.

То же самое может быть и в отношении секса, и ты можешь поступить так же. Но, опять же, ты можешь и не захотеть этого. Возможно, тебе никогда и не придет в голову, что с тебя «довольно», и ты всегда можешь хотеть испытывать этот жизненный опыт в гармоничном сочетании с другими видами опыта твоего Бытия.

И это хорошо. Это нормально. Сексуально активные не меньше способны к просветлению и не менее развиты в духовном плане, чем сексуально неактивные.

Что просветление и эволюция действительно побуждают тебя отбросить — так это *пристрастие* к сексу, глубокую потребность в таком опыте, твое импульсивное поведение.

Твоя озабоченность деньгами, властью, безопасностью, имуществом и всем другим, что может испытать твое тело, тоже исчезнет. Но не исчезнет и не должна исчезнуть твоя высокая истинная оценка всему этому. Именно в благодарности за все, что есть в жизни, проявляется почтение к Процессу, который Я создал. Презрение к жизни и к любым ее радостям (пусть даже самым примитивным) — это презрение ко *Мне* — Создателю.

Ведь если вы называете Мое творение нечестивым, то как же вы называете Меня? Но когда вы относитесь к Моему творению как к священному, вы воспринимаете как святость переживание его на своем опыте, — а значит, и Меня тоже.

Я говорю тебе: Я не создал ничего нечестивого, и, как говорил Шекспир, ничто не бывает «злом», пока мы сами его не придумаем.

Тогда у меня есть еще несколько последних вопросов о сексе. Любой ли секс при согласии совершеннолетних допустим?

Да.

И даже «извращенный» секс? Даже без любви? Даже гомосексуальные отношения?

Во-первых, давай еще раз уясним, что нет ничего, что Бог не одобряет.

Я не рассиживаюсь здесь и не сужу, что один поступок — это *Добро*, а другой — *Зло*.

(Как тебе уже известно, Я более подробно рассказал об этом в Книге 1.)

Только *ты* можешь это решить исходя из того, помогает это тебе или нет на Пути Эволюции.

Однако есть универсальный принцип, с которым большинство продвинутых душ согласны.

Ни один поступок, который причиняет боль другому, не ведет к быстрой эволюции.

Есть также второй принцип.

Ни одно действие, предполагающее участие в нем другого человека, не может быть предпринято без его согласия.

А теперь давай вернемся к твоим вопросам с учетом этих принципов.

«Извращенный» секс? Ну, если он никому не доставляет боль и происходит с согласия всех, то какие есть причины, чтобы называть его «неправильным»?

Секс без любви? О сексе «ради секса» спорили с начала времен. Каждый раз, когда я слышу этот вопрос, мне хочется войти в комнату, где много людей, и сказать: «Пусть поднимет руку тот, кто не занимался сексом помимо отношений глубокой, долгой, прочной и преданной любви».

Позволь мне сказать: *Все*, что без любви, — не самый быстрый путь к Богине.

Будь это секс без любви или спагетти с тефтелями без любви, если ты устроил пир и поглощаешь все это без наслаждения, то ты упускаешь самую удивительную часть жизненного опыта.

Будет ли неправильным лишать себя этого? Опять же, «неправильно» здесь может быть не самым подходящим словом. «Невыгодно» было бы точнее, если учесть твое желание стать как можно быстрее высокоразвитым духовным человеком.

Секс гомосексуалистов? Многим так хочется сказать, что Я против такой сексуальности. Но Я не осуждаю ни этот, ни какой-то другой выбор, который ты делаешь.

Люди хотят выносить приговор *всему*. Я не буду с ними заодно в таких суждениях, и это особенно смущает тех, кто утверждает, будто Я все *это устроил*.

Вот что Мне очевидно: Однажды было время, когда люди считали, что браки между представителями разных рас не только неразумны, но они еще и противоречат *Закону Бога*. (Удивительно, но некоторые люди до сих пор так считают.) Они ссылались на свою Библию, которая являлась для них авторитетом, — и они используют этот же авторитет, решая вопросы, связанные с гомосексуализмом.

А Ты хочешь сказать, что вступление в брак людей разных рас допустимо?

Нелепый вопрос, но не такой нелепый по сравнению с тем, что люди уверены в отрицательном ответе.

А вопросы с гомосексуальностью такие же нелепые?

Вам решать. У Меня нет суждения по этому поводу, как *ни по какому другому*. Я знаю, что вам бы хотелось, чтобы было так. Это намного облегчило бы вам жизнь. Не надо ничего решать. Никаких соблазнов. Все за вас решено. Ничего не надо делать — только быть послушными. Не очень-то похоже на жизнь, — во всяком случае, если говорить о способности творить или о вере в собственные силы. Но, черт возьми, — зато голова не болит.

Я хочу задать Тебе несколько вопросов о сексе и детях. В каком возрасте можно позволить детям знать о сексуальности как об одной из сторон жизни?

Дети с самого начала своей жизни осознают свою половую принадлежность, — то есть можно сказать, что они осознают свою человеческую природу. Сейчас многие родители на всей планете пытаются отбить у них охоту замечать это. Если детская ручонка тянется «не туда», вы убираете ее оттуда. Если крохотный ребенок в невинных забавах находит возможность получить удовольствие, забавляясь с собственным телом, то вы с ужасом на это реагируете и передаете этот ужас своему ребенку. Ребенок удивляется: «Что я сделал, что я такого сделал? Мама в ужасе, — что же я такого натворил?»

Что касается вашей расы, то у вас не стоял вопрос, когда знакомить своих отпрысков с сексом. Вопрос ставился по-другому: когда перестать требовать, чтобы они не замечали отличительных признаков своего пола. Где-то в возрасте от 12 до 17 лет большинство из вас уже сдаются и, по существу, заявляют (хотя, конечно, не словами — у вас об этом не принято говорить): «Ладно. Теперь можешь замечать, что у тебя есть половые органы, и ты знаешь, для чего все это».

Но к тому времени ущерб уже нанесен. Лет десять или больше вашим детям внушали, что они должны *стыдиться* своих половых органов. Некоторым даже не говорили, как они на самом деле *называются*. Они слышат всякие слова — и «пи-пи», и «то, что ниже», и разные другие, которые вам приходится изобретать с такими усилиями, — и все это только лишь для того, чтобы не сказать просто: «пенис» и «влагалище».

Четко усвоив: все, что связано с половыми органами, нужно скрывать, молчать об этом и не иметь с этим никаких дел, ваши отпрыски потом стремительно вступают в возраст половой зрелости и не знают, как относиться к тому, что с ними происходит. Они к этому абсолютно не готовы. Они ведут себя жалким образом и реагируют на новые и самые непреодолимые желания неумело, если не сказать — совсем неуместно.

В этом нет необходимости, и Я не вижу, чтобы в этом была какая-то польза для ваших детей. Многие из них вступают во взрослую жизнь с сексуальными табу, запретами и со всякими комплексами «выше крыши».

274

В цивилизованных обществах детям никогда не мешают, их не упрекают и не «поправляют», когда они начинают находить первые удовольствия от познания собственной природы. И сексуальность родителей — то есть самобытность родителей как представителей разного пола — не игнорируют и не видят необходимости ее скрывать. Обнаженные тела, будь то родители, их общие или единокровные дети, не прячут и относятся к этому как к чему-то абсолютно естественному, удивительному, нормальному и не считают это постыдным.

В некоторых обществах родители совокупляются на глазах у своих детей, — и что может дать детям большее чувство красоты, чуда, искренней радости, абсолютной естественности сексуального выражения любви, чем это? Родители постоянно моделируют «правильность» и «неправильность» *всех* поступков, а дети улавливают от родителей видимые и невидимые признаки обо всем, видя, как родители мыслят, что говорят и что делают.

Как уже раньше было подмечено, вы можете называть такие общества «языческими» или «примитивными». Но они отличаются тем, что в них практически нет изнасилований и преступлений на почве страсти, над проституцией смеются как над чем-то абсурдным, а о сексуальных запретах и сексуальной несостоятельности вообще не слышали.

Хотя такая открытость не рекомендуется сейчас для вашего общества (в любой культурной среде, кроме очень нетипичных случаев, это, без сомнения, воспринималось бы как позор), для всех так называемых современных цивилизаций на вашей планете наступила пора что-то делать, чтобы прекратить подавление, чувство вины и стыда, которые слишком часто сопровождают и характеризуют отношение к сексу и с сексуальному опыту в целом.

Предложения? Идеи?

Перестаньте наставлять своих детей с самого раннего детства, что все, что связано с естественным функционированием тела, — постыдно и достойно осуждения. Прекратите показывать детям пример того, что все имеющее отношение к сексу надо скрывать. Позвольте своим детям видеть и наблюдать романтическое в вас. Пусть они видят, как вы обнимаетесь, прикасаетесь друг к другу, ласкаетесь, — пусть они видят, что родители *любят друг друга* и что *выражать свою любовь физически* — это так естественно и так замечательно. (Удивительно, но во многих семьях такого простого урока никогда не преподавали.)

Когда ваши дети начнут воспринимать свои собственные сексуальные чувства, любопытство и влечения, побудите их связать этот новый для них расширяющийся опыт познания себя с внутренним чувством радости и торжества, а не с чувством вины и стыда.

И, ради всего святого, перестаньте прятать свои тела от детей. Это нормально, когда дети видят, как вы голыми купаетесь в деревенском пруду, когда отдыхаете на природе, или в бассейне, который у вас во дворе. Не падайте в обморок, если они увидят, как вы идете из спальни в ванную без халата. Бросьте эту свою ужасную привычку прикрываться, запираться, лишать своего ребенка всякой возможности — каким бы наивным это ни показалось, — осознать вашу и свою принадлежность к определенному полу. Дети думают, что их родители бесполые, потому что сами родители *преподносят себя именно так*. Дети воображают, что именно так они и должны себя вести, ведь дети подражают своим родителям. (Психиатры скажут вам, что некоторые подростки до сих пор никак не могут представить себе, как их родители вообще могут «заниматься этим». И конечно, они — теперь уже пациенты психиатрических клиник — испытывают чувство гнева, вины, стыда, потому что они, естественно, хотят «этим заниматься» и никак не могут понять, что *с ними не так*.)

Поэтому говорите со своими детьми о сексе, смейтесь доброжелательно по поводу секса, наставляйте их, позволяйте им, напоминайте им и *показывайте им пример, как надо радоваться своей сексуальности*. Именно этим вы можете помочь своим детям. Делайте это с самого первого дня их рождения, с того самого момента, когда они ощущают ваш первый поцелуй, объятие, прикосновение, и пусть они видят, как вы дарите все это друг другу.

Спасибо Тебе. *Спасибо.* Я надеялся, что Ты внесешь в эту тему хоть какой-то *здравый смысл.* Еще один последний вопрос: когда именно нужно начинать говорить с детьми о сексе, обсуждать и знакомить их с половыми особенностями?

Они сами об этом скажут, когда придет время. В отношении каждого ребенка вы ясно и безошибочно почувствуете это, если вы по-настоящему наблюдаете и прислушиваетесь. Это приходит постепенно. И вы узнаете, в каком возрасте лучше всего заняться вопросами секса с вашим быстро взрослеющим ребенком, когда *вам самим* все станет здесь ясно, когда вы перестанете отмахиваться от этого «незаконченного дела».

Как *это* лучше сделать?

Делайте все, что для этого нужно. Запишитесь на семинар. Посетите врача. Ходите на занятия в клуб. Почитайте книгу. Размышляйте об этом. Но, прежде всего, снова *открывайте друг в друге* мужчину и женщину. Открывайте, снова почувствуйте, восстановите, улучшите свою собственную сексуальность. Находите *в этом* удовольствие. Наслаждайтесь. Пусть *это* займет подобающее место в вашей жизни.

Отдавайте должное своей сексуальности, которая приносит вам радость, и тогда своей поддержкой вы поможете детям понять их собственную сексуальность.

Еще раз спасибо Тебе. А теперь, переходя от вопроса о детях к общей теме о человеческой сексуальности, я должен задать Тебе еще один вопрос. Он может показаться нескромным и даже дерзким, но я не могу не задать его.

Перестань, наконец, извиняться и просто спрашивай.

Хорошо. Может ли секса быть «чересчур много»?

Нет. Конечно, нет. Но может быть чересчур большая потребность в сексе.

Я предлагаю вот что:

Наслаждайся всем.

Не нуждайся ни в чем.

В том числе и в людях?

В том числе и в людях. *Особенно* в людях. Потребность в ком-то — это самый быстрый способ погубить взаимоотношения.

Но нам всем нравится чувствовать, что в нас нуждаются.

Тогда пусть разонравится. Пусть вам вместо этого нравится чувствовать, что в вас не нуждаются, потому что самый лучший подарок, который ты можешь преподнести кому-то, — это сила и возможность *не нуждаться в тебе*, чтобы от тебя никому ничего не было нужно.

9

Я готов двигаться дальше. Ты обещал побеседовать о некоторых более крупных аспектах жизни на Земле. С тех пор как я услышал Твои комментарии о жизни в Соединенных Штатах, мне хочется поговорить об этом больше.

Хорошо. Я хочу, чтобы во второй книге были затронуты более масштабные вопросы, имеющие отношение к вашей планете. Нет вопроса более крупного, чем воспитание ваших детей.

У нас с этим не все в порядке, не так ли...

Все, конечно, относительно. Относительно ваших слов о том, что вы пытаетесь делать, — да, у вас это не получается.

Все, о чем Я здесь говорю, все, что до сих пор обсуждалось и послужило поводом для этого документа, должно рассматриваться в этом контексте. Я не сужу о «правильности» или «неправильности», о том, что «хорошо» или «плохо». Я просто делаю замечания насчет эффективности того, что вы, *как вам кажется, пытаетесь делать.*

Я это понимаю.

Я знаю, что на словах это так. Но может подойти время — еще до того, как этот диалог завершится, — когда ты обвинишь меня в том, что Я осуждаю вас.

Я никогда не стал бы винить Тебя в этом. Я знаю лучше.

Это «знание лучше» никоим образом в прошлом не помешало человеческой расе считать, что Бог *судит.*

Со мной такого не будет.

Увидим.

Ты хотел поговорить об образовании.

В самом деле. Я вижу, что многие из вас недопонимают роль, цель и назначение образования, не говоря уж о том, как его лучше организовать.

Сказано слишком широко, и я хотел бы в этом разобраться.

Большая часть человеческой расы решила, что роль, цель и функция образования в том, чтобы передавать знания, что обучать кого-то — это означает *давать знания*. По большому счету, имеются в виду знания какой-то конкретной семьи, клана, племени, общества, нации, мира.

Но образование имеет очень отдаленное отношение к знаниям.

Неужели? Ты водишь меня за нос.

Я выразился точно.

Тогда с чем же оно связано?

С мудростью.

С Мудростью?

Да.

Ладно, сдаюсь. И в чем тут разница?

Мудрость — это примененное знание.

Выходит, мы должны стараться дать своим детям не знания, а мудрость.

Прежде всего, не надо «стараться» что-то делать. Просто *делайте*. Во-вторых, не пренебрегайте знаниями в угоду мудрости. Это может стать роковым. С другой стороны, не пренебрегайте мудростью в угоду знаниям. Это тоже может оказаться роковым. Это погубит образование. На вашей планете это *уже* происходит.

Разве мы пренебрегаем мудростью в угоду знаниям?

В большинстве случаев — да.

Как такое может быть?

Вы учите своих детей, *что* думать, вместо того чтобы учить, *как* думать.

Объясни, пожалуйста.

Конечно. Когда вы даете своим детям знания, вы учите их, *что* думать. Это значит, вы говорите им, что все, что, по вашему мнению, они должны знать и понимать, — истинно.

Когда вы даете своим детям мудрость, вы не говорите им, что именно знать и что верно, а скорее *как добраться до своей собственной правды*.

Но не бывает мудрости без знаний.

Согласен. Вот поэтому-то Я и сказал, что вы не должны пренебрегать знаниями в угоду мудрости. Определенный объем знаний должен перейти от одного поколения к другому. Это очевидно. Но как можно меньше. Чем меньше — тем лучше.

Пусть ребенок постигает сам. Знай это: Знание утрачивается. Мудрость невозможно забыть.

Получается, что в школах надо обучать как можно меньше?

Вашим школам надо сменить приоритеты. Сейчас все внимание сосредоточено только на знаниях, а мудрости уделяется очень мало внимания. Занятия, где учат мыслить критически, проблемное обучение, логику родители воспринимают с опаской. Они считают, что этому не место в обучении. Им хотелось бы защитить свой образ жизни. Ведь может случиться так, что дети, которым дозволено развивать свое критическое мышление, могут *отвергнуть* мораль, ценности и весь образ жизни своих родителей.

Чтобы защитить свой образ жизни, вы придумали систему образования, в основе которой лежит развитие памяти детей, а не их способностей. Детей учат запоминать факты и вымыслы, — вымыслы, которые каждое общество о себе придумало. В них не развивают способности находить и создавать правду *о самих себе*.

Те, кто думают, что они знают, что нужно знать ребенку, громко высмеивают программы, которые направлены на развитие у детей *способностей* и *навыков*, а не на *механическое заучивание*. Но то, чему вы учили, привело ваш мир *к невежеству*, а не увело от него.

В наших школах не учат вымыслам — там учат фактам.

Вы лжете самим себе и лжете своим детям.

Мы лжем своим детям?

Конечно. Возьми любой учебник истории и почитай. Вашу историю писали люди, которые хотели, чтобы дети увидели мир в определенном свете. Любая попытка расширить исторический анализ более широким обзором фактов отвергается, ее называют «ревизионизмом». Вы не расскажете своим детям правду о своем прошлом, пока они не увидят вас такими, какие вы есть на самом деле.

История в основном пишется исходя из воззрений той части вашего общества, которую вы называете белыми, англосаксами, протестантами, мужчинами*. В то время как женщины, темнокожие или представители других меньшинств могут сказать: «Эй, постойте! Все было не так. Вы многое не учли». Вы морщитесь, кричите и требуете, чтобы «ревизионисты» оставили свои попытки изменить ваши учебники. Вы не хотите, чтобы ваши дети знали, как вы оправдывали то, что происходило, исходя из собственной точки зрения. Тебе нужен пример?

Да, пожалуйста.

В Соединенных Штатах вы не учите своих детей всему, что им необходимо знать о решении вашей страны сбросить атомные бомбы на два японских города, убивая и калеча сотни тысяч людей. Вы предпочитаете давать им факты в том виде, в каком они, по вашему мнению, должны их воспринимать.

Когда делается попытка привести эту точку зрения в равновесие с другой точкой зрения (в данном случае — японцев), вы визжите, гневаетесь, произносите целые речи, беснуетесь, вскакиваете, бегаете туда-сюда и требуете, чтобы школы и думать не смели о том, чтобы раскрыть данные в своих исторических обзорах этого важного события. Получается, что вы учили не истории, а политике.

История должна быть точным и подробным анализом того, что произошло на самом деле. Политика никогда не связана с тем, что в действительности случилось. Политика — это всегда лишь чья-то точка зрения по поводу произошедшего.

История раскрывает факты — политика судит. История разоблачает, говорит все как есть. Политика скрывает, рассказывает только одну сторону.

Политики ненавидят правдиво написанную историю. Любая история, написанная правдиво, также не слишком хорошо отзывается о политиках. Но на вас новый наряд короля, потому что дети видят вашу наготу. Если научить детей критически мыслить, то они посмотрят на вашу историю и скажут: «Надо же, родители и взрослые так заблуждались». А этого вы не потерпите, — и не допустите, чтобы такое пришло им в голову. Вы не хотите, чтобы ваши дети располагали самыми основными фактами. Вы хотите, чтобы у них был *ваш* взгляд на вещи.

Я думаю, Ты здесь немного преувеличиваешь. Ты далековато зашел с этим аргументом.

Неужели? Большинство людей в вашем обществе даже не хотят, чтобы их дети знали самые основные факты жизни. Люди пришли в ужас, когда в школах стали учить, как функционирует человеческое тело. Теперь говорят, что детям нельзя рассказывать

---

* *WASP* — те, кого в Соединенных Штатах считают «чистыми» в расовом отношении.

о том, как передается СПИД и как сделать так, чтобы этого не происходило. Разве что вы обстоятельно расскажете о том, как избежать СПИДа. Тогда это нормально. Почему бы просто не дать факты и не позволить им самим решать за себя? Ни за что в жизни.

Дети еще не готовы решать такие вещи за себя. Их надо тщательно наставлять.

Ты наблюдал за тем, что происходит в мире в последнее время?

Ты о чем?

О том, как вы раньше воспитывали своих детей.

Нет, мы только вводили их в заблуждение. Если мир в таком ужасном состоянии — и во многих отношениях, — то это вовсе не потому, что мы учили детей *старым* ценностям, а потому, что мы позволили обучать их всем этим «последним крикам»!

И ты в это действительно веришь?

Ты чертовски прав. Я действительно верю в это! Если бы мы ограничились в обучении чтением, письмом и арифметикой вместо того, чтобы перекармливать их всякой всячиной типа «критическое мышление», то мы бы сегодня жили намного лучше. Если бы мы выдворили так называемое «сексуальное просвещение» из классов, то нам бы не пришлось сейчас видеть подростков с собственными детьми, и матерей-одиночек, которые в свои 17 лет претендуют на специальное пособие, и того, как мир просто выбивается из-под контроля. Если бы мы настояли на том, чтобы наша молодежь жила нашими моральными нормами, если бы мы не позволяли детям отступать от них и создавать свои собственные, то мы бы не превратили нашу когда-то сильную, жизнеспособную нацию в свое жалкое подобие.

Понимаю.

И еще. Не настаивай и не говори мне, что мы должны вдруг признать себя «неправыми» за то, что совершили в Хиросиме и Нагасаки. Ради Бога, мы ведь *покончили с войной*. Мы спасли тысячи жизней. С *обеих* сторон. Мы заплатили за это ценой войны. Никому не нравилось это решение, но его надо было принять.

Понимаю.

Да уж, Ты понимаешь. Ты как все эти розовые коммунисты-либералы. Ты хочешь, чтобы мы пересмотрели нашу историю. Ты хочешь, чтобы мы все изменили и сами сжили себя со света. И тогда вы, либералы, наконец-то добьетесь своего, завладеете миром, — создадите свои декадентские общества, перераспределите богатства. *Власть народу* и всякая подобная чушь. Только это нас ни к чему не привело. То, что нам нужно, — так это возврат к прошлому, к ценностям наших предков. Вот что нам нужно!

Больше сказать нечего?

Нечего, я сказал все. Ну и как?

Ты хорошо сказал. Действительно хорошо.

Когда годами слушаешь радио, это не трудно сделать.

Так думают люди на вашей планете. Да?

Можешь не сомневаться. И не только в Америке. Я хочу сказать, что можно сменить название страны, название войны, вставить любую военную вылазку наступательного характера любой нации, в любое время в истории. Это не имеет значения. Все считают, что правы они. Всякий скажет, что именно *другой* человек «неправ». Забудь про Хиросиму. Возьми вместо этого Берлин. Или Боснию.

Каждый знает, что именно старые ценности были действенными. Каждый знает, что жизнь скатывается в ад. И не только в Америке. Повсюду. Раздаются возгласы протеста за возвращение старых ценностей и за возвращение к национализму на всей планете.

Я знаю, что это так.

Я просто попытался сейчас изложить эти чувства, озабоченность, негодование.

У тебя это хорошо получилось. Ты почти убедил Меня.

Ну как? Что Ты скажешь тем, кто действительно так думает?

Я скажу: вы что, действительно думаете, что 30, 40, 50 лет тому назад дела обстояли лучше? Я говорю, что память слепа. Вы помните лучшее и забываете все самое плохое. Это нормально. Только не обманывайтесь. *Поразмыслите немного критически*, а не старайтесь запоминать то, что хотят от вас другие.

Говоря снова о нашем примере, ты действительно считаешь, что сбросить атомную бомбу на Хиросиму было совершенно необходимо? Что говорят ваши американские историки о тех многочисленных сообщениях, сделанных теми, кто хотел знать больше о том, что произошло на самом деле? Японская империя конфиденциально выразила перед Соединенными Штатами свою готовность прекратить войну до того, как была сброшена бомба! Какую роль желание отомстить за ужасы Перл-Харбора сыграло в принятии решения о бомбардировке? И если ты допускаешь, что бомбовый удар на Хиросиму был необходим, то зачем тогда понадобилось сбрасывать вторую бомбу?

Конечно, может быть, твое собственное мнение обо всем этом и правильное. Возможно, и американская точка зрения на этот счет отражает все именно так, как это было на самом деле. Не в этом суть обсуждения. Главное здесь в том, что ваша система образования, по существу, не допускает критического осмысления этих и многих других вопросов.

Ты можешь себе представить, что будет с общественными предметами или с учителем истории в штате Айова, который задает классу вышеперечисленные вопросы, побуждая и стимулируя своих учеников изучить и глубоко понять эти вопросы, а потом сделать свои собственные выводы?

Вот в чем суть! Вы не хотите, чтобы ваши молодые люди приходили к собственным заключениям. Вы хотите, чтобы они _пришли к тем же выводам, что и вы_. Таким образом, вы обрекаете их повторять те же ошибки, к которым привели _вас_ ваши заключения.

А как насчет утверждений, высказанных столькими людьми о старых ценностях и разобщенности нашего общества в наши дни? Как относиться к невероятному росту рождения детей у подростков или к большому количеству оставивших учебу юных мам, живущих на детское пособие, или к тому, что мир становится безумным?

Ваш мир стал неуправляемым. С этим Я соглашусь. Но ваш мир выбился из-под контроля не из-за того, что вы разрешили школам учить своих детей чему-то. Он стал неуправляемым из-за того, чему вы _не разрешили_ учить.

Вы не разрешили своим школам учить, что любовь — это все, что есть. Вы не разрешили своим школам говорить о бескорыстной любви.

Черт возьми, мы бы даже нашим религиям не позволили говорить об этом.

Это так. И вы не позволите, чтобы ваших детей учили радоваться самим себе и их чудесной сексуальной природе. Вы не позволите своим детям знать, что они, прежде всего, духовные существа, находящиеся в теле. И вы не воспринимаете, что дети — это души, вошедшие в тела.

В обществах, где о сексуальности говорят открыто, свободно обсуждают, с радостью объясняют и узнают о ней по опыту, практически нет сексуальных преступлений — есть только незначительное количество неожидаемого появления детей на свет и нет «незаконных» или нежелательных родов. В высокоразвитых обществах каждое рождение является счастьем, обо всех матерях и обо всех детях заботятся. В таком обществе иначе и быть не может.

В обществах, где история не подвержена влиянию взглядов наиболее сильных и властных, ошибки прошлого признают открыто и никогда их не повторяют. *Достаточно* один раз допустить промах, чтобы ясно понять его вред для самого человека.

В обществах, где учат критическому мышлению, решению проблем и навыкам для жизни, а не просто механическому запоминанию фактов, даже так называемые «освидетельствованные» действия в прошлом тщательно изучают. Ничто не воспринимают на веру по первому впечатлению.

И как это действует? Давай возьмем наш пример из Второй мировой войны. Как был бы рассмотрен исторический эпизод с Хиросимой в школьной системе, где учат навыкам жизни, а не голым фактам?

Ваши учителя точно описали бы все, что там произошло. Они обязательно включили бы все факты — именно все, — которые предшествовали этому событию. Осознавая, что всегда существует не одно мнение на *любой счет*, они попытаются найти взгляды историков от каждой стороны. Они не будут просить учеников запомнить факты. Вместо этого они будут побуждать класс усомниться в услышанном. Они скажут: «А теперь вы уже все слышали об этом событии. Вы знаете, что было до него, что было после. Мы дали вам столько «знаний» об этом событии, сколько нам удалось раздобыть. Итак, исходя из этих «знаний», какую «мудрость» вы почерпнули для себя? Если бы вам пришлось решать проблемы, которые предстояло решить тогда и которые были решены путем сбрасывания бомбы, то как бы их решили вы? Можете ли вы придумать решение лучше?»

Ну *конечно*. Это так легко. Каждый из нас «*задним умом* крепок». Любой может оглянуться и бросить через плечо: «Я бы сделал по-другому».

Так почему же вы этого не делаете?

Прости, не понял?

Я сказал, так почему же вы этого не делаете? Почему вы не оглянулись, не *научились* на своем прошлом и не сделали по-другому? Я скажу тебе почему. Потому что позволить детям заглянуть в прошлое и осмыслить его критически, — фактически, потребовать, чтобы это было обязательным в их обучении, — было бы рискованным, потому что они могли бы *не согласиться* с тем, *как вы вершили дела*.

А они в любом случае не согласятся. Вы ни за что не допустите такого на уроках. Тогда они пойдут на улицу. Будут махать всякими плакатами. Рвать призывные повестки. Жечь лифчики и флаги. Делать все, что взбредет в голову, чтобы вы обратили на них внимание, чтобы заставить вас увидеть. Ваша молодежь открыто кричала вам: «Есть решение получше!» А вы все не слышите их. Вы не *хотите* их услышать. И уж, конечно, вы не хотите воодушевлять их на *уроках*, чтобы они критически относились к фактам, которые вы им даете.

Берите, что вам дают, — говорите вы им. Нечего приходить и говорить здесь, что мы поступали неправильно. Просто зарубите себе на носу, что мы все делали *правильно*, — только и всего.

Вот так вы учите своих детей. И это вы называете образованием.

Но найдутся люди, которые скажут, что именно молодые люди с их безумными, бредовыми, либеральными идеями опустили страну и этот мир на самое дно. Отправили в ад. Низвели до края забвения. Разрушили нашу культуру, основанную на ценностях, и подменили ее моралью типа «делай, что хочешь» или «после нас — хоть потоп», — которая угрожает полностью разрушить образ нашей жизни.

Молодежь действительно рушит ваш образ жизни. Молодежь *всегда* это делала. Ваше дело — воодушевлять их, а не отбивать у них охоту.

Не молодежь вырубает леса. Они просят вас *не делать этого*. Не молодежь разрушает озоновый слой. — Это они просят вас *не делать этого*. Не молодежь эксплуатирует труд бедных на тяжелых работах по всему миру. — Это они просят вас *не делать этого*. Не молодежь до смерти изнуряет вас налогами, используя потом эти деньги на войны и вооружение. — Это они просят вас *прекратить это*. Не молодежь игнорирует проблемы слабых и обездоленных, позволяя сотням людей ежедневно умирать от голода на планете, где достаточно еды, чтобы накормить каждого. — Это они просят вас *не делать этого*.

Не молодежь занята политикой обмана и манипулирования. — Это они просят вас *не делать этого*. Не молодежь испытывает сексуальную подавленность, стыдится и стесняется собственных тел и передает этот стыд и смущение своим потомкам. — Это они просят вас *не делать этого*. Не молодежь установила систему ценностей, в которой «кто силен, тот и прав», и общество, которое решает проблемы с помощью насилия. — Это они просят вас *не делать этого*.

Более того, они не просят вас.... они *умоляют* вас.

Но ведь именно молодежь бушует! Молодые люди, которые организовывают банды и убивают друг друга! Молодежь воротит нос от законов и порядка — *любого* порядка. Молодежь сводит нас с ума!

Если крики и чаяния молодежи изменить мир не услышат и к ним не прислушаются; если они увидят, что их дело проиграно (вы пойдете своим путем, — не важно каким), то молодежь (а они не тупые) «из всех зол выберет меньшее». Если им вас не победить, то они будут с вами заодно.

Ваша молодежь заодно с вами в ваших поступках. Если они ожесточились, то это потому, что ожесточились вы. Если они «заматериализованы», то это потому, что «заматериализованы» вы. Если они творят безумства, то это потому, что вы творите безумства. Если они манипулируют сексом, относятся к нему легкомысленно, безобразно, то это только потому, что они видят: вы делаете то же самое. Единственная разница между молодыми людьми и людьми старшими в том, что молодежь делает все это открыто.

Взрослые скрывают свое поведение. Взрослые думают, что молодежь ничего не видит. Молодежь видит все. От них ничего не утаишь. Они видят лицемерие своих взрослых и пытаются что-то изменить. Но, сделав неудачную попытку, они не видят другого выхода, кроме того, чтобы начать подражать всему этому. В этом они неправы, но их *не учили по-другому*. Им никогда не разрешали критически анализировать то, что делают взрослые. Им разрешалось только запоминать это.

То, что ты запоминаешь, ты увековечиваешь.

Так как же нам учить нашу молодежь?

Прежде всего, обращайтесь с ними как с душами. Они — это души, которые вошли в физическое тело. Душе нелегко это сделать, и душе нелегко к этому привыкнуть. Она как бы в заточении. Если ребенка сильно ограничивать, он может вдруг выразить свой протест. Услышьте этот крик. Поймите его. И дайте своим детям столько чувства «неограниченности», сколько вы можете.

Далее, вводите их в созданный вами мир заботливо и с любовью. Будьте осторожны в отношении того, чем вы загружаете их память. Дети помнят все, что видят и переживают. Зачем вы шлепаете своих детей в тот момент, когда они появляются на свет? Вы и в самом деле думаете, что только так можно заставить организм действовать? Почему вы отлучаете детей от своих матерей с первых же минут после того, как они только что расстались с единственной привычной для них на тот момент формой жизни? Почему бы не подождать, давая им возможность на мгновение оценить, соизмерить, поглазеть на мир, чтобы только что родившиеся почувствовали безопасность и комфорт того, что *дало им жизнь*?

Почему вы допускаете, что самые первые ощущения, которым подвергается ваш ребенок, связаны с насилием? Кто вам сказал, что детям это на пользу? Почему вы прячете образы любви?

Почему вы учите своих детей стыдиться и стесняться собственного тела и его функций, пряча от них ваши тела и не разрешая им трогать себя с удовольствием? Что они извлекут из этого об удовольствии? Что вообще будут думать о теле?

Почему вы отдаете своих детей в школы, где позволяют и поощряют соперничество, где поощряют тех, кто ведет себя «лучше» и выучил «больше», где ставят оценки за «поведение» и с трудом терпят, если кто-то пытается идти в своем собственном темпе? Что ваш ребенок извлекает из этого?

Почему вы не учите своих детей движению, музыке и радости искусства, таинству сказок, чуду жизни? Почему вы не стараетесь обнаружить в ребенке естественные задатки, а стремитесь вложить в него то, что ему не свойственно?

Почему вы не позволяете своим детям постигать логику, научиться мыслить критически, решать проблемы, созидать, используя механизмы их собственной интуиции и самое глубокое внутреннее знание вместо правил и отработанных схем для запоминания и готовых выводов общества, которое уже доказало свою неспособность развиваться, следуя этим методам, но все еще продолжает ими пользоваться?

И наконец, учите *понятиям*, а не *предметам*.

Разработайте новый курс обучения и постройте его на трех основных понятиях:

Осознание

Честность

Ответственность

Учите детей этим понятиям с самого раннего детства. Пусть они учатся этому всю жизнь до последнего дня. Пусть самой основой модели обучения будут дети. Пусть процесс обучения исходит из глубоких внутренних потребностей детей.

Мне не понятно, что это значит.

Это значит, что все, чему вы учите, должно исходить из этих понятий.

Ты можешь объяснить? Как же нам учить чтению, письму и математике?

В основе всего — от самых первых букварей до более сложных книг для чтения — во всех сказках, рассказах и историях должны быть эти три базовых понятия. То есть нужно, чтобы это были рассказы об осознанности, рассказы о честности, рассказы об ответственности. Нужно знакомить детей с этими понятиями, вводить и погружать их в эти понятия.

Письменные задания и другие виды работ также должны быть ориентированы на эти основные понятия, по мере того как ребенок совершенствуется в умении выражать себя.

Даже навыкам счета надо обучать в этих же рамках. Арифметика и математика не абстракции, они — основные инструменты во Вселенной для практической жизни. Нужно обучать навыкам счета в контексте более широкого жизненного опыта так, чтобы привлечь внимание и сконцентрироваться на этих основных понятиях и производных от них.

Какие это «производные»?

Всю образовательную модель можно построить на этих производных понятиях, заменив ими существующие сейчас учебные предметы, которые изучают, в основном, факты.

Например?

Ну, давай представим. Какие понятия важны для нас в жизни?

Ну, я бы назвал... честность, как Ты уже сказал.

Так, продолжай. Это основное понятие.

И, гм... справедливость. Для меня это важное понятие.

Хорошо. Какие еще?

Хорошо относиться к другим. Это важно. Только я не знаю, как это назвать.

Продолжай. Просто говори, что думаешь.

Преуспевать. Быть терпимым. Не обижать других. Относиться к другим на равных. Вот те вещи, которым я хотел бы научить своих детей.

Хорошо. Отлично! Говори дальше.

Ну... верить в себя. Это важно. И... постой-постой... как бы это лучше выразить. Ну... да, вот так: сохранять собственное достоинство. Я бы назвал это качество — *сохранением собственного достоинства*. Не знаю, каким понятием это лучше выразить, но это связано с тем, как человек несет себя по жизни, как он почитает других и как относится к тому, что выбирают другие.

Это хорошее качество. Все эти качества важные. Вы сейчас начинаете это понимать. Но есть много других понятий, которые все дети должны глубоко осознать, если им предстоит стать развитыми личностями и вырасти людьми в полном смысле слова. Но вы не учите этому в ваших школах. Вещи, о которых мы сейчас говорим, очень важны, но их не изучают в школе. Вы не учите, что значит быть честным. Вы не учите, что значит быть ответственным. Вы не учите, что значит осознавать чувства других людей и уважать чужой выбор.

Вы говорите, что этому должны научить родители. Но родители могут передать только то, что было передано им. И отцовские грехи переходят к сыновьям. В своем доме вы учите тому, чему вас в свое время учили ваши родители.

И что? Что в этом плохого?

Мне уже приходилось повторять здесь не раз: знаешь ли ты, что происходит в мире?

Ты то и дело заостряешь на этом внимание. Ты заставляешь нас взглянуть на все это. Но ведь это не наша вина. Нас нельзя винить за то, как живет остальной мир.

Дело не в чувстве вины. Все дело в выборе. Если ты не в ответе за те решения, которые принимало и продолжает принимать человечество, то кто же?

Но не можем же мы отвечать за *все!*

Я говорю тебе: Пока вы не захотите принять на себя ответственность за все, что происходит, *вы ничего не можете изменить.*

Нельзя то и дело твердить, что это *они* сделали, что это *они* все еще продолжают так делать и пусть бы *они* что-то исправили! Вспомни чудесную фразу, которую произнес персонаж Пого из комикса Уолта Келли, и никогда не забывай ее:

«Мы повстречались с врагом, и враг тот — мы сами».

Мы повторяли одни и те же ошибки на протяжении сотен лет, — так получается...

Тысяч лет, сын Мой. Вы совершали одни и те же ошибки на протяжении тысяч лет. Человечество не продвинулось в своих основных инстинктах дальше, чем это было в эпоху пещерного человека. Но всякую попытку что-то изменить встречают с презрением. Всякий вызов взглянуть на ваши ценности и, может быть, даже изменить их, приветствуется страхом, который сменяется гневом. И вот от Меня сейчас исходит идея обучать высшим понятиям в *школах.* О, сейчас мы действительно шагаем по тонкому льду.

И все-таки в высокоразвитых обществах делается именно так.

Но проблема в том, что не все родители согласны с подобными понятиями и с тем, что они означают. Так что мы не можем учить этому в наших школах. Родители придут в ужас, если ввести подобные вещи в курс обучения. Они заявляют, что всем этим «ценностям» не место в школе.

Они неправы! Опять-таки, исходя из того, что вы как раса людей говорите о своих намерениях — что вы хотите построить жизнь лучше, — они *неправы*. Именно в школах надо учить всему этому. Это именно так, потому что школы обособлены от родительских предрассудков. Это именно так, потому что школы отдалены от родительских предубеждений. Вы уже видели, что получилось на вашей планете в результате того, что ценности родителей передавались детям. На вашей планете *беспорядок*.

Вы не понимаете самые основные принципы цивилизованных обществ.

Вы не знаете, как улаживать конфликты без насилия.

Вы не знаете, как жить без страха.

Вы не знаете, как действовать без выгоды для себя.

Вы не знаете, как любить без всяких условий.

Все это основные — *базовые* — принципы, а вы еще не подошли к тому, чтобы даже начать их понимать, уж не говоря о том, чтобы воплощать их в жизнь... *тысячи и тысячи лет спустя*.

Есть ли какой-нибудь выход из этой неразберихи?

Да! И он в ваших школах! В образовании вашей молодежи! Ваша надежда — на следующее поколение и на следующее после него. Вам надо перестать погружать их в пути прошлого. Они не сослужили добрую службу. Они не привели вас туда, куда вы выразили желание пойти.

Но если вы не позаботитесь, то вы неминуемо попадете туда, куда вы держите курс!

Так остановитесь! Оглянитесь вокруг! Сядьте вместе и соберитесь с мыслями. Создайте высшее из высших представлений о себе как о человеческой расе, какого у вас еще никогда не было. Затем возьмите ценности и понятия, которые поддерживают эту идею, *и обучайте им в школах*.

Почему бы не ввести такие курсы, как...

• Сила понимания
• Улаживание конфликтов мирным путем
• Составляющие надежных отношений
• Индивидуальность и создание самого себя

- Тело, разум и душа: как они функционируют
- Занимательное творчество
- Как быть довольным собой и ценить других
- Радостное самовыражение в сексе
- Справедливость
- Терпимость
- Различия и сходства
- Этическая экономика
- Творческое сознание и сила ума
- Самосознание и бдительность
- Честность и ответственность
- Видимость и прозрачность
- Наука и духовность

Многое из этого сейчас *уже* изучают. Мы называем это общественными науками.

Я не говорю об уроках, которые проходят два раза в неделю в течение семестра. Я имею в виду отдельные курсы по всем этим вещам. Я говорю о полном пересмотре ваших школьных учебных планов. Я говорю о школьных курсах, ориентированных на *ценности*. Сейчас вы обучаете в основном по школьным планам, ориентированным на *факты*.

Я говорю, что вы должны сконцентрировать внимание ваших учеников на постижении основных понятий и теоретических схем, вокруг которых могут быть выстроены их системы ценностей. И уделяйте этому столько же внимания, сколько вы уделяете датам, фактам и статистике.

В высокоразвитых обществах вашей галактики и вашей Вселенной (о них мы будем подробнее говорить в Книге 3) детей обучают основным понятиям для жизни, начиная с самого раннего возраста. То, что вы называете «фактами», в этих обществах считается гораздо менее важным, и этому учат в более позднем возрасте.

Вы создали на своей планете общество, в котором маленький Джонни уже умеет читать, не выйдя из дошкольного возраста, но еще не научился, как ему перестать кусать своего братишку. Сьюзи назубок знает таблицу умножения, сходу давая ответы по памяти на все более и более ранних этапах обучения, но она еще не узнала, что нет ничего постыдного в том, что касается ее тела, и стыдиться тут нечего.

Сейчас ваши школы существуют, главным образом, чтобы давать ответы. Но было бы гораздо больше пользы, если бы их основной функцией было ставить вопросы. Что значит быть честным, ответственным или «справедливым»? Что из этого следует? А что, собственно, значит 2 + 2 = 4? Что из этого следует? Высокоразвитые общества побуждают детей, чтобы они сами искали и находили ответы на такие вопросы.

Но... но это привело бы к *хаосу!*

А те условия, в которых вы сейчас живете...

Ладно, ладно... Скажем, это привело бы к еще *большему* хаосу.

Я не говорю, что ваши школы не должны делиться со своими детьми знаниями и готовыми решениями. Как раз наоборот. Школы выполняют свое назначение, когда они делятся с молодыми тем, что взрослые узнали, открыли, решили и выбрали в прошлом. Тогда ученики могут пронаблюдать, как это все действовало. Но в ваших школах вы представляете ученикам данные так, как будто Все Это Верно. На самом же деле информацию нужно предлагать просто как информацию.

Данные из прошлого не должны быть основанием для истины нынешней. Данные из предшествующего времени или опыта должны быть — всегда и только — основанием для новых вопросов. Сокровище всегда должно таиться в вопросе, а не в ответе.

А вопросы всегда одни и те же. Что касается фактов, которые мы вам изложили, — вы согласны с ними или нет? Что вы думаете? Это всегда ключевой вопрос. Он всегда в центре внимания. Что вы думаете? Что *вы* думаете? *Что вы думаете?*

Конечно же, при ответе на этот вопрос дети будут ссылаться на ценности родителей. Родители будут продолжать оказывать сильное влияние — несомненно, играть главную роль — в создании у детей системы ценностей. Школа должна стремиться и видеть свою цель в том, чтобы побуждать детей с самого раннего возраста и до окончания формального обучения изучать эти ценности, учиться, как ими пользоваться, применять, знать их применение в действии — и, да, даже подвергать их сомнениям. Потому что родители, которые не хотят, чтобы дети сомневались в их ценностях, не любят своих детей — они скорее любят себя *через* своих детей.

Хотел бы я — о как бы я хотел! — чтобы такие школы были!

Есть школы, которые близки к этой модели обучения.

Неужели?

Да. Почитай труды человека по имени Рудольф Штайнер. Изучи методы Вальдорфской школы, которую он открыл.

Конечно, я знаю про эти школы. Это реклама?

Это констатация факта.

Потому что Ты знал, что я знаком с Вальдорфскими школами. Ты это знал.

Конечно, Я это знал. Все в твоей жизни было тебе на пользу и привело тебя к этому моменту. Я ведь начал говорить с тобой не в начале этой книги. Я годами беседовал с тобой через твои ассоциации и переживания.

Ты говоришь, что Вальдорфская школа — самая лучшая?

Нет. Я говорю, что это модель, которая работает, учитывая то, что вы как человеческая раса изъявляете желание делать, какими вы хотите быть. Я говорю, что это один из примеров того, как образование может достигать поставленных целей, имея в качестве ориентира «мудрость», а не просто «знание». В вашем обществе такие примеры редки.

Да, я очень одобряю эту модель. Вальдорфские школы очень отличаются от других школ. Я хочу привести один пример. Он простой, но он очень хорошо иллюстрирует суть дела.

В Вальдорфской школе учитель сопровождает своих учеников через все ступени начального обучения. Все эти годы у учеников один и тот же учитель, и им не приходится переходить от одного учителя к другому. Можно ли себе представить, какая связь при этом возникает между учителем и учениками? Можно ли понять ее значение?

Учитель узнает ребенка так хорошо, как будто это его собственный ребенок. Ребенок выходит на уровень доверия и любви в отношениях с учителем, который открывает такие возможности, о существовании которых традиционные школы даже не подозревали. По истечении лет учитель снова возвращается к первой ступени обучения и уже с новым классом учеников проходит весь курс обучения от начала до конца. Учитель Вальдорфской школы, одержимый своей работой, может закончить свою деятельность, проработав только с четырьмя классами учеников за всю свою карьеру. Но он сыграл такую роль для своих учеников, какую трудно даже представить в условиях традиционного обучения.

Эта модель образования признает и утверждает, что *взаимоотношения между людьми*, их *совместная деятельность* и *любовь*, которой они делятся друг с другом при таком подходе к обучению, так же важны, как и любые *факты*, которые учитель может сообщать детям. Это как домашнее обучение, только вне дома.

Да, это хорошая модель.

А есть другие хорошие модели?

Есть. Что касается обучения, то на вашей планете наблюдается некоторый прогресс, — но все происходит очень медленно. Даже сама попытка внедрить в школы учебные курсы, ориентированные на достижение целей и формирование навыков, встречается с огромным сопротивлением. Люди не считают все это эффективным или видят в этом угрозу. Они хотят, чтобы дети учили *факты*. Правда, есть отдельные попытки. Но многое еще предстоит сделать.

Учитывая, кем вы, люди, хотите стать, это только одна сфера человеческого опыта, которая нуждается в изменениях.

Да, я думаю, что на политической арене тоже нужны кое-какие перемены.

Несомненно.

10

Я ждал этого. Ты обещал мне, что в Книге 2 будут рассматриваться мировые вопросы в глобальном масштабе. Прежде чем мы начнем говорить о политике, могу я задать Тебе один вопрос, который может показаться банальным?

Нет вопросов ненужных или недостойных. Вопросы — как люди.

Хорошо сказано. Ладно, тогда я хочу спросить: считается ли неправильным вести внешнюю политику исходя из интересов своей страны?

Нет. Во-первых, с Моей точки зрения, ничто не бывает «неправильным». Но Я понимаю, в каком смысле ты употребляешь это слово, поэтому Я буду говорить, учитывая вашу терминологию. Я буду употреблять термин «неправильный» в значении «что-то, что тебе не на пользу, исходя из того, кем и чем ты выбираешь быть». Именно так Я всегда использовал слова «правильный» и «неправильный» в отношении вас. Всегда только в этом контексте, потому что, по правде говоря, Правильного и Неправильного не существует.

Поэтому в данном случае — нет, не считается неправильным основывать решения внешней политики, принимая во внимание собственные интересы. Неправильно притворяться, будто вы не делаете этого.

Конечно, многие страны так поступают. Они предпринимают какое-то действие — или им не удается предпринять какое-то действие, — выставляя одни причины, а потом в качестве основания заявляют совсем о других причинах.

Почему? Зачем странам это нужно?

Потому что правительства знают, что, если бы люди осознавали истинные причины большинства решений в международной политике, они не поддерживали бы их.

Это справедливо в отношении всех правительств. Есть очень мало правительств, которые не вводят свой народ в заблуждение умышленно. Обман — это составная часть управления, потому что немногие люди согласились бы, чтобы ими управляли так, как ими управляют, и очень немногие согласились бы на то, чтобы ими вообще управляли, если бы правительство не убедило их, что принятые им решения были им же на благо.

Убеждать нелегко, потому что большинство людей ясно видит, что правительство их обманывает. Поэтому правительство должно лгать народу, чтобы по крайней мере попытаться сохранить его лояльность. Правительство очень точно отображает аксиому, что если ты лжешь много и достаточно долго, то ложь становится «правдой».

Люди у власти никогда не должны допускать, чтобы народ знал, как они пришли к власти и что они сделали и собираются делать, чтобы остаться там.

Правда и политика не уживаются и не могут ужиться, потому что политика — это *искусство* говорить только то, что нужно сказать, — причем сказать для того, чтобы достичь желаемого результата.

Не всякая политика плоха. Но искусство политики — практическое искусство. Она очень откровенно опирается на психологию большинства людей. Она просто видит, что большинство действует исходя из личных интересов. Поэтому политика — это способ, при помощи которого люди власти стараются убедить тебя, что *их* личный интерес совпадает с *твоим собственным*.

Правительства понимают личные интересы. Поэтому у правительств очень хорошо получается придумывать программы, которые *предоставляют* людям что-то.

Раньше функции правительств были очень ограниченными. Их целью было просто «оберегать и защищать». Потом кто-то добавил «обеспечивать». Когда правительства стали и «*кормильцами*» людей, и их защитниками, правительства стали скорее *создавать* общества, а не оберегать их.

Разве правительства не делают то, что хотят люди? Разве правительство не предоставляет механизм, посредством которого люди сами себя обеспечивают в масштабах всего общества? Например, мы в Америке очень высоко ценим достоинство человеческой жизни, личную свободу, значение возможности, безгрешность детей. Поэтому мы создали законы и попросили правительство создать программы обеспечения доходами пожилых людей, чтобы они могли сохранить собственное достоинство, когда они уже не могут зарабатывать себе на жизнь. Обеспечить равенство при устройстве на работу и равные шансы на жилье для всех людей, — даже тех, кто от нас отличается или с образом жизни которых мы не согласны. Гарантировать через законы о трудовой деятельности детей, чтобы дети нации не стали рабами нации и чтобы ни одна семья, где есть дети, не жила без основных атрибутов достойной жизни — еды, одежды, крова.

Эти законы хорошо отражают интересы общества. Но, обеспечивая потребности людей, вы должны быть осторожными в том, чтобы не лишать их величайшего достоинства: развития собственных сил, личностного творчества и целеустремленной изобретательности, которая позволяет людям определить, что они могут сделать для самих себя. Здесь нужен тонкий баланс. Вы, люди, склонны бросаться из крайности в крайность. То вы хотите, чтобы правительство «сделало все» для людей, — то уже на следующий день вы готовы уничтожить все правительственные программы и стереть с лица земли все законы.

Да, проблема в том, что многие люди еще *не могут* обеспечить себя в обществе, которое, как это заведено, предоставляет лучшие возможности в жизни тем, в чьих руках «нужные» полномочия (или, возможно, нет «ненужных»). Многие еще *не могут* обеспечить себя в стране, где домовладельцы не сдадут внаем жилье, если семья большая. Где компании не будут продвигать женщин по служебной лестнице. Где справедливость чаще всего зависит от занимаемого положения в обществе. Где профилактика здоровья доступна только тем, у кого высокий доход. И где есть еще много других видов дискриминации и неравенства в массовом масштабе.

Выходит, правительства должны заменять людям совесть?

Нет. Правительства — это и *есть* проявленная совесть людей. Именно через правительство люди ищут, надеются и решают излечить болезни общества.

Хорошо сказано. Но Я повторяю, что вы должны позаботиться о том, чтобы не задушить себя законами, пытаясь дать людям гарантию на глоток воздуха!

Вы не можете законодательным путем решить вопросы морали. Вы не можете выдать мандат на равенство.

Необходим сдвиг в коллективном сознании, а не насаждение коллективного сознания.

Поведение (как и все законы, программы правительства) должно проистекать из бытия и истинно отражать Кто Вы Есть.

Но законы нашего общества *действительно* отражают, кто мы есть! Они каждому говорят: «Здесь, в Америке, — это так. Вот кто такие американцы».

Может быть, в исключительных случаях. Но чаще всего ваши законы утверждают мысли тех, кто у власти, о том, какими вы должны быть, но вы не такие.

«Элита избранных» наставляет «невежественное большинство» посредством закона.

Именно так.

А что в этом плохого? Если среди нас есть несколько самых умных и самых лучших, кто изъявляет желание разобраться в проблемах общества, мира и предложить решения, — разве это не служит интересам большинства?

Все зависит от их мотивов. От чистоты их помыслов. Вообще, ничто не служит «большинству» больше, чем предоставление ему возможности самому управлять собой.

Анархия. От нее никогда не было толку.

Вы не можете развиваться и стать великими, когда вам постоянно указывают, что надо делать.

Можно поспорить насчет того, что правительство (под этим я подразумеваю порядок, который мы выбрали, чтобы управлять собой) отражает величие нации (или его отсутствие), что великие общества принимают великие законы.

Лишь в отдельных случаях. Потому что великим обществам *нужно* очень мало законов.

Но общества без законов — это примитивные общества, где прав тот, кто силен. Законы — это попытка человека ограничить игровое поле, убедить, что то, что по-настоящему верно, будет преобладать, несмотря на слабость или силу. Как мы могли бы существовать вместе без кодексов поведения, с которыми мы все согласны?

Я не предлагаю мир без кодексов поведения, без соглашений. Я предлагаю, чтобы ваши кодексы и соглашения основывались на более высоком уровне понимания и более благородном определении личного интереса.

На самом деле большинство ваших законов выражают корыстные интересы самых влиятельных из вас.

Давай рассмотрим один пример. Курение.

Закон гласит, что нельзя выращивать и потреблять определенный вид растения — коноплю, потому что, как утверждает правительство, это вам не на пользу.

Но то же самое правительство говорит, что можно выращивать и потреблять *другой* вид растения — табак, и не потому, что *это* на пользу (на самом деле правительство даже само утверждает, что это *вредно*), а потому что, предположительно, вы всегда этим занимались.

Таким образом, ваши законы не отражают того, что общество думает о себе и каким оно хочет стать, — ваши законы показывают, *где власть*.

Это нечестно. Ты выбрал ситуацию, где противоречия очевидны. Во многих ситуациях все по-другому.

Наоборот. В большинстве ситуаций все *так и есть*.

Тогда где же решение?

Иметь как можно меньше законов (сами по себе законы — это ограничения).

Причина того, что первое растение вне закона, связана *якобы* только со здоровьем. Но *справедливости ради* стоит заметить, что первое растение не вызывает большего привыкания и не является большим риском для организма, чем сигареты или алкоголь, которые *защищены* законом. Тогда почему его не разрешают? Потому что если бы его выращивали, то половина производителей хлопка, нейлона и искусственного шелка — и людей, занятых производством лесоматериалов, — в мире остались бы без дела.

Оказывается, конопля — это один из самых полезных, крепких, прочных, долговечных материалов на вашей планете. Нельзя произвести лучшего волокна для одежды, более прочного материала для канатов, сырья для целлюлозы, которое было бы так легко выращивать и убирать. Вы ежегодно вырубаете сотни тысяч деревьев, чтобы у вас были воскресные газеты, где можно прочесть об уничтожении лесных массивов по всему миру. Конопля могла бы обеспечить вас миллионами воскресных газет без необходимости губить деревья. На самом деле она могла бы заменить огромное количество сырьевых материалов при стоимости в десять раз меньше.

Вот *в чем улавливается истинная причина*. Если разрешить выращивать это удивительное растение, которое к тому же имеет еще и чудодейственные лечебные свойства, — то кто-то *потеряет деньги*. Вот почему выращивание конопли в вашей стране запрещено законом.

По этой же причине у вас так много времени уходит на то, чтобы наладить серийное производство электромобилей, обеспечить доступную и разумную заботу о здоровье или использовать солнечное тепло и солнечную энергию в каждом доме.

У вас все эти годы были необходимые средства и технологии, чтобы производить все это. Тогда почему же у вас до сих пор этого нет? *Взгляните, и вы увидите, кто потерял бы деньги, если бы все это у вас было*. Здесь вы найдете ответ.

И это Великое Общество, которым вы так гордитесь? Ваше «великое общество» нужно подгонять с криками и пинками, чтобы рассмотреть вопрос о всеобщем благе. Кто бы ни говорил о всеобщем благе или общественном благе, все кричат «коммунизм»! Если в вашем обществе предоставление благ большинству не обеспечивает огромного дохода кому-то, то *интересы большинства чаще всего игнорируются*.

Такое происходит не только в вашей стране, но и по всему миру. Поэтому основной вопрос, с которым человечество столкнулось лицом к лицу, такой: Может ли личный интерес быть вытеснен самыми высокими интересами — общими интересами всего человечества? Если да, то каким образом?

В Соединенных Штатах вы пытались обеспечить общие интересы, самый большой доход с помощью законов. Вы жалким образом потерпели неудачу. Ваша страна — самая богатая, самая могущественная на Земле, но в ней один из самых высоких уровней детской смертности. Почему? Потому что *неимущие* люди *не в состоянии* заплатить за дородовой и послеродовой уход — вашим обществом *управляет материальная выгода*. Я привел лишь один пример вашего ужасного падения. Сам факт, что ваши дети умирают гораздо чаще, чем в большинстве других высокоразвитых стран, должен обеспокоить вас. Другие страны заботятся о больных и нуждающихся, пожилых и немощных. Вы же обеспечиваете богатых и имущих, влиятельных и хорошо устроившихся. Восемьдесят пять процентов американских пенсионеров живут в бедности. Для многих пожилых американцев и для большинства людей с низким доходом «семейный доктор» — это кабинет оказания экстренной медицинской помощи в местной больнице, куда они обращаются только в самом крайнем случае, и они практически не обеспечены никакими профилактическими мерами для поддержания своего здоровья.

Видите ли, что толку от людей, которым нечем платить... они уже изжили свою *полезность*...

И это ваше *великое общество*...

Ты чересчур сгущаешь краски. Ведь Америка сделала для неимущих и обездоленных как здесь, так и в других странах больше, чем любая другая нация на Земле.

Америка сделала многое — это очевидно. Но знаешь ли ты, что в процентном отношении от валового национального продукта доля Соединенных Штатов, выделенная на оказание помощи иностранным государствам, ниже, чем у многих гораздо меньших стран? Вопрос в том, что, прежде чем заниматься самовосхвалением, вам, может быть, стоит посмотреть на мир вокруг себя. И если это лучшее, на что вы способны в отношении менее удачливых, то вам нужно еще многому научиться.

Вы живете в опустошающемся и разрушающемся мире. Вы заложили во все, что производите, «запланированное устаревание», как это называют ваши инженеры. Автомобили стоят в три раза дороже, а срок их эксплуатации увеличился лишь на одну треть. Больше десяти раз одежду не наденешь — она разваливается. Вы добавляете в продукты питания химикаты, чтобы продлить срок хранения, даже если тем самым вы укорачиваете свое пребывание на этой планете. Вы поддерживаете, поощряете и даете возможность выплачивать спортивным командам непомерные зарплаты за нелепые усилия, в то время как учителя, священники, ученые, занимающиеся поисками средств, чтобы вылечить от смертельных болезней, ходят и выпрашивают деньги. В супермаркетах, ресторанах, у себя дома вы выбрасываете больше еды, чем потребовалось бы, чтобы накормить полмира.

Но это не обвинение, а всего лишь наблюдение. И это относится не только к Соединенным Штатам, потому что тенденции, от которых болит сердце, распространены по всему миру.

Повсюду неимущие должны унижаться и жить впроголодь, чтобы просто выжить, в то время как кучка тех, кто при власти, защищает и приумножает накопленные и припрятанные деньги, спит на шелковых простынях и каждое утро поворачивает на своей сантехнике краны, сделанные из золота. И когда изможденные дети — просто кожа да кости — умирают на руках у своих рыдающих матерей, «лидеры» их страны занимаются политической коррупцией, из-за которой запасы еды, переданные в дар, не доходят до тех, кто голодает.

Складывается впечатление, что ни у кого нет власти, чтобы изменить обстановку. Но правда в том, что проблема не во власти. Просто ни у кого нет *воли*.

И так будет всегда, пока никто не воспринимает чужую беду как свою собственную.

Почему же мы *этого не* делаем? Разве можно видеть всю эту жестокость ежедневно и допускать, чтобы это продолжалось?

Потому что это не ваша *забота*. Вы не *заботитесь*. Вся планета столкнулась лицом к лицу с кризисом сознания. Вам надо просто решить, *заботитесь ли вы друг о друге*.

Вопрос риторический. Разве мы не можем любить свою семью?

Ты действительно любишь всю свою семью. Просто у тебя очень ограниченное представление о том, *какая* у тебя семья.

Ты не считаешь себя частью большой семьи людей, поэтому проблемы человечества не волнуют тебя лично.

Как людям Земли изменить свой взгляд на мир?

Все зависит от того, что именно вы хотите изменить.

Как нам уменьшить боль, страдания?

Уменьшить разобщенность между вами. Создать новую модель мира. Удерживать ее в рамках *новой идеи*.

Какая это идея?

Предстоит радикальный отход от нынешнего мировоззрения.

Сейчас вы воспринимаете мир (в геополитическом масштабе) как совокупность национальных государств, каждое из которых суверенное, отдельное и независимое друг от друга. По большому счету, внутренние проблемы этих независимых государств не рассматриваются как проблемы всей группы как единого целого, если и пока они не оказывают влияние на группу как единое целое (или на самых влиятельных членов этой группы).

Группа как целое реагирует на обстановку и проблемы отдельных государств, исходя из корыстных интересов нескольких государств. Если никакое из этих государств ничего при этом не теряет, обстановка в отдельном государстве пусть катится к черту, и никому до этого нет дела.

Тысячи людей могут умирать голодной смертью, сотни могут умирать на гражданской войне, деспоты могут грабить свои народы, диктаторы и их вооруженные бандиты могут насиловать, грабить и убивать, власти могут лишать людей основных человеческих прав — остальные не будут делать ничего. Это, по-вашему, их «внутреннее дело».

Но когда *ваши* интересы там находятся под угрозой, когда *ваши* капиталовложения, *ваша* безопасность, благополучие *вашей* жизни в опасности, вы сплачиваете свою нацию, вы пытаетесь объединить остальной мир и закон для вас не писан.

Потом вы говорите Большую Ложь, утверждая, что вы делаете все это исходя лишь из гуманистических соображений, чтобы помочь угнетенным народам мира, в то время как правда в том, что вы всего-навсего защищаете собственные интересы.

В подтверждение можно сказать, что если у вас нет в чем-то интереса, то у вас нет и заботы.

Механизм политики во всем мире опирается на личный интерес. Что здесь нового?

Если вы хотите, чтобы ваш мир изменился, то что-то новое должно быть. Вы должны начать воспринимать чужие интересы как свои собственные. Это произойдет только тогда, когда вы перестроите действительность в мире и будете управлять собой соответствующим образом.

Ты имеешь в виду единое правительство мира?

Да.

11

Ты обещал, что в Книге 2 затронешь крупномасштабные геополитические проблемы на нашей планете (в отличие от Книги 1, где, в основном, рассматривались личные проблемы людей), но я не думал, что Ты начнешь спорить!

Наступило время, чтобы мир перестал обманывать себя, пробудился и осознал, что *единственная проблема человечества* — дефицит любви.

Любовь порождает терпимость, терпимость порождает покой. Нетерпимость становится причиной войн и с безразличием относится к невыносимой обстановке.

Любовь не может быть равнодушной. Ей это неведомо.

Самый быстрый способ добиться любви и заботы обо всем человечестве — воспринять человечество как свою семью.

Самый быстрый способ воспринять все человечество как свою семью — перестать отделяться от остального мира. Все страны, существующие в нынешнем мире, должны объединяться.

У нас уже есть Организация Объединенных Наций.

Беспомощная и бессильная. Чтобы заставить организм действовать, его надо полностью переделать. Нельзя сказать, что это невозможно. Пожалуй, это трудно и требует больших усилий.

Хорошо, а что Ты предлагаешь?

У Меня нет «предложения». Единственное, что Я предлагаю, — это наблюдения. Беседуя, ты говоришь Мне о ваших новых решениях, а Я по ходу говорю о своих наблюдениях, чтобы смысл стал очевидным. Что вы сейчас выбираете в отношении существующих взаимоотношений между людьми и народами на вашей планете?

Я воспользуюсь Твоими словами. Будь моя воля, я бы выбрал для нас «добиться любви и заботы обо всем человечестве».

Принимая во внимание этот выбор, Я замечу, что для успеха дела в мире должна быть создана новая политическая общность, где каждое национальное государство имеет равное право голоса в обсуждении дел во всем мире и равную пропорциональную долю во владении мировыми ресурсами.

Это никогда не будет действенным. «Имущие» никогда не откажутся от своей суверенности, богатства и природных ресурсов ради «неимущих». И, к спору, с какой стати они должны это делать?

Потому что это *в их лучших интересах.*

Они так не считают — и я тоже не уверен, что думаю так же.

Если бы вы смогли добавить в вашу экономику миллиарды долларов в год, которые можно было бы потратить, чтобы накормить голодных, одеть нуждающихся, дать жилье бедным, гарантировать пожилым уверенность в завтрашнем дне, обеспечить сохранность здоровья и сделать достоинство нормой жизни для всех, — разве это не соответствовало бы лучшим интересам вашей страны?

В Америке есть люди, которые оспаривают, что бедным пойдет на пользу помощь за счет богатых налогоплательщиков и тех, у кого средний доход. Тем временем страна продолжает скатываться в ад, преступность опустошает нацию, инфляция грабит у людей нажитые сбережения, быстрыми темпами растет безработица, а правительство разрастается и еще больше жиреет, и в школах раздают презервативы.

Ты говоришь, как в интервью по радио.

Да, многих американцев беспокоит *именно* это.

Значит, они близоруки. Разве вы не видите, что если бы миллиарды долларов в год (это миллионы долларов в месяц, сотни и сотни тысяч в неделю, неслыханное количество *каждый* день) могли бы обратно попасть в вашу систему — и если бы вы *могли* использовать эти капиталы, чтобы накормить голодных, одеть нуждающихся, дать жилье бедным, гарантировать пожилым уверенность в завтрашнем дне, обеспечить сохранность здоровья и достоинство для всех,— то причины *преступности* исчезли бы навсегда? Разве вы не видите, что новые рабочие места появились бы как грибы, если бы удалось снова вкачать доллары обратно в вашу экономику? Что ваше правительство даже уменьшилось бы, потому что ему *пришлось бы выполнять меньше работы?*

Я думаю, что кое-что из этого могло бы стать реальным (хотя не могу представить, чтобы правительство *когда-нибудь* стало меньше!), но откуда появятся эти миллионы и миллиарды? Как же налоги, которыми будет облагать Твое новое мировое правительство? Брать больше с тех, кто «заработал», и отдавать тем, кто никак не может «твердо встать на ноги» и жить так?

Ты так себе это представляешь?

Нет, но так думают *многие*. Просто я хотел честно изложить их точку зрения.

Я бы хотел поговорить об этом позже. Сейчас Я не хочу отвлекаться от темы — и Я хочу вернуться к этому позже.

Замечательно.

Ты спросил, откуда могут появиться эти суммы. Они не должны появиться из каких-либо новых налогов, навязанных новым мировым сообществом (хотя члены сообщества — отдельные граждане — захотят под влиянием просвещенного руководства отдавать 10 процентов своего дохода на нужды общества как единого целого). И они появятся не из новых налогов, навязанных каким-либо местным правительством. На самом деле некоторые местные правительства смогут в обязательном порядке снизить налоги.

Все это — все эти преимущества — просто будет результатом перестройки вашего мировоззрения, более простой перепланировки вашей мировой политической конфигурации.

Как это возможно?

За счет денег, которые вы тратите на создание систем обороны и средств нападения.

А, понимаю! Ты хочешь, чтобы мы *ликвидировали военные силы!*

Не только *вы*. *Все* в мире.

Но не ликвидировать войска, а просто коренным образом сократить их. Вам нужно будет поддерживать только внутренний порядок. Вы могли бы укрепить местную полицию (вы говорите, что это необходимо, но каждый раз, когда принимается новый бюджет, у вас не остается на это средств) и в то же время значительно уменьшить расходы на военное вооружение и подготовку к войне, то есть на оборонительное и наступательное оружие массового уничтожения.

Во-первых, я думаю, что Твои цифры по поводу того, сколько мы можем сэкономить, преувеличены. Во-вторых, я не думаю, что Тебе удастся убедить людей, что им не нужно уметь защищать себя.

Давай посмотрим на цифры. В настоящее время (сегодня, когда мы пишем об этом, — 25 марта 1994 года) правительства во всем мире тратят около триллиона долларов на военные цели. Это миллион долларов в минуту.

Нации, которые тратят больше всего, могут переориентировать большую часть на другие приоритеты, о которых мы уже говорили. Поэтому более крупные и богатые государства поняли бы, что это в их лучших интересах, если бы осознали, что это возможно. Но более крупные и богатые государства не могут представить, как они могут существовать без обороны, потому что они боятся агрессии и нападения со стороны тех наций, которые завидуют им и *хотят иметь то же, что и они.*

Есть два способа уменьшить эту угрозу.

1. Разделите достаточное количество всех мировых богатств и природных ресурсов между всеми людьми мира, чтобы никто не хотел и не нуждался в том, что есть у кого-то другого, и чтобы все могли жить достойно и освободились бы от страха.

2. Создайте систему для разрешения разногласий, которая уменьшает необходимость войны и даже саму ее возможность.

Народы мира, возможно, никогда не станут этого делать.

Они уже сделали это.

Неужели?

Да. Сейчас в мире происходит эксперимент подобного рода с государственным строем. Этот эксперимент называется «Соединенные Штаты Америки».

Который, как Ты сказал, с треском проваливается.

Да. Он должен еще очень далеко продвинуться, прежде чем его можно будет назвать успешным. (Как Я обещал, мы побеседуем об этом и о преобладающих сейчас тенденциях позже.) Но это лучший эксперимент, который сейчас проводится.

Об этом говорил Уинстон Черчилль. «Демократия — это самая плохая система, — заявил он, — если не принимать во внимание все остальные».

Ваша нация первой организовала конфедерацию отдельных штатов, объединив их в сплоченную группу, где каждое государство подчиняется центральной власти.

Было время, когда ни один из этих штатов не хотел этого. Они упорно сопротивлялись, боясь потерять свое величие, и утверждали, что такой союз не послужит им во благо.

Возможно, то, что происходило с этими отдельными государствами тогда, окажется поучительным.

Когда они объединились в свободную конфедерацию, еще не было правительства Соединенных Штатов в том виде, как оно есть сейчас, поэтому не было и власти, чтобы навязать Договор об образовании конфедерации, с которым все государства были согласны*.

Штаты самостоятельно проводили свою международную политику. Некоторые заключили свои соглашения по торговле и ряд других соглашений с Францией, Испанией, Англией и другими странами. Штаты в то же время торговали друг с другом, и некоторые штаты даже ввели дополнительные тарифы на товары, ввозимые из других штатов (так же как на товары из-за океана!), хотя конституцией это было запрещено. У торговцев не было другого выбора, и они платили в портах за покупку и продажу товаров, потому что централизованной *власти* не было, хотя и было письменное *соглашение*, запрещающее подобные налоги.

Те отдельные штаты еще и воевали друг с другом. Каждый штат считал свою милицию регулярной армией, в девяти штатах был свой флот, и официальным девизом каждого штата в конфедерации могла бы стать фраза «Не притесняйте меня».

Больше половины штатов даже печатали свои собственные деньги. (Хотя у конфедерации было соглашение, что это было бы незаконно!)

Короче говоря, ваши штаты в то время действовали *точно так же, как независимые страны действуют сейчас*, хотя они были объединены *Договором* об образовании конфедерации.

Хотя они видели, что соглашения конфедерации (например, предоставление Конгрессу исключительного права чеканить монеты) не действовали, они решительно сопротивлялись созданию и подчинению центральной власти, которая могла бы *навязать* им эти соглашения и вцепиться в них зубами.

Но, некоторое время спустя, появилось несколько прогрессивных лидеров, чье мнение стало доминировать. Они убедили народ, что от создания новой федерации они больше *выиграют*, чем проиграют.

Торговцы сэкономят деньги и увеличат доходы, потому что отдельным штатам больше не разрешается облагать налогом товары друг друга.

---

* Речь идет о Договоре об образовании конфедерации тринадцати английских колоний в Северной Америке — первая конституция США (1781 г.).

Правительства сэкономят деньги и будут больше вкладывать в программы и услуги, которые по-настоящему смогут помочь *людям*, потому что не надо больше тратить средства на защиту штатов друг от друга.

У людей будет больше уверенности в завтрашнем дне, они будут больше защищены и лучше обеспечены, потому что они будут сотрудничать друг с другом, а не воевать.

Вовсе не теряя своего величия, каждый штат может стать еще более великим.

Именно так и случилось на самом деле.

То же самое могло бы произойти сейчас со 160 странами мира, если бы *они* образовали Объединенную Федерацию. Это означало бы конец войнам.

Как это? Ведь разногласия все равно останутся.

Это верно, пока люди остаются привязанными к внешним вещам. Есть верный способ избавиться от войн и любых переживаний, волнения и тревог — но это духовное решение. И сейчас мы рассматриваем это на геополитическом уровне.

Весь секрет в том, чтобы объединить две вещи. Чтобы изменить повседневный опыт, необходимо в практической жизни жить духовной истиной.

Пока не произойдет этого изменения, разногласия все еще будут. Но ты прав. Войны не нужны. Убийства не нужны.

Разве воюют Калифорния и Орегон за право использования водных территорий? Мэриленд и Вирджиния из-за рыбной ловли? Воюют ли друг с другом штаты Висконсин и Иллинойс, Огайо и Массачусетс?

Нет.

А почему бы и нет? Разве между ними не возникали споры и разногласия?

Думаю, за все эти годы — возникали.

Именно так. Но эти отдельные государства добровольно согласились — это было просто *добровольное соглашение* — соблюдать установленные законы и придерживаться компромиссов в совместных делах, сохраняя право принимать свои законы в отношении собственных дел.

Если споры между штатами все-таки возникают по причине разных толкований федерального закона — или если кто-то просто нарушает закон, — то дело передается в суд, которому были *предоставлены полномочия* (то есть штаты дали ему такую власть) решать споры.

Если случай беспрецедентный и существующие правовые нормы (законодательство) не позволяют провести дело через суд и прийти к *удовлетворительному* решению, то штаты посылают своих представителей в центральное правительство, чтобы попытаться достигнуть соглашения о *новых* законах, которые создадут подходящие условия или, в крайнем случае, помогут достичь разумного компромисса.

Так *действует* ваша федерация. Свод законов, система судов, которым вы доверили трактовать эти законы, и система правосудия, которая, опираясь в случае необходимости на вооруженные силы, обеспечивает соблюдение решений судов.

Хотя никто не спорит, что система нуждается в совершенствовании, это политическое изобретение проработало больше 200 лет!

Нет причин сомневаться в том, что *тот же самый рецепт подошел бы и для отношений между национальными государствами.*

Если все это так просто, то почему до сих пор никто не попытался?

Пробовали. Ваша Лига Наций была первой попыткой. Организация Объединенных Наций (ООН) — последняя попытка.

Но одна попытка провалилась, а другая была эффективна в минимальной степени, потому что (как это было сначала и в Конфедерации американских 13 штатов) члены-представители, особенно самые влиятельные из них, боятся, что они *больше проиграют, чем выиграют* от этого переформирования.

Это происходит потому, что те, кто «при власти», больше беспокоятся о сохранении власти в своих руках, а не о том, как улучшить качество жизни для *всех* людей. «Имущие» *знают*, что такая Всемирная Федерация неизбежно больше даст «неимущим», — но «имущие» думают, что это будет *за их счет*... а они ничего не уступят.

А разве их страх не имеет оснований? Разве желание сохранить нажитое таким долгим трудом лишено здравого смысла?

Во-первых, если больше отдавать тем, кто голодает и лишен крова, то это вовсе не означает, что другие лишатся своего достатка.

Как Я уже говорил, все, что надо сделать, — это взять 1 000 000 000 000 долларов, которые вы ежегодно тратите на военные цели, и переориентировать их на гуманитарные нужды. Вы решите проблему, не потратив ни одной лишней копейки и оставив богатства у прежних владельцев.

(Конечно, спорный вопрос, окажутся ли «проигравшими» международные конгломераты, которые получают прибыли от войн и средств вооружения, их работники и все, кто обогащается за счет сознания, ориентированного на разжигание конфликтов во всем мире. Но, во всяком случае, их источник изобилия будет исчерпан. Если для того, чтобы выжить, кому-то нужно, чтобы мир жил в раздорах, то, возможно, эта зависимость объясняет, почему ваш мир упорно сопротивляется любой попытке создать основу для прочного мира.)

Что касается второй части твоего вопроса — о желании удержать то, что нажито с таким трудом, то — касается это отдельного человека или нации — это не так уж лишено смысла, если исходить только из сознания Внешнего Мира.

Из чего?

Если ваше наибольшее в жизни счастье основано только на опыте, получаемом из Внешнего Мира — физического мира вне тебя, — то действительно, никто и *никогда* не захочет отдать другим хоть каплю из того, что накоплено, чтобы стать счастливым.

До тех пор, пока «неимущие» видят причину своего *несчастья* в *недостатке* материальных вещей, они тоже будут попадаться в ловушку. Они постоянно будут хотеть того же, что есть у вас, а вы никогда не захотите поделиться с ними.

Вот почему Я сказал раньше, что есть способ навсегда избавиться от войн и любых переживаний тревог и беспокойств. Но это *духовный* путь.

В конечном счете любая геополитическая проблема, как и любая личная, сводится к духовной проблеме.

Вся жизнь — духовна, поэтому все жизненные проблемы имеют духовное происхождение и *духовное решение*.

Войны на вашей планете происходят потому, что у кого-то есть что-то и это «что-то» хочется иметь кому-то еще. Это *побуждает* кого-то *совершать* действия, совершенно нежелательные для *других*.

Любой конфликт возникает из неадекватного желания.

Во всем мире единственно прочный мир — это Внутренний Мир.

Пусть каждый человек обретет мир внутри себя. Когда ты обретаешь внутреннее спокойствие, ты также начинаешь понимать, без чего ты можешь обходиться.

Это значит, что тебе уже просто больше не нужны определенные вещи из внешнего мира. «Без-надобность», необремененность потребностями, — это большая свобода. Прежде всего, это освобождает тебя от страха, — страха, что есть что-то, чего у тебя может не быть; страха, что у тебя есть что-то, что ты можешь потерять; страха, что, не имея чего-то, ты не будешь счастлив.

Во-вторых, «без-надобность» освобождает тебя от гнева. *Гнев — это проявленный страх*. Когда тебе нечего бояться, тебе не из-за чего сердиться.

Ты не сердишься, когда не получаешь того, что ты хочешь, потому что твое желание — это просто твое предпочтение, а не настоятельная потребность. Поэтому возможность не получить этого не ассоциируется у тебя со страхом. А значит, нет и гнева.

Ты не сердишься, когда видишь, что другие делают то, что противоречит твоим желаниям, — потому что тебе нет *надобности* в том, чтобы они делали или не делали вообще *что-либо*. А значит, нет и гнева.

Ты не сердишься, когда кто-то недобр, потому что тебе нет *надобности* в том, чтобы они были добрыми. Ты не сердишься, когда кто-то не любит тебя, потому что тебе нет *надобности* в том, чтобы они тебя любили. Ты не сердишься, когда кто-то жесток, обижает или хочет причинить тебе ущерб, потому что тебе нет *надобности* в том, чтобы они вели себя как-то по-другому, и ясно, что тебе невозможно причинить ущерб.

Случись кому-то захотеть лишить тебя жизни, ты тоже не будешь в гневе, потому что ты не боишься смерти.

Когда ты лишен страха, уйдет и все остальное, и ты не будешь сердитым.

Внутренним чувством, интуитивно, ты знаешь, что все, что ты создал, можно создать снова или, что важнее, — все это не имеет значения.

Когда ты обретаешь Внутренний Мир (Покой), как отсутствие, так и присутствие какого-то человека, места или вещи, условия, обстоятельства или ситуации не может быть Создателем состояния твоего разума или причиной твоих переживаний в жизни.

Это не значит, что ты отвергаешь потребности тела. Это далеко не так. Ты испытываешь сполна пребывание в теле и получаешь от этого такое *наслаждение*, какого раньше никогда не испытывал.

Но ты займешься потребностями тела добровольно, а не принудительно. Ты будешь испытывать ощущения, связанные с телом, потому что ты выбираешь это сам, а не потому, что это необходимо, чтобы испытать счастье или грусть.

Одна такая простая перемена — искать и найти внутренний покой. Если так сделает каждый, это положит конец всем войнам, ликвидирует конфликты, предотвратит несправедливость и установит прочный мир на земле.

Никакая другая формула не нужна и *невозможна*. Мир в мире — это личное дело.

Нужно менять не обстоятельства, нужно менять сознание.

Как нам обрести внутренний покой, когда мы голодаем? Быть в безмятежном состоянии, когда мы испытываем жажду? Оставаться спокойными, когда мы мокрые, нам холодно и нет крыши над головой? Как нам избежать гнева, когда наши любимые умирают без всякой причины?

Ты говоришь так возвышенно, но что толку от такой поэзии? Чем это поможет эфиопской матери, на глазах у которой умирает истощенное дитя, потому что нет ни ломтика хлеба? Или мужчине из Центральной Америки, которому пуля разорвала тело, когда он пытался помешать военным захватить его деревню? Что может сказать Твоя поэзия женщине из Бруклина, которую бандиты изнасиловали восемь раз? Или ирландской семье из шести человек, которые погибли от разорвавшейся бомбы, подложенной в церкви во время воскресной службы?

Нелегко такое слышать, но Я говорю тебе:

Во всем есть совершенство. Стремись видеть совершенство. Я говорю именно об изменении сознания.

Не нуждайся ни в чем. Желай все. Выбирай то, что тебе очевидно.

Чувствуй своими чувствами. Плачь своими слезами. Смейся своим смехом. Почитай свою правду. Но когда все эмоции уйдут, будь спокоен и знай, что Я Есть Бог.

Другими словами, даже в разгар величайшей трагедии увидь великолепие процесса. Даже если ты умираешь с пулей в груди, даже если тебя насилует банда.

Сейчас это воспринимается как что-то невозможное. Но когда ты приблизишься к Божественному Сознанию, у тебя это получится.

Конечно, ты не *должен* этого делать. Все зависит от того, *как* ты хочешь пережить момент.

В минуту большой трагедии проблема всегда в том, чтобы успокоить свой ум и проникнуть глубоко в душу.

Вы автоматически это делаете, когда ситуация выходит из-под контроля.

Тебе когда-нибудь доводилось говорить с человеком, у которого машина неожиданно свалилась с моста? Или он находился под прицелом наставленного на него оружия? Или едва не утонул? Очень часто такие люди расскажут тебе, что время замедляло ход, их охватывало странное спокойствие, совсем не было страха.

«Не бойся, ибо Я с тобою»*. Вот что можно поэтически сказать человеку, который стоит перед лицом беды. В самый мрачный твой час Я буду твоим светом. В самую тяжелую минуту Я буду твоим утешением. В самые тяжелые времена твоих испытаний Я буду твоей силой. Поэтому верь! Я твой пастырь, ты не попадешь в беду. Я приведу тебя в райские кущи. Я покажу тебе тихие воды.

Я верну твою душу в прежнее состояние и поведу тебя путями праведности во Имя Мое.

И идя по Долине Смерти, не бойся зла, ибо Я с тобой. Мой жезл и Мой посох поддержат тебя.

Я готовлю тебе трапезу в присутствии врагов твоих. Я умаслю елеем твою голову и чаша твоя будет полной.

Доброта и милосердие обязательно будут сопровождать тебя всю твою жизнь до единого дня, и ты останешься в доме Моем — и сердце Моем — навсегда.

---

* Быт. 26:24.

12

Замечательно. То, что Ты сказал, — просто замечательно. Я бы хотел, чтобы мир это знал. Я бы хотел, чтобы мир это понял, поверил в это.

Книга поможет в этом. И ты помогаешь. Ты играешь свою роль, делаешь свой вклад в развитие Коллективного Сознания. Этим должны заниматься все.

Да.

Теперь мы можем поговорить на другую тему? Я думаю, что очень важно побеседовать об одной позиции, которую некоторое время тому назад Ты хотел беспристрастно представить.

Я имею в виду разделяемую многими людьми идею о том, что бедным было дано предостаточно, что мы должны прекратить облагать налогами богатых, наказывая их, по существу, за их упорный труд и «заставляя» тем самым еще больше обеспечивать бедных.

Эти люди считают, что бедные бедны только потому, что они хотят быть такими. Что многие даже не пытаются ничего сделать. Они лучше будут сосать грудь правительства, чем примут ответственность за самих себя.

Есть много людей, которые думают, что перераспределение богатств — совместное пользование ими — это зло социализма. Они цитируют Коммунистический Манифест — «от каждого по способностям — каждому по потребностям» — как свидетельство сатанинского происхождения идеи о гарантии необходимого человеческого достоинства для всех за счет усилий каждого.

Эти люди убеждены, что «всяк сам по себе». Если им говорят, что это звучит равнодушно и бездушно, то они прикрываются утверждением, что возможность стучится в двери каждого одинаково. Они утверждают, что неблагополучие не является чем-то врожденным и что если *им* удалось «добиться этого», то это *может каждый*. А если у кого-то не получается — то «сам заслужил такое дьявольское наказание».

Ты же чувствуешь, что это высокомерное мнение, которое основано на неблагодарности.

Да. А что чувствуешь Ты?

Я не сужу. Это просто мысль. Есть только один вопрос о том, насколько та или иная мысль уместна. *Тебе на пользу, если ты будешь ее придерживаться?* С позиций того, Кто Ты Есть и Кем Ты стремишься Быть, на пользу ли тебе эта мысль?

Глядя на мир, люди должны задавать себе этот вопрос. На пользу ли нам, если мы будем придерживаться этой идеи?

Я добавлю следующее: Есть люди — на самом деле целые группы людей, — которые родились неблагополучными, как вы это называете. Это очевидно.

Правда и то, что на высоком метафизическом уровне нет «неблагополучных», потому что каждая душа создает для себя нужных людей, события и обстоятельства, которые необходимы, чтобы достичь того, чего Она хочет достичь.

Ты все выбираешь сам. Родителей. Страну, где ты рождаешься. Все обстоятельства, связанные с твоим новым воплощением.

Таким же образом на протяжении всех дней и периодов твоей жизни ты продолжаешь создавать события, людей и обстоятельства, предназначенные для того, чтобы предоставить тебе необходимые, своевременные и исключительные возможности, которые тебе нужны, чтобы узнать себя таким, какой ты есть *на самом деле.*

Другими словами, никто не может быть «неблагополучным», если учитывать то, чего душа хочет достичь. Например, душа может захотеть трудиться в физически неполноценном теле, или в репрессивном обществе, или в условиях огромных политических и экономических ограничений, чтобы создать условия для максимального выполнения того, что она намерена сделать.

Поэтому мы видим, что люди действительно сталкиваются с «недостатками» в *физическом* смысле, но с *метафизической* точки зрения это действительно нужные и совершенные условия.

Что это значит для нас в практическом отношении? Должны ли мы предлагать «неблагополучным» свою помощь или воспринимать это так, что они просто находятся в том положении, в каком они хотят быть, и позволить им «отработать свою карму»?

Хороший и очень важный вопрос.

Во-первых, помни, что все, что ты думаешь, говоришь и делаешь, — это отражение того, что ты решил в отношении себя. Это утверждение того, Кто Ты Есть. Это *создание* в процессе принятия решений того, кем ты хочешь быть. Я постоянно говорю об этом, ведь это единственное, что вы здесь делаете, и именно этим вы должны заниматься. Ничего другого не происходит, ни для чего другого душа не предназначена. Ты стремишься быть и испытать, Кто Ты Действительно Есть, — и создать это. Ты заново создаешь себя в каждый момент Сейчас.

В контексте сказанного: когда ты встречаешься с человеком, который оказывается в вашем понимании неблагополучным, то первый вопрос, который ты должен задать, таков: «Кто есть я и кем я выбираю быть в отношении этого?»

Другими словами, когда вы встречаете другого человека, при любых обстоятельствах первый вопрос должен быть таким: «Чего я хочу здесь?»

Ты слышал? Твой первый вопрос всегда должен быть: «Чего я здесь хочу?» — а не «Чего здесь хотят другие?»

Подобное понимание того, как нужно поддерживать взаимоотношения с людьми, — самое необычное из всех, с которыми мне вообще доводилось сталкиваться. Оно идет вразрез со всем, чему меня когда-либо учили.

Я знаю. Но твои взаимоотношения так запутанны, потому что ты всегда пытаешься понять, чего хочет другой человек или чего хотят другие *люди*, — вместо того, чтобы понять, чего в действительности хочешь *ты*. Затем тебе нужно решить, дашь ли ты им это. Ты решаешь, посмотрев, что ты можешь получить от *них*. И если ты думаешь, что взять с них нечего, то твое первое желание дать им то, что они хотят, исчезает, и потому вы даете в редких случаях. С другой стороны, если ты понимаешь, что тебе от них что-то нужно или они могут как-то тебе пригодиться, вмешивается твой инстинкт самосохранения и ты стараешься дать им то, что они хотят.

Потом ты обижаешься — особенно если другой человек в конечном счете не дает тебе того, что ты хочешь.

В этой игре «*Поторгуемся*» вы устанавливаете очень хрупкое равновесие. Ты — мне, я — тебе.

Но цель всех человеческих взаимоотношений — отношений между народами и отношений между отдельными людьми — ничего общего с этим не имеет. Цель твоих Святых Взаимоотношений с любым другим человеком, местом или вещью не в том, чтобы установить, что *они* хотят и что им нужно, а что *тебе* нужно и что *ты* хочешь, чтобы *расти*, чтобы быть тем, Кем Ты *хочешь* Быть.

Вот почему Я создал Отношения с *другими*. Если бы этого не было, то ты бы продолжал жить в вакууме, в пустоте, в Вечной Всеобщности, откуда ты пришел.

В этой Всеобщности ты просто есть, но ты не можешь ощущать свою «осознанность» как *что-то конкретное*, потому что во Всеобщности нет *ничего, чем бы ты ни был*.

Я придумал для вас способ, как творить заново, и Знать, Кто Ты Есть по собственному опыту. Я сделал это, обеспечив вас следующим:

1. Относительностью — системой, внутри которой ты можешь существовать как субъект в отношении с чем-то другим.

2. Забвением — процессом, с помощью которого ты добровольно подчиняешься полной амнезии, чтобы не знать, что относительность — это просто хитрость и что ты — Все Это.

3. Сознанием — состоянием Бытия, в котором ты растешь до тех пор, пока не достигнешь полной осознанности и не станешь потом Настоящим и Живым Богом, который создает и испытывает свою собственную реальность, расширяет и изучает эту реальность, изменяет и переделывает эту реальность, по мере того как ты расширяешь свое сознание до новых пределов — или, скажем, до безграничности.

В этой парадигме *Сознание — это все.*

Сознание — то есть то, что ты действительно осознаешь, — это основа всей истины, а значит, и всей духовности.

Но в чем же смысл всего этого? Сначала Ты заставил нас забыть, Кто Мы Есть, чтобы мы смогли вспомнить, Кто Мы Есть?

Не совсем так. Чтобы ты мог создать себя таким, Как Ты Есть и Кем Ты Хочешь Быть.

Это акт Бога, Который и есть Бог. Это Я, Который и есть Я через тебя!

В этом смысл всей жизни.

Через тебя Я *испытываю* Кто и Что Я Есть.

Без тебя Я мог бы знать, но не испытать этого.

Знать и испытывать — это две разные вещи. Всякий раз Я выберу испытание.

На самом деле Я так и *делаю*. Через *тебя*.

Кажется, я уже забыл вопрос, с которого мы начали.

Да, Бога трудно удержать в одной теме беседы. Я склонен к широкому толкованию.

Так, давай постараемся вспомнить.

О, да, что делать с теми, кто менее удачлив.

Сначала реши, Кто и Что Ты Есть во Взаимоотношениях с ними.

Во-вторых, если ты решил, что хочешь испытать себя как Помощь, как Любовь, Сострадание и Забота, то постарайся понять, каким образом тебе лучше всего проявить себя именно так.

Обрати внимание, что твоя способность быть всем этим никак не связана с тем, кто эти другие и чем они занимаются.

Иногда лучший способ проявить свою любовь и лучше всего помочь — это *оставить их одних* и дать им возможность самим помочь себе.

Все как на празднике. Жизнь — как «шведский стол», и ты дашь им *большую порцию самих себя*.

Запомни, что самую большую помощь, которую ты можешь оказать человеку, — это пробудить его, напомнить ему, Кто Он Есть На Самом Деле. Для этого есть много способов. Иногда немного помочь — подтолкнуть, расшевелить, натолкнуть на мысль… а иногда дать возможность идти своим путем, идти своим шагом, без каких-либо вмешательств и вторжений с твоей стороны. (Все родители знают, что это такое, и мучаются от подобных решений каждый день.)

Твоя возможность сделать что-то для менее удачливых — это *напомнить*. Это значит побудить их быть Другого Мнения о самих себе.

Ты тоже должен быть Другого Мнения о них, потому что, если *ты* воспринимаешь их как неудачников, то *они* такими и будут.

Великий дар Иисуса был в том, что Он всех видел такими, какие они были на самом деле. Он не принимал людей по внешности, Он не воспринимал людей такими, как они сами себя воспринимали. Его представление о людях всегда было выше, и Он всегда побуждал людей делать то же самое.

Но Он также уважал выбор других. Он не *требовал*, чтобы они принимали Его высокую идею, Он только *приглашал их*.

Он также с сочувствием относился к другим, — и если другие относили себя к тем, кому была необходима помощь, Он не отвергал их за их ошибочные суждения, а позволял им любить свою Реальность и с любовью помогал им довести свой выбор до конца.

Потому что Иисус знал, что для некоторых самый быстрый путь достичь того, Кто Они Есть, — *через* познание себя такими, Какими Они Не Являются.

Он не считал этот путь несовершенным и не отвергал его. Наоборот, Он считал его тоже «совершенным» и поэтому поддерживал всех в их желании быть такими, какими они хотели быть.

Поэтому любой, кто обращался к Иисусу за помощью, получал ее.

Он никого не отвергал, но всегда внимательно следил за тем, чтобы помощь, которую он оказывал, сполна поддерживала искреннее желание человека.

Если другие глубоко стремились к просветленности, честно выражая готовность перейти на следующий уровень, Иисус давал им силы, мужество и мудрость добиться этого. Он был настоящим примером, и, если люди оказывались беспомощными в какой-то ситуации, он воодушевлял их верить в *Него*. Он говорил, что ни за что не оставит их в беде.

Многие действительно обращали свою веру к Нему, и до сегодняшних дней Он помогает тем, кто взывает к Его Имени, потому что Его душа посвятила себя пробуждению тех, кто хочет полностью пробудиться и жить во Мне.

Но Христос был милостив и к тем, кто не верил. Поэтому Он не считал себя единственно праведным — как и Его Отец на небесах — и никогда не судил.

Он никогда и никому не отказывал в помощи и никогда не считал, что если «сам заварил себе кашу — тебе и расхлебывать».

Иисус давал людям ту помощь, о которой они просили, а не ту помощь, которую Он хотел бы им дать. Он позволял им действовать на том уровне, на котором они *готовы были воспринять возможность*.

Это путь всех Великих Мастеров. Тех, кто был на вашей планете в прошлом, и тех, кто ходит по ней сейчас.

Я совсем запутался. Когда же оказание помощи не во благо? Когда это мешает, а не помогает росту другого человека?

Когда помощь предлагается так, что при этом возникает постоянная зависимость, а не растущая быстрыми темпами самостоятельность.

Когда ты из жалости позволяешь другим надеяться на тебя, а не на самих себя.

Это не сочувствие — это принуждение. Ты оказываешь силовое воздействие, ведь такая помощь действительно лишает человека сил. Здесь очень тонкая грань, и иногда ты и сам не знаешь, что принуждаешь кого-то силой. Ты можешь искренне верить, что просто изо всех сил стараешься, чтобы помочь другому. Но будь осторожен, чтобы не оказалось, что ты только стремишься тем самым подчеркнуть свою значимость. Ведь в той мере, в какой ты разрешаешь людям возлагать на тебя ответственность за них, в той же мере ты позволяешь им делать тебя могущественным. А от этого, конечно, ты чувствуешь себя очень важным.

Такая помощь — это *афродизиак, который прельщает слабых*.

Задача в том, чтобы помочь слабым стать сильными, а не в том, чтобы слабые стали еще более слабыми.

В этом проблема многих государственных программ по оказанию помощи, потому что они часто придерживаются как раз последнего. Правительственные программы могут длиться до бесконечности. Их существование оправданно ровно настолько, насколько они помогают тем, кому они предназначены помогать.

Если бы всякая помощь со стороны правительства была ограничена, то люди могли бы получать ее только тогда, когда они действительно нуждаются в ней, чтобы привычка обращаться за помощью не переросла в потребность и люди не перестали надеяться на самих себя.

Правительства понимают, что помощь — это власть. Поэтому правительства оказывают помощь кому угодно, ведь чем больше людей получают помощь от правительства, тем больше их помогают правительству.

Те, кого поддерживает правительство, поддерживают правительство.

Значит, не *должно* быть перераспределения богатств? И Коммунистический Манифест *есть* сатанизм?

Конечно, никакого Сатаны *нет*. Но Я понимаю, что ты имеешь в виду.

Идея, которая лежит в основе утверждения «От каждого по способностям — каждому по потребностям», без злого умысла, — она прекрасна. Это просто еще один способ сказать, что вы хранители идеи братства. Ужасным может быть лишь претворение этой идеи в жизнь. И Я бы не согласился с тем, что люди сообща, через свои политические системы выбрали такой путь, потому что люди по опыту знают, и история это показала, что «имущие» не делятся своим богатством с «неимущими».

Привычка делиться с другими должна быть образом жизни, а не указом, навязанным правительством. Привычка делиться с другими должна быть добровольной, а не принудительной.

Но вот мы и добрались до сути: правительство — это тоже *люди*, и его программы — это просто механизмы, с помощью которых определенные люди делятся с другими людьми, и это их «образ жизни».

Русский крестьянин мог бы ждать, когда русское дворянство поделится своими богатствами, до тех пор, пока костры ада не вымерзнут совсем. А это богатство приобреталось и приумножалось непосильным трудом крестьян. Крестьянам давалось ровно столько, сколько нужно было для выживания, в качестве «стимула», чтобы они были в состоянии обрабатывать землю и делать землевладельцев еще богаче. Вот пример *взаимозависимых отношений*! Этот тип отношений — «я помогу тебе, если ты мне поможешь» — был еще более эксплуататорским и отвратительным, чем что-либо, придуманное *когда-либо* правительством!

Русские крестьяне восставали против такого бесстыдства. Правительство, которое заверяло, что ко всем людям должно быть равное отношение, родилось из людского возмущения тем, что «имущие» ничего не отдадут «неимущим» по доброй воле.

Мария Антуанетта сказала о толпах голодающих в лохмотьях, которые возмущенно кричали под ее окном, когда она праздно сидела в своей позо-

лоченной ванне на основании из драгоценных камней и ела привезенный из-за границы виноград: «Пусть они едят пирожные!»

Люди с попранным достоинством возмущались таким отношением. Из-за этого устраивались революции и создавались правительства так называемой тирании.

Правительства, которые отбирают у богатых и отдают бедным, называются тираниями, а правительства, которые не делают ничего, в то время как богатые *эксплуатируют* бедных, — это репрессивные правительства.

Спросите у мексиканских крестьян даже сегодня. Говорят, что двадцать или тридцать семей — богатая и могущественная элита — в буквальном смысле *управляют* страной (главным образом потому, что это их *собственность*!), в то время как двадцать или тридцать *миллионов* живут за чертой бедности. Поэтому в 1993–1994 годах крестьяне устроили бунт, стараясь заставить правительство элиты признать свой долг помогать людям в обеспечении средствами хотя бы для поддержания саого скудного жизненного уровня. Есть разница между правительствами элиты и правительствами, которые защищают интересы «людей, с помощью людей и для людей».

Разве правительства не были созданы разгневанными людьми, чувствующими свое бессилие перед природным эгоизмом человеческой натуры? Разве правительственные программы создаются не как лекарство против нежелания человека самому обеспечить себя лекарством?

Разве не по этой причине возникли законы о жилье, об использовании детей в качестве наемной рабочей силы, программы поддержки матерей с детьми?

Разве система социального обеспечения не была попыткой правительства обеспечить пожилых людей тем, чем их семьи не хотели или не могли их обеспечить?

Как примирить нашу ненависть к правительственному контролю с нашим нежеланием делать то, что нужно, когда такого контроля нет?

Говорят, что шахтеры на некоторых шахтах работали в ужасных условиях, прежде чем правительство потребовало, чтобы сказочно богатые владельцы привели в порядок свои шахты с несметными богатствами. Почему бы им самим не сделать этого? Да потому, что это урезало бы их *доходы*! А богачам было все равно, сколько бедняков *погибнет* на опасных шахтах ради того, чтобы прибыль текла рекой и приумножалась.

Хозяева выплачивали *рабскую* подачку начинающим рабочим, прежде чем правительство установило минимальную зарплату. Те, кто поддерживают «старые добрые времена», говорят: «Что здесь такого? Они обеспечивали работой, разве не так? И кто при этом *рискует*? Рабочий? Нет! Тот, кто *вкладывает деньги, владелец* рискует всем! Поэтому он должен получать наибольшую награду!»

Того, кто считает, что нужно уважать достоинство рабочих, от труда которых зависит благополучие собственников, называют *коммунистом*.

Того, кто считает, что человека нельзя лишать права на жилье лишь потому, что у него другой цвет кожи, называют *социалистом*.

Того, кто считает, что женщину нельзя притеснять в трудоустройстве и продвижении по служебной лестнице лишь по той причине, что она принадлежит к другому полу, называют *радикальным феминистом*.

А когда правительства через своих избранных представителей начинают решать проблемы, которые те, кто у власти в обществе, упорно отказываются решать сами, то такие правительства называют репрессивными! (Между прочим, люди, которым они помогают, никогда так не скажут. Только те, кто сами отказываются оказывать помощь.)

Нигде это так не очевидно, как в здравоохранении. В 1992 году американский президент и его жена решили, что это нечестно и что не должно быть такого, чтобы миллионы американцев были лишены возможности получать профилактическое лечение. Начались дебаты, которые втянули в эту борьбу даже медиков и страховые службы.

Вопрос не в том, чье решение лучше, — план, предложенный Администрацией, или план, предложенный частным бизнесом. Вопрос вот в чем: *почему частный капитал не предлагал своего собственного решения раньше?*

Я *скажу* Тебе почему. Потому, что этого *не требовали*. Никто не жаловался. А промышленность была движима прибылью.

Доходы, доходы, *доходы*.

Поэтому у меня такая точка зрения. Мы можем плакаться, кричать и жаловаться, сколько хотим. Все дело в том, что правительства принимают решения тогда, когда частный капитал не в состоянии сделать это.

Мы также можем утверждать, что правительства делают то, что они делают, против воли людей. Но пока люди контролируют правительство (такое происходит в Соединенных Штатах Америки), — правительство будет продолжать принимать решения по социальным проблемам и требовать их исполнения, потому что *большинство людей не* богаты и у них нет таких возможностей, поэтому они с *помощью законов помогают себе в том, что общество не отдаст им добровольно.*

Только в тех странах, где большинство людей не контролируют деятельность правительства, правительство мало решает или не решает вовсе проблемы, связанные с несправедливостью.

В связи с этим возникает вопрос: насколько много делает правительство как правительство? Или насколько мало? И где и как нарушается равновесие?

Ух! Ты еще никогда так *много* не распространялся! Ни в одной из двух книг.

Ну, Ты ведь говорил, что в этой книге будут затронуты некоторые из крупных, глобальных вопросов, с которыми столкнулось человечество. Я думаю, что я изложил один из них.

Бесспорно, да. Все — от Тойнби до Джефферсона и Маркса — пытались решить эту проблему на протяжении столетий.

Хорошо, а какое решение у Тебя?

Здесь мы немного вернемся назад, нам нужно кое-что повторить еще раз.

Ладно. Мне не помешает услышать это еще раз.

Тогда начнем с того, что у Меня нет «решения». И все потому, что для Меня нет ничего неправильного. Все есть — как есть, и Я ничему не отдаю предпочтения. Просто описываю то, что очевидно и что каждый может легко увидеть.

Хорошо. У Тебя нет решения и у Тебя нет предпочтений. Тогда скажи мне, что Ты видишь?

Я вижу, что мир должен найти выход из положения с помощью системы управления, которая обеспечивает решение всей проблемы, и в этом отношении правительство Соединенных Штатов очень близко подошло к решению этого вопроса.

Трудность в том, что доброта и честность имеют отношение к морали, а не к политике.

Правительство — это попытка людей узаконить доброту и гарантировать честность. Но есть только одно место, где рождается доброта, — это человеческое сердце. Есть только одно место, где честность осмысливается как честность, — это человеческий разум. И есть только одно место, где возможно по-настоящему испытать любовь, — это человеческая душа. Ибо человеческая душа *есть любовь*.

Нельзя установить мораль с помощью законов. Нельзя издать закон и приказать: «любите друг друга».

Мы сейчас повторяем то, о чем уже говорили. Но это нормально для нашей беседы, и повторить дважды или трижды одну и ту же мысль — не лишнее. Мы стараемся уловить суть. Посмотрим, насколько ты понял.

Тогда я задам тот же вопрос, который уже задавал. Разве все законы — это не просто попытка людей систематизировать идеи морали? Разве «законодательство» — это не всеобщее соглашение о том, что «правильно» и «неправильно»?

Да. И определенные гражданские законы — правила и нормативы — в вашем примитивном обществе просто необходимы. (Надеюсь, ты понимаешь, что в непримитивных обществах в таких законах нет необходимости.) В вашем обществе вам все еще приходится сталкиваться с некоторыми элементарными вопросами. Нужно ли посмотреть по сторонам, прежде чем переходить улицу? Нужно ли покупать или продавать по определенным правилам? Есть ли какие-то запреты в том, как вы ведете себя с другими?

На самом деле даже основные законы, запрещающие убийства, нанесение ущерба, мошенничество или проезд на красный свет, были бы не нужны и *не требовались* бы, если бы люди везде просто следовали *Законам Любви*.

То есть Божьему Закону.

Нужен рост сознания, а не рост правительства.

Ты хочешь сказать, что если бы мы соблюдали Десять Заповедей, то все было бы нормально!

Нет никаких Десяти Заповедей. (В первой книге мы подробно беседовали на эту тему.) Божий Закон — это Отсутствие Закона. Именно это тебе трудно понять.

Я ничего не требую.

Многие люди не поверят Твоему последнему заявлению.

Пусть они прочитают Книгу 1. Там все подробно объясняется.

Так вот что Ты предлагаешь — полную анархию?

Я ничего не предлагаю. Я просто наблюдаю за тем, как все происходит. Я говорю тебе о том, что очевидно. Нет, Мне не кажется, что анархия — отсутствие руководства, правил и нормативов или каких-либо ограничений — была бы действенной. Такая мера применима только в отношении продвинутых существ, к которым Я пока не отношу людей.

Поэтому в определенной степени управление необходимо, пока ваша раса не достигнет такого уровня развития, когда *вы естественно делаете то, что естественно правильно*.

Между тем у вас достаточно мудрости, чтобы самим управлять собой. Мысли, которые ты высказывал, яркие, неопровержимые. Люди часто делают *не* то, что «правильно», когда они предоставлены сами себе.

Истинный вопрос не в том, зачем правительства навязывают людям так много законов и нормативов, а *почему* они вынуждены это делать.

Ответ надо искать в вашем Сознании Разобщенности.

В том, что мы воспринимаем себя отдельно друг от друга.

Да.

Но если мы не разделены, это значит, что мы *суть* Одно. Получается, что мы в ответе друг за друга?

Да.

Разве это не лишает каждого из нас возможности достичь своего величия? Если я в ответе за всех, то Коммунистический Манифест был прав! «От каждого по способностям — каждому по потребностям».

Как Я уже говорил, это замечательная идея. Но она лишается своего благородства, когда ее насаждают силой. В этом была проблема коммунизма. Не само понятие, а его воплощение в жизнь.

Некоторые говорят, что эту идею и *надо было* внедрять силой, потому что она противна истинной природе человека.

Ты попал в самую точку. Нужно менять именно *природу человека*. Вот где надо потрудиться.

Произвести сдвиг в сознании, о котором Ты говорил.

Да.

Но мы снова идем по кругу. Разве групповое сознание не помешает индивидуальным возможностям каждого?

Давай потолкуем об этом. Если бы у каждого человека на планете реализовались все его потребности — если бы массы людей могли сохранить свое достоинство и избежать борьбы за элементарное выживание, — разве для человечества не открылся бы путь к более благородным устремлениям?

Разве величие каждого пострадало бы, если бы каждому была обеспечена выживаемость?

Должно ли всеобщее достоинство быть принесено в жертву славе отдельной личности?

И что эта за слава, если она достигается за счет других?

Я разместил на вашей планете ресурсов более чем достаточно, чтобы обязательно хватило на всех. Почему же тысячи людей ежегодно умирают голодной смертью? Сотни становятся бездомными? Миллионы взывают об элементарном достоинстве?

Помощь, которая могла бы покончить со всем этим, — это не та помощь, которая *лишает возможностей*.

Если те, кто у вас преуспевает, заявляют, что они не хотят помогать голодным и бездомным, потому что не хотят лишить их возможностей, то ваши преуспевающие — лицемеры. Потому что никто не может по-настоящему «преуспевать», если преуспевает тогда, когда умирают другие.

Развитость общества измеряется тем, насколько хорошо оно относится к самым «низам». Как Я уже сказал, проблема в том, чтобы найти грань между тем, когда людям оказывают помощь, и тем, когда им причиняют боль.

И Ты можешь что-то предложить?

Общий принцип может быть таким: Если есть сомнения, то принимай решение с позиции сострадания.

Вот тест, по которому ты можешь определить, помогаешь ты или обижаешь: Прибавилось или убавилось возможностей у твоих собратьев в результате твоей помощи? Ты сделал их больше или меньше? Они научились или разучились?

Уже говорилось, что если отдельным людям давать все, то им все меньше захочется зарабатывать на жизнь своим трудом.

Но почему они должны трудиться ради элементарного человеческого достоинства? Разве на всех не хватит? С какой стати это нужно «зарабатывать»?

Разве элементарное человеческое достоинство не является неотъемлемым правом человека? Разве не так должно быть?

Если кому-то хочется иметь больше минимального уровня — больше еды, просторнее жилье, более красивую одежду, — пусть он сам добивается этого. Но разве человек должен бороться за то, чтобы просто *выжить* на планете, где на каждого ресурсов более чем достаточно?

Вот главный вопрос, с которым столкнулось человечество.

Проблема не в том, чтобы уравнять всех, а в том, чтобы предоставить каждому гарантию на их по крайней мере элементарное право жить достойно, чтобы каждый мог потом иметь шанс выбирать, что еще ему нужно, кроме этого.

Говорят, что некоторые не используют этот шанс, даже когда он им дается.

Верно подмечено. Тогда возникает другой вопрос: даете ли вы тем, кто не воспользовался возможностью, еще шанс, а потом еще и еще?

Нет.

Если бы Я так поступал, то вы бы навсегда затерялись в аду.

Я говорю тебе: Сострадание никогда не кончается, любовь никогда не прекращается, терпение никогда не иссякает в Божьем Мире. Только в человеческом мире доброты недостаточно.

В Моем Мире доброта бесконечна.

Даже если мы этого не заслуживаем.

Вы *всегда* этого заслуживаете!

Даже если мы швыряем Твою доброту Тебе же в лицо?

Особенно когда вы так делаете. («Кто ударит тебя в правую щеку твою, обрати к нему и другую»*. «И кто принудит тебя идти с ним одно поприще, иди с ним два»**.) Когда вы швыряете Мою доброту Мне в лицо (что, между прочим, род человеческий делал тысячелетиями), Я понимаю, что вы просто *заблуждаетесь*. Вы просто не знаете, что вам во благо. Я милостив, ибо ваше заблуждение не со зла, а от невежества.

Но некоторые люди *злы по природе*. Они внутренне порочны.

Кто тебе такое сказал?

Это мои собственные наблюдения.

Значит, ты не можешь видеть ясно. Я уже говорил тебе раньше: Никто не совершает ничего греховного, если учесть его представления о жизни.

Другими словами, в каждый конкретный момент всякий человек совершает лучшее, на что он способен.

Все поступки любого человека зависят от исходных данных, которыми он располагает.

Я уже говорил раньше, сознание — это все. Что ты осознаешь? Что ты знаешь?

---

* Матф. 5:39.
** Матф. 5:41.

Но когда люди нападают на нас, обижают, наносят нам ущерб, даже убивают нас, преследуя собственные цели, разве это не зло?

Я уже говорил тебе раньше: *любое нападение — это призыв о помощи.*

На самом деле никто не желает обидеть другого. Те, кто так поступают, — включая и ваши правительства, между прочим, — совершают это из-за искаженного представления о том, что это единственный путь добиться того, чего они хотят.

Я уже в общих чертах говорил здесь о *решении* этой проблемы на более высоком уровне. Просто не стоит *ничего хотеть*. Пусть будут предпочтения, но не *потребности*.

Но это очень высокий уровень бытия — уровень Мастеров.

Что касается геополитики, — почему бы не поработать вместе во имя того, чтобы обеспечить каждому исполнение самых основных потребностей?

Мы так и делаем — или пытаемся.

По прошествии тысячелетий человеческой истории это все, что вы можете сказать?

Фактически, вы едва ли достигли какого-нибудь прогресса. Вы все еще продолжаете действовать исходя из примитивного менталитета, что «каждый сам по себе».

Вы опустошаете Землю, истощаете ее ресурсы, эксплуатируете людей и систематически лишаете прав и привилегий тех, кто не согласен с вами в отношении всех этих дел, называя их «радикалами».

Вы творите все это ради собственных эгоистических целей, потому что создали стиль жизни, который вы *и не могли построить по-другому*.

Ежегодно вы *должны* вырубать миллионы гектаров леса, иначе вы не получите свою газету по воскресеньям. Вы *должны* разрушать километры защитного озонового слоя над вашей планетой, иначе у вас не будет лака для волос. Вы *должны* загрязнять малые и большие реки донельзя, иначе вы не получите от своей промышленности больше, лучше и чаще. Вы *должны* эксплуатировать тех, кто гораздо ниже вас по общественному положению, — менее обеспеченных, менее образованных, менее знающих, — иначе вы не сможете удержаться наверху, по человеческим меркам, при неслыханных (и ненужных) богатствах. Наконец, *отрицать, что вы все это делаете*, иначе вы не сможете ужиться друг с другом.

В вашем сердце нет места словам «живи просто, чтобы другие могли просто жить». Эта прописная истина слишком наивна для вас. Требует непосильного. Лишает слишком многого. В конце концов, ты так *упорно* трудился, чтобы все это заполучить! *Ты не намерен со всем этим расставаться!* А если остальная часть человеческой расы — не говоря уж о ваших собственных внуках — вынуждена из-за этого страдать, то это их дело, — так получается? Ты же вкалывал, чтобы выжить, чтобы «сделать» себе состояние, — пусть и они потрудятся! Ведь каждый сам по себе, — разве не так?

Есть ли из этого какой-то выход?

Да. Повторить еще раз? *Сдвиг в сознании.*

Вы не можете решить проблемы, которые мучают человечество, действиями правительства или политическими мерами. Вы тысячелетиями пытались это сделать.

Перемены, которые надлежит совершить, могут произойти только в душах людей.

Ты можешь одной фразой сказать, какие перемены должны произойти?

Я уже не раз говорил об этом.

Вы должны перестать воспринимать Бога отдельно от вас и себя — отдельно друг от друга.

Единственное решение — это Элементарная Истина — во Вселенной ничто не существует отдельно от чего-то другого. По существу, *все* взаимосвязано, неизбежно взаимозависимо, взаимодействует, вплетено в ткань всей жизни.

Любое правительство, любая политика должны быть основаны на этой истине. Все законы должны основываться на этом.

Это будущая надежда вашей расы, единственная надежда для вашей планеты.

Как действует Закон Любви, о котором Ты говорил раньше?

Любовь дает все и не требует ничего.

Как мы можем ничего не требовать?

Если каждый в вашей расе все отдает, что же тебе остается требовать? Единственная причина, по которой ты что-либо требуешь, — та, что кто-то это удерживает. Перестаньте удерживать!

Это не подействует, пока мы все не будем так поступать.

Да, нужно глобальное сознание. А иначе как же все может произойти? Кто-то должен начать.

У тебя есть возможность.

Ты можешь быть источником Нового Сознания.

Ты можешь быть вдохновителем.

На самом деле ты *должен* им быть.

Я должен?

А кто же еще?

13

С чего мне начать?

Будь светом в этом мире и не причиняй ему вреда. Стремись строить, а не разрушать.

Приведи людей Моих домой.

Как?

Своим ярким примером. Стремись только к Божественному. Говори только правду. Действуй только по любви.

Живи по Закону Любви сейчас и навсегда. Отдавай все, не требуй ничего.

Избегай мирских помыслов.

Не принимай неприемлемого.

Учи всех, кто к этому стремится, знать правду обо Мне.

Пусть каждый момент твоей жизни будет проявлением любви.

Используй каждый момент для высших помыслов, для самых благородных слов, для самых достойных поступков. Славь всем этим свою Святость и тем самым славь и Меня тоже.

Привноси мир на Землю, принося покой всем тем, с кем ты соприкасаешься в жизни.

Будь миром.

Чувствуй и выражай в каждый момент твою Божественную Связь со Всем и с каждым человеком, местом, вещью.

Принимай любое обстоятельство, бери на себя вину за все, делись всеми радостями, размышляй обо всем таинственном, ставь себя на место любого человека, прощай любую обиду (включая свою собственную), исцеляй любое сердце, почитай правду любого человека, люби всех Богов, которым человек поклоняется. Защищай права каждого человека, поддерживай достоинство каждого, поддерживай интересы каждого, обеспечивай потребности каждого, полагайся на святость каждого человека, раскрывай великие таланты каждого человека, содействуй счастью каждого человека и утверждай безмятежное будущее каждого человека во имя преданной любви Бога.

Будь живым дышащим примером Высочайшей Правды, которая живет в тебе.

Говори о себе скромно, чтобы кто-то не принял по ошибке твою Высочайшую Правду за хвастовство.

Говори тихо, чтобы никто не подумал, что ты просто стараешься привлечь внимание.

Говори спокойно, чтобы всякий мог почувствовать Любовь.

Говори открыто, чтобы никто не подумал, что ты что-то скрываешь.

Говори искренне — и ты не ошибешься.

Говори часто, чтобы слово твое дошло.

Говори с любовью, чтобы каждый звук исцелял.

Говори обо Мне в каждом своем высказывании.

Преврати свою жизнь в дар. Помни всегда, что ты — дар!

Будь даром для каждого, кто входит в твою жизнь, и для каждого, в чью жизнь входишь ты. Будь осторожен и *не входи* в жизнь другого человека, если ты не можешь быть даром.

(Ты всегда можешь быть даром, потому что ты всегда и есть дар, — только ты иногда не позволяешь себе осознавать это.)

Когда кто-то входит в твою жизнь неожиданно, *отыщи дар, ради которого этот человек пришел к тебе.*

Какая необычная формулировка!

Для чего же еще человек пришел к тебе?

Я говорю тебе: Каждый человек, который когда-либо пришел к тебе, — пришел, чтобы получить от тебя дар. Поступая таким образом, он одаривает тебя — ты получаешь дар пережить и исполниться тем, Кто Ты Есть.

Когда ты видишь эту простую истину, когда ты понимаешь ее, ты познаешь самую величайшую истину из всех:

Я НЕ ПОСЛАЛ ТЕБЕ НИКОГО,

КРОМЕ АНГЕЛОВ.

14

Я в замешательстве. Мы можем немного вернуться назад? Кажется, здесь есть некоторые противоречия. Мне казалось, Ты говорил, что иногда самая лучшая помощь, которую мы можем оказать человеку, — это оставить его одного. А потом, мне показалось, Ты говорил, что никогда не стоит отказывать кому-либо в помощи, если видишь, что он в ней нуждается. Эти два утверждения противоречат друг другу.

Я разъясню.

Никогда не предлагай помощь, которая лишает человека собственных возможностей. Никогда не настаивай на оказании помощи, которая, по-твоему, необходима. Пусть человек или люди, которым нужна помощь, знают, что ты должен им дать. Затем выслушай, что они хотят, и пойми, что они готовы принять.

Окажи ту помощь, которая нужна. Часто человек или люди скажут — или это проявится в их поведении, — что они хотят, чтобы их оставили одних. Несмотря на то что ты мог бы им дать, оставить их одних было бы самым Величайшим Даром с твоей стороны.

Впоследствии, когда ты увидишь, что нужно что-то еще, ты уже будешь знать, твое ли это дело — оказать помощь. Если да — оказывай.

Но старайся не оказывать такую помощь, которая лишает человека собственных возможностей. То, что лишает собственных возможностей, способствует зависимости или ставит в зависимость.

На самом деле *всегда* есть способ помочь другим так, чтобы они почувствовали в себе больше сил.

Полностью *игнорировать* трудное положение другого человека, который ждет от тебя помощи, — это не выход, как и оказать слишком малую помощь, которая не дает человеку больше возможностей. То же касается и слишком большой помощи. Обладая высшим сознанием, нельзя не обращать внимания на трудности братьев и сестер, заявляя, что позволить им «вариться в собственном соку» — это величайший дар, который ты можешь им преподнести. Такое отношение — это высокомерие и надменность в высшей степени. Оно свидетельствует лишь о твоем равнодушии.

Я снова напоминаю тебе о жизни Христа и о его учениях.

Именно Иисус говорил вам, что Я скажу тем, кто по правую сторону от Меня: Придите, благословенные дети Мои, и наследуйте царство, которое Я вам уготовил.

Ибо алкал Я, и вы дали Мне есть; жаждал, и вы напоили Меня; был странником, и вы приняли Меня.

Я был наг, и вы одели Меня; был болен, и вы посетили Меня; в темнице был, и вы пришли ко Мне.

Тогда они скажут Мне: Господи! когда мы видели Тебя алчущим, и накормили? Или жаждущим, и напоили? Когда мы видели Тебя странником, и приняли? Или нагим, и одели? Когда мы видели Тебя больным, или в темнице, и пришли к Тебе?

И Я скажу им в ответ:

Истинно, истинно говорю вам: так как вы сделали это одному из сих братьев Моих меньших, то сделали Мне (Мф 25:34–40).

Вот истина Моя, и она — навеки.

15

Я люблю Тебя, Ты это знаешь?

Знаю. И Я тебя люблю.

16

Если уж мы беседуем о важных вопросах жизни на планетарном уровне и возвращаемся к некоторым аспектам жизни каждого человека в отдельности, о которых мы уже говорили в Книге 1, я бы хотел задать Тебе вопрос об окружающей среде.

Что тебя интересует?

Она действительно разрушается, как утверждают некоторые активисты-экологи, или эти люди — просто ошалевшие радикалы и «розовые» либералы-коммунисты, которые все учились в Беркли и курят наркотики?

«Да» на оба вопроса.

Что-о-о-о?

Я шучу. «Да» на первый вопрос, «нет» на второй.

Озоновый слой разрушается? Тропические леса вырубаются?

Да. Но дело не только в этом. Есть менее очевидные вещи, которые тоже должны вас беспокоить.

Здесь мне нужна Твоя помощь.

Хорошо. Например, на вашей планете быстрыми темпами идет истощение почвы. То есть вам все больше и больше недостает почвы для выращивания продуктов питания. Это происходит потому, что почве нужно время для восстановления, а у ваших фермеров-владельцев земли нет времени. Поэтому от практики, когда полям позволяли время от времени отдыхать, отказались вовсе или сократили. Чтобы как-то наверстать урожайность, в землю стали добавлять химикаты, чтобы восстановить ее плодородные свойства быстрее. Но в этом, как и во всем остальном, невозможно создать искусственную замену Матери-Природе.

В результате в некоторых местах уменьшается питательный верхний слой почвы до глубины нескольких сантиметров. Другими словами, вы выращиваете все больше и больше продуктов питания в почве, в которой все меньше и меньше питательных веществ. Нет железа. Нет минералов. Нет того, что вы рассчитываете получить из почвы. И что еще хуже, вы едите продукты, наполненные химикатами, которыми вы обильно снабжали почву в безнадежной попытке восстановить ее. Хотя за короткое время никакого заметного ущерба для тела нет, со временем вы с грустью обнаружите, что остатки химикатов в организме совсем не на пользу вашему здоровью.

Возможно, некоторые люди не осознают проблему эрозии почвы из-за чрезмерного использования полей. И постоянно увеличивающееся истощение плодородных ресурсов почвы — не очередная фантазия резвых защитников окружающей среды, которые ищут новой славы. Спросите ученых, и они многое вам расскажут. Эта проблема сродни эпидемии. Она захватила весь мир. Это очень опасно.

Это лишь один из примеров того, как вы, проявляя свое полное равнодушие к нуждам и естественным процессам природы, разрушаете и истощаете Мать-Землю, которая дает вам жизнь.

Вас почти ничего не беспокоит на вашей планете, кроме удовлетворения собственных страстей, выполнения собственных прихотей (чаще всего «от жира») и потакания бесконечному человеческому желанию иметь больше, лучше и чаще. Когда же вы задумаетесь, что хорошенького понемножку?

Почему же мы не слушаем защитников окружающей среды? Почему не обращаем внимания на их предупреждения?

Здесь, как и в остальных важных вопросах, оказывающих влияние на качество и стиль жизни на вашей планете, легко найти привычный образец. Вы придумали фразу, в которой содержится весь ответ: «Иди по следу денег».

Как вообще подступиться к решению таких крупномасштабных и коварных проблем?

Очень просто. Откажитесь от денег.

Отказаться от денег?

Да. Или, в самом крайнем случае, искорените невидимость денег.

Я не понимаю.

Многие люди прячут вещи, которых они стыдятся, или не хотят, чтобы о них знали другие. Поэтому большинство из вас скрывают свою сексуальность и поэтому почти все прячут свои деньги. То есть вы не говорите о них откровенно. Вы считаете, что деньги — это сугубо личное дело. В этом и лежит вся проблема.

Если бы каждый знал *все* о денежных делах любого другого человека, в вашей стране и на всей планете был бы такой подъем, аналогов которого вам еще никогда не приходилось видеть. Следствием этого была бы справедливость и беспристрастность, честность и истинный приоритет благополучия для всех в ведении дел.

Сейчас невозможно привнести справедливость и беспристрастность, честность и всеобщее благо в рыночные отношения, потому что деньги легко спрятать. Вы действительно можете в физическом смысле взять — и *спрятать их*. Кроме того, есть много способов, как изобретательные финансовые работники могут сделать так, чтобы деньги были «скрыты» или «исчезли».

Раз уж деньги можно скрывать, то никто не может знать, сколько именно денег есть у другого и как он их тратит. Поэтому возможно появление неравенства и лицемерия. Корпорации могут, например, двум людям выплачивать абсолютно разную зарплату за выполнение одинаковой работы. Одному человеку они могут заплатить 57 000, а другому — 42 000 долларов в год за одни и те же функции, давая одному работнику больше, чем другому, только потому, что у первого есть что-то, чего нет у другого.

Что именно?

Пенис.

О-о.

Да. Именно это.

Но Ты не понимаешь. Если у человека есть пенис, значит, этот работник больше ценится, чем второй, — он более сообразительный, наполовину умнее и явно более толковый.

Хм-м-м. Я не припомню, чтобы Я мог создать вас таким образом. Я хочу сказать — такими неравноправными в смысле способностей.

Ты создал нас такими, и я удивлен, что Ты этого не знаешь. Любому на этой планете это понятно.

Давай лучше прекратим, а то люди подумают, что мы на самом деле говорим об этом всерьез.

Ты хочешь сказать, что Ты — нет? Но мы к этому относимся серьезно. Люди на этой планете так и думают. Поэтому женщины не могут быть священниками в Римско-католической или мормонской церкви, появиться по другую сторону Стены плача в Иерусалиме, добраться до верхних этажей по служебной лестнице, управлять воздушными лайнерами или...

Да, смысл понятен. И Я считаю, что от дискриминации в оплате избавиться было бы гораздо сложнее, если бы все денежные сделки совершались открыто, а не тайно. Ты можешь представить, что произошло бы на каждом производстве по всему земному шару, если заставить все компании обнародовать зарплаты всех своих сотрудников? Не тарифные сетки по определенным классификациям по профессиям, а *реальные денежные вознаграждения*, которые получает каждый работник.

Людей «сталкивают лбами», и не надо далеко ходить за примерами.

Да.

Думают, «чем меньше знаешь — тем лучше спишь».

Да.

Рассуждают так: «Эй, если мы можем заполучить ее, выплачивая на треть меньше, то с какой стати платить больше?»

Ага.

Процветает подхалимаж и выслуживание перед начальством, «местные разборки» и интриги внутри компании, и...

Это и гораздо, гораздо больше всего такого исчезнет на предприятиях и из жизни только лишь за счет простого средства — обнародования перемещения денег.

Задумайся. Если бы вы знали, сколько у каждого из вас денег и реальные доходы ваших отраслей промышленности, корпораций и их руководства, а также каким образом каждый человек и каждая корпорация *тратит* имеющиеся у них деньги, — ты не думаешь, что положение дел могло бы измениться?

Подумай об этом. Какие изменения могли бы произойти?

Банальный факт: люди ни за что не смирились бы с 90 % того, что творится в мире, если бы они *знали*, что происходит. Общество никогда бы не одобрило исключительно несоразмерное распределение богатств, и еще меньше — средства, с помощью которых кто-то наживается, или способ, который используют для получения еще больших прибылей, если бы люди повсюду вдруг узнали конкретные факты.

Ничто не способствует адекватному поведению больше, чем когда оно становится достоянием пристального ока общественности. Поэтому так называемые «открытые слушания» оказались полезными в устранении ужасной неразберихи в политической и правительственной системе. Публичные слушания и подотчетность очень многое сделали для ликвидации всякого рода закулисных проделок, которые совершались в двадцатые, тридцатые, сороковые и пятидесятые годы в ратушах и школьных отделах местного самоуправления, в избирательных округах и национальных правительствах.

Настала пора пролить немного света на то, как вы относитесь к имуществу и заслугам на вашей планете.

Что Ты предлагаешь?

Это не предложение — это вызов. Попробуйте избавиться от всех ваших денег — всех этих купюр и монет, валют всех стран — и начать заново. Организуйте международную денежную систему — открытую, полностью обозримую, прослеживаемую в любой момент, целиком подотчетную. Установите Всемирную Систему Компенсаций, за счет которой людям будут предоставлять кредиты за оказываемые услуги и производимые товары и дебеты за потребляемые услуги и расходуемые товары.

Все будет по системе дебетов и кредитов. Прибыли на инвестированный капитал, наследства, выигрыши по ставкам, заработная плата рабочих и служащих, чаевые и денежные вознаграждения — все. Ничего нельзя будет приобрести без кредитов. Никакой другой валюты не будет. Любой может познакомиться с документацией каждого человека.

Говорят: покажи мне банковский счет человека — и я скажу, кто он. В этой системе похожий сценарий. Люди узнают о себе гораздо больше, чем сейчас, — по крайней мере, они смогут это сделать. Но вы узнаете больше не только друг о друге, — вы будете знать больше обо всем. Больше о том, сколько корпорации платят и какие у них затраты. Какова себестоимость вещи и ее цена. (Ты можешь предположить, что было бы с корпорациями, если бы им пришлось на каждом ценнике ставить две цифры — цену и себестоимость? Снизились бы от этого цены или это привело бы еще к чему-нибудь? К росту конкуренции или подъему торговли на основе взаимности? Вам трудно даже представить последствия всего этого.)

В условиях Всемирной Системы Компенсаций (ВСК) перемещение дебетов и кредитов будет незамедлительным и обозримым. Это значит, что любой и каждый сможет проверить банковский счет любого человека или организации в любое время. Не будет никаких тайн, и не будет ничего «частного».

ВСК будет ежегодно удерживать 10 % всех доходов с тех, кто по доброй воле просит об этом. Подоходного налога не будет, никаких хранимых отчетных документов, не надо будет считать удерживаемые суммы, придумывать какие-то «лазейки» и ломать голову! Если весь учет будет доступным, то любой человек в обществе сможет пронаблюдать, кто выбрал делать десятипроцентный взнос на всеобщее благо, а кто нет. Это добровольное отчисление пойдет на поддержание всех программ и работу правительства, за которое голосовал народ.

Вся система будет очень простой, очень обозримой.

Мир никогда не пойдет на такое.

Конечно, нет. А знаешь почему? Потому что при подобной системе кому-то было бы невозможно *делать то, что они хотели бы делать без ведома других*. Но почему вам приходится это делать? Потому что сейчас вы живете в системе социальных взаимоотношений, основанной на том, чтобы «извлечь выгоду», «добиться преимуществ», «урвать побольше», в системе, где «выживет тот, кто приспособится».

Когда главной целью и задачей вашего общества (как это происходит во всех по-настоящему просветленных обществах) будет выживание *всех*, благо для *всех* в равной степени, обеспечение благополучной жизни для *всех*, тогда необходимость скрывать, совершать тайные сделки, заниматься подпольными операциями и делать деньги, которые можно укрывать, исчезнет.

Ты понимаешь, сколько старомодной нынешней коррупции, не говоря уж о менее значимых нечестностях и несправедливостях, исчезло бы с введением такой системы?

И секрет здесь, ключ — открытость.

Здорово. Вот это концепция. Вот это идея. Абсолютная обозримость ведения всех денежных дел. Я все пытаюсь найти причину, почему это было бы «неверно», что здесь «не так», но не могу.

Ну конечно, *потому что тебе нечего скрывать*. Но ты можешь себе представить, что сделали бы те, у кого деньги и власть, как они кричали бы, если бы знали, что любой человек мог бы проверить каждый шаг, каждую покупку, каждую продажу, каждую сделку, каждое корпоративное действие, выбор цены, переговоры об оплате и любое решение по поводу чего бы то ни было, просто заглянув в документ?

Я говорю тебе: *ничто* не порождает честность быстрее, чем открытость.

Открытость — это просто другое название *правды*.

Знай правду, и правда сделает тебя свободным.

Правительства, корпорации, те, кто у власти, знают это, поэтому они никогда не допустят, чтобы правда — обыкновенная правда — была в основе любой политической, социальной или экономической системы, которую они изобретают.

В просветленных обществах *нет секретов*. Каждый знает, что есть у другого, сколько он зарабатывает, сколько он платит и каковы его налоги и доходы, какими средствами располагает любая другая корпорация, что она покупает и продает, за сколько и с какой выгодой, — знает *все*. ВСЕ.

Знаешь, почему такое возможно только в просветленных обществах? Потому что в просветленных обществах никто не желает *получить* что-то или *иметь* что-то *за чей-либо счет*.

Это радикальный подход к жизни.

Да, в примитивных обществах он выглядит радикальным. В просветленных обществах он воспринимается как полностью адекватный.

Меня заинтриговало понятие «открытость». Можно ли его применить шире, чем в денежных вопросах? Может ли оно быть также и ключом к нашим личным взаимоотношениям?

Стоит на это надеяться.

На самом деле этого не происходит.

Как правило, нет. Во всяком случае, на вашей планете. У многих людей есть еще слишком много того, что им приходится прятать.

Почему? В чем здесь дело?

В личных взаимоотношениях (в действительности, и во всех других взаимоотношениях) все дело в *потере*. Человек боится, что он может что-то потерять или ему не удастся что-то получить. Но самые лучшие личные взаимоотношения, и, конечно же, самые романтичные, — это такие взаимоотношения, в которых каждый знает все. В которых «открытость» — это не только ключевое слово, но и *главное слово*. В которых просто нет секретов. В таких взаимоотношениях ничего не утаивается, ничего не скрывается, не приукрашивается, не прячется и не маскируется. Ничто не упускается из виду и не замалчивается. Нет нужды догадываться, играть в какие-то игры. Никто не заставляет «плясать под свою дудку», не стремиться «солировать» и «затмить тебя».

Но если бы все знали все, о чем мы думаем...

Не спеши с выводами. Дело не в том, что нельзя уединиться в душевном отношении, и не в том, что не должно быть безопасного пространства, где можно было бы осуществлять свой личностный рост. Я говорю здесь не об этом.

Просто нужно быть честным и открытым во взаимоотношениях с другими людьми. Просто надо говорить правду и не таить правду, когда ты знаешь, что ее надо сказать. Не надо больше лгать, камуфлировать, играть словами и что-то придумывать, искажать свою правду в сто первый раз, что так свойственно человеческим взаимоотношениям.

Нужно говорить начистоту, все как есть, прямо. Есть гарантия, что все люди располагают всеми данными и знают все, что им нужно по этому вопросу. Все дело в честности, искренности и... открытости.

Но это не значит, что каждая отдельная мысль, каждое чувство, собственный страх, каждое тайное воспоминание, каждое мимолетное суждение, мнение или ответное действие надо выносить на обсуждение и расследовать. Это не открытость — это безумие, и ты сойдешь с ума.

Мы говорим здесь о простом, прямом, откровенном, открытом, честном, полноценном общении. И хотя все это поразительная концепция, но ее используют редко.

Скажи это еще раз.

Это поразительная концепция, но ее используют редко.

Ты, должно быть, побывал на водевиле.

Шутишь? Я и сейчас там.

Но если серьезно, то идея замечательная. Только представить — все общество построено на Принципе Открытости. Ты уверен, что он будет действовать?

Я скажу тебе кое-что. Половина болезней в мире исчезнет завтра. Половина мирских тревог, половина мировых конфликтов, половина гнева, половина отчаяния...

Да, но сначала — и в этом не может быть никакой ошибки — будут именно гнев и разочарование. Когда наконец обнаружится, как долго играли на чувствах среднего человека, использовали его как нечто одноразовое, манипулировали, лгали и обманывали, как только возможно, будет море гнева и разочарований. Но «открытость» сделает свое дело за 60 дней, напрочь очистит Землю от всего этого.

Я снова приглашаю тебя — задумайся.

Как ты думаешь, можешь ли ты жить такой жизнью? Никаких тайн? Полная открытость?

Если нет, то почему?

Что ты скрываешь от других и не хочешь, чтобы они об этом знали?

Что ты говоришь кому-то, что не есть правда?

Что ты не говоришь кому-то так, как есть?

Привела ли ложь от действия или бездействия ваш мир туда, куда вы действительно хотели? Пошло ли манипулирование (в рыночной экономике, конкретной ситуации или просто отдельным человеком) с помощью замалчивания и утаивания вам на пользу? Действительно ли «открытость» — это то, что движет правительством, корпорациями, жизнью каждого человека?

Что бы произошло, если бы каждый мог видеть все?

Здесь есть ирония. Разве ты не видишь, что это именно то, чего вы боитесь, думая о первой встрече с Богом? Разве ты не понимаешь, что вы боялись именно того, что кураж закончится и кончится игра, чечетка отбита, борьба теней позади и длинный-длинный шлейф обманов — больших и маленьких — в буквальном смысле подошел к *мертвому концу*?

Но хорошая новость в том, что нет причины для страха, нет оснований бояться. Никто не собирается судить тебя, никто не собирается винить тебя за «неправоту», никто не собирается бросать тебя в вечные костры ада.

(И вы, католики, — нет, вы даже не попадете в чистилище.)

(И вы, мормоны, не застрянете в преднебесье, не в силах подняться в «самую высь», и не назовут вас вечными мучениками, и не сгинете вы в дебрях неизвестности.)

(И вы...)

В общем, картина тебе ясна. Каждый из вас создал в рамках своей собственной конкретной теологии какую-то идею, некоторое представление о самом тяжком Божьем наказании. Я ненавижу говорить тебе все это, потому что Я вижу, как вас забавляет вся эта драма, но... *такого просто не бывает*.

Возможно, когда исчезнет страх, что жизнь ваша станет полностью открытой в момент смерти, ты преодолеешь страх, что жизнь станет полностью открытой, *пока ты ею живешь*.

Да, это будет нечто...

Да, и что в этом такого? Вот формула, чтобы помочь тебе начать. Вернись к самому началу книги и снова повтори *Пять Правил о Том, Как Говорить Правду*. Настройся на то, чтобы выучить эту модель, и применяй ее в жизни. Ищи правду, говори правду, живи правдой каждый день. Проделывай все это с собой и со всеми, с кем ты соприкасаешься по жизни.

Потом будь готов обнажить себя. Будь готов к открытости.

Страшно. Действительно страшно.

Посмотри и пойми, чего ты боишься.

Я боюсь, что все выйдут из комнаты. Я боюсь, что никто больше не будет любить меня.

Понимаю. Ты чувствуешь, что тебе надо лгать, чтобы заставить людей любить тебя?

Не то чтобы лгать. Просто не говорить им *всего*.

Вспомни, что Я говорил раньше. Дело не в том, что надо выкладывать начистоту каждое отдельное чувство, мысль, идею, страх, воспоминание, признание или что бы то ни было. Просто всегда надо говорить правду, раскрывать себя полностью. С теми, кого ты любишь, ты ведь можешь быть обнаженным телесно, разве не так?

Так.

Так почему бы тебе не обнажиться еще и эмоционально?

Второе гораздо сложнее сделать, чем первое.

Понимаю. Но тем не менее от этого рекомендация не теряет силу, потому что награды велики.

Да, Ты действительно выдвинул несколько интересных идей. Упраздните тайные повестки дня, постройте общество на открытости, постоянно всем и обо всем говорите правду. Вот это да!

На этих нескольких понятиях были построены целые общества. Просветленные общества.

Я таких не встречал.

Я говорю не о вашей планете.

О-о.

И даже не о вашей Солнечной системе.

О!

Но тебе не надо покидать эту планету и даже выходить из дому, чтобы начать испытывать, какой будет эта новая система мышления. Начни со своей собственной семьи, со своего дома. Если у тебя свое собственное дело, то начни со своей компании. Расскажи всем на своей фирме, чем именно ты занимаешься, что делает компания и сколько на это уходит денег и чем занимается каждый работник. Если бы каждый, кто владеет своим предприятием, поступил так, то многими людьми работа больше не воспринималась бы как что-то адское — благодаря большему ощущению справедливости, честной игры. И тогда работа автоматически стала бы оплачиваться адекватно.

Скажи своим клиентам, сколько на самом деле стоит товар или услуга, которую вы им предлагаете. Поставьте на ценнике две цифры: реальную стоимость и вашу цену. Ты все еще гордишься тем, сколько ты запрашиваешь? Возникает ли у тебя хоть какое-то чувство страха оттого, что если кто-то узнает соотношение стоимости и цены, то подумает, что ты «обдираешь их как липку»? Если это так, то посмотри и подумай, как можно урегулировать ваше ценообразование, чтобы вернуть его в русло элементарной справедливости, а не «урвать побольше, пока все в масть».

Сделай это. Попробуй.

Для этого потребуется полностью изменить свое мышление. Тебе придется заботиться о своих покупателях или клиентах так же, как о себе.

Да, вы можете начать строить новое общество прямо сейчас, прямо здесь, сегодня. Вы можете продолжать поддерживать старую систему, сегодняшнюю парадигму — или можете стать новаторами и показать вашему миру новый путь.

Ты можешь *быть* этим новым путем. Во всем. Не только в бизнесе, не только в личных взаимоотношениях, не только в отношении политики, экономики, религии или того или другого аспекта жизненного опыта — а во *всем*.

Будь этим новым путем. Будь высшим путем. Будь самым великим путем. Тогда ты воистину сможешь сказать: «*Я есть путь и жизнь. Следуйте за мной*».

Если бы весь мир шел за тобой, то ты был бы доволен тем, куда ты его привел?

Пусть это будет вопросом на злобу дня.

17

Я слышу Твой вызов. Я слышу. Пожалуйста, расскажи мне еще о жизни на этой планете в более широком масштабе. Расскажи, как нации должны ладить друг с другом, чтобы не было войн.

Между нациями всегда будут разногласия, потому что разногласие — это всего лишь признак (и это нормально) индивидуальности. Но *разрешение противоречий с применением силы* — это признак крайней незрелости.

В мире нет причины, по которой силового решения нельзя было бы избежать, учитывая желание наций избежать его.

Кто-то может подумать, что огромных потерь и покалеченных жизней достаточно, чтобы такое желание возникло. Но в таких примитивных культурах, как ваша, это не так.

Пока вы думаете, что можно выиграть спор, это будет продолжаться. Пока вы думаете, что можно победить в войне, вы будете за это бороться.

И каков же здесь ответ?

У Меня нет ответа, у Меня есть только...

Знаю, знаю! Наблюдение.

Да. Я наблюдаю сейчас то, что наблюдал раньше. Кратким ответом могло бы быть — установить единое мировое правительство, как его некоторые называют, со всемирным судом для разрешения споров (чтобы его решения не игнорировались, как это происходит с существующим ныне Всемирным Судом) и войска по поддержанию мира, чтобы гарантировать, что ни одна нация, какой бы сильной и влиятельной она ни была, никогда не смогла бы впредь проявить свою агрессию по отношению к другой.

Но Я понимаю, что на Земле все еще может быть насилие. Возможно, войскам по поддержанию мира придется применять силу, чтобы заставить кого-то *прекратить* насилие. Как Я уже говорил в Книге 1, если деспота не остановить, то он натворит еще больше бед. Иногда единственный способ *избежать* войны — это *иметь* войну. Иногда тебе приходится делать то, что тебе не *хочется*, чтобы гарантировать, что больше тебе уже не *придется* делать этого! Это наглядное противоречие является частью Божественной Дихотомии, согласно которой иногда единственным способом *Быть* кем-то (в данном случае «миролюбивым») — это сначала, возможно, *не* быть им!

Другими словами, иногда единственный способ узнать себя таким, Какой Ты Есть, — это испытать себя таким, Какой Ты *Не* Есть.

Станет очевидной истина, что власть в вашем мире не должна быть больше сосредоточена в руках какой-либо отдельной нации. Она должна быть в руках всей группы наций, существующих на планете. Только таким образом в мире наконец наступит мир, основанный на непоколебимом знании, что ни один тиран — какой бы большой и сильной ни была отдельная нация — никогда впредь не захочет и не сможет посягнуть на территории другого государства, как и угрожать его свободе.

Малым странам не придется больше зависеть от доброй воли крупных государств, отдавать за бесценок собственные ресурсы и предоставлять лучшие земли для размещения иностранных военных баз. При новой системе безопасность малых стран будет гарантирована не теми, кому они лижут пятки, а теми, кто *их* поддерживает.

А если на какую-то страну нападут, то 160 государств поднимутся на защиту. И все 160 государств выскажут «*Нет!*», если какая-то страна подвергнется какому-либо насилию или угрозам.

Аналогичным образом, государства не будут больше испытывать угрозы в экономическом плане, и более крупные торговые партнеры не будут больше шантажировать их на совершение определенных действий и требовать, чтобы они следовали конкретным «указаниям», чтобы получить за это экономическую помощь, и предписывать определенную линию поведения, чтобы рассчитывать на элементарную гуманитарную помощь.

Среди вас найдутся те, кто станет спорить, что такая система глобального управления подорвет независимость и величие отдельно взятых стран. Правда в том, что она *усилит* это. Именно этого и боятся крупные государства, независимость которых обеспечена силой, а не справедливостью и законом. Поскольку не только крупные государства будут автоматически пробивать себе путь, но и будут в равной степени учтены мнения всех стран. Крупные государства не смогут больше контролировать и припрятывать запасы мировых ресурсов, но им все больше придется делиться ими на равных, с большей готовностью считать их общедоступными, обеспечивать всех людей мира благами.

Мировое правительство уравняет возможности всех (эта идея — анафема для «имущих» в мире, которые хотят, чтобы «неимущие» сами стремились обеспечивать себе состояние и при этом, разумеется, не замечали, что «имущие» *контролируют* все, чего другие хотят добиться).

Такое чувство, будто мы говорим здесь о перераспределении богатств. Как мы можем поддержать намерения тех, кто действительно хочет большего и желает работать, чтобы добиться этого, и если при этом они знают, что должны делиться с теми, кто не собирается утруждать себя?

Во-первых, это вопрос не только о тех, кто хочет «усердно работать», и тех, кто не хочет. Это упрощенный способ наспех выдвинуть аргумент (в таком виде его обычно преподносят «имущие»). Чаще всего здесь речь идет скорее о возможности, чем о желании. Поэтому в переустройстве общества задача — первая задача — состоит в том, чтобы обеспечить каждому человеку и каждой нации действительно равные *возможности*.

Такого никогда не может случиться до тех пор, пока те, кто владеют всем и контролируют все мировое богатство и ресурсы, будут прочно держать этот контроль в своих руках.

Да. Я упомянул Мексику. Без всякого намерения «разложить по косточкам», Я скажу, что эта страна является наглядным примером. Кучка богатых и влиятельных семей держит под контролем богатство и ресурсы всей нации, — и это продолжается уже 40 лет. «Выборы» в этой стране так называемой западной демократии — просто фарс, потому что одни и те же семьи десятилетиями контролировали одну и ту же политическую партию, и ни о какой по настоящему серьезной оппозиции не было и речи. И каков результат? «Богатые еще больше богатеют, а бедные становятся все беднее».

Если зарплата подскакивает от 1,75 доллара до 3,15 долларов в час, богатые утверждают, как много они сделали для бедных, обеспечив их работой, и сколько улучшений в экономическом плане они предприняли. Но в действительности добиваются ощутимых преимуществ лишь *богатые* — промышленники и владельцы предприятий, которые продают свои товары на мировом и национальном рынке с огромной выгодой, если учесть низкую стоимость труда.

Американские богачи знают, что это так. Поэтому многие богатые и влиятельные люди Америки размещают свои заводы и фабрики в Мексике и других зарубежных странах, где рабская оплата труда считается хорошей возможностью для крестьян. К тому же эти рабочие трудятся в поте лица в условиях, которые вредны для здоровья и совсем небезопасны. Но местное правительство, которое контролируется кучкой отдельных людей, получающих огромные доходы с этих предприятий, мало что делает по этому поводу. На таких производствах фактически не существует норм здоровья и безопасности, защиты окружающей среды.

О людях не заботятся, как не заботятся и о Земле, на которой они живут в своих лачугах возле небольших рек, в которых они стирают и куда сбрасывают свои фекалии, потому что уборные внутри помещения — чаще всего «не про их честь», как и многое другое.

Полное пренебрежение нуждами масс порождает население, которое не может себе позволить даже те продукты, которые оно производит. Но богатым промышленникам наплевать на это. Они могут отправить свои товары в другие страны, где покупатели найдутся.

Но Я верю, что рано или поздно эта спираль раскрутится с ужасными последствиями. И не только в Мексике, но и везде, где эксплуатируется людской труд.

Революции и гражданские войны неизбежны, как и войны между странами, до тех пор, пока «имущие» будут стремиться продолжать эксплуатировать «неимущих», делая вид, что предоставляют *возможности*.

Удерживание богатств и ресурсов настолько *узаконено*, что даже вполне порядочные люди уже *допускают* такое положение дел, воспринимая это как открытую рыночную экономику.

Но только *власть*, удерживаемая богатыми личностями и нациями, делает возможной эту иллюзию справедливости. Правда в том, что это несправедливо для большей части людей и стран мира, и даже их попытки добиться того, чего добились те, кто у власти, подавляются.

Описанная здесь система власти коренным образом сдвинет баланс сил от тех, кто богат ресурсами, к тем, кто ими обделен, побуждая к тому, чтобы ресурсы были распределены справедливо.

Те, кто у власти, боятся именно этого.

Да. Поэтому краткосрочным решением создавшихся в мире проблем могло бы стать создание новой социальной структуры — нового всемирного правительства.

У вас были достаточно храбрые и достаточно проницательные лидеры, которые предлагали основать новый порядок в мире. Ваш Джордж Буш, которого история оценит как человека гораздо более мудрого, дальновидного и мужественного, чем современное общество хотело или могло признать, был таким лидером. Таким был советский президент Михаил Горбачев — первый глава коммунистического государства, получивший Нобелевскую премию мира, и человек, который предложил огромные преобразования в политике, фактически покончив с тем, что вы называете «холодной войной». Таким был ваш президент Картер, приведший господина Бегина и господина Садата к заключению соглашения, о котором никто раньше и не мечтал, и спустя долгое время после президентства удержавший мир от то и дело возникающей силовой конфронтации простым утверждением простой правды: ни одна точка зрения не менее достойна быть услышанной, чем другая; нет человека, кто был бы менее достоин, чем другой.

Примечательно, что они были мужественными лидерами, каждый из которых в свое время увел мир от непосредственной угрозы войны и каждый из которых вынашивал идею и предполагал широкие движения против преобладающей политической системы, каждый был лишь один срок у власти и был смещен с должности, поскольку они были рядом с народом, который они стремились возвысить. Они были необычайно популярны по всему миру, но их громко отвергали в своей стране. Говорят, нет пророка в своем отечестве. Что касается этих людей, все произошло потому, что они видели гораздо дальше, чем их народ, который был в состоянии думать лишь об ограниченных мирских делах и считал, что ничего, кроме потерь, эти нововведения не несут.

Каждый лидер, который имел смелость отступить от общепринятого и призвать к прекращению давления со стороны влиятельных сил, был сломлен и запятнан.

Так будет всегда, до тех пор, пока *долгосрочное* решение, *не являющееся политическим*, не вступит в действие. Это долгосрочное и единственно настоящее решение — Новое Осознание и Новое Сознание. Осознание Единения и Сознание Любви.

Побудительной причиной к успеху, к наибольшим достижениям в жизни не должно быть экономическое или материальное вознаграждение. Здесь все перепутано. Именно смещенные приоритеты создали все проблемы, которые мы здесь обсуждали.

Когда стимул к величию не экономический — когда экономическая безопасность и удовлетворение основных материальных потребностей гарантированы для всех, — то стимул не исчезнет. Это будет стимул другого рода, и он будет возрастать в силе и степени значимости, порождая истинное величие, а не шаткое преходящее «величие», которое создают нынешние стимулы.

А разве более благополучная жизнь, создание лучшей жизни нашим детям — не хороший стимул?

«Более благополучная жизнь» — стоящий стимул. Создание «лучшей жизни» собственным детям — достойное намерение. Вопрос вот в чем: от чего жизнь становится «лучше»?

Что в вашем понимании «лучше»? Что вы вкладываете в понятие «жизнь»?

Если по вашему определению «лучше» — это больше, выгоднее, больше денег, власти, секса и *материальных вещей* (домов, машин, одежды — чего бы то ни было)... и если вы определяете «жизнь» как период времени между рождением и смертью при нынешнем вашем существовании, то вы ничего не делаете, чтобы выбраться из капкана, который втянул вашу планету в трудное положение.

Но если «лучше» для вас означает более широкий опыт и все большее проявление самого величественного состояния бытия, а «жизнь» — это вечный, продолжающийся и никогда не прекращающийся процесс *бытия,* то вы еще можете найти свой путь.

«Лучшая жизнь» создается не накоплением вещей. Многие из вас это знают, все вы говорите, что понимаете это, тем не менее ваша жизнь — как и ваши решения, которые движут вашу жизнь, — чаще всего связана с приобретением «вещей».

Вы стремитесь к вещам, вы работаете ради вещей, а когда приобретаете какие-то вещи, то не хотите с ними расставаться.

Побудительный стимул для большинства человечества — добиться, приобрести, достать *вещи.* Те, кого не заботят вещи, легко с ними расстаются.

Поскольку существующий ныне стимул для достижения величия связан с накопительством ценностей, предлагаемых миром, все вы постоянно находитесь на разных стадиях борьбы. Огромная часть человечества до сих пор борется за элементарное физическое выживание. Каждый день наполнен беспокойством, отчаянными попытками чего-то добиться. Ум озабочен основными вопросами жизни. Хватит ли еды? Есть ли крыша над головой? Будет ли нам тепло? *Огромное* количество людей все еще ежедневно продолжают беспокоиться об этом. Каждый месяц лишь по причине недоедания *умирают* тысячи людей.

Меньшее количество людей способны довольствоваться в своей жизни самым необходимым для выживания, но и они борются за то, чтобы обеспечить себя чем-то большим — чтобы была хотя бы минимальная обеспеченность; скромный, но приличный дом; чтобы завтра было лучше, чем вчера. Они упорно работают, они беспокоятся о том, будут ли когда-нибудь «процветать» и как это сделать. Ум озабочен неотложными и тревожными вопросами.

Гораздо меньшее количество людей имеют все, чего они когда-либо хотели добиться, — фактически, все, за что борются сейчас две другие группы. Но интересно то, что многие из этой последней группы все еще хотят чего-то большего.

Их умы озабочены тем, как удержать то, что они приобрели, и приумножить свои владения.

Но, кроме этих трех групп, есть еще и четвертая. Самая немногочисленная из всех. По существу, она совсем маленькая.

Эта группа уже переросла потребность в накоплении материальных вещей. Она озабочена духовной истиной, духовной реальностью, духовным опытом.

Люди в этой группе воспринимают жизнь как встречу с духовным — как путешествие души. Они реагируют на все события человеческой жизни в этом контексте. Они рассматривают весь человеческий опыт в рамках этой парадигмы. Их борьба связана с поисками Бога, реализацией Себя, выражением истины.

По мере их эволюции эта борьба вовсе перестает быть борьбой и становится *процессом*. Это процесс Само-определения (а не самопознания), Роста (а не обучения), Бытия (а не делания).

Побудительным мотивом для устремления, приложения усилий, поиска, желания *добиваться успеха* становится совершенно иной мотив. Меняется мотив *любых* действий, а с ним также меняется и тот, кто их совершает. Побудительный мотив становится процессом, а *тот, кто делает*, становится тем, кто *просто есть*.

Если раньше мотивом для того, чтобы добиваться, прилагать усилия, усердно работать всю жизнь, было желание обеспечить себя всем *житейским*, то сейчас этот мотив — испытать *Божественное*.

Если раньше основными заботами были заботы тела, то теперь заботы — это в основном заботы души.

Все переместилось, все передвинулось. Изменилась цель жизни, как и сама жизнь.

«Побуждение к величию» изменилось, а с ним исчезла и потребность сильно желать чего-то, приобретать, защищать и приумножать мирское имущество.

Величие не будет больше измеряться тем, сколько человек накопил. Мировые ресурсы справедливо будут восприниматься как то, что принадлежит всем людям мира. В благословенном мире, где достаточно всего, чтобы удовлетворить основные потребности всех, эти потребности *будут удовлетворены*.

Все *захотят*, чтобы было так. Не будет нужды заставлять кого-то платить налоги в принудительном порядке. Вы все *добровольно* захотите отдать 10 % ваших доходов на программы, поддерживающие тех, у кого доход меньше. Уже невозможно будет тысячам людей просто стоять и смотреть, как тысячи других людей умирают от голода не из-за нехватки пищи, а от недостатка человеческой *воли* создать простой политический механизм, с помощью которого у людей будет еда.

Это моральное бесстыдство, столь привычное вашему примитивному обществу, будет навсегда стерто с лица земли в тот самый день, когда вы измените побудительный мотив к величию и то, как вы его понимаете.

Твой новый побудительный мотив: стать тем, кем Я создал тебя, чтобы быть физическим выражением — отображением — Самого Божества.

Когда вы выбираете быть теми, Кто Вы Есть в Действительности — в ком Бог себя проявляет, — вы уже никогда больше не будете поступать так, чтобы вам было стыдно перед Богом. Никогда больше Вам больше не придется просить лепить на бампер своей машины наклейку:

БОЖЕ, СПАСИ МЕНЯ ОТ ТВОИХ ПОСЛЕДОВАТЕЛЕЙ.

18

Посмотрим, все ли у меня отложилось. Кажется, здесь прослеживается взгляд на мир равенства и спокойствия, где все нации подчиняются одному мировому правительству, все мировые богатства делятся между людьми.

Запомни, что, говоря о равенстве, мы имеем в виду равные возможности, а не равенство по факту.

«Равенство» в полном смысле слова никогда не будет достигнуто, и это во благо.

Почему?

Потому что равенство — это одинаковость, а одинаковость — последнее, что нужно миру.

Нет, Я ратую здесь не за то, чтобы мир стал миром роботов, где каждый получает одинаковые доли от Центрального Правительства, диктующего свои условия на правах старшего.

Я говорю здесь о мире, в котором гарантированы две вещи:

1. Удовлетворение основных потребностей.

2. Возможность подняться выше.

При всех ваших ресурсах во всем мире, при всем изобилии вам не удались эти две элементарные вещи. Вместо этого вы загнали в ловушку миллионы тех, кто находится на самом последнем месте по уровню социально-экономического развития, и выдумали общественное мнение, которое методично удерживает их там. Вы позволяете тысячам людей умирать ежегодно из-за нехватки самого элементарного.

При всем великолепии мира вы не нашли способ быть достаточно великолепными, чтобы покончить с тем, что люди умирают от голода, и еще меньше сделали для того, чтобы люди не убивали друг друга. Фактически, вы допускаете, чтобы на ваших

353

глазах от голода умирали *дети*! На самом деле вы даже убиваете людей за то, что они с вами не согласны.

Вы примитивны.

А мы думали, что мы такие продвинутые.

Первый признак примитивного общества в том, что оно считает себя передовым. Первый признак примитивного сознания в том, что оно считает себя просветленным.

Давай подведем итог. Способ добраться до первой ступени на лестнице, где каждому предоставлены эти две основные гарантии...

Связан с двумя сдвигами, двумя изменениями — одно в системе ваших политических взглядов, другое в вашей духовности.

Движение к единому мировому правительству будет включать всемирный суд, наделенный большими полномочиями для решения международных споров, и войска по поддержанию мира, чтобы вводить в силу законы, с помощью которых вы выбираете управлять собой.

Мировое правительство будет включать Конгресс Наций — по два представителя от каждой нации на Земле — и Народную Ассамблею — с представительством, пропорциональным количественному составу каждой нации.

Именно так устроено правительство США — с двумя палатами, одна с пропорциональным представительством, в другой обеспечено равное количество голосов для всех штатов.

Да. Конституция США была Боговдохновенной.

Тот же баланс сил должен быть предопределен в новой Всемирной конституции.

В ней также будут исполнительная власть, законодательная власть и судебная власть.

Каждое государство будет поддерживать свою внутреннюю политику по сохранению мира, но все национальные армии будут расформированы — именно так, как все ваши штаты по отдельности расформировали свои войска и флот в пользу создания федеральных сил по поддержанию мира, которые служат всем штатам как единому объединению, называемому вами нацией.

Нации сохранят право формировать и делать призывы в свои милицейские войска по первому требованию, точно так же, как каждый из ваших штатов имеет конституционное право сохранять и активизировать свою милицию.

У каждого из 160 государств (как это сейчас у ваших штатов) будет основанное на голосе народа право выйти из союза (но Мне трудно понять, с какой стати они должны хотеть этого, если учесть, что люди будут обеспечены большей безопасностью и достатком, чем когда-либо прежде).

Еще раз для тех из нас, кто не так быстро схватывает: эта единая всемирная федерация даст?..

1. Конец войнам между нациями и улаживанию конфликтов с помощью убийств.
2. Конец жалкому существованию, смерти от голода, массовой эксплуатации людей и ресурсов теми, кто у власти.
3. Конец систематическому разрушению окружающей среды на Земле.
4. Спасение от бесконечной борьбы за то, чтобы иметь больше, лучше, чаще.
5. Возможность для *всех* — действительно *равная* — подняться до самого высокого уровня выражения Себя.
6. Конец всем ограничениям и дискриминациям, сдерживающим *рост* людей, — будь это жилищные условия, рабочие места, политическая система или сексуальные личные взаимоотношения.

Твой новый мировой порядок потребует перераспределения богатств?

Он ничего не *потребует*. Он добровольно и автоматически *создаст* перераспределение *ресурсов*.

Всем людям будет предоставлено должное образование, например. *Всем* людям будет открыта возможность использовать это образование на своем рабочем месте, чтобы достигать профессионализма в той сфере, которая доставляет *радость*.

Всем людям будет обеспечен доступ к здравоохранению, когда бы и в какой степени это ни требовалось.

Всем людям будет гарантировано, что они не будут голодать до самой смерти, им не придется жить без нужной одежды или не иметь необходимого жилья.

У всех людей будет элементарное чувство собственного достоинства, и выживание уже никогда вновь не будет вопросом жизни, а необходимые удобства и элементарное уважение будет обеспечено *всем* людям.

Даже если они этого не заслуживают?

Твоя мысль о том, что эти вещи надо заслужить, лежит в основе вашей идеи, что ты должен *заслужить свой путь в рай*. Но тебе не нужно заслуживать свой путь к милости Божьей, потому что ты уже там. Это то, что ты не можешь принять, ведь это то, чего ты не можешь *дать*. Когда ты научишься отдавать бескорыстно (бескорыстно *любить*, так сказать), ты научишься *принимать* без всяких условий.

Жизнь была создана как средство, с помощью которого вам позволено все это пережить на опыте.

Постарайся вникнуть в эту идею: У всех людей есть право на элементарное выживание. Даже если они *ничего* не делают. Даже если они не сделали *никакого* вклада. Выживание с достоинством — одно из основных прав жизни. Я дал вам достаточно ресурсов, чтобы это можно было гарантировать всем. Все, что вам нужно делать, — делиться.

Тогда что остановит людей от того, чтобы их жизнь стала просто напрасной, от безделья, накапливания всяких «преимуществ»?

Во-первых, не тебе судить, что значит напрасно потраченная жизнь. Можно ли считать, что жизнь потрачена зря, если человек ничего *не делал*, а лишь 70 лет придумывал стишки, а затем вдруг сочинил единственный сонет, который открыл дверь к пониманию и озарению для тысяч людей? Напрасна ли жизнь, если человек всю свою жизнь лжет, мошенничает, плетет интриги, наносит ущерб, манипулирует и обижает других, а затем вдруг в результате вспоминает что-то из своей подлинной природы (возможно, он вспоминает то, на что он потратил целую жизнь, *стараясь вспомнить*) — и тем самым он наконец поднимается на следующий уровень развития? Разве эта жизнь «напрасна»?

Не тебе судить путь души другого человека. Тебе решать, кто ТЫ есть, а не кем был или не был другой человек.

Итак, ты спрашиваешь, что позволит людям не сделать свою жизнь напрасной, полной безделья, накапливания всяких «преимуществ»? Ответ таков: ничто.

Ты действительно думаешь, что это будет работать? А Ты не думаешь, что те, кто трудятся во благо, начнут возмущаться теми, кто этого не делает?

Да, будут, если они не просветленные. Но просветленные люди будут смотреть на тех, кто не трудится на общее благо, с большим сочувствием, а не с возмущением.

С сочувствием?

Да, потому что те, кто вносит свой вклад, поймут, что те, кто этого не делают, упускают величайшую возможность и великую славу: возможность создавать и славу испытать *величайшую версию* того, Кто Ты Есть в Действительности. Те, кто вносит свой вклад, будут понимать, что это само по себе наказание за их лень, если даже в наказании есть необходимость (а ее нет).

А разве те, кто действительно вносит свой вклад, не будут сердиться, если у них заберут плоды их труда и отдадут тем, кто ленив?

Ты не слушаешь. *Всем* будут даны минимальные доли, необходимые для выживания. Тем, кто обладает большим, будет предоставлена возможность вносить 10 % от своего дохода, чтобы это стало возможным.

А в отношении того, как будут распределяться доходы, открытая рыночная система определит объем вклада каждого, как это сейчас происходит в вашей стране.

Но тогда у нас будут «богатые» и «бедные», как сейчас! Это — *неравенство*.

Но это равные *возможности*. У каждого будет возможность жить на элементарном уровне, не тревожась о выживании. Всем будут даны равные возможности получить знания, развить навыки и применять свои прирожденные таланты на Месте Радости.

На Месте Радости?

Так потом будут называть «место работы».

А будет ли тогда зависть?

Да, зависть будет. Не будет ревности. Зависть — естественная эмоция, которая побуждает тебя к стремлению быть больше, чем ты есть. Возьмем, к примеру, двухлетнюю девочку, которая стремится и изо всех сил старается достать кнопку звонка на двери, до которой уже дотягивается ее старший брат. В этом нет ничего плохого. В зависти нет ничего плохого. Это мотиватор. Это чистое желание. Она рождает величие.

С другой стороны, ревность — это побуждаемая страхом эмоция, заставляющая кого-то желать, чтобы у другого было меньше. Это эмоция, которая часто основана на горечи. Она возникает в гневе и приводит в гнев. И она убивает. Ревность может убить. Любой, кто оказывался в любовном треугольнике, это знает.

Ревность убивает, зависть рождает.

Тем, кто завидуют, будут даны все возможности, чтобы они добились успеха по-своему. Ни у кого не будет никаких экономических, политических и социальных барьеров. Ни по причине расовой принадлежности, пола или сексуальной ориентации. Ни по происхождению, классовой принадлежности или возрасту. Вообще ни по какой причине. Просто совсем не будет дискриминации ни по одной из причин.

Да, «богатые» и «бедные» все еще могут быть. Но «голодающих» и «нуждающихся» больше не будет.

Видишь ли, нельзя убрать из жизни побудительный мотив... *можно только отчаяние*.

А где гарантия, что «вкладывающих» будет достаточно, чтобы «тащить на себе» тех, кто этого не делает?

Величие человеческого духа.

Как?

Вопреки твоим явно мрачным прогнозам, средний человек не будет удовлетворён только прожиточным минимумом. Кроме того, побудительный мотив к величию полностью изменится, когда произойдёт второй сдвиг в системе понятий — духовный сдвиг.

Что будет причиной такого сдвига? Этого не случилось на протяжении 2000 лет истории...

Возьми два миллиарда лет истории...

...Планеты. Почему это должно произойти сейчас?

Потому что с уходом от материального выживания — с исключением потребности обязательно преуспеть, чтобы добиться элементарной уверенности в завтрашнем дне, — не будет другой причины, чтобы достигать, добиваться, становиться великим, кроме той, чтобы пережить на опыте само величие!

И это будет достаточной мотивацией?

Человеческий дух поднимается. Он не падает перед лицом истинной возможности. Душа стремится пережить свой высший опыт, а не низший. Всякий, кто испытал настоящее великолепие хоть на миг, знает это.

А как насчёт власти? При такой особой перестройке все ещё будут те, в чьих руках окажутся необычайные богатства и власть.

Вознаграждения в виде выплаты денег будут ограничены.

Эй, слушай, вот до чего мы договорились. Может, Ты объяснишь, как такое может работать, пока я не объяснил, почему это невозможно?

Да. Если будут нижние пределы на доход, то будут и верхние. Во-первых, почти все будут платить 10 % от своего дохода мировому правительству. Это добровольный десятипроцентный взнос, о котором Я уже говорил.

Да... давно известное предложение о «равном налоге».

В нынешнее время и в вашем нынешнем обществе он должен принять форму налога, потому что вы недостаточно просветлённые, чтобы считать добровольный взнос на всеобщее благо самым высшим благом для себя. Но когда произойдёт сдвиг в сознании, который я уже описывал, то открытое, заботливое, бескорыстное вычитание из ваших доходов будет восприниматься вами как нечто само собой разумеющееся.

Я должен сказать Тебе кое-что. Не возражаешь, если я прерву Тебя?

Нет, продолжай.

Этот разговор кажется мне очень странным. Я никогда не думал, что у меня будет беседа с Богом, в которой Он будет рекомендовать политические шаги. Это действительно так. Как мне убедить людей, что Бог — *за единообразный налог!*

Ну, Я вижу, ты продолжаешь воспринимать это как «налог». Но Мне это понятно, потому что идея просто поделиться 10 % своего дохода кажется вам чуждой. Тем не менее почему ты считаешь, что очень трудно поверить в то, что у Меня есть идея по этому поводу?

Я думал, что Бог не склонен судить, иметь Свое мнение и что Его такие вещи не беспокоят.

Подожди, давай разберемся. В нашей последней беседе (ты назвал ее Книгой 1) Я отвечал на всякие вопросы. На вопросы о том, как складываются взаимоотношения. На вопросы о достойных заработках. Даже на вопросы о диете. Что же сейчас изменилось?

Не знаю. Просто *выглядит* по-другому. Я имею в виду, у Тебя действительно есть Своя точка зрения на политику? Ты типичный республиканец? Ну и придем же мы к истине в этой книге! Бог — *республиканец.*

А тебе надо, чтобы Я был демократом? Хорош Бог!

Остроумно. Нет, по мне лучше, чтобы Ты был *вне политики.*

Я вне политики. У Меня вообще нет никакой политической точки зрения.

Вроде как у Билла Клинтона.

Эй, неплохо! Теперь *ты* остришь! Я люблю юмор, а ты?

Мне кажется, я не ожидал, что Бог окажется юмористом *или* политиком.

И вообще чем-то человеческим, а?

Ладно, позволь Мне еще раз для тебя поместить обе эти книги в определенный контекст.

У Меня нет предпочтений относительно того, как ты проживаешь свою жизнь. Мое единственное желание — чтобы ты полностью осознал себя как существо творящее, чтобы тем самым ты мог познать, Кто Ты Действительно Есть.

Хорошо. Я это понимаю. Пока все понятно.

Каждый вопрос, на который Я здесь ответил, и каждый вопрос, на который Я отвечал в Книге 1, был услышан и получил реакцию в контексте того, кем вы как существа творящие пытаетесь быть и что вы стараетесь делать, как вы говорите. Например, в Книге 1 ты задавал Мне много вопросов о том, что нужно сделать, чтобы отношения в конце концов складывались гладко. Ты помнишь?

Да, конечно.

Ты считаешь Мои ответы проблематичными? Ты думаешь, что трудно поверить в то, что у Меня есть на этот счет точка зрения?

Я никогда не задумывался об этом. Я просто читал ответы.

Но, видишь ли, Я давал Свои ответы, исходя из твоих вопросов. То есть учитывая ваше желание быть тем-то и тем-то, делать то-то и то-то и как к этому подойти. И Я указал вам путь.

Да, это так.

Здесь Я делаю то же самое.

Просто... даже не знаю... труднее поверить, что Бог может говорить об этих вещах, чем тогда, когда Бог говорил о другом.

А ты считаешь, что с некоторыми из тех вещей, о которых Я здесь говорил, труднее *согласиться*?

Ну...

Если «да» — то «да». Это нормально.

Разве?

Ну конечно.

Разве нормально не соглашаться с Богом?

Разумеется. Ты думаешь, что Я с тобой сделаю, — пришлепну, как насекомое?

На самом деле я до такого не додумался.

Только посмотри, мир не соглашался со Мной с самого начала. Едва ли хоть кто-нибудь поступал по-Моему, с тех самых пор, как все началось.

Думаю, так и было.

Будь уверен, что все было именно так. Если бы люди следовали Моим наставлениям, которые тысячелетиями доходили до вас через сотни учителей, то мир бы был совсем иным. Поэтому, если ты намерен не согласиться со Мной и сейчас, то пожалуйста. Кроме того, Я могу ошибаться.

Что?

Я сказал, «кроме того, Я могу ошибаться». О силы небесные... уж не воспринимаешь ли ты все это как *евангелие*, а?

Ты хочешь сказать, что я не должен относиться к этому диалогу с доверием?

Ого, не торопись. Я думаю, ты многое упустил. Давай вернемся к тому, с чего мы начали: *Ты все это придумываешь сам.*

О, какое облегчение. Какое-то время мне в самом деле казалось, что мною действительно руководят.

Следуй зову своего сердца — вот руководство, которое ты получаешь. Слушай свою *душу*. Услышь *себя*. Даже если Я даю тебе право выбора, идею, точку зрения, то ты не обязан принимать это как свое собственное. Не согласен, — значит, *не соглашайся*. Вот в чем *весь смысл развивающей практики*. Замысел был не в том, чтобы заменить твою зависимость от кого-то или чего-то *зависимостью от этой книги*. Идея состояла в том, чтобы побудить вас *думать*. Думать *самим*. Это то, кто Я Есть прямо сейчас. Я — это ты, *думающий*. Я — это ты, мыслящий вслух.

Ты имеешь в виду, что этот материал происходит не из Высшего Источника?

Конечно оттуда! Только есть одна вещь, которую ты никак не можешь понять: *вы и есть этот Высший Источник*. Здесь есть одна вещь, которую ты до сих пор не уловил: *вы все это создаете — всю свою жизнь — прямо здесь, прямо сейчас*. Вы... ВЫ... создаете это. Не Я. ВЫ.

Так... есть ли какие-то чисто политические вопросы, которые вам не нравятся? *Тогда измените их*. Сделайте это. Сейчас. До того, как вы услышите это в виде *евангелия*. Пока вы не дали им *осуществиться*. Пока вы не начнете называть вашу последнюю идею о чем-то более важной, более обоснованной, более верной, чем ваша *следующая* мысль.

Запомни, твою реальность всегда создает именно твоя *новая мысль*. Всегда.

Итак, есть ли что-то в нашей дискуссии о политике, что ты хотел бы изменить?

На самом деле — нет. Получается, что я из тех, кто соглашается с Тобой. Просто я не знал, как всем этим воспользоваться.

Делай, что хочешь. Разве ты не понимаешь? *Именно это ты и делаешь всю свою жизнь!*

Ладно, хорошо... Думаю, я понял. Я бы хотел продолжить беседу. Вот только надо вспомнить, на чем мы остановились.

Замечательно. Давай продолжим.

Ты хотел сказать...

Я хотел сказать, что в других обществах — в просветленных обществах — накопление определенной суммы из того, что каждый получает (вы называете это «доход»), на использование во благо всему обществу — это довольно обычное дело. При той системе, которую мы рассматривали для вашего общества, все будут ежегодно зарабатывать, сколько могут, — и будут удерживать определенную сумму заработанного.

Какую?

Ее выбирают произвольно, чтобы все были согласны.

А то, что сверх установленного лимита?

Это будет вноситься во всемирный благотворительный фонд кредитования на имя вкладчика, чтобы мир знал своих благодетелей.

Благодетели будут иметь право напрямую контролировать расходы 60 % своих пожертвований, и их желания вкладывать большую часть своих средств именно туда, куда они хотят, будут удовлетворены.

Другие 40 % будут предназначены на программы, осуществляемые в рамках закона всемирной федерацией и под ее руководством.

Если люди будут знать, что все, что свыше установленного лимита на доход, у них будет отбираться, то какой же побудительный мотив заставит их продолжать работать? Что побудит их не останавливаться на полпути, как только они достигнут своего доходного «лимита»?

Некоторые остановятся. Ну и что с того? Пусть. Не нужно будет работать в обязательном порядке сверх лимита на доход, делая взносы в мировой благотворительный фонд. Денег, сэкономленных от сворачивания массового производства вооружений, будет достаточно, чтобы удовлетворить элементарные потребности всех. А 10 % от всех заработанных в мире денег сверх этих сбережений поднимут уровень достоинства и достатка всего общества, а не только некоторых избранных. Вклад заработанных средств свыше установленного лимита создаст такие широкие возможности и удовлетворенность для каждого, что ревность и социальный гнев фактически исчезнут.

Поэтому некоторые перестанут работать — особенно те, кто воспринимали свою активность в жизни как *настоящую работу*. А те, кто воспринимал свою деятельность как *абсолютную радость*, не остановятся *никогда*.

Не у каждого может быть такая работа.

Неправда. У каждого.

Радость на рабочем месте не имеет никакого отношения к исполнению функций и полностью связана с целью.

Это совершенно понятно матери, которая просыпается в 4 часа утра, чтобы сменить пеленки своему малышу. Она воркует и напевает своему младенцу, и для всего мира то, чем она занимается, вовсе не выглядит как работа. Именно ее отношение к тому, что она делает, именно ее намерение, именно *цель* ее действий делают ее активность настоящей радостью.

Я раньше уже приводил этот пример материнства, потому что любовь матери к своему ребенку — самый подходящий пример для того, чтобы ты смог понять, о чем я говорю в этой книге и в других тоже.

И все-таки, какова была бы цель устранения «безграничных возможностей заработать»? Разве это не лишило бы человеческий опыт одной из своих величайших возможностей, одного из своих славных приключений?

У вас все еще будет возможность и риск заработать немыслимую сумму денег. Верхний предел на удерживаемый доход будет очень высоким — гораздо больше, чем нужно среднему человеку, — даже десяти. И весь объем дохода, который вы можете *заработать*, не будет ограничен, — лишь сумма, которую вы выберете, чтобы оставить на личное пользование. Все остальное (скажем, свыше 25 миллионов долларов в год, хотя я называю очень условную цифру, чтобы обратить на это внимание) будет потрачено на программы и услуги, которые приносят пользу всему человечеству.

А что касается причины, то есть *почему*...

Верхний предел на удерживаемый доход будет отражением сдвига в сознании на планете; осознания того, что высшая цель жизни — не накопление самых больших богатств, а сотворение величайшего блага; неизбежного осознания того, что на самом деле концентрация богатств, а не их разделение — это самый большой из всех факторов в создании самых постоянных и злободневных социальных и политических дилемм.

Возможность накопить богатство — неограниченное богатство — краеугольный камень капиталистической системы, системы свободного предпринимательства и открытой конкуренции, которая создала самое великое общество, когда-либо известное миру.

Проблема в том, что ты действительно в это веришь.

Нет, я не верю. Я сказал это только лишь от имени тех, кто *в самом деле* верят.

Те, кто действительно этому верят, — страшно заблуждаются и не видят ничего в нынешней действительности на вашей планете.

В Соединенных Штатах 1,5 % «верхушки» удерживают больше богатств, чем 90 % «низов». Чистый доход, приходящийся на долю 834 000 самых богатых людей, почти на триллион долларов больше, чем у самых бедных *84 миллионов людей вместе взятых*.

И что? Они это заработали.

Вы, американцы, стараетесь воспринимать положение в социуме как функцию индивидуальных усилий. Кому-то удалось «преуспеть», и вы думаете, что это может каждый. Это упрощенная и наивная точка зрения. Она предполагает, что у каждого есть равные возможности, хотя фактически в Америке, как и в Мексике, богатые и влиятельные стремятся и ухитряются удерживать свои деньги, свою власть и *приумножать их*.

Ну и что? Что в этом плохого?

Они делают это за счет систематического *устранения* конкуренции, планомерно *сводя к минимуму* истинные возможности множества людей и сообща контролируя поток и рост богатств.

Они добиваются этого самыми разными способами — от нечестного использования труда, эксплуатируя бедных во всем мире, до использования личных связей и знакомств, которые сводят к минимуму (почти разрушают) шансы новичков войти в круг преуспевающих.

А еще они пытаются контролировать государственную политику и правительственные программы по всему миру, чтобы и впредь обеспечить порядок, при котором массы людей остаются под контролем, ими управляют и они находятся в подчинении.

Я не верю, что богатые этим занимаются. Не большинство из них. Я думаю, может, и есть кучка заговорщиков...

В большинстве случаев это делают не богатые люди как *отдельные личности*, а общественные системы и институты, которые они представляют. Эти системы и институты были созданы богатыми и влиятельными людьми, которые продолжают их поддерживать.

Прикрываясь такими общественными системами, отдельные личности умывают руки, не желая нести персональную ответственность за условия, при которых возможно угнетение народа и которые благоприятствуют лишь богатым и влиятельным.

Вернемся, например, к разговору о здравоохранении в Америке. Миллионы бедных людей в Америке не имеют доступа к профилактическому медицинскому обслуживанию. Никто не может указать на конкретного врача и сказать, что это «дело его рук, это его вина». В самой богатой стране на земле миллионы людей не могут обратиться к врачу, пока не окажутся в положении, когда им необходима экстренная помощь.

Ни одного медика *в отдельности* нельзя за это винить, но *всем врачам это выгодно*. Вся медицинская братия и все связанные с ними подразделения этой отрасли имеют беспрецедентные доходы от системы по обслуживанию родов, которая *узаконила* дискриминацию в отношении работающей бедноты и безработных.

Это лишь один пример, показывающий, как в «системе» богатые продолжают оставаться богатыми, а бедные — бедными.

Все дело в том, что именно богатые и влиятельные поддерживают подобные общественные структуры и упорно *сопротивляются любой действительной попытке изменить их*. Они выступают против любого политического или экономического подхода, который направлен на предоставление истинных возможностей и подлинного достоинства всем людям.

Конечно, многие из богатых и влиятельных, если смотреть на них по отдельности, — довольно милые люди, у которых столько же сострадания и сочувствия, как и у любого другого. Но заговорите о такой угрожающей для них концепции, как ограничение ежегодных доходов (даже таких немыслимо огромных, как 25 миллионов долларов ежегодно), и они начинают негодовать на узурпацию прав отдельных граждан, на разрушение «американского образа жизни» и на «утрату стимулов».

А как же насчет права *всех* людей жить в минимально приличных условиях, иметь достаточно еды, чтобы не голодать, и достаточно одежды, чтобы не чувствовать холода? Как насчет права людей повсюду пользоваться медицинским обслуживанием на достойном уровне — права, при котором никто не должен *страдать* или *умирать* от недостаточных услуг по сравнению с теми услугами, которые оказывают людям с денежным достатком, стоит им лишь шевельнуть пальцем?

Ресурсы вашей планеты, — *включая плоды труда* больших масс необычайно бедных людей, которых постоянно и систематически эксплуатируют, — принадлежат народу всего мира, а не только тем, кто богат и обладают властью, чтобы эксплуатировать.

Вот как действует эксплуатация: ваши богатые промышленники приходят в деревню или в ту местность, где совсем нет работы, где люди нуждаются и где крайняя нищета. Богатые строят там свою фабрику, предоставляя бедным работу, — иногда с 10-, 12-, 14-часовым рабочим днем — за низкую, если не сказать *нечеловеческую*, зарплату. Обратите внимание, они не делают так, чтобы рабочие покинули свои наводненные крысами деревни, — они просто позволяют им жить, как и прежде, с той лишь разницей, что раньше им *было нечего есть и не было крыши над головой*.

А когда их об этом спрашивают, то эти капиталисты говорят: «Да ну, им живется лучше, чем раньше, — разве не так? Мы *улучшили их жизнь!* У людей *есть* работа, разве не так? Мы дали им *возможности!* Это *мы рискуем всем!*»

Но в чем же здесь риск, когда людям платят 75 центов в час за то, что они делают кроссовки, которые потом будут распроданы по 125 долларов за пару?

Это рискованное действие или просто настоящая эксплуатация?

Такая система бесстыдства высших слоев может существовать только *в мире, которым движет жадность, где во внимание принимается в первую очередь размер прибыли, а не человеческое достоинство*.

Те, кто говорят, что «по сравнению с условиями жизни в их обществе эти крестьяне живут прекрасно», — лицемеры в высшей степени. Они бросают тонущему веревку, но отказываются тянуть его к берегу. А потом будут хвастаться, что веревка лучше, чем камень.

Вместо того чтобы возвышать людей до истинного достоинства, эти «имущие» дают «неимущим» ровно столько, чтобы сделать их зависимыми, — но недостаточно для того, чтобы когда-либо сделать их действительно сильными. Потому что люди, у которых есть настоящая сила, сами способны *влиять*, а не просто испытывать влияние «этой системы». А это последнее, чего могут хотеть создатели этой системы!

Поэтому заговор продолжается. Для большинства богатых и влиятельных это не заговор в действии, а *заговор в молчании*.

Так продолжайте, идите своим путем и ни в коем случае не говорите ничего о непристойности социально-экономической системы, которая награждает руководство монополии денежными премиями в размере 70 миллионов долларов за увеличение продаж безалкогольных напитков, в то время как 70 миллионов людей не могут позволить себе роскошь их пить, а еще в меньшей степени — достаточно есть, чтобы оставаться здоровыми.

Продолжайте *не* замечать этого бесстыдства. Называйте это свободной рыночной экономикой и говорите всем, как вы этим *гордитесь*.

Как сказано:

> *Если хочешь быть совершенным,*
> *пойди, продай имение твое и раздай нищим;*
> *и будешь иметь сокровище на небесах...*
> *Услышав слово сие,*
> *юноша отошел с печалью,*
> *потому что у него было большое имение.*

(Матф. 19:21–22)

19

Я редко видел Тебя таким возмущенным. Бог не возмущается. Это доказывает, что Ты — не Бог.

Бог — все, и Бог может стать чем угодно. Нет ничего, чем Бог бы не был, и все, что Бог испытывает Сам, Бог испытывает в *тебе*, как *ты* и через *тебя*. Именно *свое* возмущение ты ощущаешь.

Ты прав. Просто я согласен со всем, что Ты сказал.

Знай, что каждую мысль, которую Я посылаю тебе, ты получаешь через фильтр своего собственного опыта, через свое собственное понимание, через свои собственные решения, выборы, утверждения о том, Кто Ты Есть и Кем Ты Выбираешь Быть. По-другому ты и не можешь получить. По-другому ты и не должен.

Ну, вот до чего мы здесь договорились. Ты хочешь сказать, что эти идеи и чувства не являются Твоими и что *вся книга* может быть неверной? Ты говоришь мне, что весь этот опыт моих бесед с Тобой не может быть ничем другим, как выражением *моих* собственных мыслей и чувств?

Обдумай такую возможность, что это *Я даю тебе* твои мысли и чувства (откуда же, по-твоему, все это берется?); что Я вместе с тобой создаю твой опыт; что Я — часть твоих решений, выборов и утверждений. Обдумай возможность, что Я выбрал тебя, как и многих других, быть Моими посланниками задолго до того, как появилась эта книга.

Мне трудно в это поверить.

Да, мы беседовали обо всем этом в Книге 1. Но Я буду говорить с этим миром разными способами, в том числе через моих учителей и моих посланников. В этой книге Я расскажу вашему миру, что его экономические, политические, общественные и ре-

368

лигиозные системы примитивны. Я наблюдаю, что вы с коллективным высокомерием предпочитаете считать, что они самые лучшие. Я вижу, что в большинстве своем вы сопротивляетесь любому изменению или улучшению, которое что-то у вас отбирает — и при этом для вас не имеет значения, что кому-то это может помочь.

Я снова говорю, что вашей планете необходим массовый сдвиг в сознании. Изменения в осознанности. Рост уважения ко всей жизни и более глубокое понимание внутренней связи во всем.

Ну, Ты же — Бог. Если Ты не хочешь, чтобы вещи были такими, какие они есть, то почему Ты их не изменишь?

Как Я уже объяснял тебе раньше, Моим решением с самого начала было дать тебе свободу творить свою жизнь — а значит, и Себя — так, как ты хочешь. Ты не можешь познать Себя в качестве Создателя, если Я буду говорить тебе, что создавать, как создавать, а потом заставлять, требовать или побуждать тебя сделать так. Если Я буду этим заниматься, то Моя цель пропала.

А теперь просто давай уделим внимание тому, что было создано на вашей планете, и посмотрим, не станешь ли ты при этом немного возмущаться.

Давай просмотрим четыре страницы какой-нибудь крупной ежедневной газеты.

Возьмем сегодняшнюю газету.

Хорошо. Сегодня суббота, 9 апреля 1994 года, и я смотрю «Сан-Франциско кроникл».

Хорошо. Открой любую страницу.

Ладно. Вот страница A-7.

Замечательно. Что ты там видишь?

Заголовок: «РАЗВИВАЮЩИЕСЯ СТРАНЫ ОБСУЖДАЮТ ПРАВО НА ТРУД».

Отлично. Продолжай.

В статье рассказывается о «старом расколе», как это названо здесь, между промышленно развитыми государствами и развивающимися странами по поводу прав на труд. В ней говорится, что лидеры некоторых развивающихся стран «опасаются, что кампания по расширению прав на труд может создать закулисные способы устранить товары, производимые дешевой рабочей силой, с потребительских рынков богатых стран».

Далее в ней говорится, что участники переговоров из Бразилии, Малайзии, Индии, Сингапура и других развивающихся стран отказались организовать постоянно действующий комитет Всемирной Организации по Торговле, на которую была бы возложена ответственность составить проект закона о правах на труд.

О каких правах говорится в статье?

Она рассказывает об «элементарных правах для рабочих», таких, как запрет на принудительный труд, установление норм безопасности на рабочих местах и о гарантиях коллективных соглашений.

А почему развивающиеся страны не хотят, чтобы эти права были частью международного соглашения? Я *скажу* тебе почему. Но вначале давай четко уясним, что не *рабочие* в этих странах сопротивляются таким правам. Те «переговорщики» от развивающихся стран — не связаны ли они с теми, кто *владеют и руководят производствами*? Другими словами, — богатые и влиятельные?

Как это было в Америке до движения профсоюзов, эти люди сейчас извлекают выгоду из массовой эксплуатации рабочих.

Ты можешь быть уверен в том, что им без шума помогают большие деньги из Соединенных Штатов или других богатых государств, где промышленники, которые не могут нечестным путем эксплуатировать рабочих в своих собственных странах, заключают договоры с владельцами предприятий в этих развивающихся странах (или строят там собственные заводы), чтобы эксплуатировать иностранных рабочих, которые до сих пор не защищены от использования этими владельцами для увеличения своих и так непомерных доходов.

Но в статье говорится, что именно наше правительство — теперешняя администрация — всячески способствует тому, чтобы это постановление было принято и чтобы права рабочих были частью всемирного торгового соглашения.

Ваш нынешний президент Билл Клинтон — это человек, который верит в элементарные права рабочих даже тогда, когда могущественные промышленники с этим не согласны. Он мужественно борется против крупных капиталовложений заинтересованных кругов. Других американских президентов и руководителей других стран по всему миру убивали за меньшее.

Ты хочешь сказать, что президента Клинтона могут убить?

Скажем, будут предприниматься огромные усилия, чтобы устранить его от должности. Они вынуждены этим заниматься, так же как им пришлось устранить Джона Кеннеди 30 лет назад.

Как и Кеннеди до него, Билл Клинтон делает то, что ненавидит крупный капитал. Он не только выступает за права трудящихся во всем мире, но и встает на сторону «маленького человека» в связи с нарушениями практически по всем социальным вопросам.

Ваш президент считает, например, что каждый человек должен получать адекватное медицинское обслуживание независимо от того, в состоянии ли он оплатить непомерные счета и денежные вознаграждения, к которым медицинская братия уже привыкла. Он сказал, что эти расходы должны уменьшиться. Это не добавило ему популярности и у другого контингента богатых и влиятельных людей Америки — от фармакологических предприятий до страховых конгломератов, от предприятий по производству медицинского оборудования до бизнесменов, которые должны предоставить достойные условия своим работникам. А это большое количество людей, которые сейчас зарабатывают большие деньги, но которым предстоит зарабатывать чуть меньше, если бедным людям в Америке будет предоставлено всеобщее медицинское обслуживание.

Это не делает господина Клинтона самым популярным человеком. По крайней мере, среди определенных кругов, которые уже доказали в этом столетии, что они могут отстранить президента от должности.

Ты говоришь...

Я говорю, что борьба между «имущими» и «неимущими» продолжалась вечно и стала на вашей планете эпидемией. Так будет всегда, пока главной заботой человека будут экономические, а не гуманистические интересы.

Да, я думаю, Ты прав. На странице А-14 в этой же газете заголовок: «ЭКОНОМИЧЕСКИЙ СПАД ПОРОЖДАЕТ ГНЕВ В ГЕРМАНИИ». В подзаголовке читаем: «С ростом безработицы в послевоенный период увеличивается расслоение между богатыми и бедными».

Да. О чем пишется в этой статье?

В ней говорится, что среди уволенных инженеров, профессоров, ученых, рабочих заводов, плотников, поваров в этой стране возникает сильное напряжение. В ней говорится, что страна столкнулась с некоторыми экономическими неудачами и что существует «распространенное мнение, что эти трудности получили размах из-за несправедливости».

Это верно. А здесь что-нибудь говорится о том, откуда взялось так много безработных?

Да. В ней говорится, что рассерженные работники — это «рабочие, чьи работодатели уехали в страны, где труд стоит дешевле».

Ага. Интересно, многие ли из тех, кто читает вашу «Сан-Франциско кроникл» видит связь между заметками на странице A-7 и A-14.

В заметке также говорится, что, когда наступает безработица, женщин увольняют в первую очередь. В ней говорится, что «женщины составляют больше половины безработных по всей стране и почти две третьих на востоке».

Конечно. Но Я продолжаю подчеркивать, хотя многие из вас не хотят этого замечать или не признают, что ваш социально-экономический механизм *систематически* дискриминирует народ. Вы не предоставляете равных возможностей, хотя и громко заявляете, что *делаете* это. Вам приходится верить в ваши вымыслы, чтобы сохранить хорошее впечатление о самих себе, и вы обычно негодуете, когда кто-то открывает вам правду. Все вы будете отвергать очевидное, даже когда оно на поверхности.

Ваше общество — общество страусов.

Так, о чем еще пишет газета сегодня?

На странице A-4 есть заметка, которая называется «НОВОЕ ДАВЛЕНИЕ ФЕДЕРАЛЬНЫХ ВЛАСТЕЙ С ЦЕЛЬЮ ПОКОНЧИТЬ С НЕСПРАВЕДЛИВОСТЬЮ В ЖИЛИЩНЫХ ВОПРОСАХ». В ней говорится, что «федеральные служащие, занимающиеся вопросами жилья, разрабатывают план, который усилит... самые серьезные попытки, предпринимавшиеся до сих пор, покончить с расовой дискриминацией в жилищных вопросах».

Вы должны спросить себя вот о чем: почему такие попытки *должны быть усилены?*

У нас есть закон о справедливом предоставлении жилья, который запрещает дискриминацию по признакам расовой принадлежности, цвету кожи, вероисповедания, сексуальной ориентации, национальности, физических недостатков или семейного положения. Но в то же время местные ведомства мало сделали для того, чтобы устранить подобные предубеждения. Многие люди в этой стране все еще чувствуют, что человек должен быть вправе распоряжаться своей частной собственностью так, как он хочет, в том числе сдавать или не сдавать внаем.

Но если бы каждому, кто владеет сдаваемой внаем собственностью, было разрешено выбирать и если бы эти выборы отражали групповое сознание и общее отношение к определенным категориям и сословиям общества, то целые слои населения могли бы быть систематически лишены возможности подыскать себе подходящее жилье. А в отсутствии *доступного жилья* владельцы земли и трущоб могли бы запросить непомерные цены за ужасные условия проживания, обеспечивая дома плохим ремонтом, а то и вовсе никаким. И снова богатые и влиятельные эксплуатируют народ, на сей раз под видом «прав собственности».

Но у владельцев собственности должны быть *какие-то* права.

А если права меньшинства посягают на права большинства?

Этот вопрос всегда был и остается вопросом, с которым сталкивалось любое цивилизованное общество.

Наступит ли время, когда высшее благо для всех заменит права отдельных граждан? Есть ли у общества ответственность перед самим собой?

Ваши законы по жилищным вопросам — это ваш способ ответить «да».

Все провалившиеся попытки исполнять и проводить в жизнь эти законы — это способ богатых и влиятельных сказать: «Нет. В расчет берутся только *наши* права».

И вновь: ваш нынешний президент и его администрация уделяют усиленное внимание этому вопросу. Не все американские президенты имели такое желание вступать в конфронтацию с богатыми и влиятельными на еще одном участке борьбы.

Я знаю это. В газетной статье говорится, что чиновники из администрации Клинтона, занимающиеся жилищными проблемами, за короткий срок пребывания на службе инициировали больше расследований по жилищной дискриминации, *чем их было проведено за предыдущие десять лет.*

И поэтому нынешний президент наживает себе еще больше врагов среди богатых и влиятельных: промышленники и предприниматели, фармакологические компании и страховые фирмы, врачи и медицинские конгломераты, крупные владельцы собственности.

Вспомни, как Клинтону было нелегко находиться на своем посту.

Даже когда сейчас пишут о нем — в апреле 1994 года, — давление на него растет со страшной силой.

Этот номер газеты от 9 апреля 1994 года говорит ли тебе что-нибудь еще о человеческой расе?

Вот, вернемся на страницу А-14. Здесь есть фотография, на которой русский политический лидер размахивает кулаками. Под фотографией новая статья, озаглавленная «ЖИРИНОВСКИЙ ОСКОРБЛЯЕТ КОЛЛЕГ В ПАРЛАМЕНТЕ». В статье говорится, что Владимир Жириновский «ввязался в еще одну потасовку, избивал» политического оппонента и кричал ему в лицо: «Ты у меня сгниешь в тюрьме! Я выщиплю твою бороду по волоску!»

И ты еще удивляешься, почему *страны* прибегают к оружию? Здесь говорится о крупном лидере широкого политического движения, и он в залах Парламента доказывает свою силу, избивая своих оппонентов.

Ваша раса очень примитивна, вы признаете только силу. На вашей планете нет настоящего закона. Истинный Закон — это Естественный Закон, его *не надо* объяснять и ему не надо учить. Он *очевиден*.

Истинный закон — это такой закон, которому люди согласны подчиняться добровольно, ведь он управляет ими естественным образом. Поэтому их согласие — не столько согласие, сколько взаимное признание того, что Так Есть.

Такие законы не надо проводить в жизнь. Они просто исполняются, потому что неопровержимые последствия делают их целесообразными.

Позволь Мне привести пример. Высокоразвитые существа не бьют себя молотком по голове, потому что это больно. По той же причине они также не бьют никого другого.

Высокоразвитые существа заметили, что если ударить кого-то молотком по голове, то можно причинить боль. Если все еще продолжать это делать, то тот человек начинает сердиться. Если сердить его и дальше, то он найдет свой молоток и в конце концов ударит тебя в ответ. Поэтому люди развитые знают, что, ударяя молотком кого-то другого, ты ударяешь молотком себя. И не важно, что у тебя больше молотков или что твой молоток больше по размеру. Рано или поздно тебя ударят.

Результат налицо.

Люди, не достигшие определенного уровня развития, — примитивные существа, — наблюдают то же самое. Но их это не беспокоит.

Развитые существа не хотят играть в игру «у кого самый большой молоток, тот и выигрывает». Примитивные существа ни во что другое не играют.

Между прочим, это в основном мужская игра. Даже у вас лишь очень немногие женщины хотят играть в игру с молотками. Женщины играют в другую игру. Они говорят: «Если бы у меня был молоток, то с его помощью я бы «выбила» справедливость, наладила отношения любви между своими братьями и сестрами, и по всей земле».

Так Ты говоришь, что женщины более развиты, чем мужчины?

Я не делаю никаких определенных суждений на этот счет. Я просто наблюдаю.

Видишь ли, правда — как и естественный закон — очевидна.

Но любой неестественный закон — неочевиден, и поэтому вам его нужно объяснить. Растолковывать, почему этот закон нужен для вашей же собственной пользы. Вам надо продемонстрировать это. Это не так просто, потому что если нечто вам полезно — это самоочевидно.

А вам нужно объяснять еще и то, что не самоочевидно.

Требуется очень необычный и уверенный человек, чтобы убедить людей в том, что не самоочевидно. Для этой цели вы придумали политиков.

И священников.

Ученые много не говорят. Обычно они немногословны. Им это и не требуется. Если они проводят эксперимент и достигают успеха, они просто показывают вам, что они сделали. Результат говорит сам за себя. Поэтому ученые обычно тихие люди, которые много не говорят. Это и не обязательно. Цель их работы самоочевидна. Более того, если они пытаются сделать что-то и у них это не получается, им просто нечего сказать.

С политиками все по-другому. Если они потерпели неудачу — они говорят. В действительности, чем больше неудача, тем больше они говорят.

То же самое со священниками. Чем большая неудача их постигла, тем больше они говорят.

Но Я говорю тебе вот что:

Истина и Бог находятся в одном месте — в тишине.

Когда ты нашел Бога и когда ты нашел истину, нет необходимости говорить об этом. Это самоочевидно.

Если ты очень много говоришь о Боге, вероятнее всего, ты делаешь это потому, что все еще ищешь. Но это нормально. Просто знай, где ты находишься.

Но учителя все время говорят о Боге. В этой книге мы тоже все время говорим о Боге.

Ты учишь тому, чему ты решил научиться. Да, в этой книге мы говорим обо Мне и о жизни. И эта книга помогает тебе в твоих поисках. Ты участвуешь в написании этой книги, *потому что ты все еще ищешь.*

Да.

Именно так. И это же верно для тех, кто ее читает.

Но мы обсуждали творение. В начале этой главы ты спросил Меня, почему Я не изменил ситуацию на Земле, если она Мне не нравится?

Но Я не сужу то, что вы делаете. Я просто наблюдаю и время от времени описываю это, как делаю, например, в этой книге.

Но сейчас Я должен спросить тебя — забудь Мои наблюдения и забудь Мои слова, — что ты сам чувствуешь, наблюдая ситуацию на вашей планете? Ты взял статьи лишь из одной газеты, и ты уже обнаружил вот что:

- Рабочим в разных странах отказывают в предоставлении основных прав.
- Богатые богатеют — а бедные беднеют на фоне экономического спада в Германии.

- Правительство вынуждено заставлять владельцев частной собственности подчиняться законам о справедливом предоставлении жилья в Соединенных Штатах.
- Известный политический лидер говорит своим оппонентам: «Я сгною тебя в тюрьме! Я выщиплю твою бороду по волоску!» — и трясет кулаками перед его лицом в зале российского парламента.

Есть что-то еще в этой газете о вашем «цивилизованном» обществе?

Ну, на странице А-13 есть статья, озаглавленная «В ГРАЖДАНСКОЙ ВОЙНЕ В АНГОЛЕ БОЛЬШЕ ВСЕГО СТРАДАЮТ МИРНЫЕ ЖИТЕЛИ». В одном из абзацев говорится: «В районах, охваченных восстанием, военная верхушка живет в роскоши, в то время как тысячи людей голодают».

Достаточно. Картина ясна. И это лишь одна газета?

Один *раздел* одной газеты. Я даже не вышел из раздела «А».

И поэтому Я снова скажу тебе: ваши мировые системы — экономическая, политическая, социальная и религиозная — примитивны. Я ничего не сделаю, чтобы их изменить по причинам, о которых Я уже говорил. У тебя должна быть свобода выбора и свобода воли в этих вопросах для того, чтобы ты пережил на опыте Мою наивысшую цель для тебя — познать себя как Творца.

И до сих пор после всех этих тысячелетий — вот насколько вы продвинулись, вот что вы создали.

Разве это вас не возмущает?

Но все-таки одно благое дело вы сделали. Вы обратились ко мне за советом.

Раз за разом ваша «цивилизация» обращалась к Богу, спрашивая: «Где мы сбились с пути? Как все поправить?» Хотя вы постоянно пренебрегали Моими советами, Я не перестал предлагать их вновь и вновь. Как хороший отец, Я всегда охотно предлагаю вам в помощь Свои наблюдения, когда вы спрашиваете. И, как хороший отец, Я продолжаю любить вас, даже тогда, когда вы игнорируете Меня.

Поэтому Я описываю все как есть. И Я объясняю вам, как можно жить лучше. Я делаю это так, чтобы заставить вас чувствовать возмущение, потому что хочу привлечь ваше внимание. И Мне это удалось.

Что может быть причиной изменения в сознании масс, о котором Ты постоянно говорил в этой книге?

Все потихонечку налаживается. Мы постепенно обтесываем гранитную глыбу человеческого опыта, как скульптор ваяет прекрасное творение, отбрасывая все ненужное.

«Мы?»

Ты и Я с помощью этих книг, а также многие другие посланники. Писатели, художники, теле- и кинорежиссеры. Музыканты, певцы, актеры, танцоры, учителя, шаманы, гуру. Политики, правители (да, и среди них есть очень хорошие и очень искренние люди), врачи, адвокаты (и среди них тоже встречаются очень хорошие и искренние люди!), мамы и папы, бабушки и дедушки в Америке и по всему миру.

Вы — первопроходцы и предвестники.

И сознание многих людей меняется.

Благодаря вам.

Потребуется ли для этого всемирное бедствие, катастрофа невиданных размеров, как некоторые считают? Должна ли Земля перевернуться, столкнуться с кометой, полностью поглотить свои континенты, чтобы заставить людей прислушаться? Должны ли нас навестить пришельцы из Космоса и напугать нас так, чтобы у нас хватило ума осознать, что все мы есть Одно? Не надо ли до смерти испугать нас, чтобы мы построили новую жизнь?

В таких драматических событиях нет нужды, но они могут произойти.

Они *произойдут*?

Ты считаешь, что будущее предсказуемо — даже Богом? Говорю тебе: будущее создаваемо. Создавайте его таким, каким захотите.

Но до этого Ты говорил, что истинная природа времени в том, что «будущего» нет; что все происходит в один Момент — Вечный Момент Сейчас.

Это так.

Значит, эти землетрясения, наводнения, столкновения с кометами происходят «прямо сейчас»? И не говори мне, что Ты, Бог, не *знаешь* этого.

А ты хочешь, чтобы это случилось?

Конечно, нет. Но Ты сказал, что все, что должно произойти, уже произошло — происходит сейчас.

Это так. Но Вечный Момент Сейчас постоянно меняется. Он как мозаика, которая всегда есть, но постоянно меняется. Не успеешь и глазом моргнуть, как она уже другая. Наблюдай! Смотри! Понимаешь?

Я ПОСТОЯННО МЕНЯЮСЬ.

Что заставляет Тебя меняться?

Твое представление обо Мне! Твои мысли обо всем на свете — вот что заставляет Все меняться — мгновенно.

Иногда изменение во Всем почти неуловимо. Это зависит от силы твоей *мысли*. Но когда мысль сильна, или это *коллективная мысль*, тогда возникают огромные последствия, невероятный эффект.

Все меняется.

Так случится ли нечто подобное всемирной катастрофе, о которой Ты говорил?

Я не знаю. Случится ли?

Тебе решать. Помни, ты выбираешь свою реальность *прямо сейчас*.

Я выбираю, чтобы этого не произошло.

Тогда этого не произойдет. Если не произойдет.

Ну вот, опять.

Да. Ты должен научиться жить в условиях противоречий. И ты должен понять самую большую истину: ничто не имеет значения.

Ничто не имеет значения?

Я объясню это в Книге 3.

Ну... ладно. Хотя мне не хотелось бы ждать.

Тебе еще так много предстоит узнать. Дай себе немного времени. Дай себе немного пространства.

Разве мы уже расстаемся? Я чувствую, что Ты уходишь. Ты всегда начинаешь так говорить, когда собираешься уходить. Я бы хотел поговорить еще кое о чем... например, об инопланетянах — они существуют?

На самом деле об этом мы тоже поговорим в третьей книге.

Ну дай мне хотя бы намек.

Ты хочешь знать, есть ли разумная жизнь где-нибудь еще во Вселенной?

Да. Конечно.

Они так же примитивны, как и мы?

Некоторые формы жизни более примитивны, некоторые — менее. А некоторые ушли гораздо дальше.

Инопланетяне нас когда-нибудь посещали?

Да. Много раз.

С какой целью?

Чтобы узнать. А в некоторых случаях, чтобы ненавязчиво помочь.

А как они помогают?

Время от времени они вас поддерживают. Например, тебе хорош известно, что за последние 75 лет вы совершили больший технический прогресс, чем за всю историю человечества до этого.

Да, я полагаю, что это так.

Ты воображаешь, что все, начиная от компьютерной томографии и сверхзвуковых полетов до микрочипов, которые вы вживляете в тело, чтобы регулировать сердечную деятельность, — все было создано человеческим разумом?

Ну... да!

Тогда почему же человек не додумался до этого тысячи лет назад?

Не знаю. Я думаю, что не было технологий. Я хочу сказать, что одно вытекает из другого. Просто тогда не было подходящих технологий, пока они не появились. Это все процесс эволюции.

Тебе не кажется странным, что за процесс эволюции в миллиарды лет где-то 75–100 лет назад произошел огромный «взрыв в постижении»?

Ты не видишь ничего *из ряда вон выходящего* в том, что многие люди на планете увидели *за свою жизнь* развитие всего — от радио до радара и радиоэлектроники?

До тебя не доходит, что все, что здесь произошло, представляет собой количественный скачок? Шаг вперед такой величины и таких размеров, который противоречит здравому смыслу?

О чем Ты говоришь?

Я говорю: обдумай возможность того, что вам помогли.

Если нам «помогают» технически, то почему нам не помогают духовно? Почему нам не помогают с этим «сдвигом в сознании»?

Тебе помогают.

Мне?

Думаешь, для чего эта книга?

Хм-м-м.

Кроме того, каждый день вам предъявляются новые идеи, новые мысли, новые понятия.

Процесс изменения сознания, расширения духовного осознания по всей планете — медленный процесс. Для этого нужно время и терпение. Не одна жизнь. Поколения.

Но вы медленно приходите в себя. Понемногу меняетесь. Потихоньку происходят перемены.

И Ты говоришь, что пришельцы из Космоса помогают нам в этом?

Конечно. Они сейчас среди вас, многие из них. И они помогали годами.

Почему же мы ничего о них не знаем? Почему они себя не обнаруживают? Разве это не удвоило бы их влияние?

Их цель — помочь в тех изменениях, которые они наблюдают и которых большинство из вас хотят, а не создать их. Способствовать, а не принуждать.

Если бы они обнаружили себя, то вы были бы вынуждены одной только силой их присутствия оказывать им великую честь и придавать их словам огромный вес. Предпочтительно, чтобы массы людей сами пришли к своей мудрости. Истину, которая идет изнутри, не так легко отвергнуть, как истину, которая приходит от другого. Вы гораздо сильнее держитесь за то, что вы создали, чем за то, что вам сказали.

Мы их когда-нибудь увидим? Узнаем ли мы когда-нибудь этих космических пришельцев такими, какие они есть на самом деле?

О, да. Придет время, когда возрастет ваше сознание, утихнет страх, и они обнаружат вам себя.

Некоторые из них уже сделали это — в отношении горстки людей.

Как насчет теории, которая становится все более и более популярной, о том, что эти существа на самом деле очень злобные? Есть ли среди них такие, которые хотели бы причинить нам вред?

А есть люди, которые хотят причинить вам вред?

Да, конечно.

Некоторые существа — менее развитые — могут осуждаться вами таким же образом. Но помни мое наставление. Не суди. Никто не делает ничего неуместного, если учитывать его модель Вселенной.

Некоторые существа ушли вперед в своем техническом прогрессе, но не в своем мышлении. Такова и ваша раса.

Но если эти космические существа так далеко продвинулись в технике, то они могут нас уничтожить. Что может их остановить?

Вы защищены.

Защищены?

Да. Вам дана возможность прожить собственную судьбу. Ваше собственное сознание создаст результат.

Что это значит?

Это значит, что в этом отношении, как и во всех остальных вещах: что ты думаешь — то ты и получишь.

Чего ты боишься — то ты к себе и притянешь.

Чему ты сопротивляешься — то упорно остается.

То, что ты ищешь, — исчезает, давая тебе шанс еще и еще раз все создавать заново, если ты хочешь, или навсегда изгнать это из твоего опыта.

Что ты выбираешь, то и испытываешь.

Хмммм. В моей жизни все выглядит как-то по-другому.

Потому что ты подвергаешь сомнению силу. Ты сомневаешься во Мне.

Вероятно, не стоит этого делать.

Конечно, не стоит.

20

Почему люди сомневаются в Тебе?

Потому что люди сомневаются в себе.

А почему они сомневаются в себе?

Потому что им так велели. Их так учили.

Кто?

Люди, которые утверждали, что говорили от Моего имени.

Не понимаю. Почему?

Потому что это был единственный способ и есть единственный способ контролировать людей. Ты *должен* сомневаться в себе, иначе ты мог бы потребовать все свое могущество. А это недопустимо. Этого вовсе не стоит делать. Это не для тех людей, в чьих руках сейчас власть. Они держат власть, которая принадлежит тебе, — и они об этом знают. И единственный способ ее удержать — это предотвратить мировое движение, направленное на то, чтобы увидеть, а потом решить две самые большие проблемы в человеческом опыте.

Какие?

Ну, мы обсуждали их в этой книге вновь и вновь. Значит, надо подвести итог...

Большинство — если не все — мировые проблемы и конфликты, а также ваши проблемы и конфликты как отдельных личностей были бы решены и устранены, если бы вы, как общество, выполнили следующее:

1. Отказались от концепции Разобщенности.

2. Приняли концепцию Открытости.

Никогда больше не воспринимайте себя отдельно друг от друга и никогда не воспринимайте себя отдельно от Меня. Никогда и никому не говорите ничего, кроме правды, и никогда больше не принимайте меньшего, чем вашу величайшую истину обо Мне.

Первый выбор породит второй, потому что, когда ты видишь и понимаешь, что ты Един со Всеми, ты не можешь говорить неправду, или утаивать важные данные, или быть с другими каким-то другим, кроме как полностью открытым, потому что тебе будет ясно, что делать так — в твоих лучших интересах.

Но для такого изменения в системе понятий потребуется большая мудрость, большое мужество, огромная решительность. Потому что в сердцевину этих понятий ударит Страх и назовет их ложными. Страх будет разъедать суть этих замечательных истин, и в них образуется пустота. Страх будет искажать, пренебрегать, разрушать. И Страх будет твоим самым сильным врагом.

У вас никогда не будет и вы никогда не сможете создать такого общества, к которому вы всегда стремились, о котором вы всегда мечтали, пока вы со всей ясностью и мудростью не поймете элементарную истину: то, что ты делаешь другим, — ты делаешь себе. Чужая боль — твоя боль и чужая радость — твоя радость. Когда ты отрекаешься от какой-либо части этого — отрекаешься от части себя. Пришла пора меняться к лучшему. Пришла пора снова воспринимать себя таким, какой Ты Есть в Действительности, и таким образом снова становиться открытым. Потому что, когда ты и твои истинные отношения с Богом становятся открытыми, Мы — *нераздельны*. И ничто никогда не разъединит Нас вновь.

И хотя ты еще будешь жить с иллюзией разобщенности, используя ее как инструмент, чтобы вновь создать Себя, с этого времени ты будешь воплощаться с просветленностью, понимая иллюзорность того, что есть, пользуясь этим игриво и радостно, чтобы испытать любой аспект того, Кто Мы Есть, — и тебе это доставит удовольствие, — но ты уже никогда не будешь воспринимать это как реальность. Тебе никогда больше не придется использовать механизм забвения, чтобы заново воссоздавать Себя, ты будешь *осознанно* использовать Разобщенность, просто выбирая и исследуя, Что Означает Разобщенность в связи с конкретным поводом, для конкретной цели.

Таким образом, когда ты станешь полностью просветленным — то есть вновь наполненным светом, — ты даже можешь выбрать напоминание другим как конкретную причину для того, чтобы снова вернуться к физической жизни. Ты можешь избрать вернуться в физическую жизнь не для того, чтобы создать или испытать какой-то новый аспект Себя, а чтобы привнести свет истины в пространство иллюзий, чтобы другие смогли увидеть. Тогда ты будешь «светоносцем». Тогда ты будешь частью Пробуждения. Есть другие, кто уже сделали это.

Они пришли сюда, чтобы помочь нам узнать, Кто Мы Есть.

Да. Это просветленные души, которые достигли совершенства. Они больше не стремятся испытать высший опыт. Они уже имели высший опыт. Сейчас они только хотят донести до вас весть о том опыте. Они несут вам «благую весть». Они покажут вам путь и жизнь Бога. Они скажут: «Я есть путь и жизнь. Следуй за мной». Потом они создадут тебе образ того, что значит жить в вечной славе сознательного единения с Богом, которое называется Богосознанием.

Мы всегда едины — ты и Я. Мы не можем *не* быть этим единством. Это просто невозможно. Сейчас ты живешь, имея *бессознательный* опыт этого единения. Но можно жить в физическом теле в осознанном союзе со Всем, Что Есть; осознавая *элементарную истину*; сознательно выражая, Кто Вы Есть в Действительности. Когда вы так делаете, вы служите образцом для всех других, кто еще живет в забвении. Вы становитесь живым напоминанием. И тем самым вы спасаете других, чтобы они совсем не затерялись в своем забвении.

Совсем затеряться в забвении — это ад. Но Я этого не позволю. Я не позволю ни одной овце отбиться от стада, но пошлю... пастыря.

Да, многих пастырей Я пошлю, и ты можешь выбрать быть одним из них. И когда души, разбуженные тобой от сна, снова вспомнят, Кто Они Есть, все ангелы на небесах порадуются за эти души. Ведь, потерянные когда-то, они снова нашлись.

Сейчас на нашей планете есть такие люди, святые существа? Не в прошлом, а прямо сейчас?

Да. Всегда были. И всегда будут. Я не оставлю вас без учителей. Я никогда не брошу стадо и всегда пошлю присмотреть за ним Моих пастухов. Прямо сейчас на вашей планете таких много, как и в других частях Вселенной. А в некоторых уголках Вселенной эти существа живут вместе в неизменной общности и постоянном выражении высшей правды. Это просветленные общества, о которых Я уже говорил. Они существуют, они реальны, и они прислали вам своих эмиссаров.

Ты хочешь сказать, что Будда, Кришна, Иисус были пришельцами из Космоса?

Это сказал ты, а не Я.

Это верно?

Ты слышишь об этом впервые?

Нет. Но это *правда*?

Ты думаешь, что эти Мастера существовали где-то до того, как они пришли на Землю, и вернулись снова в то место после смерти, как вы это называете?

Да. Я так думаю.

А думаешь, где это место?

Я всегда считал, что это то, что мы называем «раем». Я думаю, они пришли с небес.

А как ты думаешь, где этот рай?

Не знаю. Я полагаю, это какая-то другая действительность.

Другой мир?

Да... О, я понимаю. Я бы назвал это *духовным миром,* а не другим миром, как мы это знаем, — не другой *планетой.*

Это и *есть* духовный мир. Но что заставляет тебя думать, что эти духи — Святые Духи — не могут или не выбрали бы жить в каком-то другом месте во Вселенной, *как это было, когда они пришли в ваш мир?*

Думаю, что я просто никогда об этом не задумывался. Раньше мне это никогда не приходило в голову.

«Есть многое на свете, друг Горацио, что и не снилось нашим мудрецам».
Это написал ваш замечательный метафизик Вильям Шекспир.

Значит, Иисус *был* пришельцем!

Я такого не говорил.

Так был или не был?

Терпение, дитя Мое. Ты слишком забегаешь вперед. Есть еще многое. Так много всего. Нам надо написать еще одну книгу.

Ты хочешь сказать, что мне придется подождать Книгу 3?

Я говорил тебе, Я обещал с самого начала. Я сказал, что будет три книги. Первая говорит о правде жизни и превратностях судьбы отдельно взятого человека. Вторая книга будет обсуждать правду жизни всех жителей планеты как единой семьи. А третья, как Я говорил, затронет самые большие истины, которые имеют отношение к вечным вопросам. В ней будут раскрыты тайны Вселенной.

Если только будут.

Эй, слушай. Я не знаю, сколько еще я выдержу. То есть я хочу сказать, что я действительно устал «жить в противоречиях», как Ты всегда подчеркиваешь это. Я хочу, чтобы все было именно так.

Значит, так и будет.

Если только будет.

Вот именно! Вот именно! Ты ПОНЯЛ это! Теперь ты понимаешь Священную Дихотомию. Теперь ты видишь всю картину. Теперь тебе понятен замысел.

Все — все, — что когда-либо было, есть и когда-нибудь будет, существует прямо сейчас. И поэтому все, что есть... ЕСТЬ. Но все, что Есть, постоянно меняется, ведь жизнь — непрерывный процесс творения. Поэтому, в подлинном смысле, То, Что Есть... Не Есть.

БЫТИЕ НИКОГДА НЕ БЫВАЕТ ТЕМ ЖЕ САМЫМ. Это значит, что БЫТИЯ — НЕТ.

Ну, извини меня, Чарли Брауна*, но *Боже ж Ты мой!* Как тогда вообще что-нибудь может означать что-нибудь?

И не означает. Но ты снова забегаешь вперед! Всему свое время, сын Мой. Всему свое время. Ты постигнешь эту и другие большие тайны, когда прочтешь Книгу 3. Если только... а ну-ка, скажем вместе...

ЕСЛИ ТОЛЬКО ПОСТИГНЕМ.

Именно так.

Хорошо, хорошо... согласен. Но в промежутке времени между сейчас и потом — раз уж об этом заговорили, ведь не все люди могут прочитать эти книги, — какие возможности могут быть использованы прямо здесь, прямо сейчас, чтобы вернуться к мудрости, вернуться к ясности, вернуться к Богу? Нам нужно обратиться к религии? Это и есть недостающее звено?

Обратитесь к духовности. Забудьте религию.

Это заявление разгневает многих людей.

Люди с гневом отреагируют на всю книгу... если отреагируют.

Почему Ты говоришь, что надо забыть религию?

---

* Чарли Браун — забавный недотепа, персонаж американских комиксов и мультфильмов.

Потому что она тебе не во благо. Пойми, чтобы организованная религия имела успех, ей надо заставить людей поверить в то, что она *нужна* им. Чтобы люди были склонны верить во что-то другое, вначале они должны потерять веру в себя. Второе необходимо для того, чтобы заставить тебя увидеть, что у *нее* есть ответы, которых нет у тебя. А третья, самая важная задача — заставить тебя принять эти ответы без всяких вопросов.

Если ты задаешь вопросы, значит, ты начинаешь думать! Если ты думаешь — ты начинаешь возвращаться к Источнику Внутри. Религии не рассчитывают на то, что ты сделаешь это, ведь у тебя может появиться другой ответ, а не тот, который придумала религия. Поэтому религия должна заставить тебя сомневаться в Себе. Она должна заставить тебя сомневаться в твоей способности мыслить здраво.

Проблема религии в том, что очень часто это оборачивается против нее же самой, — потому что если ты не можешь без сомнений принимать свои собственные мысли, то как же ты тогда можешь не сомневаться в новых идеях о Боге, которые преподала тебе религия?

Очень скоро ты даже начнешь сомневаться в Моем *существовании* — в чем ты никогда раньше не сомневался. Если бы ты жил *интуицией*, то тебе совсем не пришлось бы Меня постигать — ты точно знал бы, что Я существую!

Именно религия создала агностиков.

Любой здравомыслящий человек должен предположить, что в религии Бога нет, когда он смотрит на то, что натворила религия! Потому что именно религия наполнила сердца людей страхом перед Богом, хотя когда-то человек любил Все Как Есть во всем великолепии.

Именно религия велела людям преклоняться перед Богом, хотя когда-то человек радовался в полную силу.

Именно религия обременила человека идеей Божьей кары, хотя когда-то человек искал Бога, чтобы *облегчить* свое бремя!

Именно религия велела человеку стыдиться своего тела и его самых естественных функций, хотя когда-то человек воспринимал эти функции как величайшие дары жизни!

Именно религия научила тебя, что, чтобы достичь Бога, у тебя должен быть *посредник*, хотя когда-то ты считал, что ты достигаешь Бога только лишь тем, что живешь свою жизнь с добром и с верой.

Именно религия *приказала* людям обожать Бога, хотя когда-то люди обожали Бога, потому что не делать этого было *невозможно!*

Всюду, где побывала религия, она создала разобщенность, — а это *противоположно* Богу.

Религия отделила человека от Бога, человека от человека, мужчину от женщины — некоторые религии даже *наставляют* мужчину, что он выше женщины, и даже утверждают, что Бог *над* мужчиной, — тем самым устанавливая почву для самых больших искажений, которые когда-либо были навязаны половине человеческой расы.

Я говорю тебе: Бог не над мужчиной, а мужчина не над женщиной, — это *не* «естественный порядок вещей». Те, у кого сила (то есть мужчины), хотели бы, чтобы было так, когда они создавали религии, почитающие мужчин, исключая при редактировании конкретный материал из своих последних версий «священных писаний» и переделывая остальное так, чтобы это соответствовало их мужской модели мира.

Именно религия до сегодняшнего дня настаивает, что женщины в некотором смысле менее значимые, в некотором смысле второсортные в духовном отношении граждане. Они в некотором смысле не «подходят», чтобы учить Слову Божьему, проповедовать Слово Божье или быть священниками.

Вы, как дети, спорите о том, какому полу Я предопределил быть Моими священниками!

Я говорю вам: вы *все* священники. *Каждый из вас.*

Нет человека или категории людей, которые бы больше «подходили» для выполнения Моей работы, чем любые другие.

Но многие из ваших мужчин подобны вашим странам. Они жаждут власти. Им не нравится *делить* власть, — они предпочитают лишь пользоваться ею. И они выдумали такого же Бога. Бога, который жаждет власти. Бога, который не любит разделять власть, — а лишь пользоваться ею. Но Я говорю: величайший дар Бога — разделение Божьей власти.

Мне нужно, чтобы вы были как Я.

Но мы не можем быть такими, как Ты! Это было бы богохульством.

Богохульство в том, что вас научили подобным вещам. Я говорю: *Вы были созданы по Образу и Подобию Бога, — это и есть та судьба, которую вы пришли исполнить.*

Вы пришли сюда не для того, чтобы стремиться, бороться и никогда не «попасть туда». И Я не посылал вас с миссией, которую невозможно выполнить.

Верьте в великодушие Бога и верьте в великодушие Божьего творения — в свою собственную святость.

Раньше в этой книге Ты сказал то, что меня заинтриговало. Мне бы хотелось вернуться к разговору об этом сейчас, когда мы заканчиваем ее. Ты сказал: «Абсолютная Власть не требует абсолютно ничего». Это в природе *Бога?*

Теперь ты понял.

Я сказал: «Бог — это все, и Бог *становится* всем. Нет ничего, чем Бог бы не был, и все, что Бог испытывает Сам, Бог испытывает в вас, как вы и через вас». В Моем чистом виде Я — Абсолют. Я — Абсолютно Все, и поэтому Я не нуждаюсь, не хочу и не требую абсолютно ничего.

Из этой абсолютно чистой формы Я такой, каким вы Меня делаете. Как если бы вы наконец увидели Бога и сказали: «Ну и как это понимать?» Но как бы вы Меня ни представляли, Я не забываю Свою Чистейшую Форму и всегда возвращаюсь в Нее. Все остальное — вымысел. Это то, что вы *придумываете*.

Находятся те, кто хотел бы сделать Меня ревнивым Богом. Но кто стал бы ревнивым, если бы у него было все и он *был* бы всем?

Находятся те, кто хотел бы сделать Меня гневным Богом. Но что может привести Меня в гнев, если Меня нельзя ничем обидеть или причинить Мне хоть какой-то ущерб?

Находятся те, кто хотел бы сделать Меня мстительным Богом. Но на ком Я стал бы вымещать месть, если все, что существует, — это Я?

И с какой стати Я стал бы наказывать Себя просто за творение? Или, если вы должны думать о нас как о чем-то существующем по отдельности, то зачем бы Я создал вас, дал вам силу творить, дал вам свободу выбора создавать то, что вы хотите испытать, а потом бы наказывал вас за то, что вы сделали «неправильный» выбор?

Я говорю: Я бы не стал делать ничего подобного, — и в этой истине лежит твоя свобода от тирании Бога.

На самом деле никакой тирании нет, за исключением твоего воображения.

Ты можешь вернуться домой, когда захочешь. Мы снова можем быть вместе, когда пожелаешь. Экстаз твоего единения со Мной — твой, и ты снова его познаешь. Обязательно. В ощущении ветерка на твоем лице. В пении сверчка под сияющим небом летним вечером.

В первой радуге и в первом крике только что родившегося ребенка. В последнем луче восхитительного заката и в последнем дыхании удивительной жизни.

Я всегда с тобой, во веки веков. Ты в полном единении со Мной — так было всегда, так есть всегда и так будет всегда.

Ты и Я — Едины — сейчас и навсегда.

Продолжай, сделай свою жизнь утверждением этой истины.

Пусть твои дни и ночи будут отражением высочайшей идеи внутри тебя. Позволь твоим мгновениям Сейчас быть наполненными восхитительным экстазом Бога, явленного через тебя. Делай это, выражая свою вечную и бескорыстную Любовь ко всем, с кем ты соприкасаешься по жизни. Будь светом во тьме и не проклинай ее.

Будь светоносцем.

Ты такой и есть.

Так будь им.

Книга 3

Посвящается

Ненси Флеминг-Уолш,

лучшему другу, бесценному товарищу,
пылкой любви и замечательной жене,
которая дала мне и научила большему,
нежели любой другой человек на планете.

Я благословен в Тебе
сверх самой мечты.
Ты пробудила душу
и явила несказанную любовь,
вернув меня — мне самому.

Эту книгу я посвящаю Тебе,
мой величайший учитель.

Введение

Не было никогда прежде такого времени в истории цивилизации, когда бы люди больше жаждали ответов на больные вопросы жизни, нежели сейчас.

Все вокруг, кажется, стало с ног на голову, все пошло кувырком, вкось и вкривь. И самое забавное: мы прекрасно видим это — но совсем не знаем, как исправить. И потому мы в поиске. В поиске ответов, в поиске решений, в поиске друг друга, в поиске Бога, в поиске себя.

Вот что делает дар трилогии «Бесед с Богом» таким фундаментальным. Ибо в ней вопрос находит свой ответ.

Я вовсе не претендую на то, что ответы эти — единственные и исчерпывающие. Но они действительно дают представление об иной, *новой* духовности. Это как старт, начало — для более глубокого исследования. Сама природа диалога и общения вдохновляет на дальнейшие искания, а ведь в этом настоящий смысл религий (о чем многие из них предпочли давно забыть).

Я убежден: если мы продолжим верить в то, во что теперь слепо верим, вид *homo sapiens* изменит ход своей истории в направлении кошмарной катастрофы и окончательно ликвидирует себя. Все потому, что наши нынешние убеждения о Боге и о Жизни — не *жизнеспособные*.

То, что жизнеспособно, то, что дает опору Жизни и ее питает, — автоматически рождает мир, гармонию и радость. А нынешние убеждения людей со всею очевидностью не таковы. Что удивительно: все ясно видят это, но только некоторые желают что-то изменить.

Вы — один из них. Иначе бы не взяли в руки эту книгу. Значит, ваш ум открыт возможностям, которые обычная толпа не берет в расчет.

Эта книга — не для боязливых. Она для смелых, а не осторожных. Для провидцев, а не зашоренных созданий. Ибо предвидит мир, где любовь —

ответ на все вопросы, «страх божий» изгнан навсегда из догматов церкви, а опасения людей друг перед другом отвергнуты и более не служат основанием для экономики, политики и социальных отношений.

Здесь вы найдете описания высокоразвитых существ и их сообществ — замечательный пример, как наша человеческая цивилизация могла бы реорганизовать себя, чтобы достичь высочайших целей и воплотить грандиозные мечты.

Читайте эту книгу тщательно. Затем опять прочтите, и еще раз. Впитайте смысл, мысли и идеи. Погрузитесь в ее мудрость. Проникнитесь сакральной тайной: Истина — внутри вас, как и Сила, нужная, дабы изменить курс вашей судьбы и ход мировой истории.

И если этот ход и шел когда-то не в ту сторону — так это именно сейчас. Куда мы движемся? Еще глубже в то, в чем погрязли по уши? В еще больший раздор, злобу, насилия, убийства? В страдания и нищету для сотен миллионов, тогда как единицы жируют в непристойном мотовстве? В разлад и хаос, когда все системы обеспечения, которые мы создали, ломаются и выходят одна за другой из строя?

Задайте эти вопросы — и позвольте ответам прийти. Сами станьте ответом! Используйте все доступные ресурсы, средства, все прозрения и мудрость, которые только сможете привлечь (так, как привлекли к себе эту самую книгу), — дабы обновить себя и мир и познать истину о том, кто вы.

Станьте чудом, о котором молитесь. Силой, которую зовете. Любовью, которой жаждете. И Ветром перемен, что так страстно жаждете увидеть.

Станьте всем, что ищете, — и вы поймете, что всегда имели это, но не осознавали.

Шагните в мир общения с Богом — здесь, сейчас, сию минуту! — вместе с книгой, которую вы привлекли к себе в этот самый миг. Пропутешествуйте со мною в Прошлое, к годам, когда она впервые была явлена человечеству, и осознайте: ее мудрость востребована в Настоящем — ради Будущего. Вы сами дали ее в дар себе в критический для всей Земли момент.

Нил Доналд Уолш
Ашленд, Орегон
июль 2003

1

1994 год, пасхальное воскресенье, и я здесь — как велено, с ручкой в руке. Я жду Бога. *Она* обещала появиться, как и в минувшие два раза, на Пасху, чтобы начать очередную беседу длиной в целый год. Третью, и последнюю.

Это необычное общение началось в 1992 году, а закончится к Пасхе 1995 года. Три года — три книги. В первой говорилось главным образом о личных проблемах: о близких взаимоотношениях, поиске подходящей работы, могущественных энергиях денег, любви, секса и Бога — и о том, как распоряжаться ими в повседневности. Вторая книга предлагала более широкий взгляд на те же вопросы и выводила на уровень крупных геополитических вопросов: природа государства, мир без войн, основы создания единого интернационального общества. Третья, завершающая часть этой трилогии, насколько мне известно, будет посвящена важнейшим вопросам, с которыми сталкивается человек: представлениям об иных мирах, неведомых измерениях и их неразрывном, тончайшем переплетении.

В целом, беседы развивались так:

Индивидуальные истины

Общеземные истины

Вселенские истины

Как и в первых двух случаях, я понятия не имею, куда это нас заведет. Сам процесс очень прост: я подношу ручку к бумаге, задаю вопрос — и слежу за мыслями, которые появляются в голове. Если нет ничего, никаких слов, я откладываю ручку с бумагой до завтра. Первую книгу я записывал около года, вторую — чуть больше года, а третью пишу прямо сейчас.

И мне кажется, эта книга станет самой важной.

Сейчас впервые с начала этого процесса мне очень неловко. Два месяца прошло с тех пор, как я написал эти первые четыре-пять абзацев. Два месяца после того пасхального воскресенья, а я не ощущаю ничего — ничего, кроме сильного смущения.

Несколько недель я вычитывал и правил отпечатанный на машинке текст первой книги трилогии. На этой неделе мне прислали окончательные гранки, но я тут же вернул их в типографию, так как нашел еще сорок три ошибки. Тем временем вторая книга, которая до сих пор существует только на уровне рукописи, закончена лишь на прошлой неделе — на два месяца позже запланированного срока (я собирался завершить работу над ней к Пасхе 94-го). Эту, третью книгу я начал в пасхальное воскресенье — несмотря на то что вторая еще не была закончена, — но пока листы бумаги просто томились в своей папке. Теперь, когда второй том в порядке, она настоятельно требует моего внимания.

Однако впервые с 1992 года, когда все это началось, я отчасти противлюсь предстоящему процессу, даже чувствую легкую обиду. Мне словно навязали какую-то обязанность, но я никогда не любил делать что-то исключительно из чувства долга. Кроме того, я успел раздать невычитанную копию первой рукописи нескольким знакомым и выслушал их впечатления. Теперь я не сомневаюсь, что все три книги будут читать, и не один десяток лет очень многие люди будут их тщательно оценивать, проверять на богословскую последовательность и горячо обсуждать.

По всем этим причинам мне было очень трудно добраться до этой страницы, очень трудно признать эту ручку своим другом. Прекрасно понимая, что этот материал нужно донести до людей, я сознаю в то же время, что меня ожидают яростные нападки и насмешки; многие, вероятно, возненавидят меня за публикацию подобных сведений — не говоря уже о том, что я осмеливаюсь утверждать, будто получил их прямо от Бога.

Но, думаю, больше всего я боюсь того, что окажусь недостойным, неподходящим «глашатаем», говорящим от лица Бога. Страх этот вызван бесконечной чередой ошибок и неверных поступков, которые испещряют всю мою жизнь и стали характерными особенностями моего поведения.

Многие из тех, кто знали меня в прошлом — в том числе бывшая жена и мои собственные дети, — имеют полное право открыто отвергнуть значимость этих записей, сославшись на то, насколько небезошибочно исполнял я даже простейшие, самые элементарные обязанности мужа и отца. Я потерпел в этом полную неудачу, как, впрочем, и во всех прочих сферах жизни — от дружбы и целостности характера до работы и ответственности за других.

Короче говоря, я остро сознаю, что просто не достоин звания «рупора Бога», или провозвестника истины. Я, должно быть, худший кандидат на подобную роль — да и думать о таком было бы слишком большой дерзостью. Отваживаясь высказывать истину, я попросту оскорбляю ее, ведь вся моя жизнь стала живым свидетельством моей слабости.

И потому, Боже, я прошу Тебя избавить меня от обязанностей Твоего писца и подыскать для этой цели кого-то другого, кто своим образом жизни доказал, что достоин подобной чести.

Я хотел бы закончить начатое, хотя ты вовсе не обязан это делать. Ты ничего не должен ни Мне, ни кому-то другому, но по твоим мыслям Я вижу, что это занятие вызвало у тебя острое чувство вины.

Я разочаровал очень многих людей, даже своих собственных детей.

Все, что случалось в твоей жизни, случалось именно для того, чтобы ты — и другие связанные с тобой души — развивались в точности в том направлении, в каком тебе следовало и хотелось расти.

Это идеальное оправдание, к которому прибегает любой последователь «Нью Эйдж» в попытках снять с себя ответственность за собственные поступки и избежать неприятных последствий.

Я знаю, что всю жизнь был эгоистичен, невероятно эгоистичен. Я делал то, что мне нравится, как бы это ни отражалось на окружающих.

Делать то, что нравится, — в этом нет ничего дурного...

Но многих людей это обижало, разочаровывало...

Вопрос лишь в том, чего тебе больше хочется. На самом деле ты сам говоришь, что теперь тебе нравится поступать так, чтобы по возможности не причинять никому вреда.

Ну, это, мягко говоря, преувеличение.

Я смягчил намеренно. Тебе нужно научиться мягче относиться к самому себе. И прекратить себя осуждать.

Это не так просто, особенно когда другие осуждают тебя без колебаний. Я боюсь унизить Тебя и Твою истину. Я боюсь, что если закончу и опубликую эту трилогию, то окажусь таким скверным посредником, что дискредитирую Твою весть.

Истину нельзя дискредитировать. Истина есть истина, ее нельзя ни доказать, ни опровергнуть. Она просто есть.

Красоту и чудесность Моей вести не опорочить тем, что подумают о тебе.

На самом деле ты — один из лучших посредников. Именно потому, что жил так, что сам считаешь свой образ жизни далеким от совершенства.

Люди прислушаются к тебе, даже если будут осуждать. А если они увидят, что ты по-настоящему искренен, они простят тебе и «неприглядное прошлое».

Скажу тебе больше: пока ты тревожишься о том, что подумают другие, ты остаешься в их власти.

Хозяином себе ты станешь лишь после того, как лишишься потребности в одобрении окружающих.

Я тревожусь не столько о себе, сколько о Твоей вести. Я боюсь запятнать ее собой.

Если так уж этого боишься, передай эту весть другим. Не думай о том, что можешь ее запятнать. Весть скажет все сама.

Вспомни, чему Я тебя учил. Не так уж важно, хорошо ли весть дойдет, — важно, чтобы ее передали.

Вспомни и другое: ты учишь тому, чему учишься сам.

Чтобы говорить о совершенстве, не обязательно достичь совершенства.

Чтобы говорить о власти над собой, не обязательно быть себе хозяином.

Чтобы говорить о высшем витке развития, не обязательно пребывать на нем.

Тебе достаточно быть искренним. Старайся быть искренним. И если хочешь исправить тот «вред», который, как тебе кажется, ты причинил другим, показывай это на деле. Делай то, что можешь, об остальном не думай.

Легче сказать, чем сделать. Порой чувство вины меня просто захлестывает.

Чувство вины и страх — единственные враги человека.

Но чувство вины важно! Оно подсказывает, что ты сделал что-то неправильно.

На свете нет ничего «неправильного». Есть только то, что не приносит пользы, не подтверждает истину о том, КТО ТЫ и КЕМ ТЫ ВЫБИРАЕШЬ БЫТЬ.

А чувство вины лишь заставляет оставаться не таким, какой ты есть на самом деле.

Но разве оно не помогает заметить, что ты сбился с пути?

Ты говоришь сейчас об осознанности, а не о чувстве вины.

Я же говорю тебе так: чувство вины — это гниль на земле, отрава, которая губит траву.

Чувство вины не способствует росту, оно вызывает лишь увядание и гибель.

Осознанность — вот о чем ты говоришь. Но осознанность отличается от чувства вины, как любовь — от страха.

Скажу еще раз: *страх и чувство вины — ваши единственные враги. Любовь и осознанность — ваши настоящие друзья.* Не путай их, потому что одно дает жизнь, а другое убивает.

Выходит, я не должен чувствовать себя ни в чем «виноватым»?

Никогда и ни в чем. Какой от этого прок? Чувство вины лишь мешает любить самого себя — и тем самым губит всякую возможность любить кого-то другого.

И ничего не стоит бояться?

Страх и осторожность — не одно и то же. Будь осторожен, будь бдителен, но ничего не бойся, ведь страх просто обездвиживает, а осознанность придает подвижности.

Будь мобилизованным, а не парализованным.

Мне всегда твердили, что Бога надо бояться...

Я знаю. И потому в отношениях со Мной ты первое время был словно парализован.

И лишь когда ты перестал бояться Меня, нам удалось сделать наши отношения осмысленными.

Если бы Я мог что-то подарить тебе, наделить особой милостью, которая позволила бы тебе найти Меня, Я бы дал тебе бесстрашие.

Блаженны лишенные страха, ибо познают Бога.

А означает это следующее: чтобы отбросить все, что, как тебе кажется, ты знаешь о Боге, нужно быть достаточно смелым.

Каким храбрым нужно стать, чтобы отважиться погрузиться в *собственное понимание* Бога!

А еще не нужно чувствовать себя в этом виноватым. Если твое собственное понимание расходится с тем, что ты якобы знал раньше, с тем, что говорят о тебе и Боге другие, не нужно терзаться чувством вины.

Страх и чувство вины — единственные враги человека.

И все же некоторые скажут, что поступить так, как предлагаешь Ты, — это спутаться с дьяволом; что только дьявол может предложить подобное.

Дьявола нет.

Это тоже сказал бы дьявол.

Значит, дьявол говорит то же, что сказал бы Бог?

Только остроумнее.

Дьявол умнее Бога?

Скажем, хитрее.

То есть дьявол «попустительствует», говоря то же, что сказал бы Бог?

Только с небольшим «искажением», достаточным для того, чтобы запутать человека и увести его с истинного пути.

Мне кажется, нам нужно немного поговорить о «дьяволе».

Но мы много говорили о нем в первой книге.

Очевидно, недостаточно. Кроме того, возможно, не все читали первую книгу. Или вторую. Поэтому Я думаю, что хорошо бы нам начать с краткого изложения некоторых истин, упомянутых в первых книгах. Это подготовит сцену для более глобальных, вселенских истин третьей книги. Вскоре мы вернемся к вопросу о дьяволе. Я хочу, чтобы ты узнал, как и зачем была «изобретена» такая сущность.

Ну хорошо. Ты победил. Я уже в диалоге, значит, он будет продолжаться. Но есть одна вещь, которую люди должны узнать, прежде чем я начну нашу третью беседу: *полгода* прошло с тех пор, как я написал первые слова этой книги. Сегодня 25 ноября 1994 года, вчера был День Благодарения. Чтобы добраться до этого момента, понадобилось 25 недель; 25 недель от Твоих последних слов до моих слов в этом абзаце. За эти 25 недель многое случилось. Единственное, чего не произошло, — это прогресса в написании этой книги. *Почему на это нужно так много времени?*

Ты видишь, как сам блокируешь себя? Как сам вредишь своей работе? Как останавливаешься как раз в тот момент, когда с тобой должно произойти что-то хорошее? Так ты поступаешь всю свою жизнь.

Эй, погоди-ка! Это не я торможу книгу. Я не могу сделать *ничего*, не могу написать ни слова, если только не чувствую зова, не чувствую... терпеть не могу этого слова, но, наверное, без него не обойтись... *вдохновения* сесть за блокнот и продолжать. А вдохновение — это *Твой* департамент, не мой!

Понятно. Значит, ты думаешь, это Я торможу работу, а не ты.

Да, что-то вроде этого.

Мой замечательный друг, это так похоже на тебя — и на других людей! Ты полгода сидишь сложа руки, ничего не делая ради твоего же высшего блага, и даже отталкиваешь его от себя, а потом обвиняешь кого-то или что-то в том, что ты ничего не добился. Ты не видишь тут системы?

Ну...

Вот что Я тебе скажу: не бывает так, что Меня нет с тобой; нет ни одного момента, когда Я не «готов».

Разве Я не говорил тебе этого раньше?

Вообще-то да, но...

Я всегда с тобой, вплоть до конца времен.

И все же Я не навязываю тебе Мою волю — никогда.

Я предлагаю тебе высшее благо, и более того, Я предлагаю тебе собственную волю.

И это самое надежное мерило любви.

Если Я хочу для тебя того, что *ты* хочешь для себя, Я действительно люблю тебя. Если Я хочу для тебя того, что *Я* хочу для тебя, Я люблю Себя *через* тебя.

Такое мерило поможет тебе определить, любят ли тебя и по-настоящему ли любишь ты. Ибо любовь ничего не хочет для себя, но стремится только осуществить желания возлюбленного.

По-моему, это абсолютно противоречит изложенному в первой книге. Там сказано, что любовь совершенно не интересуется тем, кем является возлюбленный, что он делает и чем обладает, а только тем, что есть «я», что оно делает и чем обладает.

Возникают и другие вопросы, например: а как же отец или мать, которые кричат ребенку: «Сейчас же уйди с дороги!» Или, рискуя собственной жизнью, бросаются в водоворот машин и выхватывают малыша из-под колес? Разве они не любят свое дитя? И все же они навязывают ему свою волю. Ведь ребенок был на дороге потому, что он *хотел там быть*.

Как Ты объяснишь эти противоречия?

Нет никаких противоречий. Ты просто не видишь гармонии. И не поймешь божественной доктрины любви до тех пор, пока не поймешь, что Мой высший выбор для Меня — то же самое, что твой высший выбор для тебя. Это потому, что ты и Я — одно.

Видишь ли, Божественная Доктрина — это также Божественная Дихотомия, а причина этого в том, что сама жизнь — дихотомия. В ней две противоречащие друг другу истины могут сосуществовать в одном и том же пространстве и времени.

В нашем случае противоречащие истины таковы: ты и Я отдельны, но ты и Я одно. Такое же противоречие возникает во взаимоотношениях с другими людьми.

Я подтверждаю то, что говорил в первой книге: самая большая ошибка, которую допускают люди в своих взаимоотношениях, — это их озабоченность тем, что хочет, чем является, что делает или чем обладает другой. Интересуйся только своим Я. Чем является твое Я, что делает или имеет? Чего хочет, в чем нуждается, что выбирает? Каков его высший выбор?

Я также подтверждаю то, что сказал в этой книге: высший выбор для Я становится высшим выбором для другого, когда Я осознает, что других нет.

Поэтому ошибка заключается не в том, что ты *выбираешь*, что лучше для тебя, но скорее в том, что ты не *знаешь*, что для тебя лучше. Это незнание происходит от неведения того, Кто Ты Действительно Есть, а тем более — кем ты стремишься стать.

Не понимаю.

Ну что ж, Я приведу тебе пример. Если ты хочешь победить в автогонках, езда со скоростью 150 миль в час — лучший выбор для тебя. Но если ты хочешь безопасно добраться до гастронома, такая скорость вряд ли тебе подойдет.

Ты имеешь в виду, что все зависит от обстоятельств.

Да. Все в *жизни*. Что для тебя «лучше», зависит от того, кто ты и кем стремишься стать. Ты не можешь сознательно сделать лучший выбор, пока сознательно не решишь, кто и что ты есть.

Я Бог, и *знаю*, чем стремлюсь стать. Поэтому Я знаю, что «лучше» для Меня.

И что же это? Скажи мне, что «лучше» для Бога? Это, должно быть, интересно...

Для Меня лучше *давать тебе то, что ты считаешь лучшим для себя*. Потому что Я стараюсь быть Собой, выраженным Собой. А достигаю Я этого *через тебя*.

Ты это понимаешь?

Верь или не верь, но я действительно понимаю.

Хорошо. Теперь Я скажу тебе кое-что, во что тебе будет сложно поверить.

Я всегда даю тебе то, что лучше для тебя... хотя признаю, что, возможно, ты не всегда это осознаешь.

Эта тайна начинает раскрываться теперь, когда ты начинаешь понимать, что Я такое.

Я Бог.

Я Богиня.

Я Высшее Существо. Все во Всем. Начало и Конец. Альфа и Омега.

Я Совокупность и Сущность. Вопрос и Ответ. Верх и Низ. Здесь и Сейчас. До и После.

Я Свет и Я Тьма, которая создает Свет и делает его возможным. Я Бесконечное Благо и Я «Зло», которое делает «Благо» благим. Я — Все во Всем, и Я могу ощутить какую-либо часть Себя, лишь ощущая Всего Себя.

Именно этого во Мне ты не понимаешь. Ты хочешь сделать Меня одним, а не другим. Высоким, а не низким. Хорошим, а не плохим. Но, отрицая половину Меня, ты отрицаешь половину самого себя. Так ты никогда не сможешь быть тем, Кто Ты Действительно Есть.

Я — Великолепное Все и стремлюсь познать Себя эмпирически. Я делаю это через тебя и через все сущее. Я ощущаю великолепие Моего Я, принимая решения. Потому что каждое решение созидает себя. Каждое решение окончательно. Каждое решение проявляет Меня таким, Каким Я Решаю Быть Прямо Сейчас.

И все же Я могу решить быть великолепным, только *если есть из чего выбирать*. Некая часть Меня должна быть *не* великолепной, чтобы Я смог выбрать ту часть Меня, которая *великолепна*.

То же самое касается тебя.

Я Бог, Я созидаю Самого Себя.

Так же, как и ты.

Вот к чему стремится твоя душа. Вот чего жаждет твой дух.

Если бы Я не дал тебе того, что выбираешь ты, Я бы не дал Себе того, что выбираю Я. Потому что Мое самое сильное желание — это ощущать Себя Тем, Что Я Есть. И, как Я подробно объяснил в первой книге, для Меня это возможно только в пространстве Того, Чем Я Не Являюсь.

Таким образом, Я тщательно создал То, Чем Я Не Являюсь, чтобы ощущать то, Чем Я Являюсь.

А так как Я — *все*, что Я создаю, Я Есть в некотором смысле и то, Чем Я *Не* Являюсь.

Как можно быть тем, чем не являешься?

Легко. Ты постоянно это делаешь. Просто последи за собой.

Постарайся понять следующее. Нет *ничего*, что не есть Я. Поэтому Я — То, что Я Есть, и Я — То, Что Не Есть Я.

ЭТО И ЕСТЬ БОЖЕСТВЕННАЯ ДИХОТОМИЯ.

Это Божественная Тайна, которую до сих пор могли осмыслить только величайшие умы. Я открыл ее тебе таким способом, который смогут понять больше людей.

Такова весть первой книги, эту основную истину ты должен понять и полностью осмыслить, если хочешь понять и осмыслить великие истины третьей книги.

Теперь давай перейдем к одной из этих истин, так как она содержится в ответе на вторую часть твоего вопроса.

Я надеялся, что мы еще вернемся к этому. Любят ли отец и мать своего ребенка, если они говорят или делают то, что, по их мнению, лучше для него, даже если при этом им приходится *противоречить воле самого ребенка*? И будет ли проявлением истинной родительской любви разрешение детям играть на дороге?

Это замечательный вопрос. Его задают каждый отец и каждая мать в той или иной форме с начала времен. Ответ для тебя как для отца будет таким же, как для Меня как для Бога.

Так *каков же ответ*?

Терпение, сын Мой, терпение. «Все хорошее приходит к тем, кто ждет». Разве ты никогда не слышал этого?

Да, мой отец часто так говорил, и это меня бесило.

Я понимаю. Но прояви терпение к своему Я, особенно если твои решения не приносят тебе того, чего, по твоему мнению, ты хочешь. Например, ответа на вторую часть твоего вопроса.

Ты говоришь, что хочешь получить ответ, но ты его не выбираешь. Ты чувствуешь, что его у тебя нет, — значит, ты его не выбираешь. На самом же деле у тебя есть ответ, он был у тебя всегда. Ты просто не выбираешь его. Ты предпочитаешь верить, что не знаешь ответа, поэтому ты его и не знаешь.

Ты уже говорил об этом в первой книге. У меня есть все, что я хочу, прямо сейчас, в том числе полное понимание Бога, и все же я не *испытаю*, что я это имею, пока я этого не *осознаю*.

Вот именно! Ты изложил это абсолютно точно.

Но как могу я *знать*, пока я не *испытаю*? Как могу я знать то, чего не испытал? Разве не великий ум сказал: «Знание — это опыт»?

Он ошибся.

Знание не следует за опытом, оно предваряет его.

Из-за этого полмира понимает все наоборот.

Значит, Ты говоришь, что у меня есть ответ на вторую часть моего вопроса, просто я этого не *знаю*?

Точно.

И все же, если я не *знаю*, что у меня есть ответ, я его *не знаю*.

Да, в этом есть парадокс.

Я не понимаю... хотя и понимаю.

Правильно.

Так как же мне добраться до этого «знания, что я знаю» что-либо, если я не «знаю, что я знаю»?

Чтобы «знать, что ты знаешь, поступай так, как будто знаешь».

Ты упоминал об этом в первой книге.

Да. Сейчас хорошо начать с повторения сказанного раньше. И ты «случайно» задаешь правильные вопросы, позволяя Мне подытожить в самом начале третьей книги информацию, которую мы уже обсуждали.

В первой книге мы говорили о парадигме «Быть — Действовать — Иметь» и о том, что большинство людей понимают ее наоборот.

Большинство людей верят, что, если они будут «иметь» нечто (больше времени, денег, любви — чего бы то ни было), они смогут наконец «сделать» нечто (написать книгу, приобрести хобби, отправиться в отпуск, купить дом, завязать отношения) и это позволит им «быть» каким-то (счастливым, спокойным, удовлетворенным или влюбленным).

По существу, они ставят парадигму «Бытие — Действие — Обладание» с ног на голову. Во Вселенной, каковой она является в реальности (в отличие от того, какой ты ее себе представляешь), не «обладание» приводит к «бытию», а наоборот.

Вначале ты «есть» счастливый (или знающий, или мудрый, или сострадательный — какой угодно), потом ты начинаешь «действовать» с такой позиции, и вскоре обнаруживаешь, что твои действия в итоге приносят тебе то, что ты всегда хотел «иметь».

Чтобы начать этот созидательный процесс (а именно таковым он является — процессом созидания), нужно определить, что ты хочешь «иметь», спросить себя, чем бы ты «был», если бы «имел» это, а потом сразу же переходить к *бытию*.

Так ты станешь правильно использовать парадигму «Быть — Действовать — Иметь» и сможешь работать заодно с созидающей силой Вселенной, а не против нее.

Вот краткое изложение этого принципа:

В жизни тебе не нужно *ничего делать*.

Весь вопрос в том, кто ты *есть*.

Это одна из трех идей, к которым Я вернусь в конце нашего разговора. Ею Я закончу эту книгу.

Чтобы лучше разобраться в этом вопросе, представь человека, который считает, что, если бы у него было немного больше времени, денег или любви, он был бы по-настоящему счастлив.

Он не улавливает связи между «не-бытием» счастливым прямо сейчас и отсутствием у него времени, денег или любви, которых он желает.

Правильно. С другой стороны, человек, который «есть» счастливый, кажется, имеет время на все действительно важное, деньги на все необходимое и в его жизни достаточно любви.

У него есть все, что нужно, чтобы *быть счастливым*... благодаря тому, что он, прежде всего, *есть счастливый*!

Точно. *Предварительное* решение, чем ты выбираешь быть, *превращает твой выбор в реальный жизненный опыт*.

«Быть иль не быть. Вот в чем вопрос».

Совершенно верно. Счастье — это состояние ума. И, как все состояния ума, оно воспроизводит себя на физическом уровне.

Вот тебе заметка на память:

«Все состояния ума воспроизводят себя».

Но как вначале можно «быть» счастливым, или *таким*, каким я хочу, — удачливым, например, или любимым, — если у меня нет того, что мне нужно, чтобы «быть» таким?

Поступай так, как будто ты таковым являешься, и ты привлечешь это состояние к себе.

Как ты поступаешь, тем ты и становишься.

Иными словами, «притворяйся, пока не получится».

Можно сказать и так. Только *притворяться* нельзя. Твои действия должны быть искренними.

Что бы ты ни делал, делай искренне, или польза от действия теряется.

Так происходит не потому, что Я не «вознагражу тебя». Как тебе известно, Бог не «вознаграждает» и не «карает». Но Естественный Закон требует, чтобы тело, ум и дух были едины в мысли, слове и действии. Только так может осуществиться процесс созидания.

Нельзя обмануть свой ум. Дело в том, что, если ты неискренен, ум это знает. Так ты сразу же уничтожаешь любую возможность того, что ум поможет в процессе созидания.

Конечно, можно созидать без участия ума, только это гораздо труднее. Можно попросить тело сделать то, во что ум не верит. Если тело будет повторять это действие достаточно долго, ум начнет освобождаться от старой мысли о нем и создавать Новую Мысль. Как только появляется Новая Мысль, то, что ты изображаешь, начинает превращаться в постоянный аспект твоего существа.

Это нелегкий путь, и даже в этом случае действие должно быть искренним. В отличие от людей, Вселенной манипулировать невозможно.

Так что тут существует очень тонкое равновесие. Тело делает что-то, во что ум не верит, и все же ум должен привнести компонент искренности в действия тела, чтобы схема сработала.

Как может ум привнести искренность, когда он не «верит» в то, что делает тело?

Удаляя элемент эгоизма из личной выгоды.

Каким образом?

Ум может быть неспособным искренне согласиться, что действия тела могут принести желаемое, но ум совершенно уверен, что через тебя Бог приносит добро другому человеку.

Поэтому, что бы ты ни пожелал для себя, отдай это другому.

Ты не мог бы повторить?

Пожалуйста.

Что бы ты ни пожелал для себя, отдай это другому.

Если ты желаешь быть счастливым, сделай счастливым другого.

Если ты желаешь быть удачливым, помоги добиться успеха другому.

Если ты желаешь получить больше любви в своей жизни, сделай так, чтобы у другого ее было больше.

Делай это искренне — не потому, что ищешь личной выгоды, но потому, что ты *действительно* хочешь, чтобы у другого человека все это было, — и все то, что ты отдал, придет к тебе.

Почему так? Как это работает?

Сам акт отдавания заставляет тебя чувствовать, что ты *имеешь*, что у тебя есть что отдавать. Так как ты не можешь отдать то, чего у тебя нет, твой ум приходит к новому заключению, Новой Мысли о тебе, а именно: у тебя есть что-то, *а иначе ты не смог бы это отдать.*

Эта Новая Мысль становится частью твоего жизненного опыта. Ты начинаешь «быть» таким. А раз ты начинаешь «быть», ты приводишь в действие самую мощную машину творения во Вселенной — твое Божественное Я.

Что ты есть, то ты и создаешь.

Круг замыкается, и теперь ты можешь создавать все больше нового в своей жизни. Все созданное будет проявляться на физическом уровне твоего жизненного опыта.

Это самый великий секрет жизни. Первая и вторая книги были написаны именно для того, чтобы вы узнали его. В них говорилось обо всем этом гораздо подробнее.

Объясни, пожалуйста, почему искренность так важна, когда даешь другому то, что пожелал бы для себя.

Если ты отдаешь с тайным умыслом, пытаясь получить что-то для *себя*, твой ум это знает. Ты даешь ему сигнал, что *у тебя нет того, что ты хочешь отдать*. А так как Вселенная — не что иное, как огромная копировальная машина, воспроизводящая твои мысли на физическом плане, *это и станет твоим жизненным опытом*. То есть ты будешь продолжать чувствовать, что *у тебя нет этого*, независимо от того, *что* у тебя есть на самом деле!

Более того, это же будет чувствовать человек, которому ты пытаешься отдать. Он увидит, что ты просто стремишься что-то заполучить, что в действительности тебе нечего предложить, и твоя попытка отдать будет пустым жестом, очевидным в своем эгоистичном ничтожестве, из которого она возникла.

То есть ты будешь от себя отталкивать то, к чему так стремишься.

Когда же ты отдаешь что-то с чистым сердцем, так как видишь, что человек хочет этого, нуждается в этом и должен это получить, ты открываешь, что тебе есть что отдавать. И это великое открытие.

Это действительно так! Это действительно *работает*! Я помню, как когда-то, когда дела шли не слишком хорошо, меня одолевали невеселые мысли о том, что у меня нет денег, очень мало еды, я не знаю, когда в следующий раз смогу нормально поесть, и не знаю, как мне заплатить за квартиру. Вечером на автобусной остановке я встретил молодую пару. Я спустился, чтобы забрать пакет, и увидел их там, свернувшихся клубочком на скамейке и укрывшихся своими куртками вместо одеял.

Я увидел их, и мое сердце дрогнуло. Я вспомнил, каково было нам, когда мы, совсем дети, так же переезжали с места на место, все время были в пути. Я подошел и пригласил их к себе — посидеть у огня, выпить немного горячего шоколада, может быть, лечь на раскладушку и хорошенько выспаться. Они смотрели на меня снизу вверх широко раскрытыми глазами, как смотрят дети рождественским утром.

Мы поднялись ко мне, и я приготовил им поесть. Тем вечером мы поужинали лучше, чем любой из нас за долгое время. Еды нам хватило с лихвой. Холодильник был полон. Мне нужно было только протянуть руку и вынуть из него то, что я туда раньше загрузил. Я поджарил все на сковородке, и то, что получилось, *было превосходно!* Я помню, что еще подумал: откуда взялась вся эта еда?

На следующее утро я даже покормил ребят завтраком и проводил их. Прощаясь с ними на остановке, я вытащил из кармана и отдал им двадцатидолларовую банкноту. «Может быть, это вам пригодится», — сказал я, обнял их и отправил в дорогу. Весь тот день меня уже не так сильно пугала моя ситуация. Да даже всю *неделю!* Этот случай, который навсегда остался в моей памяти, произвел глубокие изменения в моем мировоззрении и моем понимании жизни.

С того момента дела мои пошли лучше, и, когда я сегодня утром посмотрел на себя в зеркало, я заметил нечто очень важное. *Я все еще здесь.*

Это прекрасная история. И ты прав. *Именно так это работает.* Когда ты хочешь чего-то, отдай это. Тогда ты больше не будешь «хотеть». Ты сразу же почувствуешь, что «имеешь» это. Дальнейшее — лишь вопрос степени. Психологически тебе будет намного легче «добавлять», чем создавать из пустоты.

Я чувствую, что только что услышал нечто чрезвычайно важное. Можешь ли Ты соотнести это со второй частью моего вопроса? Есть ли связь?

Видишь ли, Я утверждаю, что ты уже *имеешь* ответ на этот вопрос. В этот момент ты переживаешь мысль, что у тебя нет ответа, что, если бы он у тебя был, у тебя была бы мудрость. Ты пришел ко Мне за мудростью. И Я говорю тебе: *будь мудростью, и ты ее получишь.*

А какой самый быстрый путь «быть» мудростью? Помочь *другому* быть мудрым.

Ты желаешь получить ответ на этот вопрос? *Дай ответ другому.*

Итак, теперь Я задам *тебе* этот вопрос. Я сделаю вид, что «не знаю», а ты дашь Мне ответ.

Как может отец, который уводит ребенка с дороги, по-настоящему любить ребенка, если любить — значит хотеть для других того, чего они сами хотят для себя?

Я не знаю.

Я знаю, что ты не знаешь. Но если бы ты думал, что знаешь, какой был бы твой ответ?

Ну, я бы сказал, что отец *действительно* хотел для ребенка того, чего тот сам хотел, — *остаться в живых*. Я бы сказал, что ребенок не хотел умирать, а просто не знал, что игра на проезжей части может привести к смерти. Так что, выбежав на дорогу, чтобы увести ребенка, отец или мать вовсе не лишали его возможности проявлять свою волю, они просто связывались с настоящим выбором ребенка, с его глубинным желанием.

Это был бы очень хороший ответ.

Если это так, тогда все, что Ты как Бог должен делать — это *не давать нам вредить себе*, потому что причинить себе вред не может быть нашим глубинным желанием. И все же мы вредим сами себе постоянно, а Ты просто сидишь и наблюдаешь.

Я всегда в курсе ваших глубинных желаний, и Я всегда даю вам желаемое.

Даже когда вы делаете то, что может принести вам смерть; если таково ваше глубинное желание, вы получаете опыт умирания.

Я никогда не перечу вашим глубинным желаниям.

Ты имеешь в виду, что, когда мы причиняем себе вред, мы этого *хотим*? Это наше *глубинное желание*?

Вы не можете причинить себе вред. Вам невозможно навредить. «Вред» — это субъективная реакция, а не объективное явление. Вы можете выбирать чувствовать «вред», нанесенный вам любым случаем или явлением, но это целиком и полностью ваше решение.

Учитывая это, ответ на твой вопрос будет: «Да». Когда вы наносите себе вред, вы этого хотите. Но Я говорю с позиции очень высокого, эзотерического уровня, а это не совсем тот уровень, откуда «пришел» твой вопрос.

В том смысле, какой ты в него вкладываешь, в смысле сознательного выбора, Я скажу: «Нет». Вы причиняете себе вред не потому, что «хотите» этого.

Ребенок, которого сбивает машина, потому что он вышел на проезжую часть, не «хотел» (желал, стремился, сознательно выбирал) быть сбитым.

Мужчина, который все время женится на женщинах разной внешности, но одного и того же типа — который ему совершенно не подходит, — не «хочет» (желает, стремится, сознательно выбирает) несчастливого брака.

О человеке, который бьет себя по пальцу молотком, нельзя сказать, что он «хотел» этого. Происшедшее с ним не было результатом желания, стремления, сознательного выбора.

Однако все объективные явления притягиваются к вам подсознательно; все события создаются вами бессознательно; каждого человека, место или вещь в вашей жизни вы притягиваете к себе сами — создаете своим Я, если хочешь, — чтобы обеспечить себя точными и идеальными условиями, идеальной возможностью пережить то, что вы хотите пережить в своем развитии.

Ничего не может случиться — это Я говорю тебе, — ни одно событие не может произойти в твоей жизни, если оно не является идеальной возможностью исцелить, создать или пережить то, что ты сам желаешь исцелить, создать или пережить, чтобы быть Тем, Кто Ты Действительно Есть.

И кто же я в действительности?

Тот, кем ты выбираешь быть. Любой аспект Божественного, которым ты желаешь быть, — вот Кто Ты Есть. Он может поменяться в любой момент. На самом деле он меняется практически каждый момент. Если ты хочешь, чтобы твоя жизнь стала спокойней, чтобы она перестала приносить тебе такое разнообразие переживаний, есть способ достичь этого. Просто перестань менять свое представление о том, Кто Ты Есть и Кем Ты Выбираешь Быть.

Это легче сказать, чем сделать!

Вы принимаете решения на нескольких разных уровнях. Малышка, которая решает пойти поиграть на дороге, не желает умереть. У нее может быть много других желаний, но среди них нет желания смерти. Ее мать знает об этом.

Проблема тут не в том, что девочка решила умереть, а в том, что она приняла решение, которое может привести больше чем к одному последствию, включая смерть. Этот факт ребенку неясен; он ему неизвестен. Это недостающая информация, которая не дает ребенку принять ясное решение, лучшее решение.

Так что ты превосходно проанализировал ситуацию.

Я как Бог никогда не вмешиваюсь в ваши желания, но Я всегда знаю, каковы они.

Из всего сказанного можно сделать вывод, что любое событие, происходящее с тобой, совершенно, потому что в Божьем мире нет ничего несовершенного.

Вся композиция твоей жизни — люди, места, события — идеально создана идеальным создателем самого идеала — тобой. И Мной... в тебе и через тебя.

Теперь Мы можем работать вместе в процессе совместного созидания, сознательно или несознательно. Ты можешь жить осмысленно или не осмысленно. Ты можешь идти по своему пути во сне или бодрствуя.

Твой выбор.

Погоди, давай вернемся к тому, что решения принимаются на нескольких разных уровнях. Ты сказал, что, если бы я хотел спокойной жизни, мне следовало бы перестать менять свое представление о том, кто я есть и кем я хочу быть. Когда я сказал, что это нелегко сделать, Ты заметил, что все мы принимаем решения на нескольких разных уровнях. Ты не мог бы остановиться на этом подробнее? Что это означает? Каковы последствия таких решений?

Если бы все ваши желания совпадали с желаниями вашей души, все было бы очень просто. Если бы вы прислушивались к той части себя, что является чистым духом, все ваши решения были бы легкими и приносили только радость. Дело в том, что...

...решения духа всегда — высшие решения.

Их не нужно предварительно обдумывать. Их не нужно анализировать или оценивать. Им просто нужно следовать, жить ими.

Но вы не только дух. Вы являетесь Триедиными Существами, состоящими из тела, ума и духа. В этом ваше величие и ваше чудо. Вы часто принимаете решения на всех трех уровнях одновременно, и *они далеко не всегда совпадают*.

Нередко тело хочет одного, ум стремится к другому, а дух желает третьего. Это особенно верно о детях, которые еще недостаточно созрели и не различают, что кажется приятным для тела, что приемлемо для ума, а тем более — на что откликается душа. И ребенок выбегает на дорогу.

Как Богу, Мне известны все ваши желания, даже те, которые возникают у вас подсознательно. Я никогда не препятствую им, скорее наоборот. Это Моя работа — гарантировать исполнение ваших желаний. (В действительности, вы сами гарантируете себе их исполнение. Я лишь ввел в действие систему, позволяющую это осуществлять. Эта система называется процессом созидания, и о ней подробно рассказывается в первой книге.)

Когда ваши желания вступают в конфликт между собой — когда тело, ум и дух не действуют заодно, — процесс созидания работает на разных уровнях и приводит к смешанным результатам. Если, с другой стороны, ваше существо в гармонии и ваши желания сливаются воедино, становятся возможными поразительные вещи.

У вас есть слово «совместно». Его можно использовать для описания состояния единства вашего существа.

Кроме того, существуют подуровни, на которых вы принимаете решения. Это особенно касается уровня ума.

Ваш ум может принимать и в действительности принимает решения по крайней мере на одном из трех внутренних уровней: уровне логики, уровне интуиции и уровне эмоций, а иногда и на всех трех вместе. При этом возникает потенциальная возможность для еще более глубокого внутреннего конфликта.

А внутри одного из этих уровней — уровня эмоций — есть еще пять уровней. Это *пять естественных чувств*: печаль, гнев, зависть, страх и любовь.

Внутри каждого из них есть два последних уровня: любовь и страх.

Пять естественных чувств включают любовь и страх, но любовь и страх являются основой всех чувств. Три оставшиеся из пяти естественных чувств являются производными от этих двух.

В конечном счете все мысли произрастают либо из любви, либо из страха. Это великая полярность. Это изначальная двойственность. Все в итоге сводится к одному из этих двух чувств. Все мысли, идеи, концепции, решения, желания и действия основываются на них.

Но в конечном счете действительно существует только одно чувство.

Любовь.

Любовь — это все сущее. Даже страх произрастает из любви. И если его использовать правильно, он выражает любовь.

Страх выражает *любовь*?

В своей высшей форме. Все выражает любовь, когда это высшее выражение.

Что выражают отец или мать, которые спасают ребенка от гибели под колесами автомобиля, — страх или любовь?

Ну, думаю, и то, и другое. Страх за жизнь ребенка и любовь, достаточно сильную для того, чтобы рисковать собственной жизнью ради его спасения.

Совершенно верно. Таким образом, мы видим, что страх в своей высшей форме становится любовью... *является любовью*... выраженной как страх.

Подобным же образом, если двигаться по шкале естественных чувств, печаль, гнев и зависть являются той или иной формой страха, который, в свою очередь, является формой любви.

Одно ведет к другому. Видишь?

Проблемы возникают, когда какое-либо из пяти естественных чувств искажается. Тогда оно становится гротескным, и в нем невозможно увидеть производное от любви, а тем более от Бога, который есть Абсолютная Любовь.

Я слышал и раньше о пяти естественных эмоциях — во время замечательного сотрудничества с доктором Элизабет Кюблер-Росс. Она мне рассказывала о них.

Да, действительно. Она делала это по Моему велению.

Итак, я вижу, что в принятии решения многое зависит от того, «на что я опираюсь», а «моя опора» может находиться на глубине нескольких уровней.

Да, все так и есть.

Пожалуйста, расскажи мне о пяти естественных чувствах. Я бы хотел услышать это снова, потому что забыл многое из того, чему учила меня Элизабет.

Печаль — естественная эмоция. Это та часть тебя, благодаря которой ты можешь сказать: «Прощай», когда тебе не хочется прощаться; выразить — вытолкнуть на поверхность, запустить — грусть внутри себя, когда ты переживаешь какую-либо потерю, будь это потеря любимого человека или контактной линзы.

Когда ты можешь выразить свою печаль, ты от нее избавляешься. Дети, которым разрешают грустить, когда им грустно, становясь взрослыми, совершенно нормально относятся к грусти, и поэтому обычно быстро с ней расстаются.

Для детей, которым говорят: «Тихо, тихо, не плачь», в зрелом возрасте плач становится проблемой. Ведь им всю жизнь советовали, приказывали не плакать. Поэтому они подавляют свою печаль.

Постоянно подавляемая печаль становится хронической депрессией, очень неестественной эмоцией.

Из-за хронической депрессии происходят убийства. Начинаются войны, гибнут народы.

Гнев — естественное чувство. Это инструмент, благодаря которому вы можете сказать: «Нет, спасибо». Он не обязательно должен оскорблять, и он вовсе не должен причинять вред другому человеку.

Когда детям разрешают выражать гнев, они приносят во взрослую жизнь абсолютно здоровое отношение к нему и поэтому обычно очень быстро с ним расстаются.

Дети, которых заставляют почувствовать, что гнев — плохое чувство, что его выражать нельзя и что, фактически, им не следует даже испытывать его, став взрослыми, будут иметь проблемы с правильным отношением к своему гневу.

Постоянно подавляемый гнев становится злобой, очень неестественной эмоцией.

Из-за злобы происходят убийства. Начинаются войны, гибнут народы.

Зависть — естественное чувство. Именно это чувство заставляет пятилетнего малыша хотеть достать до дверной ручки, как его сестра, или покататься на ее велосипеде. Зависть — это то естественное чувство, которое заставляет вас хотеть сделать еще одну попытку, стараться лучше, упорно продолжать добиваться своей цели до ее достижения. Завидовать совершенно нормально и естественно. Когда детям разрешают выражать зависть, они приносят во взрослую жизнь абсолютно здоровое отношение к ней и поэтому обычно очень быстро с ней расстаются.

Дети, которых заставляют почувствовать, что зависть — это плохо, что ее выражать нельзя и что, фактически, им не следует даже испытывать ее, став взрослыми, будут иметь трудности с правильным отношением к своей зависти.

Постоянно подавляемая зависть становится ревностью, очень неестественным чувством.

Из-за ревности происходят убийства. Начинаются войны, гибнут народы.

Страх — естественное чувство. Все дети рождаются только с двумя страхами: страхом падения и страхом перед громкими звуками. Все остальные страхи — это просто условные рефлексы, которые воспитывает в ребенке окружающий его мир и которым учат его родители. Цель естественного страха — воспитать осторожность. Осторожность помогает сохранить телу жизнь. Она произрастает из любви. Любви к своему Я.

Дети, которых заставляют почувствовать, что страх — плохое чувство, что его выражать нельзя и что, фактически, им не следует даже испытывать его, став взрослыми, будут иметь трудности с правильным отношением к своему страху.

Постоянно подавляемый страх становится тревогой, очень неестественным чувством.

Из-за тревоги происходят убийства. Начинаются войны, гибнут народы.

Любовь — естественное чувство. Когда ребенок может ее выражать и получать свободно и естественно, без ограничений и условий, без запретов и смущения, он не нуждается больше ни в чем. Ведь радость свободно выражаемой и получаемой любви самодостаточна. Но любовь, которой ставились условия и ограничения, которая деформирована правилами и законами, ритуалами и запретами, любовь, которую контролируют, которой манипулируют и которую сдерживают, становится неестественной.

Дети, которых заставляют почувствовать, что их естественная любовь — плохое чувство, что ее выражать нельзя и что, фактически, им не следует ее даже испытывать, став взрослыми, будут иметь трудности с правильным отношением к своей любви.

Постоянно подавляемая любовь становится страстью к обладанию, очень неестественным чувством.

Из-за страсти к обладанию происходят убийства. Начинаются войны, гибнут народы.

Таков порядок вещей. Если подавлять естественные чувства, они превращаются в неестественные реакции и рефлексы. Большинство людей подавляет в себе большую часть естественных чувств. А ведь они — ваши друзья. Они — ваш дар. Это ваши божественные инструменты, при помощи которых вы можете построить свою жизнь.

Эти инструменты даются вам при рождении. Их предназначение — помочь вам преодолевать жизненные пороги.

Почему эти чувства подавляются большинством людей?

Их этому научили. Им так сказали.

Кто?

Их родители. Те, кто их воспитал.

Почему? Зачем им так говорить?

Потому что так их учили их родители, а родителей их родителей научили их родители.

Да, да. Но *почему?* Что происходит?

Происходит то, что детей воспитывают не те, кто нужно.

Что это значит? Кто это «не те»?

Мать и отец.

Мать и отец — не те люди, которые должны воспитывать своих детей?

Когда родители молоды. В большинстве случаев. Фактически, просто чудо, что так много родителей настолько хорошо справляются со своей задачей.

Никто так мало не готов к воспитанию детей, как молодые родители. И, кстати, никто этого не знает лучше их самих.

Большинство родителей начинают воспитывать детей, имея очень незначительный жизненный опыт. Они едва успевают вырасти сами. Они все еще ищут ответы, все еще стремятся к разгадкам.

Они еще сами не открыли себя, но уже пытаются направить и обучить процессу открытия тех, кто еще более уязвим, чем они сами. Они еще не нашли своего места в жизни, а им приходится определять это место для других. Они все еще пытаются преодолеть последствия того, как плохо определили их жизненную цель их собственные родители.

Они еще не открыли, Кто Они Есть, но пытаются объяснить вам, кто вы такие. Необходимость сделать все правильно давит на них с огромной силой, а они даже не могут сделать «правильными» *свои* жизни. Поэтому все у них выходит не так — и их жизнь, и жизнь их детей.

Если повезет, они причинят детям не слишком большой вред. Их дети смогут, хотя это маловероятно, преодолеть его последствия прежде, чем передадут вред своим детям.

Большинство из вас приобретают мудрость, терпение, понимание и любовь, позволяющие быть замечательными родителями, тогда, *когда вы уже не можете быть родителями*.

Почему так? Я не понимаю. Я понимаю, что Твои наблюдения во многих случаях верны, но почему так?

Потому что молодым людям, способным рожать, никогда не было предназначено становиться воспитателями. На самом деле вы должны начинать воспитывать детей в том возрасте, когда на самом деле вы уже заканчиваете это делать.

Я все еще не совсем разобрался.

Человеческие существа биологически способны производить на свет детей, когда они еще сами дети, то есть — возможно, многие будут удивлены — до 40–50 лет.

Человеческие существа «сами дети» до *40–50 лет?*

С определенной точки зрения. Я знаю, это сложно принять, но посмотри вокруг. Возможно, поведение твоей расы подтвердит Мои слова.

Беда в том, что в вашем обществе считают, что вы «взрослые» и готовы начать самостоятельную жизнь в возрасте 21 года. Прибавь к этому тот факт, что многих из вас воспитывали матери и отцы, *которым самим было немногим больше 21*, когда вы появились на свет, и ты начнешь видеть проблему.

Если бы тем, кто производит на свет детей, было *предназначено* их воспитывать, вы бы смогли рожать не раньше пятидесяти лет!

Воспроизводство должно было стать задачей молодых людей, у которых хорошо развитое и сильное тело. *Воспитание* должно было стать задачей стариков, у которых хорошо развит и силен ум.

В своем обществе вы настояли на том, чтобы те, кто производят на свет детей, были ответственны за их воспитание. В результате вы не только чрезвычайно усложнили задачу родителей, но также исказили многие энергии, имеющие отношение к сфере сексуальных отношений.

Э... Ты не мог бы объяснить?

Да.

То, что Я здесь сказал, было замечено многими. Очень многие люди, возможно большинство, в действительности не способны воспитывать детей, когда они способны их рожать. Однако сделав такое открытие, люди пришли к совершенно неверному решению проблемы.

Вместо того чтобы позволить молодым наслаждаться сексом, а если при этом родятся дети, поручить их воспитание старикам, вы запрещаете юношам и девушкам вступать в сексуальные отношения, *пока они не будут готовы принять на себя ответственность за воспитание детей*. Вы объявили «неправильным» получать сексуальный опыт до достижения такой готовности и таким образом создали табу вокруг того, что должно было бы стать одной из самых чудесных радостей жизни.

Конечно, на такое табу молодость не обращает особого внимания, и по разумной причине: *повиноваться ему совершенно неестественно*.

У людей возникает желание завязывать отношения с противоположным полом и вступать в сексуальные отношения, как только они чувствуют внутренний сигнал, что они к этому готовы. *Такова человеческая природа*.

Но мысли ваших детей о собственной природе зависят скорее от того, что вы, родители, сказали им, чем от их внутреннего чувства. Они ждут, что вы им расскажете, что такое жизнь.

Поэтому, когда у них возникают первые импульсы заглядываться друг на друга, невинно играть друг с другом и исследовать «отличия» одного от другого, они смотрят на вас, ожидая сигнала. «Хорошая» ли эта часть человеческой природы? «Плохая» ли? Ее одобряют? Нужно ли ее подавлять? Сдерживать? Препятствовать ее проявлению?

Замечено: то, что многие родители говорили своим детям об этой части человеческой природы, зависело от самых разнообразных вещей — от того, что в свое время говорили *им*; что говорит их *религия*; что полагает их общество... От всего на свете, кроме одного: естественного порядка вещей.

Согласно естественному порядку вещей, у вашего вида половое созревание начинается в возрасте от 9 до 14 лет. Начиная с 15 лет половое влечение ярко выражено у большинства людей. Так начинается бег наперегонки со временем — дети упорно стремятся к наиболее полному высвобождению своей радостной сексуальной энергии, а родители не менее упорно пытаются их остановить.

В этой борьбе родители нуждаются в любой помощи и в любых союзниках, потому, как уже отмечалось, они просят своих детей *не делать того*, что является целиком и полностью частью их природы.

И вот взрослые изобрели разнообразнейшие семейные, культурные, религиозные, социальные и экономические прессы, ограничения и запреты, чтобы поддержать свои противоестественные требования к детям. И дети постепенно начинают допускать, что их сексуальность *противоестественна*. Как можно так стыдиться того, что «естественно», так пресекать, контролировать, сдерживать, подавлять, обуздывать и отрицать?

Ну, я думаю, Ты немного преувеличиваешь. Ты так не считаешь?

Правда? Как ты думаешь, какое влияние может оказать на четырех- или пятилетнего ребенка то, что его родители даже не употребляют правильное «название» определенных частей тела? Что вы таким образом говорите детям о своем восприятии этих частей тела и какое восприятие *должно быть у них*?

Э...

Да... Действительно, «Э...».

Ну, «мы просто не употребляем эти слова», как говаривала моя бабушка. Просто «пи-пи» *звучит* лучше.

Только потому, что у вас столько отрицательного «багажа» висит на настоящих названиях некоторых частей тела, что вы сами с трудом употребляете эти слова в обычной речи.

Конечно, в раннем возрасте дети не знают, почему у родителей такое отношение, просто у них создается впечатление, и часто *неизгладимое* впечатление, что определенные части тела «неправильные» и все, что с ними связано, неудобно, если не «неправильно».

Когда дети становятся подростками, они могут прийти к заключению, что это неправда. Но тогда им очень недвусмысленно говорят о связи между беременностью и сексом и о том, что им придется растить детей, которые у них родятся. Так у них появляется еще одна причина чувствовать, что выражать сексуальное влечение — «неправильно», — и круг замыкается.

Все это привело к неразберихе и немалым бедствиям в вашем обществе — *таков неизменный результат игр с природой*.

Вы связали с сексуальными отношениями смущение, подавление и стыд, что привело к возникновению сексуальных нарушений, извращений и насилия.

Вы, как общество, всегда будете страдать, нарушая собственные правила, страдать от извращенных, насильственных проявлений тех естественных реакций, которые вы подавляете; вы всегда будете чувствовать, что вас заставляют стыдиться того, чего, *как вы знаете в глубине души, вы никогда не должны стыдиться*.

Значит, у Фрейда были основания говорить, что присущий человеку гнев может быть обусловлен сексуальными проблемами. Это глубоко укоренившаяся злоба из-за необходимости подавлять основные и естественные физиологические инстинкты, интересы и импульсы.

Многие ваши психиатры сумели это рассмотреть. Человек сердится, ибо знает: он не должен чувствовать стыд по поводу того, что так приятно, и все же чувствует и стыд, и вину.

Вначале человек начинает злиться на свое Я — ибо как ему может нравиться то, что считается таким «плохим».

Затем, когда он наконец понимает, что его одурачили и что секс должен быть чудесной, благородной, восхитительной частью человеческой жизни, он начинает злиться на других: на родителей — за то, что они подавляют его желания, на религию — за то, что она его стыдит, на представителей противоположного пола — за то, что они его интересуют, на все общество — за то, что оно его контролирует.

В конце концов он начинает злиться на себя за то, что позволяет всему этому мешать себе.

Большая часть этого подавляемого гнева вылилась в создание искаженных и ошибочных моральных ценностей вашего современного общества. Это общество восхищается памятниками, скульптурами, юбилейными почтовыми марками, фильмами, картинами, телевизионными программами, прославляющими самые уродливые акты насилия, но скрывает — даже еще хуже, опошляет — самые прекрасные акты любви.

И все это — *все это* — произрастает из единственной идеи: тот, кто рожает детей, несет на себе ответственность за их воспитание.

Но если те, кто производят на свет детей, не способны их воспитать, кто же способен?

Все сообщество. В особенности — старики.

Старики?

В наиболее развитых расах и обществах именно старшее поколение взращивает, воспитывает, учит потомство и передает ему мудрость, знания и традиции своей расы. Позже, когда мы будем говорить об этих цивилизациях, Я вернусь к этому вопросу.

В любом обществе, где произведение потомства в юном возрасте не считается «неправильным», потому что воспитанием подрастающего поколения занимаются старейшие его члены, на плечи людей не ложится чрезмерная ответственность и бремя, и поэтому им неизвестно подавление сексуальности, а также изнасилования, извращения и социально-сексуальные нарушения.

Есть ли такие общества на нашей планете?

Да, хотя они почти исчезли. Вы стремитесь искоренить их, ассимилировать, поскольку считаете их варварскими. В том, что вы называете цивилизованным обществом, дети (а также, соответственно, жены и мужья) считаются собственностью, личными вещами, и поэтому родители должны становиться воспитателями, ведь они должны заботиться о том, что им «принадлежит».

Главная идея, которая становится причиной многих общественных проблем, заключается в том, что супруги и дети являются личной собственностью, что они «ваши».

Мы рассмотрим вопрос о «собственности» позже, когда будем обсуждать жизнь высокоразвитых существ. Но сейчас просто задумайся об этом на минуту. Действительно ли человек эмоционально готов воспитывать детей в тот период, когда он готов их производить?

Правда в том, что большинство людей не готовы воспитывать детей даже в возрасте 30–40 лет. Да они и не должны быть готовы. Они не прожили достаточно как взрослые, чтобы передать своим детям глубокую мудрость.

Я уже слышал такую мысль. Марк Твен высказывал ее. Говорят, однажды он заметил: «Когда мне было 19, мой отец ничего не знал. Но когда мне исполнилось 35, я был просто поражен, как многому научился мой старик».

Он заметил совершенно правильно. Ваша юность вовсе не предназначалась для того, чтобы вы учили истинам, но для того, чтобы вы их накапливали. *Как можно учить детей истине, которую вы еще не приобрели?*

Конечно, нельзя. Поэтому вы заканчиваете тем, что твердите им единственную известную вам истину — истину, сказанную другими. Вашим отцом, матерью, вашей культурой, религией. Любую, всякую, но только не вашу. Потому что вы все еще ищете ее.

И вы будете продолжать искать и экспериментировать, и находить, и ошибаться, создавать и переделывать вашу истину, ваше представление о самих себе, пока не проживете на этой планете полстолетия или около того.

В конце концов вы, возможно, начнете устраиваться и сживаться с вашей истиной. И, вероятно, самая большая истина, к которой вы придете, состоит в том, что вообще нет неизменных истин; что истина, как сама жизнь, изменяется, растет, развивается и что, когда вы считаете, что процесс развития прекратился, он как раз только начинается.

Да, я уже пришел к такой мысли. Мне за 50, и именно к такому выводу я пришел.

Хорошо. Теперь ты мудрее. И старше. Вот теперь тебе следует воспитывать детей. А еще лучше — лет через десять. Именно людям преклонного возраста следует воспитывать потомство.

Именно старики знают истину — и жизнь. Что важно, а что нет. Что в действительности обозначают слова «правдивость», «честность», «верность», «дружба», «любовь».

Я понимаю, о чем Ты говоришь. С этим трудно согласиться, но многие из нас *едва* перешагнули из «стадии ребенка» в «стадию ученика», когда у них появились свои дети и они почувствовали, что надо начинать учить *их*. Поэтому мы и думаем: «Что ж, я буду учить их тому, чему учили меня мои родители».

Таким образом, грехи отцов да падут на головы их детей до седьмого колена.

Как это изменить? Как нам разорвать круг?

Доверьте воспитание детей вашим Уважаемым Старейшинам. Родители смогут видеться с детьми, когда того пожелают, жить с ними, если захотят, но они не должны быть единственными, кто отвечает за заботу о детях и их воспитание. Физические, социальные и духовные потребности детей должны удовлетворяться всем сообществом, образование и ценности должны быть предложены его старейшими членами.

Позже, когда будем говорить о других культурах во Вселенной, мы посмотрим на некоторые новые модели жизни. Но эти модели не сработают при вашем современном способе жизни.

Что Ты имеешь в виду?

Я имею в виду, что у вас происходит по неэффективной схеме не только воспитание детей, но вообще вся жизнь.

И снова, о чем Ты?

Вы отдалились друг от друга. Вы разорвали свои семьи, разбили мелкие сообщества в пользу больших городов. В этих городах живет больше людей, но существует меньше «племен», групп или кланов, члены которых видят частью своей личной ответственности ответственность за все общество. Таким образом, у вас, практически, нет старейшин. В любом случае, не рядом с вами.

Хуже того, вы не просто отдалили от себя стариков, вы их оттолкнули. Изолировали. Отобрали у них власть. И даже отвергли.

Некоторые члены вашего общества отвергают людей старшего поколения, утверждая, что они каким-то образом паразитируют на системе, требуя льгот, за которые молодым приходится платить все большую долю своих доходов.

Это так. Некоторые социологи предсказывают войну поколений. Стариков обвиняют, что они требуют все больше, хотя вклад их в жизнь общества становится все меньше. Сегодня количество людей преклонного возраста увеличилось из-за того, что родившиеся в период демографического взрыва сейчас стареют, и к тому же сейчас люди вообще живут дольше.

Но если ваши старики не вносят свой вклад в жизнь общества, то только потому, что вы сами им не позволяете. Вы требуете, чтобы они уходили на пенсию именно тогда, когда они могут принести компании какую-то пользу, и исключаете их из активной общественной жизни именно тогда, когда их участие могло бы внести какой-то смысл в общественные события.

Это касается не только воспитания детей, но и политики, экономики, и даже религии, где у стариков была последняя точка опоры. Вы стали обществом поклонения юности и отрицания старости.

Ваше общество стало обществом одиночек. То есть обществом, состоящим из отдельных личностей, а не из групп.

Так как вы индивидуализировали и омолодили свое общество, вы потеряли большую часть его богатства и потенциала. Теперь у вас нет ни того, ни другого, и слишком многие из вас живут в эмоциональной и психологической нищете и на грани истощения.

Я снова хочу Тебя спросить, есть ли способ разорвать этот круг?

Во-первых, признайте и примите реальное положение вещей. Многие из вас живут в отрицании. Многие из вас притворяются, что все не так, как есть на самом деле. Вы лжете сами себе и не хотите слышать правду, а еще меньше — говорить ее.

Об этом мы тоже поговорим позже, когда обратимся к цивилизациям высших существ, потому что это отрицание, эта неспособность заметить и признать реальность далеко не безобидна. И, если вы действительно хотите изменить ситуацию, я надеюсь, что вы позволите себе услышать Меня.

Пришло время сказать правду, прямо и просто. Ты готов?

Готов. За этим я пришел к Тебе. Так начался весь этот разговор.

Правда часто неприятна. Она приятна только тем, кто не желает игнорировать ее. И тогда правда становится не только приятной, но и вдохновляющей.

Мне этот диалог кажется вдохновляющим. Пожалуйста, продолжай.

Есть серьезная причина для надежды и оптимизма. Я заметил, что ситуация начала меняться. В последнее время у вашего вида появилось больше стремления создавать сообщества и большие семьи. Вы начинаете выказывать старикам все больше почета, понимать значение и ценность их жизни и пользу, которую они вам приносят. Это большой шаг в чрезвычайно полезном направлении.

Так что ситуация «разворачивается в обратную сторону». Кажется, ваша цивилизация сделала этот шаг.

Нельзя произвести все изменения за один день. Невозможно, например, изменить всю систему воспитания детей, с обсуждения которой мы начали, одним махом. Но вы *можете* изменить свое будущее шаг за шагом.

Чтение этой книги — один из таких шагов. В этом диалоге мы еще вернемся ко многим важным моментам. И такое повторение будет неслучайным.

Ты спрашивал Меня, как вам создать ваше грядущее. Давай начнем с того, что посмотрим на ваше прошлое.

$$2$$

Какое отношение имеет прошлое к будущему?

Когда знаешь прошлое, легче предсказать все возможные варианты будущего. Ты пришел ко Мне с вопросом, как сделать твою жизнь лучше. Тебе будет полезно узнать, как вы пришли к вашему настоящему.

Я буду говорить с тобой о власти и силе — и о разнице между ними. Я буду беседовать с тобой о придуманной вами фигуре Сатаны и о том, почему вы решили, что ваш Бог — это «он», а не «она».

Я буду говорить с тобой о том, кто Я Действительно Есть, потому что Я не такой, каким вы Меня изображаете в своей мифологии. Я опишу тебе Мое Бытие таким образом, что ты охотно заменишь мифологию *космологией* — настоящей космологией Вселенной, — и опишу взаимосвязь между Вселенной и Мной. Я расскажу тебе о жизни, о ее устройстве и о том, почему она так устроена. Вот о чем эта глава.

Узнав все это, ты сможешь решить, от чего из созданного твоей расой ты готов отказаться. Ведь предназначение третьей части нашего разговора, третьей книги — научить тебя строить новый мир и создавать новую реальность.

Дети Мои, вы слишком долго жили в тюрьме, возведенной собственными руками. Вам пора освободиться.

Вы заточили в темницу свои пять естественных чувств, подавив их и превратив в совершенно неестественные. Это принесло в ваш мир несчастья, смерть и разрушение.

На протяжении столетий нормой поведения на этой планете было «не потакать» своим эмоциям. Если чувствуешь печаль, преодолей ее; если чувствуешь гнев, задуши его; если чувствуешь зависть, стыдись ее; если чувствуешь страх, поднимись над ним; если чувствуешь любовь, контролируй, ограничивай, сдерживай ее и убегай от нее — делай все что угодно, лишь бы не выразить ее в полную силу прямо здесь, прямо сейчас.

425

Вам пора освободиться.

На самом деле вы заточили в темницу свое Священное Я. Пора выпустить ваше Я на волю.

Я взволнован. Как мы начнем? С чего начнем?

Чтобы выяснить, как возникла современная ситуация, давай вернемся в тот период истории, когда ваше общество было реорганизовано. Во времена, когда мужчины стали доминирующим видом и решили, что им не следует выражать эмоции — а в некоторых случаях даже испытывать их.

Что Ты имеешь в виду, говоря: «Когда общество было реорганизовано»? О чем идет речь?

На раннем этапе истории вы жили в матриархальном обществе. Потом его строй изменился, и возник патриархат. Изменив общество, вы отказались выражать свои эмоции. Вы назвали их проявление «слабостью». В это же время мужчины изобрели дьявола и Бога мужского рода.

Мужчины изобрели дьявола?

Да. Сатана был преимущественно мужским изобретением. В итоге, его приняло все общество, но отречение от чувств и изобретение «Нечистого» были частью мужского бунта против матриархата, когда женщины управляли всем с позиции своих чувств. Они занимали все правительственные посты, им принадлежала вся религиозная власть, все влияние в сфере коммерции, науки, образования и целительства.

А какая власть была у мужчин?

Никакой. Мужчинам приходилось оправдывать свое существование, потому что в них не видели особой пользы, кроме их способности оплодотворять женские яйцеклетки и передвигать тяжелые предметы. Их роль была схожей с ролью рабочих муравьев и пчел. Они выполняли тяжелую физическую работу, а также были ответственны за воспроизводство и охрану детей.

Мужчинам понадобились сотни лет, чтобы найти и создать для себя более значимое место в структуре такого общества. Прошли века, прежде чем мужчинам позволили принимать участие в делах хотя бы своего клана, прежде чем они получили право голоса в принятии общественных решений. Женщины считали мужчин недостаточно развитыми, чтобы разбираться в таких вопросах.

Надо же! Трудно представить себе общество, в котором целому классу людей запрещено даже голосовать просто по причине их половой принадлежности.

Мне нравится твое чувство юмора. Правда, нравится. Мне продолжать?

Пожалуйста.

Прошли еще столетия, прежде чем мужчины сами начали думать о том, чтобы самим занять те руководящие посты, за которые им наконец разрешили голосовать. Другие позиции влияния и власти в их цивилизации им были так же недоступны.

Мужчинам делает честь то обстоятельство, что, получив возможность занимать позиции власти в обществе и поднявшись над своей бывшей ролью воспроизводителей и, фактически, рабов, они никогда не пытались отплатить женщинам той же монетой и женщины получали то уважение, власть и влияние, которого заслуживают все человеческие существа, независимо от пола.

Ты снова шутишь.

О, извини. Я что, ошибся планетой?

Давай вернемся к нашему рассказу. Но, прежде чем перейти к изобретению «дьявола», давай немного поговорим о власти. Ибо изобретение Сатаны связано непосредственно с проблемой власти.

Ты собираешься сказать, что в современном обществе вся власть принадлежит мужчинам, так? Позволь мне забежать немного вперед и объяснить, почему, по-моему, так случилось.

Ты сказал, что во времена матриархата роль мужчин была весьма схожа с ролью рабочих пчел, которые служат пчелиной царице. Что они выполняли тяжелую физическую работу, а также были ответственны за воспроизводство и охрану детей. А *мне* хочется сказать: «Так что же изменилось? Именно этим они занимаются и *сейчас*!» И я могу поклясться, что многие мужчины согласятся, что не так много *изменилось* с тех пор, просто мужчины сумели добиться платы за выполнение своей «неблагодарной работы». У них действительно больше власти.

Практически вся власть.

Ну хорошо, вся власть. Но я вижу иронию в том, что представители каждого пола считают, будто именно они выполняют всю неблагодарную работу, в то время как противоположный пол наслаждается жизнью. Мужчин возмущают женщины, которые пытаются отобрать часть их власти, и они заявляют, что будь они прокляты, если, делая все то, что они делают для

своей цивилизации, они не будут хотя бы обладать *той властью, которая для этого нужна.*

Женщин возмущает, что мужчинам принадлежит вся власть, и они заявляют, что будь они прокляты, если они будут продолжать делать для цивилизации то, что они делают, и при этом оставаться бесправными.

Ты правильно проанализировал ситуацию. И мужчины, и женщины прокляты повторять свои собственные ошибки в бесконечном цикле созданных ими самими страданий, пока одна из сторон не поймет, что в жизни важна не власть, а сила. И пока и те, и другие не увидят, что стремиться нужно не к отчуждению, но к единению. Потому что именно в *единении* заключена *внутренняя сила*, а в отчуждении она рассеивается, оставляя чувство слабости и бессилия и, таким образом, желание добиться власти.

Вот что Я вам скажу:

Уничтожьте пропасть, что пролегла между вами, покончите с иллюзией отчуждения, и вы вернетесь к источнику своей внутренней силы. Там вы найдете истинное могущество. Силу делать все что угодно. Силу быть тем, кем угодно. Силу иметь все что угодно. Ибо могущество созидания берет начало во внутренней силе, которая возникает в единении.

Вот правда об отношениях между вами и вашим Богом — правда и о ваших взаимоотношениях с другими людьми.

Перестаньте видеть себя отдельными существами, и вы обретете подлинное могущество, возникающее из внутренней силы единения. Вы обретете эту власть как всемирное сообщество и как индивидуальная часть целого и сможете пользоваться ею по вашему желанию.

Но запомните следующее:

Могущество возникает из внутренней силы. Внутренняя сила не возникает из внешней власти. Большинство людей в мире понимают все наоборот.

Власть без внутренней силы — иллюзия. Внутренняя сила без единения — ложь. Ложь, которая не принесла никакой пользы вашей расе, но которая, тем не менее, глубоко укоренилась в вашем сознании. Вы думаете, что внутренняя сила возникает из *изолированности* и *отдельности*, но это не так. Отделение от Бога и друг от друга — причина всех ваших проблем и страданий. И все же отделение продолжает маскироваться под силу, и ваша политика, экономика и даже религии увековечивают эту ложь.

Из этой лжи родились все войны и вся классовая борьба, которая приводит к войнам; вся вражда между расами и полами; вся борьба за власть, которая приводит к такой вражде; все личные несчастья и страдания и вся внутренняя борьба, которая приводит к страданиям.

Но вы по-прежнему упорно цепляетесь за эту ложь, куда бы она вас ни вела, даже когда она ведет вас к самоуничтожению.

Вот что я вам скажу:

Узнайте правду, и правда освободит вас.

Нет отделения. Ни друг от друга, ни от Бога, ни от всего сущего.

Я снова и снова буду повторять эту истину на страницах нашей книги. Снова и снова Я буду говорить о ней.

Поступайте так, как будто вы не отдельны ни от чего, и вы исцелите грядущее вашего мира.

Это *величайший секрет всех времен*. Это ответ, который человек искал на протяжении тысячелетий. Это решение проблемы, к которому он стремился, откровение, о котором он молился.

Поступайте так, как будто вы не отдельны ни от чего, и вы исцелите мир.

Осознайте, что вопрос не во власти *над*, а в силе *вместе с...*

Спасибо Тебе. Я понял. Давай вернемся немного назад. Значит, сначала женщины имели власть над мужчинами, а сейчас все наоборот. Мужчины изобрели дьявола, чтобы отобрать власть у женщин — вождей кланов и племен?

Да. Они использовали страх, потому что страх был их единственным инструментом.

И опять-таки, немногое изменилось с тех пор. Мужчины и сегодня поступают так же. Бывает так, что, даже не пытаясь обратиться к *здравому смыслу*, мужчины используют страх. Особенно если это большие и сильные мужчины. (Или большие или сильные нации.) Иногда кажется, что у мужчин это врожденное. Что это заложено *на клеточном уровне*. Кто силен, тот и прав. Сила — это власть.

Да. Так продолжается со времен падения матриархата.

Как это произошло?

Об этом Я кратко расскажу дальше.

Тогда продолжай, пожалуйста.

Чтобы получить власть во времена матриархата, мужчинам пришлось убеждать, что им следует дать больше власти над собственной жизнью, — убеждать не женщин, а других мужчин.

В конце концов жизнь текла гладко, и у мужчин могла быть доля похуже, чем, просто отработав день и таким образом доказав свою полезность, заниматься сексом.

Поэтому бесправным мужчинам было нелегко убедить других бесправных мужчин, что нужно стремиться к власти. Пока они не открыли страх.

Страх был единственным, на что не рассчитывали женщины.

Этот страх вырос из семян сомнения, посеянных самыми недовольными из мужчин. Это были обычно наименее «желанные» мужчины, не мускулистые, непривлекательные, на которых, соответственно, женщины обращали меньше всего внимания.

Держу пари, что на их жалобы не обращали внимания, потому что считали их проявлением злобы из-за сексуальной неудовлетворенности.

Правильно. И недовольным пришлось использовать единственный доступный им инструмент. Поэтому они задумали взрастить страх из семян сомнения. «А что, если женщины неправы? — спрашивали они. — А что, если их способ управления миром не лучший? А что, если он ведет все общество — и всю расу — к несомненному и неотвратимому уничтожению?»

Большинство мужчин не могли в это поверить. В конце концов, разве женщины не были прямыми потомками Богини? Разве женщины, фактически, не были точными физическими копиями Богини? И разве Богиня плоха?

Учение о Богине было столь могущественным, столь распространенным, что у мужчин не было другого выхода, кроме как изобрести дьявола, Сатану, чтобы противодействовать безграничной доброте Великой Матери, в которую верили и которой поклонялись люди матриархата.

Как им удалось всех убедить, что есть такая сущность — «нечистый»?

Все их общество понимало теорию «гнилого плода». Даже женщины видели и знали по собственному опыту, что некоторые дети просто были «плохими», что бы они ни предпринимали. Особенно, как всем было известно, мальчики, которых просто невозможно контролировать.

Так возник миф.

Однажды, говорил этот миф, Великая Мать, Богиня из Богинь, произвела на свет ребенка, который оказался *нехорошим*. Как ни старалась Мать его изменить, ребенок не становился хорошим. В конечном счете он вступил со своей Матерью в борьбу за ее трон.

Это было слишком даже для любящей и всепрощающей Матери. Мальчик был навсегда изгнан, но продолжал показываться в хитроумных обличьях и костюмах, иногда прикидываясь даже самой Матерью.

Этот миф дал мужчинам основания спросить: «Откуда мы можем знать, что Богиня, которой мы поклоняемся, действительно Богиня? Это может быть тот плохой ребенок, который теперь вырос и хочет нас одурачить».

Таким способом одни мужчины заставили всех мужчин вначале беспокоиться, потом сердиться на женщин за то, что те не воспринимают их беспокойство всерьез, а в итоге восстать против них.

Так было создано существо, которое вы сейчас называете Сатаной. Было несложно создать миф о «плохом ребенке» и убедить даже женщин клана в возможности его существования. Так же несложно было заставить всех поверить, что плохой ребенок был мальчиком. Разве мужчины не были низшим полом?

Таким способом была создана мифологическая проблема. Если «плохой ребенок» — мужчина, если «нечистый» мужского пола, кто же сможет победить его? Конечно, не Богиня-женщина. Потому что, умно говорили мужчины, если дело касается мудрости и проницательности, чистоты и сострадания, планирования и размышлений, никто не сомневается в превосходстве женщин. Но разве не мужчина нужен, когда речь идет о грубой силе?

Ранее, в мифологии Богини, мужчины были просто консортами, спутниками женщин и исполняли роль слуг и реализовывали свое здоровое желание в сладострастном прославлении великолепия своей Богини.

Но теперь нужен был мужчина, который мог больше; мужчина, который мог также защитить Богиню и поразить ее врага. Эта трансформация произошла не за один день, но за долгие годы. Постепенно, очень постепенно в своей духовной мифологии общество стало видеть в мужчине-консорте защитника, так как теперь, когда было *от кого* защищать Богиню, такой защитник был явно необходим.

От мужчины как защитника до мужчины как *равного партнера*, стоящего рядом с Богиней, один шаг. Был создан *Бог-мужчина*, и некоторое время Боги и Богини правили в мифологии вместе.

Потом, опять же постепенно, Боги получили более крупные роли. Необходимость в защите и силе стала замещать необходимость в мудрости и любви. В новой мифологии родился новый вид любви. Любви, которая защищает грубой силой. Но это также была любовь, которая домогается того, кого она защищает, которая ревнует своих Богинь, которая теперь не только служит удовлетворению их сексуальных желаний, но также борется и умирает за них.

Стали возникать мифы о Богах с огромной властью, которые спорили и сражались из-за Богинь несравненной красоты. Так родился *ревнивый Бог.*

Поразительно.

Подожди. Мы приближаемся к концу, но осталось еще немного.

Не так уж много времени прошло, и ревность Богов простерлась не только на Богинь, но на все создания во всех государствах. «Лучше вам любить Меня, — требовали эти ревнивые Боги, — и никакого другого Бога — *иначе...*»

Так как мужчины были самым сильным видом, а Боги были самыми сильными из мужчин, спорить с новой мифологией не приходилось.

Стали возникать рассказы о тех, кто посмел спорить и погиб. *Так родился яростный Бог.*

Вскоре сама идея Божественности была извращена. Вместо того чтобы быть источником всей любви, Боги стали источником всего страха.

Модель любви, которая была в основном женской, — бесконечно терпимой любви матери к ребенку и даже любви женщины к ее не слишком умному, но в конце концов полезному мужчине — была замещена ревнивой, гневливой любовью требовательного и нетерпимого Бога, который не выносит вмешательств в свои дела, не допускает безразличия к себе и не прощает ни одной обиды.

Улыбка довольной Богини, испытывающей безграничную любовь и мягко подчиняющейся законам природы, сменилась строгим ликом не столь довольного Бога, провозглашающего свою власть над законами природы и на веки вечные ограничивающего любовь.

Таков Бог, которому вы сегодня поклоняетесь, и так вы пришли к тому, что у вас есть сейчас.

Поразительно. Интересно и поразительно. Но зачем нам знать все это?

Вам важно знать, что вы всё это *выдумали*. Идея о том, что «кто силен, тот и прав» и что «власть — это сила», была рождена в созданных мужчинами теологических мифах.

Бог ярости, ревности и злобы был воображаемым. Но то, что вы воображали так долго, *стало реальным*. Некоторые из вас до сих пор считают такого Бога реальным. Хотя этот образ не имеет ничего общего с конечной реальностью, или с тем, что происходит на самом деле.

И что же происходит?

То, что ваша душа жаждет *высшего переживания самой себя*, какое только она может представить. С этой целью она пришла в ваш мир — реализовать себя (то есть сделать себя реальной) через жизненный опыт.

Потом она открыла радости плоти — не только секс, но все виды таких радостей — и, погрузившись в них, постепенно забыла о радостях духа.

А ведь это тоже радости, более великие радости, чем когда-либо может дать вам тело. Но душа забыла об этом.

Хорошо, теперь мы отдаляемся от истории и возвращаемся к тому, на чем Ты уже останавливался в этом разговоре. Ты не мог бы повторить?

Вообще-то мы не отдаляемся от истории. Мы связываем все воедино. Видишь ли, в действительности все очень просто. Цель вашей души — причина ее прихода в тело — быть и выражать Того, Кто Вы Действительно Есть. Душа жаждет этого, жаждет познать себя и свой собственный жизненный опыт.

Эта жажда познания — жизнь, стремящаяся к бытию. Это Бог, который хочет выразить Себя. Бог ваших историй не таков, каков Он на самом деле. Вот в чем дело. Ваша душа — это инструмент, с помощью которого Я выражаю и испытываю Сам Себя.

Разве это в значительной мере не *ограничивает* Твой опыт?

Ограничивает и не ограничивает. Все зависит от вас. Вы становитесь Моим выражением и Моим опытом на любом уровне, который выбираете. Были люди, которые выбирали величайшие уровни выражения. Выше Иисуса Христа не было никого, хотя были другие, которые были так же высоки.

Христос — не высший пример? Он не Богочеловек?

Христос — высший пример. Просто Он не единственный пример человека, который достиг высшего состояния. Христос — Богочеловек. Но Он не единственный человек, подобный Богу.

Каждый человек — «Богочеловек». Ты — это Я, выражающий Себя в твоей теперешней форме. Но не беспокойся о том, что ты ограничиваешь Меня, и о том, каким ограниченным это Меня делает. Ибо Я не ограничен и никогда не был ограничен. Ты думаешь, вы — единственная форма выражения, избранная Мной? Ты думаешь, вы единственные создания, которых Я наполнил Моей Сущностью?

Я говорю тебе: Я в каждом цветке, каждой радуге, каждой звезде на небесах, Я все *в* и *на* каждой планете, вращающейся вокруг каждой звезды.

Я — шепот ветра, тепло вашего солнца, невероятная неповторимость и исключительное совершенство каждой снежинки.

Я — величественность парящего полета орла и чистота лани в степи; храбрость льва, мудрость древних.

Я не ограничен только теми способами выражения, которые есть на вашей планете. Вы не знаете, Кто Я Есть, вы только думаете, что знаете. Но не думайте, что Тот, Кем Я Являюсь, ограничен лишь вами или что Моя Божественная Сущность — тот самый Святой Дух — был дан вам и только вам. Это высокомерная и ложная мысль.

Мое Бытие во всем. Всем. Всеобщность — Мое выражение. Всецелостность — Моя природа. Нет того, чем Я Не Являюсь, и быть того, чем Я Не Являюсь, не может.

Моя цель при создании вас, Мои благословенные создания, заключалась в том, чтобы Я смог испытать Себя как Создателя Своего Собственного Опыта.

Некоторые люди не поймут. Помоги всем нам понять.

Аспект Бога, который могло создать только очень особенное существо, — это аспект Меня как Создателя.

Я не Бог ваших мифологий, и Я не Богиня. Я Создатель — Тот, Кто Создает. Но Я избираю познавать Себя через Мой Собственный Опыт.

Точно так же как Я познаю Мое совершенное строение через снежинку, Мою восхитительную красоту через розу, так Я познаю Мою созидательную силу через вас.

Вас Я наделил способностью сознательно создавать ваш жизненный опыт — такой же способностью, какая есть у Меня.

Через вас Я могу познать каждый аспект Себя. Совершенство снежинки, восхитительная красота розы, храбрость льва, величественность орла — все присуще вам. Все это Я вложил в вас — и еще одно: сознание, чтобы вы все это осознавали.

Так вы стали обладать самосознанием. И так вы получили величайший дар, потому что вы осознаете, что вы — это вы. И это именно то, чем Я Являюсь.

Я — это Я, осознающий, что Я *есть* Я.

Вот что означает утверждение «Я Есть То, Что Я Есть».

Вы Часть Меня, которая является осознанием, переживаемым на опыте.

И то, что вы испытываете (и что Я испытываю через вас), — это Я, создающий Себя.

Я постоянно нахожусь в процессе созидания Самого Себя.

Означает ли это, что Бог не является константой? Означает ли это, что Ты не знаешь, Чем *Ты будешь* в следующий момент?

Откуда Я могу знать? Ты еще не решил!

Давай разберемся. Все это решаю я?

Да. Ты — это Я, выбирающий быть Собой.

Ты — это Я, выбирающий быть тем, Что Я Есть, — и выбирающий, чем Я стану.

Вы создаете этот опыт все вместе. Вы делаете это на индивидуальной основе, когда каждый из вас решает, Кто Вы Есть, и испытывает это. Вы делаете это коллективно как созидающее коллективное существо, которым вы являетесь.

Я — коллективный опыт множества вас!

И Ты действительно не знаешь, кем Ты будешь в следующий момент?

Минуту назад Я повел себя беспечно. Конечно, Я знаю. Я знаю уже все ваши решения, поэтому Я знаю, Кто Я Есть, Кем Я Всегда Был и Кем Я Всегда Буду.

Как Ты можешь знать, кем я выберу быть, что делать или иметь в следующий момент, а тем более что вся человеческая раса собирается выбрать?

Просто. Ты уже совершил выбор. Все, чем ты когда-либо будешь, что когда-либо будешь делать или иметь, ты уже сделал. Ты делаешь это прямо сейчас!

Видишь ли, нет такого понятия, как время.

Об этом мы тоже уже говорили.

Это стоит повторить.

Да. Расскажи мне еще раз, как это работает.

Прошлое, настоящее и будущее — это концепции, созданные вами, реалии, которые вы изобрели, чтобы создать контекст, в котором вы сможете выстраивать свой теперешний жизненный опыт. В противном случае все события вашей (Нашей) жизни накладывались бы друг на друга.

В действительности они и накладываются — то есть происходят в одно и то же «время», — просто вы не знаете этого. Вы заключили себя в раковину восприятия, которая закрывает от вас Абсолютную Реальность.

Я подробно объяснял это во второй книге. Тебе может быть полезно перечитать ее, чтобы идеи, высказанные здесь, обрели контекст.

Я хочу подчеркнуть здесь, что все происходит одновременно. Все. Так что — да, Я действительно знаю, чем Я «буду», что Я «есть» и чем Я «был». Я всегда это знаю. То есть знаю все*.

Так что, как видишь, у тебя нет возможности Меня удивить.

Ваша история — вся земная драма — была создана для того, чтобы вы смогли познать, Кто Вы Есть, на своем собственном жизненном опыте. Вам специально помогли забыть, Кто Вы Есть, чтобы потом вы смогли вспомнить, Кто Вы Есть, снова и создать это.

Потому что я не могу *создать* то, чем я уже являюсь, если я уже переживаю то, что я есть. Я не могу создать рост шесть футов, если мой рост *уже* шесть футов. Мне нужно быть *ниже* шести футов или по крайней мере *думать, что я ниже*.

Точно. Ты превосходно все понял. И, поскольку самое сильное желание души (Бога) — переживать Себя как Создателя, а все уже было создано, у Нас не было другого выхода, как только найти способ забыть все о созданном Нами.

---

* Непереводимая игра слов: «I know this *always*. That is, *all ways*». — *Прим. перев.*

Я просто поражен, что мы нашли выход из этой ситуации. Попытки «забыть», что все мы Одно и что то Одно, которым мы являемся, — это Бог, наверное, похожи на попытки забыть, что в комнате есть розовый слон. Как нам удалось так загипнотизировать себя?

Ты только что прикоснулся к тайной причине всей физической жизни. Вас загипнотизировала жизнь на физическом уровне. И это правильно, потому что эта жизнь — невероятное приключение!

Чтобы помочь Нам забыть, Мы использовали закономерность, которую некоторые из вас назвали бы Принципом Удовольствия.

Высшая природа любого удовольствия заключена в том его аспекте, который заставляет вас создавать то, Кем Вы Действительно Являетесь, прямо здесь и сейчас — и воссоздавать то, Кем Вы Есть, снова и снова на следующем, высшем уровне великолепия. Это высшее удовольствие Бога.

Низшая природа любого удовольствия заставляет вас забыть, Кто Вы Действительно Есть. Не осуждайте низшую природу, ибо без нее вы не смогли бы испытать высшую.

Похоже, что удовольствия плоти сначала заставляют нас забыть, Кто Мы Есть, а потом становятся тем самым средством, которое помогает нам вспомнить!

Ты попал в точку. Использование физического удовольствия как средства вспомнить, Кто Вы Есть, достигается посредством поднятия через тело основной энергии всей жизни.

Эту энергию вы иногда называете сексуальной. Ее поднимают по внутреннему каналу вашего существа до точки, которую вы называете *Третьим Глазом*. Она расположена над переносицей. Поднимая энергию, вы заставляете ее курсировать по всему телу. Это похоже на внутренний оргазм.

Как это делается? Как ты делаешь это?

Подними ее мысленно. Именно так, мысленно подними ее по внутреннему пути, обозначенному точками, которые вы называете чакрами. Если жизненную энергию поднимать постоянно, у человека возникает вкус к этому опыту точно так же, как возникает сексуальный голод.

Опыт поднятия энергии очень тонкий. Он быстро становится самым желаемым опытом. И все же вы никогда не потеряете вкус к опусканию энергии — к низшим страстям, — да вам и не нужно пытаться. Потому что в жизни высшее не может существовать без низшего, как Я указывал тебе много раз. Добравшись до высшего, ты должен вернуться к низшему, чтобы снова испытать удовольствие перехода к высшему.

В этом священный ритм жизни. Вы подчиняетесь ему не только тогда, когда перемещаете энергию внутри своего тела. Вы также подчиняетесь ему, перемещая великую энергию внутри Тела Бога.

Вы воплощаетесь в низшие формы, потом развиваетесь и достигаете высших уровней сознания. Вы просто поднимаете энергию в Теле Бога. Вы *есть* эта энергия. И когда вы достигаете высшего состояния, вы испытываете его в полной мере. Затем вы решаете, что еще хотите испытать и куда в Сфере Относительности вы хотите отправиться, чтобы получить этот опыт.

Вы можете пожелать снова испытать, как вы становитесь своим Я — это действительно восхитительный опыт, — то есть заново пройти свой путь в Космическом Колесе.

Это то же самое, что «кармическое колесо»?

Нет. Никакого «кармического колеса» не существует. Во всяком случае, в таком виде, как вы его себе представляете. Многие из вас считают, что вы не живете в кармическом колесе, а крутитесь, как *белка в колесе*, отрабатывая долги прошлых поступков и героически стараясь не создать новых. Именно это некоторые из вас называют «колесом кармы». Такая концепция не очень отличается от некоторых западных теологий, потому что и в первой, и во второй парадигме людей рассматривают как ничтожных грешников, стремящихся достичь чистоты, чтобы подняться на следующий духовный уровень.

Тот опыт, который Я описал здесь, Я называю *Космическим* Колесом, потому что в нем нет ничего, связанного с ничтожеством, оплатой долгов, наказаниями или «очищением». Космическое Колесо просто описывает конечную реальность, которую вы могли бы назвать космологией Вселенной.

Это цикл жизни, который Я иногда называю *Процессом*. Такой термин наглядно описывает природу вещей, не имеющую ни начала, ни конца; он описывает непрерывную тропу от всего ко всему, по которой душа радостно путешествует через вечность.

Это священный ритм жизни, согласно которому вы перемещаете Энергию Бога.

Ух ты, мне никогда никто не объяснял это такими простыми словами! Думаю, что никогда раньше я не понимал всего этого так ясно.

Именно за ясностью ты пришел ко Мне. В ней смысл нашей беседы. Я рад, что ты достиг ее.

И правда, в Космическом Колесе нет «высшего» или «низшего». Да и как может быть? Это ведь *колесо*, а не *лестница*.

Великолепно. Великолепный образ и великолепное понимание. Поэтому не осуждайте того, что вы называете низшими, низменными, животными инстинктами человека, но благословляйте их, почитайте их как тропу, по которой и посредством которой вы найдете путь домой.

Это освободит многих людей от большого чувства вины, связанного с сексом.

Именно поэтому Я говорил: играйте, играйте, *играйте* с сексом — и со всем в жизни!

Смешивайте то, что вы называете священным, со святотатственным, ибо, пока вы не увидите ваши алтари как главное место любви, а ваши спальни — как главное место поклонения, вы ничего не увидите.

Вы думаете, что «секс» отделен от Бога? Вот что я вам скажу: *Я в ваших спальнях каждую ночь!*

Так вперед! Смешивайте то, что вы называете поверхностным, и то, что называете глубоким, чтобы увидеть, что между ними нет разницы, и испытать Все как Одно. Потом, продолжая развиваться, вы не будете считать, что отказываетесь от секса, но поймете, что просто наслаждаетесь им на более высоком уровне. Потому что все в *жизни* — СЕКС — Обмен Синергической Энергией*.

Если вы увидите это в сексе, вы увидите это во всем в жизни. Даже в ее окончании, которое вы называете «смертью». В момент своей смерти вы не будете считать, что расстаетесь с жизнью, но просто наслаждаетесь ею на более высоком уровне.

Когда вы наконец увидите, что в Божьем Мире нет отделения, что нет ничего, что не является Богом, вы расстанетесь с изобретением мужчин, которое называете Сатаной.

Если Сатана и существует, то он существует как каждая ваша мысль об отдельности от Меня. Вы не можете быть отдельными от Меня, потому что Я Есть Все Сущее.

Мужчины изобрели дьявола, чтобы при помощи страха заставить других выполнять их желания, и угрожали отделением от Бога, если их желания не будут выполнены. Осуждение, приговор к вечному огню ада были *тактикой предельного страха*. Но теперь вам больше не нужно бояться. Ибо ничто не может и ничто не будет отделять вас от Меня.

Вы и Я — Одно. Иначе и быть не может, если Я То, Что Я Есть: Все Сущее.

Зачем Мне осуждать Себя? И как Я это сделаю? Как могу Я отделить Себя от Себя, если Я Сам — Все Сущее и не существует ничего больше?

Моя цель — развиваться, а не осуждать; расти, а не умирать; испытывать, а не отказаться от опыта. Моя цель — Быть, а не прекратить Быть.

У Меня нет способа отделить Себя от вас — или от чего-либо другого. «Ад» — просто незнание этого. «Спасение» — полное знание и понимание. Теперь вы спасены. Вам больше не нужно беспокоиться о том, что случится с вами «после смерти».

---

* Англ. «S.E.X. — Synergistic Energy Exchange». — *Прим. перев.*

3

Не могли бы мы уделить минуту теме смерти? Ты сказал, что эта третья книга будет о высших истинах; о вселенских истинах. Но за все время наших бесед мы совсем немного говорили о смерти — и о том, что происходит после нее. Давай поговорим сейчас. Давай перейдем к этому.

Хорошо. Что ты хочешь знать?

Что происходит, когда человек умирает?

А что бы ты выбрал?

Ты хочешь сказать, что происходит именно то, что мы выбираем?

Неужели ты думаешь, что перестаешь создавать только потому, что умер?

Не знаю. Именно поэтому я Тебя и спрашиваю.

Справедливо. (Между прочим, ты знаешь сам, но, как Я погляжу, забыл, — и это замечательно. Все произошло по плану.)

Умирая, ты не перестаешь создавать. Это для тебя достаточно определенно?

Да.

Хорошо.

А причина, по которой ты не перестаешь создавать, когда умираешь, — в том, что ты никогда не умираешь. Не можешь. Потому что ты есть сама жизнь. А жизнь не может *не* быть жизнью. Поэтому ты не можешь умереть.

В мгновение смерти происходит вот что: ты продолжаешь жить.

Именно поэтому так много людей, которые «умерли», не верят в это — они не ощущают себя мертвыми. Напротив, они чувствуют себя (потому что так и есть) очень живыми. Отсюда путаница.

Сущность может видеть лежащее тело, все съежившееся и неподвижное; внезапно оказывается, что она движется сама по себе. Часто она ощущает, что буквально летает по комнате — или перемещается мгновенно в любое место. Если она стремится к определенной точке, то внезапно в ней оказывается.

Если душе (так мы назовем Сущность) станет интересно: «Надо же, почему мое тело не движется?» — она там и окажется, паря над самым телом и с любопытством наблюдая его неподвижность.

Если кто-то входит в комнату и душа думает: «Кто это?» — тотчас же она оказывается лицом к лицу или рядом с этим человеком.

Таким образом, в это короткое время душа узнает, что может оказаться где угодно — со скоростью своей мысли.

Душу охватывает чувство невероятной свободы и легкости. Сущности обычно требуется некоторое время, чтобы «привыкнуть» к тому, чтобы порхать вслед за каждой мыслью.

Если у человека были дети, где бы они ни были, душа его тотчас же рядом с ними, как только он о них думает. Таким образом душа узнает, что не только может оказываться где угодно со скоростью мысли, но и находиться одновременно в двух местах. Или в трех. Или в пяти.

Она может, без всяких трудностей или замешательства, существовать, наблюдать и что-то делать одновременно во всех этих местах. Затем она может снова вернуться и «собраться» воедино, просто заново сфокусировавшись.

В следующей жизни душа помнит то, что хорошо было бы запомнить в предыдущей — что все результаты создаются мыслью и что проявление является результатом намерения.

На чем я фокусирую свое намерение, то и становится моей реальностью.

Именно. Единственное отличие состоит в быстроте, с которой ты переживаешь результат. В физической жизни между мыслью и опытом может быть промежуток. В духовном мире промежутка нет; результат следует мгновенно.

Только что ушедшие души поэтому учатся выражать мысли с большой осторожностью, ведь, о чем бы они ни подумали, это становится их опытом.

Я здесь очень свободно употребляю слово «учиться»; это скорее образное выражение, чем фактическое описание. Более точным был бы термин «вспоминать».

Если бы физически воплощенные души научились контролировать мысли столь же быстро и эффективно, что и духовно воплощенные, изменилась бы вся их жизнь.

В создании индивидуальной реальности контроль мыслей — или то, что некоторые называют молитвой, — это все.

Молитвой?

Контроль мыслей — это наивысшая форма молитвы. Поэтому думай только о хороших, добродетельных вещах. Не живи в негативности и темноте. И даже в те мгновения, когда все выглядит мрачно, — особенно в эти мгновения — видь лишь совершенство, выражай лишь благодарность и воображай лишь, какое проявление совершенства выберешь в следующий раз.

Это невероятно. Это невероятный кусок информации. Спасибо за это переживание.

Спасибо за его восприятие. В некоторые моменты ты «чище», чем в другие. В какие-то мгновения ты более открыт — как только что вымытое ситечко. Оно более «открыто». Открыто больше отверстий.

Хорошая формулировка.

Делаю, что только могу.

Подведем итог: Освобожденные души быстро запоминают, что следует с большой осторожностью выражать и контролировать мысли, потому что создают и переживают все, о чем бы ни думали.

Скажу снова — то же касается душ, все еще обитающих в теле, за тем исключением, что результаты для них обычно не мгновенны. И именно промежуток «времени» между мыслью и воплощением — который может составлять дни, недели, месяцы или даже годы — создает иллюзию, что вещи происходят с тобой, не благодаря тебе. Это иллюзия, заставляющая тебя забыть, что причиной всего являешься ты.

Как уже несколько раз объяснялось, это забывание «встроено в систему». Это часть процесса. Ведь ты не можешь создавать Того, Кто Ты Есть, не забыв, Кем Ты Был. Таким образом, иллюзия, вызывающая забывание, — специально созданный эффект.

Поэтому, когда ты покинешь тело, большой неожиданностью будет мгновенная и очевидная связь между мыслями и их воплощением. Вначале шокирующая, эта неожиданность будет становиться очень приятной по мере того, как ты начнешь помнить, что в создании своего опыта служишь причиной, не следствием.

Почему *до* смерти между мыслью и созданием проходит столько времени, а после смерти никакого промедления нет?

Потому что ты работаешь в рамках иллюзии времени. Вне тела между мыслью и созданием промедления нет, потому что ты также и вне параметра времени.

Другими словами, как Ты часто говорил, времени не существует.

Не так, как ты это понимаешь. Явление «времени» — на самом деле функция точки зрения*.

Почему оно существует, пока мы в теле?

Ты его вызываешь, двигаясь в нем и принимая свою настоящую точку зрения. Ты используешь эту точку зрения как инструмент, при помощи которого можешь исследовать и наблюдать переживания более полно, выделяя их из одного происшествия в отдельные отрывки.

Жизнь — это одно происшествие, событие в Космосе, происходящее *прямо сейчас*. Оно происходит все сразу. Везде.

Нет никакого «времени», кроме *сейчас*. Нет никакого «места», кроме *здесь*. Здесь и сейчас — вот Все, Что Есть.

Ты выбрал испытывать великолепие здесь и сейчас во всех подробностях, переживать свое Божественное «Я» как создатель реальности здесь и сейчас. Было лишь два пути — два поля опыта, — чтобы это сделать. Время и пространство.

Так великолепна была эта мысль, что ты буквально взорвался от наслаждения!

В этом взрыве наслаждения было создано пространство между частями тебя и время, требующееся, чтобы перейти от одной части к другой.

Таким образом ты буквально *разорвал свое «Я» на части*, чтобы рассмотреть себя по частям. Можно сказать, что ты «разорвался на части» от счастья.

С тех пор ты постоянно собираешь эти части.

Именно это и есть вся моя жизнь! Я просто складываю вместе части, пытаясь увидеть, есть ли в них какой-нибудь смысл.

И именно благодаря средству, называемому временем, тебе удалось разделить эти части, разделить неделимое и таким образом увидеть и пережить его полнее, как бы создавая его.

Даже монолитный предмет, если посмотреть на него в микроскоп, ты увидишь совершенно не как монолитный, но как совокупность миллионов разных эффектов. Разные вещи происходят в одно и то же время и тем самым создают больший эффект. Точно так же и время ты используешь как микроскоп души.

Подумай над Притчей о Скале.

Жила-была Скала, полная бесчисленных атомов, протонов, нейтронов и субатомных частиц материи. Эти частицы беспрерывно двигались по определенному плану, и каждая из них добиралась «отсюда» «туда» за какое-то «время», но так быстро, что

---

* Perspective (англ.) — перспектива, ракурс, проекция, вид на будущее, точка зрения. — *Прим. ред.*

сама Скала казалась совершенно неподвижной. Она просто была. Она стояла, упиваясь солнцем, впитывая дождь, совершенно без движения.

— Что это движется у меня внутри? — спросила Скала.

— Это Ты, — сказал Голос Издалека.

— Я? — ответила Скала. — Но это же невозможно. Я совершенно не двигаюсь. Это видно каждому.

— Да, *издалека*, — согласился Голос. — На расстоянии, отсюда, выглядит так, словно ты монолитна, спокойна и неподвижна. Но когда я подхожу ближе — когда я очень внимательно смотрю на то, что фактически происходит, — то вижу, что все, Что Ты Есть, *движется*. Все это движется во времени и пространстве с невероятной скоростью по определенному плану, и это создает Тебя в виде вещи под названием «Скала». И это делает тебя чудом! Ты движешься и не движешься, в одно и то же время.

— Но, — спросила Скала, — что же из двух тогда иллюзорно? Единство и покой Скалы или раздельность и движение Ее частиц?

На это Голос отвечал:

— Что же тогда иллюзорно? Единство и покой Бога? Или раздельность и движение Его частиц?

И вот что скажу тебе Я: На этой Скале Я построю Свою церковь. Ибо это Скала Веков. Это вечная истина, не оставляющая неперевернутым ни одного камня. Это Я объяснил в небольшой истории. Это — Космология.

Жизнь — это последовательность мгновенных, невероятно скоростных движений. Эти движения не влияют на неподвижность и Бытие Всего, Что Есть. Но, как и с атомами этой скалы, именно движение создает покой — прямо у тебя на глазах.

На расстоянии разделенности нет. Ибо Все, Что Есть, — это Все, Что Есть, и *больше нет ничего*. Я — Неподвижный Движущийся.

Под ограниченным углом зрения на Все, Что Есть, вы видите себя отдельными и раздробленными, не как одно недвижимое существо, но много, много существ, пребывающих в постоянном движении.

Оба эти наблюдения верны. Обе эти реальности «реальны».

И когда я «умираю», то совсем не умираю, но просто смещаюсь в осознанность макрокосма — где нет «времени» и «пространства», теперь и тогда, раньше и позже.

Именно так. Ты это понял.

Посмотрим, смогу ли я это Тебе пересказать. Посмотрим, смогу ли я это описать.

Попробуй.

Под углом зрения макрокосма раздельности нет, и, если смотреть «оттуда», все частицы всего просто выглядят как Целое.

Глядя на скалу у своих ног, ты видишь скалу, тотчас же и на том же месте, как целое, полное и совершенное. Но даже если на долю мгновения удерживать эту скалу в осознании, многое происходит внутри нее — невероятное движение частиц этой скалы, и с невероятной скоростью. И что делают эти частицы? Они делают скалу скалой.

Если смотреть на эту скалу, процесса не видно. Даже если ты ее концептуально осознаешь, для тебя все это происходит «сейчас». Скала не *становится* скалой; она *есть* скала, прямо здесь — прямо сейчас.

Все же, если ты станешь сознанием одной из субмолекулярных частиц внутри скалы, то ощутишь движение с безумной скоростью, «отсюда» «туда». И если какой-то голос снаружи скалы скажет: «Все это происходит в одно и то же мгновение», ты назовешь его лжецом или шарлатаном.

Однако с точки зрения человека, находящегося на расстоянии от скалы, ложью покажется идея о том, что любая часть скалы отдельна от любой другой части и, более того, движется с безумной скоростью. С такого расстояния видно то, чего не видно вблизи, — что все Одно, что во всем этом движении *ничто не движется*.

Ты это понял. Ты это постиг. Ты говоришь — и ты прав, — что все в жизни зависит от угла зрения. Продолжая видеть эту истину, ты начнешь понимать макрореальность Бога. И ты раскроешь тайник всей Вселенной — *Все в ней есть одно*.

Вселенная — это молекула в теле Бога!

Это, фактически, не столь далеко от истины.

И именно к этой макрореальности мы возвращаемся в сознании, когда совершаем действие под названием «умирать»?

Да. И все же даже та макрореальность, к которой ты возвращаешься, — не более чем *микрореальность в еще большей макрореальности*, которая, в свою очередь, является частью *еще* большей макрореальности, — и так далее, и так далее бесконечно, и даже далее того; мир без конца.

Мы есть Бог — То, Что Есть, — в постоянном процессе творения Самих Себя, в постоянном процессе бытия тем, что мы есть сейчас: пока не перестаем быть этим и не становимся чем-то другим.

Даже скала не будет скалой вечно, но лишь «на время, кажущееся вечностью». Прежде чем быть скалой, она была чем-то другим. Она застыла в эту скалу в результате процесса в сотни тысяч лет. Однажды она была чем-то другим, и чем-то другим будет снова.

То же самое верно и о тебе. Ты не всегда был тем «тобой», какой ты сейчас. Ты был чем-то другим. И сегодня, представая в своем полном великолепии, ты поистине «снова что-то другое».

Вот это да! Это поразительно. Я хочу сказать, абсолютно поразительно! Никогда не слышал ничего подобного. Ты взял всю космологию жизни и высказал в терминах, которые я могу держать в уме. Это поразительно.

Ну спасибо. Я признателен тебе за это. Я стараюсь, как только могу.

И проделываешь дьявольски хорошую работу.

Наверное, это не совсем та фраза, которая здесь уместна.

Ой!

Шучу. Здесь, вверху, нужно немного разрядить атмосферу. Хочется немного пошалить. Фактически, Меня нельзя «оскорбить». Тем не менее твои собратья-люди часто позволяют себе оскорбляться от Моего имени.

Я это заметил. Но, возвращаясь обратно, мы, кажется, только что кое-что нащупали.

Что именно?

Все это объяснение развернулось, когда я задал один-единственный вопрос: «Как же так, что «время» существует, когда мы в теле, но его нет, когда душа освобождена?» И кажется, Ты говоришь, что время — это на самом деле *угол зрения*; что оно ни «существует», ни «прекращает существовать», но в соответствии с тем, как душа изменяет перспективу, мы по-другому переживаем предельную реальность.

Именно это Я и говорю! Ты понял.

И Ты выдвинул большее положение — о том, что в *макрокосме* душа *осознает прямую связь* между *мыслью* и *творением*; между идеями человека и его опытом.

Да, на макроуровне ты словно видишь скалу и движение внутри скалы. Нет никакого «времени» ни в движении атомов, ни в создаваемой скалой видимости. Скала «есть», даже если существует движение. По сути, благодаря этим движениям. Причина и следствие мгновенны. И движение происходит, и скала «есть», — и все «в одно и то же время».

Именно это осознает душа в мгновение, которое Ты называешь «смертью». Это просто изменение перспективы. Ты видишь больше, поэтому больше понимаешь.

После смерти ты больше не ограничен в понимании. Ты видишь скалу, ты видишь вглубь скалы. Ты будешь смотреть на то, что сейчас кажется наисложнейшими аспектами жизни, и говорить: «Разумеется». Все это будет тебе совершенно ясно.

Будут и новые тайны для размышления. По мере того как ты движешься вокруг Космического Колеса, будут проявляться все большие и большие реальности — большие и большие истины.

И если ты сможешь помнить эту истину — угол зрения создает мысли, а мысли создают все, — если ты сможешь помнить это *прежде, чем покинуть тело*, не после, *вся твоя жизнь изменится.*

И способом контролировать мысли является изменение перспективы.

Именно. Прими другой угол зрения — и ты получишь другие мысли обо всем. Таким образом ты научишься контролировать мысль, а в создании своего опыта мысль — это все.

Некоторые люди называют это постоянной молитвой.

Ты говорил это раньше, но не думаю, чтобы я когда-нибудь думал так о молитве.

Почему бы не посмотреть, что произойдет, если ты станешь это делать? Если ты представишь себе, что контролировать и направлять мысли — высочайшая форма молитвы, то будешь думать только о хороших и праведных вещах. Ты будешь обитать не в негативности и темноте, хотя и они могут окружать тебя. И в те мгновения, когда все выглядит мрачно, — может быть, именно в эти мгновения — ты будешь видеть лишь совершенство.

Ты возвращаешься к этому снова и снова.

Я даю инструменты. Этими инструментами ты можешь изменить свою жизнь. Я повторяю важнейшие из них. Снова и снова Я их повторяю, потому что повторение создаст вос-поминание — вспоминание снова, — когда тебе это будет нужнее всего.

Все происходящее — все, что произошло, происходит и будет происходить, — есть внешнее физическое проявление твоих сокровенных мыслей, решений, идей и устремлений в том, Кто Ты и Кем Ты Решаешь Быть. Поэтому не осуждай те аспекты жизни, с которыми не соглашаешься. Вместо этого стремись изменить их и сделавшие их возможными условия.

Видь тьму, но не проклинай. Лучше будь этой тьме светом и преобрази ее. И да сияет твой свет среди людей, чтобы пребывающих во тьме осиял свет твоего существа и все вы увидели наконец, Кто Вы Есть На Самом Деле.

Будь Приносящим Свет. Ибо твоему свету под силу больше, чем освещать твой собственный путь. Твой свет может быть светом, который воистину освещает мир.

Сияй же, о светлый! Сияй! Это мгновение твоей величайшей тьмы может стать твоим великолепнейшим даром. И когда одарен ты сам, тем самым ты дашь и другим несказанное сокровище: Самих Себя.

Да будет это твоей задачей, да будет это твоей величайшей радостью: снова давать людям их самих. Даже в их самый темный час. Особенно в тот час.

Мир ждет тебя. Исцели его. Сейчас же. Там, где ты есть. Ты можешь сделать многое.

Ибо Мои овцы потерялись, и их нужно найти. Уподобься же добрым пастырям и приведи их вновь ко Мне.

4

Благодарю Тебя. Благодарю за приглашение на дискуссию. Благодарю за поставленную передо мной цель. Благодарю Тебя. За то, что всегда направляешь меня туда, куда, как Ты знаешь, я и сам хочу идти. Вот почему я прихожу к Тебе. Вот почему я люблю и благословляю наши беседы. Именно в беседе с Тобой я нахожу божественное в себе и начинаю видеть его в других.

Дорогой мой, небеса радуются, когда ты говоришь это. Именно поэтому Я и пришел к тебе, и приду к любому, кто нуждается во Мне. Точно так же Я встречаюсь с теми, кто читает эти строки. Эта книга отнюдь не предназначалась для тебя одного. Она предназначается миллионам во всем мире. Она попадает в руки каждому, в самый нужный момент, подчас самым удивительным образом. Она приближает их к истине, к которой они сами стремятся, именно в данный момент их жизни.

Здесь свершается чудо: каждый из вас сам достиг этого. «Создается впечатление», что кто-то дал тебе эту книгу, привел тебя на эту встречу, вовлек тебя в беседу, однако ты сам привел себя сюда.

Итак, давай вместе исследуем те вопросы, которые беспокоят твое сердце.

Нельзя ли нам подробнее поговорить о жизни после смерти? Ты объяснял, что происходит с душой после смерти, и мне хочется узнать об этом как можно больше.

Мы будем говорить об этом до тех пор, пока ты не почувствуешь удовлетворение.

Как Я уже говорил, происходит только то, чего ты сам хочешь. И это так. Ты создаешь свою собственную реальность не только тогда, когда ты в физическом теле, но и когда ты покидаешь его.

Сначала ты можешь не осознавать этого и, значит, создавать свою реальность неосознанно. Тогда твоя жизнь будет обусловлена одним из двух энергетических полей: либо твоими бесконтрольными мыслями, либо коллективным сознанием.

Если твои бесконтрольные мысли сильнее коллективного сознания, то ты будешь осознавать ту реальность, которая создается ими. А если превалирует коллективное сознание, то определять твою реальность будет именно оно.

Нет никакой разницы в том, как ты создаешь то, что называешь реальностью своей жизни.

В жизни у тебя всегда есть выбор:

1. Позволять своим бесконтрольным мыслям управлять жизнью.

2. Позволять своему творческому сознанию управлять жизнью.

3. Позволять коллективному сознанию управлять жизнью.

И в этом ирония:

В жизни нелегко поступать сознательно, используя свое собственное осознание. В самом деле, ты часто считаешь свои взгляды ошибочными, подчиняясь внешнему влиянию, и, таким образом, уступаешь коллективному сознанию независимо от того, полезно так поступать или нет.

В первые моменты того, что ты называешь жизнью после смерти, тебе, возможно, будет нелегко подчиниться коллективному сознанию в новой среде (и во что, возможно, ты не веришь), и, таким образом, тебе захочется остаться при собственном мнении, независимо от того, полезно так поступать или нет.

Я скажу так: когда ты окружен более низким уровнем сознания, то полезнее придерживаться своего собственного понимания, а когда тебя окружает более высокое сознание, то полезнее подчиниться ему.

Следовательно, важно искать носителей более высокого сознания. Трудно переоценить влияние среды, в которой ты проводишь время.

В том, что ты называешь жизнью после смерти, тебе нечего беспокоиться, потому что тебя немедленно и автоматически окружат существа с более высоким сознанием и само высшее сознание.

Однако ты можешь не почувствовать, что тебя окружили такой любовью, не сразу это понять. Тебе, возможно, покажется, что с тобой «что-то происходит», что ты неожиданно стал баловнем судьбы. На самом деле ты находишься на том уровне сознания, на котором умер.

Некоторые из вас питают иллюзии, даже не зная об этом. Всю свою жизнь ты думаешь о том, что происходит после смерти, а когда ты «умираешь», эти мысли проявляются, и ты неожиданно осознаешь (реализуешь) то, о чем думал. Совсем как в жизни, здесь преобладают самые мощные идеи, будоражащие твой ум.

Получается, что люди могут попасть в ад. Если они всю жизнь верили, что ад, скорее всего, существует и Бог будет судить «живых и мертвых», что Он отделит «зерна от плевел», «козлищ от овец» и что они точно «попадут в

ад» за все оскорбления Бога, то они обязательно попадут туда! Они будут гореть в вечном огне проклятий! Могут ли они избежать этого? Ты неоднократно повторял в течение нашей беседы, что ада не существует. Но Ты также говоришь, что мы сами создаем свою реальность и мы в состоянии создать любую реальность с помощью наших мыслей. Значит, огонь ада и проклятье могут существовать и существуют *для тех, кто верит в них*?

Ничего не существует в Высшей Реальности, кроме того, что есть. Ты прав в том, что можешь создать любую субреальность по выбору и побывать в аду, как ты это описываешь. В течение нашей беседы Я ни разу не утверждал, что нельзя познать ад; я говорил, что ада нет. Многое из того, что ты ощущаешь, не существует, но все же ты ощущаешь это.

Невероятно. Мой друг Барнет Бейн только что выпустил фильм об этом. Именно об этом. Я пишу эти строки 7 августа 1998 года. Я делаю вставку в диалог, между строк дискуссии двухлетней давности, хотя никогда раньше этого не делал. Перед тем как послать рукопись издателю, я в последний раз перечитал ее и вдруг понял: Постой-ка! Робин Уильямс только что сделал фильм как раз о том, о чем мы здесь говорим. Он называется «Куда приводят мечты»*, и это поразительная демонстрация на киноэкране сказанного Тобой.

Я знаю об этом.

Да? Бог ходит в кино?

Бог делает кино.

Вот это да!

Конечно. Ты когда-нибудь видел фильм «О Бог»?

Конечно, но...

Ты что, думаешь, Бог лишь книги пишет?

И все же является ли фильм Робина Уильямса правдивым? Так ли все это?

Нет. Ни кино, ни книга, ни любое другое объяснение человеком Божественного опыта не будет абсолютно верным.

А как же Библия? Что, и Библия не абсолютно верна?

---

* «What Dreams May Come».

И Библия. Думаю, ты знаешь об этом.

Ну а как же эта книга? Убежден, что уж эта книга точно истинна.

Нет, мне неприятно говорить об этом, но ты пропускаешь все через свой личный фильтр. Согласен, твой фильтр истончился. Ты стал очень хорошим фильтром. Однако ты остаешься фильтром.

Знаю. Я просто захотел еще раз обсудить с Тобой этот вопрос, потому что люди относятся к подобным книгам и фильмам типа «Куда приводят мечты» как к истине в последней инстанции. Я хочу, чтобы они так не поступали.

Сценаристы и продюсеры этого фильма пытались передать необъятную истину через несовершенный фильтр. Они пытались высказать идею о том, что после смерти человек будет испытывать то, чего ожидает. Эту мысль они донесли очень эффектно. Итак, вернемся туда, где мы остановились?

Да. Хотелось бы знать, что я сам хотел понять из этого фильма. Если ада нет, а я его ощущаю, в чем же тогда, черт возьми, разница?

Не будет никакой разницы до тех пор, пока ты остаешься в созданной тобой реальности. Однако ты не сможешь создать ее навсегда. Некоторые из вас будут переживать эту реальность не более — как ты это называешь — «одной наносекунды». А поэтому, даже в глубинах своего воображения, ты не познаешь страдания или печали.

Как навсегда избавиться от убеждения, что ад существует, если я всю жизнь верил в это и считаю, что заслужил его своими поступками?

С помощью знания и понимания. Так же как в этой жизни каждый последующий момент рождается из нового понимания, полученного от предыдущего момента, так и в том, что ты называешь жизнью после смерти, новый момент будет базироваться на осознании старого.

Одно ты поймешь быстро — у тебя всегда будет выбор относительно того, что ты хотел бы пережить. Это происходит потому, что результаты в потусторонней жизни проявляются мгновенно и ты не сможешь избежать связи между твоими мыслями и последствиями, к которым они приводят.

Ты осознаешь, что сам создаешь свою реальность.

Это объясняет, почему жизнь некоторых людей полна счастья, а других — страхов; у одних опыт обширный, а у других его практически нет. Это также объясняет наличие столь разных рассказов о том, что происходит после смерти.

Некоторые, пережив клиническую смерть, наполняются миролюбием и любовью, у них навсегда исчезает страх смерти; другие же возвращаются к жизни очень испуганными, они убеждены, что повстречались с темными силами зла.

Душа реагирует на самые мощные идеи ума, воссоздает их в своем собственном опыте.

Некоторые души на некоторое время остаются в той реальности, делая ее очень убедительной, подобно тому, что они испытывали, находясь еще в теле, хотя эта реальность фиктивна и непостоянна. Другие души быстро приспосабливаются, адекватно отражая реальность, начинают генерировать новые идеи, мгновенно переходя в новые реальности.

Ты имеешь в виду, что после смерти нет ничего определенного? Нет вечной истины, существующей независимо от ума? Продолжаем ли мы создавать мифы и легенды, ложные переживания даже после смерти, перейдя в следующую реальность? Когда же мы освобождаемся от этих оков? Когда же мы познаём истину?

Тогда, когда ты захочешь сам. Вот главная мысль фильма Робина Уильямса.

Об этом мы и говорим здесь. Ее получат те, у кого есть единственное желание — найти вечную истину всего сущего, познать великие тайны, пережить величайший опыт.

Да, существует одна Великая Истина, существует Конечная Реальность. Однако ты всегда будешь иметь то, что выбираешь, независимо от этой реальности, это точно, потому что реальность в том, что ты — божественное создание и ты божественно творишь свою реальность по мере того, как проживаешь ее.

Однако если ты захочешь прекратить создавать свою собственную, личную реальность и начнешь понимать и проживать большую, единую реальность, то у тебя всегда будет возможность сделать это мгновенно.

Те, кто «умирают» в таком выборе, в таком желании, в такой готовности и в таком понимании, сразу начинают чувствовать Единение. Другие познают это только там и тогда, когда захотят.

Точно так же происходит, когда душа находится в теле.

Все дело в желании, твоем выборе, твоем творении и, в конце концов, в создании несоздаваемого, то есть в твоем познании того, что уже было создано.

Это Созданный Создатель. Неподвижный Движитель. Это альфа и омега, прошлое и будущее, *сейчас и всегда* всего того, что ты называешь Богом.

Я не покину тебя, но и не буду навязывать Себя тебе. Я так никогда не делал и делать не буду. Ты можешь вернуться ко Мне в любой момент. Сейчас, когда ты находишься в теле, — или покинув его. Можешь вернуться к Единению и отказаться от своей индивидуальности тогда, когда захочешь, и так же ты можешь воссоздать свою индивидуальность тогда, когда пожелаешь.

Ты можешь стать кем угодно из Всего Сущего, в микроскопическом виде или гигантском. Можешь стать микрокосмом или макрокосмом.

Я могу захотеть стать элементарной частицей или камнем.

Да. Так и будет.

Когда ты находишься в человеческом теле, ты проживаешь опыт малого, а не большого; то есть части микрокосма (хотя это ни в коем случае не самая его мельчайшая частица). Когда же ты покидаешь тело (перейдя в то, что некоторые называют «миром духа»), то ты гигантскими прыжками расширяешь свои возможности. Тебе покажется, что ты знаешь все; можешь быть всем. У тебя появится макрокосмический взгляд на вещи, и ты поймешь то, что не понимал раньше.

Ты поймешь также еще кое-что: существует еще больший макрокосм. То есть неожиданно осознаешь, что Все Сущее много больше, чем твоя собственная реальность. Это сразу наполнит тебя благоговением и предвкушением, удивлением и волнением, радостью и восторгом, потому что ты тогда будешь знать и понимать то, что знаю и понимаю Я: игра никогда не заканчивается.

Доберусь ли я когда-нибудь до настоящей истины?

После «смерти» ты сможешь получить ответ на любой вопрос и задавать такие вопросы, о существовании которых ранее даже не догадывался. Ты сможешь вступить в единение со всем сущим. У тебя будет право выбирать, кем быть, что делать и как поступать дальше.

Хочешь вернуться в только что покинутое тело? Хочешь опять побыть в виде человека, но в другом теле?

Хочешь оставаться там, где сейчас находишься, — в «мире духа», на данном уровне реальности? Хочешь идти, продвигаться вперед в области знания и опыта? Хочешь «полностью отказаться от индивидуальности» и стать частью Единения?

Что ты выбираешь? *Что* ты выбираешь? Что ты *выбираешь*?

Я всегда буду задавать тебе этот вопрос. Это вечный вопрос Вселенной. Вселенная не знает ничего, кроме как выполнить твое сокровенное желание, самое дорогое желание. И действительно, она делает это каждую секунду, каждый день. Разница между тобой и мной заключается в том, что ты не осознаешь этого.

Сознаю Я.

Скажи... Смогут ли мои родственники, мои любимые встретиться со мной после моей смерти и помочь мне разобраться в том, что происходит, как об этом некоторые заявляли? Смогу ли я воссоединиться с теми, кто «ушел раньше»? Сможем ли мы вечно быть вместе?

А чего хочешь ты? Хочешь, чтобы так было? Значит, так и будет.

Ну хорошо. Я в замешательстве. Правильно ли я Тебя понял, что у каждого есть свобода выбора и эта свобода остается и после смерти?

Да, ты понял правильно.

Если это так, то свобода выбора моих любимых должна будет совпасть с моей, у них должны быть такие же мысли и желания, как у меня, иначе они не придут ко мне, когда я умру. Далее, если я захочу провести остаток вечности с ними, а кто-то из них захочет уйти? Может, один из них захочет возвыситься, чтобы обрести Единение, как Ты это называешь. Тогда что?

Во Вселенной ты не найдешь противоречия. Что-то может показаться противоречивым, но это не так. Если возникнет ситуация, которую ты только что описал (между прочим, это очень хороший вопрос), то вы оба будете иметь право выбора.

Оба?

Оба.

Можно вопрос?

Давай.

Спасибо. Как...

Что ты думаешь о Боге? Думаешь ли ты, что Я нахожусь в одном, и только в одном, месте?

Нет. Я думаю, что Ты одновременно находишься во многих местах. Я думаю, что Бог вездесущ.

Здесь ты прав. Нет места, где Я не был бы. Тебе это понятно?

Думаю, да.

Хорошо. Что тебя заставляет думать, что к тебе это не относится?

Потому что Ты — Бог, а я — простой смертный.

Ясно. Все еще цепляешься за этого «простого смертного».

Хорошо, хорошо... представим ради поддержания разговора, что я тоже Бог или, по крайней мере, сделан из той же субстанции, что и Бог. Тогда, как Ты говоришь, я тоже буду всегда и везде?

Это всего лишь вопрос того, какой выбор сделает сознание в своей реальности. В мире, который ты называешь «духовным», ты можешь испытать то, что представляешь. Если сейчас ты хочешь быть одной душой, в одном месте, в одно «время», то ты это делаешь. Но если ты захочешь, чтобы твой дух стал больше, то это ты тоже сделаешь. Твой дух действительно может быть там, где ты захочешь, и в любое «время». Честно говоря, это происходит потому, что есть только одно «время» и одно «место» и ты всегда внутри этого целого. Таким образом, ты можешь по желанию прожить любую часть или части Всего, и в любой момент.

А что, если я захочу, чтобы мои родственники были со мной, а кто-то захочет стать «частицей Всего» где-нибудь еще? Тогда что?

Ты и твои родственники не смогут не захотеть одного и того же. Ты и Я, твои родственники и Я — все мы одно и то же.

Твое желание — это выражение Моего желания, потому что ты — это просто Я, проявляющий то, что называется желанием. Следовательно, то, чего желаешь ты, желаю и Я.

Опять же, твои родственники и Я — одно и то же. Значит, они хотят того же, что и Я. Отсюда следует, что твои родственники желают того же, что и ты.

На Земле каждый хочет одного и того же. Это так. Вы хотите мира. Вы хотите процветания. Вы хотите радости. Вы хотите успеха. Вы хотите удовлетворения и самовыражения в работе, любви в жизни, здоровья в теле. Вы все хотите одного и того же.

Думаете, что это совпадение? Это не так. Именно так течет жизнь. Я тебе объясняю это прямо сейчас.

Земля отличается от того, что ты называешь миром духа, лишь тем, что на Земле каждый, желая одного и того же, имеет свое собственное представление о его достижении. Таким образом, вы все идете в разных направлениях в поисках одного и того же!

Эти различные идеи приводят к различным результатам. Эти идеи можно назвать твоими Направляющими Мыслями. Мы об этом уже говорили ранее.

Да, в книге 1.

«Я несовершенен» — эта мысль присуща многим из вас. Где-то глубоко внутри многие считают, что им просто недостает чего-то. Недостает чего-нибудь.

Недостает любви, недостает денег, недостает еды, недостает одежды, недостает крыши над головой, недостает для жизни хороших идей, и, естественно, недостает себя самих.

Эта Направляющая Мысль заставляет тебя применять все виды стратегии и тактики в поисках того, чего, как вы считаете, вам «недостает». Ты бы сразу отбросил эти поиски, если бы четко осознавал, что у тебя все есть... Все, что пожелаешь.

Твои идеи о «недостаче» исчезают в том, что ты называешь «небесами», ведь там ты осознаешь, что ты един со своими желаниями.

Ты осознаешь, что тебе уже не нужно столько. Ты осознаешь, что можешь быть в нескольких местах одновременно в любой момент «времени», поэтому нет необходимости не желать того, что желает твой брат, не выбрать того, что выбирает твоя сестра. Если они хотят, чтобы ты присутствовал при их смерти, то сама мысль о тебе призовет тебя к ним, и у тебя не будет причины не мчаться к ним, потому что твоя поездка к ним ничего тебе не будет стоить.

Это состояние, в котором просто нет причин ответить «нет», в котором Я находился во все времена.

Ты слышал это и раньше, и это истина: Бог никогда не говорит «нет».

Я всегда даю тебе именно то, что ты хочешь. Точно так же как Я поступал с самого создания мира.

Ты действительно даешь каждому то, что он хочет в любое время?

Да, мой дорогой, даю.

Твоя жизнь — это отражение твоих желаний и того, что, по твоему мнению, ты мог бы иметь при их исполнении. Если ты не веришь в то, что смог бы что-то иметь, то я тебе и не даю этого, несмотря на самое жгучее желание, потому что не буду разрушать твое собственное представление об этом. Я *не могу*. Это закон.

Неверие в то, что ты *можешь* иметь что-то, равносильно отказу от желания, так как это приводит к тому же результату.

Однако мы на Земле не можем иметь все, чего хотим. Например, мы не можем быть в двух местах одновременно. Есть еще многое, чего бы нам хотелось, но мы не можем этого иметь, поскольку на Земле мы все очень ограничены.

Я знаю, что ты так думаешь, значит — это твой путь, так как единственная истина — ты всегда получаешь то, что надеешься получить.

Таким образом, если ты говоришь, что не можешь быть одновременно в двух местах, значит, так и будет. Но если ты уверен, что можешь быть везде со скоростью мысли и даже проявиться в физической оболочке в нескольких местах одновременно в любое заданное время, то так оно и будет.

Знаешь, вот здесь я уже ничего не понимаю. Мне хочется верить, что эта информация идет прямо от Бога, но, когда Ты говоришь такие вещи, я схожу с ума, просто потому, что не могу в это поверить. Понимаешь, я не думаю, что то, что Ты говоришь, правда. Опыт человека еще не доказал такого.

Все наоборот. Известно, что святые и мудрецы во всех религиях делали и то, и другое. Требует ли это такой сильной веры? Веры чрезвычайного уровня? Уровня веры, достигнутого кем-то одним за тысячи лет? Да. Невозможно ли это? Нет.

Как мне создать такую веру? Как достичь такого уровня веры?

Ты не можешь быть где-то. Ты можешь быть только здесь. Я не пытаюсь играть словами. Это так. Этого уровня веры, назову его Полное Знание, не стоит пытаться достичь. Наоборот, если ты попытаешься достичь его, то не получишь его. Потому что ты уже являешься им. Ты просто есть это Знание. Ты — уже это сущее.

Такое существование исходит из состояния полной _осознанности_. Оно может исходить _только_ из этого состояния. Если ты _пытаешься_ стать осознающим, ты не станешь им.

Это похоже на то, как если бы ты пытался «быть» шести футов роста при росте в четыре фута и девять дюймов. Твой рост не может быть шесть футов. Ты станешь шестифутовым тогда, когда вырастешь _до_ этого уровня. Когда у тебя _будет_ шесть футов, ты сможешь делать все, что делают другие шестифутовые люди.

Так что «не пытайся верить» в то, что ты можешь сделать сейчас то же самое. Вместо этого пытайся подняться до уровня полного осознания. Тогда вера будет уже не нужна. Полное Знание будет творить чудеса.

Однажды во время медитации я ощутил чувство полного единения, полного осознания. Это было восхитительно. Я был в экстазе. С тех пор я пытаюсь пережить это состояние снова. Я сижу в медитации, пытаясь обрести полное осознание. И у меня больше ни разу не получилось. По этой причине, не правда ли? Ты говоришь, что, пока я ищу что-нибудь, я не смогу получить это, потому что мой поиск уже является доказательством того, что я не имею этого. Эту же мудрость Ты пытался донести до меня в течение всей нашей беседы.

Да, да. Сейчас ты понял это. Тебе стало понятнее. Поэтому мы продолжаем ходить кругами. Поэтому мы повторяем темы, снова обращаемся к ним. Может, до тебя дойдет с третьей, четвертой, пятой попытки.

Ну что же, я рад, что задал этот вопрос, потому что это могло стать источником опасности, эти заявления о том, что «можно быть одновременно в нескольких местах» или «можно делать все, что захочешь». Как раз подобные мысли заставляют людей прыгать с Эмпайр Стэйт Билдинг с криком: «Я Бог! Посмотрите! Я могу летать!»

Я бы предпочел на их месте быть в состоянии полной осознанности, прежде чем делать это. Если ты решил доказать себе, что ты — Господь, демонстрируя это другим, то ты сам не знаешь, кто ты на самом деле, и это «незнание» проявится в твоей жизни. Короче говоря, ты рухнешь вниз.

Бог никому не доказывает Свое существование, потому что у Бога нет в этом необходимости. Он есть, и этим все сказано. У тех, кто чувствует единение с Богом, или тех, кто хранит Бога внутри, нет ни необходимости, ни стремления доказывать это кому-то и — меньше всего — себе.

И было так, что, когда толпа с издевкой кричала: «Если ты Сын Божий, то сойди с креста!», человек по имени Иисус не стал ничего предпринимать.

Однако через три дня, спокойно и беспрепятственно, когда не было ни толпы, ни свидетелей, которым нужно что-то доказывать, Он сделал нечто более удивительное — с тех пор мир не умолкает об этом.

И в этом чуде твое спасение, ибо тебе показали правду не только об Иисусе, но о самом себе; и, следовательно, тебя можно спасти от лжи о себе, которую тебе сообщили и которую ты принял за правду.

Бог всегда приглашает тебя к высшему самоуважению.

На твоей планете сейчас немало людей, проявивших чудеса уверенности в себе, появляясь и исчезая, заставляя появляться и исчезать физические предметы. Они «всегда жили» в теле или возвращались к телу и продолжали жить, и все это, все это стало возможным благодаря их вере. Благодаря их знанию. Благодаря тому, что они абсолютно четко видели окружающий их мир и знали, каким он был задуман.

И хотя в прошлом люди в телах землян совершали подобные действия, и вы называли это чудом, а самим им поклонялись как святым и спасителям, они такие же святые и спасители, как и вы. Вы все — святые и спасители. Именно это послание они несли вам.

Как мне поверить в это? Хочу поверить в это всем моим сердцем, но не могу. Просто не могу.

В это нельзя поверить. Это можно только *знать*.

Как я могу это знать? Как мне прийти к этому?

Что бы ты ни выбрал для себя самого — отдай это другому. Если сам не можешь к этому подойти, то помоги в этом другому. Сообщи кому-нибудь, что у них все есть. Похвали их за это. Окажи им честь за это.

В этом ценность гуру. Вот в чем дело. На Западе было много негативных эмоций вокруг слова «гуру». Оно стало почти пренебрежительным. Быть «гуру» — все равно что быть шарлатаном. Быть преданным гуру — все равно что отдать свою энергию. То, что ты видишь в другом, ты сможешь распознать и в себе. Это внешнее отражение твоей внутренней реальности. Это внешнее доказательство твоей внутренней правды. Правды твоего существования.

Эта правда передается тобой в книгах, которые ты пишешь.

Не считаю себя автором этих книг. Я считаю Тебя, *Бога*, писателем, а себя — простым писцом.

Бог — это автор... *такой же, как ты*. Нет никакой разницы, кто их пишет — ты или Я. До тех пор пока ты будешь думать, что разница есть, ты будешь упускать смысл написанного. Большинство людей не осознали учения. Поэтому Я шлю к вам новых учителей, еще больше учителей, но с тем же посланием, что и раньше.

Я понимаю твое нежелание принять учение как свою собственную истину. Если бы ты ходил повсюду с заявлением о том, что ты един с Богом, или даже его частью, — устно или письменно озвучивая эти слова, то мир так бы и не понял, кто ты такой.

Люди могут из меня сделать кого угодно. Одно я знаю точно: я не заслуживаю быть проводником информации, полученной здесь, а также и во всех этих книгах. Я не чувствую, что подхожу для роли посланника Истины. Я работаю над этой третьей книгой, но я даже до выхода ее в свет знаю, что со всеми совершенными мною ошибками, всеми моими эгоистичными поступками я не достоин быть избранным из всех людей, чтобы стать посланником этой великолепной истины.

Хотя, возможно, это — величайшее послание этой трилогии: Бог остается невидимым для человека, но общается со всеми, даже с самыми недостойными среди нас. Потому что если Бог заговорит со мной, то Он обратится прямо к сердцу каждого мужчины, женщины и ребенка — к каждому, кто ищет истину.

Значит, у нас всех есть надежда. Нет ни в ком из нас чего-то столь ужасного, чтобы Бог покинул нас, такого непростительного, чтобы Бог отвернулся от нас.

И ты в это веришь, в то, что сейчас написал?

Да.

Тогда пусть так и остается, пусть для тебя так и будет.

Но Я скажу тебе вот что. Вы достойны. Каждый достоин. Недостойность — самое сильное проклятье человечества. Свое чувство достоинства вы строите на основании прошлого, тогда как Я строю его на основании будущего.

Будущее, будущее, всегда будущее! Вот где твоя жизнь, а не в прошлом. В будущем. Вот где твоя правда, а не в прошлом.

Сделанное тобой совсем не важно по сравнению с тем, что тебе предстоит сделать. Твои промахи незначительны по сравнению с тем, что тебе еще предстоит создать.

Я прощаю твои ошибки. Все ошибки. Я прощаю твои неумные страсти. Все страсти. Я прощаю твои ошибочные понятия, твое неверное понимание, обидные поступки, эгоистичные решения. Все.

Другие могут тебя не простить, а Я прощаю. Другие могут не отпустить тебе грехи, а Я отпускаю. Другие могут не позволить тебе забыть о содеянном зле, измениться, стать другим, а Я позволяю. Ибо Я знаю, что ты не тот, каким был, а тот, какой ты сейчас, и всегда будешь таким, как сейчас.

За минуту грешник может стать святым. За одну секунду. За одно дыхание.

Нет такого понятия, как «грешник», ибо нельзя согрешить против Меня, ты — частица Меня Самого. Поэтому Я говорю, что «прощаю» тебя. Эта фраза кажется тебе понятной, поэтому Я использую ее.

Если честно, Я не прощаю тебя и никогда не буду прощать за что-то. В этом нет необходимости. Не за что прощать. Но Я могу освободить тебя. И Я это делаю. Сейчас. Снова. Как часто Я делал в прошлом, через учения столь многих учителей.

А почему мы о них ничего не слышали? Почему мы не поверили в это, в Твое великое обещание?

Потому что ты не можешь поверить в доброту Бога. Тогда забудь о вере в Мою доброту. Вместо этого верь в простую логику.

Причина, по которой Мне не нужно прощать тебя, заключается в том, что ты не можешь ни обидеть Меня, ни ранить, ни уничтожить. Несмотря на это, ты думаешь, что в состоянии оскорбить Меня и даже ранить. Какая иллюзия! Какое забавное заблуждение!

Мне невозможно причинить вред каким-нибудь образом. Я бессмертен. Тот, Кого нельзя обидеть, не будет обижать и Сам.

Тебе понятна логика, стоящая за истиной, — Я не проклинаю, не наказываю, не прибегаю к возмездию. В этом нет необходимости, потому что Меня невозможно ни оскорбить, ни обидеть, ни ранить.

То же касается и тебя. И других тоже, хотя тебе и всем кажется, что тебя можно оскорбить, обидеть и ранить, как это бывало в прошлом.

Тебе хочется мстить, так как тебе кажется, что тебя обидели. Ты чувствовал боль, и тебе снова нужна боль как возмездие за обиду. Может ли восторжествовать справедливость, если нанести другому рану? Ты полагаешь, что если тебя обидели, то ты имеешь полное и справедливое право ответить тем же? Ты порицаешь подобное отношение к людям, но себе позволяешь это для торжества твоей собственной справедливости?

Это безумие. В этом безумии ты не видишь, что все люди чувствуют себя творцами справедливости, причиняя боль другим. Свои действия человек считает справедливыми — при условии, что он этого хочет и к этому стремится.

Ты считаешь, что стремления и желания других порочны. А они так не считают. Ты можешь отвергнуть их модель мира, с их морально-этическим подходом, с их религиозными воззрениями, с их решениями, выбором, действиями... но они держатся за них, строят на них свои ценности.

Ты называешь эти ценности «ложными». Но кто сказал, что твои ценности истинны? Только ты. Твои ценности истинны, потому что ты так сказал. Даже это было бы разумно, если бы ты держал свое слово, однако ты постоянно меняешь свое мнение о том, что «правильно», а что «ложно». Это делают и люди, и общества.

То, что в твоем обществе считалось «правильным» десять лет назад, сегодня считается «вредным». То, что ты считал вредным в недалеком прошлом, сегодня ты называешь правильным. Кто же может сказать, что правильно, а что вредно? Как можно отличить картежников без карт в руках?

И все же мы осмеливаемся судить друг друга. Мы осмеливаемся проклинать, потому что кто-то не смог изменить свои идеи по нашему образцу того, что правильно, а что ложно. Ух. Мы действительно непонятные существа. Мы сами не в состоянии понять, что правильно, а что нет.

Проблема не в этом. Проблема не в том, чтобы поменять свои представления о правильном и ложном. Вы *должны* меняться, чтобы расти. Изменение — продукт эволюции.

Нет, проблема не в том, что ты изменился или твои представления поменялись. Проблема в том, что многие из вас настаивают, что их сегодняшние ценности совершенны и все должны их придерживаться. Некоторые из вас стали непогрешимыми ханжами.

Придерживайся своих убеждений, если они тебе помогают. Держись. Не шарахайся в стороны. Потому что твои понятия «правильного» и «ложного» отражают Того, Кто Ты Есть. Нельзя требовать от других жить по твоим меркам. Не застревай глубоко в твоих сегодняшних идеях и привычках, это тормозит процесс эволюции.

Хотя... тебе это не удастся, даже если бы ты этого хотел: жизнь продолжается, с тобой или без тебя. Все изменяется, ничего вечного нет. Не меняться — значит не двигаться. А не двигаться — значит умереть.

В жизни все движется. Даже скалы наполнены движением. Все движется. *Все*. Нет ничего, что бы не двигалось. Следовательно, сам факт движения означает, что ничто не остается неизменным от одного мгновения до другого. *Ничто*.

Не поддаваться изменениям или стремиться к этому означает двигаться против законов жизни. Это неразумно, потому что это — борьба, и жизнь всегда победит.

Поэтому меняйся! Да, меняйся! Меняй свои понятия о правильном и неправильном. Меняй свое разумение этих понятий. Меняй свои структуры, рамки, модели, теории.

Пусть поменяется даже самая глубокая истина. Сам меняй ее, ради всего святого. Я это говорю буквально. Сам меняй ее, *ради всего святого*. Потому что ты растешь при изменении представления о самом себе. Твоя новая идея о самом себе ускорит эволюцию. Твои новые КТО, ЧТО, ГДЕ, КОГДА, КАК и ПОЧЕМУ отгадывают загадку, распутывают клубок, заканчивают рассказ. Тогда ты сможешь начать новую историю, еще прекраснее.

Твоя новая идея обо *всем* этом — это восторг, созидание, проявление Бога в тебе, Его полная реализация.

Независимо от того, насколько хороши теории, они всегда могут быть еще лучше. Независимо от того, насколько хороши, по-твоему, твои религиозные постулаты, твоя идеология, твоя космология, — они могут быть еще более удивительными. Потому что еще «есть многое на небе и земле, что и не снилось нашим мудрецам».

Следовательно, надо быть открытым. Будь ОТКРЫТЫМ. Не отгораживайся от новой идеи лишь потому, что тебе было уютно со старой. Жизнь начинается на границе твоего комфорта.

Не спеши судить других. Старайся не судить, ибо проступки человека еще вчера были твоей добродетелью; его промахи повторяют твои прошлые ошибки, исправленные сейчас; его предпочтения и решения, такие «оскорбительные, вредные, эгоистичные и непростительные», похожи на вчерашние твои.

Именно тогда, когда ты «представить себе не можешь», как этот человек «смог так поступить», ты забываешь, откуда ты сам и куда вы оба направляетесь.

Тем же, кто считает себя порочным, кто считает себя ничего не стоящим и неисправимым, Я скажу так: среди вас нет ни одного потерянного и никогда не будет. Потому что вы все, все, находитесь в процессе становления. Вы все, все, проходите через процесс эволюции.

Так Я материализуюсь.

Через вас.

5

Я вспоминаю молитву, которой научили меня, когда я был ребенком. «Господи, я не достоин того, чтобы Ты вошел под мою крышу. Но произнеси лишь слово, и моя душа исцелится». Ты произнес эти слова, и я почувствовал, что исцелился. Мне больше не кажется, что я ничего не стою. Ты знаешь, как заставить меня почувствовать, что я чего-то стою. Если бы я мог принести что-нибудь в дар всем человеческим существам, мой дар состоял бы именно в этом.

Ты приносишь им такой дар, передавая нашу беседу.

Мне хотелось бы продолжать это делать, когда наша беседа будет закончена.

Эта беседа никогда не будет закончена.

Хорошо, значит, когда будет завершена эта трилогия.

Найдутся другие способы.

Если так, я очень счастлив. Потому что это тот дар, который жаждет принести моя душа. У каждого из нас есть что-то такое, что он может дарить. Мне хотелось бы, чтобы это было моим даром.

Значит, иди и дари. Старайся, чтобы каждый, чья жизнь соприкоснется с твоей, ощутил, что он чего-то стоит. Пусть каждый почувствует, что ему нет цены просто потому, что он человек, пусть испытает восторг, осознав, кто он есть. Пусть это будет твоим даром, и ты исцелишь мир.

Я смиренно прошу Твоей помощи.

Ты всегда ее получишь. Ведь мы друзья.

Но я люблю беседовать с Тобой, и мне хотелось бы задать вопрос о том, о чем Ты уже говорил раньше.

Я здесь.

Говоря о «жизни между жизнями», Ты сказал: «Когда бы ты ни захотел, ты сможешь вос-создать переживания своего я». Что это значит?

Это значит, что в любой момент, когда ты захочешь, ты можешь появиться из Всего Сущего как новое «я» или как то же самое «я», каким ты был раньше.

Ты хочешь сказать, я могу сохранить свое индивидуальное сознание, свое осознание «себя» и вернуться к нему?

Да. Всякий раз ты можешь иметь тот опыт, какой пожелаешь.

И я смогу вернуться в эту жизнь — на Землю — тем же человеком, каким был до своей «смерти»?

Да.

Во плоти?

Ты слышал об Иисусе?

Да, но я не Иисус, я никогда не утверждал, что похож на Него.

Но разве Он не говорил: «Вы тоже будете делать все это и многое другое»?

Да, но я не думаю, чтобы Он имел в виду чудеса, подобные этому.

Очень жаль, что ты так не думаешь. Ибо Иисус был не единственным, кто восстал из мертвых.

Он не был единственным? Другие тоже восставали из мертвых?

Да.

Боже мой, но это же богохульство.

Богохульство в том, что кто-то еще, кроме Христа, восставал из мертвых?

Да, найдутся люди, которые скажут, что это так.

Значит, эти люди никогда не читали Библии.

Библии? *Библия* утверждает, что кто-то, кроме Иисуса, вернулся в свое тело после смерти?

Ты когда-нибудь слышал о Лазаре?

О, это несправедливо. Это сила Христа *подняла* его из мертвых.

Совершенно верно. И ты считаешь, что «сила Христа», как ты ее называешь, приберегалась только для Лазаря? Для одного человека за всю историю?

Подобная точка зрения мне не приходила в голову.

Говорю тебе: много было тех, кто восстал из «мертвых». Много было «вернувшихся к жизни». Это происходит каждый день, прямо сейчас, в ваших больницах.

Ну, хватит. Это опять несправедливо. Это медицина, а не теология.

О, понимаю. К чудесам, которые происходят сегодня, Бог не имеет никакого отношения, только к тем, что происходили вчера.

Хмм... хорошо, я просто привел техническое обоснование. Но *никто не восстал из мертвых сам, как это сделал Иисус!* Никто не вернулся из «мертвых» *таким* путем.

Ты уверен?

Да... почти уверен...

Ты когда-нибудь слышал о Махаватаре Бабаджи?

Я не думаю, что мы должны привлекать к этому восточных мистиков. Масса людей не верит подобной чепухе.

Понимаю. И, конечно, они не могут ошибаться.

Объясни мне это прямо. Ты хочешь сказать, что души могут возвращаться из так называемой «смерти» в виде духа или, если они этого хотят, в физическом теле?

Теперь ты начинаешь понимать.

Хорошо, тогда почему этого не делает больше людей? Почему мы не слышим об этом каждый день? О подобных явлениях должны были бы сообщать по всему миру.

На самом деле это делают очень многие, возвращаясь в виде духов. И, должен признать, лишь немногие решают вернуться в тело.

Ха! Вот что! Я понял! *Но почему?* Если это так легко, *почему этого не делает больше душ?*

Дело не в том, легко это или трудно, дело в желании.

То есть?

То есть редко какая душа хочет вернуться в ту же физическую форму, в какой находилась раньше.

Если душа решает вернуться в тело, она почти всегда возвращается в другое тело, непохожее. Таким путем она начинает новую программу, накапливает новые воспоминания, пускается в новые приключения.

Как правило, души покидают тело, потому что они с ним покончили. Они завершили то, что было связано с этим телом. Они испытали то, что хотели испытать.

А что Ты скажешь о тех, кто погиб в результате несчастного случая? Они тоже завершили свой опыт или он был «прерван»?

Ты до сих пор воображаешь, что люди умирают из-за несчастного случая?

Ты хочешь сказать, что это не так?

Ничто в этой Вселенной не происходит из-за несчастного случая. Не существует такого понятия, как «несчастный случай», точно так же как не существует такого понятия, как «совпадение».

Если бы я мог убедиться в том, что это правда, я бы никогда не оплакивал тех, кто умер.

Оплакивать их — последнее, чего бы они от тебя хотели.

Если бы ты знал, где они находятся и что это их собственный решительный выбор, ты бы *праздновал* их уход. Если бы ты испытал хотя бы на мгновение то, что вы называете жизнью после смерти, придя к этому с самыми высокими мыслями о себе и о Боге, ты бы улыбался до ушей на их похоронах и сердце твое исполнялось бы радостью.

Мы оплакиваем на похоронах *свою* потерю. Мы изливаем свою грусть, потому что знаем: мы никогда не увидим этого человека опять, никогда не сможем к нему прикоснуться, обнять, взять за руку, не сможем быть с тем, кого мы любили.

И это оправданный плач. Вы отдаете должное своей любви и своим любимым. Но даже это оплакивание было бы коротким, если бы вы знали, какие великолепные реальности и удивительные переживания ожидают счастливую душу, покидающую тело.

На что она похожа, жизнь после смерти? Расскажи мне об этом.

Существуют вещи, которые нельзя раскрывать — не потому, что Я предпочитаю этого не делать, а потому, что в твоем нынешнем состоянии, на том уровне понимания, на котором ты сейчас находишься, ты не способен понять то, что тебе будет сказано. И все же есть много такого, что можно сказать.

Как мы уже говорили, в том, что ты называешь жизнью после смерти, ты можешь делать одно из трех — точно так же как и в жизни, которую ты проживаешь сейчас. Ты можешь подчиниться тому, что создают твои неконтролируемые мысли, ты можешь накапливать жизненный опыт, исходя из сознательного выбора, или же можешь руководствоваться коллективным сознанием Всего, Что Существует. Этот, последний случай называется Воссоединением или Соединением с Единым.

Если бы вы пошли первым путем, большинство из вас не смогли бы следовать этому пути слишком долго (в отличие от того, как вы поступаете на Земле), потому что в тот момент, когда вам не будет нравиться то, что вы испытываете, вы будете создавать новую, более приятную действительность, просто остановив свои негативные мысли.

Поэтому вы никогда не узнаете, что такое «ад», которого вы так боитесь, пока испытать его не станет вашим собственным выбором. И даже в этом случае вы будете «счастливы», потому что вы получили то, что хотели. (Гораздо больше людей, чем ты думаешь, «счастливы» быть «жалкими».) Так что вы будете переживать «ад» до тех пор, пока не решите, что с вас довольно.

Большинство из вас уже в первое мгновение поспешит уйти от подобных переживаний и создать что-то новое.

Вы можете исключить ад из своей жизни на Земле точно таким же способом.

Если вы пойдете вторым путем и будете сознательно создавать свой жизненный опыт, вы, без сомнения, попадете «прямо в Царство Небесное», потому что это то, что будет создавать каждый, кто в это верит и имеет свободный выбор. Если вы не верите в Царство Небесное, вы будете испытывать то, что вы хотите испытать, — и в тот момент, когда вы это поймете, ваши желания начнут становиться все чище и лучше. И тогда вы *поверите* в Царство Небесное!

Если вы пойдете третьим путем и подчинитесь тому, что создает коллективное сознание, вы быстро придете к всеобщему приятию, всеобщему спокойствию, всеобщей радости, всеобщему осознанию, всеобщей любви, поскольку именно это и есть сознание коллектива. Потом вы станете одним целым с Единым, и не будет ничего, кроме Того, Что Вы Есть, — то есть Всего, Что Было Вечно, — пока вы не решите, что должно быть что-то еще. Это нирвана, ощущение «одного целого с Единым», то, что многие из вас на мгновение испытывают во время медитации, это и есть экстаз, который не поддается никакому описанию.

Испытывая Единство бесконечно долгое время — без времени, вы перестанете его ощущать, потому что вы не можете ощущать Единство как Единство, если и пока не существует Того, Что Не является Одним. Пережив это, вы опять создадите представление и мысль об отделении, или отсутствии единства.

Тогда вы продолжите путешествие на Космическом Колесе. Вы будете вечно продолжать свой путь, продолжать существование, опять и опять идти по кругу.

Вы будете много раз возвращаться к Единству — бесконечное число раз и всякий раз на бесконечное время — и будете знать, что вы являетесь инструментом возвращения к Единству в любой точке Космического Колеса.

Вы можете сделать это сейчас, когда читаете эти строки.

Вы можете сделать это завтра, во время медитации.

Вы можете сделать это в любое время.

И ты говоришь, что нам не обязательно оставаться на том уровне сознания, каким мы обладаем на момент смерти?

Нет. Вы можете перейти на другой, как только захотите. Или взять столько «времени», сколько вам будет угодно. Если вы «умираете» в состоянии ограниченной перспективы и неконтролируемых мыслей, вы будете испытывать то, что дает вам это состояние, пока не захотите чего-то большего. Тогда вы «проснетесь» — станете сознательными — и начнете ощущать себя создающими собственную действительность.

Оглядываясь на первый этап, вы называете его чистилищем. Второй этап, когда вы можете со скоростью мысли иметь все, что пожелаете, вы называете Царством Небесным. Третий этап, когда вы испытываете блаженство Единства, вы называете *Нирваной*.

Есть еще одна вещь, о которой мне хотелось бы узнать в связи с этим. Речь идет не о том, что будет «после смерти», а об опыте вне тела. Можешь Ты мне это объяснить? Что происходит тогда?

Сущность того, Кто Ты Есть, просто покидает физическое тело. Это может происходить, когда ты видишь сны, во время медитации, а часто в сублимированном виде, когда тело погружено в глубокий сон.

Во время таких «экскурсий» твоя душа может побывать всюду, где ты пожелаешь. Часто человек, рассказывающий о подобном переживании, не помнит, что это был волевой акт. Обычно люди воспринимают это как «что-то, что со мной случилось». Но все то, в чем участвует душа, не может не быть волевым актом.

Как нам может быть что-то «показано», как нам может что-то «открыться» в процессе одного из этих переживаний, если все, что мы делаем, — это сотворение по мере того, как мы продолжаем идти вперед? Мне кажется, что нам могло бы открыться что-то только в том случае, если бы оно существовало отдельно от нас, не как часть того, что мы создали сами. Здесь я нуждаюсь в помощи.

Ничто не существует отдельно от тебя, все — твое собственное творение. Даже твое явное отсутствие понимания создано тобой: это в буквальном смысле выдумка твоего воображения. Ты воображаешь, что не знаешь ответа на этот вопрос, — и ты его действительно не знаешь. Но стоит тебе представить, что ты его знаешь, и ты будешь его знать.

Ты позволяешь себе такого рода воображение, так что Процесс может быть продолжен.

Процесс?

Жизнь. Вечный Процесс.

В те моменты, когда ты ощущаешь, что «открываешься» себе, — будь это то, что ты называешь внетелесным опытом, или сны, или волшебные моменты бодрствования, когда на тебя нисходит кристальная ясность, — ты просто соскальзываешь в процесс «вспоминания». Ты вспоминаешь то, что уже было тобой создано. И эти вспоминания могут быть очень мощными. Они могут привести к личному прозрению.

После такого великолепного переживания бывает очень трудно вернуться к «реальной жизни» и продолжать смешивать источник с тем, что другие называют «действительностью». Это происходит потому, что *твоя* действительность смещается. Она становится чем-то еще. Она расширилась, стала больше. И она не может сжаться опять. Это все равно что пытаться засунуть джина назад в бутылку. Сделать это невозможно.

Именно поэтому люди, испытавшие внетелесные переживания или получившие так называемый «околосмертный» опыт, иногда кажутся совсем другими?

Совершенно верно. Они и *есть* другие, потому что теперь они знают намного больше. И тем не менее часто случается так, что чем дальше они уходят от подобных переживаний, чем больше проходит времени, тем больше они возвращаются к старому паттерну поведения, потому что опять забыли то, что узнали.

А существует какой-нибудь способ «поддерживать вспоминание»?

Да. Всякий раз поступать исходя из этих знаний. Поступать исходя из того, что вы знаете, а не из того, что показывает вам мир иллюзий. Придерживаться этого, какой бы ни была обманчивая видимость.

Именно это делали и делают все мастера. Они судят не по внешнему виду, они поступают согласно тому, что они знают.

Но есть и другой способ помнить.

Да?

Побуждать вспоминать другого. То, что ты хочешь для себя, дай другому.

Похоже, это как раз то, что я делаю с помощью этих книг.

Именно это ты и делаешь. И чем дольше ты будешь продолжать это делать, тем меньше необходимости делать это. Чем больше ты будешь передавать это сообщение другим, тем меньше тебе придется посылать его себе.

Потому что мое я и другое я — Одно, и то, что я даю другому, я даю себе.

Вот видишь, сейчас ты даешь Мне ответы. И, конечно, именно так это работает.

Вот это да! Я даю Богу ответ. Какая дерзость. Это действительно дерзость.

Ты разговариваешь со Мной.

Вот это как раз и есть *дерзость* — тот факт, что *я разговариваю с Тобой.*

А Я скажу *тебе*: настанет день, когда мы будем говорить как Одно. Этот день настанет для всех людей.

Что ж, если для меня настанет этот день, мне хотелось бы убедиться, что я точно понимаю то, что Ты говоришь. Поэтому мне хотелось бы вернуться к кое-чему другому, еще раз. Я знаю, Ты говорил это не один раз, но мне действительно хочется убедиться, что я по-настоящему это понял.

Правильно ли я понимаю, что, когда мы достигаем этого состояния Единства, которое многие называют *Нирваной,* — когда мы возвращаемся к *Источнику,* — мы здесь больше не остаемся? Я опять спрашиваю об этом, потому что, как мне кажется, это противоречит моему пониманию многих восточных эзотерических и мистических учений.

Пребывая в состоянии сублимированного ни-что, или Единства со Всем, невозможно оставаться здесь. Как Я только что объяснял, То, Что Есть, не может находиться нигде, кроме пространства Того, Чего Нет. Даже полное блаженство Единства нельзя испытать как «полное блаженство», пока существует что-то меньшее, чем полное блаженство. Итак, должно было быть создано — и продолжать постоянно создаваться — нечто меньшее, чем полное блаженство всеобщего Единства.

Но когда мы испытываем полное блаженство, когда мы еще раз сливаемся с Единством, когда мы становимся Всем/Ни-чем, как мы можем *знать*, что мы существуем? Поскольку не существует ничего другого, что бы мы испытывали... я не знаю. Я не могу этого понять. Это то, в чем я не могу разобраться.

Ты описываешь то, что Я называю Божественной Дилеммой. Это та самая дилемма, которая всегда стояла перед Богом — и которую Бог решил, создав то, что не является Богом (или думает, что не является).

Бог отдал — и отдает опять, каждое мгновение, — часть Себя Меньшему Переживанию незнания Себя, так, чтобы Оставшееся Я могло знать, Кто и Что Оно Есть На Самом Деле.

Итак, «Бог отдал сына Своего единоутробного, чтобы вы могли быть спасены». Теперь ты видишь, откуда берет начало этот миф.

Я думаю, что все мы Бог — и что мы постоянно, каждый из нас, совершаем путешествие от Знания к Незнанию и опять к Знанию, от бытия к небытию и опять к бытию, от Единства к Отделенности и опять к Единству. Что это и *есть* цикл жизни — то, что Ты называешь Космическим Колесом.

Правильно. Абсолютно верно. Хорошо сказано.

Но должны ли мы все возвращаться к *полному нулю*? Должны ли мы всегда начинать заново, совсем заново? Возвращаться к самому началу? Возвращаться к единице в квадрате? Не услышать «Иди», не собрать 200 долларов?

Вы не *должны* делать ничего. Ни в этой жизни, ни в какой другой. Вы всегда будете обладать возможностью выбора — *вы всегда будете обладать возможностью свободного выбора* — идти, куда бы вы ни захотели, делать, что бы вы ни захотели, в своем вос-создании опыта Бога. Вы можете переместиться в любое место Космического Колеса. Вы можете «вернуться назад» в том виде, в каком пожелаете, или в любое другое измерение, действительность, Солнечную систему или цивилизацию, по своему выбору. Даже некоторые из тех, кто достиг места полного единения с Божественным, выбирают «возвращение назад» в облике просветленных учителей. А некоторые, уходя, уже были просветленными учителями, и они решают «вернуться назад» в облике *самих себя*.

Вы должны непременно прислушиваться к сообщениям гуру и учителей, которые возвращаются в ваш мир снова и снова, проявляясь в том же облике через десятки и сотни лет.

У вас есть целая религия, основанная на таких сообщениях. Она называется Церковь Иисуса Христа Святых Последнего Дня* и базируется на сообщении Джозефа Смита о том, что Сущность, называющая себя Иисусом, вернулась на Землю много столетий спустя после кажущегося «окончательного» ее ухода, появившись на этот раз в Соединенных Штатах.

Так что вы можете вернуться в любую точку Космического Колеса, в какую вам захочется.

Но даже это может привести в уныние. Разве мы не можем получить *отдых* навсегда? Разве мы не можем, вечно пребывая в нирване, *оставаться* там? Мы обречены на эти бесконечные «приходы и уходы» — на этот вечный бег на месте: «сейчас смотри на это, а сейчас ты не должен»? Мы находимся в вечном путешествии в никуда?

Да. Это величайшая из истин. Никуда не нужно идти, ничего не нужно делать и никем не нужно «быть», кроме именно того, кем вы являетесь прямо сейчас.

Истина в том, что путешествия не существует. Прямо сейчас вы и есть те, кем пытаетесь быть. Прямо сейчас вы находитесь там, куда пытаетесь идти.

Мастер знает это и поэтому прекращает борьбу. А потом мастер старается помочь *вам* прекратить *свою* борьбу, точно так же как вы, достигнув мастерства, будете стараться прекратить борьбу других.

И, несмотря на это, этот процесс — это Космическое Колесо — не приводящий в уныние бег на месте. Это прекрасное и непрерывное подтверждение высшего великолепия Бога и всякой жизни — и во всем этом нет ничего угнетающего.

И все же мне это кажется угнетающим.

Посмотрим, могу ли Я изменить направление твоих мыслей. Тебе нравится секс?

Я люблю его.

Большинство людей любит, кроме тех, у кого о нем весьма странное представление. Итак, что, если Я скажу тебе, что с завтрашнего дня ты сможешь заниматься сексом с каждым, к кому ты почувствуешь влечение и любовь?

Это будет происходить против их воли?

---

* The Church of Jesus Christ of Later Day Saints.

Нет. Я устрою так, что каждый, с кем ты захочешь отпраздновать любовь таким способом, тоже будет хотеть делать это с тобой. Все они будут испытывать сильное влечение и любовь к тебе.

Вау! Ура! Конечно, да-а-а!

Есть только одно условие: всякий раз будет остановка. Ты не сможешь переходить от одной женщины к другой без всякого перерыва.

Как скажешь.

Итак, чтобы испытать экстаз подобного физического союза, ты должен также испытать состояние *отсутствия* сексуальной связи с кем бы то ни было, хотя бы на время.

Кажется, я понимаю, к чему Ты ведешь.

Да. Даже экстаз не может быть экстазом, если нет периода, когда экстаз отсутствует. Для духовного экстаза это так же справедливо, как и для физического.

Ничего нет угнетающего в жизненном цикле — только радость. Просто радость и еще раз радость.

Подлинные мастера всегда чувствуют себя счастливыми, и не меньше. Оставаться на уровне мастерства — вот то, что ты мог бы сейчас пожелать. Тогда ты сможешь входить в состояние экстаза и выходить из него, всегда оставаясь счастливым. Тебе не нужен будет экстаз, чтобы чувствовать себя счастливым. Ты будешь счастливым, просто зная, что экстаз существует.

6

Теперь, если можно, мне хотелось бы поменять тему и поговорить об изменениях Земли. Но прежде мне хотелось бы высказать свое наблюдение. Похоже, о многих вещах мы говорили не один раз. Иногда мне кажется, что я опять и опять слышу одно и то же.

Это хорошо! Так и есть! Как Я уже говорил, так задумано.

Это сообщение подобно пружине. Когда она сжата, ее кольца приближаются друг к другу. Одно кольцо накладывается на другое, и создается впечатление, что она в буквальном смысле «идет по кругу». Только когда пружина отпущена, ты видишь, что она растягивается, превращаясь в спираль, и кольца отходят дальше, чем ты мог себе представить.

Да, ты прав. Многое из того, что было сказано, повторялось несколько раз, всякий раз по-другому. Иногда в *том же* виде. Верное наблюдение.

Когда ты закончишь с этим сообщением, ты должен уметь повторять важные моменты практически дословно. Может настать день, когда ты этого захочешь.

Ладно, достаточно ясно. Теперь, пойдем *дальше*: многие считают меня «линией прямой связи с Богом», и они хотят знать, действительно ли наша планета обречена. Я знаю, я уже спрашивал об этом, но сейчас мне хотелось бы получить прямой ответ. Будут ли, как многие предсказывают, на Земле происходить изменения? А если нет, что означают все эти видения? Это все вымыслы? Должны ли мы молиться? Меняться? Есть ли что-то такое, что мы должны делать? Или, как ни прискорбно, все это безнадежно?

Я рад услышать эти вопросы, но мы не будем «идти дальше».

Не будем?

Нет, потому что ты уже получил ответы на эти вопросы в нескольких Моих предыдущих объяснениях о том, что такое время.

Ты имеешь в виду ту часть, когда мы говорили о том, что «все, что должно когда-либо произойти, уже происходило»?

Да.

Но что ТАКОЕ «все, что уже происходило»? Как оно происходило? *Что* происходило?

Все происходило. Все уже происходило. Любая возможность существует как факт, как свершившиеся события.

Как это может быть? Я все еще не понимаю, как это может быть.

Я постараюсь выразить это так, чтобы тебе стало понятнее. Слушай, если это тебе поможет. Приходилось ли тебе наблюдать, как дети играют в компьютерные игры, используя CD-ROM?

Да.

Ты когда-нибудь задавал себе вопрос, откуда компьютер знает, как реагировать на каждое нажатие клавиш, управляющих курсором?

Да, конечно, это приводило меня в изумление.

Все это занесено на диск. Компьютер знает, как реагировать на каждое нажатие клавиши, потому что все возможные движения уже занесены на диск, *вместе с соответствующей реакцией.*

Это пугает. Почти сюрреалистично.

Что? То, что каждое завершение игры и каждый поворот и изгиб, ведущие к этому завершению, уже запрограммированы на диске? В этом нет ничего «пугающего». Это просто технология. И, если ты считаешь, что технология компьютерных игр чего-то стоит, сейчас ты поймешь и технологию *Вселенной*!

Представь себе, что Космическое Колесо — это CD-ROM. Все завершения игры уже существуют. Вселенная просто ждет, чтобы понять, какое из них выбрать *на этот раз.* И когда игра закончена, независимо от того, победил ты, проиграл или игра закончилась вничью, Вселенная спросит: «Хочешь играть опять?»

Твой компьютерный диск не беспокоит, победил ты или нет, точно так же ты не можешь «ранить» ее чувства. Она просто предлагает тебе шанс сыграть опять. Все завершения игры уже существуют, и то, к какому ты придешь, зависит от сделанных тобой выборов.

Значит, Бог не более чем CD-ROM?

Я бы не говорил так определенно. Но сейчас Я пытаюсь использовать иллюстрации, воплощающие те концепции, которые в состоянии понять каждый. Мне кажется, что пример с CD-ROM — хорошая иллюстрация.

Жизнь действительно во многом подобна CD-ROM. Все возможности уже существуют, и все уже происходило. Сейчас ты выбираешь, какую из них испытать.

Это имеет непосредственное отношение к твоему вопросу об изменениях Земли.

То, что видят многие провидцы относительно изменений Земли, правда. Им открыто окно в «будущее», и они видят его. Вопрос в том, какое «будущее» они видят? Как и в случае компьютерной игры, существует *больше одного варианта*.

В одном из вариантов произойдет смещение пластов земной коры, в другом нет.

На самом деле *все* версии *уже* имели место. Вспомни, времени...

Я знаю, знаю. «Времени не существует».

...это *верно*. И поэтому?

Поэтому все происходит сразу.

И это верно. Все, что когда-либо происходило, происходит сейчас, и все, что будет когда-либо происходить, существует прямо сейчас. Подобно тому как все движения компьютерной игры прямо сейчас существуют на диске. Так что, если тебе кажется, что было бы интересно, чтобы предсказания провидцев о конце света оказались правдой, сфокусируй на этом все свое внимание, и ты привлечешь это для себя. А если ты считаешь, что было бы лучше испытать другую действительность, сфокусируйся на ней, и это будет тот результат, который ты привлечешь.

Итак, Ты не хочешь сказать мне, произойдут на Земле изменения или нет?

Я жду, что *ты* Мне скажешь об этом. Тебе решать, твоими мыслями, словами и делами.

А как насчет компьютерной проблемы 2000 года? Некоторые утверждают, что то, что сейчас называют отказом «Y2K», вызовет огромный сдвиг в наших общественных и экономических системах. Это произойдет?

А что ты скажешь? Что ты выберешь? По-твоему, ты никак не можешь на это повлиять? Говорю тебе, это было бы ошибкой.

Ты можешь сказать нам, как все это обернется?

Я здесь не для того, чтобы предсказывать твое будущее, и Я не стану этого делать. Это все, что Я могу тебе сказать. Это все, что может сказать тебе *любой*. Не проявив должного внимания, ты попадешь именно туда, куда ты идешь. Следовательно, если тебе не нравится путь, по которому тебя направляют, *измени направление*.

Как я могу это сделать? Как я могу повлиять на последствия такого масштаба? Что мы *должны* делать, слыша все эти предсказания о катастрофах, на которые не скупятся парапсихологические и духовные «авторитеты»?

Обратись внутрь. Ищи свое место, руководствуясь внутренней мудростью. Пойми, к чему ты чувствуешь призвание. Потом делай именно это.

Если это означает писать политикам и промышленникам, попросив их принять меры против такого обращения с окружающей средой, которое может привести к изменениям Земли, пиши. Если это означает призвать всех общественных лидеров вместе работать над проблемой Y2K, призывай. А если это означает просто идти своим путем, каждый день посылая свою положительную энергию и не позволяя тем, кто тебя окружает, впадать в панику, которая только *привлекает* проблему, иди своим путем.

Важнее всего не пугаться. Ты не можешь «умереть», что бы ни случилось, поэтому нет ничего такого, чего стоило бы бояться. Осознавай развитие Процесса и знай, что с тобой будет все в порядке.

Стремись соприкоснуться с совершенством во всем. Знай, что ты будешь именно там, где должен быть, чтобы испытать именно то, что ты выбрал, чтобы стать тем, Кто Ты Есть На Самом Деле.

Это путь спокойствия. Во всем умей видеть совершенство.

Наконец, не пытайся «бежать» ни от чего. То, чему ты сопротивляешься, продолжает упорствовать. Я говорил тебе это, когда писалась первая книга, и это правда.

Люди, которых печалит то, что они «видят» в будущем, или то, что им «сообщают» о будущем, не в состоянии «пребывать в безупречности».

А еще какой-нибудь совет?

Празднуй! Празднуй жизнь! Празднуй себя! Празднуй пророчества! Празднуй Бога!

Празднуй! Играй в игру.

Вноси радость в каждое мгновение, что бы, по твоему представлению, ни несло это мгновение, потому что радость — это Кто Ты Есть и Кем Ты Будешь Всегда.

Бог не может создать ничего несовершенного. Если ты думаешь, что Бог мог создать что-то несовершенное, ты ничего не знаешь о Боге.

Итак, празднуй. Празднуй совершенство! Улыбайся, и празднуй, и видь только совершенство — тогда то, что другие называют несовершенством, не коснется тебя таким образом, чтобы быть несовершенным и для тебя.

Ты хочешь сказать, что меня может не коснуться смещение земной оси, что я могу избежать последствий столкновения с метеоритом, или не быть раздавленным при землетрясении, или избежать неразберихи, которая последует за Y2K?

Ты наверняка можешь избежать негативного воздействия любого из этих событий.

Это не то, о чем я Тебя спрашиваю.

Но это то, что Я тебе отвечаю. Встречай будущее без страха, понимая Процесс и во всем усматривая совершенство.

Это спокойствие, эта безмятежность, эта невозмутимость уведут тебя от большинства переживаний и последствий, которые другие назвали бы «негативными».

А что, если Ты ошибаешься? Что, если Ты вообще не «Бог», а просто плод моего разыгравшегося воображения?

А, ты опять возвращаешься к этому?

Хорошо, что, *если*? Так что? Ты можешь думать о лучшем способе жизни?

Все, к чему Я призывал, это перед лицом всех этих зловещих предсказаний всепланетных бедствий сохранять спокойствие, сохранять невозмутимость, сохранять безмятежность, и исход будет наилучшим из всех возможных.

Даже если Я не Бог, а просто «ты», который все это выдумал, мог бы ты получить лучший совет?

Нет, думаю, что нет.

Значит, как обычно, не имеет значения, «Бог» Я или нет.

С этим, как и с информацией всех трех книг, — просто живи мудро. Или, если тебе представляется лучший путь, *следуй ему*.

Видишь ли, даже если действительно описанные в этих книгах беседы — дело рук Нила Доналда Уолша, вряд ли ты можешь услышать лучший совет по любому из затронутых здесь вопросов. Так что смотри на это так: или говорю Я, Бог, или этот Нил довольно сообразительный парень.

Какая разница?

Разница есть: если бы я был убежден, что все это действительно говорит Бог, я бы слушал более внимательно.

> Ну и комик ты. Я тысячу раз посылаю тебе послания в самых разных формах, а ты игнорируешь большинство из них.

Да, допускаю, что это так.

> Ты допускаешь?

Хорошо, я действительно их игнорирую.

> Что ж, на этот раз попробуй не делать этого. Кто, по-твоему, подвел тебя к этой книге?
> Ты сам. Поэтому, если ты не можешь слушать Бога, прислушивайся к себе.
> Или к своему дружественному психическому восприятию.

Ты меня разыгрываешь, но это натолкнуло меня на мысль еще об одной теме, которую я хотел бы с Тобой обсудить.

> Я знаю.

Ты знаешь?

> Конечно. Ты хочешь поговорить о сверхъестественных способностях.

Откуда ты знаешь?

> Я ими обладаю.

Еще бы, уверен, что обладаешь. Ты — Мать всех, кто ими обладает. Ты — *Главный Начальник*, Top Banana, the Big Cheese. Ты Человек, Босс, Одно, Председатель Совета директоров.

> Дорогой мой человек, ты понимаешь... это... правильно. Gimme Five.
> Спокойно, братец. В самую точку.

Итак, я хочу знать, что такое «сверхъестественная сила»?

> Вы все обладаете тем, что ты называешь «сверхъестественной силой». Это действительно шестое чувство. Ты, как и все остальные, обладаешь «шестым чувством относительно всего».
> Сверхъестественная сила — это просто способность выйти за пределы своего ограниченного восприятия. Отступить назад. Почувствовать больше, чем может чувствовать ограниченный человек, каковым ты себя представляешь; узнать больше,

чем может знать он. Это способность подключиться к *большей правде* всего, что тебя окружает; почувствовать другую энергию.

Как можно развить эту способность?

«Развить» — хорошее слово. Это похоже на развитие мышц. Они есть у каждого из вас, но некоторые решают развивать их, тогда как у других они остаются неразвитыми и от них куда меньше пользы.

Чтобы развить свою «экстрасенсорную» мышцу, ты должен ее упражнять. Использовать ее. Каждый день. Постоянно.

Эта мышца существует прямо сейчас, но она маленькая. Она слабая. Она недоиспользуется. Поэтому у тебя время от времени случаются интуитивные «толчки», но ты не хочешь согласно им действовать. У тебя возникает какое-то «предчувствие», но ты его игнорируешь. У тебя появляется мечта, или «вдохновение», но, уделяя ему недостаточно внимания, ты позволяешь ему исчезнуть.

К счастью, ты уделил внимание «толчку» относительно этой книги, иначе ты не читал бы сейчас этих слов.

Ты думаешь, ты пришел к этим словам случайно?

Итак, первый шаг в развитии экстрасенситивных «способностей» — знать, что они у тебя есть, и использовать их. Обращать внимание на всякое предчувствие, которое у тебя возникает, всякое чувство, которое ты испытываешь, всякий интуитивный «толчок», который ты ощущаешь. *Обращать внимание.*

Затем действовать согласно тому, что ты «знаешь». Не позволять своему уму отговаривать тебя от этого. Не позволять своему страху увести тебя в сторону.

Чем чаще ты будешь бесстрашно следовать своей интуиции, тем больше твоя интуиция будет тебе служить. Она всегда была здесь, но ты только сейчас стал обращать на нее внимание.

Но я не говорю об экстрасенситивных способностях типа всегда-находить-место-для-парковки. Я говорю о настоящих способностях. Таких, которые позволяют заглянуть в будущее. Таких, которые дают возможность знать о людях то, чего ты не мог бы узнать никак иначе.

Именно об этом говорю и Я.

Как эти способности работают? Должен ли я прислушиваться к людям, которые ими обладают? Если экстрасенс что-то предсказывает, могу я это изменить или мое будущее «запечатлено в камне»? Как некоторые сенситивы могут сказать, о чем ты думаешь, в ту самую минуту, когда ты входишь в комнату? Что, если...

Подожди. Ты задал четыре разных вопроса. Давай чуть помедленнее, и будем разбираться в каждом отдельно.

Хорошо. Как работают экстрасенситивные способности?

Есть три правила, управляющие психическими явлениями, которые позволят тебе понять, как работают экстрасенситивные способности. Давай их рассмотрим.

1. Все мысли есть энергия.

2. Все находится в движении.

3. Все время существует сейчас.

Экстрасенситивы — это люди, открывшиеся тому, что создает эти явления: вибрациям. Иногда они создают картины, которые возникают в уме. Иногда — мысли, выраженные словами.

Экстрасенс становится специалистом по ощущению этих энергий. Вначале это может быть нелегко, так как эти энергии очень неплотные, быстро исчезающие, едва уловимые. Они подобны легкому бризу летней ночью, когда тебе кажется, что он шевельнул твои волосы — а может быть, и нет. Подобны чуть слышному, донесшемуся издалека звуку, который ты вроде бы услышал, но не уверен в этом. Подобны смутному видению, захваченному боковым зрением, — ты готов поклясться, что оно было, но, сколько бы ты ни оглядывался, его нет. Оно исчезло. А было ли оно вообще?

Это тот вопрос, который постоянно задает себе начинающий экстрасенс. Опытный никогда не задает вопросов, потому что заданный вопрос прогоняет ответ. Задавание вопросов требует участия разума, а это последнее, что хочет сделать экстрасенс. Интуиция обитает не в разуме. Чтобы быть сенситивом, ты должен быть «вне ума». Потому что интуиция обитает в психике. В душе.

Интуиция — ухо души.

Твоя душа — всего лишь инструмент, достаточно чувствительный к «улавливанию» тончайших вибраций жизни, к «чувствованию» этих энергий, к ощущению этих волн в поле и их интерпретации.

Ты обладаешь шестью чувствами, а не пятью. К ним относятся твое обоняние, ощущение вкуса, тактильные ощущения, зрение, слух и... *знание.*

А теперь о том, как работают *экстрасенсорные способности.*

Всякий раз, когда у тебя появляется мысль, она посылает энергию. Это *есть* энергия. Душа экстрасенса захватывает эту энергию. Подлинный экстрасенс не станет останавливаться, чтобы ее интерпретировать, он, вероятно, просто «выпаливает», на что похоже ощущение этой энергии. Вот почему он может сказать тебе, о чем ты думаешь.

Любое появляющееся у тебя чувство обитает в душе. Твоя душа — сумма твоих чувств. Их хранилище. Могут пройти годы с тех пор, как ты поместил их туда, а по-настоящему открытая душа будет «чувствовать» эти «чувства» здесь и сейчас. Это происходит потому, что... теперь вместе:

Такой вещи, как время, не существует...

Именно поэтому экстрасенс может рассказать тебе о твоем «прошлом».

«Завтра» тоже не существует. Все происходит прямо сейчас. Каждое событие посылает волну энергии, оставляет несмываемый отпечаток на космической фотопластинке. Экстрасенс видит, или чувствует, отпечаток «завтра», как будто это происходит прямо сейчас — _а так оно и есть_. Таким образом некоторые из них предсказывают «будущее».

Как это происходит, физиологически? По-видимому, не осознавая до конца, что он делает, экстрасенс, сильно фокусируясь, посылает собственную субмолекулярную составляющую. Если хочешь, его «мысли» оставляют тело, проносятся сквозь пространство и достаточно быстро попадают настолько далеко, что могут осмотреться вокруг и «увидеть» с расстояния то «теперь», которого ты еще не испытываешь.

Субмолекулярное путешествие во времени!

Можно назвать и так.

Субмолекулярное путешествие во времени!

Х-х-хорошо. Превратим это в водевиль.

Нет-нет. Я буду хорошим. Я обещаю... правда. Продолжим. Я действительно хочу это услышать.

Хорошо. Субмолекулярная часть экстрасенса, поглотив энергию образа, полученного в результате фокусирования, мчится обратно к физическому телу, неся с собой энергию. Экстрасенс «получает картину» — иногда с содроганием — или «испытывает чувство» и упорно старается никак не «обрабатывать» данные, а просто — и мгновенно — описывать их. Экстрасенс учится не спрашивать, что он «подумал», внезапно «увидел» или «почувствовал», а просто позволяет «пройти через себя», так, чтобы все это по возможности его не затронуло.

Проходят недели, и, если увиденное или «почувствованное» событие действительно происходит, его называют ясновидящим — и это, конечно, правда!

Если это происходит так, как Ты описал, почему некоторые «предсказания» оказываются «ошибочными», то есть они никогда не «происходят»?

Потому что экстрасенс не располагает «предсказанным будущим», он получает только проблеск одной из «вероятных возможностей», наблюдаемых в Вечный Момент

Сейчас. Это всегда вопрос считывания, и экстрасенс делает свой выбор. Точно так же он мог сделать другой выбор — выбор не связан с предсказанием.

Вечный Момент содержит все «вероятные возможности». Как Я уже объяснял несколько раз, все уже происходило — миллионом различных способов. Все, что остается тебе, — выбирать что-то из того, что ты воспринимаешь.

Все это вопрос восприятия. Изменяя свое восприятие, ты изменяешь свое мышление, а твое мышление создает твою действительность. Какие бы последствия ты ни предвкушал в любой ситуации, для тебя они уже здесь. И тебе остается только осознать их. Узнать их.

Вот что означает «прежде чем ты задашь вопрос, у Меня уже есть ответ». По существу, на свои молитвы вы получаете ответ еще до того, как посылаете молитву.

Как же получается, что мы не получаем всего того, о чем молимся?

Об этом сказано в *Книге 1*. Ты не всегда получаешь то, что просишь, но ты всегда получаешь то, что создаешь. Созидание следует за мыслью, которая следует за восприятием.

Это ошеломляюще. Хотя мы с этим уже и покончили, это не перестало быть ошеломляющим.

Ты так считаешь? Вот почему хорошо это повторять. Когда ты слышишь несколько раз, у тебя появляется больше шансов охватить все умом. Тогда это перестанет «ошеломлять» твой ум.

Если все происходит сейчас, что указывает мне, какую *часть* этого всего я испытываю в *мое* мгновение этого сейчас?

Твой выбор — и твоя убежденность в твоем выборе. Эта убежденность создается твоими мыслями относительно конкретного предмета, а эти мысли возникают в результате твоего восприятия — то есть из того, «как ты на это смотришь».

Экстрасенс видит выбор, который ты делаешь сейчас относительно «завтра», и видит, как все разворачивается. Но настоящий экстрасенс всегда скажет тебе, что это не обязательно должно происходить именно так. Ты можешь «выбрать вновь» и изменить последствия.

В сущности, когда я должен изменить переживание, я уже это сделал!

Совершенно верно! Теперь ты это ухватил. Теперь ты понимаешь, как жить среди парадоксов.

Но если это «уже произошло», то с кем оно произошло? А если я изменяю это, кто тот «я», который испытывает изменение?

Существует не один «ты», который движется вместе со временем. Все это было подробно описано в *Книге 2*. Я предлагаю тебе перечитать это место. А потом, для лучшего понимания, объедини то, что было там, с тем, что ты услышишь сейчас.

Хорошо. Достаточно ясно. Но мне хотелось бы продолжить наш разговор об экстрасенсорном искусстве. Масса людей претендуют на то, чтобы быть экстрасенсами. Как отличить настоящих от фальшивых?

Каждый является «экстрасенсом», так что *все* они «настоящие». В чем ты хочешь видеть их задачу? Стремятся они помочь тебе — или обогатить себя?

Экстрасенсы — так называемые «профессиональные экстрасенсы», — которые стремятся обогатить себя, часто обещают что-то совершить с помощью своей психической энергии — «вернуть утраченную возлюбленную», «привлечь славу и богатство», даже помочь сбросить вес!

Все, что они обещают, они могут сделать — но только за определенное вознаграждение. Они даже «считывают» информацию о другом человеке — твоем боссе, любимой, друге — и рассказывают тебе о них. Они предлагают: «Принеси мне что-нибудь. Шарф, фотографию, образец почерка».

И они *могут* рассказать тебе о другом. Иногда совсем немного. Потому что каждый оставляет след, «психический отпечаток», энергетический шлейф. И человек, действительно обладающий экстрасенсорными способностями, может его чувствовать.

Но подлинный экстрасенс никогда не предложит вернуть вам кого бы то ни было, заставить человека изменить свое мышление или *вызвать любые другие последствия с помощью своей психической «энергии»*. Настоящий экстрасенс — тот, кому дана жизнь, чтобы развиваться, и он использует этот дар — знает, что никогда нельзя оказывать давление на свободную волю другого человека, никогда нельзя вторгаться в мысли другого человека и никогда нельзя нарушать психическое пространство другого человека.

По-моему, Ты говорил, что не существует ни «правильного», ни «неправильного». Откуда вдруг все эти «никогда»?

Всякий раз, когда Я говорю «всегда» или «никогда», эти слова следует понимать в контексте того, чего Я знаю, ты стремишься достичь; того, что ты пытаешься сделать.

Я знаю, что все вы хотите развиваться, расти духовно, вернуться к Единству. Вы стремитесь ощутить себя важнейшим вариантом величайшего из собственных представлений о том, Кто Вы Есть. Вы стремитесь к этому каждый отдельно и как раса.

Сейчас в Моем мире не существует ни «правильного», ни «неправильного» — как Я уже говорил много раз, — и, сделав «плохой» выбор, ты не будешь гореть в вечном огне ада, потому что ни «плохого», ни «ада» не существует — до тех пор, конечно, пока ты не начинаешь думать, что они существуют.

Но все еще существуют законы природы, заложенные в физическую Вселенную, — и одним из них является закон причины и следствия.

Одно из самых важных выражений этого закона формулируется следующим образом: *все последствия, причиной которых послужил человек, в конечном счете переживает он сам.*

Что это значит?

Что бы ты ни заставил испытать другого человека, однажды ты испытаешь это сам.

У членов вашего объединения *Нью Эйдж* есть более красочное выражение для описания этого закона.

«Что уходит наружу, то снаружи приходит»*.

Верно. Другим это известно как предписание Иисуса: *Во всем,* как хотите, чтобы с вами поступали люди, так поступайте и вы с ними.

Иисус учил закону причины и следствия. Именно его можно назвать Основным Законом. Что-то вроде Основного Указания, которое было дано Кирку, Пайкерду и Дженевэй.

О! Бог — *Trekkie!*

Решил пошутить? Я написал половину эпизодов.

Лучше было бы, если бы Джин не слышал, что Ты говоришь.

Вот еще... Джин Мне *велел* это сказать.

Ты связан с Джином Родденберри?

И с Карлом Саганом, и с Бобом Хайнлайном, и со *всей находящейся здесь компанией.*

Знаешь, мы не должны шутить подобным образом. Это лишает правдоподобия весь диалог.

---

* What goes around, comes around.

Понимаю. Разговор с Богом должен быть серьезным.

Ну хорошо, хотя бы правдоподобным.

Неправдоподобно то, что Я могу прямо здесь связаться с Джином, Карлом и Бобом? Я им это передам. Хорошо, вернемся к тому, как ты можешь отличить подлинного экстрасенса от «фальшивого». Подлинный экстрасенс знает Основное Указание и живет согласно ему. Вот почему, если ты попросишь его вернуть «давно утраченную любовь» или прочесть ауру человека, образцом почерка или фотографией которого ты располагаешь, подлинный экстрасенс скажет тебе:

«Сожалею, но я этого делать не стану. Я никогда не буду чинить препятствия, вмешиваться или просматривать путь другого человека.

Я не буду пытаться влиять, направлять или оказывать на него то или иное воздействие.

И я не стану разглашать информацию, касающуюся кого бы то ни было, личную или конфиденциальную».

Если человек предлагает тебе выполнить одну из этих «услуг», значит, он, как вы называете, «темная личность», пользующаяся твоими человеческими слабостями и незащищенностью для вытягивания денег.

А как же те экстрасенсы, которые помогают людям находить без вести пропавших близких — похищенного ребенка, убежавшего из дому подростка, которому гордыня не позволяет позвонить домой, даже если ему этого отчаянно хочется? Или классический случай установления местонахождения человека — живого или мертвого — по просьбе полиции?

Во всех этих вопросах уже содержится ответ. То, чего подлинный экстрасенс всегда избегает, — это навязывать другому свою волю. Он здесь только затем, чтобы служить.

Хорошо ли просить экстрасенса установить контакт с умершим? Можем ли мы делать попытки поддерживать связь с теми, кто «ушел раньше»?

Зачем тебе это нужно?

Чтобы узнать, не хотят ли они нам что-то сказать, что-то сообщить.

Если кто-то с «другой стороны» захочет, чтобы ты о чем-то узнал, он найдет способ сделать так, что ты узнаешь, можешь не беспокоиться.

Тетя, дядя, брат, сестра, отец, мать, супруг и любимый человек, которые «ушли раньше», продолжают свое собственное путешествие и с удовольствием движутся к полному пониманию.

Если, кроме всего прочего, в их намерения входит вернуться к тебе — посмотреть, как ты живешь, или дать тебе понять, что у них все хорошо, — можешь быть уверен, они сделают это.

Так что следи за «сигналами» и улавливай их. Не отбрасывай их как плод своего воображения, «принятие желаемого за действительное» или совпадение. Следи за сообщением и принимай его.

Я знаю леди, которая ухаживала за своим умирающим мужем и умоляла его, если он все же должен уйти, вернуться к ней и дать ей знать, что у него все в порядке. Он пообещал выполнить ее просьбу и через два дня умер. Не прошло и недели, как леди проснулась однажды ночью, потому что почувствовала, как кто-то садится на кровать рядом с ней. Когда она открыла глаза, она готова была поклясться, что видит своего мужа, который сидит у нее в ногах и улыбается. Но когда она моргнула и опять открыла глаза, его уже не было. Когда она мне об этом рассказывала, она сказала, что, по-видимому, у нее была галлюцинация.

Да, это очень типично. Вы получаете сигналы — неопровержимые, очевидные сигналы, — и вы их игнорируете. Или отбрасываете их как игру воображения.

Тот же выбор перед тобой сейчас, с этой книгой.

Но почему мы так поступаем? Почему мы просим о чем-то — например, о мудрости, которую содержат эти три книги, — потом, получив то, что просили, отказываемся этому верить?

Потому, что вы сомневаетесь в величии Бога. Подобно Фоме, прежде чем вы поверите, вы должны увидеть, почувствовать, прикоснуться. А то, что вы хотите узнать, нельзя ни увидеть, ни почувствовать, к этому нельзя прикоснуться. Это из другого царства. И вы не открыты этому, вы не готовы. Однако не стоит тревожиться. Когда ученик будет готов, появится учитель.

Значит, — возвращаясь к исходной теме, — Ты утверждаешь, что мы *не* должны обращаться к экстрасенсу или идти на спиритический сеанс, пытаясь установить контакт с теми, кто находится на другой стороне?

Я не утверждаю, что вы должны или не должны делать что бы то ни было. Я просто не уверен в том, каким будет результат.

Хорошо, а если предположить, что не я хочу что-то услышать от *них*, а у меня есть что-то такое, что *я* хотел бы сообщить им?

По-твоему, ты можешь что-то сказать и они этого не услышат? Самая слабая мысль, имеющая отношение к живущему, как вы называете, «с другой стороны», заставляет его сознание мчаться к вам.

В твоей голове не может появиться ни одной мысли, ни одного представления о том, кого вы называете «покойным», без того, чтобы Сущность этого человека не осознала их. Для такой связи вовсе не нужен медиум. *Лучший «медиум» — любовь.*

А как же *двухсторонняя* связь? Разве медиум не может быть здесь полезен? И вообще, возможна ли такая связь? Или все это пустая болтовня? Это опасно?

Сейчас ты говоришь о связи с духами. Да, такая связь возможна. Опасна ли она? По существу, «опасно» все, чего ты боишься. Ты и создаешь именно то, чего боишься. И тем не менее на самом деле нет ничего такого, чего следовало бы бояться.

Твои любимые никогда не бывают далеко от тебя, не дальше мысли, и, если ты в них нуждаешься, они всегда здесь, готовые дать совет или утешить. Если ты очень переживаешь по поводу того, все ли «в порядке» с любимыми существами, они пошлют тебе знак, сигнал, коротенькое «сообщение», в котором скажут тебе, что у них все хорошо.

Тебе даже не нужно призывать их, потому что души тех, кто любил тебя в этой жизни, — стоит им почувствовать малейшее затруднение или нарушение твоей ауры — тянутся к тебе, влекутся к тебе, мчатся к тебе.

Одна из первых возможностей, которые открываются им в их новом существовании, — это возможность оказывать помощь и утешать тех, кого они любят. И, если ты действительно открыт им, ты будешь чувствовать их утешительное присутствие.

Значит, рассказы людей, которые «готовы поклясться», что умерший любимый человек был в комнате, — это правда?

Вне всякого сомнения. Кто-то может почувствовать запах духов любимого человека, или дымок его сигареты, или услышать едва уловимые звуки песни, которую тот любил напевать. Или, неизвестно откуда, может вдруг появиться какая-то его личная вещица. Вдруг «без всякой причины» «обнаружится» его носовой платок, кошелек, запонка или украшение. Ты «находишь» их под диванной подушкой или под стопкой старых журналов. Они тут как тут. Рисунок, фотография, запечатлевшая особый момент, — просто когда вы скучаете по этому человеку, думаете о нем, испытываете грусть по поводу его смерти. Все это не «просто случается». Эти вещи не «просто появляются» в «нужный момент», случайно. Я говорю тебе: *Во Вселенной не существует совпадений.*

Все это очень просто. Очень просто.

Вернемся к твоему вопросу: нужен ли так называемый «медиум», или «канал», для связи с существами, находящимися вне тела? Нет. Может ли он иногда оказаться полезным? Иногда. Очень многое опять-таки зависит от экстрасенса, медиума — и от его мотивации.

Если кто-то отказывается работать с тобой таким образом — или выполнять любую работу по «ченнелингу» или «посредничеству» — без солидной компенсации, беги, не иди к такому, ищи другие пути. Такой человек занимается этим только ради денег. Не удивляйся, если ты недели, месяцы или даже годы будешь возвращаться к одному и тому же, пока он будет использовать твое желание или потребность установить контакт с «духовным миром».

Человек, который здесь — подобно духу — только для того, чтобы помочь, не попросит для себя ничего, кроме того, что необходимо для продолжения работы, которую он стремится выполнить.

Если экстрасенс или медиум исходит из того, чтобы тебе помочь, можешь быть уверен — ты получишь полную помощь в обмен на то, что ты *можешь* дать. Не пользуйся этим исключительным благородством духа, давая слишком мало или не давая ничего, если ты знаешь, что можешь дать больше.

Ищи того, кто искренне служит миру, искренне стремится поделиться мудростью и знаниями, проникновением в сущность и пониманием, заботой и состраданием. Плати этим людям, и плати щедро. Отдавай им дань самого высокого уважения. Вручай им любые суммы. Потому что они — Приносящие Свет.

7

Мы о многом поговорили. Да, мы действительно о многом поговорили. Может, сделаем еще один заход? Ты готов продолжать?

А ты?

Да, теперь я готов к разговору. Наконец я вошел во вкус. И хочу задать Тебе все вопросы, которые хотел задать целых три года.

Я не против. Давай.

Здорово. Сейчас я хотел бы поговорить о еще одной эзотерической тайне. Ты расскажешь мне о реинкарнации?

Конечно.

Многие религии утверждают, что реинкарнация — ложная доктрина, что у нас есть только одна жизнь, один шанс.

Я знаю. Это не совсем точно.

Как они могут так ошибаться в таком важном вопросе? Как они могут не знать такую фундаментальную истину?

Ты должен понимать, что множество религий основаны на страхе, их учения построены вокруг доктрины о Боге, которому нужно поклоняться и которого нужно бояться.

Именно благодаря использованию страха все земное общество преобразовалось из матриархального в патриархальное. Именно благодаря использованию страха древние священники заставляли людей «замаливать свои грехи» и «чтить слово Божие». Именно благодаря использованию страха церкви заполучали и контролировали свою паству.

Одна из церквей даже настаивала на том, что Бог покарает вас, если вы не будете ходить в церковь каждое воскресенье. Не ходить в церковь было объявлено грехом.

И не в любую церковь. Нужно было посещать определенную церковь. Если бы ты пошел в церковь другой конфессии, ты тоже совершил бы грех. Это была простая и неприкрытая попытка контролировать посредством страха. Поразительно то, что она работала. Адово пламя, страхи все еще работают.

Эй, Ты же Бог. Не ругайся.

Кто ругался? Я констатировал факт. Я сказал: «Адово пламя, страхи *все еще работают*».

Люди всегда будут верить в ад и в Бога, который может их туда отправить, пока верят, что Бог похож на человека — безжалостного, эгоистичного, злопамятного и мстительного.

В давние времена большинство людей не могли представить себе Бога, который может подняться над всем этим. Поэтому они приняли учение многих церквей, которые говорили, что нужно «бояться ужасного возмездия Господня».

Люди как будто не верили, что они могут быть хорошими и поступать подобающим образом сами по себе, в силу заложенных в них мотивов. И для того, чтобы не сбиться с верного пути, им пришлось создать религию с доктриной о гневливом, карающем Боге.

А идея реинкарнации становилась поперек дороги этой религии.

Отчего так? Что в этой доктрине было столь опасного?

Церковь провозглашала: лучше тебе быть хорошим, *а не то...* И вдруг появляются проповедники реинкарнации и говорят: «После этой жизни у тебя будет еще один шанс, а после него — еще один. И еще много шансов. Поэтому не волнуйся. Старайся. Не пугайся до потери пульса. Пообещай себе стараться еще лучше и продолжай жить».

Естественно, что древняя церковь и слышать не могла о таком. Поэтому она сделала две вещи. Во-первых, объявила доктрину о реинкарнации ересью. Во-вторых, создала таинство исповеди. Исповедь могла дать верующему то, что обещала реинкарнация. То есть *еще один шанс.*

И тогда у нас возникла схема, в которой Бог покарает тебя за грехи, если только ты не *исповедаешься в них.* Исповедавшись, можно быть спокойным, зная, что Бог услышал твою исповедь и простил тебя.

Да. Но тут была одна загвоздка. Прощение грехов *не могло исходить непосредственно от Бога.* Ему приходилось проходить через церковь, и ее священники налагали «епи-

491

тимью», которую нужно было исполнить. Обычно грешник должен был прочесть несколько молитв. Теперь у человека было две причины, чтобы оставаться верным церкви.

Церковь обнаружила, что исповедь — настолько хорошая карта, что вскоре объявила грехом *не ходить на исповедь*. Каждый должен был исповедоваться хотя бы раз в год. В противном случае у Бога появлялась *еще одна* причина гневаться.

Все больше и больше правил — многие из них случайные и непостоянные — стали провозглашаться церковью, и за каждым правилом стояла угроза вечного Божьего проклятия, если, конечно, в его нарушении не *исповедаться*. Тогда Бог прощал человека, и проклятие ему больше не угрожало.

Но тут появилась еще одна проблема. Люди пришли к выводу, что можно делать все, что угодно, если каждый раз в этом каяться. Церковь оказалась в затруднительном положении. Страх покинул сердца людей. Они перестали ходить в церковь и отвернулись от нее. Люди приходили «исповедаться» раз в год, исполняли свою епитимью, освобождались от грехов и продолжали жить как прежде.

Не было никаких сомнений в том, что нужно было опять поселить страх в сердцах людей.

Тогда было изобретено чистилище.

Чистилище?

Чистилище. Его описывали как нечто сродни аду, но души попадали туда не навечно. Эта новая доктрина объявила, что Бог заставит тебя страдать за твои грехи, *даже если ты в них исповедался*.

Согласно новой доктрине, Бог устанавливал определенную порцию страданий для каждой несовершенной души, в зависимости от того, сколько и каких грехов за ней числится. Были грехи «смертные» и «простительные». Смертные грехи посылали человека прямиком в ад, если до смерти он не успевал в них исповедаться.

Снова посещаемость церкви резко возросла. Сумма получаемых от верующих денежных взносов сразу же увеличилась, особенно много стало пожертвований, потому что доктрина о чистилище также включала в себя способ, которым можно было *откупиться от страданий*.

Прости, не понимаю?..

Согласно учению церкви, человек мог получить специальное отпущение грехов — хотя, опять-таки, не прямо от Бога — от служителей церкви. Так человек мог избежать — полностью или хотя бы частично — страданий в чистилище, которые он «заработал» своими грехами.

Что-то вроде «уменьшения срока за хорошее поведение»?

Да. Но, конечно, такое помилование получали очень немногие. Как правило, те, кто делал ощутимые пожертвования в пользу церкви.

За действительно большую сумму человек мог получить *полное* отпущение грехов. Тогда он *вообще не попадал в чистилище*. Это был прямой билет в рай.

Такая особая милость Бога была доступна даже еще меньшему количеству верующих. Возможно, королевской семье. И чрезвычайно богатым людям. Количество денег, драгоценностей и земли, которые отдавали церкви за полное отпущение грехов, было огромным. Но такое положение вещей вызывало в массах неудовлетворенность и возмущение.

У беднейших из крестьян не было никакой надежды получить у епископа отпущение грехов, поэтому простые люди потеряли веру в систему, и снова возникла угроза, что церковь начнет терять свою паству.

А теперь что сделали церковники?

Они придумали ставить свечи за упокой души.

Люди приходили в церковь, зажигали свечу для «бедных душ в чистилище» и, читая молитвы за упокой (ряд молитв, которые произносили в определенном порядке), снимали годы со «срока» дорогих им усопших и таким образом освобождали их из чистилища раньше, чем в противном случае позволил бы Бог.

Для самих себя люди ничего не могли сделать, но, по крайней мере, они могли молиться о милости для усопших. Конечно, было полезно бросить одну-две монетки в прорезь ящика за каждую зажженную свечу.

Множество маленьких свечей мерцали за красным стеклом, множество песо и пенни падали в жестяные ящики. Так люди пытались заставить Меня «облегчить» страдания душ в чистилище.

Надо же! Это *невероятно*! Ты хочешь сказать, люди не видели, что за этим стоит? Люди не видели, что это просто отчаянная попытка отчаявшейся церкви заставить ее членов от отчаяния сделать все, чтобы защититься от *десперадо*, которого они называли Богом? Хочешь сказать, что люди действительно купились на это?

Буквально.

Не удивительно, что церковь объявила реинкарнацию ложью.

Да. Но Я создал вас не для того, чтобы вы могли прожить только одну жизнь — бесконечно малое время по сравнению с возрастом Вселенной, — сделать ошибки, которые вы неизбежно сделали бы, и потом надеяться, что в конце все будет хорошо.

Я пытался представить такое положение вещей, но не мог понять, какова бы в нем была Моя цель.

Вы тоже не смогли бы этого понять. Поэтому вам приходилось все время говорить нечто вроде: «Неисповедимыми путями творит Господь чудеса Свои». Но Мои пути никогда не были неисповедимыми. Всему, что Я делаю, есть причина, и это совершенно ясно. В этой трилогии Я уже много раз объяснял, зачем Я вас создал и в чем цель вашей жизни.

Реинкарнация идеально подходит для Моей цели, то есть для того, чтобы создать и испытать, Кто Я Есть, через вас, жизнь за жизнью, и через миллионы других наделенных сознанием существ, которые Я расселил по Вселенной.

Значит, *есть* жизнь на других...

Конечно, есть. Ты что, действительно веришь, что вы одни в этой громадной Вселенной? Но к этой теме мы тоже еще вернемся позже...

...Обещаешь?

Обещаю.

Итак, твоя цель как души — испытать себя как Все, Что Есть. Мы развиваемся. Мы... *становимся.*

Становимся чем? Мы не знаем! Мы не можем этого знать, пока не доберемся до места назначения! Но для Нас это путешествие радостно. И как только Мы «доберемся туда», как только Мы создадим следующую высшую идею о том, Кто Мы Есть, Мы создадим более великую мысль, высокую идею и *будем продолжать радоваться вечно.*

Ты со Мной?

Да. Теперь я почти *смог бы* повторить это дословно.

Хорошо.

Итак... смысл и цель вашей жизни — решить и быть Теми, Кто Вы Есть в Действительности. Вы делаете это каждый день. Каждым поступком, каждой мыслью, каждым словом.

Насколько вы довольны своим опытом бытия Теми, Кем Вы Есть, настолько вы движетесь в русле процесса созидания, внося лишь незначительные исправления то там, то тут, чтобы больше приблизиться к совершенству.

Парамаханса Йогананда — вот пример человека, который был очень близок к «совершенству» в смысле отражения своего представления о себе. Он очень ясно понимал, кем он является и каково его отношение ко Мне, и свою жизнь он посвятил тому, чтобы «отразить» свое понимание. Он хотел воплотить в жизненный опыт свое представление о себе в собственной реальности, познать себя как такового на практике.

Бейб Рут делал то же самое. Он очень ясно понимал, кем является и каково его отношение ко Мне, и свою жизнь он посвятил тому, чтобы отразить это, чтобы познать себя в своем собственном жизненном опыте.

Немногие люди живут на этом уровне. Конечно, у Мастера и Бейба были совершенно разные представления о себе, но оба они великолепно воплотили их в жизни.

И, несомненно, у обоих были разные представления обо Мне, они исходили из разных уровней осознания того, Кто Я Есть, и того, каково их истинное отношение ко Мне. Эти уровни осознания находили свое отражение в их мыслях, словах и поступках.

Один большую часть своей жизни провел в мире и покое и дарил мир и покой другим. Другой жил в беспокойстве, суматохе и иногда в гневе (особенно когда не мог добиться своего) и приносил суматоху в жизнь окружающих его людей.

Однако у обоих было доброе сердце — не было человека мягче, чем Бейб, — и разница между ними в том, что у одного не было практически ничего в смысле физических приобретений, но он никогда не хотел большего, а у другого «было все», но он так и не получил того, чего действительно хотел.

Если бы это был конец для Георга Германа, думаю, нам всем было бы немного грустно за него, но душа, которая воплотилась как Бейб Рут, еще далеко не завершила процесс, называемый эволюцией. У нее была возможность пересмотреть опыт, созданный ею для себя и для других, и теперь, стремясь создавать и воссоздавать себя во все более великих версиях, она решает, какой опыт далее ей хотелось бы получить.

Тут мы прекратим наш рассказ об этих двух душах, потому что обе уже сделали свой следующий выбор относительно желательного опыта и, фактически, уже получают его.

Ты имеешь в виду, что оба уже реинкарнировали в новые тела?

Было бы ошибкой думать, что реинкарнация — возвращение в другое физическое тело — является единственным возможным вариантом.

Каковы **другие варианты?**

По правде говоря, любые.

Я уже объяснял в этой книге, что происходит после того, что вы называете смертью.

Некоторые души чувствуют, что они еще многое хотели бы узнать, и поэтому они идут в «школу», в то время как другие — которые вы зовете «старыми душами» — учат их. Чему же они их учат? *Тому, что им нечему учиться.* Что им *никогда* не нужно было ничему учиться. Что все, что им нужно сделать, — это вспомнить. Вспомнить, Кто и Что Они Есть в Действительности.

Их «учат», что опыт того, Кто Они Есть, они получают в реализации, в *бытии* тем, Кем Они Являются. Им напоминают об этом, ненавязчиво показывая такой опыт.

Другие души уже вспомнили об этом к тому времени, как они оказались — или вскоре после того, как они оказались, — «по ту сторону». (Сейчас Я использую хорошо знакомый тебе язык, разговорный, чтобы слова мешали как можно меньше.) Эти души могут стремиться к немедленной радости переживания того, чем они желают «быть». Они могут выбирать из миллионов, квадриллионов аспектов Меня и решить испытать выбранный аспект сразу же. Некоторые могут предпочесть вернуться для этого в физическую форму.

Любую физическую форму?

Любую.

Значит, *правда*, что души могут возвращаться в облике животных и что Бог может быть коровой? И что коровы действительно священны? Святая корова!

Кхм...

Извини.

У тебя была целая жизнь, чтобы разыгрывать комедию. И, кстати, взглянув на твою жизнь, можно сказать, что ты с этим неплохо справился.

Ба-*бах*! Не в бровь, а в глаз. Если бы у меня здесь были кимвалы, я бы в них ударил.

Спасибо, спасибо.

Но серьезно, ребята...

Ответ на вопрос, который ты, по существу, задал — может ли душа вернуться как животное, — да, конечно. Но настоящий вопрос в том, захочет ли она. Наверное, ответ — нет.

У животных есть душа?

Любой, кто когда-либо смотрел в глаза животному, уже знает ответ.

Тогда откуда я могу знать, что моя бабушка *не* вернулась к нам как моя кошка?

Процесс, о котором мы здесь говорим, — это эволюция. Самосозидание и развитие. Эволюция двигается в одном направлении. Всегда вверх.

Самое большое желание души — это испытывать все высшие аспекты себя. Поэтому она стремится двигаться вверх, а не вниз по лестнице эволюции, пока не испытает состояние, которое назвали *нирваной,* полное Единение со Всем. То есть со Мной.

Но если душа желает все высшего опыта себя, зачем ей снова возвращаться в человека? Это наверняка не может быть шагом «вверх».

Если душа возвращается в человеческую оболочку, это всегда попытка получить дальнейший опыт, то есть эволюционировать дальше. У людей наблюдается много уровней эволюции. Душа может возвращаться много раз — много сотен раз — и продолжать развиваться вверх. Однако движение вверх, самое большое желание души, не достигается при возвращении в более низкие формы жизни. Поэтому таких возвращений не бывает. По крайней мере, пока душа не достигает полного воссоединения со Всем Сущим.

Значит, есть «новые души», которые приходят в мир каждый день и принимают низшие формы жизни?

Нет. Каждая созданная когда-либо душа была создана Сразу. Мы все присутствуем здесь Сейчас. Но, как Я уже объяснял, когда душа (часть Меня) достигает конечной реализации, она может выбрать «начать сначала», буквально «все забыть», чтобы снова все вспомнить и воссоздать себя заново еще раз. Так Бог продолжает снова и снова испытывать Себя.

Кроме того, души могут «повторно использовать» любую форму жизни на любом уровне так часто, как им нравится.

Без реинкарнации — возможности возвращаться в физическую форму — душе пришлось бы свершать все, к чему она стремится, за одну жизнь, что в миллиард раз короче, чем один миг на космических часах.

Поэтому, конечно, реинкарнация — это факт. Она реальна, она целесообразна, и она совершенна.

Хорошо, но меня смущает еще одно. Ты сказал, что времени как такового нет, что все происходит прямо сейчас. Так?

Так.

Ты также подразумеваешь — а во второй книге ты углублялся в эту тему, — что мы существуем «все время» на разных уровнях, или в разных точках пространственно-временного континуума.

Правильно.

Хорошо, но вот тут и начинается сумасшествие. Если один из «меня» в пространственно-временном континууме «умирает», а затем *возвращается* в мой мир как *другой человек...* тогда... тогда, кто же я? Получается, я существую как *два человека одновременно.* И если я продолжаю возвращаться в мир всю вечность, а Ты говоришь, что так и есть, тогда я являюсь *сотней людей сразу! Тысячью. Миллионом.* Миллионом версий миллиона людей в миллионах точек в пространственно-временном континууме.

Да.

Я этого не понимаю. Мой ум не может этого охватить.

Вообще-то, ты молодец. Это очень продвинутая концепция, и ты с ней неплохо справился.

Но... но... если это правда, тогда «я» — та часть «меня», которая бессмертна, — должна развиваться миллиардом разных способов в миллиардах разных точек Космического Колеса в вечный момент настоящего.

Опять правильно. Именно это Я и делаю.

Нет, нет. Я говорил, что *я* должен это делать.

Опять правильно. Именно это Я только что сказал.

Нет, нет, я сказал...

Я знаю, что ты сказал. Ты сказал именно то, что Я сказал, что ты сказал. Путаница возникает из-за того, что ты все еще считаешь, что Нас тут больше, чем один.

Это не так?

Нас никогда не бывает больше, чем один. Никогда. Ты только сейчас это понимаешь?

Ты имеешь в виду, что я говорил здесь с *собой?*

Что-то вроде того.

Ты имеешь в виду, что Ты *не Бог?*

Я этого не говорил.

Ты имеешь в виду, что Ты *Бог?*

Именно это Я говорил.

Но если Ты Бог, и Ты это я, и я это Ты, тогда... тогда... *я* Бог!

Ты есть Бог, да. Это правильно. Ты постиг эту идею во всей ее полноте.

Но я не только Бог — я также все другие.

Да.

Но значит ли это, что никто и ничто не существует, кроме меня?

Разве Я не говорил: «Я и Отец — одно»*?

Да, но...

И разве Я не говорил: «Мы все Одно»?

Да. Но я не знал, что Тебя следует понимать *буквально*. Я думал, это метафора, скорее философское утверждение, чем констатация *факта*.

Это констатация факта. Мы все Одно. Вот что подразумевается под словами: «...Так как вы сделали это одному из сих... меньших, то сделали мне»**.

Теперь ты понимаешь?

Да.

Наконец-то! Много времени тебе понадобилось.

Но... Прости меня, что спорю с Тобой, но... когда я нахожусь рядом с другими людьми — с женой или детьми, — мне кажется, что я *отдельно* от них, что они *не такие*, как я.

Сознание — замечательная вещь. Его можно поделить на тысячу фрагментов. На миллион. На миллион миллионов.

Я поделил Себя на бесконечное количество «фрагментов», и каждый «фрагмент» Меня может посмотреть на Себя и заметить чудо того, Кто и Что Я Есть.

Но зачем мне нужно проходить через период забытья или неверия? Я *до сих пор* еще не полностью верю! Я *до сих пор* пребываю в забытьи.

Не будь так суров к себе. Это часть Процесса. Все идет нормально.

---

* Ин. 10:30. — *Прим. перев.*
** Матф. 25:40. — *Прим. перев.*

Тогда зачем Ты мне рассказываешь все это?

Потому что ты начинал терять удовольствие. Жизнь переставала приносить тебе радость. Ты начинал настолько погружаться в Процесс, что забыл, что это просто процесс.

Поэтому ты воззвал ко Мне. Ты просил Меня прийти к тебе, помочь тебе понять, показать Божественную истину, открыть тебе величайший секрет. Секрет, который ты скрывал от себя. Секрет о том, Кто Ты Есть.

Я так и сделал. Еще раз заставил тебя вспомнить. Будет ли это иметь значение? Изменит ли твои завтрашние поступки? Заставит ли тебя посмотреть сегодня на мир по-другому?

Исцелишь ли ты раны пострадавших, успокоишь ли тревогу испуганных, удовлетворишь ли потребности неимущих, возрадуешься ли великолепию совершенных, увидишь ли Мой образ повсюду?

Изменит ли это последнее вспоминание истины твою жизнь, позволит ли тебе изменить жизнь других?

И не вернешься ли ты к забытью, не провалишься ли обратно в эгоизм и не будешь ли снова обитать в сфере ограниченного представления о том, кем ты являешься, что было у тебя до пробуждения?

Как это будет?

Жизнь действительно длится вечно, правда?

Несомненно.

Ей нет конца.

Нет.

Реинкарнация — это *факт*.

Да. Ты можешь вернуться в смертную форму, то есть в физическую оболочку, которая может «умереть», когда и как пожелаешь.

Решаем ли мы, когда вернуться?

Да, когда вернуться и возвращаться ли вообще.

Решаем ли мы, когда уйти? Выбираем ли мы, когда хотим умирать?

Никакой опыт не навязывается душе против ее воли. Это невозможно по определению, ибо душа сама создает весь свой опыт.

Душа не хочет ничего. У души есть всё. Вся мудрость, все знания, вся сила и слава. Душа — это та часть Тебя, которая никогда не спит и никогда не забывает.

Желает ли душа, чтобы тело умерло? Нет. Желание души — чтобы вы никогда не умирали. Однако душа покидает тело — меняет оболочку, оставляя позади большую часть материального тела, — в тот же миг, как только увидит, что больше нет смысла оставаться в этой оболочке.

Если душа желает, чтобы мы никогда не умирали, почему же мы *умираем*?

Вы не умираете. Вы просто меняете форму.

Если душа желает, чтобы мы никогда *этого* не делали, почему мы так *делаем*?

Душа не желает ничего подобного!

Ты — «меняющий форму»!

Когда дальше бесполезно оставаться в определенной оболочке, душа меняет ее — намеренно, добровольно, радостно — и двигается дальше по Космическому Колесу.

Радостно?

С великой радостью.

Ни одна душа не умирает с сожалением?

Ни одна и никогда.

Я хочу сказать, ни одна душа не сожалеет, что ее теперешняя физическая оболочка меняется, что она скоро «умрет»?

Тело никогда не «умирает», но просто меняет форму вместе с душой. Но Я понимаю, что ты имеешь в виду, поэтому Я пока использую твои слова.

Если ты четко понимаешь, что хочешь создать в том опыте, который вы называете жизнью после смерти, или если ты по-настоящему веришь, что после смерти ты воссоединишься с Богом, в таком случае ни одна душа никогда не сожалеет о том, что вы называете смертью.

В таком случае смерть — это восхитительный момент, чудесный опыт. После нее душа может вернуться в свою естественную форму, в свое нормальное состояние. В нем она найдет невероятную легкость, ощущение полной свободы, бесконечность. И осознание Единства, которое одновременно благословенно и возвышенно.

Невозможно, чтобы душа сожалела о такой перемене.

Значит, Ты говоришь, что смерть — *радостный* опыт?

Для души, которая этого хочет, да.

Но если душа так сильно хочет вырваться из тела, почему она просто не покинет его? Почему она не уйдет?

Я не сказал, что душа «хочет вырваться из тела». Я сказал, что душа радуется, когда она не в теле. Это разные вещи.

Ты можешь быть счастлив, занимаясь одним делом, и так же счастлив, занимаясь чем-то другим. То, что ты радуешься во втором случае, не означает, что ты несчастлив в первом.

Душа не несчастлива с телом. Совсем наоборот, душе приятно быть тобой в твоей настоящей форме. Это не препятствует тому, что душе может быть так же приятно быть не связанной с телом.

В смерти явно есть много такого, чего я не понимаю.

Да. И так происходит потому, что вы не любите думать о смерти. Но вы должны созерцать смерть и утрату каждый раз, когда постигаете любой момент жизни, иначе вы вообще не постигнете жизнь целиком, а только ее половину.

Каждый момент заканчивается в тот миг, когда начинается. Если вы этого не видите, вы не видите его изысканность и называете его обыкновенным.

Каждое взаимодействие «начинает заканчиваться» в тот момент, когда оно «начинает начинаться». Только когда ты сможешь по-настоящему созерцать и глубоко понять эту истину, богатство каждого момента — и самой жизни — полностью откроется тебе.

Жизнь не может довериться тебе, если ты не понимаешь смерти. Ты должен не просто понять ее. *Ты должен любить ее так, как ты любишь жизнь.*

Ты великолепно проводил бы время с каждым человеком, если бы полагал, что видишься с ним *в последний раз.* Твое переживание каждого момента было бы усилено безмерно, если бы ты думал, что это последний подобный момент. Ваш отказ принимать собственную смерть ведет к отказу принимать собственную жизнь.

Вы не видите жизнь такой, какая она есть. Вы упускаете *момент* и все, что он несет вам. Вы смотрите мимо него, вместо того чтобы взглянуть сквозь него.

Когда ты пристально всматриваешься во что-то, ты видишь это насквозь. Созерцать пристально означает видеть насквозь. И тогда иллюзия перестает существовать. Тогда ты видишь вещь такой, какая она есть на самом деле. И только тогда ты можешь по-настоящему радоваться ей, то есть *найти в ней радость.* («Радоваться» — значит сделать что-то радостным*.)

И тогда ты сможешь наслаждаться даже иллюзией. Ибо ты будешь *знать*, что это иллюзия, и в этом половина удовольствия! Именно то, что ты все считаешь реальным, доставляет тебе все мучения.

Что для тебя не реально, то для тебя не мучительно. Позволь мне повторить.

Что для тебя не реально, то для тебя не мучительно.

Это как кино, спектакль, который разыгрывается на сцене твоего ума. Ты создаешь сюжет и действующих лиц. Ты пишешь строчки.

Мучения исчезают в тот самый момент, как ты понимаешь, что нет ничего реального.

---

* Игра слов: «To "en-joy" is to render something joyful». — *Прим. перев.*

Это так же относится к смерти, как и к жизни.

Когда ты поймешь, что смерть тоже иллюзия, ты *сможешь* сказать: «О смерть, где же твое жало?»

Ты сможешь даже *наслаждаться* смертью! Ты сможешь наслаждаться даже смертью *другого* человека.

Тебе это кажется странным? Эти слова кажутся странными?

Только если ты не понимаешь смерть — и жизнь.

Смерть никогда не бывает концом, она всегда начало. Смерть — это открывающаяся дверь, а не закрывающаяся.

Когда ты поймешь, что жизнь вечна, ты поймешь, что смерть — это твоя иллюзия, которая заставляет тебя беспокоиться о теле и таким образом помогает тебе верить, что ты *есть* свое тело. Но ты *не* тело, и поэтому его разрушение не должно тебя беспокоить.

Смерть должна научить тебя, что то, что реально, то и есть жизнь. А жизнь учит тебя, что неизбежна не смерть, а временность.

Временность — единственная истина.

Нет ничего постоянного. Все меняется. Каждый момент. Каждый миг.

Если бы что-нибудь было постоянным, оно не смогло бы *быть*. Ибо даже сама концепция постоянности может иметь значение только благодаря концепции временности. Поэтому *даже постоянность временна*. Посмотри на это внимательнее. Задумайся об этой истине. Постигни ее, и ты постигнешь Бога.

Это Дхарма, и это Будда. Это Дхарма Будды. Это учение и учитель. Это урок и мастер. Это объект и наблюдатель, свернутые в одно.

Они никогда не были ничем *другим*, кроме Одного. Это вы их развернули, чтобы ваша жизнь смогла развернуться перед вами.

Но когда ты смотришь, как твоя жизнь разворачивается перед тобой, не разворачивайся сам. Держи Себя в единстве! Замечай иллюзию! Наслаждайся ею! Но не *становись* ею!

Ты *не* иллюзия, но *ее создатель*.

Ты в этом мире, но ты не от него.

Так используй свою иллюзию смерти. *Используй* ее! Пусть она станет тем ключом, который больше откроет тебя жизни.

Ты видишь, что цветок умирает, и ты смотришь на него с печалью. Но посмотри на цветок как на часть целого дерева, которое меняется и вскоре принесет плоды, и ты увидишь истинную красоту цветка. Когда ты поймешь, что цветение и опадание лепестков — признак того, что дерево готово приносить плоды, ты поймешь жизнь.

Посмотри внимательнее, и ты поймешь, что жизнь — это своя собственная метафора.

Всегда помни, что ты не цветок, и даже не плод. Ты дерево. Твои корни глубоко погружены в Меня. Я почва, из которой ты вырос, и твои цветы и плоды вернутся в Меня, делая почву еще плодороднее. Так жизнь производит жизнь и никогда не сможет познать смерть.

Это так прекрасно. Это так, так прекрасно. Благодарю Тебя. Теперь Ты поговоришь со мной о том, что меня тревожит? Мне нужно поговорить о самоубийстве. Почему существует такое табу на прекращение собственной жизни?

Действительно, почему так?

Ты хочешь сказать, что убивать себя не неправильно?

Я не могу ответить на твой вопрос так, чтобы удовлетворить тебя, потому что он основан на двух ложных концепциях, он содержит две ошибки.

Первое ложное предположение — это существование того, что «правильно», и того, что «неправильно». Второе ложное представление — возможность убийства. Поэтому твой вопрос распадается, как только его проанализировать.

«Правильно» и «неправильно» — это философские противоположности в человеческой системе ценностей, которые не имеют ничего общего с конечной реальностью; Я неоднократно подчеркивал это на протяжении всего диалога. Более того, они не являются постоянными конструкциями в вашей собственной системе, но скорее ценностями, которые время от времени претерпевают изменения.

Вы меняете свое представление об этих ценностях, как вам удобно (что справедливо, ведь вы развивающиеся существа). Но каждый раз вы настаиваете, что не делали этого и что именно ваши *неизменные* ценности составляют основу целостности вашего общества. Таким образом, вы построили свое общество на парадоксе. Вы продолжаете менять ценности, но все время провозглашаете, что только неизменные ценности вы... *цените!*

Чтобы ответить на проблему, представленную этим парадоксом, нужно не лить холодную воду на песок, чтобы он затвердел, но восхищаться движением песка. Восхищаться красотой построенного из него замка, а потом восхищаться новой формой, которую принимает песок с приливом.

Восхищайтесь двигающимися песками, когда они образуют новые горы, на которые вы будете взбираться и на вершине которых — и при помощи которых — вы будете строить свои новые замки. Но помните, что эти горы и эти замки *изменяющиеся,* а не постоянные.

Славьте то, чем вы есть сегодня, но не проклинайте то, чем вы были вчера, и не препятствуйте тому, чем вы станете завтра.

Поймите, что «правильно» и «неправильно» — это плод вашего воображения и что понятия «хорошо» и «нехорошо» просто свидетельствуют о ваших последних предпочтениях и представлениях.

Например, если отвечать на вопрос о прекращении собственной жизни, то текущее представление большинства людей на вашей планете заключается в том, что это «нехорошо».

Многие из вас также настаивают, что нехорошо помогать другому человеку, который желает прекратить свою жизнь.

В обоих случаях вы говорите, что это «противозаконно». Возможно, вы пришли к этому выводу, потому что сознательное прекращение жизни происходит относительно быстро. Действия, которые прекращают жизнь за более длительный период времени, не противозаконны, хотя приводят к тому же результату.

Таким образом, если в вашем обществе человек убивает себя из пистолета, членам его семьи не выплачивают страховку. Если он убивает себя сигаретами, они страховку получают.

Если доктор помогает совершить самоубийство, это называют человекоубийством, а если это делает компания — производитель сигарет, это называется коммерцией.

Так что кажется, что весь вопрос лишь в длительности. Законность самоуничтожения, его «правильность» или «неправильность», кажется, зависит от того, *насколько быстро* оно происходит, а также от того, кто его выполняет. Чем быстрее смерть, тем «неправильнее» она кажется. Чем медленнее смерть, тем ближе она к «хорошим делам».

Любопытно, что истинно гуманное общество пришло бы к диаметрально противоположным выводам. Каково бы ни было разумное определение того, что вы называете гуманностью, чем быстрее смерть, тем лучше. Но ваше общество наказывает тех, кто хочет поступить гуманно, и награждает тех, кто поступает безумно.

Безумие думать, что Бог требует бесконечных страданий и что быстрое, гуманное окончание страданий «неправильно».

«Наказывайте гуманных, вознаграждайте безумных».

Этот девиз может избрать только общество ограниченных существ.

Вы отравляете свой организм, вдыхая канцерогены, употребляя пищу, напичканную химикатами, которые в конце концов вас убивают, и дыша воздухом, который постоянно загрязняете. Вы отравляете свой организм сотней разных способов в тысячи разных моментов и при этом *знаете, что эти вещества для вас вредны*. Но благодаря тому, что они убивают вас дольше, *вы совершаете самоубийство безнаказанно*.

Если вы отравляете себя тем, что действует быстрее, то говорят, что вы нарушили моральный закон.

Вот что Я тебе скажу: *убивать себя быстро не более аморально, чем убивать себя медленно.*

Значит, человека, который покончил с собой, Бог не наказывает?

Я не наказываю. Я люблю.

А как насчет популярного утверждения о том, что те, кто надеются «избежать» своих затруднений или прервать свое состояние, совершив самоубийство, обнаруживают, что в жизни после смерти они получают то же затруднение или состояние и поэтому не могут ни избежать, ни прекратить ничего?

Твой опыт в жизни после смерти — это отражение твоего сознания в тот момент, когда ты в нее входишь. Но ты всегда существо свободной воли и можешь изменить свой опыт, когда пожелаешь.

Значит, с любимыми людьми, покончившими жизнь самоубийством, все хорошо?

Да. Все очень хорошо.

На эту тему есть чудесная книга Энн Перьер, которая называется «Стивен жив». В книге говорится о сыне автора, который покончил с собой, когда был подростком. Она помогла стольким людям!..

Энн Перьер — чудесный посланник. Как и ее сын.

Значит, Ты можешь порекомендовать эту книгу?

Это важная книга. В ней больше сказано на тему самоубийства, чем мы будем говорить здесь, и те люди, кто глубоко страдают или кого долго мучают вопросы из-за того, что любимый человек покончил с собой, с помощью этой книги смогут начать исцеление.

Печально, что бывают такие страдания или вопросы, но я думаю, что во многом это результат того, чем наше общество «нагрузило нас» касательно самоубийства.

Вы часто не видите противоречий своих собственных моральных конструкций. Противоречие между действиями, которые, как вам хорошо известно, сократят вашу жизнь, но выполняются медленно, и действиями, которые сократят вашу жизнь быстро, — одно из самых ярких в человеческом опыте.

Это противоречие кажется таким очевидным, когда Ты раскладываешь все по полочкам. Почему мы сами не можем увидеть такие очевидные истины?

Потому что, если бы вы видели их, вам бы пришлось *что-то с ними делать*. А вы это-го не желаете. Поэтому у вас нет иного выбора, как только смотреть прямо на что-то и не видеть этого.

Но почему мы не захотели бы что-то делать с этими истинами, если бы мы их увидели?

Потому что вам кажется, что для того, чтобы с ними сделать что-то, вам придется от-казаться от своих удовольствий. А у вас нет такого желания.

Большинство вещей, которые медленно убивают вас, доставляют вам удоволь-ствие. И большинство вещей, которые доставляют вам удовольствие, удовлетворяют ваше тело. Именно это характеризует вас как примитивное общество. *Ваши жизни в основном построены вокруг поисков удовольствий тела.*

Конечно, все существа повсюду стремятся к удовольствиям. В этом нет ничего примитивного. Фактически, это естественный порядок вещей. Разные общества и существа внутри обществ отличает то, что они *определяют как удовольствие.* Если жизнь общества структурирована в основном вокруг удовольствий тела, уровень функционирования этого общества отличается от уровня функционирования обще-ства, жизнь которого структурирована вокруг удовольствий души.

Однако это не значит, что ваши пуритане были правы и что все радости тела сле-дует отвергать. Это значит, что в возвышенном обществе удовольствия физического тела не составляют основную долю удовольствий, которыми наслаждаются его чле-ны. Они не имеют первостепенной важности.

Чем возвышеннее общество или существо, тем возвышеннее его удовольствия.

Погоди минуту! Это звучит как субъективная оценка. Я думал, что Ты — Бог — не делаешь субъективных оценок.

Является ли субъективной оценкой сказать, что гора Эверест выше, чем гора Мак-Кинли?

Является ли субъективной оценкой сказать, что тетушка Сара старше, чем ее пле-мянник Томми?

Это субъективные оценки или наблюдения?

Я не сказал, что «лучше» иметь более возвышенное сознание. Фактически, нет. Так же как не «лучше» быть в четвертом классе, чем в первом.

Я просто наблюдаю, что представляет собой четвертый класс.

На этой планете мы не в четвертом классе. Мы в первом. Да?

Дитя мое, вы еще даже не в детском саду. Вы в яслях.

Чем я могу счесть эти слова, как не оскорблением? Почему для меня это звучит так, как будто Ты унижаешь человеческую расу?

Потому, что твое «я» глубоко погрузилось в пребывание тем, чем ты не являешься, и в непребывание тем, чем являешься.

Большинство людей слышат оскорбление там, где высказано просто наблюдение, если они не хотят признавать замеченное.

Но пока ты что-то держишь в руках, это нельзя отпустить. И невозможно отречься от того, что ты никогда не признавал.

Невозможно изменить то, что ты не принял.

Совершенно верно.

Озарения начинаются с безусловного приятия того, «что есть».

Это известно как движение в *Есть-ность*, Бытие*. Именно в Бытии можно найти свободу.

То, чему ты сопротивляешься, упорствует. То, на что ты смотришь, исчезает. То есть теряет свою иллюзорную форму. Ты видишь вещи такими, каковы они Есть. А то, что Есть, всегда можно изменить. Только то, что Не Есть, изменить нельзя. Поэтому, чтобы изменить Бытие, нужно войти в него. Не сопротивляйся ему. Не отрицай его.

То, что ты отрицаешь, ты провозглашаешь. То, что ты провозглашаешь, ты создаешь.

Отрицание чего-либо — это воссоздание такого же опыта, потому что сам акт отрицания воплощает его.

Приятие чего-либо дает тебе контроль. То, что ты отрицаешь, ты не можешь контролировать, ибо ты утверждаешь, что этого нет. Поэтому *то, что ты отрицаешь, контролирует тебя.*

Большая часть твоей расы не хочет принять, что вы еще не доросли до детского сада. Она не хочет принять, что человечество еще в яслях. Но именно неприятие держит его на этом уровне.

Ваше «я» настолько глубоко погружено в пребывание тем, чем вы не являетесь (высокоразвитыми), что вы не являетесь тем, чем вы есть (развивающимися). Таким образом, вы работаете против себя, боретесь с собой. И, следовательно, развиваетесь очень медленно.

Быстрое продвижение по пути эволюции начинается с признания и приятия того, что есть, а не того, чего нет.

И я буду знать, что я принял «то, что есть», когда больше не буду чувствовать себя оскорбленным, услышав «то, что есть».

---

* **Isness** *(англ.)*.

Именно. Ты чувствуешь себя оскорбленным, когда Я говорю, что у тебя синие глаза?

Так вот что Я тебе скажу: чем возвышеннее общество или существо, тем возвышеннее его удовольствия.

То, что является для вас «удовольствием», свидетельствует о вашем уровне развития.

Помоги мне с термином «возвышенный». Что Ты под ним имеешь в виду?

Твое существо — это Вселенная в масштабе микрокосма. Ты и твое физическое тело состоите из грубой энергии, которая сгущается вокруг семи центров, или чакр. Изучи чакры и их значение. Об этом написаны сотни книг. Эту мудрость Я уже дал человечеству.

То, что приятно твоим нижним чакрам или что их стимулирует, неприятно твоим высшим чакрам.

Чем выше ты поднимаешь энергию жизни по своему физическому существу, тем возвышеннее будет твое сознание.

Ну вот, опять. Кажется, это довод в пользу воздержания. И, по-моему, основной аргумент против выражения сексуального влечения. Люди с «возвышенным» сознанием не «исходят» из интересов своей основной, первой, или нижней, чакры в отношениях с другими людьми.

Это правда.

Но на протяжении всего диалога Ты говорил, что человеческую сексуальность нужно *прославлять*, а не подавлять.

Правильно.

Тогда помоги мне разобраться, потому что, по-моему, тут противоречие.

Мир полон противоречий, сын Мой. Отсутствие противоречий не обязательно для истины. Иногда великая истина лежит *внутри* противоречия.

В данном случае присутствует Божественная Дихотомия.

Тогда помоги мне понять эту дихотомию. Потому что всю свою жизнь я слышал, как желательно, как «возвышенно» «поднимать энергию Кундалини» из основной чакры. Это было главное оправдание для мистиков, живущих в несексуальном экстазе.

Я понимаю, что мы отошли от предмета смерти, и прошу прощения за то, что увлек нас на эту не связанную с ней территорию...

За что ты извиняешься? Беседа идет так, как идет. «Тема» всего этого диалога — что значит быть в полной мере человеком и как устроена жизнь в этой Вселенной. Это единственная тема, и затронутый тобой вопрос непосредственно к ней относится.

Хотеть знать о смерти — значит хотеть знать о жизни. Я указывал на это раньше. И если наш разговор вылился в расширение нашего исследования и включения в него самого акта, в котором создается жизнь и который прославляет ее, пусть будет так.

***

Теперь давай проясним еще одну вещь. «Высокое развитие» не требует, чтобы любое выражение сексуальности заглушалось и вся сексуальная энергия была поднята до верхней чакры. Если бы дела обстояли так, не существовало бы «высокоразвитых» существ, потому что вся эволюция прекратилась бы.

Весьма очевидно.

Да. И поэтому тот, кто говорит, что самые святые люди никогда не занимались сексом и что это был признак их святости, не понимает устройства жизни.

Позволь Мне изложить все в очень ясных выражениях. Если тебе нужна мерка, по которой можно судить, что хорошо для человеческой расы, а что нет, задай себе простой вопрос:

Что бы случилось, если бы все это делали?

Это очень простой критерий, и очень точный. Если бы все выполняли какое-то действие и результат оказался бы максимально полезным для человечества, значит, оно «способствует развитию». Если бы действие, которое выполняли все, навлекло бы на человечество беду, значит, оно не очень «возвышенное» и вряд ли его следует рекомендовать. Согласен?

Конечно.

Значит, ты только что согласился, что ни один настоящий мастер никогда не скажет, что сексуальное воздержание — это путь к мастерству. И все же именно идея о том, что отказ от секса является почему-то «высшим путем» и что сексуальное влечение — это «низменное желание», сделала сексуальные отношения постыдными и стала причиной возникновения связанных с ними чувства вины и всяческих извращений.

И все же, если аргумент против сексуального воздержания заключается только в том, что оно препятствует продолжению рода, разве нельзя возразить, что после того, как секс послужил цели воспроизведения, в нем больше нет необходимости?

Человек занимается сексом не потому, что чувствует свою ответственность за продолжение человеческого рода. Сексом занимаются потому, что это *естественно*. Это заложено в генах. Ты повинуешься биологическому импульсу.

Совершенно верно! *Генетический сигнал* **гарантирует выживание вида. Но когда выживание вида обеспечено, разве не «возвышенно» «игнорировать сигнал»?**

Ты неправильно интерпретируешь сигнал. Биологический импульс не гарантирует выживание вида, он гарантирует *опыт Единения*, которое является истинной природой твоего существа. Когда достигается Единение, возникает новая жизнь, но не поэтому люди стремятся к Единению.

Если бы воспроизведение было единственной целью реализации сексуального влечения — если бы сексуальные отношения были бы просто «системой доставки», — вам бы сейчас уже не нужно было вступать в сексуальные отношения друг с другом. Вы можете соединять химические элементы, из которых образуется жизнь, в чашке Петри.

Но это не удовлетворило бы самые основные побуждения души, которые, как оказывается, намного значительнее, чем просто воспроизведение, и которые связаны с воссозданием того, Кто и Что Вы Есть в Действительности.

Биологический импульс приказывает не *создать* больше жизни, но *испытать* больше жизни — и испытать эту жизнь такой, какова она есть в действительности: манифестация Единения.

Вот почему Ты никогда не сделаешь так, чтоб люди перестали заниматься сексом, даже если они уже давно перестали рожать детей.

Конечно.

Но некоторые говорят, что секс *следует* прекратить, когда люди больше не хотят или не могут иметь детей, и что те пары, которые продолжают им заниматься, просто уступают низменным физиологическим импульсам.

Да.

И что это не «возвышенно», что это просто животные инстинкты, которые спрятаны под более благородной природой человека.

Это возвращает нас к теме чакр, или энергетических центров.

Я уже говорил, что «чем выше ты поднимешь энергию жизни по физическому существу, тем возвышеннее будет твое сознание».

Да! И это, кажется, значит: «Никакого секса!»

Нет, не значит. Не тогда, когда ты это понимаешь.

Позволь Мне вернуться к твоему предыдущему комментарию и прояснить кое-что. Нет ничего низкого или нечестивого в сексе. Вы должны выбросить эту идею из головы и из своей культуры.

Нет ничего низменного, неприличного или «недостойного» (а тем более *ханже-ского*) в страстном, полном желания сексуальном соединении. Физические импульсы — это не манифестация «животных инстинктов». Эти физические импульсы были *заложены в организм* Мной.

Кто, по-твоему, создал вас такими?

Но физические импульсы — это лишь *один элемент* в сложном сочетании твоих реакций на других людей. Помни, ты тройственное существо с семью энергетическими центрами. Когда ваша реакция друг на друга исходит из всех трех частей, всех семи чакр одновременно, тогда вы получаете высший опыт, который вы искали и для которого вы были созданы!

И нет ничего порочного в этих энергиях, но если ты выбираешь только одну из них, то это «не целостно»*. *Ты перестаешь быть целостным!*

Когда ты не целостен, ты не являешься полностью собой. *Вот* что значит «пороч-ный».

Вот это да! Я понял. Я *понял*!

Предостережение против секса для тех, кто выбирает быть «возвышенным», никогда не исходило от Меня. С Моей стороны это было приглашение. Приглашение — это не предостережение, но вы сделали его таковым.

Я приглашал вас не перестать заниматься сексом, но перестать быть *не цельными*. *Что бы* ты ни делал — занимался сексом или завтракал, шел на работу или гулял по пляжу, прыгал со скакалкой или читал хорошую книгу, — *что бы* ты ни делал, делай это как целостное существо, ибо *ты есть* целостное существо.

Если, занимаясь сексом, ты исходишь только из своего нижнего центра, ты действуешь только из основной чакры и упускаешь самую богатую часть секса. Но если ты занимаешься любовью, исходя из всех *семи* энергетических центров, у тебя высший опыт. Как это может быть порочным?

Не может. Я не могу себе представить, чтобы такой опыт был порочным.

---

* Игра слов: «*And there is nothing unholy about any of these energies — yet if you choose just one of them? That is "unwhole-ly"*».

Таким образом, приглашение поднимать жизненную энергию через свое физическое существо к высшей чакре никогда не должно было стать предложением или требованием *отключиться от нижних чакр*.

Если ты поднял энергию до сердечной чакры или даже до чакры макушки, это не означает, что в основной чакре энергии быть не может.

На самом деле, если ее там нет, ты отключился от нижних чакр.

Подняв жизненную энергию к высшим центрам, ты можешь выбрать вступать или не вступать в сексуальные отношения. Но если их не будет, это произойдет не потому, что они бы нарушили какой-то космический закон о святости. И отказ от секса не сделает тебя более «возвышенным». А если ты выберешь заняться сексом, это не «опустит» тебя до одного только уровня основной чакры, если только ты не сделаешь противоположное отключению от низа и не *отключишься от верха*.

Так вот тебе приглашение — не предостережение, но приглашение:

Поднимай свою энергию, свою жизненную силу на высший уровень, какой только возможен в каждый момент, и ты будешь возвышенным. Это не имеет никакого отношения к тому, занимаешься ли ты сексом или нет. Это имеет отношение к поднятию твоего сознания, *что бы ты ни делал*.

Я понял! Хотя я не знаю, *как* поднять мое сознание. Не думаю, что я знаю, *как* поднять жизненную энергию через чакры. И я не уверен, что большинство людей хотя бы знают, где эти центры.

Любой, кто серьезно желает знать больше о «физиологии духовности», может это выяснить достаточно легко. Я давал источники этой информации раньше в очень ясных выражениях.

Ты имеешь в виду, в других книгах, через других писателей?

Да. Почитай Дипака Чопру*. Он один из лучших глашатаев истины на вашей планете. Он понимает тайну и науку духовности.

Есть и другие чудесные посланники. Их книги описывают, не только как поднять жизненную силу вверх по телу, но также как *оставить* свое физическое тело.

Читая эти книги, ты можешь вспомнить, как радостно отпускать свое тело. Ты поймешь, как можно никогда больше не бояться смерти. Ты поймешь дихотомию: как можно радоваться, пребывая в теле, и радоваться, освободившись от него.

---

* «София» издавала и продолжает издавать книги Дипака Чопры. Их уже так много, что перечислить здесь не представляется возможным. — *Прим. ред.*

9

Жизнь, должно быть, чем-то похожа на школу. Я помню, как каждой осенью с волнением думал о первом дне в школе и как в конце учебного года не мог дождаться каникул.

Совершенно верно! Точно! Ты попал в точку. Все именно так. Только жизнь — это не школа.

Да, я помню. Ты объяснял мне этот вопрос в первой книге. До того момента я думал, что жизнь *была* «школой» и что мы пришли в этот мир «выучить свои уроки». В первой книге Ты мне очень помог понять, что это была ошибочная доктрина.

Я рад. Именно это мы и пытаемся сделать в нашей трилогии — внести ясность в ваше понимание мира. Теперь тебе ясно, почему и как душа может радоваться после «смерти» и что ей *совсем не обязательно* сожалеть о «жизни».

   Но чуть раньше ты задал более важный вопрос, и мы должны вернуться к нему.

Прости.

Ты сказал: «Если душа так несчастна в теле, почему она просто не покинет его?»

Ах, да.

Ну, так она его *покидает*. Я имею в виду не только «смерть», как Я только что объяснил. Но она покидает тело не потому, что она несчастна. Скорее, потому что хочет возродиться, восстановить силы.

Она часто так делает?

Каждый день.

Душа покидает тело каждый день? Когда?

Когда душа жаждет более высокого опыта. Она находит его в восстановлении.

Она просто *уходит*?

Да. Душа покидает твое тело ежедневно. Постоянно. На протяжении всей жизни. Для этого Мы изобрели сон.

Душа покидает тело во время сна?

Конечно. *Вот что такое сон.*

Время от времени на протяжении вашей жизни душа ищет восстановления, доза-правки, если хочешь, чтобы иметь силы дальше тащиться в своем неуклюжем транс-порте, который вы называете телом.

Думаешь, твоей душе легко обитать в твоем теле? Вовсе нет! Может быть, *просто*, но не легко! Это радостно, но это нелегко. Это самое трудное, что когда-либо делала твоя душа!

Душе известны легкость и свобода, которую ты не можешь себе представить, и она жаждет вернуться к этому состоянию, точно так же как ребенок, который любит школу, может с нетерпением ждать летних каникул. Точно так же как взрослый, ко-торый жаждет компании, может среди друзей хотеть одиночества. Душа стремится к истинному состоянию существа. Душа — это легкость и свобода. Она также мир и радость. Она бесконечность и блаженство; совершенная мудрость и совершенная любовь.

Она все это, и даже больше. Но, находясь с телом, она испытывает лишь крупи-цы этих состояний. Поэтому она договорилась сама с собой. Она сказала себе, что останется с телом так долго, как ей будет нужно, чтобы создать и испытать себя так, как она выбирает, — но только при условии, что она *сможет* покидать тело, когда захочет!

Она покидает его ежедневно в те моменты жизни, которые вы называете сном.

«Сон» — это состояние, когда душа покидает тело?

Да.

Я думал, мы спим, потому что телу нужен отдых.

Ты ошибаешься. Все наоборот. *Душа* хочет отдохнуть и поэтому заставляет тело «спать».

Душа буквально бросает тело (иногда прямо там, где оно стоит), когда устает от ограничений, тяжести и несвободы пребывания в нем.

Она просто покидает тело, когда хочет «дозаправиться»; когда устает от всей неправды, ложной реальности и надуманных опасностей и когда она снова жаждет воссоединения, утешения, спокойствия и пробуждения ума.

Когда душа впервые избирает тело, она находит, что быть с ним чрезвычайно трудно. Для души это очень утомительно, особенно на первых порах. Поэтому младенцы так много спят.

Когда душа преодолевает первичный шок оттого, что она снова привязана к телу, она начинает развивать толерантность к нему. Она остается с ним дольше.

В то же время та часть вас, которую вы называете умом, погружается в забвение — как и должно быть. Даже уходы души из тела, которые теперь происходят реже, но все же ежедневно, не всегда возвращают уму память.

На самом деле в такие периоды душа может быть свободна, но ум иногда пребывает в замешательстве. Поэтому все ваше существо спрашивает: «Где я? Что я здесь создаю?» Эти поиски могут вылиться в судорожные, даже пугающие путешествия. Вы называете эти путешествия «кошмарами».

Иногда происходит обратное. Душа приносит великое воспоминание. Теперь уму предстоит пробуждение. Оно наполнит ум миром и радостью, которые вы испытаете в своем теле, когда в него вернетесь.

Чем больше утешения испытывает все ваше существо от такого воссоединения — то есть чем больше оно помнит, что оно делает и что должно делать с телом, — тем реже ваша душа будет расставаться с телом, потому что теперь она знает, что *она соединилась с телом по определенной причине и с определенной целью*. Теперь ее желание — продолжать свою работу и использовать время, которое она проводит с телом, как можно лучше.

Человек большой мудрости мало нуждается в сне.

Ты имеешь в виду, что можно сказать, насколько развит человек, по тому, как много он спит?

Почти. Почти можно так сказать. Иногда душа выбирает покидать тело просто ради самого удовольствия. Она может не искать пробуждения для ума или омоложения для тела. Она просто может выбирать воссоздавать чистый экстаз познания Единства. Поэтому не всегда обоснованно утверждать, что чем больше человек спит, тем он меньше развит.

И все же не простое совпадение, что со все большим осознанием человеком задачи для тела и с ростом понимания, что он — *не* тело, но то, что находится *с* телом, его душа все больше хочет и может проводить времени со своим телом, и таким образом *создается впечатление, что «человеку нужно меньше сна»*.

Некоторые существа выбирают испытывать одновременно забвение, которое дает пребывание с телом, и единение, которое дает душа. Такие существа могут научить *часть* себя не отождествляться с телом, пока они находятся в нем, таким образом они испытывают экстаз знания того, Кто Они Действительно Есть, оставаясь в бодрствующем теле.

Как они это делают? Как я могу это сделать?

Это вопрос осознания, достижения состояния абсолютного осознания, как Я уже говорил. Нельзя *достичь* абсолютного осознания, можно только *пребывать* в состоянии абсолютного осознания.

Как? *Как?* Должны быть хоть *какие-то* инструменты, которые Ты мне можешь дать.

Ежедневная медитация — один из лучших инструментов, при помощи которых создается этот опыт. Благодаря медитациям можно поднять жизненную энергию к высшей чакре... и даже *покинуть свое тело, пребывая в состоянии «бодрствования».*

Во время медитации можно привести себя в состояние готовности испытать абсолютную осознанность, когда тело находится в пробужденном состоянии. Состояние готовности называется *истинным бодрствованием.* Для того чтобы испытать его, не обязательно сидеть в медитации. Медитация — это просто метод, «инструмент», как ты выразился. Но тебе не *обязательно* нужно выполнять сидячую медитацию, чтобы испытать это состояние.

Тебе следует знать, что сидячая медитация — не единственный существующий вид медитаций. Есть медитация остановки. Медитация ходьбы. Медитация действия. Сексуальная медитация.

Это состояние *истинного бодрствования.*

Чтобы оказаться в этом состоянии, просто остановись на ходу, перестань идти туда, куда шел, перестань делать то, что делал, просто *остановись* на мгновенье и просто *будь* точно там, где ты есть, и ты станешь *точно тем*, кто ты *есть*. Остановка даже на мгновенье может стать благословением. Ты осматриваешься кругом, медленно, и замечаешь вещи, которых не замечал, проходя мимо. Глубокий запах земли сразу после дождя. Завиток волос над левым ухом твоей возлюбленной. Как по-настоящему хорошо видеть играющего ребенка.

Чтобы испытать все это, тебе не нужно покидать тело. Это состояние истинного бодрствования.

Когда ты идешь в этом состоянии, ты вдыхаешь аромат каждого цветка, летишь с каждой птицей, чувствуешь каждый хруст под ногами. Ты находишь красоту и мудрость. Ибо мудрость находится там, где образуется красота. А красота образуется везде, изо всего в жизни. Тебе не нужно ее искать. Она сама придет к тебе.

И чтобы испытать все это, тебе не нужно покидать тело. Это состояние истинного бодрствования.

Когда ты «действуешь» в этом состоянии, ты превращаешь все, что делаешь, в медитацию, и таким образом — в дар, подношение от себя своей душе, и от своей души — Всему. Моешь посуду — ты наслаждаешься теплотой воды, ласкающей твои руки, и восхищаешься чудом воды и теплоты. Работая за компьютером, ты видишь, как возникают слова в ответ на команды твоих пальцев, и радуешься власти над умом и телом, когда они выполняют твои приказы. Готовишь обед — и чувствуешь любовь Вселенной, которая дала тебе эту пищу, и, как свой ответный дар, вплетаешь в приготовление еды любовь своего существа. Не важно, насколько необычна или проста эта еда. С любовью суп можно превратить в нечто восхитительное.

Чтобы испытать все это, тебе не нужно покидать тело. Это состояние истинного бодрствования.

Когда ты в этом состоянии испытываешь обмен сексуальной энергией, ты знаешь высочайшую истину о том, Кто Ты Есть. Сердце твоей любимой становится твоим домом. Тело твоей любимой становится твоим телом. Твоя душа больше не считает себя отдельной ни от чего.

Чтобы испытать все это, тебе не нужно покидать тело. Это состояние истинного бодрствования.

Когда ты готов, ты бодрствуешь. В таком состоянии твоих губ может коснуться улыбка. Просто улыбка. Просто остановись на одно мгновенье и улыбнись. Просто так. Просто потому, что тебе хорошо. Просто потому, что твое сердце знает секрет. И потому, что твоя душа знает, что это за секрет. Улыбнись этому. Улыбайся часто. Улыбка вылечит все, что причиняет тебе боль.

Ты просил Меня об инструментах, и Я даю их тебе.

Дыши. Это еще один инструмент. Дыши продолжительно и глубоко. Дыши медленно и легко. Вдыхай мягкое, сладкое ничто жизни, так наполненное энергией, так наполненное любовью. Ты дышишь Божьей любовью. Дыши глубоко, и ты ее сможешь почувствовать. Дыши очень, очень глубоко, и любовь заставит тебя плакать.

От радости.

Ибо ты встретил твоего Бога, и твой Бог познакомил тебя с твоей душой.

Стоит только раз испытать это состояние, и жизнь больше никогда не будет прежней. Люди сравнивают его с пребыванием на горной вершине или с соскальзыванием в чистое блаженство. Их бытие изменилось навсегда.

Спасибо. Я понял. Это простые вещи. Простые действия — и самые чистые.

Да. Но знай вот что. Некоторые люди медитируют годами и ничего подобного не испытывают. Все зависит от того, насколько открыт человек, насколько он хочет этого. И также насколько он способен отказаться от ожидания любых результатов.

Следует ли мне медитировать каждый день?

Как и во всем, тут нет никакого «следует» или «не следует». Вопрос не в том, что тебе следует делать, а в том, что ты *выбираешь* делать.

Некоторые души стремятся двигаться в бодрствовании. Некоторые видят, что в этой жизни большинство людей двигаются во сне, бессознательно. Они идут по жизни неосознанно. Души, которые идут осознанно, выбирают другую дорогу. Они выбирают иной путь.

Они стремятся испытать весь мир и радость, безграничность и свободу, мудрость и любовь, которую приносит Единство, не только тогда, когда бросают тело и оно «падает» (в сон), но и тогда, когда они пробуждают тело.

О душе, которая создает такой опыт, говорят: «Он пробужденный».

Другие, последователи так называемого движения Нью Эйдж, называют это процессом «расширения сознания».

Не важно, какие названия вы используете (слова — самая ненадежная форма общения), все сводится к жизни в осознании. А потом все становится абсолютным осознанием.

И что же вы в итоге абсолютно осознаете? Вы в конечном счете абсолютно осознаете, Кто Вы Есть.

Ежедневная медитация — один из способов достижения такого осознания. Но она требует настойчивости, преданности и решения искать внутренний опыт, а не внешнее вознаграждение.

И помни, в молчании хранятся тайны. И поэтому самый сладкий звук — это звук тишины. Это песня души.

Если ты веришь шуму мира больше, чем молчанию своей души, ты проиграешь.

Значит, ежедневная медитация — *хорошая идея*.

Хорошая идея? Да. И все же помни то, что Я только что сказал. Песню души можно петь по-разному. Сладкий звук тишины можно услышать не раз.

Некоторые слышат молчание в молитве. Некоторые поют песню в своей работе. Некоторые ищут секреты в тихом созерцании, другие — в менее созерцательном окружающем их мире.

Когда достигается мастерство — или хотя бы ощущается время от времени, — шумы мира могут быть приглушены, отвлекающие вас обстоятельства усмирены, даже когда вы находитесь среди них. Все в жизни становится медитацией.

Всё в жизни *и есть* медитация, в которой вы созерцаете Божественное. Это состояние называется состоянием истинной пробужденности, осмысленности, осознанности.

Всё в жизни, испытанное таким образом, становится благословенным. Больше нет борьбы, боли и тревоги. Есть только опыт, который вы можете назвать, как пожелаете. Вы можете захотеть назвать его совершенством.

Так что проживайте как медитацию всю вашу *жизнь* и все события в ней. Ходите в бодрствовании, а не во сне. Двигайтесь осмысленно, не бессмысленно, не застревайте в сомнении и страхе, в чувстве вины или самобичевании, но обитайте в постоянном великолепии в уверенности, что вас бесконечно любят. Вы всегда Одно со Мной. Вас всегда рады видеть. Рады видеть дома.

Ибо ваш дом в Моем сердце, а Мой дом — в вашем. Я предлагаю вам увидеть это при жизни так, как вы, несомненно, увидите это в смерти. Тогда вы узнаете, что смерти нет и что переживания, которые вы называете жизнью и смертью, являются частью одного и того же бесконечного опыта.

Мы — всё, что есть, всё, что было, и всё, что когда-либо будет в бесконечном мире.

Аминь.

10

Я люблю Тебя, Ты знаешь это?

Да. И Я люблю тебя. *Ты* знаешь это?

Я начинаю узнавать. Я правда начинаю.

Хорошо.

11

Расскажи мне о душе, пожалуйста.

Конечно. Я попытаюсь объяснить, хотя это нелегко в вашей ограниченной сфере понимания. Но не позволяй себе расстраиваться, если некоторые вещи не будут «иметь смысла» для тебя. Постарайся помнить, что ты принимаешь эту информацию через уникальный фильтр — фильтр, созданный тобой для того, чтобы не давать тебе вспомнить слишком много.

Напомни мне опять, зачем я это сделал.

Игра закончилась бы, если бы ты все вспомнил. Ты пришел сюда по определенной причине, и твоя Божественная Цель была бы разрушена, если бы ты понял, как устроен этот мир. На этом уровне сознания некоторые вещи навсегда останутся тайнами, и это правильно.

Поэтому не пытайся раскрыть все тайны. По крайней мере, не все сразу. Дай Вселенной шанс. Она развернется перед тобой в свое время.

Наслаждайся опытом становления.

Торопись не спеша.

Точно.

Мой отец часто так говорил.

Твой отец был мудрым и чудесным человеком.

Немногие сказали бы о нем так.

Немногие его знали.

Моя мать знала.

Да, знала.

И она любила его.

Да, любила.

И она прощала его.

Да, прощала.

Несмотря на все те случаи, когда он причинял ей боль.

Да. Она понимала, и любила, и прощала, и в этом она была и есть прекрасным примером, благословенным учителем.

Да. Итак... Ты расскажешь мне о душе?

Расскажу. Что ты хочешь знать?

Давай начнем с первого — и очевидного — вопроса. Я уже знаю ответ, но он дает нам отправную точку. Есть ли такая вещь, как человеческая душа?

Да. Это третий аспект вашего существа. Вы являетесь тройственными существами, состоящими из тела, ума и духа.

Я знаю, где мое тело; я это вижу. И, думаю, я знаю, где у меня ум, — он в той части моего тела, которая называется головой. Но я не уверен, что представляю где...

Погоди минуту. Остановись. Ты кое в чем не прав. Ум не в голове.

Нет?

Нет. Твой *мозг* находится в черепе. Но ум нет.

Тогда где же он?

В каждой клетке твоего тела.

Ого...

То, что вы называете умом, на самом деле — энергия. Это... мысль. А мысль — это энергия, а не предмет.

Ваш мозг — предмет. Это физический, биохимический механизм. Самый большой, наиболее сложный, но не единственный механизм человеческого тела, при помощи которого тело переводит, или преобразовывает, энергию вашей мысли в физические импульсы. Мозг — это преобразователь. Так же, как и все тело. В каждой вашей клетке есть крохотный преобразователь. Биохимики очень часто замечали, как отдельные клетки — например, кровяные — часто ведут себя так, словно у них есть собственный интеллект. Он у них действительно есть.

Это правдиво не только о клетках, но и о больших частях тела. Каждый человек на земле знает, как иногда какая-то часть тела словно живет своим собственным разумом...

Да, и каждая женщина знает, как нелепо ведут себя мужчины, когда позволяют определенной части тела влиять на свои желания и решения.

Некоторые женщины используют это знание, чтобы контролировать мужчин.

Несомненно. А некоторые мужчины контролируют женщин благодаря их желаниям и решениям, принятым под таким влиянием.

Несомненно.

Хочешь знать, как прекратить этот цирк?

Безусловно!

Именно об этом шла речь раньше, когда мы говорили о подъеме энергии жизни через все семь чакр.

Когда твои желания и решения происходят из более значительного места, чем тот ограниченный сектор, о котором ты упомянул, женщины не могут контролировать тебя, и ты сам никогда не будешь стремиться контролировать их.

Единственная причина, по которой женщины обращаются к такому средству манипуляции и контроля, состоит в том, что, по-видимому, других средств нет. По крайней мере, столь эффективных. А без каких-нибудь средств контроля мужчины часто становятся... ну, неконтролируемыми.

Но если бы мужчины чаще проявляли свою высшую природу и если бы женщины чаще обращались к этой стороне мужчин, так называемая «битва полов» закончилась бы. Как и большинство любых других битв на вашей планете.

Как Я уже говорил, это не означает, что мужчины и женщины должны отказаться от секса или что секс — часть низшей природы человеческого существа. Это означает, что сексуальная энергия сама по себе, если ее не поднять к высшим чакрам и не соединить с другими энергиями, которые составляют целостного человека, приводит к решениям и последствиям, которые не *отражают* всего человека. И эти решения часто далеки от великолепия.

Ваше Целостное Существо — это само великолепие, но все, что далеко от Целостного Существа, далеко от великолепия. Так что, если вы хотите быть уверены, что примете далеко не великолепное решение и получите такое же последствие, делайте ваш выбор только с позиций нижней чакры. И посмотрите на результаты.

Они весьма предсказуемы.

Гм... Думаю, я знал это.

Конечно, знал. Самый большой вопрос, стоящий перед человеческой расой, не в том, когда вы научитесь чему-либо, а в том, когда вы начнете *действовать на основании того, что вы уже выучили.*

Значит, ум есть в каждой клетке...

Да. А в вашем мозге больше клеток, чем в какой-либо другой части тела, поэтому вам кажется, что ум размещается там. Это просто главный, но не единственный центр обработки данных.

Хорошо. Мне ясно. А где же душа?

А где она, по-твоему?

За Третьим Глазом?

Нет.

Внутри грудной клетки, справа от сердца, как раз под грудиной?

Нет.

Ладно, я сдаюсь.

Она везде.

Везде?

Везде.

Как ум?

Эй, погоди минуту. Ум не везде.

Разве нет? Мне казалось, Ты только что сказал, что он в каждой клетке тела.

Это не «везде». Есть промежутки между клетками. На самом деле ваше тело на 99 процентов состоит из промежутков.

В них и находится душа?

Душа *везде* в тебе и вокруг тебя. Ты в ней *заключен*.

Погоди минуту! Теперь *Ты* погоди минуту! Меня всегда учили, что тело заключает в себе мою душу. А что же случилось с выражением «Тело — это храм души»?

Фигура речи.

Она полезна, потому что помогает людям понять, что они не просто тело, они не-что большее. Так и есть. Буквально. Душа *больше тела*. Она не содержится в теле, но содержит тело в *себе*.

Я слушаю Тебя, но мне все еще тяжело представить себе все это.

Ты когда-нибудь слышал об ауре?

Да. Да. Это и есть душа?

Это самый подходящий образ, который мы можем найти в вашем языке, в вашем понимании, чтобы создать у вас представление об огромной и сложной реальности. Душа — это то, что сплачивает вас в одно, точно так же как *Душа Бога — это то, что заключает в себя Вселенную и сплачивает ее в одно*.

Вот это да! Это полностью противоречит тому, что я думал раньше.

Держись, сын Мой. Противоречия только начинаются.

Но если душа, в каком-то смысле, «воздух вокруг нас» и если у каждого из нас такая душа, где тогда *заканчивается* одна душа и начинается другая?
    О нет, только не говори мне...

Вот видишь? Ты уже знаешь ответ!

Нет такого места, где другая душа «заканчивается» и моя «начинается»! Точно так же как нет места, где воздух из гостиной «кончается» и воздух из столовой «начинается». Это все *тот же самый воздух*. Это все *та же самая душа*!

Ты только что открыл секрет Вселенной.

И если *Ты* заключаешь в себе *Вселенную*, точно так же как мы заключаем в себе наши тела, тогда нет места, где *Ты* «заканчиваешься» и *мы* «начинаемся»!

Кхм...

Ты можешь прочищать горло, сколько угодно. Для меня это чудеснейшее откровение! Я хочу сказать, я знал, я всегда понимал это — но теперь я *понимаю* это!

Это здорово. Разве это не здорово?

Видишь ли, в прошлом моя проблема была в том, что я считал тело изолированным контейнером. Так что можно было различать «это» тело и «то» тело, и, поскольку я всегда думал, что душа помещается в теле, я делал различие между «этой» душой и «той» душой.

Да, естественно.

Но если душа находится везде внутри и *снаружи* тела, в своей «ауре», как ты выразился, тогда где одна аура «заканчивается», а другая — «начинается»? А теперь я понимаю, впервые в жизни, по-настоящему, *с позиций физики*, как может быть так, что одна душа *не* «заканчивается», а другая *не* «начинается», и *физически доказано*, что Мы Все Одно Целое!

Ура! Это все, что Я могу сказать. Ура!

Я всегда думал, что это *метафизическая* истина. Теперь я вижу, что это *физическая* истина! Боже правый, религия только что стала наукой!

Не утверждай, что Я тебе этого не говорил.

Но постой. Если нет такого места, где одна душа заканчивается, а другая начинается, означает ли это, что индивидуальной души нет?

Ну... и да, и нет.

Ответ, достойный Бога.

Спасибо.

Но, честно говоря, я надеялся на более ясный ответ.

Дай мне передышку. Мы движемся слишком быстро, твоя рука болит от писания.

Скорее, от яростного царапанья.

Да. Так что давай переведем дыхание. Всем расслабиться. Я вам все объясню.

Ладно. Продолжай. Я готов.

Ты помнишь, Я уже много раз говорил с тобой о том, что Я называю Божественной Дихотомией?

Да.

Это одно из ее проявлений. Фактически, величайшее.

Понимаю.

Важно знать о Божественной Дихотомии и отчетливо понимать ее, если вы хотите жить в нашей Вселенной в благости.

Божественная Дихотомия предполагает, что две видимо противоречивые истины могут сосуществовать одновременно в одном пространстве.

На вашей планете людям трудно это принять. Они любят порядок, и все, что не вписывается в картину их представлений, автоматически отвергается. И вот, когда начинают проявляться две реальности и кажется, что они противоречат друг другу, незамедлительный вывод таков, что одна из них неправильна, ошибочна, ложна. Нужно быть очень зрелым, чтобы увидеть и принять, что они обе могут быть правильными.

Но в сфере абсолютного — в отличие от сферы относительного, в которой вы живете, — ясно, что единая истина, которая есть Все Сущее, иногда производит эффект, который, если его рассматривать с позиций относительности, выглядит как противоречие.

Это называется Божественной Дихотомией, и это — совершенно реальная часть человеческого опыта. И, как Я сказал, практически невозможно жить благостно, не приняв эту Дихотомию. Человек постоянно недоволен, сердит, он мечется в напрасных поисках «справедливости» или упорно пытается примирить противодействующие силы, которые никогда и не должны примиряться, но которые, *в силу самой природы напряжения между ними*, дают нужный эффект.

Фактически, вся сфера относительного существует благодаря этим напряжениям. Для примера возьмем напряжение между добром и злом. В конечной реальности нет ни хорошего, ни плохого. В сфере абсолютного все любовь. Но в сфере относительного вы создали опыт, который называете злом, и сделали вы это по вполне разумной причине. Вы хотели *испытывать* любовь, а не просто *знать*, что любовь есть Все Сущее. Но невозможно испытать что-то, если нет ничего, *кроме* этого. Поэтому вы создали в вашей реальности (и продолжаете создавать каждый день) полярность между добром и злом, чтобы при помощи одного вы могли испытать второе.

В этом и заключается Божественная Дихотомия — две видимо противоречащие истины сосуществуют одновременно в одном пространстве. А именно:

Существует добро и зло.

Существует только любовь.

Благодарю Тебя за объяснение. Ты касался этого и раньше, но спасибо, что Ты помог мне понять Божественную Дихотомию еще лучше.

Пожалуйста.

Итак, как Я сказал, сейчас перед нами величайшее проявление Божественной Дихотомии.

Есть только Одно Существо, и, соответственно, только Одна Душа. *И в Одном Существе есть много душ.*

Так работает Дихотомия: только что Я объяснил тебе, что нет отдельных душ. Душа — это энергия жизни, которая существует внутри и снаружи (как *аура*) всех физических объектов. В некотором смысле, она «держит» все физические объекты на своих местах. «Душа Бога» содержит в себе Вселенную, а «душа человека» содержит в себе тело каждого конкретного человека.

Тело не контейнер, не «дом» для души; душа — контейнер для тела.

Правильно.

И все же между душами нет «разделительной линии», нет места, где «одна душа» заканчивается, а «другая» начинается. Таким образом, на самом деле одна душа содержит все тела.

Верно.

Но одна душа «чувствует себя» группой индивидуальных душ.

Она и чувствует — Я чувствую — по замыслу.

Ты можешь объяснить мне, как это работает?

Да.

В то время как на самом деле души не отдельны, истинно также и то, что вещество, из которого состоит Единая Душа, проявляется в физической реальности с разной скоростью, таким образом создавая плотность разной степени.

Разная скорость? Когда мы начали говорить о скорости?

Всё в жизни — вибрация. То, что вы называете жизнью (точно так же вы могли называть ее Богом), — это чистая энергия. Эта энергия постоянно вибрирует. Она двигается *волнами*. Волны колеблются с разной скоростью, создавая плотность, или свет, разной степени. Это, в свою очередь, создает, в ваших терминах, разные «эффекты» в физическом мире — фактически, разные физические объекты. Но все же, хотя объекты разные и изолированные, энергия, из которой они созданы, та же самая.

Давай вернемся к твоему примеру с воздухом между гостиной и столовой. Ты хорошо воспользовался образом, который вдруг пришел тебе на ум. Вдохновение.

Угадай, откуда оно.

Да, Я дал его тебе. Ты сказал, что между этими двумя секторами физического мира не было места, где «воздух из гостиной» заканчивался, а «воздух из столовой» начинался. И это правильно. Но все же *есть* такое место, где «воздух из гостиной» становится *менее плотным*. То есть он рассеивается, становится «разреженным». То же самое правдиво и о «воздухе из столовой». Чем дальше от столовой ты отходишь, тем меньше чувствуешь запах обеда!

Но воздух в *доме* — это *тот же самый воздух*. Нет «отдельного воздуха» в столовой. И все же воздух в столовой несомненно *кажется* «другим». Хотя бы потому, что он пахнет по-другому!

Итак, из-за того что воздух приобрел иное *качество*, кажется, что это *иной воздух*. Но это не так. Это все *тот же воздух, который кажется другим*. В гостиной пахнет камином, а в столовой — обедом. Можно даже зайти в одну комнату и сказать: «Ах, как здесь душно. *Давайте впустим сюда немного воздуха*». Как будто в комнате воздуха нет совсем. Но, конечно, воздуха достаточно. Вы хотите просто изменить его качество.

Поэтому вы впускаете воздух с улицы. *Но это тот же самый воздух*. Есть только один воздух, он движется внутри, вокруг и сквозь *всё*.

Это круто. Я полностью «вник». Мне нравится, как Ты объясняешь строение Вселенной словами, в которые я полностью «вникаю».

Ну что ж, спасибо. Я старался. Позволь теперь Мне продолжить.

Пожалуйста.

Как и воздух в твоем доме, энергия жизни — мы будем называть ее Душой Бога — приобретает разные качества, когда окружает разные физические объекты. Фактически, энергия сгущается особенным образом, чтобы *образовать* эти объекты.

Когда фрагменты энергии сгущаются, чтобы образовать физическую материю, они становятся очень концентрированными. Они сжимаются. Уплотняются. И начинают «выглядеть», даже «ощущаться» как отличные друг от друга соединения. То есть они начинают казаться «разными», «отдельными» от всей остальной энергии. Но это одна и та же энергия, *которая ведет себя по-разному.*

Именно разное поведение энергии дает возможность Тому, Что Есть Одно, проявляться как То, Чего Много.

Как Я объяснял в первой книге, То, Что Есть, не могло испытывать Себя как *То, Что Оно Есть,* пока у него не развилась эта *способность дифференцироваться.* Таким образом, То, Что Есть Всё, *разделилось* на То, Что Есть *Это,* и на То, Что Есть *То.* (Я пытаюсь все объяснить очень просто.)

Сгустки энергии, которая уплотнилась и образовала изолированные объекты, заключающие в себе физические существа, — это и есть то, что вы называете душами. Мы говорим здесь о тех частях Меня, которые стали множеством Вас. Вот Божественная Дихотомия:

Нас только Один.

Нас много.

Ух ты — это здорово.

Это ты Мне говоришь?

Мне продолжать?

Нет, остановись. Мне скучно.

Да, **продолжай!**

Хорошо.

Как Я сказал, когда энергия сгущается, она становится очень концентрированной. Но чем дальше двигаться от точки этой концентрации, тем более рассеянной становится энергия. «Воздух становится более разреженным». Аура тускнеет. Энергия никогда полностью не исчезает, потому что это невозможно. Из нее состоит все. Она — Все Сущее. Но она может стать очень, очень разреженной, очень тонкой, так что кажется, будто «ее нет».

Потом, в другом месте (читай: в другой части Себя) она может снова сгуститься, снова «слипнуться» и образовать то, что вы называете материей и что «выглядит» как изолированный объект. Теперь два объекта кажутся отдельными друг от друга, хотя в действительности нет никакой отдельности.

Вот это — в очень, очень простых и элементарных терминах — объяснение строения всей физической Вселенной.

Вот это да! Но правда ли это? Откуда мне знать, что я только что не выдумал все это сам?

Ваши ученые уже открывают, что строительные кирпичики всего в жизни одинаковые.

Они привезли с Луны камни и нашли в них тот же материал, который они находят в деревьях. Они исследуют дерево и находят тот же материал, который находят в тебе.

Я скажу тебе: Мы все — из *одного и того же материала*.

Мы все — одна и та же энергия, сгущенная, сжатая разными способами, чтобы образовать разные формы и разные вещества.

Ничего не имеет значения в самом себе и само по себе. То есть ничто не может *стать материей* само по себе. Иисус сказал: «Без Отца Моего я ничто». Отец всего — это чистая мысль. Это энергия жизни. Именно это вы решили называть Абсолютной Любовью. Это Бог и Богиня, Альфа и Омега, Начало и Конец. Это Все во Всем, Недвижимый Движитель, Изначальный Источник. Именно это вы стремитесь понять с начала времен. Великая Тайна, Бесконечная Загадка, вечная истина.

Есть только Один из Нас, и это ТОТ, КТО ЕСТЬ ТЫ.

12

Я прочитал эти слова с благоговейным трепетом и глубоким почтением. Спасибо Тебе за то, что Ты избрал такой способ быть со мной. Спасибо Тебе, что Ты со всеми нами. Потому что миллионы читают слова этого диалога, а еще миллионы хотят их прочесть. И, когда Ты входишь в наши сердца, мы, затаив дыхание, принимаем от Тебя этот дар.

Дорогие Мои, Я всегда в ваших сердцах. Я рад, что теперь ты по-настоящему почувствовал, что Я здесь.

Я всегда с вами. Я никогда вас не оставляю. Я — это вы, а вы — это Я, нас никогда не разделить, никогда, потому что это невозможно.

Но иногда я чувствую себя ужасно одиноким. Бывают минуты, когда я чувствую, что веду это сражение один.

Это потому, что ты оставляешь Меня, дитя Мое. Ты отказываешься Меня осознавать. Осознавая Меня, ты не можешь быть одинок.

Как же мне сохранять это осознание?

Неси свое осознание другим. Не стараясь обратить их в свою веру, но собственным примером. Будь источником любви. Стань для них источником любви, каким являюсь Я. Ведь то, что ты даешь другим, ты даешь и себе. Потому что существует только Один из Нас.

Спасибо. Да, Ты уже давал мне этот ключ раньше. Быть источником. Что бы ты ни захотел испытать на себе, говорил Ты, должно стать источником этого опыта в жизни других людей.

Да. Весь секрет в этом. Это священная мудрость. Во всем как хотите, чтобы с вами поступали люди, так поступайте и вы с ними.

Все ваши проблемы, все ваши конфликты, все ваши трудности в создании жизни на этой планете мира и радости — результат вашей неспособности понять этот простой наказ и следовать ему.

Я понимаю. Ты еще раз говоришь это мне так ясно, так четко, что я понимаю. Я постараюсь никогда больше не «потерять» этого.

Ты не можешь «потерять» того, что отдаешь. Всегда помни об этом.

Спасибо. Могу я теперь задать Тебе еще несколько вопросов о душе?

Я хотел бы сделать еще одно общее замечание относительно жизни, которую ты ведешь.

Будь добр.

Ты только что сказал, что иногда тебе кажется, что ты один ведешь это сражение.

Да.

Какое сражение?

Это фигура речи.

Думаю, что нет. Я думаю, это показатель того, как ты (и многие другие) воспринимаешь жизнь.

Ты предполагаешь существование «сражения», то есть ты допускаешь, что происходит какая-то борьба.

Да, иногда мне это представляется именно так.

Но не это лежит в основе жизни, и ты никогда не должен так думать.

Прости меня, но мне трудно в это поверить.

Именно поэтому это не может стать твоей реальностью. Для тебя реально то, что ты считаешь реальным. И все же Я говорю тебе: никогда не предполагалось, что твоя жизнь будет борьбой, и она не должна быть ею — ни сейчас, ни когда бы то ни было.

Я дал тебе средства, чтобы создавать прекраснейшую реальность. Ты просто решил не пользоваться ими. Или, если быть более точным, ты *неправильно их используешь*.

Средства, о которых Я говорю, — это три средства творения. Я часто говорил о них во время этих наших бесед. Ты знаешь, что это такое?

Мысль, слово и действие.

Хорошо. Ты помнишь. Однажды Я вдохновил Милдреда Хинкли, посланного Мною духовного учителя, сказать: «Вы рождаетесь с творческими силами Вселенной на кончике вашего языка».

Смысл этой фразы удивителен. Точно так же как и смысл истины, высказанной другим Моим учителем:

«По вере вашей да будет вам».

Эти два изречения относятся к мысли и слову. А вот высказывание еще одного из Моих учителей — о действии:

«Начало есть Бог. Конец есть действие. Действие есть творение Бога — или пережитое Богом».

Это сказал *Ты*, в *Книге 1*.

Книга 1 передана тобой, сын Мой, подобно тому, как все великие учения внушены Мною и переданы людьми. Те, кто дал ход этим идеям и кто бесстрашно и не скрывая их разделяет, — Мои величайшие учителя.

Я не уверен, что могу отнести себя к этой категории.

Слова, которые были внушены тебе и которыми ты делишься с другими, затронули миллионы людей.

Миллионы, сын Мой.

Они переведены на 24 языка. Они обошли весь мир.

Какой мерой определяешь ты статус великого учителя?

Его поступками, а не словами.

Это очень мудрый ответ.

Мои же поступки в этой жизни ничего хорошего обо мне не говорят и уж наверняка не характеризуют меня как учителя.

Ты только что с легкостью описал половину когда-либо живших учителей.

Что Ты сказал?

Я говорю то же, что говорила Хелен Шакман в «*Курсе чудес*»: Ты учишь тому, чему вынужден учиться.

Ты согласен, что, прежде чем учить, как достичь совершенства, ты должен сам его проявить?

И, внося свою долю в то, что ты называешь ошибками...

...больше чем вношу свою долю...

...ты также проявляешь большое мужество, передавая этот разговор со Мной.

Или большое безрассудство.

Почему ты упорно умаляешь свои заслуги? Вы *все* это делаете. Каждый из вас! Отрицая свое собственное величие, ты отрицаешь, что Я существую *в* тебе.

Не я! Я *никогда* не отрицал этого!

Что?

Хорошо, не на этот раз...

Говорю тебе, прежде чем прокричит петух, ты трижды от Меня отречешься.

Всякая мысль о том, что ты меньше, чем ты есть на самом деле, — это отречение от Меня.

Всякое слово о себе, которое тебя умаляет, — это отречение от Меня.

Всякое исходящее от твоего «Я» действие, которое играет роль «не-достаточного-хорошего», или его отсутствие, или неспособность любого рода — это отречение от Меня.

Я действительно...

...Не позволяй своей жизни быть *ничем другим*, кроме грандиознейшей версии самого прекрасного из *всех* своих представлений о том, Кто Ты Есть.

Итак, какое самое грандиозное представление возникало у тебя о себе? Разве не представление о том, что придет день — и ты станешь великим учителем?

Хорошо...

Да или нет?

Да.

Значит, *так и должно быть*. И *так и есть*. Пока ты опять когда-нибудь не станешь это отрицать.

Я больше не буду это отрицать.

Не будешь?

Нет.

Докажи это.

Доказать?

Докажи.

Как?

Скажи прямо сейчас: «Я — великий учитель».

Ох...

Продолжай, скажи это.

Я... видишь ли, дело в том, что все это должно быть опубликовано. Я понимаю, что все, что я пишу в этом блокноте, когда-нибудь будет напечатано. Жители Пеории будут это читать.

Пеории! Ха! Попробуй добавить к ней Пекин!

Хорошо, и Китая. Все дело в этом. Не успело пройти и месяца после выхода Книги 2, и люди стали спрашивать меня — они не дают мне прохода — о *Книге 3*! Я пытаюсь объяснить им, почему на это требуется столько времени. Я хочу, чтобы они поняли, что значит вести этот диалог, зная, что *весь мир* следит за этим, ждет. С *Книгой 1* и *Книгой 2* было совсем иначе. В них описаны беседы, которые проходили в пустоте. Я даже не знал, *будут ли* они опубликованы.

Нет, ты знал. В самой глубине души ты знал.

Хорошо, может быть, я надеялся, что это произойдет. Но сейчас *я знаю*, и это все меняет.

Потому что теперь ты знаешь, что любой сможет прочесть каждое написанное тобою слово.

Да. И теперь Ты хочешь, чтобы я сказал, что я великий учитель. Это трудно сделать перед всеми этими людьми.

Ты хочешь, чтобы Я попросил тебя сказать об этом по секрету?

Я прошу тебя объявить об этом публично именно потому, что здесь ты находишься перед лицом публики. Сама *идея* в том, чтобы заставить тебя сказать это публично.

Публичное заявление — высшая форма представления о себе.

Жизнь — грандиознейшая версия самого высокого из *всех* твоих представлений о том, Кто Ты Есть. Начинай эту жизнь, объявив об этом.

Публично.

Сказать об этом — первый шаг на пути к тому, чтобы сделать ее такой.

А как же скромность? Как правила хорошего тона? Разве подобает объявлять о своем грандиозном представлении о самом себе первому встречному?

Каждый великий мастер делает это.

Да, но не так бесцеремонно.

Что «бесцеремонного» ты видишь в том, чтобы сказать «Я есть жизнь и путь»? Тебе это кажется бесцеремонным?

Ты только что сказал, что никогда не отречешься от Меня опять, а последние десять минут только тем и занимаешься, что пытаешься оправдать отречение.

Я не отрекаюсь от *Тебя*. Здесь мы говорим о моем самом высоком представлении обо *мне*.

Твое самое высокое представление о себе *есть* Я! *Кто Я Есть!*

Отрекаясь от самой значительной своей части, ты отрекаешься от Меня. И Я говорю тебе: прежде чем наступит рассвет, ты сделаешь это трижды.

Пока я этого не делаю.

Пока ты этого не делаешь. Это правда. И только тебе решать. Только тебе выбирать.

А теперь скажи, знаешь ли ты хоть одного великого учителя, который был бы великим учителем *по секрету*? Будда, Иисус, Кришна — все учили открыто, не так ли?

Да. Но есть великие учителя, которые не пользуются столь широкой известностью. Одним из таких учителей была моя мать. Ты уже это говорил раньше. Чтобы быть великим учителем, совсем не обязательно пользоваться широкой известностью.

Твоя мать была предвестником. Тем, кто готовит путь. Она подготовила *тебя* для этого пути, *показывая* тебе путь. Однако ты тоже учитель.

И твоя мать, как хороший учитель, без сомнения, никогда не учила тебя отрекаться от себя. И этому *ты должен учить других*.

О, я так этого хочу! Именно это я хочу делать!

Ты не должен «хотеть». Ты можешь не получить того, что ты «хочешь». Ты только заявляешь, что ты этого «хочешь», и именно это ты должен оставить — ты должен *оставить хотение*.

Хорошо! Ладно! Я не «хочу», я *выбираю*!

Это уже лучше. Это значительно лучше. Итак, что ты выбираешь?

Я выбираю учить других никогда не отрекаться от себя.

Хорошо, и чему ты еще выбираешь учить?

Я выбираю учить других никогда не отрекаться от Тебя — от Бога. Ведь отрекаться от Тебя — значит отрекаться от себя, а отрекаться от себя — значит отрекаться от Тебя.

Хорошо. И ты выбираешь учить этому вслепую, «по случаю»? Или ты выбираешь учить этому всерьез, намеренно?

Я выбираю учить этому намеренно. Всерьез. Как делала моя мать. Моя мать *учила* меня никогда не отрекаться от себя. Она учила меня этому каждый день. Она была моим величайшим вдохновителем. Она учила меня верить в себя и в Тебя. Я должен *быть* таким учителем. *Я выбираю* быть таким учителем *всей* великой мудрости, которой учила меня моя Мама. Она учила *всей своей жизнью*, не только с помощью слов. *Именно это делают великие учителя.*

Ты прав, твоя мать была великим учителем. Прав ты и в большем. Чтобы быть великим учителем, человек не должен быть широко известен.

Я «испытывал» тебя. Я хотел посмотреть, к чему ты придешь.

И я «пришел» к тому, к чему «предполагалось, я приду»?

Ты пришел к тому, к чему приходят все великие учителя. К собственной мудрости. К собственной истине. Это то место, к которому ты должен идти всегда, поскольку это то место, где ты должен развернуться и *идти оттуда*, когда ты учишь мир.

Я знаю. Это я знаю.

И в чем состоит твоя собственная *глубочайшая истина* относительно того, Кто Ты Есть?

Я есть...

...великий учитель.

Великий учитель вечной истины.

Здесь ты попал. Мягко говоря, здесь ты попал. Ты знаешь эту истину в своем сердце, и ты должен говорить только своим сердцем.

Ты не гордишься этим, и никто не услышит в этом гордыни. Ты не хвастаешься, и никто не услышит в этом хвастовства. Ты не бьешь себя в грудь, ты открываешь свое сердце — и в этом разница.

Каждый в своем сердце знает, Кто Он Есть. Великая балерина, великий адвокат, великий артист или великий бейсболист. Великий детектив, великий работник прилавка, великий родитель или великий архитектор; великий поэт или великий лидер, великий строитель или великий целитель. И все они, каждый из них — *великий человек*.

Каждый в своем сердце знает, Кто Он Есть. Мир тех, кто открывает свое сердце, делится с другими желаниями своего сердца, воплощает в жизнь прочувствованную им истину, полон великолепия.

Ты великий учитель. И, как ты думаешь, от кого ты получил этот дар?

От Тебя.

А значит, когда ты признаешь, Кто Ты Есть, ты только признаешь, Кто Есть Я. Всегда признавай, что Источник — это Я, и никого не будет волновать то, что ты признаешь себя великим.

Но Ты всегда настаивал, чтобы Источником я признавал *себя*.

Ты и есть Источник — всего, источником чего являюсь Я. Великий учитель, с которым ты лучше всего знаком в своей жизни, сказал: «Я есмь жизнь и путь»*.

Он также сказал: «Все это я получил от Отца. Без Отца я ничто».

И еще он сказал: «Я и Отец — Одно».

Ты понимаешь?

Существует только Один из нас.

Совершенно верно.

И это опять возвращает нас к человеческой душе. Могу я теперь задать Тебе еще несколько вопросов о душе?

Задавай.

---

* «Я есмь путь и истина и жизнь» (Иоан. 14:6).

Хорошо. Сколько здесь душ?

Одна.

Да, в более широком смысле. Но сколько здесь «индивидуализаций» Одного, Который Есть Все?

Послушай, мне нравится здесь это слово. Мне нравится, как ты используешь это слово. Энергия Одного — это Энергия Всего, *индивидуализировавшаяся* во множестве различных частей. Мне это нравится.

Я рад. Так сколько же индивидуализаций Ты создал? Сколько здесь душ?

Я не могу ответить на этот вопрос, используя понятные для тебя представления.

Постарайся. Это постоянное число? Изменяющееся? Бесконечное? Создаешь ли Ты «новые души» после «исходной партии»?

Да, это постоянное число. Да, это изменяющееся число. Да, это бесконечное число. Да, Я создаю новые души, и нет, Я этого не делаю.

Я не понимаю.

Знаю.

Так помоги мне.

Ты действительно это сказал?

Что?

«Так помоги мне, Господь»?

Ловко. Хорошо, я собираюсь понять это, даже если это будет последнее, что я сделаю, так что помоги мне, Господь.

Я помогу. Ты полон решимости, поэтому я помогу тебе — хотя Я предупреждаю, что трудно ухватить или понять бесконечное с точки зрения конечного. И все же мы сделаем попытку.

Круто!

Да, круто. Хорошо, начнем с того, что твой вопрос подразумевает существование такой реальности, как время. В действительности же такой реальности не существует. Есть только один момент, и это вечный момент Сейчас.

Все, что когда-либо происходило, происходит Сейчас, и все, что когда-либо произойдет, случается в этот момент. Ничего не происходило «прежде», потому что *нет* никакого прежде. Ничего не произойдет «после», потому что *нет* никакого после. Есть всегда и только *Прямо Сейчас*.

В Прямо Сейчас Я постоянно изменяюсь. Поэтому количество способов Моей «индивидуализации» (мне нравится твое слово!) *всегда разное*, и *всегда одинаковое*. При условии, что существует только Сейчас, число душ всегда постоянное. Но при условии, что тебе нравится представлять Сейчас с помощью сейчас и *потом*, оно постоянно изменяется. Мы касались этого раньше, когда говорили о реинкарнации, о низших формах жизни и о том, как души «возвращаются обратно».

Так как Я постоянно изменяюсь, число душ бесконечно. Хотя в любой заданный «момент времени» оно оказывается постоянным.

Да, существуют «новые души» в том смысле, что они позволили себе, достигнув конечного осознания и объединения с конечной реальностью, нарочно все «забыть» и «начать сначала» — они решили переместиться в новое место Космического Колеса и при этом некоторые выбрали опять быть «молодыми душами». И тем не менее все души — часть исходной партии, поскольку все они создаются (создавались, будут создаваться) в Единственный Момент Сейчас.

Так что число конечно и бесконечно, оно меняющееся и неизменное — в зависимости от того, как ты на это посмотришь.

В связи с такой характеристикой конечной реальности Меня часто называют Неподвижной Движущей силой. Я — то, что Всегда в Движении и Всегда Неподвижно, Всегда Изменяется и Всегда Неизменно.

Хорошо. Я уловил это. У Тебя нет ничего абсолютного.

Если не считать того, что абсолютно все.

Пока не перестанет быть таким.

Совершенно верно. *Именно так*. Ты действительно «уловил это»! Браво.

Дело, я думаю, в том, что я всегда понимал эту штуку.

Да.

Кроме тех случаев, когда я этого не понимал.

Правильно.

Пока не переставал понимать.

Совершенно верно.

Тот, кто был первым.

Нет, первое было Что, Кто — второй.

Вот это да! Итак, Ты — Аббат, а я — Кастелло, и все это просто космический водевиль.

Кроме тех случаев, когда это не так. Существуют моменты и события, которые ты можешь воспринимать очень серьезно.

Пока не перестану воспринимать серьезно.

Пока не перестанешь.

Итак, вернемся опять к разговору о душах...

Мой мальчик, это название большой книги... *«Разговор о душах».*

Быть может, мы создадим такую книгу.

Ты шутишь? Мы ее уже имеем.

Пока не перестанем ее иметь.

Это правда.

Пока она не перестанет ею быть.

Ты никогда не узнаешь.

Кроме тех случаев, когда ты знаешь.

Вот видишь? Ты это уловил. Теперь ты вспоминаешь, как оно есть на самом деле, и это тебя забавляет! Сейчас ты возвращаешься к тому, чтобы «жить светло». Ты *светлеешь.* Именно это называют *просветлением.*

Холодно.

Очень холодно. Что означает, что ты горячий!

Да. Это называется «жизнь среди противоречий». Ты говорил об этом много раз. Теперь вернемся к разговору о душах: в чем разница между старой душой и молодой душой?

Тело энергии (то есть часть Меня) может воспринимать себя как «молодое» или как «старое», в зависимости от того, что оно выберет после достижения конечного осознания.

Вернувшись в Космическое Колесо, некоторые души выбирают быть «старыми» душами, а некоторые выбирают быть «молодыми».

В действительности, если опыта, называемого «молодым», не существует, никакой опыт не может быть назван «старым». Поэтому некоторые души «по собственной инициативе» решают называться «молодыми», а некоторые — «старыми», так, чтобы Единая Душа, которая на самом деле есть Все, Что Существует, могла полностью себя познать.

Подобным образом некоторые души выбирают называться «хорошими», а некоторые «плохими», по той же самой причине. Вот почему ни одна душа никогда не несет наказания. С чего бы Единая Душа стала наказывать Часть Себя за то, что она кусочек Целого?

Все это прекрасно объясняется в сборнике сказок для детей *Маленькая душа и солнце*, где все изложено просто, чтобы было понятно ребенку.

Ты умеешь излагать вещи так выразительно, так ясно формулируя невероятно сложные концепции, что даже ребенок *может* понять.

Спасибо.

Перейдем к другому вопросу о душах. Существует такая вещь, как «души-партнеры»?

Да, но не в том смысле, как вы себе это представляете.

В чем же разница?

Вы романтизируете «родственную душу», понимая под этим «другую половинку себя». В действительности же человеческая душа — Моя «индивидуализировавшаяся» частица — значительно больше, чем ты можешь себе представить.

Другими словами, то, что я называю душой, больше того, что я под этим подразумеваю.

Значительно больше. Это не воздух в одной комнате. Это воздух в целом доме. И в этом доме много комнат. Душа не ограничена одной личностью. Это не «воздух» в столовой. Точно так же душа не «разделилась» между двумя людьми, которых называют родственными душами. Это не объединение «воздуха» гостиной с «воздухом» столовой. Это «воздух» во *всем большом доме*.

А в Моем королевстве много больших домов. И хотя тот же воздух омывает эти дома, входит внутрь и проходит через каждый дом, воздух в комнатах одного дома может восприниматься как «более близкий». Ты можешь войти в эти комнаты и сказать: «Они мне ближе».

Ты должен понять, что существует только Единая Душа. И тем не менее то, что ты называешь индивидуализировавшейся душой, огромно, оно кружит сверху, входит внутрь и проходит через сотни физических форм.

В одно и то же время?

Такого понятия, как время, не существует. Ответить на твой вопрос я могу, только сказав «Да и нет». Некоторые из физических форм, окутанные твоей душой, «живут сейчас», в твоем понимании. Другие индивидуализировались в формы, которые сейчас являются тем, что вы называете «мертвыми». А некоторые окутывают формы, живущие в том, что вы называете «будущим». Все это, конечно, происходит прямо сейчас, и все же ваше изобретение, называемое временем, служит инструментом, который позволяет вам глубже ощутить жизненный опыт.

И что, эти сотни физических тел, которые «окутывает» — интересное слово Ты используешь — моя душа, все они для меня «родственные души»?

Да, это ближе к тому, чтобы быть точным, чем тот смысл, который вы вкладываете в это понятие.

И некоторые из родственных мне душ жили прежде?

Да. Так, как ты описываешь это, да.

Стоп! Остановись! Я думаю, я что-то здесь *уловил*! Могу ли я эти части меня, которые жили «прежде», назвать своими «прежними жизнями»?

Хорошая мысль! Ты это уловил! Да! Некоторые из этих «других жизней» ты прожил «прежде». А некоторые нет. Некоторые части твоей души окутывают тела, которые будут жить в том, что ты называешь своим будущим. А другие воплощены в различные формы, живущие на вашей планете прямо сейчас.

Заглянув в одну из них, ты сразу же почувствуешь родство душ. Иногда ты даже скажешь: «Должно быть, «прошлую жизнь» мы провели вместе». И ты будешь прав. Вы действительно провели «прошлую жизнь» *вместе*. Либо в виде *одной и той же физической формы*, либо в виде двух форм в одном и том же Пространственно-Временном Континууме.

Это потрясающе! Это все объясняет!

Да, это так.

Кроме одной вещи.

Какой именно?

Как получается, что, когда я точно *знаю*, что провел с кем-то «прошлую жизнь», — я точно *знаю* это: я чувствую это своими *костями*, — и несмотря на это, когда я говорю ему об этом, он не ощущает ничего подобного? Как Ты *это* объяснишь?

Это значит, что ты перепутал «прошлое» с «будущим».

Что?

Ты проводишь с ним другую жизнь — просто это не *прошлая* жизнь.

Это «будущая жизнь»?

Совершенно верно. Все это происходит в Вечный Момент Сейчас, и ты осознаешь то, что, в некотором смысле, *еще не произошло*.

Тогда почему же он тоже не «помнит» будущее?

Это едва уловимые вибрации, и некоторые из вас более чувствительны к ним, чем другие. Кроме того, разные люди чувствительны к разным из них. Ты можешь обладать более высокой «чувствительностью» к пережитому в «прошлом» или «будущем» с одним человеком, чем к пережитому с другим. Это обычно означает, что вы провели это другое время как часть вашей огромной души, окутывающей *одно и то же* тело, тогда как, когда это ощущение, что «вы уже встречались», не так сильно, это может означать, что вы делили одно и то же «время», но не одно и то же тело. Возможно, вы были или должны стать мужем и женой, братом и сестрой, родителем и ребенком или влюбленной парой.

Это прочные связи, и, вполне естественно, вы их чувствуете, когда «встречаетесь опять» в «первый раз» в «этой жизни».

Если то, что Ты говоришь, правда, это может объяснить явление, которого я никогда не мог объяснить, — когда в «этой жизни» несколько человек утверждают, что они помнят, что были Жанной д'Арк. Или Моцартом. Или кем-то еще из известных людей из «прошлого». Я всегда думал, что это может служить хорошим доводом для тех, кто отрицает реинкарнацию, потому что как же несколько человек могут утверждать, что были раньше

одним и тем же человеком? Но теперь я понимаю, почему это возможно! Просто несколько разумных существ, которые сейчас окутаны одной душой, «вспоминают»* часть своей единой души, которая была (есть *сейчас*) Жанной д'Арк.

Боже мой, это снимает все ограничения и делает все возможным. Теперь, когда я буду ловить себя на том, что говорю «это невозможно», я буду знать, что все, что я делаю, свидетельствует о том, что я многого не знаю.

Это то, о чем стоит помнить. Очень стоит помнить.

И если у меня может быть больше одной «родственной души», это объясняет, почему мы на протяжении своей жизни испытываем это сильное «ощущение родственной души» по отношению к нескольким людям — и даже к *нескольким людям одновременно*!

Безусловно.

Значит, в одно и то же время *возможна* любовь более чем к одному человеку.

Конечно.

Нет-нет. Я имею в виду то глубокое, личное чувство, которое мы обычно приберегаем для одного человека — или, по меньшей мере, для одного человека *в одно и то же время*!

*Почему у тебя вообще возникает желание «приберегать» любовь? Почему тебе хочется держать ее «в резерве»**?*

Потому что я не имею права любить больше одного человека «таким образом». Это предательство.

Кто тебе это сказал?

Каждый. Это говорит мне каждый. Это говорили мне мои родители. Это говорит мне моя религия. Это говорит мне мое общество. Каждый говорит мне это!

Это один из тех «грехов отцов», которые переходят на сына.

---

* Здесь используется непереводимая игра слов: remember — вспоминать, re-member — опять становиться членом чего-то.

** Опять непереводимая игра слов: приберегать — to reserve, хранить в резерве — to hold in reserve.

Твой собственный опыт учит тебя одной вещи: любить кого-нибудь *изо всех сил* — самая приятная вещь на свете. И несмотря на это, твои родители, учителя, священники говорят тебе совсем другое — что любить «таким образом» ты можешь одновременно только одного человека. И мы говорим сейчас не только о сексе. Когда ты *так или иначе* выделяешь одного человека из двух, у тебя часто возникает чувство, что ты предаешь другого.

Точно! Именно так мы понимаем эту ситуацию!

Значит, ты испытываешь не подлинную любовь, а какой-то подложный вариант любви.

До какой степени подлинная любовь может быть выражена в рамках человеческого опыта? Какие ограничения мы накладываем — на самом деле некоторые сказали бы *«должны накладывать»* — на ее выражение? Если дать неограниченную волю всем социальным и сексуальным энергиям, к чему это может привести? Является ли полная социальная и сексуальная свобода отказом от всякой ответственности — или ее вершиной?

Любая попытка ограничить естественное выражение любви является отрицанием ощущения свободы — а значит, отрицанием самой души. Потому что душа *есть* персонифицированная свобода. Бог есть свобода по определению, потому что Бог беспределен, у Него нет *никаких ограничений*. Душа — это Бог в миниатюре. Поэтому душа восстает против наложения любых ограничений и, принимая внешние ограничения, всякий раз умирает заново.

В этом смысле само рождение есть смерть, а смерть есть рождение. Поскольку при рождении душа оказывается стесненной ужасными телесными рамками, а смерть — избавление от этих ограничений. То же происходит во время сна.

Душа возвращается к свободе — и вновь испытывает радость выражения и ощущения своей истинной природы.

Но может ли она выражать и ощущать свою истинную природу, пребывая *с телом?*

Это тот вопрос, который ты задал, и он подводит нас к причине и цели самой жизни. Если жизнь с телом — не что иное, как тюрьма или ограничение, то какая от этого может быть польза и в чем ее смысл или хотя бы оправдание?

Да, я думаю, это именно то, что я хотел спросить. И я спрашиваю это от имени всех существ, живущих повсюду, которые ощущают ужасную ограниченность человеческого существования. И я говорю сейчас не о физических ограничениях...

...Я знаю, что не о них...

...А об эмоциональных и психологических.

Да, знаю. Понимаю. Но тебя волнует все, что с этим связано.

Да, конечно. Только дай мне закончить. Всю жизнь меня глубоко огорчает то, что мир не может позволить мне любить любого человека именно так, как я хотел бы его любить.

Когда я был молод, мне не разрешали разговаривать с незнакомыми людьми или говорить не то, что следует. Помню, как однажды мы с отцом проходили мимо бедного человека, просившего милостыню. Я сразу пожалел его и хотел отдать ему несколько пенни, которые были у меня в кармане. Отец остановил меня и поскорее повел дальше. «Подонок, — сказал он. — Это просто подонок». Так отец называл тех, чья жизнь не соответствовала его представлениям о том, каким должен быть достойный человек.

Потом я вспоминаю жизнь своего старшего брата, который не только не жил с нами, но его не пустили в дом даже в канун Рождества из-за каких-то разногласий с моим отцом. Я любил брата и хотел, чтобы в этот вечер он был с нами, но отец остановил его у двери и преградил вход. Мать была удручена (это был ее сын от первого брака), а я был просто в недоумении. Как мы можем не любить или не хотеть видеть брата в предрождественский вечер из-за каких-то разногласий?

Что это за ужасные разногласия, если они могут испортить Рождество, когда прекращаются даже войны и объявляется перемирие на 24 часа?

Став старше, я понял, что излиться любви мешает не только гнев, но и страх. Именно поэтому мы не должны были разговаривать с незнакомыми людьми — а не только потому, что мы были беззащитными детьми. То же самое, когда мы стали взрослыми. Я узнал, что нехорошо открыто и радостно встречать и приветствовать незнакомых людей и что существует некий этикет, который необходимо соблюдать по отношению к людям, с которыми тебя только что познакомили, — ни в том, ни в другом я не видел смысла. Я хотел знать *все* об этом новом человеке и хотел, чтобы он знал все обо *мне*! Но *нет*. Правила предписывали подождать.

И теперь, в моей взрослой жизни, я знаю, что, когда в нее входит чувственность, правила еще более суровы и накладывают еще больше ограничений. И я *до сих пор не понимаю этого*.

По-моему, я просто хочу любить и быть любимым — я просто хочу любить каждого так, чтобы это было для меня естественным, чтобы я чувствовал, что это хорошо. Но у общества свои правила на этот счет — настолько жесткие, что, *даже если человек, к которому направлены твои чувства*, соглашается на это, но *общество* не согласно, эту связь осуждают, называя ее «порочной».

Что это такое? В чем дело?

Что ж, ты уже ответил. Страх. Все дело в страхе.

Да, но разве этот страх оправдан? Может быть, все эти ограничения и рамки определяются поведением нашей расы? Например, человек встречает более молодую женщину, влюбляется (или просто испытывает похоть), бросает жену. В результате она в возрасте тридцати девяти или сорока трех лет, не имея никакой специальности, остается одна с детьми — или, еще хуже, в возрасте шестидесяти четырех лет ее покидает шестидесятивосьмилетний мужчина, увлеченный женщиной моложе ее дочери.

И ты считаешь, что человек, которого ты описываешь, перестает любить свою шестидесятичетырехлетнюю жену?

Да, безусловно.

Нет. Это он не жену перестает любить и старается убежать от нее. Это он пытается убежать от ограничений, которые, как он чувствует, наложены на него.

О, чепуха. Это просто похоть, в чистом виде. Просто старикашка пытается вновь пережить свою молодость и хочет быть с молодой женщиной, он не в силах обуздать свой ребяческий аппетит и сдержать обещание, данное той, кто была рядом с ним все нелегкие годы.

Конечно. Ты прекрасно это описал. Но ничто из сказанного тобой не меняет того, что говорю Я. По существу, в любом случае этот человек не перестает любить свою жену. Его бунт вызван теми ограничениями, которые налагает на него жена или другая, более молодая женщина, не желающая иметь с ним дела, если он будет оставаться со своей женой.

Мысль, которую Я пытаюсь объяснить, заключается в том, что душа *всегда* будет восставать против ограничений. Ограничений *любого* рода. Именно из-за них вспыхивают все революции в истории человечества — не только те, в результате которых мужчина бросает жену или женщина бросает мужа (что, между прочим, тоже случается).

Но Ты, конечно, не будешь настаивать на полной отмене ограничений на поступки любого рода! Это была бы полная анархия. Социальный хаос. Ты же не станешь советовать людям заводить «романы» или — о, дай мне перевести дыхание — *открытый брак*!

Я не советую или не не советую *ничего*. Я не «за» и не «против» ничего. Человечество по-прежнему пытается превратить меня в разновидность Бога «за» и «против», а Я к ней не принадлежу.

Я только наблюдаю что и как. Я просто слежу за тем, как *вы* создаете свои *собственные* системы хорошего и плохого, «за» и «против», и Я надеюсь увидеть, какую службу сослужат вам эти ваши представления, принимая во внимание то, что, по вашим словам, вы выбираете или желаете как вид и как отдельные индивиды.

Теперь к вопросу об «открытом браке».

Я не за и не против «открытого брака». Ты или зависишь, или не зависишь от того, чего, как ты решил, ты хочешь от своего брака или вне его. И твое решение об *этом* определяет, Кто Ты Есть с точки зрения того опыта, который ты называешь «браком». Потому что, как Я уже говорил тебе, каждый акт — это акт самоопределения.

Принимая любое решение, важно быть уверенным, что это ответ на правильно поставленный вопрос. Например, вопрос относительно «открытого брака» — это не вопрос о том, будет ли брак открытым, когда дозволены сексуальные контакты обоих партнеров на стороне. Это вопрос о том, Кто Я Есть — и Кто Мы Есть — в отношении опыта, называемого браком.

Ответ на этот вопрос следует искать в ответе на самый важный жизненный вопрос: Кто Я *Есть — пауза —* в отношении чего бы то ни было, во взаимоотношениях с чем бы то ни было; Кто Я Есть и Кем Я Действительно Выбираю Быть?

Как Я постоянно повторяю на протяжении этого диалога, ответ на этот вопрос является ответом на *любой* вопрос.

Боже, это разочаровывает меня. Потому что ответ на этот вопрос должен быть настолько широким и общим, что вообще не сможет ответить ни на какой другой вопрос.

В самом деле? Тогда каким же будет твой ответ на этот вопрос?

Согласно этим книгам — согласно тому, что Ты должен был бы сказать в этом диалоге, — Я есть «любовь». Вот Кто Я Есть На Самом Деле.

Великолепно! Ты обучаешься! Это правильно. Ты есть любовь. Любовь есть все, что существует. Так что ты есть любовь, Я есть любовь, и нет ничего, что *не было бы* любовью.

А как же страх?

Страх — это то, чем ты не являешься. Страх есть Ложное Явление, Принимаемое за Действительное. Страх — это противоположность любви, которую ты создаешь в своей действительности, чтобы узнать на опыте То, Что Ты Есть.

Вот правда относительного мира вашего существования: при отсутствии того, чем ты не являешься, того, чем ты являешься... не *существует*.

Да, да, мы не раз приходили к этому во время нашего диалога. Но, мне кажется, Ты хочешь уклониться от ответа на выраженное мною недовольство. Я сказал, что ответ на вопрос Кто Мы Есть (который означает любовь) настолько широк, что его можно истолковать как его отсутствие — что он вообще не является ответом — почти на любой другой вопрос. Ты говоришь, что это ответ на *любой* вопрос, а я говорю, что он не является ответом ни на *один* — и меньше всего на такой конкретный вопрос, как «Должен ли наш брак быть открытым браком?».

Если ты так это понимаешь, значит, ты не знаешь, что такое любовь.

Никто не знает. Человечество пытается это постичь с начала времен.

Которого не существует.

Да, да, которого не существует, я знаю. Это просто фигура речи.

Давай посмотрим, смогу ли Я, используя ваши «фигуры речи», найти какие-то слова и какие-то способы объяснить, что такое любовь.

Великолепно. Это замечательно.

Первое слово, которое приходит на ум, — безграничный. То, что представляет собой любовь, безгранично.

Хорошо, мы сейчас там, где были, когда начинали эту тему. Мы ходим по кругу.

Круги — хорошая вещь. Не стоит их бранить. Продолжай ходить по кругу; продолжай ходить по кругу вокруг вопроса. Ходить по кругу — это правильно. Повторять — это правильно. Правильно пересматривать заново, опять начинать сначала.

Я иногда становлюсь нетерпеливым.

Иногда? Это очаровательно.

Ладно, ладно, продолжай то, о чем Ты говорил.

Любовь — это то, что не имеет границ. У нее нет ни начала, ни конца. Ни до, ни после. Любовь всегда была, всегда есть и всегда будет.

Любовь есть вечно. Это вечная реальность.

Теперь вернемся к другому примененному тобой слову — свобода. Поскольку любовь безгранична и существует всегда, значит, любовь есть… свобода. Любовь — это то, что совершенно свободно.

Сейчас в человеческой реальности вы постоянно ищете возможности любить и быть любимыми. Вы всегда стремитесь к тому, чтобы эта любовь была безграничной. И вы всегда хотите иметь возможность выражать ее свободно.

Вы ищете свободы, безграничности и вечности в каждом выражении любви. Вы не всегда способны это понять, но это именно то, что вы ищете. Вы *знаете* это, потому что вы все *есть* любовь и, выражая любовь, вы стремитесь узнать и испытать, Кто и Что Вы Есть.

Вы есть жизнь, выражающая жизнь, любовь, выражающая любовь, Бог, выражающий Бога.

Значит, все эти слова — синонимы. Думай об этом как об одном и том же:

Бог

Жизнь

Любовь

Безграничный

Вечный

Свободный

Все, что не есть одно с этими понятиями, не есть *ни одно* из этих понятий.

Ты — все эти понятия, и рано или поздно ты будешь стремиться *испытать* себя как *все эти понятия.*

Что значит «рано или поздно»?

Это зависит от того, когда ты избавишься от своего страха. Как Я уже говорил, страх — это Ложное Явление, Принимаемое за Действительное. Это то, чем ты не являешься.

Ты будешь стремиться испытать То, Какой Ты Есть, испытывая то, каким ты не являешься.

Кто же хочет испытать страх?

Никто не хочет — вас научили.

Ребенок не испытывает страха. Он думает, что может делать все. Ребенок также не испытывает отсутствия свободы. Он думает, что может любить каждого. Точно так же ребенок не испытывает недостатка жизни. Дети верят, что они будут жить вечно, — и люди, которые поступают как дети, думают, что ничто не может причинить им вред. Ребенок не знает никаких ужасов — пока его не научат ужасным вещам взрослые.

Поэтому дети спокойно бегают обнаженными и обнимают каждого, ничего не думая об этом. Если бы только взрослые могли делать то же самое.

Что ж, дети делают это с красотой невинности. Взрослые не могут обрести вновь эту невинность, ведь стоит обнажиться взрослому, сразу возникают эти сексуальные примочки.

Да. А Бог, конечно, запрещает, чтобы «эти сексуальные примочки» были невинными и человек их свободно испытывал.

По существу, Бог их *действительно* запретил. Адам и Ева были совершенно счастливы, гуляя обнаженными в Райском саду, пока Ева не вкусила плод с дерева — с Древа Познания Добра и Зла. После этого Ты приговорил нас к нашему теперешнему состоянию, поскольку мы все виновны в первородном грехе.

Я не делал ничего подобного.

Я знаю. Но я привожу здесь домысел организованной религии.

Старайся, если можешь, этого избегать.

Да, постараюсь. У организованных религий слишком мало чувства юмора.

Ты опять уходишь.

Извини.

Я *говорил*... вы, как вид, будете прилагать все усилия к тому, чтобы испытать любовь, неограниченную, вечную и свободную. Институт брака — это ваша попытка создать вечность. Принимая его, вы соглашаетесь стать партнерами на всю жизнь. Но этого мало для создания любви, которая была бы «безграничной» и «свободной».

Почему нет? Если брак заключен в результате свободного выбора, разве это не проявление свободы? И решение проявлять свою любовь через секс только со своим супругом, и ни с кем другим, — это не ограничение, а выбор. А выбор не может быть ограничением, он является *проявлением свободы*.

До тех пор, пока он продолжает *быть* выбором, — да.

Но он *должен* им быть. Это было *обещано*.

Да — и здесь начинаются трудности.

Помоги мне в этом.

Пойми, может прийти время, когда ты захочешь испытать во взаимоотношениях что-то совсем особое. Не то чтобы один *человек* был для тебя особым по сравнению с остальными, но *способ*, который ты выберешь, чтобы выразить с одним человеком всю глубину твоей любви ко всем людям — и к самой жизни, — был бы единственным в своем роде только по отношению к этому человеку.

Фактически, единственным в своем роде является способ проявления любви к каждому человеку, которого ты *действительно* любишь. Не существует двух людей, любовь к которым ты проявлял бы одинаково. Потому что ты — создание и создатель самобытности. Все, что ты создаешь, самобытно. Невозможно точно повторить ни одну мысль, ни одно слово, ни один поступок. Ты не можешь повторять, ты можешь только *создавать заново*.

Знаешь, *почему* не существует двух похожих снежинок? Потому что это *невозможно*. «Творение» — это не «повторение», и Создатель может только создавать.

Вот почему нет ни двух одинаковых снежинок, ни двух одинаковых людей, ни двух одинаковых мыслей, ни двух одинаковых взаимоотношений и вообще — *ничего* одинакового.

Вселенная — и всё в ней — существует в уникальном виде и действительно не имеет *ничего себе подобного*.

Это опять Божественная Дихотомия. Все уникально и все — Одно.

Совершенно верно. Каждый палец твоей руки отличается от остальных, и в то же время все они — одна и та же рука. Воздух в твоем доме — это тот же воздух, что и повсюду, и в то же время воздух в каждой комнате *не* тот же самый, всегда ощущается заметная разница.

То же можно сказать о людях. Все люди — Одно, и в то же время нет двух одинаковых людей. Поэтому ты не можешь любить двух людей одинаковым образом, даже если будешь очень стараться, — и ты никогда *не захочешь* этого, поскольку *любовь — это единственная в своем роде реакция на то, что единственно в своем роде*.

Поэтому, проявляя свою любовь к одному человеку, ты проявляешь ее так, как не мог бы выразить по отношению к кому бы то ни было другому. Твои мысли, слова и поступки — твои реакции — невозможно повторить в буквальном смысле слова, они единственные в своем роде... как и тот, к кому ты испытываешь эти чувства.

Если приходит время, когда ты хочешь этого особого проявления только с одним человеком, ты, как ты говоришь, делаешь свой выбор. Объявляешь об этом, объясняешься в любви. Только пусть это объяснение каждую минуту будет выражением твоей *свободы*, а не постоянной *обязанностью*. Ведь истинная любовь всегда *свободна*, и в пространстве любви не существует никаких обязанностей.

Если в своем решении выражать свою любовь конкретным образом по отношению только к одному конкретному человеку ты видишь священное *обещание*, которое никогда нельзя нарушить, может настать день, когда ты почувствуешь, что обещание превратилось в *обязанность* — и это будет тебя возмущать. Если же ты относишься к этому решению не как к обещанию, которое дается только раз, а как к свободному выбору, который может быть сделан вновь и вновь, такой день никогда не придет.

Запомни: существует только одно священное обещание — это обещание *говорить и жить в соответствии с твоей правдой*. Все другие обещания — лишение свободы, а это никогда не бывает священным. Быть свободным — это быть тем, Кто Ты Есть. Лишаясь свободы, ты лишаешься своего Я. А это не священно, это богохульство.

13

Ну и ну! Крепко сказано. Ты говоришь, мы никогда не должны давать обещаний — мы никогда не должны никому ничего обещать?

Если учесть, как большинство из вас живет в этой жизни, каждое обещание несет в себе ложь. Ложь, ибо вы не можете знать сейчас, что будете чувствовать по этому поводу завтра и как захотите поступить. Вы не можете знать этого, потому что живете как реагирующие существа — какими большинство из вас и являются. Только в том случае, если ты живешь как существо творческое, твое обещание может не содержать лжи.

Творческие существа *могут* знать, что они будут чувствовать по данному поводу в любой момент в будущем, потому что творческие существа *создают* свои чувства, а не испытывают их.

Пока ты не можешь *создавать* свое будущее, ты не можешь *предсказывать* свое будущее. Пока ты не можешь *предсказывать* свое будущее, ты не можешь давать правдивых обещаний относительно чего бы то ни было в будущем.

Но даже тот, кто создает и предсказывает свое будущее, имеет основания и право менять свои обещания. Изменение — основное право всех созданий. Это даже больше, чем «право», потому что «право» — это то, что *дано*. «Изменение» — это то, что *существует*.

Изменение существует.

Ты — это то, что изменяется.

Это не может быть *дано* тебе. Это *есть* ты.

А так как ты *есть* «изменение» (и поскольку изменение — *единственное, что в тебе постоянно*), ты не можешь дать правдивого обещания *всегда* оставаться *таким же*.

Ты хочешь сказать, что во Вселенной нет ничего постоянного? Ты хочешь сказать, что во всем мироздании нет ничего, что оставалось бы постоянным?

Процесс, который ты называешь жизнью, — это процесс вос-создания. Вся жизнь в каждый момент сейчас постоянно вос-создается заново. В этом процессе одинако-вость невозможна, поскольку, если вещь одинакова, она вообще не изменяется. Но при том, что одинаковость невозможна, этого нельзя сказать о подобии. Подобие — результат процесса изменения, приводящего к удивительно похожей версии того, что было раньше.

Когда творчество достигает высокого уровня подобия, ты называешь это одинако-востью. И, с точки зрения твоего ограниченного восприятия, это так и есть.

Поэтому в человеческом представлении во Вселенной наблюдается значительное постоянство. То есть вещи кажутся одинаковыми, одинаковыми кажутся действия и одинаковыми кажутся *реакции*. Вы во всем видите постоянство.

Это хорошо, потому что это обеспечивает рамки, в которых вы можете рассматри-вать и переживать на опыте свое существование физически.

И все же Я говорю тебе: с точки зрения всей жизни — того, что является физиче-ским, и того, что физическим не является, — видимость постоянства исчезает. Все воспринимается таким, как есть *на самом деле*: постоянно меняющимся.

Ты говоришь, что изменения иногда бывают столь тонкими, столь незна-чительными, что при нашей малой способности различать все *кажется* та-ким же — иногда точно таким же, — в то время как в действительности это не так.

Совершенно верно.

Что «не существует такой вещи, как полностью идентичные близнецы».

Правильно. Ты очень верно все уловил.

И все же мы *можем* вос-создавать себя заново в настолько похожем виде, что создается *эффект* постоянства.

Да.

И мы можем делать это в человеческих взаимоотношениях, в терминах того, Кто Мы Есть и как мы поступаем.

Да — хотя большинство из вас находит это слишком сложным.

Потому что подлинное постоянство (в противоположность видимости постоян-ства), как мы уже знаем, нарушает закон природы, и даже для того, чтобы создать *видимость* одинаковости, требуется великий мастер.

Мастер преодолевает любую естественную тенденцию (вспомни, естественная тенденция направлена к изменению), чтобы создать видимость одинаковости. На самом деле он не может казаться таким каждое мгновение. Но он может являть столь близкое подобие, что создается *видимость* одинаковости.

И в то же время люди, которые *не* являются «мастерами», бывают «одними и теми же» постоянно. Я знаю людей, чье поведение и внешний вид настолько предсказуемы, что можно держать пари на собственную жизнь.

Но для того, чтобы сделать это *намеренно*, требуются огромные усилия.

Мастер — это тот, кто создает высокий уровень подобия (то, что ты называешь «постоянством») *намеренно*. Ученик же создает постоянство без необходимого намерения.

Например, человек, который всегда на определенные обстоятельства реагирует одинаково, часто говорит: «Я ничего не могу поделать».

Мастер *никогда* этого не скажет.

Даже если реакция человека приводит к замечательному поведению — иногда он получает за него похвалу, — его реакцией часто бывает: «Ну, это ничего. По правде говоря, это происходит автоматически. Это сделал бы любой».

Но мастер никогда бы не сделал этого.

Поэтому мастер — это человек, который в буквальном смысле *знает, что он делает*.

Он также знает *почему*.

Люди, не работающие на уровне мастерства, обычно не знают ничего.

Именно поэтому так трудно сдерживать обещания?

Это одна из причин. Как Я уже говорил, пока ты не можешь предсказывать свое будущее, ты не можешь давать правдивых обещаний ни в чем.

А вторая причина, по которой людям трудно сдерживать свои обещания, заключается в том, что они противоречат подлинности.

Что Ты имеешь в виду?

Я имею в виду, что их развивающаяся правда о предмете отличается от той, которая, как они *сказали*, будет у них всегда. В результате возникает глубокое противоречие. Чему следовать — Своей правде или Своему обещанию?

Каков же совет?

Я уже давал тебе этот совет:

Изменить себе, чтобы не изменить другому, все же означает измену. Это величайшая измена.

Но это привело бы к постоянному нарушению обещаний. Ничьи слова ни о чем не имели бы значения. Никто ни на кого не мог бы полагаться.

О, так ты рассчитываешь на то, что другие будут держать свое *слово*, не так ли? Не удивительно, что ты так несчастен.

Кто сказал, что я несчастен?

Ты считаешь, что именно так говорят и поступают, чувствуя себя счастливым?

Правильно. Да. Я несчастен. Иногда.

О, *значительную часть* времени. Даже когда у тебя есть все *причины* быть счастливым, ты позволяешь себе быть несчастным — беспокоясь о том, сможешь ли ты *удержать* свое счастье!

И причина того, что ты даже *вынужден* беспокоиться, заключается в том, что «удержание твоего счастья» в значительной степени зависит от того, сдержат ли другие люди данное ими слово.

Ты хочешь сказать, что я не имею права ожидать — или хотя бы *надеяться*, — что другие люди сдержат свое слово?

Почему ты *хочешь* обладать подобным правом?

Единственная причина, почему другой человек не сдерживает данного тебе слова, состоит в том, что он не хочет — или чувствует, что не может этого сделать, что, впрочем, одно и то же.

И если человек не хочет сдерживать данное тебе слово или по какой-то причине просто не может, почему ты все же хочешь, чтобы он его сдержал?

Ты действительно хочешь, чтобы кто-то придерживался договоренности, которой он не хочет придерживаться? Ты действительно считаешь, что людей следует заставлять делать то, чего они не могут сделать?

Почему ты хочешь заставить кого-то делать что-то против его воли?

Ну, допустим, причина в следующем: потому что, если я позволю им ускользнуть, *не* сделав того, что, по их словам, они собирались сделать, это причинит вред мне — или моей семье.

Итак, чтобы избежать вреда, ты предпочтешь сам причинить вред.

Я не вижу, какой вред может причинить другому простая просьба сдержать свое слово.

Но *другой* увидел в этом то, что может причинить ему вред, иначе он сдержал бы его добровольно.

Значит, я должен страдать от причиненного мне вреда или смотреть, как страдают мои дети и моя семья, вместо того чтобы *навредить* тому, кто дал мне обещание, просто попросив его сдержать это обещание?

Ты действительно думаешь, что, заставив другого сдержать обещание, ты избежишь вреда?

Я говорю тебе: люди, делающие то, что, как им кажется, они «вынуждены» делать, приносят другим больший вред, чем те, кто свободно делает то, что хочет.

Давая человеку свободу, ты *устраняешь* опасность, а не увеличиваешь ее.

Да, если говорить о ближайшем времени, может *показаться*, что, отпустив другого человека «с крючка» данного тебе обещания или взятого им обязательства, ты пострадаешь, но этого никогда не случится, если рассматривать более или менее длительный промежуток времени, потому что, давая свободу другому человеку, ты также даешь свободу *себе*. Ты освобождаешь себя от грусти и страданий, от уязвленного чувства собственного достоинства и собственной самооценки, что неизбежно следует, когда ты заставляешь другого человека сдержать данное тебе обещание, которого он не хочет сдерживать.

Вред, ощущаемый дольше, тяжелее вреда на короткое время — это обнаруживает почти каждый, кто пытается заставить другого сдержать свое слово.

Это справедливо и для бизнеса? Как мог бы существовать мир бизнеса, придерживаясь этого правила?

На самом деле это единственный разумный способ ведения бизнеса.

Сейчас проблема всего вашего общества заключается в том, что оно основано на силе. На юридической силе (которую вы зовете «силой закона») и, слишком часто, — на физической силе (которую вы зовете «вооруженными силами»).

Вы еще не научились использовать искусство убеждения.

Если бы не юридическая сила — «сила закона», применяемая с помощью судов, как могли бы мы «убеждать» людей, занимающихся бизнесом, соблюдать сроки своих контрактов и придерживаться своих соглашений?

Учитывая вашу нынешнюю этику, другого пути может и не быть. Но с *изменением* этики способ, с помощью которого вы сейчас пытаетесь уберечь бизнес — и людей — от нарушения соглашений, покажется вам очень примитивным.

Объясни, пожалуйста.

Сейчас, чтобы гарантировать соблюдение соглашений, вы используете силу. Когда ваша этика изменится, включив понимание того, что все вы — Одно, вы никогда не станете применять силу, потому что этим вы только принесете вред своему Я. Вы не станете своей правой рукой наносить удары по левой.

Даже если левая рука душит тебя?

Это другая вещь, которая тоже станет невозможной. Вы перестанете душить свое Я. Вы перестанете кусать себя за нос назло своему лицу. Вы перестанете нарушать свои соглашения. И, конечно, сами ваши соглашения станут совсем другими.

Отдавая что-то ценное другому человеку, вы больше не будете требовать что-то ценное взамен. Когда вы будете что-то давать или чем-то делиться, вас больше не будет останавливть отсутствие того, что вы называете непосредственным возвратом.

Вы будете давать и делиться автоматически, и в результате значительно реже придется разрывать контракты, потому что контракт связан с *обменом* вещами и услугами, тогда как ваша жизнь будет связана с *дарением* вещей и услуг *независимо от того*, получите вы что-то взамен или нет.

И в таком одностороннем «дарении» вы найдете свое спасение, потому что вы откроете для себя то, что испытывает Бог: то, что ты даешь другому, ты даешь своему Я. Что уходит наружу, снаружи приходит.

Все, что исходит от Тебя, к Тебе возвращается.

В семикратном размере. Так что нет необходимости беспокоиться о том, что ты собираешься «получить обратно». Беспокоиться следует только о том, что ты собираешься «отдать». Жизнь требует достижения самого высокого качества давания, а не самого высокого качества получения.

Вы продолжаете это забывать. Но жизнь не для того, «чтобы получать». Жизнь для того, «чтобы отдавать», и, чтобы это делать, вы должны проявлять великодушие по отношению к другим — особенно к тем, кто не дал *вам* того, что, как вы считали, вы *должны получить**!

Такой поворот приведет к полному изменению вашей культуры. Сегодня то, что вы называете «успехом», в вашей культуре измеряется в значительной степени тем, сколько вы «получили», сколько славы, денег, власти и собственности вы приобрели. В Новой Культуре «успех» будет измеряться тем, сколько благодаря вам приобрели *другие*.

---

* Непереводимая игра слов: *forgetting* — забывание, *for getting* — чтобы получать; *to be forgiving* — быть великодушным, прощать, *for giving* — чтобы отдавать.

Ирония будет заключаться в том, что чем больше, благодаря вам, получат *другие*, тем больше, без всяких усилий, получите вы. Без всяких «контрактов», «соглашений», «сделок», «ведения переговоров» или судебных процессов, которые заставляют вас отдавать другому то, что было «обещано».

В экономике будущего в своих делах вы будете руководствоваться не личной выгодой, а личным ростом, который и будет вашей выгодой. А «выгода» в материальном смысле придет, когда вы станете большей и более грандиозной версией того, Кто Вы Есть в Действительности.

Когда наступит это время, вам будет казаться слишком примитивной возможность использовать силу для того, чтобы принудить кого-то отдать вам что-либо только потому, что он «пообещал» это сделать. Если другой человек не будет соблюдать договоренность, вы просто позволите ему идти своим путем, делать свой выбор и получать собственный опыт. А то, что он не отдал вам, не будет потеряно, потому что вы будете знать, что «то, что уходит, умножается» и что не он ваш источник всего этого, а *вы* сами.

Стоп! Я *уловил* это. По-моему, мы действительно взяли старт. Вся эта дискуссия началась с того, что я спросил Тебя о любви — и о том, смогут ли когда-нибудь человеческие существа позволить себе выражать ее без ограничений. А это привело к вопросу об открытом браке. И вдруг мы свернули сюда.

На самом деле нет. Все, о чем мы говорили, имеет отношение к делу. И это прекрасное вступление к твоим вопросам о так называемых просвещенных, или более высокоразвитых обществах. Поскольку в высокоразвитом обществе не существует ни «брака», ни «бизнеса» — никаких искусственных общественных конструкций, которые вы создаете, чтобы сплотить общество.

Да, хорошо, скоро мы подойдем к этому. Но сейчас я просто хочу подвести черту под этой темой. Ты говоришь очень интересные вещи. Что, если я правильно понял, все это разрушается потому, что большинство человеческих существ не могут сдерживать свои обещания, а значит, и не должны их давать. Это почти уничтожает институт брака.

Мне нравится, что ты здесь использовал слово «институт». Большинство людей, состоя в браке, действительно ощущают, что они *находятся* в «институте».

Да, это или институт умалишенных — или, по меньшей мере, институт повышения квалификации!

Совершенно верно. Ты прав. Именно так большинство людей это воспринимают.

Ну, я пошутил, но я не сказал бы «большинство людей». По-прежнему существуют миллионы людей, которым нравится институт брака и которые готовы защищать его.

Я настаиваю на сказанном. Большинству людей очень трудно в браке, и им *не* нравится то, что он им дает.

Это доказывает статистика разводов по всему миру.

Значит, Ты утверждаешь, что брак должен уйти в прошлое?

Я ничему не отдаю предпочтения, только...

...Знаю, знаю. Наблюдения.

Браво! Ты по-прежнему хочешь сделать из Меня Бога предпочтений, каковым Я не являюсь. Спасибо, что ты пытаешься остановиться.

Но мы не только просто уничтожаем брак, мы также просто уничтожаем религию!

Если все человечество поймет, что Бог ничему не отдает предпочтения, религия действительно не сможет существовать, потому что религия подразумевает *утверждение* о предпочтениях Бога.

А если у Тебя *нет* никаких предпочтений, значит, религия должна быть ложью.

Ну, это слишком грубое слово. Я бы назвал ее вымыслом. Это просто то, что вы выдумали.

Подобно тому, как мы выдумали сказку о том, что Бог предпочитает, чтобы мы состояли в браке?

Да. Я не отдаю предпочтения ничему подобному. Но Я заметил, что *вы* отдаете.

Почему? Почему мы предпочитаем брак, зная, что он так труден?

Потому что брак был единственным понятным для вас способом привнести «вечность» в свой любовный опыт.

Это был единственный способ для женщины гарантировать поддержку и возможность выжить и единственный способ для мужчины гарантировать постоянное наличие секса и дружеского общения.

Так создавались общественные соглашения. Заключались сделки. Ты даешь мне это, а я даю тебе то. Это было очень похоже на бизнес. Заключался контракт. И, поскольку обе стороны нуждались в укреплении контракта, утверждалось, что это «священный договор» с Богом, который накажет того, кто нарушит договор.

Позднее, когда это перестало работать, вы создали для его усиления искусственные законы.

Но даже это не работает.

Ни так называемые Божьи законы, ни законы, придуманные людьми, не могут удержать людей от нарушений брачного обета.

Почему это происходит?

Потому что обеты, которые вы обычно сочиняете, противоречат единственному закону, который имеет отношение к этому вопросу.

Какому именно?

Закону природы.

Но именно в природе вещей выражать Единство. Разве это не то, что следует из всего этого? И брак — самое прекрасное выражение этого единства. Ты же знаешь: «Того, что соединил Бог, человеку не разрушить», и все такое прочее.

Брак, в том виде, в каком большинство из вас его осуществляют, нельзя назвать прекрасным. Потому что он нарушает два из трех аспектов того, что присуще каждому человеческому существу от природы.

Ты можешь это повторить? Мне кажется, я начинаю собирать все это вместе.

Хорошо. Еще раз с самого начала.

Тот, Кто Есть Ты, — это любовь.

То, что есть любовь, безгранично, вечно и свободно.

Следовательно, это то, что есть *ты*. Это природа того, Кто Ты Есть. Ты безграничен, вечен и свободен по самой своей природе.

А любая искусственная общественная, моральная, религиозная, философская, экономическая или политическая конструкция, попирающая или подчиняющая твою природу, является посягательством на само твое Я — и ты будешь возражать против этого.

Что, по-твоему, дало начало вашей собственной стране? Разве не «Дай мне свободу — или дай мне смерть»?

Что ж, вы отказались от этой свободы в вашей стране и отказались в ней в ваших жизнях. И все за одну и ту же цену. За безопасность.

Вы настолько боитесь *жить* — настолько боитесь *самой жизни*, — что отдаете *саму природу своего существа* в обмен на безопасность.

Институт, который вы называете браком, — это ваша попытка обеспечить безопасность, как и институт, называемый правительством. На самом деле это две формы одного и того же — искусственные общественные конструкции, предназначенные для *управления поведением друг друга*.

Боже мой, я никогда не смотрел на это подобным образом. Я всегда думал, что брак — это окончательное заявление о любви.

В том виде, в каком он был задуман, — да, но не в том, в каком вы его осуществили. В том виде, в каком вы его осуществили, это окончательное заявление о страхе.

Если бы брак позволял тебе быть безграничным, вечным и свободным в своей любви, *тогда* он был бы окончательным заявлением о любви.

При том, как дело обстоит сейчас, вы вступаете в брак в попытке опустить любовь до уровня *обещания* или *гарантии*.

Брак — это попытка гарантировать, что то, «что обстоит так» сейчас, *всегда будет обстоять так*. Если бы вы не нуждались в этой гарантии, вы не нуждались бы в браке. И как вы используете эту гарантию? Во-первых, как средство обеспечения безопасности (вместо обеспечения безопасности исходя из того, что у вас внутри) и, во-вторых, если эта безопасность оказывается не вечной, — как средство наказания друг друга, поскольку нарушенное брачное обещание становится основанием для возбуждения судебного процесса.

Таким образом, вы находите брак очень полезным — даже если он лишен здравого смысла.

Брак — это также ваша попытка гарантировать, чтобы чувств, которые вы испытываете друг к другу, вы не испытывали ни к кому другому. Или, по меньшей мере, чтобы вы никогда не *выражали* их подобным образом по отношению к другим.

То есть с помощью секса.

То есть с помощью секса.

Наконец, брак, в том виде, в каком вы его создали, — это способ сказать: «Эти отношения особые. Я ставлю эти отношения выше всех других».

Что в этом плохого?

Ничего. Это не вопрос «хорошего» или «плохого». Хорошего и плохого не существует. Это вопрос того, что приносит тебе пользу. Что вос-создает тебя в следующем самом грандиозном представлении о том, Кто Ты Есть в Действительности.

Если Кто Ты Есть в Действительности — это существо, которое говорит: «Именно эти взаимоотношения — только эти, именно здесь — самые особенные», значит, построенный тобою брак позволяет тебе делать это самым совершенным образом. Но, может быть, тебе будет интересно узнать, что почти никто из признанных духовных учителей не состоял в браке.

Да, потому что учителя дают обет безбрачия. Они не должны заниматься сексом.

Нет. Потому что мастер не может искренне утверждать того, что пытается сделать ваш современный брак, — что один человек для него значит больше, чем другой.

Этого не может утверждать мастер, и этого *не может утверждать Бог.*

Дело в том, что ваш брачный обет в том виде, в каком вы его построили, заставляет вас делать совершенно без-Божное заявление. Самая большая ирония в том, что вы видите в этом самое святое из обещаний, — ведь это обещание, которого Бог никогда не дает.

Но, чтобы оправдать свой человеческий страх, вы придумали Бога, который *поступает подобно вам.* Поэтому вы говорите об «обещании», данном Богом Своему «Избранному Народу», и о заветах Бога тем, кого Бог любит «особым образом».

Вы не можете примириться с мыслью о том, что Бог не любит *никого* иначе, чем любого другого, поэтому вы создаете вымыслы о Боге, который любит только некий определенный народ по неким определенным причинам. И эти вымыслы вы называете Религиями. Я называю их богохульством. Поскольку сама мысль о том, что Бог может любить кого-то одного больше другого, ошибочна — и любой ритуал, который требует *подобного заявления* от *вас*, не священен, а кощунствен.

О, мой Бог, остановись. *Остановись!* Ты убиваешь все хорошие мысли, которые когда-либо появлялись у меня о браке! Этого не может написать Бог. Бог никогда не говорит ничего подобного о религии и браке!

Религия и брак в том виде, в каком вы их создали, — именно то, о чем мы здесь говорим. Тебе этот разговор кажется слишком жестким? Я говорю тебе это: вы искажаете Слово Божье, чтобы оправдать свои страхи и объяснить свое ненормальное обращение друг с другом.

Вы приписываете Богу слова, которые Он должен был бы сказать для того, чтобы вы могли продолжать ограничивать друг друга, обижать друг друга и *убивать друг друга* от Моего имени.

Да, вы столетиями ссылаетесь на Мое имя и размахиваете Моим флагом, вы несете кресты на поля сражений — и все это для того, чтобы доказать, что Я люблю один народ больше другого и *требую, чтобы вы убивали, чтобы это доказать*.

Но Я говорю тебе: Моя любовь безгранична и безусловна.

Это единственная вещь, которой вы не можете услышать, единственная истина, которой вы не можете вынести, единственное заявление, которого вы не можете принять, потому что то, что она включает всех и все, разрушает не только институт брака (в том виде, в каком вы его создали), но и все ваши религии и правительственные институты.

Ибо вы создали культуру, основанную на исключении, и в поддержку придумали миф о Боге, исключающем что-то в пользу другого.

Но культура Бога основана на *включении*. Любовь Бога включает всех. В Божьем Царстве приветствуют *каждого*.

И эту истину *вы* называете богохульством.

И вы *должны* это делать. Ведь если это правда, значит, все, что вы создали в своей жизни, неверно. Все человеческие соглашения и все человеческие построения ошибочны в той степени, в какой они не являются безграничными, вечными и свободными.

Как может быть что-то «ошибочным», если таких понятий, как «правильный» и «неправильный», не существует?

Вещь может быть ошибочной только в той степени, в какой ее работа не соответствует ее назначению. Если дверь не открывается и не закрывается, ты не назовешь ее «неправильной». Ты просто скажешь, что она не так установлена или не так работает — поскольку она не служит своему назначению.

Все, созданное вами в своей жизни, в своем человеческом обществе, все, что не служит своему назначению в становлении вас как человека, ошибочно. Это ошибочная конструкция.

И — просто для проверки — в чем мое назначение в становлении себя как человека?

Решать и заявлять, создавать и выражать, испытывать и осуществлять то, Кто Ты Есть в Действительности.

Каждый момент вос-создавать себя заново в грандиознейшей версии самого прекрасного из *всех* своих представлений о том, Кто Ты Есть в Действительности.

Это твое назначение в становлении себя как человека и это назначение всей жизни.

Итак — куда это нас завело? Мы разрушили религию, мы отвергли брак, мы осудили правительства. Куда мы теперь?

Прежде всего, мы ничего не разрушали, не отвергали и не осуждали. Если созданная тобой конструкция не работает и не выполняет того, что должна была выполнять, *описать* ее состояние — не значит разрушить, отвергнуть или осудить.

Попытайся вспомнить разницу между осуждением и наблюдением.

Ладно, я не собираюсь здесь с Тобой спорить, но многое из того, что сейчас было сказано, *на мой взгляд*, звучит довольно осуждающе.

Здесь нас стесняет лишь ужасная ограниченность слов. Их действительно настолько мало, что мы вынуждены опять и опять использовать одни и те же, даже когда они не передают нужный смысл или нужные мысли.

Вы, например, говорите, что «любите» лакомство из бананов, но при этом вы явно имеете в виду совсем не то, что говорят о любви друг к другу. Так что, как видишь, у вас действительно слишком мало слов для описания своих чувств.

Общаясь с тобой таким образом — с помощью слов, — Я позволил Себе ощутить эти ограничения. И Я готов допустить, что, поскольку некоторые из этих слов *используются вами для осуждения*, легко прийти к выводу, что *Я* их тоже использую для осуждения.

Уверяю тебя, что это не так. В течение всего этого разговора Я просто пытаюсь рассказать тебе, как прийти к тому, к чему, по твоим словам, ты хочешь прийти, и описать как можно более эффективно то, что стоит на твоем пути, что останавливает тебя.

Что же касается *религии*, то вы утверждаете, что место, в которое вы хотите попасть, — это место, где вы сможете по-настоящему узнать Бога и по-настоящему любить Бога. Я просто отмечаю, что ваши религии не приведут вас туда.

Ваши религии сделали из Бога Великую Тайну и вынуждают вас не любить Бога, а бояться Бога.

Религия дает слишком мало для того, чтобы вы изменили свое поведение. Вы по-прежнему убиваете друг друга, осуждаете друг друга, поступаете друг с другом «неправильно». И, фактически, именно ваши *религии* вдохновляют вас на это.

И, что касается религии, Я только замечаю, что, по твоим словам, ты хочешь, чтобы она привела тебя в одно место, а она приводит совсем в другое.

Теперь вам кажется, что вы хотите, чтобы *брак* привел вас в страну вечного блаженства или, по меньшей мере, обеспечил какой-то разумный уровень покоя, безопасности и счастья. Как и в случае религии, ваше изобретение, называемое браком, было хорошо на раннем этапе, когда вы впервые начали проводить его в жизнь. Но, как и в случае религии, чем дольше длится эксперимент, тем ближе он подводит вас к тому месту, куда, как вы утверждаете, вы не хотите идти.

Почти половина людей, состоявших в браке, разрывают свой брак, прибегая к разводу, а многие из тех, кто состоит в браке, отчаянно несчастливы.

Ваши «союзы блаженства» ведут к горечи, озлоблению и сожалениям. Некоторые — и не так уж мало — приводят к прямой трагедии.

По вашим словам, вы хотите, чтобы ваши *правительства* обеспечили мир, свободу и спокойный быт, а Я наблюдаю, что, в том виде, в каком вы их придумали, они не обеспечивают ничего подобного. Наоборот, ваши правительства ведут вас к войнам, увеличивая *нехватку* свободы, жестокость в быту и перевороты.

Вы не способны решить основные проблемы, просто обеспечивая людям пищу, поддерживая здоровье и сохраняя жизнь, тем более вы не способны принять вызов, предоставив им равные возможности.

Сотни людей на планете ежедневно умирают от голода, тогда как тысячи каждый день выбрасывают пищи столько, что можно было бы прокормить целые страны.

Вы не можете справиться с простейшей задачей передачи того, что не нужно «имущим», «неимущим», — тем более решить вопрос, *хотите ли* вы более справедливо разделить свои ресурсы.

Только *это не осуждение*. Это правда, которую Я *наблюдаю* в вашем обществе.

Но *почему?* Почему это *так?* Почему мы за столько лет добились столь малого прогресса в ведении наших дел?

Лет? Столетий.

Хорошо, столетий.

Это связано с Первым Мифом Человеческой Культуры, а также со всеми остальными мифами, которые за ним неизбежно последовали. Пока они не изменятся, ничто не изменится. Потому что на основании своих мифов вы строите свою этику, а ваша этика определяет ваше поведение. Только проблема в том, что ваш миф противоречит вашему основному инстинкту.

Что Ты имеешь в виду?

Первый Миф Вашей Культуры о том, что в основу человеческого существа заложено зло. Это миф о первородном грехе. Миф утверждает, что зло не только основа человеческой природы, но именно благодаря ему вы *появляетесь на свет*.

Второй Миф Вашей Культуры, неизбежно вытекающий из первого, о том, что выживут «самые достойные».

Этот второй миф утверждает, что некоторые из вас сильные, а некоторые слабые и, чтобы выжить, вы должны быть вместе с сильными. Вы будете делать все, что сможете, чтобы помочь своим собратьям, но, если речь пойдет о вашем собственном выживании, в первую очередь позаботитесь о себе. Вы даже позволите другим умирать. В действительности, вы идете еще дальше. Если вы считаете, что вынуждены делать это для себя и собственного выживания, вы будете по-настоящему убивать других — предположительно, «слабых», — этим самым утверждая себя как «самых достойных».

Некоторые из вас оправдывают это вашим *основным инстинктом*. Его называют «инстинктом выживания», и именно этот миф вашей культуры положен в основу вашей социальной этики, в значительной степени определяя ваше групповое поведение.

Но ваш «основной инстинкт» — это *не* выживание, а скорее справедливость, единство и любовь. Это основной инстинкт всех разумных существ повсюду. Это ваша клеточная память. Это ваша *врожденная сущность*. Таким образом, опровергается ваш первый миф. Зло *не* заложено в вас от природы, вы *не* рождены в «первородном грехе».

Если бы вашим «основным инстинктом» был инстинкт «выживания» и если бы в основе вашей природы лежало «зло», вы бы никогда не бросались *инстинктивно* спасать падающего ребенка, тонущего человека, вы бы не бросались спасать никого ни от чего. И в то же время когда вы действуете, опираясь на инстинкты, и проявляете свою основную природу, когда *не думаете* о том, что делаете, вы поступаете именно таким образом, *даже на свой страх и риск*.

Значит, вашим «основным» инстинктом не может быть инстинкт «выживания» и вашей основной природой, несомненно, не является «зло». Ваш инстинкт и ваша природа — отражать сущность того, Кто Вы Есть, то есть справедливость, единство и любовь.

Учитывая социальный смысл всего этого, важно понимать разницу между «справедливостью» и «равенством». Искать *равенства*, или быть *равными*, не может быть основным инстинктом ни одного разумного существа. Как раз совсем наоборот.

Основной инстинкт всех живых существ — выражение уникальности, неодинаковости. Создание общества, где бы два существа были по-настоящему равны, не только невозможно, но и нежелательно. Общественные механизмы, стремящиеся создать подлинное равенство — другими словами, экономическое, политическое и социальное «единообразие», — работают против, не в пользу величайшей идеи и высочайшей цели — которые заключаются в том, чтобы каждое существо обладало возможностью осуществить свое самое сильное желание и, таким образом, по-настоящему вос-создать себя заново.

Для этого требуется равенство *возможностей*, а не равенство на деле. Это и называется *справедливостью*. Равенство *на деле*, обусловленное внешними силами и законами, *исключало бы*, а не *создавало* справедливость. Оно исключало бы возможность подлинного само-вос-создания, что является высшей целью просвещенных существ где бы то ни было.

Что же может *обеспечить* свободу возможностей? Системы, которые позволяли бы обществу удовлетворять основные потребности выживания каждого индивида, освобождая все существа для саморазвития и самосоздания, вместо того чтобы заниматься само-выживанием. Другими словами, системы, имитирующие подлинную систему, называемую жизнью, где *выживание гарантировано*.

Поскольку в *просвещенных* обществах не стоит вопрос о самовыживании, эти общества никогда не позволят одному из своих членов страдать, если хватает на всех. В таких обществах собственные интересы и основные общие интересы совпадают.

Ни одно общество, созданное вокруг мифа о «врожденном зле» или «выживании самых достойных», не может достичь такого понимания.

Да, это я понимаю. И вопрос о «мифе нашей культуры» — это то, что мне хотелось бы рассмотреть потом более подробно, вместе с поведением и этикой наиболее развитых цивилизаций. Но сейчас давай вернемся к вопросам, которые мы здесь подняли.

Одна из сложностей разговора с Тобой в том, что Твои ответы уводят нас в таких интересных направлениях, что иногда я сам забываю, с чего начал. Но на этот раз я не забыл. Мы обсуждали брак. Мы обсуждали любовь и ее требования.

У любви *нет* никаких требований. Именно это делает ее любовью.

Если твоя любовь к другому человеку содержит требования, это вообще не любовь, это подделка.

Именно это Я пытаюсь тебе объяснить. Именно это Я объясняю на все лады в ответ на все вопросы, которые ты сейчас задавал.

Например, в контексте брака имеет место обмен обетами, для чего любовь не требуется вовсе. Но *вы* ее требуете, потому что вы не знаете, что *есть* любовь. Точно так же вы даете любое другое обещание, *которого любовь никогда не требует*.

Значит, Ты *выступаешь* против брака.

Я не «против» чего бы то ни было. Я просто описываю то, что вижу.

Но вы можете изменить то, что Я вижу. Вы можете перестроить свою общественную конструкцию, называемую «браком», так, чтобы она *не* требовала того, чего никогда не требует Любовь, а вместо этого провозглашала то, *что может провозгласить только любовь.*

Другими словами, изменить брачный обет.

Не только это. Изменить *ожидания*, на которых основан этот обет. Эти ожидания трудно будет изменить, потому что они — ваше культурное наследие. Они, в свою очередь, исходят из мифов вашей культуры.

Ну вот, мы опять вернулись к мифам: почему для Тебя это так важно?

Я надеюсь указать тебе правильное направление. Я вижу, куда, по твоим словам, вы хотите идти вместе со своим обществом, и надеюсь найти человеческие слова и человеческие понятия, которые могли бы направить тебя туда.

Могу Я привести один пример?

Будь добр.

Один из мифов вашей культуры о любви состоит в том, что любовь должна давать, а не получать. Это стало требованием культуры. И в то же время это приводит вас к сумасшествию и приносит больше вреда, чем ты можешь себе представить.

Заключение и сохранение плохих браков приводит к всевозможным дисфункциональным взаимоотношениям, но никто — ни ваши родители, у которых вы ищете совета, ни ваше духовенство, у которого вы ищете вдохновения, ни ваши психологи и психиатры, у которых вы ищете ясности, ни даже ваши писатели и художники, у которых вы ищете интеллектуального руководства, — не отваживаются бросить вызов господствующему мифу вашей культуры.

В результате слагаются песни, пишутся романы, создаются фильмы, даются наставления, читаются молитвы, которые увековечивают Миф. Поэтому все вы *продолжаете жить согласно этому мифу.*

И вы не можете этого не делать.

И все же проблема не в *вас*, проблема в Мифе.

Разве любить не значит отдавать, а не получать?

Нет.

Не значит?

Нет. И никогда не значило.

Но Ты Сам говорил минуту назад, что «любовь не выдвигает никаких требований». Ты говорил, что *именно это делает ее любовью*.

Так и есть.

Но для меня это звучит как «отдавать вместо того, чтобы получать»!

Значит, тебе следует перечитать главу восьмую из *Книги 1*. Все, на что Я ссылаюсь здесь, Я объяснял тебе там. Предполагалось, что этот диалог будет читаться последовательно и рассматриваться в целом.

Я знаю. Но для тех, кто дойдет до этих слов, не прочтя Книги 1: объясни, пожалуйста, что Ты здесь имеешь в виду? Потому что, откровенно говоря, я тоже хотел бы повторить все еще раз, и, мне кажется, на этот раз я начинаю *понимать* эту заумь!

Хорошо. Начнем.

Все, что ты делаешь, ты делаешь для себя.

Это истина, потому что ты и все остальные — Одно.

Следовательно, то, что ты делаешь для других, ты делаешь для себя. То, чего тебе не удается сделать для других, тебе не удается сделать для себя. Что хорошо для других, хорошо для тебя, и что плохо для других, плохо для тебя.

Это основополагающая истина. Но именно эту истину вы чаще всего игнорируете.

Когда ты устанавливаешь отношения с другим человеком, эти отношения преследуют только одну цель. Они служат для тебя средством решить и заявить, создать и выразить, испытать и удовлетворить свое высшее представление о том, Кто Ты Есть в Действительности.

А если тот, Кто Ты Есть в Действительности, — человек добрый и внимательный, заботливый и сопереживающий, сострадающий и любящий, значит, когда ты *проявляешь себя* таким по отношению к другим, ты предоставляешь своему Я величайшее переживание, ради которого ты пришел в тело.

Именно для этого вы решили воспользоваться телом. Потому что только в физическом царстве относительного вы можете узнать себя в этих проявлениях. В царстве абсолюта, из которого вы пришли, получить подобные знания невозможно.

Все это Я объяснял тебе значительно подробнее в Книге 1.

Так вот, если тот, Кто Ты Есть в Действительности, — это существо, которое не любит Себя, которое позволяет другим плохо с Собой обращаться, наносить вред и уничтожать, значит, ты продолжаешь вести себя таким образом, что позволяешь себе испытывать это.

Но если ты *действительно* человек добрый и внимательный, заботливый и сопереживающий, сострадающий и любящий, ты включишь свое *Я* в число тех, по отношению к кому ты таким *являешься*.

Ты на самом деле должен *начинать* с себя. Ты должен в этих вопросах *ставить себя на первое место*.

Все в жизни зависит от того, кем ты стремишься быть. Если, например, ты стремишься быть Одним со всеми остальными (то есть если ты стремишься *проверить на опыте* представление, которое, как ты уже знаешь, является истинным), ты будешь вести себя совсем особым образом — так, чтобы это позволило тебе ощутить и проявить свое Единство. И когда ты будешь что-то делать исходя из этого, тебе не будет казаться, что ты делаешь что-то для *кого-то еще*, ты будешь делать это *для своего Я*.

Все это будет справедливо независимо от того, что ты ищешь. Если то, что ты ищешь, это любовь, ты будешь делать то, что ты любишь, с другими. Не *для* других, а *с* другими.

Обрати внимание на разницу. Постарайся уловить нюанс. Ты будешь делать то, что ты любишь, *с* другим *для своего Я* — так что ты сможешь претворить в жизнь и испытать свое самое прекрасное представление о своем Я и о том, Кто Ты Есть в Действительности.

В этом смысле невозможно сделать *ничего* для других, поскольку любое действие по собственной воле является в буквальном смысле *только этим* — «действием». Ты *действуешь*. То есть создаешь и играешь роль. Ты не *притворяешься*. Это действительно *совершается*.

Ты человеческое *существо*. И каким будет это существо, решать и выбирать тебе.

Ваш Шекспир говорил: «Весь мир — сцена, а люди — актеры».

Он также говорил: «Быть или не быть, вот в чем вопрос».

И он *также* говорил: «Если ты будешь верным собственному Я и следовать этому, как ночь следует за днем, ты не сможешь лгать никому».

Когда ты верен собственному Я, когда ты не *предаешь свое Я*, ты знаешь, что то, что «кажется» «отдаваемым», ты на самом деле «получаешь». Ты в буквальном смысле опять отдаешь себя своему Я.

Ты не можешь по-настоящему «отдавать» другому по той простой причине, что никаких «других» *не существует*. Если Мы — Одно, значит, есть только Ты.

Иногда мне это напоминает семантический «трюк», способ менять слова местами, чтобы изменить их смысл.

Это не трюк, это *волшебство*! И речь идет не об изменении порядка слов, чтобы изменить их смысл, а об изменении восприятия, чтобы изменить переживание.

Твое переживание чего бы то ни было основано на твоем восприятии, а восприятие основано на понимании. Понимание же основано на ваших мифах. *Вот об этом мы и должны говорить.*

Так что Я говорю тебе: мифы вашей культуры не служат вам. Они не ведут вас к тому, к чему, по вашим словам, вы хотите прийти.

Либо вы лжете себе относительно того, к чему, по вашим словам, вы хотите прийти, либо вы не видите того, что вы этого не получаете. Ни как индивиды, ни как страна, ни как вид или раса.

Кроме нас, есть еще другие виды?

О да, определенно.

Что ж, я ждал очень долго. Расскажи мне о них.

Скоро. Совсем скоро. Но вначале Я хочу рассказать о том, как вы можете изменить свое изобретение, называемое «браком», чтобы оно привело вас ближе к тому, к чему, по вашим словам, вы хотите прийти.

Не нужно его разрушать, не нужно от него избавляться — *просто измените.*

Да, хорошо, я действительно хочу узнать об этом. Я действительно хочу знать, существует ли *хоть какой-либо* способ позволить человеческим существам выражать настоящую любовь. Итак, я заканчиваю эту главу нашего диалога тем, с чего начал. Какие ограничение мы должны налагать — кое-кто сказал бы «обязаны налагать» — на это свое выражение?

Никаких. Вообще никаких ограничений. И именно это *должен утверждать ваш брачный обет.*

Это удивительно, потому что как раз это *утверждает* наш брачный обет с Нэнси!

Я знаю.

Когда мы с Нэнси решили пожениться, мне вдруг захотелось написать совершенно новый набор брачных обещаний.

Я знаю.

И Нэнси меня поддержала. Она согласилась со мной, что мы не можем изменить слова обета, который стал «традиционным» при бракосочетаниях.

Я знаю.

Мы сели и создали *новый* брачный обет, который «определял культурный императив» так, как мог бы определить его Ты.

Да, вы это сделали. Я очень горжусь этим.

И когда мы писали его, когда мы переносили слова обета на бумагу, чтобы их мог зачитать священник, я действительно поверил, что нам обоим он был внушен.

Так оно и было.

Ты хочешь сказать?..

Ты что, думаешь, Я прихожу к тебе только тогда, когда ты пишешь книги?

Здорово.

Да, здорово.
Почему же ты не хочешь привести слова этого брачного обета здесь?

Что?

Вперед. У тебя есть его копия. Приведи ее прямо здесь.

Хорошо, но мы создавали этот обет не для того, чтобы делиться им со всем миром.

Когда начинался этот диалог, ты тоже не думал, что *чем-то* из него можно будет поделиться с миром.
Давай. Приводи его здесь.

Это как раз то, чего я меньше всего хочу: чтобы люди подумали, что я заявляю: «Мы написали Совершенный Брачный Обет!»

Почему тебя вдруг стало заботить, что подумают люди?

Хм. Ты знаешь, что я имею в виду.

Видишь ли, ни один человек не назовет это «Совершенным Брачным Обетом».

Да, это так.

Только лучший на вашей планете мог зайти так далеко.

Хей!..

Я просто *пошутил*. Давай же осветим это здесь.

Продолжай. Приведи свой брачный обет. Я беру за него ответственность на Себя. И людям он понравится. Это даст им представление, о чем мы здесь говорим. Ты можешь даже предложить другим воспользоваться этим обетом — который вообще не является «обетом», это Брачная Декларация.

Ну хорошо. Вот что мы с Нэнси сказали друг другу, когда вступали в брак... благодаря полученному нами «внушению»:

Священник:

Нил и Нэнси пришли в этот вечер сюда не для того, чтобы дать торжественное обещание или обменяться священным обетом.

Нил и Нэнси пришли сюда, чтобы *публично* объявить о своей любви друг к другу; чтобы объявить о ее подлинности; чтобы заявить о сделанном ими выборе жить, быть партнерами и расти вместе — вслух и в вашем присутствии, по собственному желанию, что все мы готовы признать самой настоящей и глубокой частью их решения и что еще более укрепляет его.

Они также пришли сюда в этот вечер в надежде, что их ритуал соединения поможет нам *всем* стать ближе. Если вы сейчас здесь с супругом или партнером, пусть эта церемония будет для вас напоминанием — освящением заново вашей любовной связи.

Начнем с вопроса: почему вступают в брак? Нил и Нэнси для себя ответили на этот вопрос, и они рассказали мне, в чем заключался этот ответ. Теперь я хочу спросить их еще раз, уверены ли они в своем ответе — конечно, в их понимании — и тверды ли в своем обязательстве следовать истине, которую они разделяют.

(Священник берет со стола две красные розы...)

Это Ритуал Роз, в котором Нэнси и Нил делятся своим пониманием и празднуют это событие.

Теперь, Нэнси и Нил, вы должны сказать мне, хорошо ли вы представляете себе, что вступаете в этот брак не из соображений безопасности...

...что настоящей безопасностью нельзя владеть или быть ее собственником, что ее нельзя ни захватить, ни завладеть ею...

...не требуя, не ожидая и даже не надеясь, что то, в чем, по вашему мнению, вы нуждаетесь в жизни, вам предоставит другой...

...а зная, что все, в чем вы нуждаетесь в жизни... вся любовь, вся мудрость, вся способность проникновения в сущность, вся сила, все знания, все понимание, все сострадание, источник силы... обитают *у вас* внутри...

...и что вы вступаете в брак друг с другом не в надежде *получить* эти вещи, а в надежде *давать* эти дары, чтобы другой мог иметь их еще в большем количестве.

Сегодня вечером это ваше понимание остается неизменным?

(Они говорят: «Да».)

Нил и Нэнси, вы говорили мне, что хорошо понимаете, что вступаете в этот брак не для того, чтобы использовать его как средство ограничения, контролирования или удержания друг друга от любого подлинного выражения и откровенного празднования того, что является высшим и лучшим в вас — включая вашу любовь к Богу, вашу любовь к жизни, вашу любовь к людям, вашу любовь к творчеству, вашу любовь к работе или к *любому* другому аспекту вашего существования, который будет по-настоящему олицетворять вас и приносить вам радость. В этот вечер вы по-прежнему это понимаете?

(Они говорят: «Понимаем».)

И наконец, Нэнси и Нил, вы говорили мне, что представляете себе брак не как наложение *обязательств*, а как предоставление *возможностей*...

...возможностей для роста, для полного самовыражения, для достижения в своей жизни наивысшего потенциала, для исцеления любой фальшивой мысли и низкого представления, которые у вас когда-либо были о себе, и для конечного воссоединения с Богом благодаря общению ваших двух душ...

...что это поистине Святое Общение... путешествие по жизни с тем, кого вы любите как равного партнера, с разделением поровну как прав, так и обязанностей, присущих любому партнерству, ноши, которая может выпасть на вашу долю, и блаженства, которым вы будете наслаждаться.

Именно с таким представлением вы входите в настоящее?

(Они говорят: «С таким».)

Сейчас я даю вам эти красные розы, символизирующие ваше индивидуальное понимание этих Вечных истин; они символизируют также то, что вы знаете и согласны с тем, какой будет ваша жизнь в рамках материальной формы и физической структуры, называемой браком. Вручите эти розы друг другу как символ того, что вы *разделяете* это соглашение и это понимание с любовью.

А теперь пусть каждый из вас возьмет по белой розе. Это символ вашего более широкого понимания, вашей духовной природы и вашей духовной правды. Они символизируют чистоту вашего Настоящего и Высшего Я и чистоту любви Бога, которая сияет над вами сейчас и всегда.

(Он дает Нэнси розу с кольцом Нила, надетым на ее стебель, а Нилу — розу с кольцом Нэнси.)

Согласны вы носить эти символы как напоминание об обещаниях, данных и полученных сегодня?

(Они снимают кольца со стеблей и передают священнику, который надевает кольца им на пальцы со словами...)

Кольцо — это символ Солнца, и Земли, и Вселенной. Это символ святости, и совершенства, и мира. Это также символ вечности духовной истины, любви и жизни... того, что не имеет ни начала, ни конца. И в эту минуту Нил и Нэнси выбирают его также в качестве символа единства, но не обладания; объединения, но не ограничения; объятий, но не захвата. Ибо любовью нельзя ни владеть, ни ограничивать ее. И душу никогда нельзя захватить.

Теперь, Нил и Нэнси, возьмите, пожалуйста, кольца, которые вы хотите вручить друг другу.

(Они берут кольца друг друга.)

Нил, повторяй, пожалуйста, за мной.

Я, Нил... прошу тебя, Нэнси... быть моим партнером, моей возлюбленной, моим другом и моей женой... Я объявляю о своем намерении дарить тебе мою глубочайшую дружбу и любовь... не только в высокие для тебя моменты... но и в моменты слабости... не только когда ты будешь ясно помнить, Кто Ты Есть... но и когда ты забудешь об этом... не только когда ты будешь руководствоваться любовью... но и тогда, когда не будешь... Я также заявляю... перед Богом и теми, кто здесь присутствует... что я всегда буду стремиться видеть в тебе Свет Божественного... и всегда буду стремиться поделиться... Светом Божественного во мне... и *особенно*... в моменты тьмы, если они наступят.

Мое намерение — быть с тобой всегда... в Священном Партнерстве Душ... чтобы мы могли вместе выполнять работу Бога... делясь всем хорошим, что есть в нас... со всеми теми, чьих жизней мы будем касаться.

(Священник поворачивается к Нэнси.)

Нэнси, выбираешь ли ты дать согласие на просьбу Нила стать его женой?

(Она отвечает: «Выбираю».)

Теперь ты, Нэнси, повторяй, пожалуйста, за мной.

Я, Нэнси... прошу тебя, Нил... *(Она дает тот же обет.)*

(Священник поворачивается к Нилу.)

Нил, выбираешь ли ты дать согласие на просьбу Нэнси стать ее мужем?

(Он отвечает: «Выбираю».)

Теперь, пожалуйста, возьмите кольца, которые вы должны передать друг другу, и повторяйте за мной: С этим кольцом... я вступаю с тобой в брак... Я беру кольцо, которое ты даешь мне... *(они обмениваются кольцами)*... и надеваю его на свою руку... *(они надевают кольца на руки)*... чтобы все могли видеть и знать... о моей любви к тебе.

(Священник переходит к заключительной части...)

Мы полностью осознаем, что только вступившие в брак могут осуществить таинство брака по отношению друг к другу и только вступившие в брак могут сделать его священным. Ни моя церковь, никакая сила, примененная ко мне государством, не могут гарантировать мне право заявлять то, что могут заявить только два сердца и что только две души могут сделать реальным.

И теперь, когда *ты*, Нэнси, и *ты*, Нил, провозгласили правду, которая уже записана в ваших сердцах, и подтвердили ее в присутствии ваших друзей и Единого Живого Духа — мы с радостью отмечаем, что *вы* провозгласили себя... мужем и женой.

Давайте же теперь соединимся в молитве.

Дух Любви и Жизни, во всем этом мире две души нашли друг друга. Теперь их судьбы сплетены воедино, они больше не будут испытывать врозь ни бед, ни радостей.

Нил и Нэнси, пусть ваш дом станет местом счастья для каждого, кто в него войдет, местом, где стар и млад будут обновляться в компании друг друга, местом роста и местом сопереживания, местом, где будет звучать музыка и смех, местом молитвы и местом любви.

Пусть ваша красота и щедрость вашей любви всегда обогащают ваших близких, пусть ваша работа будет радостью вашей жизни и служением всему миру, пусть ваши дни на Земле будут прекрасными и долгими.

Аминь, аминь.

Я так тронут всем этим. Мне выпало счастье найти в своей жизни человека, который мог произнести вместе со мной эти слова и для которого они имели смысл. Дорогой Бог, спасибо Тебе, что Ты послал мне Нэнси.

Ты тоже подарок для нее, ты же знаешь об этом.

Я надеюсь, что это так.

Поверь Мне.

Знаешь, чего я хотел бы?

Нет. Чего?

Я хотел бы, чтобы люди могли произносить такие Брачные Декларации. Я хотел бы, чтобы люди переписали эти слова, скопировали их и использовали во время *своих* бракосочетаний. Готов держать пари, что количество разводов начнет резко падать.

Некоторым людям будет очень трудно произнести эти слова — и многим будет трудно придерживаться их.

Я просто надеюсь, что *мы* сможем придерживаться этих слов! Я хочу сказать, что проблема с помещением этих слов здесь в том, что теперь мы вынуждены жить согласно им.

Разве вы не планировали жить согласно им?

Конечно, планировали. Но мы — люди, подобно всем остальным. И теперь, если у нас не получится, если мы споткнемся, если что-то произойдет в наших отношениях или, не дай Бог, мы когда-нибудь решим положить им *конец* в их нынешнем виде, все почувствуют разочарование.

Чепуха. Они будут знать, что вы были искренни перед собой; они будут знать, что вы должны сделать другой выбор, новый выбор. Помни, что Я говорил тебе в Книге 1. Не следует путать продолжительность своих взаимоотношений с их качеством. Ты, так же как и Нэнси, не икона, никто не должен ставить себя на ее место — и вы не должны этого делать. Просто будьте людьми. Просто полностью будьте людьми. Если когда-нибудь потом ты и Нэнси почувствуете, что вы хотите перестроить свои отношения другим образом, у вас будет полное право это сделать. *Это основная мысль всего этого диалога.*

И это основная мысль сделанных нами заявлений!

Совершенно верно. Я рад, что ты это понимаешь.

Да, мне *нравится* эта Брачная Декларация, и я рад, что мы поместили ее здесь! Это замечательный новый способ начинать совместную жизнь. Не просить больше женщину давать обещание «любить, уважать и повиноваться». Этого могут требовать только лицемерные, самодовольные люди, пекущиеся только о собственных интересах.

Ты, конечно, прав.

И еще больше лицемерия и самонадеянности в том, чтобы заявлять, что такое превосходство мужчины *предписано Богом.*

Ты опять прав. Я никогда не предписывал ничего подобного.

Во всяком случае, это слова, произносимые при вступлении в брак, которые действительно вдохновлены Богом. Слова, которые превращают в вещь, в частную собственность, неуместны *ни для кого.* А это слова, говорящие правду о любви. Слова, не предлагающие никаких ограничений, только обещающие свободу! Слова, которым могут *хранить верность* все сердца.

Найдутся такие, кто скажет: «Никто, конечно, не может сдержать торжественного обещания, которое ничего от вас не требует!» Что ты на это скажешь?

Я скажу: «Значительно труднее предоставить кому-либо свободу, чем контролировать его. Когда вы человека контролируете, вы получаете то, чего хотите *вы.* Когда вы предоставляете ему свободу, он получает то, что хочет *он».*

Это будут мудрые слова.

У меня есть замечательная идея! Я думаю, мы должны выпустить небольшой буклет с этой Брачной Декларацией, что-то вроде небольшого молитвенника, который люди могли бы использовать в день своей свадьбы.

Это должна быть небольшая книжица, в которой будут приведены не только эти слова, но и описание всей церемонии, ключевые высказывания о любви и взаимоотношениях из всех трех книг этого диалога, а также некоторые специальные молитвы и медитации, посвященные браку — против которого Ты, как оказалось, ничего *не* имеешь против!

Я так счастлив, потому что мне на минуту показалось, что Ты против брака.

Как Я могу быть против брака? Мы *все* состоим в браке. Мы в браке *друг с другом* — сейчас и навсегда. Мы объединены. Мы — Одно. Наши брачные церемонии — крупнейшие из проводившихся когда-либо церемоний. Мой обет тебе — величайший из данных когда-либо обетов. Я буду любить тебя вечно и даю тебе свободу навсегда. Моя любовь никогда ничем тебя не свяжет, и поэтому ты «связан» вечной любовью ко Мне, так как свобода Быть Тем, Кто Ты Есть, — твое величайшее желание и Мой величайший дар.

Признаешь ли ты Меня теперь своим законным, связанным брачным обетом партнером и со-творцом, в соответствии с высшими законами Вселенной?

Признаю.

А *Ты* признаешь теперь *меня* Своим партнером и со-творцом?

Признаю и всегда признавал. Сейчас и на протяжении всей вечности мы — Одно. Аминь.

Аминь.

14

Я прочитал эти слова с благоговейным трепетом и глубоким почтением. Спасибо Тебе за то, что Ты избрал такой способ быть в этот момент
со мной. Спасибо Тебе, что Ты в этот момент со всеми нами. Потому что
миллионы читают слова этого диалога, а еще миллионы хотят их прочесть.
И, когда Ты входишь в наши сердца, мы, затаив дыхание, принимаем от
Тебя этот дар.

Дорогие Мои — Я всегда в ваших сердцах. Я рад, что теперь ты по-настоящему почувствовал, что Я здесь.

Я всегда с вами. Я никогда вас не оставляю. Я *есть* вы, а вы есть Я, нас *никогда* не
разделить, *никогда*, потому что это *невозможно*.

Эй, подожди! Это похоже на дежавю. Разве мы уже не произносили все эти
слова раньше?

Конечно! Перечитай начало главы 12. Только теперь они значат еще больше, чем тогда.

А что, если дежавю реально и мы *действительно* иногда переживаем что-
то «снова», чтобы лучше понять, что это было?

А ты как думаешь?

Я думаю, что *именно это* иногда и происходит!

Не считая тех случаев, когда это не так.

Не считая тех случаев, когда это не так!

Хорошо. Еще раз браво. Ты так быстро, так стремительно приходишь к массе новых
пониманий, что становится страшно.

Да, *действительно*? Теперь мне нужно обсудить с Тобой кое-что серьезное.

Да, Я знаю. Вперед.

Когда душа соединяется с телом?

А как ты думаешь?

Тогда, когда она делает этот выбор.

Хорошо.

Но люди хотят услышать более определенный ответ. Они хотят знать, когда начинается жизнь. Жизнь в том виде, в каком они ее знают.

Понимаю.

Так что же служит сигналом? Это появление тела из чрева — физическое рождение? Или это момент зачатия, физическое соединение элементов физической жизни?

У жизни нет ни начала, ни конца. Жизнь только расширяется: создает новые формы.

Подобно вязкому материалу в тех декоративных лампах, которые были так популярны в шестидесятых. Большие, мягкие, круглые комочки, лежащие на дне, под действием тепла поднимаются вверх, от них отделяются новые комочки, которые расходятся в виде розы, а сверху опять соединяются друг с другом и низвергаются вниз в виде более крупных комков, потом все начинается сначала. В трубке никогда не бывает «новых» комочков. Это все *тот же материал*, преобразующийся таким образом, что он «выглядит» как *новый, другой материал*. Разновидностям нет конца, очень интересно наблюдать, как процесс повторяется снова и снова.

Прекрасная метафора. Именно это происходит с душами. Единая Душа — которая на самом деле есть Все, Что Существует, — делится на множество частей, размеры которых становятся все меньше и меньше. Эти «части», то есть частицы Всего, Что Было Всегда, преобразуются в то, что «выглядит» новыми, другими частями.

У Джоан Осборн есть прекрасная песня, в которой звучит вопрос: «Что, если Бог — один из нас? Просто разгильдяй, похожий на одного из нас?» Я думаю попросить ее заменить эту строку следующей: «Что, если Бог — один из нас? Просто комочек, похожий на одного из нас?»

Ха! Это очень хорошо. И, знаешь, ее песни — блестящие песни. Они переворачивают все человеческие представления. Люди не могут вынести мысли, что Я не лучше одного из них.

Эта реакция — интересный комментарий, относящийся не столько к Богу, сколько к человеческой расе. Если мы считаем богохульством сравнивать Бога с одним из нас, что это говорит о нас?

Действительно, что?

И тем не менее Ты — «Один из нас». Это именно то, что Ты здесь говоришь. Так что Джоан права.

Она безусловно права. Глубоко права.

Я хотел бы вернуться к своему вопросу. Можешь ли Ты сказать что-нибудь о том, когда начинается жизнь в том виде, в каком мы ее знаем? В какой момент душа входит в тело?

Душа не входит в тело. Душа окутывает тело. Вспомни, что Я говорил раньше. Тело не является домом для души. Все происходит совсем иначе.

Все живо всегда. Такого понятия, как «смерть», не существует. Не существует такого состояния бытия.

То, Что Всегда Живо, просто приобретает новую форму — новую физическую форму. Эта форма заряжена живой энергией, энергией жизни, всегда.

Жизнь — если называть жизнью энергию, которая Есть Я, — существует всегда. Не бывает такого, чтобы ее *не* существовало. Жизнь никогда *не кончается*, как же может существовать момент, когда жизнь *начинается*?

Будь добр, помоги мне в этом разобраться. Ты знаешь, что я пытаюсь понять.

Да, знаю. Ты хочешь втравить Меня в дискуссию об абортах.

Да, хочу! Я признаю это! Я хочу сказать, что я установил контакт с Богом и у меня есть шанс задать монументальный вопрос. Когда начинается жизнь?

Как ты мог слышать, ответ столь же монументален.

Проверь меня еще раз.

Она *никогда* не начинается. Жизнь *никогда* не «начинается», потому что она никогда *не кончается*. Вы хотите свести все к биологической терминологии, чтобы можно было составить «правила», основанные на том, что вы называете «Божьим законом», которые предписывали бы людям как следует себя вести, — а потом наказывать их, если они не ведут себя подобным образом.

Что в этом плохого? Это позволило бы нам безнаказанно убивать докторов прямо на автостоянках клиник.

Да, понимаю. Вы годами используете Меня и то, что вы объявляете *Моими законами*, чтобы оправдывать все что угодно.

Ну вот еще! Почему Ты не хочешь просто сказать, что прекращение беременности — это убийство!

Вы не можете убить никого и ничто.

Да. Но Ты можешь положить конец какой-то индивидуальности. А на нашем языке это называется *убийством*.

Вы не можете остановить процесс, в котором часть Меня выражена определенным образом индивидуально, не получив согласия той Моей части, которая в этом выражена.

Что? Что Ты говоришь?

Я говорю, что ничто не происходит против воли Бога.

Жизнь и все происходящее есть выражение воли Бога — читай, *твоей воли* — ее проявлением.

На протяжении этого диалога Я все время говорю: твоя воля есть Моя воля. Потому что существует только Один из Нас.

Жизнь — это воля Бога в ее *совершенном выражении*. Если что-нибудь происходит против воли Бога, это просто не может произойти. Исходя из определения Кто и Что Есть Бог, оно *не может произойти*. Ты полагаешь, что одна душа может каким-то образом *что-то решать* за другую? Ты полагаешь, что вы как индивиды можете оказывать друг на друга воздействие, которого другой не хочет? Такое убеждение исходит из представления, что вы отделены друг от друга.

Ты полагаешь, что можешь повлиять на чью-то жизнь не так, как хотел бы этого Бог? Такое убеждение исходит из представления, что вы отделены от Меня.

Оба представления ложные.

Крайне самонадеянно считать, что ты можешь оказывать такое влияние на Вселенную, с которым бы Вселенная не была согласна.

Вы здесь имеете дело с могущественными силами, и некоторые из вас верят, что вы могущественнее самой могущественной силы. Но вы и *не менее* могущественны, чем самая могущественная сила.

Вы *есть* самая могущественная сила. Не более и не менее. Так что пусть сила остается с вами!

Ты говоришь, что я не могу убить никого без его разрешения? Ты утверждаешь, что на более высоком уровне всякий, кто был когда-либо убит, был *согласен* быть убитым?

Ты смотришь на вещи с земной точки зрения и думаешь о них в земных понятиях, а ни одно из них не пригодно, чтобы передать смысл.

Я *вынужден* думать в «земных понятиях». Я *здесь*, прямо *сейчас*, на Земле!

Я говорю тебе: ты «в этом мире, но ты не от мира сего».

Значит, моя земная реальность — не реальность вообще?

А ты действительно считаешь ее реальной?

Я не знаю.

Ты никогда не думал: «Здесь происходит что-то большее?»

Да, конечно, думал.

Вот *именно это и происходит. Это Я тебе объясняю.*

Хорошо. Я понял. Значит, я полагаю, я могу сейчас пойти и убить кого-нибудь, потому что я в любом случае не смогу этого сделать, если он не будет на это согласен!

Люди фактически так и поступают. Интересно то, что вам это настолько трудно сделать, что вы ходите вокруг, пытаясь оправдать это действие законом.

И еще хуже, вы убиваете людей *против* их воли, как будто это не имеет никакого значения!

Конечно, это имеет значение! Как раз мы хотели бы, чтобы это значило еще *больше*. Как Ты не можешь этого понять? В момент, когда мы, люди, кого-то убиваем, мы не говорим, что то, что мы делаем, не имеет значения. Пожалуй, было бы слишком легкомысленно так думать. *Мы* как раз хотели бы, чтобы это значило *больше*.

Вижу. Поэтому вам легче принять, что хорошо убивать других *против* их воли. Это вы можете делать безнаказанно. Вы это делаете потому, что *именно их волю* считаете неправильной.

Я никогда не говорил этого. Люди так не думают.

Не думают? Позволь Мне показать тебе, как лицемерны некоторые из вас. Вы одобряете убийство людей *против* их воли, пока у вас есть основательная *причина* желать их смерти, например во время войны или во время казни — или докторов на автостоянке у клиники, где производят аборты. И в то же время, если другой человек считает, что у него есть основательная причина хотеть *своей* смерти, вы вряд ли поможете ему. Это была бы «помощь в самоубийстве», а это плохо!

Ты делаешь из меня посмешище.

Нет, это *ты* делаешь посмешище из *Меня*. Ты утверждаешь, будто бы Я *оправдываю* убийство человека *против* его воли и *осуждаю* убийство человека *согласно* его воле.

Это безумие.

Но ты не только не видишь в этом безумия, ты, по существу, заявляешь, что тот, кто указывает на безумие, сумасшедший. Ваши головы в порядке, а они просто возмутители спокойствия.

Все это разновидность искаженной логики, с помощью которой вы строите *свои жизни* и *создаете теологии*.

Я никогда не смотрел на это таким образом.

Я говорю тебе это: пришло время посмотреть на вещи иначе. Это момент вашего возрождения как индивидов и как общества. Вы должны вос-создать свой мир сейчас, пока ваше безумие не разрушило его.

Теперь *слушай* Меня.

Мы Все Одно.

Существует только Один из Нас.

Вы не отделены от Меня, и вы не отделены друг от друга.

Все, что Мы делаем, Мы делаем сообща. Наша действительность — со-творенная действительность. Если вы прерываете беременность, Мы прерываем беременность. Ваша воля есть Моя воля.

Ни один отдельный аспект Божественного не имеет силы над любым другим аспектом Божественного. Ни одна душа не в состоянии воздействовать на другую душу против ее воли. Не существует жертв, как не существует злодеев.

При своей ограниченной перспективе ты не можешь этого понять; но Я говорю тебе, что это так.

Существует только одна причина быть, делать или иметь что бы то ни было — непосредственное утверждение того, Кто Вы Есть. Если тот, Кто Вы Есть, — как индивид и как общество — это то, чем вы выбираете и хотите быть, нет причин что-либо менять. С другой стороны, если вы верите, что вас ждет более важное переживание — даже более важное выражение Божественного, чем нынешнее его проявление, — идите к этой истине.

Поскольку все Мы — со-творцы, Мы иногда показываем другим путь таким образом, что некоторые части Нас проявляют желание уйти. Ты можешь быть «показывающим», демонстрирующим жизнь, которую ты хочешь создать, и приглашающим других следовать твоему примеру. Ты можешь даже сказать: «Я есть жизнь и путь. Следуйте мне». Но будь осторожен. Некоторых за такие утверждения распинали.

Спасибо. Твое предостережение я учту. Я буду сдержан.

Я вижу, что ты делаешь действительно хорошее дело.

Да, когда ты утверждаешь, что ведешь беседу с Богом, нелегко быть сдержанным.

Как обнаружили другие.

Что может послужить хорошей причиной, чтобы держать рот на замке.

Немного поздновато для этого.

И чья в этом вина?

Понимаю, что ты хочешь сказать.

Все в порядке. Я Тебя прощаю.

Ты прощаешь?

Да.

Как ты можешь Меня простить?

Потому что я понял, почему Ты делал это. Я понял, почему Ты пришел ко мне и начал этот диалог. А когда я понимаю, почему что-либо делается, я могу простить все сложности, которые это может вызвать или создать.

Хм-м-м. Это интересно. Ты, похоже, считаешь, что Бог столь же великолепен, как ты.

Не в бровь, а в глаз.

У тебя со Мной необычные отношения. Иногда ты считаешь, что никогда не можешь быть столь же великолепен, как Я, а в других случаях — что Я не могу быть столь же великолепен, как ты.

Тебе не кажется это интересным?

Это очаровательно.

Это потому, что ты думаешь, что Мы отделены. Ты бы избавился от этих представлений, если бы думал, что Мы — Одно.

Это основное отличие вашей культуры — которая, по существу, является «младенческой», примитивной культурой — от высокоразвитых культур Вселенной. Самое значительное отличие заключается в том, что в высокоразвитых культурах всем разумным существам ясно, что они и то, что они называют «Богом», неотделимы друг от друга.

Им также ясно, что они и другие тоже неотделимы друг от друга. Они знают, что каждый из них обладает индивидуальным восприятием целого.

Ох, замечательно. Теперь Ты собираешься познакомить меня с высокоразвитыми обществами Вселенной. Я жду этого.

Да, Я думаю, пришло время поговорить об этом вопросе.

Но, прежде чем мы начнем, я просто обязан в последний раз вернуться к вопросу об абортах. Не хочешь же Ты сказать, что, поскольку ничто не может произойти с человеческой душой против ее воли, убивать людей не возбраняется, не так ли? Ты же не оправдываешь аборты и не даешь нам «зеленую улицу» в этом вопросе, не так ли?

Я не оправдываю и не осуждаю аборты, тем более Я не оправдываю и не осуждаю войны.

Во всех странах люди думают, что Я оправдываю войну, которую ведут они, и осуждаю войну, которую ведет их противник. Люди любой страны верят, что «Бог на их стороне». Всякий раз предполагается одно и то же. На самом деле каждый *человек* чувствует то же самое — или, по меньшей мере, *надеется*, что любое принятое им решение или сделанный выбор соответствуют истине.

И знаешь, *почему* все создания верят, что Бог на их стороне? Потому что Я на их стороне. И все создания интуитивно это знают.

Это просто другой способ выразить мысль «Твоя воля для тебя есть Моя воля для тебя». А это просто другой способ сказать: Я всем вам даю *свободную волю*.

Не может быть свободной воли, если выражение этой воли определенным образом приводит к наказанию. Это превращает свободную волю в насмешку и делает ее фальшивкой.

Поэтому, когда речь идет об аборте или войне, покупке машины или вступлении в брак с данным человеком, о том, чтобы заниматься сексом или не заниматься сексом, «исполнять свой долг» или не «исполнять свой долг», не существует таких понятий, как правильно и неправильно, и Я ничему не отдаю предпочтения.

Все вы находитесь в процессе определения самих себя. Каждый акт — это акт самоопределения.

Если то, какими вы себя создали, доставляет вам удовольствие, если это служит вам, вы будете продолжать все делать таким же образом. Если нет — перестанете. Это называется эволюцией.

Процесс этот медленный, потому что, эволюционируя, вы продолжаете изменять свое представление о том, что действительно вам служит; вы продолжаете изменять свое представление об «удовольствии».

Вспомни, что Я говорил раньше. Ты можешь определить, насколько высокоразвит человек или общество, по тому, что этот человек или общество называют «удовольствием». А сейчас Я добавлю: еще и по тому, что, по их заявлению, приносит им пользу.

Если ты видишь для себя пользу в том, чтобы идти на войну и убивать других, ты будешь это делать. Если ты видишь для себя пользу в том, чтобы прервать беременность, ты это сделаешь. Единственное, что изменяется по мере твоего развития, это представление о том, что приносит тебе пользу. А в основе этого представления лежит то, что, по твоему мнению, ты пытаешься делать.

Если ты пытаешься попасть в Сиэтл, тебе не принесет пользы, если ты будешь следовать в сторону Сан-Хосе. Лететь в Сан-Хосе не *плохо с моральной точки зрения*, это просто не приносит тебе пользы.

Следовательно, вопрос о том, что ты пытаешься сделать, превращается в вопрос *о первостепенной важности*. Не только в твоей жизни вообще, но и в каждое *мгновение* твоей жизни в частности. Потому что именно в эти *мгновения* жизни создается сама жизнь.

Все, о чем мы здесь говорили, тесно связано с началом нашего святого диалога, которое ты назвал *Книгой 1*. Я повторяю это здесь, потому что, похоже, ты нуждаешься в повторении, иначе ты никогда не задал бы Мне вопроса об абортах.

Когда ты готовишься сделать аборт, когда ты готовишься выкурить сигарету, когда ты готовишься зажарить и съесть животное или когда ты готовишься преградить человеку дорогу в потоке машин — независимо от того, о крупном или мелком деле идет речь, является ли этот выбор решающим или несущественным, решается только один вопрос: это то, Кто Я Есть в Действительности? Это то, кем я сейчас выбираю быть?

И пойми одну вещь: *Нет дел, которые не приводили бы к каким-то последствиям.* Все влечет за собой последствия. Последствие — это то, кто и что ты есть.

Именно сейчас ты выполняешь поступок, определяющий твое Я.

Вот тебе ответ на вопрос об абортах. Вот тебе ответ на вопрос о курении, на вопрос об употреблении мяса и на *любой вопрос о поведении, который у тебя когда-либо возникал.*

Каждый поступок есть акт самоопределения. Все, что ты думаешь, говоришь и делаешь, провозглашает: «Это тот, Кто Я Есть».

15

Хочу сказать тебе, Мое дорогое дитя, что этот вопрос о том, Кто Ты Есть и Кем Ты Выбираешь Быть, имеет очень большое значение. Не только потому, что определяет характер твоего опыта, но и потому, что он создает природу Моего.

Всю жизнь тебе говорили, что тебя создал Бог. Теперь Я говорю тебе: ты создаешь Бога.

Это огромная перестройка твоего понимания, Я знаю. И все же она необходима, если ты собираешься заняться настоящей работой, для которой ты пришел.

Это святая работа, которую Мы делаем, ты и Я. Это святая земля, по которой Мы идем.

Это Путь.

Каждое мгновение Бог выражает Себя в тебе, с помощью тебя, через тебя. Ты всегда стоишь перед выбором, каким должен быть сейчас создан Бог, и *Она* никогда не забирает у тебя этого выбора, как и не наказывает тебя за «неправильный» выбор. И все же ты не лишен руководства в этих вопросах, и никогда его не лишишься. *В* тебя встроена внутренняя управляющая система, которая показывает тебе путь домой. Это голос, который всегда говорит тебе о твоем высшем выборе, который создает твое величайшее видение. Все, что нужно, — обращать внимание на этот голос и не отказываться от видения.

На протяжении всей вашей истории Я посылаю вам учителей. Каждый день и час Мои посланники несут вам приятные вести о великой радости.

Написаны Священные писания, прожиты святые жизни, чтобы вы могли узнать эту вечную истину: Вы и Я — Одно.

Сейчас Я опять посылаю вам писания — одно из них ты держишь в своих руках. Сейчас Я опять посылаю вам посланцев, стремящихся привести вас в Мир Бога.

Хочешь ли ты прислушаться к этим словам? Хочешь ли ты услышать этих послан-цев? Хочешь ли ты *стать одним из них?*

Это очень важный вопрос. Это серьезное приглашение. Это великолепное ре-шение. Мир ждет твоего сообщения. И ты делаешь это сообщение, проживая свою жизнь.

У человечества нет шансов подняться выше своих самых низменных мыслей, пока вы не поднимитесь до своих самых высоких представлений.

Эти представления, выраженные через тебя, с помощью тебя, явятся образцом, станут ступенью, послужат моделью для следующего уровня человеческого опыта.

Ты есть жизнь и путь. Мир будет следовать тебе. В этом вопросе у тебя нет выбора. Это единственный вопрос, в котором у тебя нет свободного выбора. Это просто Путь, Который Есть. Твой мир последует твоему представлению о себе. Так всегда было, так всегда будет. Вначале приходят твои мысли о самом себе, за ними следует внешний мир физического проявления.

То, о чем ты думаешь, ты создаешь. То, что ты создаешь, ты испытываешь. То, что ты испытываешь, ты есть. То, что ты есть, ты думаешь.

Круг замкнулся.

Святая работа, в которую ты вовлечен, на самом деле только начинается, так как теперь ты хотя бы понимаешь, что делаешь. Именно ты добился того, что узнал это, именно ты добился того, что у тебя проявился к этому интерес. И тебя *действитель-но* сейчас интересует — более чем когда бы то ни было, — Кто Ты Есть в Действитель-ности. Так как теперь ты хотя бы видишь картину в целом.

Кто есть ты, есть Я.

Ты определяешь Бога.

Я послал тебя — Я благословил часть Меня — в физическую форму, чтобы Я мог узнать Себя *на опыте,* потому что все, что Я знаю о Себе, *концептуально.* Жизнь су-ществует как инструмент, с помощью которого Бог превращает концепцию в опыт. Она существует для того, чтобы *вы делали то же самое.* Так как вы *есть* Бог, делаю-щий это.

Я выбираю каждый момент вос-создавать Себя заново. Я выбираю испытать гран-диознейшую версию самого прекрасного из *всех* Моих представлений о том, Кто Я Есть. Я создал вас такими, чтобы вы могли вос-создавать Меня. Это Наша общая святая работа. Это Наша величайшая радость. Это сама причина Нашего существо-вания.

16

Я прочитал эти слова с благоговейным трепетом и глубоким почтением. Спасибо Тебе за то, что Ты избрал такой способ быть в этот момент со мной. Спасибо Тебе, что Ты в этот момент со всеми нами.

Пожалуйста. Спасибо *тебе*, что ты в этот момент со Мной.

У меня осталось еще несколько вопросов, и некоторые из них имеют отношение к этим самым «развитым существам». После этого я позволю себе закончить этот диалог.

Мой Возлюбленный, ты *никогда* не закончишь этот диалог, как и не должен будешь всегда его вести. Твоя беседа с Богом будет продолжаться всегда. А поскольку ты сейчас активно вовлечен в нее, эта беседа скоро приведет к дружбе. Все хорошие беседы в конце концов приводят к дружбе, и скоро твоя беседа с Богом перерастет в *Дружбу с Богом*.

Я это чувствую. Я чувствую, что мы действительно становимся *друзьями*.

И, как случается в любых отношениях, эта дружба, если ее питать, разжигать и позволять расти, превратится наконец в чувство общения. Ты будешь чувствовать и испытывать, что твое Я *Общается с Богом*.

Это будет Святое Общение, потому что тогда Мы будем говорить как Одно.

Значит, этот диалог будет продолжаться?

Да, всегда.

И я не должен говорить «прощай» в конце этой книги?

Ты никогда не должен говорить «прощай». Ты должен говорить только «привет».

Ты чудо, Ты знаешь это? Ты просто чудо.

И ты тоже, Сын Мой. Все вы чудо.

Так же как все вы — Мои дети, повсюду.

У Тебя *есть* дети «повсюду»?

Конечно.

Нет, я имею в виду в буквальном смысле *повсюду*. Существует ли жизнь на других планетах? Есть ли у Тебя дети где-нибудь еще во Вселенной?

Да, конечно.

И эти цивилизации более продвинутые?

Некоторые из них — да.

Каким путем?

Любым. Технически. Политически. Социально. Духовно. Физически. И психологически.

Например, ваша склонность, ваше настойчивое желание производить сравнения, ваша постоянная потребность характеризовать что-то как «лучшее» или «худшее», «более высокое» или «более низкое», «хорошее» или «плохое» говорит о том, насколько вы погрязли в двойственности, насколько глубоко вы погрузились в обособленность.

В более продвинутых цивилизациях Ты этого не наблюдаешь? И что Ты понимаешь под двойственностью?

Уровень продвинутости общества неизбежно отражается на степени двойственности его мышления. Социальная эволюция проявляется в движении к единству, а не к сепаратизму.

Почему? Почему мерилом является единство?

Потому что единство есть истина. Обособленность — иллюзия.

Пока общество видит себя разделенным — в виде ряда или собрания отдельных единиц, — оно живет в иллюзии.

Вся жизнь вашей планеты построена на обособленности, основана на двойственности.

Вы представляете себя в виде отдельных семей или кланов, собранных в отдельных округах или штатах, которые, в свою очередь, собраны в отдельных государствах или странах, составляющих отдельный мир или планету.

Вы представляете свой мир единственным обитаемым миром во Вселенной. Вы представляете свое государство самым прекрасным государством на Земле. Вы представляете свой штат самым лучшим штатом в своем государстве, а свою семью самой удивительной во всем штате.

Наконец, вы думаете, что *вы* лучше всех остальных в своей семье.

О, вы уверяете, что ничего подобного *не* думаете, но вы *поступаете так, как если бы действительно так думали.*

Ваши истинные мысли ежедневно находят свое выражение в ваших общественных решениях, политических выводах, религиозных тенденциях, в вашем экономическом выборе и в вашем индивидуальном подборе всего — от друзей до системы верований, до самих взаимоотношений с Богом. То есть со Мной.

Вы чувствуете себя настолько отделенными от Меня, что вообразили, будто Я не хочу даже разговаривать с вами. И в результате вы отрицаете истинность своего собственного опыта. Ваш *опыт* говорит вам, что вы и Я — Одно, но вы отказываетесь *верить* ему. Таким образом, вы отделяетесь не только друг от друга, но и от собственной правды.

Как человек может быть отделен от собственной правды?

Игнорируя ее. Видя и отрицая ее. Или изменяя ее, перекручивая, искажая, чтобы она соответствовала вашему заранее составленному мнению о том, как это должно быть.

Возьмем вопрос, с которого ты сейчас начал. Ты спросил, есть ли жизнь на других планетах? Я ответил «Конечно». Я сказал «Конечно», потому что это очевидно. Это настолько очевидно, что Меня даже удивляет то, что ты задаешь этот вопрос.

Вот как человек может «отделиться от собственной правды»: совершенно недвусмысленно видя правду своими глазами, он может не заметить ее — и в результате отрицать то, что он видит.

Отрицание — вот механизм, который здесь работает. И нигде отрицание не бывает таким предательским, как самоотрицание.

Вы всю свою жизнь тратите на отрицание того, Кто и Что Вы Есть в Действительности.

Было бы достаточно грустно, если бы вы ограничивались отрицанием менее личных вещей — вроде истощения озонового слоя, уничтожения старых лесов, ужасного обращения со своей молодежью. Но вы не довольствуетесь отрицанием всего, что видите вокруг себя. Вы не успокоитесь, пока не отречетесь также от всего, что видите у себя внутри.

Вы видите внутри себя добро и сострадание, но отрицаете это. Вы видите внутри себя мудрость, но отрицаете это. Вы видите внутри себя бесконечные возможности, но отрицаете это. Вы видите и испытываете внутри себя Бога, и все же отрицаете это.

Вы отрицаете, что Я внутри вас — то есть, что Я есть вы, — и этим вы лишаете Меня Моего законного очевидного места.

Я не могу и я не отрицаю Тебя.

Ты признаешь, что Ты есть Бог?

Ну, я не сказал бы *этого*...

Вот именно. И Я говорю тебе это: «Прежде чем прокричит петух, ты трижды отречешься от Меня».

Самими своими мыслями ты отрицаешь Меня.

Самими своими словами ты отрицаешь Меня.

Самими своими поступками ты отрицаешь Меня.

В своем сердце ты знаешь, что Я с тобой, в тебе; что Мы — Одно. И несмотря на это, ты отрицаешь Меня.

О, некоторые из вас говорят, что Я существую. Но отдельно от вас. Где-то, не *здесь*. И чем дальше вы представляете Меня от вас, тем дальше вы уходите от собственной правды.

Как и со многими другими вещами в жизни — от истощения природных ресурсов вашей планеты до жестокого обращения с детьми в столь многих домах, — вы видите это, но вы не верите в это.

Но почему? *Почему?* Почему мы видим и, тем не менее, не верим?

Потому что вы настолько захвачены иллюзией, вы так глубоко погружены в иллюзию, что ничего не видите за ней. Фактически, вы не *должны* позволять иллюзии длиться. Это и есть Божественная Дихотомия.

Вы *должны* отрицать Меня, если вы продолжаете искать, как *стать* Мной. И это именно то, что вы хотите делать. Но вы не можете стать тем, чем вы уже являетесь. Поэтому важно, чтобы было отрицание. Это полезный инструмент.

Пока оно не перестанет им быть.

Мастер знает, что отрицание — для тех, кто выбирает позволить иллюзии длиться. Приятие — для тех, кто выбирает положить конец иллюзии сейчас.

Приятие, провозглашение, проявление. Это *три ступеньки* к Богу. Приятие того, Кто и Что Ты Есть в Действительности. Провозглашение этого, чтобы услышал весь мир. И проявление любым способом.

Провозглашение себя кем бы то ни было всегда сопровождается проявлением. Ты будешь *проявлять* то, что твое Я есть Бог, — именно так, как сейчас ты проявляешь то, что ты думаешь о своем Я. Вся твоя жизнь — проявление этого.

Но это проявление — величайший вызов для тебя. Ведь в тот момент, когда ты прекращаешь отрицать свое Я, другие начинают отрицать *тебя*.

В тот момент, когда ты провозглашаешь свое Единство с Богом, другие начинают провозглашать твое сотрудничество с Сатаной.

В тот момент, когда ты произносишь величайшую истину, другие будут говорить, что ты богохульствуешь.

И, как случается с мастерами, которые искренне проявляют свое мастерство, тебе будут поклоняться, тебя будут поносить, превозносить и очернять, почитать и распинать. И когда для тебя цикл будет закончен, те, кто до сих пор живет среди иллюзий, не будут знать, что с тобой делать.

Но что произойдет со мной? Я не понимаю. Я сбит с толку. Мне казалось, Ты говоришь, снова и снова, что иллюзия должна продолжаться, что «игра» должна идти дальше, что здесь вообще должна продолжаться некая «игра»?

Да, Я говорю это. И это так и есть. Игра действительно продолжается. Ибо то, что один или двое из вас положат конец циклу иллюзий, еще не означает окончания игры — ни для тебя, ни для других игроков.

Игра не прекращается, пока Все-во-Всем опять не становится Одним. Даже тогда она не заканчивается. Потому что в момент божественного воссоединения Всего со Всем блаженство будет настолько безграничным, настолько сильным, что Я-Мы-Вы в буквальном смысле взорвемся от радости — и весь цикл опять начнется сначала.

Это *никогда* не закончится, дитя Мое. Игра *никогда* не закончится. Потому что игра — это сама жизнь, а жизнь — это и есть то, Кто Мы Есть.

Но что происходит с отдельным элементом, или «Частью Всего», как Ты это называешь, Частью, которая поднимается до мастерства, достигает всезнания?

Такой мастер знает, что только *его* часть цикла завершена. Он знает, что только его опыт иллюзий подошел к концу.

Мастер смеется, потому что мастер видит план Мастера. Мастер видит, что даже после завершения им своего цикла игра идет дальше, опыт продолжается. Мастер также видит роль, которую он может теперь сыграть в этом опыте. Роль мастера — вести других к мастерству. Поэтому мастер продолжает игру, но новым способом, используя новые инструменты. Ибо видение иллюзии позволяет мастеру выйти из нее. Мастер будет делать это время от времени, преследуя свои цели и удовольствие. Таким образом он провозглашает и проявляет свое мастерство, а другие называют его Богом/Богиней.

Когда все представители вашей расы придут к мастерству, тогда ваша раса в целом (поскольку ваша раса *есть* одно целое) с легкостью будет преодолевать время и пространство (вы преодолеете законы физики, как вы их называете) и будет стремиться помочь другим расам и другим цивилизациям тоже достичь мастерства.

Притом что другие расы и другие цивилизации делают то же самое сейчас, с нами?

Совершенно верно. Именно так.

И только когда все расы всей Вселенной достигнут мастерства…

…или, Я сказал бы, только когда Все [части] Меня узнают Единство…

…эта часть цикла завершится.

Мудро сказано. Поскольку сам цикл *никогда* не завершится.

Потому что даже завершение части цикла есть сам цикл!

Браво! *Великолепно!*
Ты понял!
Итак, да, на других планетах есть жизнь. Да, многие из них значительно более продвинуты, чем ваша.

В чем? Ты никогда по существу не отвечал на этот вопрос.

Отвечал. Я говорил — во всем. Технически. Политически. Социально. Духовно. Физически. Психологически.

Да, но приведи несколько примеров. Эти понятия настолько широки, что для меня они лишены смысла.

Знаешь, Мне нравится твоя откровенность. Не каждый решится, глядя Богу в глаза, заявлять, что то, что Он говорит, лишено смысла.

Итак? Что Ты скажешь об этом?

Правильно. У тебя совершенно правильное отношение. Потому что ты, конечно, прав. Ты можешь бросать Мне вызов, выступать против Меня и задавать Мне сколько угодно вопросов, и Я не сделаю ничего ужасного.

Но Я могу делать благословенные вещи, как в этом диалоге. Разве это не благословенное событие?

Да, это так. Это поможет многим людям. Это тронуло, трогает миллионы людей.

Я это знаю. Это часть «плана Мастера». Плана твоего становления мастером.

Ты знал с самого начала, что эта трилогия будет пользоваться колоссальным успехом, не так ли?

Конечно, знал. Кто, по-твоему, обеспечил этот успех? Как ты думаешь, благодаря кому эти люди, которые читают ее, нашли путь к ней?

Я говорю тебе это: Я знаю каждого, кто пришел к этому тексту. И Я знаю причину, которая привела его к этому.

Знают и они.

Остался один вопрос: будешь ты отрекаться от Меня опять?

Это имеет для Тебя значение?

Ни малейшего. Все Мои дети в один прекрасный день вернутся ко Мне. Вопрос не в том, вернутся ли вообще, вопрос *когда*. Таким образом, это имеет значение для них. Поэтому кто имеет уши слышать, да слышит.

Да, хорошо — мы говорили о жизни на других планетах, и Ты собирался привести мне несколько примеров того, в чем она более продвинута, чем жизнь на Земле.

Технически большинство других цивилизаций значительно опередили вас. Есть и такие, которые отстают от вас, но не слишком. Большинство ушли далеко вперед.

В чем? *Приведи мне пример.*

Возьмем погоду. Вам кажется невозможным ею управлять. (Вы даже не умеете точно ее предсказывать.) Поэтому вы зависите от ее прихотей. В большинстве миров это не так. Существа, обитающие на большинстве планет, могут, например, управлять местной температурой.

Они могут это делать? Я думал, что температура на планете зависит от ее расстояния от солнца, ее атмосферы и т. п.

Все это определяет пределы ее изменения. А в этих пределах многое можно сделать.

Как? Каким образом?

Контролируя окружающую среду. Создавая или отказываясь создавать определенные условия в атмосфере.

Видишь ли, важно не только, _где_ вы находитесь по отношению к солнцу, но и то, что вы помещаете _между_ собой и солнцем.

Вы помещаете в своей атмосфере самые опасные вещи — и уничтожаете нечто самое важное. Но вы отрицаете это. То есть большинство из вас этого не признают. Даже когда лучшие ваши умы приводят неоспоримые доказательства того вреда, который вы причиняете, вы не признаете этого. Лучших своих представителей вы объявляете сумасшедшими и говорите, что «вам лучше знать».

Или же вы утверждаете, что эти мудрые люди преследуют своекорыстные цели, хотят оправдать свою точку зрения и защитить свои интересы. Но это именно _вы_ преследуете своекорыстные цели. Это _вы_ стремитесь оправдать свою точку зрения. Это _вы_ защищаете свои особые интересы.

А ваш главный интерес — вы сами. Любое доказательство, каким бы оно ни было научным, каким бы ни было доказуемым или неопровержимым, вы будете отрицать, если оно противоречит вашим собственным интересам.

Это довольно жесткая формулировка, и я не уверен, что это так.

В самом деле? Теперь ты называешь Бога лжецом?

Нет, я, право, не хотел этого сказать...

Тебе известно, сколько времени потребовалось вашим государствам только на то, чтобы перестать отравлять атмосферу фторуглеродами?

Да... Хорошо...

Ничего хорошего. Как ты думаешь, почему это заняло столько времени? Я скажу тебе. Это заняло столько времени потому, что прекращение отравления атмосферы стоило многим крупным компаниям огромных сумм. Это заняло столько времени потому, что для этого многим людям пришлось пожертвовать своими удобствами.

Это заняло столько времени, потому что годами многие люди и государства предпочитали отрицать — _вынуждены_ были отрицать — факты, чтобы защитить свои интересы и сохранить статус-кво: сохранить все таким, как есть.

Только когда частота заболеваний раком кожи стала катастрофически возрастать, когда температура начала повышаться и льды и снега начали таять, когда вода в океанах и озерах стала теплее и реки начали выходить из берегов, больше людей стали обращать на это внимание.

Только когда *ваши собственные интересы потребовали этого*, вы заметили очевидный факт, о котором ваши лучшие умы говорили вам много лет назад.

Что плохого в соблюдении собственных интересов? Мне казалось, в *Книге 1* Ты говорил, что все начинается с собственных интересов.

Говорил, и так оно и есть. Но в других культурах и в других обществах на разных планетах определение «собственных интересов» значительно шире, чем в вашем мире. Просвещенным существам совершенно ясно, что то, что приносит вред одному, вредно для многих, а что приносит пользу *немногим, должно* приносить пользу многим или в конечном счете от этого не будет пользы никому.

На вашей планете все как раз наоборот. То, что приносит вред одному, многими игнорируется, а то, что приносит пользу немногим, многими отрицается.

Это объясняется тем, что ваше определение собственных интересов слишком узкое, оно едва идет дальше отдельного человека, распространяясь на его близких — и то только на тех, кто выполняет его распоряжения.

Да, Я говорил в *Книге 1*, что во всех взаимоотношениях следует исходить из интересов своего Я. Но Я также говорил, что, когда ты понимаешь то, что в твоих высших интересах, ты также поймешь, что это же и в высших интересах другого, ведь ты и другой — Одно.

Ты и все другие — Одно, — и это уровень понимания, которого вы не достигли.

Ты спрашиваешь о продвинутых технологиях, и Я говорю тебе это: вы не можете иметь продвинутых технологий, которые приносили бы вам пользу, не обладая продвинутым мышлением.

Продвинутая технология без продвинутого мышления приводит не к движению вперед, а к гибели.

Вы уже испытали это на своей планете, и вы очень близки к тому, чтобы испытать это опять.

Что Ты имеешь в виду? О чем Ты говоришь?

Я говорю, что однажды на своей планете вы уже достигли высот (вы, по правде говоря, поднялись выше), на которые вы сейчас медленно карабкаетесь опять. У вас на Земле была цивилизация более продвинутая, чем любая из существующих ныне. И она разрушила себя.

Она разрушила не только себя, она также разрушила все остальное.

Это произошло потому, что она не знала, что делать с теми самыми технологиями, которые были ею созданы. Ее техническая эволюция настолько опередила духовную, что люди сделали технику своим Богом. Они поклонялись технике и всему тому, что она могла создать и принести. Они получали все, что могла принести их необузданная техника — и что обернулось полной катастрофой.

Они привели свой мир к концу в буквальном смысле.

Все это случилось здесь, на Земле?

Да.

Ты говоришь о Последнем Городе Атлантиды?

Некоторые из вас так его называют.

И о Лемурии? О земле Му?

Это тоже часть вашей мифологии.

Значит, это правда! Мы были на этом месте раньше!

О, дальше, друг Мой. Значительно дальше.

И мы *действительно* уничтожили себя!

Почему тебя это удивляет? Сейчас вы делаете то же самое.

Знаю. Ты можешь рассказать нам, как остановиться?

Этому посвящено много других книг. Большинство людей их игнорируют.

Приведи хоть одно название, обещаю, мы не будем игнорировать эту книгу.

Прочти «Последние часы древнего солнечного света»*.

Написанную Томом Хартманном. Да! Я люблю эту книгу!

Хорошо. Это внушенное послание. Обрати на эту книгу внимание всего мира.

Я это сделаю. Сделаю.

В ней сказано все, что Я сказал бы в ответ на твой вопрос. Так что Мне нет необходимости переписывать эту книгу заново.

Она содержит краткое описание многих способов разрушения вашего земного дома, а также способов, с помощью которых вы можете остановить полную гибель.

Все, что человечество делало до сих пор на этой планете, не было слишком изобретательным. По существу, на протяжении всего этого диалога Ты описываешь наш вид как «примитивный». С тех пор как я впервые об этом услы-

---

* «The Last Hours of Ancient Sunlight».

шал, мне очень хочется узнать, на что похожа жизнь в *непримитивной* культуре. Ты говоришь, что во Вселенной много таких обществ, или культур.

Да.

Сколько?

Очень много.

Десятки? Сотни?

Тысячи.

Тысячи? Существуют *тысячи* продвинутых цивилизаций?

Да. Но есть и культуры, более примитивные, чем ваши.

Что еще делает общество «примитивным» или «продвинутым»?

Степень, до которой оно претворяет в жизнь собственное высшее понимание.

Это отличается от ваших представлений. Вы считаете, что общество должно называться примитивным или продвинутым в зависимости от того, насколько высоко его понимание. Но что хорошего в высоком понимании, если вы не претворяете его в жизнь?

В этом случае его вообще нельзя назвать хорошим. На самом деле оно опасно.

Примитивному обществу свойственно называть регресс прогрессом. Ваше общество движется назад, а не вперед. Семьдесят лет назад многие в вашем мире проявляли больше сострадания, чем сегодня.

Некоторым людям было бы тяжело слушать Тебя. Ты говоришь, что Ты неосуждающий Бог, и все же некоторым может показаться, что Ты все здесь осуждаешь и очерняешь.

Мы уже говорили об этом раньше. Если ты говоришь, что хочешь попасть в Сиэтл, а вместо этого едешь в Сан-Хосе, можно ли осуждать человека, у которого ты спросишь направление, а он скажет тебе, что ты следуешь в направлении, которое не может привести тебя туда, куда, по твоим словам, ты следуешь?

Называть нас «примитивными» — это не просто указывать нам направление. Слово *примитивный* — уничижительное слово.

В самом деле? А еще говоришь, что тебя восхищает «примитивное» искусство. И существует музыка, которой часто наслаждаются благодаря ее «примитивизму», — не говоря уже о некоторых женщинах.

Ты сейчас прибегаешь к игре слов, чтобы поменять все местами.

Вовсе нет. Я только показываю тебе, что слово «примитивный» не обязательно является уничижительным. Оно используется в описательных целях. Оно констатирует истину: некоторые вещи находятся на очень ранних стадиях развития. И ничего больше. Оно ничего не говорит о том, что «правильно» или «неправильно». Этот смысл добавляешь ты сам.

Я здесь вас не «очерняю». Я только описываю вашу культуру как примитивную. Это просто «звучит» для тебя очерняюще, если ты осуждаешь примитивное состояние.

У меня нет такого осуждения.

Пойми: оценка не есть осуждение. Это только наблюдение — Что Есть.

Я хочу, чтобы вы знали, что Я вас люблю. Я не осуждаю вас. Я смотрю на вас — и вижу только красоту и чудо.

Как в этом примитивном искусстве.

Совершенно верно. Я слушаю вашу мелодию, и она меня волнует.

Как в примитивной музыке.

Теперь ты понимаешь. Я чувствую энергию вашей расы, как вы могли бы чувствовать энергию мужчины или женщины с «примитивной чувственностью». И, как и вас, это Меня возбуждает.

Теперь *то*, что является правдой о вас и обо Мне. Вы не противны Мне, вы не причиняете Мне беспокойства, вы даже не разочаровываете Меня.

Вы *возбуждаете* Меня.

Меня возбуждают новые возможности, новые переживания, которые еще впереди. В вас Я пробуждаюсь для новых приключений, для волнующего движения к новым уровням великолепия.

Вы не только не разочаровываете Меня, вы вызываете у Меня *трепет*! Я *трепещу* при виде чуда, каким вы являетесь. Вы думаете, что находитесь на вершине человеческого развития, а Я говорю вам, *вы в самом начале*. Вы только *начинаете* ощущать свое великолепие!

Ваши величайшие идеи еще остаются невыраженными, ваше величайшее видение — забытым.

Но ждите! Смотрите! Замечайте! Дни вашего расцвета совсем близко. Стебель окреп, и лепестки скоро раскроются. И Я говорю вам: красота и аромат вашего цветения наполнят Землю, и вы еще займете свое место в Саду Богов.

17

Вот то, что я хотел услышать! *Вот то*, зачем я пришел к Тебе! *Воодушевление*, а не унижение.

> Ты не можешь быть униженным, если только не веришь в это сам. Бог никогда не судит и не «обвиняет тебя в неправоте».

Многие люди не «постигают» идею Бога, Который говорит: «Нет ни правильного, ни неправильного» и Который утверждает, что нас никогда не будут судить.

> Ну, брат, тебе нужно определиться! Вначале ты говоришь, что Я сужу тебя, а теперь ты расстроен, что Я *не сужу*.

Я знаю, знаю. Все это так запутано. Мы все очень... сложные. Мы не хотим, чтобы Ты нас судил, но мы хотим этого. Мы не хотим, чтобы Ты нас наказывал, но чувствуем себя потерянными без Твоих наказаний. И когда Ты, как в первых двух книгах, говоришь: «Я никогда не буду наказывать вас», мы не можем этому поверить, а некоторые из нас из-за этого едва не лишились рассудка. Ведь если Ты не собираешься нас судить и наказывать, кто же нам укажет верный путь? И если нет «справедливости» на небесах, кто же уничтожит всю несправедливость, творящуюся на Земле?

> Почему вы рассчитываете, что небеса исправят то, что вы называете «несправедливостью»? Разве не с небес льется дождь?

Да.

> И Я скажу тебе вот что:
> Дождь льется на справедливых и на несправедливых одинаково.

610

А как же: «Ибо Господь не оставит без наказания»*?

Никогда Я такого не говорил. Один из вас это выдумал, а остальные поверили.

«Справедливость» — это то, что вы испытываете не *после того*, как поступаете определенным образом, но *потому что* вы поступаете определенным образом. Справедливость — это поступок, а не наказание *за* поступок.

По-моему, проблема нашего общества в том, что мы жаждем «справедливости» после того, как случилась «несправедливость», вместо того чтобы с самого начала «поступать по справедливости».

В точку! Ты попал прямо в точку!

Справедливость — действие, а не «реакция».

Поэтому не ждите от Меня, что Я каким-то образом «в конце все улажу», установив какую-то небесную справедливость в «жизни после смерти». Я скажу тебе: Нет «жизни после смерти», есть только *жизнь*. Смерти не существует. И то, как вы переживаете и создаете свой жизненный опыт как личности и как общество, показывает, как вы понимаете справедливость.

И в этом Ты считаешь человеческую расу не слишком развитой, да? Я хочу спросить: если бы всю эволюцию расположить на футбольном поле, где бы мы были?

На 11-метровой отметке.

Ты шутишь.

Нет.

Мы на *11-метровой* отметке эволюции?

Эй, только за прошедшее столетие вы сместились с шести на одиннадцать метров.

Есть у нас шанс когда-либо засчитать касание?

Конечно. Если только вы снова не упустите мяч.

Снова?

Как Я говорил, ваша цивилизация стоит на краю не в первый раз. Я повторяю эти слова, потому что *жизненно важно, чтобы вы их услышали*.

---

* *Исх. 20:7. — Прим. перев.*

Когда-то уже так было на вашей планете... Уровень развития вашей техники оказался намного выше, чем ваша способность использовать ее разумно. Сейчас вы приближаетесь к той же точке.

Жизненно важно, чтобы вы это поняли.

Развитие современной техники угрожает обогнать вашу способность разумно ее использовать. Скорее не современная техника является продуктом вашего общества, но ваше общество на грани превращения в продукт современной техники.

Когда общество становится продуктом своей собственной техники, оно разрушает себя.

Почему? Ты не мог бы объяснить?

Да. Ключевой момент — это равновесие между техникой и космологией, космологией всей жизни.

Что Ты имеешь в виду под «космологией всей жизни»?

Говоря просто, это устройство мира. Система. Процесс.

Видишь ли, существует «система в Моем безумии».

Я на это надеялся.

И ирония в том, что, стоит вам постигнуть эту систему, стоит вам начать разбираться в устройстве Вселенной, как сразу возрастает риск, что вы можете вызвать катастрофу. В этом смысле неведение может быть благословением.

Сама Вселенная — это техника. Это *величайшая* из всех техник. Она работает безупречно. Сама по себе. Но когда вы влезаете в нее и начинаете вмешиваться во вселенские принципы и законы, вы рискуете их нарушить. А это пенальти.

Серьезная неудача для хозяев поля.

Да.

Так что, мы выбываем из лиги?

Вы близки к этому. Только вы можете определить, будете вы в лиге или нет. Вы определите это своими действиями. Например, вы уже достаточно знаете об атомной энергии, чтобы весь ваш мир взлетел на воздух.

Да, но мы не собираемся этого делать. У нас хватит на это ума. Мы остановимся.

Правда? Вы по-прежнему продолжаете производить оружие массового уничтожения, и очень скоро оно попадет в руки того, кто сделает весь мир своим заложником — или разрушит его в попытке сделать таковым.

Вы даете детям спички, а потом надеетесь, что они не сожгут дом, а между тем вам еще нужно научиться *пользоваться спичками самим*.

Решение проблемы очевидно. *Отберите спички у детей*. А потом *выбросьте свои спички*.

Увы, не приходится надеяться, что примитивное общество разоружится. Поэтому ядерное разоружение — единственное верное решение проблемы — кажется недостижимым.

Мы даже не можем договориться о прекращении ядерных испытаний. Мы раса существ, поразительно неспособных контролировать себя.

Если вы не убьете себя своим ядерным безумием, вы разрушите свой мир экологическим самоубийством. Вы разваливаете экосистему вашей планеты и упорно утверждаете, что ничего подобного не делаете.

И как будто этого мало, вы балуетесь с самой биохимией жизни. Вы занимаетесь клонированием и генной инженерией, но делаете это без необходимой осторожности, и эти науки, вместо того чтобы стать благом для вашего вида, угрожают привести к величайшему бедствию всех времен. Если вы не будете осторожны, ядерная и экологическая катастрофы по сравнению с этой бедой покажутся детскими игрушками.

Развивая медицину, выполняющую ту работу, которую должно делать ваше тело, вы создали вирусы столь стойкие, что они способны уничтожить весь ваш вид.

Ты меня пугаешь. Значит, все потеряно? Игра окончена?

Нет, но счет не в вашу пользу. Самое время прочесть молитву, и защитник оглядывается в поисках нападающего, открытого для получения паса.

Вы готовы? Вы способны получить пас?

Этот защитник — Я, и когда Я оглядывался в последний раз, то видел, что мы с вами одеты в форму одного цвета. Мы все еще в одной команде?

Я думал, что есть только одна команда! А кто в *другой*?

Каждая мысль, которая игнорирует наше единство, каждая идея, которая разделяет нас, каждое действие, которое провозглашает, что мы *не едины*. «Другая команда» нереальна, и все же она часть вашей реальности, потому что вы сами так захотели.

Если вы не будете осторожны, ваша собственная техника, которая была создана, чтобы служить вам, убьет вас.

Я словно слышу сейчас, как некоторые говорят: «Но что может сделать один человек?»

Они могут начать с того, что отбросят эту самую идею.

Я уже говорил Вам, есть сотни книг на эту тему. *Перестаньте их игнорировать.* Читайте их. Действуйте по ним. Начните революцию. Сделайте ее эволюционной революцией.

А разве не происходит такая революция уже довольно долго?

И да, и нет. Конечно, процесс эволюции продолжается вечно. Но сейчас этот процесс делает новый виток. На вашем пути возник новый поворот. Теперь вы *осознаете*, что эволюционируете. И не только *что* вы эволюционируете, но также *как* вы это делаете. Теперь вам известен *сам механизм эволюции*, посредством которого также *создается ваша реальность*.

Раньше вы просто наблюдали за тем, как развивается ваш вид. Теперь вы сознательно участвуете в процессе.

Сегодня гораздо больше людей, чем когда-либо раньше, осознают власть ума, свою взаимосвязь со всем и свою истинную природу как духовного существа.

Сегодня гораздо больше людей, чем когда-либо раньше, живут, опираясь на такое осознание, и применяют на практике принципы, которые приводят к конкретным результатам, желаемым последствиям и преднамеренному опыту.

И это *действительно* эволюционная революция, потому что сейчас многие и многие из вас *сознательно* создают качество своего опыта, непосредственное выражение того, Кто Вы Есть в Действительности, и быстрое проявление того, Кем Вы Выбираете Быть.

Все это делает современный период критическим. Вот почему это решающий момент. Впервые за вашу настоящую историю (хотя не впервые в человеческом опыте) у вас есть и техника, и понимание того, как ее использовать, чтобы уничтожить весь мир. Вы можете своими руками превратить свой вид в вымерший.

Точно к таким же выводам приходит Барбара Маркс Хаббард в своей книге «Сознательная эволюция».

Да, это так.

Это захватывающий воображение документ, в нем есть просто поразительные идеи о том, как можно избежать ужасных последствий, от которых пострадали прежние цивилизации, и действительно создать рай на Земле. Наверное, это Ты ее вдохновил!

Я думаю, Барбара могла бы сказать, что Я приложил к этому руку...

Ты говорил, что вдохновлял сотни писателей, что у Тебя много посланцев. Есть ли еще книги, о которых нам следует знать?

Список был бы слишком длинным. Почему бы тебе самому не заняться поисками? Составь список тех книг, которые тебя особенно затронули, и поделись с другими.

С начала времен Я говорю через писателей, поэтов и драматургов. Веками Я вкладываю Мою истину в лирику песен, в образы картин, в форму скульптур и в каждый удар человеческого сердца. И буду продолжать во все грядущие века.

Каждый человек приходит к мудрости самым понятным ему путем, самой знакомой ему тропой. Каждый посланец Бога получает истину в самые простые моменты и делится ими с такой же простотой.

Ты такой посланец. Пойди и скажи своим людям, чтобы они жили единым народом в своей высшей истине. Поделись с ними своей мудростью. Испытай с ними вместе их любовь. Ибо они *могут* существовать в мире и гармонии.

И тогда ваше общество станет высокоразвитым, как и те, о которых мы говорили.

Значит, основное различие между нашим обществом и более развитыми обществами во Вселенной — это наша идея об отделении.

Да. Первый руководящий принцип развитой цивилизации — это единение. Признание Единства и священности всей жизни. Таким образом, в высокоразвитом обществе ни при каких обстоятельствах одно существо по собственному желанию не отберет жизнь другого представителя своего вида против его воли.

Ни при каких?

Ни при каких.

Даже если на него нападают?

Подобное обстоятельство не возникнет в обществе таких существ.

Возможно, не внутри самого вида, но при угрозе снаружи?

Если на высокоразвитый вид нападает некто другой, несомненно, что нападающий менее развит. По существу, агрессор является примитивным существом. Потому что ни одно высокоразвитое существо ни на кого не нападает.

Понятно.

Атакуемое существо может убить другое существо только в том случае, если забудет, Кто Оно Есть в Действительности.

Если первое существо думает, что оно — физическое тело, то есть физическая *форма*, оно может убить нападающего, потому что боится «конца собственной жизни».

Если, с другой стороны, первое существо в полной мере понимает, что оно *не* тело, оно никогда не прервет физическое существование другого существа, потому что у него не будет для этого причины. Оно просто оставит свое физическое тело и перейдет на уровень нефизического опыта.

Как Оби-Ван Кеноби!

Да, точно. Ваши «научные фантасты» часто приводят вас к великим истинам.

Тут я должен остановиться. То, что Ты сейчас говоришь, мне кажется совершенно противоположным тому, что было сказано в первой книге.

Что это?

В первой книге сказано, что, когда кто-то проявляет по отношению к тебе насилие, нельзя позволять насилию продолжаться. Там сказано, что, действуя с любовью, нужно включать *себя* в число тех, кого любишь. И вывод, по-моему, был таков, что любыми способами нужно остановить нападение на себя. В первой книге было сказано, что иногда даже *война* возможна как ответ на нападение — вот точная цитата: «...нельзя допускать, чтобы деспоты процветали, с их деспотизмом должно быть покончено. Этого требует и любовь к Себе, и *любовь к деспоту*».

В ней также сказано, что «выбор быть Богоподобным не означает, что ты выбираешь быть мучеником. И, конечно же, это не означает, что ты выбираешь быть жертвой».

А сейчас Ты говоришь, что *высокоразвитые* существа *никогда* не прервут физическую жизнь другого существа. Как могут эти заявления сосуществовать?

Прочитай первую книгу еще раз. Внимательно.

Все Мои ответы были тебе даны, и их следует рассматривать в созданном тобой контексте, в контексте твоего вопроса.

В первой книге ты признаешь, что не функционируешь на уровне жизненного мастерства. Ты говоришь, что слова и поступки других людей иногда тебя обижают. Ты спросил, как лучше всего реагировать, когда возникает ощущение, что тебе нанесли обиду или причинили вред.

Все Мои ответы следует рассматривать в этом контексте.

Я в первую очередь сказал, что настанет день, когда слова и поступки других *не будут* обижать тебя. Как Оби-Ван Кеноби, ты не будешь чувствовать вреда, даже когда кто-то «убивает» тебя.

Такого уровня жизненного мастерства достигли члены обществ, о которых Я сейчас рассказываю. Они очень ясно осознают, Кто Они Есть и кем они не являются. Очень трудно заставить такое существо испытать, что ему «вредят» или его «обижают», и сложнее всего это сделать, подвергая опасности его физическое *тело*. Такое существо просто *выйдет* из тела и оставит его тебе, если тебе так уж нужно его повредить.

Дальше в первой книге Я говорил, что вы реагируете именно *таким образом* на слова и поступки других потому, что вы забыли, Кто Вы Есть. Но — говорю Я здесь — это нормально. Это часть процесса роста. Это часть эволюции.

Потом Я говорю очень важную вещь. На протяжении всего процесса роста «ты должен работать на том уровне, на котором ты находишься. На уровне твоего понимания, на уровне твоего желания, на уровне твоей памяти».

Все, о чем Я говорил в этой части первой книги, должно воспринимать только в таком контексте.

Я даже сказал: «Чтобы продолжать этот разговор, Я буду исходить из того, что ты... все еще стремишься реализовать (сделать «реальным») того, Кто Ты Есть в Действительности».

В контексте общества существ, которые не помнят, Кто Они Есть в Действительности, ответы из первой книги остаются неизменными. Но здесь ты не задавал Мне таких вопросов. Ты просил меня описать *высокоразвитые общества Вселенной*.

Для тебя было бы лучше не воспринимать описания других культур как критику твоей собственной; это важно сейчас, и это касается всех вопросов, к которым мы еще обратимся.

Вас никто не судит. И никто не будет вас порицать, если вы станете поступать не так — реагировать не так, — как более развитые существа.

Так вот, Я говорил, что высокоразвитые существа Вселенной никогда не «убьют» другое сознающее существо, будучи в гневе. Во-первых, они не *испытывают* гнева. Во-вторых, они не прервут опыт физического бытия какого-либо другого существа без его согласия. И в-третьих — как конкретный ответ на твой конкретный вопрос, — они никогда не почувствуют «нападения» даже извне своего общества или вида, потому что почувствовать «нападение» — значит почувствовать, что кто-то что-то у тебя отбирает — жизнь, тех, кого ты любишь, свободу, собственность — *что-то*. А высокоразвитое существо никогда не испытает подобного, потому что высокоразвитое существо просто *отдаст* тебе то, в чем ты, по-твоему, настолько отчаянно нуждаешься, что готов взять это силой, — даже если это будет стоить высокоразвитому существу его физической жизни. Потому что высокоразвитое существо знает, что *она* может *создать все заново. Она* совершенно естественно все отдаст менее развитому существу, которое еще не знает этого.

Поэтому высокоразвитые существа — не мученики, а тем более не жертвы чьего-либо «деспотизма».

Но дело не только в этом. Высокоразвитому существу ясно не только то, что *он* может создать все заново, но и то, что ему *не обязательно это делать*. Он осознает, что ничего этого ему не нужно, чтобы быть счастливым или чтобы выжить. Он понимает, что не нуждается ни в чем внешнем и что тот, кем он *является*, не имеет ничего общего с физическим уровнем.

Менее развитым существам и расам не всегда это ясно.

И наконец, высокоразвитое существо понимает, что она и те, кто на нее нападают, — Одно. Она видит нападающих как травмированную часть своего «Я». Ее функция в таких обстоятельствах — исцелить все раны, чтобы Все в Одном снова могло познать себя таким, каким оно есть в действительности.

Она отдает все, что у нее есть, так же естественно, как ты дал бы человеку аспирин.

Вот это да! Какая концепция. Какое понимание! Но мне нужно вернуться немного назад, к тому, что Ты сказал ранее. Ты сказал, что высокоразвитые существа...

Давай далее будем обозначать их *ВРС**. Название слишком длинное, чтобы снова и снова его писать.

Хорошо. Итак, Ты сказал, что ВРС никогда не прекратят опыт физического бытия другого существа без его согласия.

Правильно.

Но зачем одно существо даст другому существу согласие прервать его физическую жизнь?

Причин может быть множество. Оно может предложить себя как еду, например. Или послужить какой-либо другой цели — например, остановить войну.

Наверное, именно поэтому даже в нашей цивилизации есть народы, которые не убивают животных ради их мяса или шкур, не спросив согласия у их духов.

---

* Высокоразвитые существа.

Да. Так поступают американские индейцы, которые даже не сорвут цветок или траву, не поговорив с ними. Так поступают во всех ваших аборигенных культурах. Интересно, что все эти племена и культуры *вы* называете «примитивными».

Получается, что я не могу даже выдернуть редиску, не спросив, не против ли она?

Ты можешь делать все, что ты выбираешь. Ты спросил Меня, что бы сделали ВРС.

Значит, американские индейцы — высокоразвитые существа?

Как и во всех расах и видах, некоторые да, а некоторые нет. Это вопрос индивидуальности. Но в смысле культуры они достигли очень высокого уровня. Культурные мифы, которые много сообщают об их жизни, весьма возвышенны. Но вы заставили их смешать свои культурные мифы с вашими.

Погоди минуту! Что это Ты *говоришь*? Краснокожие были дикарями! Именно поэтому нам пришлось убивать их тысячами, а потом отправить оставшихся в зоны заключения, которые мы называем резервациями! Ведь мы даже сегодня на их священных местах устраиваем площадки для гольфа! Нам *приходится*. В противном случае они могли бы *почитать* свои священные места, и *помнить* свои традиции, и *исполнять* свои священные ритуалы, а мы не можем этого допустить.

Я понял идею.

Нет, правда. Ведь если бы мы не взялись за дело и не постарались бы стереть их культуру, они могли бы повлиять на *нашу*! И чем бы мы тогда закончили?

Мы бы уважали землю и воздух, отказались отравлять наши реки, и тогда не было бы промышленности!

Все люди на земле, наверное, ходили бы обнаженными, не зная *стыда*, купались в реках, жили на земле и от земли вместо того, чтобы сбиваться в толпы в высотных многоквартирных домах и отправляться на работу в асфальтовые джунгли.

Ведь мы, наверное, до сих пор бы слушали древние учения, сидя вокруг костра, вместо того, чтобы смотреть телевизор! Мы бы не достигли *никакого прогресса*.

К счастью, вы знаете, что для вас лучше.

18

Расскажи мне еще о высокоразвитых цивилизациях и высокоразвитых существах. Кроме того, что они не убивают друг друга ни при каких обстоятельствах, что еще отличает их от нас?

Они делятся.

Эй, *мы тоже* делимся!

Нет, они делятся *всем*. Со *всеми*. Никто не остается в стороне. Все природные ресурсы окружающего их мира они поровну делят между всеми.

Там не считают, что та или иная нация, группа или культура «владеет» каким-либо видом природных ресурсов только потому, что занимает территорию, где находится этот ресурс.

Подразумевается, что планета (или планеты), которую группа видов называет «домом», принадлежит всем — всем видам в этой системе. На самом деле *сама* планета или группа планет рассматривается как «система». Ее видят как цельную систему, а не как кучку маленьких частей или элементов, любой из которых можно уничтожить, разрушить или истребить без ущерба для всей системы.

Экосистемы, как мы ее называем.

Ну, ваше понятие не столь обширно. Это не только экология, не только отношения между природными ресурсами планеты и ее обитателями. Речь идет об отношениях *обитателей системы* внутри своего вида, отношениях с другими видами и об отношении к окружающей среде.

Это *взаимоотношения между всеми видами жизни*.

«Видосистема»*!

> Да! Мне нравится это слово! Подходящее слово! Потому что мы говорим о том, что больше, чем экосистема. Это действительно *видосистема*. Или то, что ваш Бакминстер Фуллер называл *ноосферой*.

Мне больше нравится *видосистема*. Это название легче понять. Я всегда хотел знать, что же, черт возьми, такое эта ноосфера!

> «Баки» тоже нравится твое слово. Он не консервативен. Ему всегда нравилось все, что упрощало или облегчало понимание.

Ты сейчас разговариваешь с Бакминстером Фуллером? Ты превратил наш диалог в спиритический сеанс?

> Скажем, у Меня есть основания полагать, что сущность, которая определяет себя как Бакминстер Фуллер, восхищена твоим новым словом.

Ух ты, вот здорово! Я хочу сказать, это круто — просто иметь основания полагать подобное.

> Это «круто». Я согласен.

То есть в высокоразвитых культурах *видосистема* имеет первостепенное значение.

> Да, но не думай, что сами по себе индивидуальные существа *не* имеют значения. Совсем наоборот. Индивидуальные существа *имеют* значение, и это обусловлено тем фактом, что любое решение оказывает на *видосистему* самое непосредственное воздействие.
>
> *Видосистема* поддерживает жизнь внутри себя в общем и жизнь *каждого существа* на оптимальном уровне. Поэтому необходимость не делать ничего, что может навредить видосистеме, *определяет важность каждого индивидуального существа*.
>
> Не только существ с положением, влиянием или деньгами. Не только существ с большей властью, большими размерами или предположительно высшим уровнем самосознания. *Всех* существ и всех видов в системе.

Как это может работать? Как это возможно? На нашей планете потребности и нужды одних видов *приходится* подчинять потребностям и нуждам других, или же мы не сможем проживать опыт жизни, как мы ее знаем.

---

* The «speciesystem» (англ.).

Вы опасно близко подходите к моменту, когда *вообще* не сможете «проживать опыт жизни, как вы ее знаете», именно *потому*, что вы настояли на подчинении потребностей большинства видов желаниям одного.

Вида человеческих существ.

Да — и даже желаниям не *всех представителей* вида, а только немногих. Даже не большей части (в этом было бы хоть немного логики), но неизмеримо *меньшей*.

Самых богатых и самых влиятельных.

Ты сам назвал их.

Ну, началось. Еще одна тирада против богатых и удачливых.

Отнюдь. Ваша цивилизация не заслуживает тирады — не больше чем кучка малышей. Человеческие существа будут продолжать вытворять то, что они вытворяют сейчас сами с собой и с другими, до тех пор, пока не поймут, что это не отвечает их интересам. Тут не помогут никакие тирады.

Если бы тирады что-то решали, ваши религии давным-давно стали бы гораздо более влиятельными.

Вот это да! Трах! Бах! Сегодня от Тебя всем достается, не так ли?

Ничего подобного. Тебя задевают такие простые замечания? Давай посмотрим почему. Мы оба знаем хотя бы то, что истина часто неудобна. И все же эта книга несет истину. Как и другие, авторов которых Я вдохновил. И как фильмы. И телепрограммы.

Я не уверен, что хотел бы поощрять увлечение телевидением.

Как бы то ни было, сегодня телевидение — это костер, вокруг которого собирается ваше общество. Не само *средство* уводит вас туда, куда, по вашим словам, вы не хотите двигаться, это делают те послания, которым вы позволяете в него проникать. Не осуждай средство. Возможно, однажды ты сам воспользуешься им, чтобы передать послание иного рода...

Если можно, давай... вернемся к моему первоначальному вопросу. Я все еще хочу знать, как *видосистема* может работать, если потребности всех видов в системе удовлетворяются одинаково.

Все потребности удовлетворяются одинаково, но сами потребности не все одинаковы. Это вопрос пропорций и равновесия.

Высокоразвитые существа глубоко осознают, что у всех живых существ внутри того, что мы решили назвать *видосистемой*, есть потребности, которые необходимо удовлетворять, чтобы физические формы, создающие и поддерживающие эту систему, выжили. Они также понимают, что не все потребности одинаковы, или равны в смысле требований, которые они выдвигают к самой системе.

Давай для примера возьмем твою *видосистему*.

Хорошо...

Давай возьмем два вида живых существ, которые вы называете «деревьями» и «людьми».

Я за.

Очевидно, что деревьям не требуется ежедневно так много «средств к существованию», как людям. Поэтому их потребности не равны. Но они *взаимосвязаны*. То есть один вид зависит от другого. Потребностям деревьев нужно уделять столько же внимания, сколько и потребностям людей, но сами эти потребности не так велики. И все же, если вы будете игнорировать потребности одного вида живых существ, вы будете делать это себе на погибель.

Книга, о которой Я уже упоминал как о чрезвычайно важной, — «Последние часы древнего солнечного света» — великолепно описывает эту взаимосвязь. В ней говорится, что деревья извлекают двуокись углерода из вашей атмосферы и используют углерод из этого газа для производства *углеводов*, то есть для *роста*.

(Почти все растение, включая корни, стебли, листья, даже орехи и фрукты, плоды деревьев, — это углеводы.)

При этом листья выделяют кислород, тоже извлеченный из двуокиси углерода. Это «отходы» деревьев.

С другой стороны, чтобы жить, людям необходим кислород. Без деревьев, которые превращают двуокись углерода, газ, в избытке содержащийся в вашей атмосфере, в кислород, которого *не столь много, вы* как вид не сможете выжить.

В свою очередь, вы выделяете (выдыхаете) двуокись углерода, которая нужна *деревьям* для выживания.

Замечаешь равновесие?

Конечно. Это весьма изобретательно.

Спасибо. А теперь, пожалуйста, перестаньте его разрушать.

Ну, не надо. Мы сажаем два новых дерева за каждое срубленное.

Да, и этим деревьям понадобится всего лишь 300 лет, чтобы приобрести силу и размер, необходимые для производства такого же количества кислорода, какое выделяли старые деревья, которые вы вырубаете.

Чтобы воссоздать естественную фабрику по производству кислорода, каковой являются ваши амазонские тропические леса с их способностью поддерживать равновесие в атмосфере, нужно, скажем, две или три тысячи лет. Нечего беспокоиться. Вы вырубаете тысячи акров этих лесов ежегодно, но нечего беспокоиться.

Зачем? Зачем мы это делаем?

Вы вырубаете лес для того, чтобы разводить животных, которых потом убиваете и едите. Говорят, что для коренных жителей разведение скота приносит больше доходов. Поэтому утверждают, что вырубка леса делает землю более *продуктивной*.

В высокоразвитых цивилизациях эрозия *видосистемы* не считается *продуктивной*, но скорее *деструктивной*. Поэтому ВРС нашли способ сохранять в равновесии *все* потребности *видосистемы*. Они выбирают сохранять такое равновесие, а не служить желаниям одной небольшой части системы, потому что понимают: ни один вид *внутри* системы *не сможет выжить*, если *сама система* разрушится.

Да, это кажется таким очевидным. Таким мучительно очевидным.

В грядущие годы на Земле эта «очевидность» может стать еще более мучительной, если ваш так называемый господствующий вид не проснется.

Я понял. Я очень хорошо все понял. И я хочу что-нибудь предпринять. Но я чувствую себя таким беспомощным. Иногда я чувствую себя таким беспомощным. Что я могу сделать, чтобы изменить ситуацию?

Тебе ничего не нужно делать, но ты можешь очень многим быть.

Помоги мне.

Долгое время человеческие существа пытались решать проблемы на уровне «делания», но безуспешно. Потому что настоящие перемены всегда происходят на уровне «бытия», а не «делания».

Вы, конечно, совершили определенные открытия, создали сложную технику и в некотором смысле облегчили себе жизнь. Но не совсем ясно, сделали ли вы ее *лучше*. И с более глобальной точки зрения вы достигли весьма незначительного прогресса. Одни и те же принципиальные проблемы стоят перед вами на протяжении столетий.

Ваша концепция о том, что Земля существует для удовлетворения потребностей и желаний господствующего вида, — хороший тому пример.

Совершенно ясно, что вы не измените свою *деятельность*, пока не измените свое *бытие*.

Вам нужно изменить представление о том, кто вы *есть* в отношениях с окружающим вас миром и всем в нем, и только потом вы будете *поступать* по-другому.

Это вопрос сознания. *И, прежде чем изменить сознание, вам нужно взрастить сознание.*

Как это сделать?

Перестаньте молчать об этом. Говорите. Поднимите шум. Поднимите вопросы. Так вы сможете даже в некоторой степени взрастить коллективное сознание.

Возьмем для примера одну проблему. Почему бы вам не выращивать коноплю и не производить из нее бумагу? Ты себе представляешь, сколько нужно деревьев только для того, чтобы обеспечить ваш мир ежедневными газетами? Уже не говоря о бумажных стаканчиках, пакетах и полотенцах?

Коноплю дешево выращивать и собирать, ее можно использовать не только для производства бумаги, но и для изготовления крепчайших веревок, долговечной одежды и даже некоторых из самых эффективных лекарств, которые может дать ваша планета. Фактически, коноплю можно выращивать на *таких* больших территориях, собирать ее *так* легко, и у нее *столько* разных применений, что против нее работает огромная организация.

Слишком многие потеряли бы слишком много, если бы мир обратился к этому простому растению, которое можно выращивать практически повсюду.

Это только один пример того, как в человеческих делах алчность затмевает здравый смысл.

Поэтому дай эту книгу всем, кого знаешь. Не только для того, чтобы они поняли *это*, но чтобы они постигли все *остальное*, что в ней есть. А в ней есть *много больше*.

Просто переверни страницу...

Да, но я начинаю чувствовать депрессию, как и многие после прочтения второй книги. Речь и дальше пойдет о том, как мы всё разрушаем на Земле и упускаем свой шанс? Потому что я не уверен, что пришел за этим...

Ты пришел за вдохновением? Ты пришел за воодушевлением? Поскольку исследование устройства других цивилизаций — высокоразвитых цивилизаций — должно вдохновлять и воодушевлять!

Подумай о возможностях! Подумай о шансах! Подумай о золотом будущем, которое ждет вас прямо за поворотом!

Если мы *проснемся*.

Вы *проснетесь*! Вы уже просыпаетесь! Парадигма *меняется*. Мир *меняется*. Все это происходит прямо у тебя на глазах.

Эта книга — часть вашего пробуждения. Ты — часть его. Помни, ты находишься на этом месте, чтобы исцелить его. Ты в Космосе, чтобы исцелить Космос. Нет другой причины, по которой ты здесь.

Не сдавайся! Не сдавайся! Величайшее из приключений только-только началось!

Согласен. Я выбираю быть воодушевленным примером и мудростью высокоразвитых существ, а не разочарованным в себе.

Хорошо. Это мудрый выбор, если вы как вид хотите достичь такого же уровня развития. Вы многое можете вспомнить, наблюдая за ними.

ВРС живут в единстве и глубоко ощущают всеобщую взаимосвязь. Их поведение создают их Спонсирующие Мысли, которые вы назвали бы основными руководящими принципами общества. Ваше поведение создают ваши Спонсирующие Мысли, или же основные руководящие принципы *вашего* общества.

Каковы основные руководящие принципы общества ВРС?

Первый Руководящий Принцип: Мы Все Одно.

В основе каждого решения, каждого выбора всего того, что вы называете «моралью» и «этикой», лежит этот принцип.

Второй Руководящий Принцип: Все в Одном Взаимосвязано.

Из него вытекает, что ни один представитель вида не может и не будет утаивать что-либо от другого просто потому, что «он нашел это первым», или что «это его собственность», или что «этого мало». Взаимную зависимость всех живых существ в *видосистеме* признают и уважают. Относительные потребности каждого вида живых организмов внутри системы всегда находятся в равновесии, потому что о них всегда *помнят*.

Означает ли Второй Руководящий Принцип, что нет такого понятия, как личная собственность?

В том виде, как вы его себе представляете, — нет.

Для ВРС понятие «личной собственности» связано с понятием *личной ответственности* за все то, что находится на его попечении. Отношение высокоразвитых существ к тому, что вы бы назвали «ценной собственностью», в вашем языке точнее всего описывает слово *управление*. ВРС — управитель, а не *владелец*.

Само слово «владеть» и понятие, которое вы с ним связываете, не являются частью культуры ВРС. У них нет «собственности» в смысле чего-то, что «лично кому-то принадлежит». ВРС не *владеют*, они *лелеют*. То есть они все окружают заботой и любовью, но не владеют ничем.

Люди владеют, ВРС лелеют. Так можно описать отличие на вашем языке.

Раньше люди считали, что у них есть право личной собственности на *все, на что они могут наложить руку*. В том числе на жен и детей, землю и земные богатства. Им также принадлежало любое «имущество», которое могло приобрести для них их «имущество». Это представление в значительной мере сохранилось в человеческом обществе до сегодняшнего дня.

Люди одержимы своей концепцией «собственности». ВРС, наблюдавшие за вами, назвали ее «одержимостью собственностью».

Чем больше вы развиваетесь, тем больше понимаете, что по-настоящему невозможно владеть ничем, и менее всего — своими супругами или детьми. Хотя многие из вас по-прежнему цепляются за мысль, что можно владеть землей и всем, что есть на ней, под ней и над ней. (Да, вы даже говорите о «правах на воздушное пространство»!)

В отличие от вас, ВРС Вселенной глубоко осознают, что физической планетой, на которой они обитают, не может владеть никто из них, хотя их общество может предоставить в распоряжение любого ВРС участок земли, за которым ему нужно ухаживать. Если он (или она) хороший управитель, ему могут позволить (или попросить) передать право управления его детям, а их в свою очередь — их детям. Но если случится так, что он или его потомки окажутся плохими управителями, земля не останется под их опекой.

Вот это да! Если бы у нас был такой руководящий принцип, половине промышленных предприятий мира пришлось бы расстаться со своей собственностью!

И в тот же момент резко улучшилось бы состояние мировой экосистемы.

Понимаешь, в высокоразвитой культуре «корпорациям», как вы их называете, никогда бы не позволили истощать землю ради собственной выгоды. Совершенно очевидно, что при таком хозяйствовании необратимо ухудшается качество жизни тех самых людей, которые владеют этими корпорациями или работают на них. Где же тут выгода?

Вред может быть неощутим на протяжении многих лет, а прибыль можно получить прямо здесь и сейчас. Такую систему можно назвать «Сиюминутная выгода / Длительный ущерб». Но кому какое дело до «Длительного ущерба», если ему самому он не грозит?

Высокоразвитым существам есть до этого дело. Впрочем, они живут много дольше.

Насколько дольше?

Во много раз. В некоторых обществах ВРС живут вечно. Или так долго, как они выбирают пребывать в физической форме. Поэтому в обществах ВРС индивидуальные существа обычно испытывают длительные последствия своих поступков.

Как им удается жить так долго?

Конечно, они никогда *не* умирают, так же как и вы, но Я понимаю, что ты имеешь в виду. Ты имеешь в виду «жить с физическим телом».

Да. Как им удается оставаться со своим телом так надолго? Почему это возможно?

В первую очередь *потому*, что они не загрязняют воздух, воду и землю. Они, например, не добавляют в почву химические удобрения, которые потом попадают в растения и животных и в конечном счете в тело самого существа, когда оно употребляет в пищу эти растения и животных.

На самом деле ВРС никогда не употребили бы в пищу животных, а тем более не наполняли бы сначала землю и растения, которые поедают животные, химикалиями, потом кормили *самих животных* синтетическими добавками, а *затем* ели их мясо. ВРС правильно оценивают такую практику как самоубийственную.

Поэтому ВРС не загрязняют окружающую их среду, свою атмосферу и свои физические тела, как это делают люди. Ваши тела — великолепные творения, они могут функционировать бесконечно дольше, чем вы им позволяете.

Кроме того, ВРС проявляют отличное от вас психологическое поведение, которое тоже продлевает жизнь.

Например?

ВРС никогда не беспокоятся и даже не поймут человеческую концепцию «беспокойства» или «стресса». ВРС также не чувствуют «ненависти», «злобы», «ревности» или тревоги. Поэтому в организме ВРС не происходят биохимические реакции, которые его пожирают и разрушают. В понимании ВРС беспокойство — это «самоедство», а ВРС не стали бы есть себя, как не стали бы есть другое физическое существо.

Как это им удается? Способны ли люди так контролировать эмоции?

Во-первых, ВРС понимают, что все в мире совершенно, что во Вселенной вечно длится процесс созидания и нужно всего лишь не вмешиваться в него. ВРС никогда не беспокоятся, потому что понимают механизм этого процесса.

Теперь отвечаю на твой второй вопрос: да, люди способны контролировать эмоции, хотя одни в это не верят, а другие просто не выбирают практиковать это. Те немногие, кто действительно стремится овладеть таким контролем, живут гораздо дольше, если только их не убивают химикалии и яды в атмосфере и если они сами намеренно не отравляют себя каким-нибудь другим способом.

Погоди минуту. Мы «намеренно отравляем себя»?

Некоторые из вас.

Каким образом?

Как Я говорил, вы едите яды. Некоторые из вас пьют яды. Некоторые из вас даже курят яды.

Высокоразвитое существо считает такое поведение необъяснимым. Оно не может себе представить, зачем вам сознательно вводить в свой организм вещества, когда вам известно, что они приносят вред.

Ну, мы находим, что есть, пить и курить определенные вещества *приятно*.

ВРС находят, что *жить* в теле приятно, и не могут себе представить, как можно что-то делать с телом, если известно заранее, что эти действия могут укоротить, оборвать жизнь или сделать ее мучительной.

Некоторые из нас не верят, что красное мясо в больших количествах, алкоголь и курение могут укоротить их жизнь, оборвать ее или сделать мучительной.

Значит, вы весьма невнимательны. Вам нужно тренировать наблюдательность. ВРС посоветовали бы вам просто посмотреть вокруг.

Да, конечно... что еще Ты можешь рассказать о жизни в высокоразвитых обществах Вселенной?

Там нет стыда.

Нет стыда?

И такого понятия, как вина.

А если существо оказывается плохим «управителем» земли? Ты только что сказал, что землю у него отбирают! Разве это не значит, что его судят и находят виновным?

Нет. Это значит, что за ним наблюдают и приходят к выводу, что у него к этому нет способностей.

В высокоразвитых культурах существ никогда не просят делать то, к чему у них нет способностей.

А если бы они все же *захотели* заниматься этим делом?

Они бы не «захотели».

Почему?

Их собственная проявленная неспособность уничтожила бы подобное желание. Это естественный результат понимания, что их неспособность выполнять определенные задачи потенциально может навредить другому существу. А этого они никогда бы не сделали, потому что навредить Другому — значит навредить Себе, *и они это знают*.

Выходит, в основе всего лежит инстинкт самосохранения! Точно так же, как на Земле!

Конечно! Единственное отличие в том, как они *определяют понятие своего «Я»*. Человеческое понимание Я очень узко. Вы говорите о *вашем Я, вашей* семье, *вашем* обществе. ВРС определяет Я совсем по-другому. Он говорит о Я, семье, обществе *вообще*.

Как будто есть только одно Я, семья, общество.

Так и есть. В этом все дело.

Я понимаю.

Таким образом, в высокоразвитой культуре существо никогда, к примеру, не настаивало бы на воспитании детей, если бы постоянно видело свою *неспособность к воспитанию*.

Вот почему в высокоразвитых культурах дети не воспитывают детей. Воспитанием подрастающего поколения занимаются старики. Это не значит, что детей отрывают от тех, кто дал им жизнь, и отдают на воспитание совершенно незнакомым людям. Ничего подобного не происходит.

В этих культурах старики живут рядом с молодыми. Их не оттесняют на задворки общества. Их не игнорируют и не оставляют доживать свой век в одиночестве. Их уважают и почитают как незаменимую часть любящего, заботливого и активного общества.

Когда рождается ребенок, старики находятся тут же, рядом, в самом сердце общества и семьи, и то, что они воспитывают детей, так же органично и правильно, как, по вашему мнению, то, что детей в вашем обществе воспитывают родители.

Разница в том, что, хотя дети всегда знают, кто их родители, их не просят учиться основам жизни у тех, кто *еще сам их изучает*.

В обществах ВРС старики организуют и контролируют процесс обучения, ведение домашнего хозяйства, питание, уход за детьми. Дети вырастают в окружении мудрости и любви, великого, великого терпения и глубокого понимания.

Обычно молодые люди, которые дали им жизнь, где-то далеко встречают испытания и наслаждаются радостями своей молодой жизни. Но родители могут проводить со своими детьми столько времени, сколько пожелают. Они даже могут жить вместе с ними в Обители Старейших и стать для детей частью «домашнего» окружения, в котором те вырастают.

Это все единый и целостный процесс. Но ответственность за воспитание детей берут на себя старики. И это большая честь, потому что на старейших возлагается ответственность за будущее всего вида. И в обществах ВРС полагают, что для молодых такая ответственность слишком велика.

Я уже останавливался на этом, когда мы говорили о вашем подходе к воспитанию детей и о том, как вы могли бы его изменить.

Да. Я благодарю Тебя за дальнейшие объяснения. Но, возвращаясь немного назад, скажи, ВРС действительно не чувствуют вины или стыда, что бы они ни сделали?

Не чувствуют. Потому что вина и стыд навязываются существу извне. Затем они могут превратиться во внутренние ощущения, сомнения нет, но первично они приходят извне. *Всегда*. Ни одно божественное существо (а все существа божественны) *никогда* не считает себя или то, что оно делает, «постыдным» или «заслуживающим порицания», пока кто-то другой не даст ему или его поведению такое название.

Разве младенец в вашей культуре стыдится своих «естественных надобностей»? Конечно нет. Пока вы не *объясните* ему, что нужно стыдиться. Чувствует ли ребенок себя «виноватым», играя со своими гениталиями? Конечно, нет. Пока вы ему не *скажете*, что нужно чувствовать себя виноватым.

Степень развития культуры определяется тем, насколько присуще ее носителям объявлять существо или поступок «постыдным» или «заслуживающим порицания».

Нет *никаких* постыдных поступков? Человек *никогда* не виноват, что бы он ни сделал?

Как Я уже говорил тебе, нет ни правильного, ни неправильного.

631

Еще не все это понимают.

Чтобы понять, о чем мы сейчас говорим, этот диалог нужно читать *целиком*. Вырвав любое предложение из контекста, вы сделаете его непонятным. В первой и второй книгах содержится подробное объяснение вышеупомянутой мудрости. Здесь ты просишь Меня рассказать о высокоразвитых культурах Вселенной. Они уже понимают эту мудрость.

Хорошо. Чем еще отличаются эти культуры от нашей?

Многим. Они *не состязаются.*

Они понимают, что, если проигрывает один, проигрывают все. Поэтому они не создают виды спорта и игры, которые учат детей (и укрепляют это представление у взрослых), что, если кто-то «выигрывает», а кто-то другой «проигрывает», — это *развлечение».*

Как Я уже сказал, они всем делятся. Когда кто-то нуждается, им и в голову не придет утаивать или накапливать что-либо просто потому, что этого мало. Напротив, *именно нехватка какого-либо предмета необходимости станет причиной для того, чтобы им поделиться.*

Если в вашем обществе какой-либо ресурс или предмет становится редким, на него сразу же поднимается цена, если даже вы им делитесь вообще. Так вы гарантируете, что если вы *поделитесь* тем, чем «владеете», то, по крайней мере, *обогатитесь при этом.*

Высокоразвитые существа тоже становятся богаче, делясь тем, чего мало. Отличие между ВРС и людьми в том, как ВРС понимают слово «обогащаться». ВРС чувствует себя «обогащенным», если делится всем свободно, без необходимости «получить выгоду». На самом деле само это чувство *и есть* выгода.

В вашей культуре есть несколько руководящих принципов, которые определяют ваше поведение. Как Я сказал ранее, одним из основных принципов является следующий: *Выживает сильнейший.*

Его можно назвать Вторым Руководящим Принципом. Он лежит в основе всего, что создало ваше общество. Его экономики. Его политики. Его религии. Его образования. Его социальной структуры.

Но для высокоразвитого существа сам этот принцип звучит как оксюморон*. Он противоречит сам себе. Поскольку Первый Руководящий Принцип ВРС — это «Мы Все Одно», «Один» не может быть сильным, пока «Все» не будут сильными. Поэтому

---

* *Оксиморон, оксюморон* (греч. букв. — «остроумно-глупое») — стилистический оборот, в котором сочетаются семантически контрастные слова, создающие неожиданное смысловое единство, например, «живой труп», «убогая роскошь»).

выживание «сильнейшего» невозможно — или это *единственное*, что возможно (в этом и заключено противоречие), — так как «сильнейший» *не* является «сильным», пока он вообще *существует*.

Ты понимаешь?

Да. Мы называем это коммунизмом.

На вашей планете вы сразу же отвергаете любую систему, которая не позволяет продвижения вперед одного существа за счет другого.

Если система управления или экономики требует попытки равного распределения между «всеми» ценностей, *созданных* «всеми», и при этом ресурсы *принадлежат* «всем», вы говорите, что такая система управления нарушает естественный порядок. Но в высокоразвитых культурах естественный порядок И ЕСТЬ *равное распределение*.

Даже если человек или группа ничего не сделали, чтобы заслужить это? Даже если с их стороны не было вклада в общее благо? Даже если они порочны?

Общее благо — это *жизнь*. Если ты жив, ты вносишь свой вклад в общее благо. Духу очень трудно пребывать в физической форме. В некотором смысле, согласиться на такую форму — значит принести великую жертву. И все же это необходимо, и даже доставляет удовольствие, если Всё хочет познать себя на опыте и воссоздать Себя заново в последующей величайшей версии самого величественного представления, какое только может быть о том, Кто Оно Есть.

Важно понимать, зачем мы пришли сюда.

Мы?

Души, которые составляют совокупность.

Ты меня запутал.

Как Я уже объяснял, есть только Одна Душа, Одно Существо, Одна Сущность. Некоторые из вас называют ее Богом. Эта Единая Сущность «проявляет Себя на уровне индивидуальности» как Все во Вселенной, другими словами, как Все Сущее. Сюда входят все чувствующие существа, или, как вы предпочитаете их называть, души.

Значит, Бог — это каждая душа, которая «существует»?

Каждая душа, которая существует теперь, существовала когда-либо и будет когда-либо существовать.

Значит, Бог — это Совокупность?

Я выбрал это слово, потому что в вашем языке оно передает самое близкое значение к тому, как устроен мир.

Не единое поражающее воображение существо, но совокупное?

Ему не нужно быть либо одним, либо другим. Подумай, «сняв шоры»!

Бог — *и То, и Другое?* Единое Поражающее Воображение Существо, которое есть совокупность индивидуальных частей?

Хорошо! Очень хорошо!

Зачем эта Совокупность пришла на Землю?

Чтобы выразить себя на физическом плане. Чтобы познать себя через свой собственный опыт. Чтобы быть Богом. Как Я уже подробно объяснял в первой книге.

Ты создал нас, чтобы мы были Тобой?

Мы действительно для этого вас создали. Это *именно то,* для чего вы были созданы.

Люди были созданы совокупностью душ?

До того, как при переводе текст был изменен, в вашей Библии было сказано: «И сказал Бог: сотворим человека *по образу Нашему, по подобию Нашему»**.

Жизнь — это процесс, в котором Бог создает Себя, а потом переживает созданное на опыте. Этот процесс создания длится постоянно и вечно. Он происходит все «время». Относительность и физический план — это инструменты Бога. Чистая энергия (которую вы называете духом) — вот Что Такое Бог. Эта Сущность действительно является Святым Духом.

В процессе превращения энергии в материю дух воплощается на физическом плане. Это происходит, когда энергия буквально замедляется, меняет частоту колебаний, или, как выражаетесь вы, вибрации.

То, Что Есть Все, делает это по частям. То есть это делают части целого. Такие индивидуальные выражения духа вы и выбрали называть душами.

На самом деле есть только Одна Душа, которая преобразует, заново формирует Себя. Этот процесс можно назвать Реформацией. Вы все — Формирующиеся Боги. (Информация Бога!)**

---

* Быт. 1:26. — *Прим. перев.*
** «You are all Gods In Formation. (God's *information*!)» (англ.). — *Прим. перев.*

В этом ваш вклад, и он достаточен сам по себе.

Выражаясь просто, приняв физическую форму, *вы уже сделали достаточно.* И Я не хочу, Мне не нужно больше ничего. Вы *уже* внесли свой вклад в общее благо. Вы сделали возможным для того, что есть общее, — для Одного Общего Элемента — испытывать то, что есть благо. Вы даже написали, что Бог создал небо и землю, и всяких животных, пресмыкающихся по земле, и птиц небесных, и рыб морских, и это *хорошо* весьма*.

«Благо» не существует — не может существовать — в практическом опыте без своей противоположности. Поэтому вы же создали зло, которое является движением назад, или в обратную сторону от добра. Это противоположность жизни, и так вы создали то, что называете смертью.

Но смерть не существует в конечной реальности, она просто вымысел, изобретение, воображаемый опыт, благодаря которому вы больше цените жизнь. Таким образом, зло — это жизнь наоборот**! Как хитроумно вы поступили с языком! Вы спрятали в нем тайную мудрость и даже не знаете, что она там есть.

Понимая всю космологию, ты постигаешь великую истину. И ты больше никогда не сможешь требовать от другого существа, чтобы оно отдало тебе что-то взамен части ресурсов или того, что необходимо для физической жизни.

Как бы красиво все это ни звучало, однако некоторые люди назовут такое устройство мира коммунизмом.

Пусть, если им так хочется. Но вот что Я тебе скажу: пока ваше *сообщество существ* не осознает, что оно *существует в сообществе,* вы никогда не испытаете Святой Общности и не сможете постигнуть, Кто Я Есть.

Высокоразвитые культуры Вселенной глубоко осознают все, что Я здесь объяснил. В таких культурах невозможно не поделиться. Как и невозможно даже думать о том, чтобы «назначать» тем большую цену, чем более редким является предмет необходимости. Так поступает только чрезвычайно примитивное общество. Только очень примитивные существа будут рассматривать нехватку того, что нужно всем, как возможность увеличения своей прибыли. «Спрос и предложение» не являются двигателями системы ВРС.

Люди утверждают, что принцип «спроса и предложения» улучшает качество жизни и способствует общему благу. Однако с позиций более высокоразвитого существа ваша система *нарушает* общее благо, потому что она не позволяет, чтобы *благое* было *общим.*

---

* Быт. 1:28, 31. — *Прим. перев.*
** «Thus, «evil» is «live» spelled backward!» (англ.). — *Прим. перев.*

Еще одна отличительная и изумительная черта высокоразвитых культур — это отсутствие в них какого-либо слова, звука или любого другого способа передачи понятий «твой» и «мой». В их языке не существует притяжательного падежа и притяжательных местоимений, и, если бы высокоразвитому существу пришлось говорить на земных языках, оно могло бы воспользоваться только описательными средствами. Таким образом, «моя машина» стала бы «машиной, на которой я сейчас езжу», «мой супруг» стал бы просто «супругом», а «мои дети» стали бы «детьми, которые со мной сейчас».

Выражения «со мной сейчас» или «присутствовать» являются в вашем языке самыми подходящими для описания того, что вы называете «владением» или «собственностью».

То, что у вас «присутствует», становится Даром. Это настоящие «подарки» жизни.

Таким образом, в языке высокоразвитых культур невозможно даже сказать «моя жизнь», но можно лишь выразить это понятие как «жизнь, которая у меня присутствует».

Это несколько сродни вашему выражению «чувствовать присутствие Бога».

Когда вы чувствуете присутствие Бога (а Бог всегда рядом с вами, когда рядом с вами присутствует другой человек), вы даже не помыслите о том, чтобы утаить от Бога Божье — то есть любую часть Сущего. Вы естественным образом поделитесь, и поделитесь поровну тем, что Божье, с любой *частью* того, что есть Бог.

Это духовное понимание охватывает социальные, политические, экономические и религиозные структуры всех высокоразвитых культур. Это космология всей жизни, и только неспособность видеть эту космологию, понимать ее и жить в ней создает все трудности вашего жизненного опыта на Земле.

19

Как выглядят существа на других планетах?

Выбирай любой образ. Во Вселенной существует такое же многообразие существ, как видов жизни на вашей планете.

Даже больше.

Есть ли существа, очень похожие на нас?

Конечно, некоторые выглядят точно как вы — лишь с небольшими отличиями.

Как они живут? Что едят? Во что одеваются? Как общаются? Я хочу узнать все об инопланетянах. Ну пожалуйста!

Я понимаю твой интерес, но эти книги не предназначены для удовлетворения праздного интереса. Цель нашего разговора — принести весть в ваш мир.

Только несколько вопросов. Они порождены не праздным интересом. Возможно, нам есть чему поучиться. Или, точнее, вспомнить.

Действительно точнее. Ибо вам нечему учиться, вам просто нужно вспомнить, Кто Вы Есть в Действительности.

Ты это чудесно разъяснил в первой книге. Существа на других планетах помнят, Кто Они Есть?

Как ты догадываешься, существа в разных точках Вселенной находятся на разных уровнях эволюции. Но в тех культурах, которые ты здесь назвал высокоразвитыми, существа это помнят.

Как они живут? Работают? Путешествуют? Общаются?

В высокоразвитых обществах нет путешествий, как вы их понимаете. Их технологии продвинулись так далеко вперед, что у них нет необходимости заправлять ископаемым топливом двигатели громоздких машин, которые перевозят физические тела.

В дополнение к тому, что дали новые технологии, значительно продвинулось понимание механизмов ментальной деятельности и самой природы материальности.

В результате сочетания этих двух эволюционных достижений у ВРС появилась возможность произвольно разбирать и собирать свои тела, что позволяет большинству существ в большинстве высокоразвитых культур «быть», *где* им угодно и когда угодно.

И преодолевать световые годы в просторах Вселенной?

Да. В большинстве случаев. Такие «межгалактические» путешествия выполняются подобно тому, как камешек прыгает по воде. Никто не пытается пройти *сквозь* Матрицу, которой является Вселенная. Путешественники скорее «прыгают» *по* ней. Это лучший образ в вашем языке, который может объяснить физику такого перемещения.

А что касается «работы», то такого понятия в большинстве культур ВРС не существует. ВРС выполняют те задачи и занимаются той деятельностью, которые им нравятся и которые они считают высшим проявлением своего Я.

Это просто супер, но как же с черной работой?

Такого понятия не существует. Ту работу, что вы в вашем обществе называете «черной», в мире высокоразвитых существ часто выше всего ценят. «Рабочих», ежедневный труд которых обеспечивает нормальное существование и функционирование общества, больше всего почитают и уважают. Я взял слово «рабочих» в кавычки, потому что ВРС считают это не работой, но высшей формой самореализации.

Идеи и традиции, созданные людьми вокруг способа самовыражения, который вы называете работой, просто не являются частью культуры ВРС. «Рутина», «сверхурочные», «давление» и подобные вещи не являются выбором ВРС, которые, помимо всего прочего, не стремятся «продвигаться по служебной лестнице», «достигать вершин» или «преуспевать».

Само понятие «успех», как вы его определяете, чуждо ВРС, ибо его противоположность — *неудача* — не существует.

Как тогда ВРС получают опыт достижений или удачи?

Не посредством тщательного построения системы ценностей вокруг «состязаний», «побед» и «поражений», как это происходит в большинстве сфер деятельности человеческого общества. Даже (и особенно!) в ваших школах. ВРС получают такой опыт благодаря глубокому пониманию и высокой оценке того, что действительно является ценным для общества.

Достижение определяется как «деятельность, которая создает ценность», а не «деятельность, которая приносит известность и состояние, независимо от того, ценна она или нет».

Значит, у ВРС все же *есть* «система ценностей»!

Ну да. Конечно. Но она очень отличается от большинства человеческих. ВРС ценят то, что приносит пользу Всем.

И мы тоже!

Да, но вы совсем по-другому определяете значение слова «польза». Вы видите больше пользы в том, чтобы бросать маленький белый шарик в человека с битой или раздеваться на большом белом экране, чем в том, чтобы помогать детям вспоминать великие истины жизни или стремиться к источнику духовной пищи общества. Поэтому вы больше почитаете и платите больше бейсболистам и кинозвездам, чем учителям и священникам. Получается, что вы действуете в противоречии с целью, к которой, по вашим словам, стремитесь как общество.

Ваши способности к наблюдательности очень слабы. ВРС всегда видят «то, что есть» и делают то, «что работает». У людей очень часто все не так.

ВРС не почитают тех, кто учит или служит церкви только из-за того, что это «правильно с точки зрения морали». Они занимаются такими видами деятельности потому, что «это *работает*» и приближает их к цели, к которой стремится их общество.

И все же, если существует структура ценностей, должно быть «то, что нужно делать» и «то, чего делать не нужно». Значит, в обществах ВРС учителя богаты и знамениты, а бейсболисты бедны.

В обществе ВРС *нет* «того, что не нужно делать». Никто не живет в такой ужасной нищете, до которой вы позволили скатиться многим людям. Там никто не умирает от голода, как 400 детей каждый час и 30 000 взрослых каждый день на вашей планете. Там нет жизни в «тихом отчаянии», которая есть в человеческой культуре.

Нет, в обществе ВРС нет таких понятий, как «бедные» и «обездоленные».

Как они избежали этого? *Как?*

Применяя на практике два основных принципа...
Мы Все Одно.

Всё есть в достаточном количестве.

ВРС понимают, что необходимых для жизни ресурсов у них достаточно, и знают, что эту достаточность создает осознание. Благодаря тому, что ВРС осознают взаимозависимость между всеми вещами, на их родной планете не тратят напрасно и не уничтожают никаких природных ресурсов. Поэтому их хватает на всех, то есть — «всё есть в достаточном количестве».

Человеческое представление о недостаточном количестве чего-либо — «нехватке» — первопричина всех тревог, всего давления, всех состязаний, ревности, злобы, конфликтов и в конечном счете убийств на вашей планете.

Идея о нехватке плюс упорная вера людей в отдельность, а не в единство всего сущего создают 90 % страданий в вашей жизни, достойных сожаления событий в вашей истории и несостоятельности ваших прежних попыток сделать жизнь лучше для всех.

Если бы вы изменили эти два элемента в вашем сознании, все бы изменилось.

Как? Я хочу этого, но я не знаю, *как* это сделать. Дай мне инструмент, а не только банальные теории.

Хорошо. Это справедливо. Вот тебе инструмент.

«Поступай как будто».

Поступай, как будто ты *есть* Одно. Начни прямо с завтрашнего дня. Посмотри на каждого человека как на «себя», переживающего тяжелые времена. Посмотри на каждого человека как на «себя», жаждущего честной игры. Посмотри на каждого как на «себя», получающего иной жизненный опыт.

Попробуй. Просто встань завтра утром и попробуй. Посмотри на каждого новыми глазами.

А потом начни поступать так, как будто «всё есть в достаточном количестве». Если бы у тебя было «достаточно» денег, «достаточно» любви, «достаточно» времени, что бы ты сделал по-другому? Поделился бы с другими более открыто, свободно, справедливо?

Любопытно, что именно так мы поступаем с природными ресурсами, и за это нас критикуют экологи. Я имею в виду, мы поступаем так, как будто «всё есть в достаточном количестве».

Действительно любопытно то, что вы поступаете так, как будто вещей, которые вы считаете *полезными, мало*, и поэтому вы их очень тщательно охраняете и часто даже накапливаете. И абсолютно безалаберно относитесь к окружающей среде, природным ресурсам и экологии. Единственный вывод — вы не считаете окружающую среду, природные ресурсы и экологию полезными.

Или мы «поступаем так, как будто» *всё есть в достаточном количестве.*

Вы так не поступаете. Если бы дело обстояло именно так, вы бы справедливо распределяли ресурсы. Сейчас одна пятая мирового населения использует четыре пятых всех мировых ресурсов. И никаких признаков того, что вы собираетесь изменить это соотношение, не наблюдается.

Ресурсов *действительно* было бы достаточно, если бы вы перестали бездумно расточать их на кучку привилегированных персон. Если бы все люди использовали ресурсы разумно, вы бы тратили их меньше, чем сейчас, когда небольшая часть земного населения использует их неразумно.

Используйте ресурсы, но делайте это *правильно*. Вот о чем говорят все экологи.

У меня снова депрессия. Ты постоянно вызываешь у меня депрессию.

Знаешь, ты — это что-то! Ты едешь по дороге один, ты заблудился и забыл, как добраться до пункта назначения. Тут появляется кто-то и *указывает тебе путь.* Эврика! Ты в восторге, правда? Нет. Ты в депрессии.

Изумительно.

Я в депрессии, потому что *не вижу, что мы вдруг стали следовать этим указаниям. Я не вижу возможности, чтобы мы этого хотели. Я вижу, что мы мчимся прямиком в стену, и — да, это меня угнетает.*

Ты не используешь свои силы для наблюдений. Я вижу, как сотни тысяч людей радуются, читая эти строки. Я вижу, как миллионы принимают эти простые истины. И я вижу, как быстро растет новая сила, способная изменить ситуацию на вашей планете. Люди отбрасывают целые системы мировоззрений. Отказываются от прежних способов управления. Изменяют экономическую политику. Пересматривают духовные истины.

Вы — *раса пробуждающаяся.*

Замечания и наблюдения, которые вы найдете на этих страницах, не должны стать источником разочарования. *Признав их истинность* и позволив им стать *топливом, которое питает двигатель перемен,* вы найдете в них источник огромнейшего воодушевления.

Ты катализатор. Ты тот, кто может *помочь другим найти способ,* которым люди создают и получают свой жизненный опыт.

Как? Что я могу сделать?

Будь другим. *Будь* изменением. *Воплоти* в себе осознание истин «Мы Все Одно» и «Всё Есть в Достаточном Количестве».

Измени свое Я, измени мир.

Ты дал своему Я эту книгу и всю информацию, которая есть в трилогии «Беседы с Богом», чтобы вспомнить, каково это — жить как высокоразвитые существа.

Мы жили уже так когда-то, да? Ты говорил раньше, что мы уже жили так когда-то давно.

Да. В древние времена и в древних цивилизациях, как вы бы выразились. Большую часть того, о чем я здесь рассказываю, ваша раса уже переживала.

Теперь часть меня еще *больше* угнетена! Ты имеешь в виду, что у нас это было, а потом мы всё потеряли? Какой смысл в этом «беге по кругу»?

Эволюция! Эволюция — не прямая линия.

Теперь у вас есть шанс воссоздать лучшее из того, что было у ваших древних цивилизаций, избегая худшего. На этот раз вам не нужно позволять личному эго и продвинутой технологии разрушить ваше общество. Вы можете сделать все по-другому. Вы — ты — можете *стать другими*.

Этот опыт может стать для вас очень волнующим, если вы позволите ему случиться.

Хорошо. Я понял. И когда я думаю об этом с таких позиций, я *действительно* взволнован! И я *действительно* стану другим! Расскажи мне еще! Я хочу вспомнить как можно больше о том, какова была жизнь в наших продвинутых древних цивилизациях и какова сегодня жизнь высокоразвитых существ. Как они живут?

Они живут группами, или сообществами, как вы бы их назвали, но в большинстве случаев они отказались от объединений, которые вы называете «городами» или «нациями».

Почему?

Потому что «города» стали слишком крупными и больше не могли служить цели объединения людей, но стали мешать ей. Они порождали «толпу индивидуумов» вместо сообщества групп.

То же самое на этой планете! Слово «сообщество» больше подходит для маленьких городков и деревень — и даже для малозаселенных сельских территорий, — чем для большинства наших крупных городов.

Да. На этот счет есть только одно отличие между вашим миром и планетами, о которых мы говорим.

А именно?

Обитатели этих планет осознали ненужность крупных городов. Они внимательнее наблюдают за тем, «какая система работает».

Мы же продолжаем создавать все более крупные города, хотя видим, что они разрушают наш способ жизни.

Да.

Мы даже *гордимся* этим! Если метрополия передвигается с двенадцатого на десятое место в списке самых больших городов мира, все считают, что это причина для празднования! Торговые палаты даже *рекламируют* это!

Рассматривать регресс как прогресс — признак примитивного общества.

Ты уже говорил это. Ты снова вгоняешь меня в депрессию!

Все большая часть вашего общества перестает гордиться жизнью в гигантских городах. Все больше людей у вас «умышленно» воссоздают маленькие сообщества.

Ты считаешь, что нам следует покинуть наши мегаполисы и возвратиться в поселки и деревни?

Я не выражаю мнения на этот счет. Я просто отмечаю то, что есть.

Как всегда. Тогда скажи мне, почему мы продолжаем мигрировать в большие города, хотя понимаем, что для нас это плохо?

Потому что большинство из вас *не* понимают, что это для вас плохо. Вы полагаете, что, собираясь в крупных городах, вы *решаете* проблемы, в то время как этим только создаете их.

Правда, в больших городах есть услуги, работа и развлечения, которых нет, да и не может быть, в поселках и деревнях. Но ваша ошибка в том, что вы называете перечисленные вещи ценными, когда они, по существу, вредны.

Ага! Значит, у Тебя *есть* точка зрения по этому поводу! Ты только что себя выдал! Ты сказал, что мы делаем «ошибку».

Если ты направляешься в Сан-Хосе...

Ну вот, поехали...

Ты ведь настаиваешь на том, чтобы называть замечания «суждениями», а констатирование факта «мнением», и Я знаю, что ты просто стремишься к большей точности в общении и восприятии, поэтому Я всякий раз собираюсь обращать твое внимание на это отличие.

Если ты направляешься в Сан-Хосе и при этом говоришь, что хочешь попасть в Сиэтл, разве неправильно со стороны встречного, у которого ты спрашиваешь дорогу, сказать, что ты «сделал ошибку»? Выражает ли он свое «мнение»?

Наверное, нет.

Наверное, нет?

Ну хорошо, нет.

Что же он делает?

Он просто говорит «то, что есть», принимая во внимание мои слова о том, куда я хочу попасть.

Отлично. Ты понял.

Но Ты уже говорил об этом. Несколько раз. Почему я постоянно возвращаюсь к мысли о том, что у Тебя есть мнения и суждения?

Потому, что таков Бог вашей мифологии, и ты будешь втискивать меня в эту форму опять и опять. Кроме того, если бы у Меня *действительно* были мнения, тебе было бы легче. Тебе не пришлось бы ни в чем разбираться и приходить к *своим собственным* выводам. Тебе бы просто нужно было делать то, *что Я скажу.*

Конечно, ты бы никак не смог узнать, *что именно* Я говорю, ведь ты не веришь, что Я общался с людьми в прошедшие тысячелетия. Поэтому тебе осталось бы только положиться на тех, кто утверждает, что учит той мудрости, которую Я поведал *еще тогда*, когда действительно общался с человеческой расой. Но и тут есть проблема, ибо в вашем мире существует столько учителей и учений, сколько волос на твоей голове. Таким образом, мы пришли туда, откуда вышли, — тебе пришлось бы делать *свои собственные* выводы.

Есть ли выход из этого лабиринта — и из замкнутого круга страданий, созданного им? Мы хоть когда-нибудь «справимся»?

«Выход» есть, и вы «справитесь». Вам просто нужно *развивать свою наблюдательность*. Вы должны лучше понимать, что именно приносит вам пользу. Это называется «эволюцией». На самом деле вы не можете «не справиться». Вас не может постигнуть неудача. Это вопрос времени, а не возможности.

Но разве наше время на этой планете не заканчивается?

Ну, если *это* ваша цель, если вы хотите «справиться» на *этой планете*, то есть пока *эта конкретная планета вас еще* питает, тогда вам лучше поспешить.

Как мы можем двигаться быстрее? Помоги нам!

Я вам помогаю. Как по-твоему, о чем весь этот разговор?

Хорошо, помоги нам еще немного. Чуть раньше Ты сказал, что в высокоразвитых культурах на других планетах существа отказались также от идеи наций. Почему они это сделали?

Они увидели, что явление, которое вы называете «национализмом», работает против их Первого Руководящего Принципа: *МЫ ВСЕ ОДНО*.

С другой стороны, национализм *поддерживает* наш Второй Руководящий Принцип: ВЫЖИВАНИЕ СИЛЬНЕЙШИХ.

Совершенно верно.

Вы разделяете себя на нации ради выживания и безопасности, а в результате получаете абсолютно противоположное.

Высокоразвитые существа не объединяются в нации. Они верят в единую нацию. Вы можете даже сказать, что они создали «один народ пред Богом».

Да, умно. Но у них есть «свобода и справедливость для всех»?

А у вас?

Туше!

Дело в том, что все расы и виды эволюционируют, и эволюция — в ходе которой вы замечаете, что именно служит вашим целям, и соответственно меняете свое поведение — все время движется в одном направлении. Она движется от разделения к единению.

Это не удивительно, так как единство — это Конечная Истина, и «эволюция» всего лишь синоним выражения «движение к истине».

Я вижу, что фраза «замечаете, что именно служит вашим целям, и соответственно меняете свое поведение» звучит подозрительно похоже на «выживание сильнейших» — один из наших Руководящих Принципов!

Действительно.

Значит, время «заметить», что «выживание сильнейших» (то есть эволюция вида) не достигается, но на самом деле весь вид обрекается на гибель, и даже *самоуничтожение*, если назвать «процесс» «принципом».

Ох, Ты меня запутал.

Процесс называется «эволюцией». «Принцип», который *руководит* этим процессом, определяет путь вашей эволюции.

Ты прав. Эволюция — это *и есть* «выживание сильнейших». Это *процесс*. Но не путай процесс с принципом.

Если «эволюция» и «выживание сильнейших» — синонимы и если ты заявляешь, что «выживание сильнейших» — это Руководящий Принцип, значит, ты говоришь: «Руководящий Принцип Эволюции — *это эволюция*».

Но таково утверждение расы, не знающей, что она может *контролировать течение своей эволюции*. Это утверждение вида, который считает себя низведенным до статуса наблюдателя за своей эволюцией. Потому что большинство людей считают, что эволюция — это процесс, который просто «идет сам по себе», а не процесс, который они *направляют*, согласуясь с определенными *принципами*.

Поэтому вид объявляет: «Мы *эволюционируем* по принципу... ну, *эволюции*». Но они никогда не говорят, *что это за принцип*, потому что перепутали процесс и принцип.

С другой стороны, вид, уяснивший, что эволюция — это процесс, но процесс, *который данный вид способен контролировать*, не путает процесс с принципом, а сознательно *выбирает* принцип, который *использует для того, чтобы руководить и направлять процесс* эволюции.

Это называется *сознательной эволюцией*, и ваш вид как раз приблизился к ней.

Это невероятно! *Вот почему* Ты дал Барбаре Маркс Хаббард ее книгу! Как я говорил, она действительно назвала ее «Сознательная эволюция».

Конечно. Я ей так посоветовал.

Мне это нравится! Итак... Мне бы хотелось вернуться к нашей «беседе» об инопланетянах. Как высокоразвитые существа организуют свое общество, если у них нет наций? Как они управляют обществом?

Они не используют «эволюцию» в качестве своего Первого Руководящего Принципа Эволюции, они *создали* принцип, основываясь на чистом наблюдении. Они просто заметили, что все они Одно, и создали политические, социальные, экономические и духовные механизмы, которые *поддерживают*, а не *подрывают* этот Первый Принцип.

На что это «похоже»? Правительство, например?

Если ты один, как ты собой управляешь?

Еще раз?

Если ты единственный, кто есть, как ты управляешь своим поведением? Кто управляет твоим поведением? Кто, кроме тебя?

Никто. Если бы я был совсем один — например, на необитаемом острове, — никто, «кроме меня», не управлял бы мной и не контролировал мое поведение. Я бы ел, одевался и поступал так, как хочу. Наверное, я бы вообще не одевался. Я бы ел, когда голоден, и ел то, что вкусно и что делает меня здоровым. Я бы «делал», что мне хочется, и часть моей деятельности определялась бы необходимостью выжить.

Как обычно, вся твоя мудрость с тобой. Я уже говорил, что тебе не нужно ничему учиться, тебе нужно только вспомнить.

Именно так и обстоят дела в продвинутых цивилизациях? Они ходят обнаженные, собирают ягоды и мастерят каноэ? Это похоже на варваров!

Как по-твоему, кто счастливее — и ближе к Богу?

Мы это уже проходили.

Да, мы это проходили. Это признак примитивной культуры — считать, что простота — это варварство, а сложность — высокое достижение.
Любопытно, что высокоразвитые существа полагают как раз наоборот.

Но все культуры — фактически, сам процесс эволюции — движутся ко все большим уровням сложности.

В некотором смысле. Но в этом присутствует величайшая Божественная Дихотомия:
Самая большая сложность — это самая большая простота.
Чем «сложнее» система, тем проще ее устройство. На самом деле она чрезвычайно изысканна в своей Простоте.
Мастер понимает это. Поэтому высокоразвитые существа живут чрезвычайно просто. Высокоразвитые системы управления, образования, экономики и религии — все они чрезвычайно, изысканно просты.
В высокоразвитых системах управления, например, практически *нет никакого управления, кроме самоуправления.*

Так, как будто в управлении участвует только одно существо. Как будто воздействие оказывается только на одно существо.

Которое есть Все Сущее.

Что понимают в высокоразвитых культурах.

Точно.

Теперь я начинаю сводить концы с концами.

Хорошо. У нас осталось не так много времени.

Ты спешишь?

Эта книга становится слишком длинной.

20

Подожди! Стой! Ты не можешь сейчас все бросить! У меня есть еще вопросы об инопланетянах! Появятся ли они на Земле, чтобы «спасти нас»? Спасут ли они нас от нашего собственного безумия, дадут ли нам новые технологии, чтобы мы смогли контролировать климатические условия нашей планеты, очистить атмосферу, использовать солнечную энергию, регулировать погоду, вылечить все болезни и улучшить качество жизни в нашей собственной маленькой нирване?

Возможно, вы не захотите, чтобы так случилось. «ВРС» это знают. Они знают, что подобное вмешательство только подчинит вас *им*, сделает *их* вашими богами вместо тех, которым, как вы утверждаете, вы подчиняетесь теперь.

Истина в том, что вы не подчиняетесь *никому*, и существа из продвинутых культур дали бы вам это понять. Так что, если бы они и поделились с вами некоторыми технологиями, они бы дали их вам таким образом и в такой степени, чтобы вы смогли признать свои *собственные* силы и потенциалы, а не силу и потенциал других существ.

Подобно этому, если бы ВРС решили поделиться с вами некоторыми учениями, они бы дали их вам таким образом, чтобы вы смогли увидеть великие истины и свои *собственные* силы и потенциалы и *не сделали бы богов из ваших учителей*.

Слишком поздно. Мы уже это сделали.

Да, Я заметил.

Что подводит нас к разговору об одном из наших величайших учителей, человеке по имени Иисус. Даже те, кто *не* сделали Его богом, признали величие Его учения.

Учения, которое в значительной степени исказили.

Был ли Иисус одним из «ВРС» — высокоразвитых существ?

Полагаешь, он достиг высокого уровня развития?

Да. Как и Будда, Господь Кришна, Моисей, Бабаджи, Саи-Баба и Парамахамса Йогананда.

Воистину. Как и многие другие, кого ты здесь не упомянул.

Во второй книге Ты «намекнул», что Иисус и другие великие учителя, возможно, пришли из Космоса, что они были гостями на этой планете и поделились с нами учениями и мудростью высокоразвитых существ. Пора поставить точки над «i». Иисус был «пришельцем»?

Вы все «пришельцы».

Что это значит?

Вы не коренные жители планеты, которую называете своим «домом».

Нет?

Нет. «Генетический материал», из которого вы сделаны, был специально *занесен* на вашу планету. Он «появился» здесь не случайно. Элементы, образовавшие жизнь на Земле, соединились не в результате какой-то *счастливой биологической случайности*. Все происходило по плану. На вашей планете происходят события гораздо большего масштаба. Вы полагаете, что миллиард и одна химическая реакция, которые понадобились, чтобы на Земле возникла жизнь, произошли по чистой случайности? Вы считаете, что цепь беспорядочных, не связанных между собой событий *случайно* привела к счастливому исходу?

Нет, конечно, нет. Я согласен, что тут был план. *Божественный* план.

Хорошо. Потому что ты прав. Это была Моя идея, Мой план и Мой процесс.

Так что, получается... Ты говоришь, что Ты — «пришелец»?

Куда ты обычно смотрел, когда представлял, что разговариваешь со Мной?

Вверх. Я смотрел вверх.

Почему не вниз?

Не знаю. Все всегда смотрят вверх, на «небеса».

Где Я нахожусь?

Думаю, да.

Это делает Меня пришельцем?

Я не знаю. Делает?

И если Я пришелец, мешает ли это Мне быть Богом?

Исходя из того, что, по словам большинства людей, Ты можешь, нет. Думаю, нет.

И если Я Бог, мешает ли это Мне быть пришельцем?

Думаю, все зависит от наших определений.

А что, если Я не физическое существо, а скорее Сила, «Энергия» Вселенной, которая САМА ЕСТЬ Вселенная, то есть фактически, Все Сущее. Что, если Я — Совокупное?

Ты ведь сам сказал, что являешься всем этим. Уже в этом диалоге.

Да, действительно. Ты в это веришь?

Думаю, верю. По крайней мере, я полагаю, что Бог — это Все Сущее.

Хорошо. А теперь скажи, считаешь ли ты, что «пришельцы» существуют?

Ты имеешь в виду, существа из Космоса?

Да.

Да, считаю. Думаю, я всегда в них верил, к тому же Ты *сказал мне* здесь и сейчас, что они существуют, поэтому я, несомненно, верю.

Являются ли эти «существа из Космоса» частью Всего Сущего?

Конечно.

И если Я Все Сущее, разве это не делает *Меня пришельцем*?

Да... но, согласно такому определению, Ты также являешься *мной*.

Молодец.

Да, но Ты отвлекся от моего вопроса. Я спросил, был ли Иисус пришельцем. И думаю, Ты знаешь, о чем я спрашиваю. Был ли Он существом из Космоса или Он родился здесь, на Земле?

Твой вопрос опять предполагает выбор «либо — либо». *Сними шоры.* Отбрось «либо — либо» и обдумай вариант «и то, и другое».

Ты хочешь сказать, что Иисус был рожден на Земле, но в нем была «кровь пришельцев»?

Кто был отцом Иисуса?

Иосиф.

Но кто *зачал его?*

Полагают, что это было непорочное зачатие. Говорят, что к Деве Марии прилетел архангел. Иисус был «зачат Святым Духом и рожден Девой Марией».

Ты в это веришь?

Я не знаю, во что тут верить.

Если Марию посетил архангел, откуда, по-твоему, он прилетел?

С неба.

Ты говорил — «с небес»?

Я сказал «с *неба*». Из других сфер. От Бога.

Понятно. А разве мы только что не пришли к выводу, что Бог — пришелец?

Не совсем. Мы пришли к выводу, что Бог — это *всё*, а так как пришельцы являются *частью* «всего», Бог — пришелец, в таком же смысле, как Бог — это мы. Все мы. Бог есть Всё. Бог есть совокупное.

Хорошо. Значит, архангел прилетал к Марии из других сфер. Из небесных сфер.

Да.

Сфер, которые находятся глубоко внутри твоего «Я», потому что небеса внутри тебя.

Я этого не говорил.

Ну, тогда из сфер, которые находятся во внутреннем пространстве Вселенной.

Нет, я так тоже не сказал бы, потому что не знаю, что это такое.

Тогда откуда? Из *внешнего*, космического пространства*?

(Длинная пауза)

Теперь Ты играешь словами.

Я стараюсь. Я *пользуюсь* словами, несмотря на их ужасную ограниченность, чтобы как можно точнее передать идею, концепцию, которую, по правде говоря, невозможно ни описать посредством ограниченного словарного запаса вашего языка, ни понять в узких рамках вашего настоящего уровня восприятия.

Я стремлюсь открыть тебе новые горизонты восприятия, по-новому используя ваш язык.

Хорошо. Значит, Ты говоришь, что отцом Иисуса было высокоразвитое существо из какого-то другого мира и, таким образом, Он был одновременно и человеком, и ВРС?

На вашей планете жили когда-то и живут сегодня много высокоразвитых существ.

Ты имеешь в виду, что «среди нас есть чужаки»?

Вижу, что твоя работа в газетах, ток-шоу на радио и телевидении сослужила службу.

То есть?

Ты можешь превратить в сенсацию что угодно. Я не называл высокоразвитых существ «чужаками», и Я не называл Иисуса «чужаком».

Нет ничего «чуждого» в Боге. На Земле нет «чужаков».

Мы Все Одно. Если Мы Все Одно, ни одно индивидуальное проявление Нас не является чуждым само себе.

Некоторые индивидуальные проявления Нас — то есть некоторые индивидуальные существа — помнят больше, чем другие. Процесс вспоминания (воссоединения с Богом или возвращения к состоянию Единства со Всем, с Совокупным) вы называете процессом эволюции. Вы все — эволюционирующие, развивающиеся существа. Некоторые из вас высокоразвиты. То есть *помнят больше*. Знают, Кто Они Есть в Действительности. Иисус знал это и говорил об этом.

Хорошо. Я так понимаю, мы собираемся жонглировать словами на предмет Иисуса.

---

* Игра слов: «outer space» (англ.) — «космос, космическое пространство», дословно переводится как «внешнее пространство». — *Прим. перев.*

Ничего подобного. Я скажу тебе прямо. Дух человека по имени Иисус был не с Земли. Он просто наполнил человеческое тело и дал Себе возможность учиться в детстве, стать мужчиной, а затем самореализовался. Он не был единственным в своем роде. *Все духи* «не с Земли». *Все души* приходят из другого мира и входят в тело. Но не все души реализуют себя за одну конкретную жизнь. Иисус это сделал. Он был высокоразвитым существом (которое некоторые из вас назвали Богом). И Он пришел к вам с определенной целью, с миссией.

Чтобы спасти наши души.

В некотором смысле. Но не от вечного проклятия. Такой концепции *нет.* Его миссия была — и есть — спасти вас от незнания и непереживания того, Кто Вы Есть в Действительности. Он намеревался помочь, показав вам, чем вы можете стать. Фактически, чем вы *являетесь* — если только принимаете это.

Иисус стремился учить своим примером. Вот почему он говорил: «Я есмь путь и жизнь. Следуйте за мною». Он говорил «Следуйте за мною» не для того, чтобы вы все стали Его «последователями», но чтобы вы все *следовали Его примеру* и *стали едины с Богом.* Он сказал: «Я и Отец — одно, и вы — мои братья». Он не мог выразиться яснее.

Значит, Иисус пришел не от Бога, Он пришел из космоса.

Твоя ошибка в том, что ты разделяешь первое и второе. Ты продолжаешь настаивать на их отличии точно так же, как ты настаиваешь на том, чтобы разделять и отличать друг от друга людей и Бога. А Я говорю тебе: *нет никакого отличия.*

Гм... Хорошо. Можешь ли Ты рассказать мне напоследок еще несколько вещей о существах из других миров? Во что они одеваются? Как они общаются? И, пожалуйста, не говори, что это лишь праздный интерес. По-моему, я доказал, что мы можем кое-чему у них научиться.

Хорошо. Только коротко.

В высокоразвитых культурах существа не видят необходимости в одежде, кроме тех случаев, когда нужно защитить тело от условий, которые они не могут контролировать, или когда украшения указывают на определенный «ранг» или являются знаком отличия.

ВРС не поняли бы, зачем вы покрываете одеждой все тело, когда у вас нет в этом необходимости; они, безусловно, не поняли бы концепций «стыда» и «скромности», и им никогда бы не пришла в голову мысль, что одежда делает человека «красивее». Для ВРС нет ничего прекраснее обнаженного тела, поэтому чем-то прикрывать его, чтобы сделать более приятным или привлекательным на вид, показалось бы им абсолютно непостижимым обычаем.

Таким же непостижимым был бы обычай жить — проводить большую часть времени — в коробках... которые вы называете «зданиями» и «домами». ВРС живут в окружении природы и остаются внутри закрытых помещений только тогда, когда окружающие условия становятся суровыми — что бывает редко, так как высокоразвитые цивилизации создают, контролируют окружающую их среду и заботятся о ней.

ВРС также понимают, что они Одно с природой и не только занимают определенную территорию, но что они и окружающая среда взаимозависимы. ВРС никогда не поймут, зачем наносить ущерб или разрушать то, что обеспечивает ваше существование, поэтому могут прийти только к одному выводу: вы не понимаете, что ваше существование обеспечивает окружающая вас среда и что у вас совсем не развита наблюдательность.

Что касается общения. В качестве первого уровня общения ВРС используют аспект своего существа, который вы называете чувствами. ВРС осознают свои чувства и чувства других, и никто никогда не пытается их *скрывать*. ВРС сочли бы, что бессмысленно, а поэтому и непонятно — зачем вначале скрывать свои чувства, а потом жаловаться, что никто не понимает твоих чувств.

Чувства — это язык души, и высокоразвитые существа это понимают. Цель общения ВРС — по-настоящему узнать друг друга. Поэтому ВРС не могут и никогда бы не смогли понять человеческую концепцию «лжи».

Достижение успехов посредством обмана ВРС сочли бы не победой, но разрушительным поражением.

ВРС не «говорят» правду, ВРС *являются* правдой. Все их бытие основано на «том, что есть» и на «том, что работает», и ВРС поняли давным-давно, еще в те незапамятные времена, когда общение происходило посредством произнесения звуков, что неправда не работает. Ваше общество еще не постигло этого.

На вашей планете многое в общественном устройстве основано на секретности. Многие из вас верят, что вашим жизненным успехам способствует то, что вы скрываете *друг от друга*, а не то, что вы говорите *друг другу*. Поэтому секретность стала вашим общественными, этическим кодексом. Это действительно ваш Секретный Кодекс.

Это касается не всех вас. Ваши древние культуры, например, и аборигены не живут по такому кодексу. Кроме того, многие люди в современном обществе отказались принимать такую систему поведения.

Но согласно этому кодексу действует ваше правительство, он принят в вашем бизнесе, он отражается во многих аспектах ваших взаимоотношений. Ложь — большая и маленькая — стала так привычна многим, что они лгут даже о лжи. Таким образом, вы создали секретный кодекс вокруг вашего Секретного Кодекса. Как в сказке о голом короле, все это знают, но никто об этом не говорит. Вы даже пытаетесь притворяться, что все не так, и лжете сами себе.

Ты уже упоминал об этом.

В третьем диалоге Я повторяю самое важное — то, что ты должен «усвоить», если действительно хочешь изменить ситуацию.

И поэтому Я скажу снова: разница между человеческими культурами и высокоразвитыми культурами в том, что высокоразвитые существа:

1. Наблюдают жизнь в полном объеме.

2. Общаются правдиво.

Они видят, «что работает», и говорят «то, что есть». Это еще одно крошечное, но глубокое изменение, которое неизмеримо улучшило бы жизнь на вашей планете.

И, кстати, это не вопрос морали. В обществе ВРС нет «моральных обязательств», для них эта концепция была бы столь же загадочной, как и ложь. Это просто вопрос функциональности и пользы.

У ВРС нет морали?

Такой, как вы ее понимаете. Идея о том, что какая-то группа существ создает систему ценностей, по которой призывает жить все индивидуальные ВРС, не согласовывалась бы с их пониманием того, «что работает», т. е. что каждый индивидуум является единственным и окончательным арбитром того, какое поведение является или не является для него подобающим.

Все вертится вокруг того, что *работает* на благо сообщества ВРС, что функционально и приносит пользу всем, а не вокруг того, что люди назвали бы «правильным» или «неправильным».

Но разве это не одно и то же? Разве мы не называем то, *что работает*, правильным, а то, что нет, — неправильным?

С этими понятиями вы связали чувство вины и стыда, также чуждые ВРС, и назвали огромнейшее количество вещей «неправильными» не потому, что они «не работают», но просто потому, что сочли их «неподобающими», и иногда — даже не в ваших глазах, но в «глазах Бога». Таким образом, вы соорудили искусственные определения «того, что работает» и что нет, определения, которые не имеют ничего общего с «тем, что есть на самом деле».

Честно выражать свои чувства, например, в человеческом обществе нередко считают «неправильным». К такому заключению никогда не смогли бы прийти ВРС, так как точное понимание чувств облегчает *жизнь* в любом сообществе или группе. Итак, как Я сказал, ВРС никогда не скрывают своих чувств и не считают, что это «правильно с общественной точки зрения».

Для ВРС скрывать чувства было бы невозможно в любом случае, потому что они принимают *вибрации* других существ, и это делает их чувства совершенно открытыми. Точно так же как вы иногда можете «почувствовать настроение», войдя в комнату, ВРС могут *чувствовать*, что думают и переживают другие ВРС.

Произносимые голосом сочетания звуков, которые вы называете «словами», используются очень редко. «Телепатическое общение» существует у всех разумных высокоразвитых существ. Можно даже сказать, что уровень развитости вида — или отношений между представителями одного и того же вида — отражается тем, насколько существа нуждаются в «словах», чтобы передать свои чувства, желания и информацию.

Прежде чем ты задашь свой вопрос, я отвечу: да, человеческие существа могут развить, и некоторые *уже* развили, такую способность. На самом деле она считалась нормальной уже тысячи лет назад. Но с тех пор вы регрессировали в общении до употребления примитивных звуков — «шумов». Однако многие из вас возвращаются к более чистой, точной и изысканной форме общения. Это особенно касается общения между влюбленными, что подтверждает важную истину: *Внимание создает общение*.

Там, где есть глубокая любовь, слова практически не нужны. Обратная аксиома тоже истинна: чем больше слов вам *приходится* использовать в общении друг с другом, тем меньше времени вы, очевидно, уделяете *вниманию* друг к другу, ибо внимание создает общение.

В конечном счете все настоящее общение построено на правде. А единственная реальная истина — это любовь. Вот потому, если присутствует любовь, присутствует и общение. И когда общаться сложно, это знак, что в ваших отношениях любовь не присутствует в полной мере.

Прекрасно изложено. Или, точнее, прекрасно *сообщено*.

Спасибо. Итак, вот краткое описание модели жизни в высокоразвитом обществе:

Существа живут группами, или, как сказали бы вы, небольшими сознательно организованными сообществами. Эти группы не объединяются далее в города, государства или нации, но они взаимодействуют друг с другом на равноправной основе.

Нет ни правительств, ни законов, как вы их понимаете. Есть советы, или конклавы. Обычно в них состоят старейшие. Есть также то, что вы бы перевели на свой язык как «обоюдные соглашения». Они были сведены в Тройной Кодекс: Осознание, Честность, Ответственность.

Высокоразвитые существа уже давно решили выбрать такое устройство своей жизни. Они сделали выбор, опираясь не на систему моральных правил или духовное откровение какого-то существа или группы, но скорее — основываясь на простом наблюдении за *тем, что есть* и *что работает*.

Там действительно нет ни войн, ни конфликтов?

Нет, и в основном потому, что высокоразвитые существа делятся всем, что у них есть, и они добровольно отдали бы тебе все, что ты захотел бы взять силой. Просто они осознают, что все и так принадлежит всем и что они всегда могут создать больше того, что «отдали», если действительно этого пожелают.

В обществе ВРС нет понятий «собственности» и «убытка», ибо ВРС понимают, что они не физические существа, но существа, *пребывающие* в физической форме. Они также понимают, что все существа происходят из одного источника и, таким образом, Мы Все Одно.

Я знаю, Ты говорил об этом раньше... но даже если бы кто-то угрожал жизни ВРС, конфликта все равно бы не было?

Не было бы спора. ВРС просто положил бы свое тело на землю, в буквальном смысле слова оставляя его тебе. Потом он создал бы себе другое тело, если бы таков был его выбор, и вернулся на физический уровень либо как полностью сформировавшееся существо, либо как ребенок любящей пары существ.

Последний способ возвращения на физический уровень выбирают чаще всего, потому что в высокоразвитых обществах никому не оказывают большего внимания, чем новорожденным, и возможности роста для них беспримерны.

ВРС не боятся того, что в вашей культуре называется «смертью», они знают, что живут вечно, и вопрос только в том, какую *форму* принять. Обычно ВРС могут жить в физическом теле бесконечно, так как они научились должным образом заботиться о теле и об окружающей среде. Если по какой-либо причине, связанной с физическими законами, тело ВРС больше не может функционировать, ВРС просто покидает его, радостно возвращая свою физическую оболочку Всему во Всем для «переработки». (Что вы понимаете как «прах к праху».)

Позволь мне вернуться немного назад. Я знаю, Ты сказал, что у них нет «законов» как таковых. Но что, если кто-то не ведет себя согласно «Тройному Кодексу»? Что тогда? *Пиф-паф?*

Нет. Никаких «пиф-паф». Нет никаких «судов» или «наказаний», просто наблюдение за «тем, что есть» и «что работает».

Ему старательно объясняют: «то, что есть» — то, что он сделал, — теперь в противоречии с «тем, что работает», а когда действие не приносит пользы группе, оно в конечном счете не приносит пользы индивидууму, потому что индивидуум и *есть* группа, а группа является индивидуумом. Все ВРС «усваивают» это очень быстро, обычно в ранней *юности*, и поэтому чрезвычайно редко взрослые ВРС совершают поступки, в результате которых «то, что есть» *не* является «тем, что работает».

Но если ВРС все же совершает такой поступок?

Ему просто позволяют исправить свою ошибку. В согласии с Тройным Кодексом, ему вначале дают осознать все последствия того, что данный ВРС подумал, сказал или сделал. Затем ему позволяют оценить и огласить свою роль в возникновении этих последствий. Наконец, ему дают возможность взять на себя ответственность за эти последствия и принять коррективные, исправительные или исцеляющие меры.

А если ВРС откажется?

Высокоразвитое существо никогда не откажется. Это невероятно. В противном случае оно не будет высокоразвитым существом, и ты говоришь сейчас о разумном существе совершенно иного уровня.

Где ВРС учится всему? В школе?

В обществе ВРС нет «школьной системы», есть просто *процесс* образования, в ходе которого подрастающему поколению напоминают о «том, что есть» и «что работает». Детей воспитывают старейшие, а не те, кто их зачал, хотя дети не обязательно живут отдельно от «родителей». Родители могут находиться рядом со своими детьми, когда захотят, и проводить с ними столько времени, сколько пожелают.

В том, что вы называете «школой» (на самом деле это лучше перевести как «время обучения»), дети устанавливают свой собственный «учебный план», выбирая, какие умения *они* бы хотели приобрести, то есть никто не *принуждает* их к тому, что они *должны* изучать. Таким образом достигается самый высокий уровень мотивации, и жизненные умения приобретаются быстро, легко и радостно.

Тройной Кодекс (в действительности это не кратко изложенные «правила», просто это лучшее слово, которое можно найти в вашем языке) не «вдалбливают в головы» юных ВРС, его *приобретают* — почти бессознательно — через *модели* поведения, которые «взрослые» показывают «детям».

В отличие от вашего общества, в котором модели поведения взрослых *противоречат* тому, чему они хотят научить своих детей, в высокоразвитых культурах взрослые понимают, что дети копируют их действия.

ВРС никогда бы не пришло в голову посадить своего ребенка на много часов перед аппаратом, демонстрирующим картины поведения, которое они никогда не хотели бы видеть у своего ребенка. Такое решение для ВРС было бы непостижимым.

Так же необъяснимо для ВРС было бы впоследствии отрицать, что увиденные на экране модели поведения имеют какое-либо отношение к внезапным поступкам ребенка, ему несвойственным.

Я еще раз повторю, что разница между обществом ВРС и человеческим обществом сводится к одному очень простому элементу, который мы будем называть истинной наблюдательностью.

В обществах ВРС существа признают все, что они видят. В человеческих обществах многие отрицают то, что видят.

Люди видят, что телевидение разрушает их детей, и игнорируют это. Люди видят, что насилие и «поражение» считают «развлечением», и отрицают присутствующее в этом противоречие. Люди наблюдают за тем, как табак разрушает тело, и делают вид, что это не так. Люди видят пьяного и жестокого отца, и вся семья отрицает это и не позволяет никому произнести о своей ситуации ни слова.

Люди наблюдают за тем, как на протяжении тысяч лет их религии демонстрируют абсолютную неспособность изменить массовое поведение, и тоже отрицают это. Люди отчетливо видят, что правительства скорее притесняют их, чем помогают, и игнорируют это.

Люди видят, что система здравоохранения, которая на самом деле является системой болезнеохранения, тратит одну десятую часть своих ресурсов на предотвращение болезней и девять десятых — на их лечение, и отрицают, что только *стремление к прибыли* не дает достичь какого-либо реального прогресса в обучении тому, что нужно делать, что есть и как жить, чтобы сохранить крепкое здоровье.

Люди видят, что употребление в пищу мяса животных, которых вначале насильно кормили напичканной химикатами пищей, а потом убили, совершенно не прибавляет им здоровья, но они отрицают то, что видят.

И это не всё. Люди даже пытаются преследовать судом телеобозревателей, которые осмеливаются обратиться к этой теме. Знаешь, есть чудесная книга, исследующая проблемы питания с изумительной проницательностью. Она называется «Диета для новой Америки», ее автор Джон Роббинс.

Люди будут читать эту книгу и отрицать, отрицать, *отрицать*, что в ней есть какой-то смысл. В этом все дело. Большая часть твоей расы живет в отрицании. Они отрицают не только то, что мучительно очевидно для всех вокруг них, но и то, что видят собственными глазами. Они отрицают свои чувства и, в итоге, свою истину.

Высокоразвитые существа, которыми становятся некоторые из вас, не отрицают *ничего*. Они замечают «то, что есть». Они ясно видят, «что работает». С такими простыми инструментами жизнь становится простой. Они чтят «Процесс».

Да, но как работает «Процесс»?

Чтобы ответить, Мне нужно повторить то, о чем Я неоднократно говорил в нашей беседе. *Все зависит от того, кем ты себя считаешь и что ты пытаешься сделать.*

Если твоя цель — жить мирной, радостной, полной любви жизнью, *насилие не работает.* Это *уже доказано.*

Если твоя цель — жить здоровой и долгой жизнью, поглощение мертвой плоти, курение заведомо канцерогенных веществ и употребление большого количества убивающих нервы и размягчающих мозг жидкостей *не работает.* Это *уже доказано.*

Если твоя цель — воспитывать детей, свободных от насилия и злобы, демонстрация им на протяжении нескольких лет ярких картин насилия и злобы *не работает.* Это *уже доказано.*

Если твоя цель — заботиться о Земле и мудро использовать ее ресурсы, их нерациональное использование, как будто эти ресурсы бесконечны, *не работает.* Это *уже доказано.*

Если твоя цель — открывать и развивать отношения с любящим Богом, чтобы религия *смогла* изменить человеческие дела, то учение о боге карающем и несущем ужасное возмездие, *не работает.* Это тоже *уже доказано.*

Мотив — это всё. Цели определяют результаты. Жизнь вытекает из намерений. Твое истинное намерение открывается в твоих поступках, и твои поступки определяются твоими истинными намерениями. Как и всё в жизни (и как *сама* жизнь), это замкнутый круг.

ВРС *видят этот круг.* Люди — нет.

ВРС реагируют на то, что есть; люди игнорируют то, что есть.

ВРС говорят правду *всегда.* Люди слишком часто лгут и себе, и другим.

ВРС говорят — и делают то, что говорят. Люди говорят одно, а делают другое.

Глубоко внутри вы *знаете,* что что-то не так, что вы собирались «попасть в Сиэтл», но оказались в «Сан-Хосе». Вы видите противоречия в своем поведении, и сейчас вы действительно готовы его изменить. Вы ясно видите и то, что *есть,* и то, что *работает,* и больше не хотите поддерживать противоречия между первым и вторым.

Вы — *раса пробуждающаяся.* Близко время свершений.

Вам *не нужно* унывать из-за того, что вы здесь услышали, ибо уже заложен фундамент для нового опыта, для великой реальности, и все это — лишь подготовка к ней. Теперь вы готовы открыть дверь и сделать шаг за порог.

Наш диалог, в первую очередь, должен помочь вам распахнуть эту дверь. Прежде всего необходимо показать ее. *Видите? Вот она!* Свет истины всегда будет указывать вам путь. Свет истины вы найдете в этой книге.

Так берите эту истину и живите с ней. Возьмите ее и поделитесь ею. Примите эту истину сейчас и цените ее всегда.

Ибо в этих трех книгах — в «Беседах с Богом» — Я говорил с вами о *том, что есть*.

Нет нужды продолжать. Нет нужды и дальше задавать вопросы, слушать ответы, удовлетворять любопытство, давать примеры или предлагать наблюдения. Все, что тебе нужно, чтобы создать ту жизнь, какую ты желаешь, ты нашел здесь, в этой трилогии как она есть. Нет нужды продолжать.

Да, у тебя есть еще вопросы. Да, у тебя есть еще твои «А что, если…». Да, ты еще не «закончил» с исследованием, которым мы здесь наслаждались. Потому что *любое исследование бесконечно*.

Поэтому ясно, что эта книга может продолжаться вечно. И что этого не будет. Твоя *беседа* с Богом будет продолжаться, но эта книга — нет. Ибо ответ на любой вопрос, который ты задашь, ты найдешь здесь, в уже завершенной трилогии. Теперь мы можем лишь повторять, расширять, возвращаться к той же мудрости снова и снова. Даже в этой трилогии так было неоднократно. В ней нет ничего нового, мы просто вернулись к древней мудрости.

Хорошо возвращаться. Хорошо знакомиться еще раз. Это процесс вспоминания, о котором Я так часто говорил. Тебе нечему учиться. Тебе нужно только вспомнить…

Так что возвращайся к этим книгам не один раз, листай их страницы снова и снова.

Если у тебя возникнет вопрос, на который, как тебе кажется, здесь нет ответа, снова прочти эти страницы. Ты увидишь, что ответ есть. Но если ты действительно чувствуешь, что его тут нет, тогда ищи *свои* ответы. Веди *свою* беседу. Создай *свою* истину.

И ты ощутишь, Кто Ты Есть в Действительности.

21

Я не хочу, чтобы Ты уходил!

Я никуда не ухожу. Я всегда с тобой. *При любых обстоятельствах.*

Пожалуйста, прежде чем мы закончим, еще несколько вопросов. Несколько последних, завершающих справок.

Надеюсь, ты понимаешь, что можешь *войти внутрь* в любое время, вернуться к Месту Вечной Мудрости и найти там ответы на свои вопросы?

Да, я это понимаю, и я до глубины души благодарен за то, что есть такой способ, что жизнь устроена таким образом, что я всегда могу пользоваться этим источником. Но этот работал для меня. Этот диалог был большим подарком. Могу я задать несколько последних вопросов?

Конечно.

Действительно ли наш мир в опасности? Действительно ли наш вид занят самоуничтожением — действительно ли его ждет полное исчезновение?

Да. И пока вы считаете реальной саму такую возможность, вы не сможете ее избежать. Ибо то, чему вы сопротивляетесь, упорствует. Только то, что вы удерживаете, может исчезнуть.

Вспомни также то, что Я говорил тебе о времени и событиях. Все события, какие ты только можешь себе представить — по существу, представляешь, — имеют место прямо сейчас, в Вечный Момент. Это Святое Мгновение. Это Момент, который предшествует твоему осознанию. То, что происходит, прежде чем Свет дойдет до тебя. Это настоящий момент, посланный тебе, созданный тобой еще раньше, чем ты узнаешь об этом! Вы называете это «настоящим». Это и ЕСТЬ «настоящее». Это величайший подарок, посланный тебе Богом.

У тебя есть возможность выбирать, какое из всех доступных твоему воображению переживаний испытать *сейчас*.

Ты уже говорил об этом, и я, при всей ограниченности моего восприятии, теперь начинаю это понимать. Ничто из этого на самом деле не является «реальным», не так ли?

Нет. Ты живешь среди иллюзий. Это большое волшебное шоу. И ты притворяешься, что его трюки тебе незнакомы, — несмотря на то что *волшебник ты сам*.

Об этом важно помнить, иначе ты сделаешь все весьма реальным.

Но то, что я вижу, чувствую, обоняю, осязаю, *действительно* кажется весьма реальным. Если это не «реальность», то что же это?

Всегда помни, что того, на что ты смотришь, ты на самом деле не *видишь*.

Твой мозг не является источником твоего разума. Это просто процессор для обработки данных. Он получает данные с помощью рецепторов, называемых органами чувств. Он интерпретирует полученную энергию, создавая определенные структуры согласно *содержащимся в нем предыдущим данным относительно этого предмета*. Он рассказывает тебе о том, что он *воспринимает*, а не о том, что *есть на самом деле*. Основываясь на этом восприятии, ты *думаешь, будто знаешь истину* о чем-то, тогда как, по существу, ты не знаешь и ее половины. Ты на самом деле создаешь истину, которую ты знаешь.

Включая весь этот диалог с Тобой.

Несомненно.

Боюсь, это только подольет масла в огонь для тех, кто говорит: «Он не разговаривает с Богом. Он все это выдумывает».

Скажи им мягко, что они могут попытаться «выйти за пределы стенок своего понимания. Их мышление исходит из «или/или». Пусть попытаются исходить из «и/и».

Ты не можешь постичь Бога, если твое мышление проходит внутри текущих значений, концепций и пониманий. Если ты хочешь постичь Бога, ты должен быть готов принять, что сейчас ты обладаешь *ограниченными* данными, вместо того чтобы утверждать, что ты знаешь все, что существует по данному предмету.

Хочу обратить твое внимание на слова Вернера Эрхарда, который утверждает, что истинная ясность может прийти только тогда, когда человек готов признать:

Это что-то такое, чего я не знаю, знание этого может изменить все.

Возможно, ты как «разговариваешь с Богом», *так и* «выдумываешь все это».

На самом деле в этом заключена величайшая истина: ты *все* придумываешь сам.

Жизнь есть Процесс, с помощью которого создается все. Бог есть энергия — чистая, необработанная энергия, — которую вы называете жизнью. Осознавая это, мы приходим к новой истине.

Бог есть Процесс.

Мне казалось, Ты говорил, что Бог есть Сообщество, что Бог есть Все.

Говорил. Бог и есть Все. Бог есть также Процесс, с помощью которого Все создается и испытывает себя.

Я это открыл тебе раньше.

Да. *Да*. Ты дал мне эту мудрость, когда я писал брошюру под названием «Вос-создавая себя»*.

Конечно. А теперь Я говорю это здесь, для значительно большей аудитории.

Бог есть Процесс.

Бог — это не личность, место или вещь. Бог — это именно то, о чем ты всегда думал — но не понимал.

Опять?

Ты всегда думал, что Бог — Высшее Существо.

Да.

И ты был прав. Именно это Я и есть. СУЩЕСТВОВАНИЕ. Заметь, «существование» — это не вещь, а процесс.

Я есть *Высшее* Существование. Т. е. Высшее, запятая, *существование*.

Я — не *результат процесса*, Я сам Процесс. Я есть Создатель и Я есть Процесс, с *помощью которого Я создан*.

Все, что ты видишь на небе и на земле, есть Я *создаваемый*. Процесс Создания никогда не завершается. Он никогда не заканчивается. Я никогда не бываю «закончен». Это другой способ сказать: все всегда изменяется. Ничто не остается неподвижным. Ничто — *ничто* — не бывает без движения. Все есть энергия, все в движении. На вашем земном стенографическом языке это называют «Э-моцией»!

*Высшая эмоция Бога — это вы!****

---

* «Re-creating Yourself».
** Непереводимая игра слов: E-motion — «Е-движение», emotion — эмоция.

Когда ты на что-то смотришь, ты не смотришь на статическое «нечто», которое «находится здесь» во времени и пространстве. Нет! Ты являешься *свидетелем события*. Ибо все движется, изменяется, эволюционирует. *Все*.

Бакминстер Фуллер говорил: «Мне кажется, что я глагол». *Он был прав*.

Бог — это *событие*. Ты называешь это событие *жизнью*. Жизнь — это Процесс. Процесс наблюдаем, познаваем, предсказуем. Чем больше ты наблюдаешь, тем больше ты знаешь и тем больше можешь предсказать.

В это мне трудно поверить. Я всегда думал, что Бог — это Неизменяемый. Постоянный. Неподвижная Движущая Сила. Это была та непостижимая абсолютная истина о Боге, в которой я видел свою безопасность.

Но это и ЕСТЬ истина! Единственная Неизменная Истина состоит в том, что Бог всегда меняется. Это *истина — не в твоих силах ее изменить*. Единственное, что *никогда* не меняется, — это то, что все постоянно изменяется.

Жизнь есть изменение. Бог есть жизнь.

Следовательно, Бог есть изменение.

Но мне хотелось бы верить, что единственная вещь, которая никогда не меняется, это любовь Бога к нам.

Моя любовь к вам *постоянно* изменяется, потому что *вы* постоянно изменяетесь, и Я люблю вас *именно такими, как вы есть*. Чтобы любить вас такими, как вы есть, Мое представление о том, что для Меня «любимо», должно изменяться по мере изменения вашего представления о том, Кто Вы Есть.

Ты хочешь сказать, что будешь любить меня, даже если я решу, что тот, Кто Я Есть, — это убийца?

Все это мы уже проходили раньше.

Знаю, но я просто не могу *этого уразуметь*!

Никто не делает ничего неуместного, учитывая *его* модель мира. Я люблю вас всегда — при всех обстоятельствах. Нет «пути», по которому ты мог бы пойти, чтобы вынудить Меня не любить тебя.

Но Ты обязательно накажешь нас, правильно? Ты, любя, наказываешь нас. Ты, с любовью в сердце, посылаешь нас на вечные муки, грустя о том, что Ты вынужден это делать.

Нет. Мне *никогда* не приходится грустить, потому что нет *ничего*, что Я «вынужден делать». Кто может Меня «вынудить сделать это»?

Я *никогда не наказываю* вас, хотя вы можете выбрать наказывать себя в этой жизни или другой, пока не решите больше этого не делать. Я не наказываю вас, потому что вы не наносите Мне ни обиды, ни вреда — как вы не можете нанести обиду или вред любой Части Меня, которыми *все вы являетесь*.

Один из вас может выбрать *ощутить* обиду или вред, но когда вы вернетесь в царство вечности, то увидите, что вы нисколько не пострадали. В этот момент вы простите тех, кто, как вы вообразили, причинил вам вред, поскольку поймете план более крупного масштаба.

Что такое план более крупного масштаба?

Ты помнишь притчу *О Маленькой Душе и солнце*, которую Я приводил в *Книге 1*?

Да.

У этой притчи есть продолжение. Вот оно:

— Ты можешь выбрать быть любой Частью Бога, какой пожелаешь, — сказал я Маленькой Душе. — Ты — это Абсолютное Божественное, переживающее Себя. Какой Аспект Божественного ты хотела бы сейчас испытать через Себя?

— Ты хочешь сказать, что у меня есть выбор? — спросила Маленькая Душа. И Я ответил:

— Да, ты можешь выбрать испытать любой Аспект Божественного в себе, с помощью себя, через себя.

— Хорошо, — сказала Маленькая Душа, — тогда я выбираю Прощение. Я хочу испытать свое Я как тот Аспект Бога, который называется Всепрощением.

— Да, но, представь себе, это довольно сложная задача. *Прощать некого*. Все, что Я создал, — Совершенство и Любовь.

— Некого прощать? — несколько недоверчиво спросила Маленькая Душа.

— Некого, — повторил Я. — Посмотри вокруг. Видишь ли ты хоть одну душу, менее совершенную, менее удивительную, чем ты?

При этих словах Маленькая Душа повернулась вокруг и с удивлением обнаружила, что ее окружили все души, собравшиеся на небесах. Они пришли со всего Царства, ибо услышали, что Маленькая Душа ведет необычный *разговор с Богом*.

— Я не вижу ни одной, менее совершенной, чем я! — воскликнула Маленькая Душа. — Кого же мне прощать?

Тогда из толпы вышла другая душа.

— Ты можешь простить меня, — сказала эта Дружественная Душа.

— За что? — спросила Маленькая Душа.

— Я приду во время твоей следующей физической жизни и сделаю что-то такое, за что ты должна меня простить, — ответила Дружественная Душа.

— Но что? Что можешь ты, существо столь Прекрасного Света, сделать мне, за что я должна буду прощать тебя? — пыталась выяснить Маленькая Душа.

— О, — улыбнулась Дружественная Душа, — я уверена, мы сможем что-нибудь придумать.

— Но почему нам может захотеться сделать это? — Маленькая Душа не могла понять, почему столь совершенное существо может захотеть снизить свои вибрации настолько, чтобы действительно сделать что-то «плохое».

— Просто, — объяснила Дружественная Душа, — я сделаю это, потому что люблю тебя. Ты хочешь испытать себя как Прощающую, не так ли? К тому же ты сделала то же самое для меня.

— Я сделала?

— Конечно. Разве ты не помнишь? Мы были Всем Этим. Ты и я. Мы были Сверху и Снизу этого, Слева и Справа этого. Мы были Здесь и Там в этом, Теперь и Потом этого. Мы были Большим и Малым этого, Мужским и Женским этого, Хорошим и Плохим этого. Мы *все* были *Всем Этим*.

— И мы сделали это *по договоренности*, чтобы каждая из нас могла испытать себя как Величайшая Часть Бога. Ибо мы понимали, что...:

— При отсутствии того, чем Ты Не Являешься, того, Что Ты ЕСТЬ, НЕТ.

— При отсутствии «холодного» ты не можешь быть «теплой». При отсутствии «грустного» ты не можешь быть «счастливой», при отсутствии того, что называют «злом», нельзя испытать то, что ты называешь «добром». Если ты выбираешь *быть* чем-то, *кто-то или что-то противоположное этому должно обнаружиться где-то в твоей Вселенной*, чтобы сделать это возможным.

Потом Дружественная Душа объяснила, что эти люди — Особые Ангелы Бога, а эти условия — Подарки Бога.

— Я попрошу взамен только одну вещь, — заявила Дружественная Душа.

— Все, что угодно! *Все, что угодно!* — закричала Маленькая Душа. Она была очень взволнована, узнав, что может испытать каждый Божественный Аспект Бога. Теперь она поняла План.

— В тот момент, когда я буду бить и терзать тебя, — сказала Дружественная Душа, — в тот момент, когда я буду делать худшее из всего, что ты можешь себе представить, — в этот самый момент... *помни, Кто Я Есть в Действительности*.

— О, я не забуду! — пообещала Маленькая Душа. — Я буду видеть тебя столь же прекрасной, как сейчас, и буду помнить, Кто Ты Есть, всегда.

Это... это замечательная история, поразительная притча.

И обещание Маленькой Души — это то обещание, которое я даю вам. *Это то, что остается неизменным.* А ты, Моя Маленькая Душа, сдерживаешь свое обещание?

Нет. К сожалению, должен сказать, что нет.

Не нужно сожалений. Будь счастлив, наблюдая истину, и радуйся своему решению пережить новую правду.

Ибо Бог — это работа в процессе выполнения, и то же можно сказать о тебе. Помни это всегда:

Если ты будешь видеть себя таким, каким видит тебя Бог, ты будешь всегда улыбаться.

Теперь идите и старайтесь увидеть друг в друге, Кто Вы Есть в Действительности. Наблюдайте. Наблюдайте. НАБЛЮДАЙТЕ.

Говорю вам — основная разница между вами и высокоразвитыми существами в том, что высокоразвитые существа *больше наблюдают.*

Если вы хотите повысить скорость своей эволюции, *старайтесь наблюдать больше.*

Это само по себе удивительное наблюдение.

И теперь Я хотел бы заметить, что *ты тоже* явление. Ты человек, запятая, *существующий.* Ты — это процесс. И ты, в любой данный «момент», являешься продуктом этого процесса.

Ты — Творец и Творение. В эти несколько последних мгновений, когда мы вместе, Я говорю тебе это снова и снова. Я повторяю это, чтобы ты *услышал это,* чтобы ты понял это.

Этот момент, этот процесс, который есть Я и ты, вечен. Он всегда происходил, всегда происходит и всегда будет происходить. Для того чтобы он происходил, твоя «помощь» не требуется. Это происходит «автоматически». И, когда он предоставлен самому себе, его течение *совершенно.*

Есть еще одно высказывание, которое ввел в вашу культуру Вернер Эрхард, — *жизнь превращается в процесс самой жизни.*

Некоторые духовные движения понимают это как «отпусти и впусти Бога». Это хорошее понимание.

Если ты просто *отпустишь,* ты окажешься вне «пути». «Путь» — это Процесс, имя которому «сама жизнь». Вот почему все учителя говорят: «Я есть жизнь и путь». Они понимают то, что Я здесь объяснил в совершенстве. Они *есть* жизнь и они *есть* путь — событие в развитии, Процесс.

Все, чего требует от тебя мудрость, это доверять Процессу. Это значит — *доверять Богу*. Или, если хочешь, *доверять себе*, поскольку Ты Есть Бог.

Помни, Мы Все Одно.

Как могу я «доверять Процессу», если «процесс» — *жизнь* — преподносит мне то, что я не люблю?

Люби то, что преподносит тебе жизнь!

Знай и понимай, что *ты* приносишь это своему Я.

УМЕЙ ВИДЕТЬ СОВЕРШЕНСТВО.

Умей видеть его во *всем*, а не только в том, что *вы* называете совершенным. Я старательно объясняю тебе на протяжении этой трилогии, почему все происходит так, как оно происходит, и как это случается. Тебе не нужно опять здесь читать этот материал — хотя, возможно, тебе будет полезно просматривать его почаще, пока не поймешь все до конца.

Будь добр, повтори кратко суть именно этого момента. Пожалуйста. Как могу я «видеть совершенство» чего-то, что вообще не воспринимаю как совершенное?

Никто не может сотворить твое восприятие чего бы то ни было.

Другие существа могут и *действительно* со-творяют внешние обстоятельства и события той жизни, которую вы вместе ведете, но *единственное*, чего *никто другой не может сделать*, это вынудить тебя испытывать ЧТО-ЛИБО, чего ты сам не выбираешь испытать.

В этом ты — Верховное Существо. И никто — НИКТО — не может сказать тебе, «как *быть*».

Мир может преподносить тебе обстоятельства, но только ты решаешь, что эти обстоятельства означают.

Вспомни истину, которую Я сообщил тебе очень давно.

Ничто не имеет значения.

Да. Но я не уверен, что я полностью это понял. Это пришло ко мне во время моего внетелесного опыта в 1980 году. Я очень живо все помню.

И что ты об этом помнишь?

Что сначала я пришел в замешательство. Как может быть, чтобы «ничто не имело значения»? Где был бы мир, где был бы я, если бы вообще ничто не имело значения?

Какой же ответ ты нашел на этот очень хороший вопрос?

Я «уловил», что, по существу, ничто не имеет значения само по себе, но что я придаю значение событиям и, таким образом, заставляю их что-то значить. Я понял это также на самом высоком метафизическом уровне, это было озарение — я понял сущность самого Процесса Творения.

И в чем же это озарение?

Я «уловил», что все есть энергия и что эта энергия превращается в «материю» — то есть в физические «вещи» и «явления», — согласно тому, что я думаю об этом. Я понял также, что «не имеет никакого значения» то, что ничто превращается *в* материю, за исключением тех случаев, когда мы выбираем это. Потом я больше десяти лет не вспоминал об этом озарении, пока Ты мне не напомнил о нем опять, когда мы вели эту беседу.

Все, что Я говорю тебе во время этой беседы, ты знал раньше. Я давал тебе все это раньше через тех, кого Я посылал к вам, или через те учения, которые Я передавал вам. *Здесь нет ничего нового,* и тебе нечему учиться. Ты должен только *вспоминать.*

Твое понимание мудрости «ничто не имеет значения» великолепно и глубоко, оно хорошо тебе служит.

Извини. Я не могу позволить закончиться этому диалогу, не отметив кричащего противоречия.

Какого?

Ты учишь меня снова и снова, что то, что мы называем «злом», существует, чтобы у нас был контекст, в рамках которого можно испытать «добро». Ты говоришь, что нельзя было бы испытать, Что Я Есть, если бы не было такой вещи, как Что Не Есть Я. Другими словами, ничего «теплого» без «холодного», никакого «сверху» без «снизу» и т. п.

Правильно.

Ты даже воспользовался этим, чтобы объяснить мне, как можно увидеть любую «проблему» как благословение, а любого преступника как ангела.

И это правильно.

Тогда как получается, что в любом описании жизнь высокоразвитых существ фактически не содержит «зла»? Ведь то, что Ты описываешь, — это рай!

О, хорошо. Очень хорошо. Ты действительно думаешь обо всем этом.

На самом деле на это обратила внимание Нэнси. Когда я ей читал некоторые материалы вслух, она сказала: «Я думаю, прежде чем заканчивать диалог, ты должен спросить об этом. Как высокоразвитые существа испытывают, Кто Они Есть в Действительности, если они исключили из своей жизни все негативное?» Я подумал, что это хороший вопрос. Фактически, именно он остановил меня. Я знаю, Ты только что говорил, что у нас не осталось больше вопросов, но, я думаю, Ты должен ответить на этот вопрос.

Хорошо. На вопрос Нэнси. Получается, что это один из лучших вопросов в книге.

Гм!

Хорошо, это... Странно, что ты не ухватил этого, когда мы говорили о высокоразвитых существах. Странно, что ты не подумал об этом.

Я подумал.

Подумал?

Мы все Одно, не так ли? Что ж, та *часть меня, которая есть Нэнси*, подумала об этом!

Великолепно! И, конечно, *правильно*.

Итак, Твой ответ?

Я возвращаюсь к своему исходному утверждению.

При отсутствии того, чем ты не являешься, того, чем ты являешься, нет.

То есть при отсутствии холода ты не можешь узнать переживания, называемого теплом. При отсутствии «сверху» понятие «снизу» — пустое, бессмысленное понятие.

Это правда о Вселенной. Действительно, это объясняет, почему Вселенная такая, как есть, с ее холодом и теплом, верхом и низом и — да — с ее «добром» и «злом».

И все же знай: *Все это ты придумываешь.* Ты *решаешь*, что «холодное» и что «теплое», что «сверху» и что «снизу». (Выйди в космическое пространство, и увидишь, что твои представления исчезнут!) Ты *решаешь*, что такое «добро» и что такое «зло». И твои представления обо всех этих вещах с годами изменяются — даже с чередованием времен года. В летний день шесть градусов по Цельсию тебе покажутся «холодом». Но в разгар зимы ты скажешь: «Уф! Какой теплый день!»

Вселенная только предоставляет тебе *поле переживаний* — которое можно назвать *диапазоном объективных явлений.* Ты решаешь, *какой прикрепить к ним ярлык.*

Вселенная представляет собой полную систему таких физических явлений. И Вселенная огромна. Обширна. Непостижимо велика. Фактически, *бесконечна*.

А теперь открою большую тайну: чтобы обеспечить контекстуальное поле, в пределах которого может быть испытана реальность, которую ты выбрал, совсем не обязательно, чтобы противоположные условия существовали *непосредственно рядом с тобой*.

Расстояние между противоположностями не имеет значения. Вся Вселенная обеспечивает контекстуальное поле, в котором существуют все противоположные элементы, таким образом, становятся возможными любые переживания. В этом *назначение* Вселенной. Это ее функция.

Но если я лично никогда *не испытываю холода*, а только вижу, что «холод» существует где-то в другом месте, очень далеко от меня, откуда мне знать, что такое «холод»?

Ты *испытываешь* «холод». Ты испытываешь *все это*. Если не на протяжении этой жизни, то в следующей. Или в одной из множества других. Ты *испытываешь* «холод». И «большое» и «малое», «сверху» и «снизу», «здесь» и «там», и все существующие противоположные элементы. И все это врезается в твою память.

Ты *не должен испытывать их опять, если ты этого не хочешь*. Чтобы вызвать к жизни закон Вселенной, тебе достаточно вспомнить их — знать, что они существуют.

Каждому из вас. Каждый из вас испытывает *все*. Это касается всех существ во Вселенной, не только людей.

Ты не только испытываешь все, ты *есть* все. Ты есть ВСЕ ЭТО.

Ты есть то, что ты испытываешь. Фактически, ты *являешься причиной* переживания.

Я не уверен, что до конца это понимаю.

Сейчас Я тебе объясню, в понятиях механики. Я хочу, чтобы ты понял, что то, что ты делаешь сейчас, — это просто вспоминание всего, что ты есть, и выбор части того, что ты предпочитаешь испытать в этот момент, в этой жизни, на этой планете, в этой физической форме.

Боже мой, у Тебя все это звучит так просто!

Это и *есть просто*. Ты отделяешь свое Я от тела Бога, от Всего, от Сообщества, и ты становишься членом этого тела опять. Это Процесс, называемый «вспоминанием» — «становлением членом заново»*.

---

* Непереводимая игра слов: remember — вспоминать, re-member — «опять стать членом».

Когда ты «опять становишься членом», ты опять даешь своему Я все ощущения того, Кто Ты Есть. Это цикл. Вы делаете это снова и снова, и называете это «эволюцией», то есть «развертыванием». Вы говорите, что вы «эволюционируете» («разворачиваетесь»). На самом деле вы идете по кругу! Подобно тому как Земля вращается вокруг Солнца. Как галактика вращается вокруг своего центра.

Все идет по кругу.

Движение по кругу — основное движение всей жизни. Жизнь всегда *идет по кругу*. Именно это она *делает*. Вы находитесь в настоящем *вращательном движении*.

Как Ты это *делаешь*? Как Тебе удается находить слова, которые все делают таким ясным?

Ясным это делаешь ты. Ты делаешь это, очищая свое «принимающее устройство». Ты отключаешься от атмосферных помех. Ты входишь в новую готовность к знаниям. Эта новая готовность изменяет все, для тебя и для твоего вида. Поскольку в своей новой готовности ты становишься настоящим революционером* — а на вашей планете как раз начинается величайшая духовная революция.

Лучше бы она поторопилась. Нам нужна новая духовность, *сейчас*. Мы создаем вокруг невероятные бедствия.

Это происходит потому, что, хотя все существа уже прошли через все противоположные переживания, некоторые *не знают этого*. Они забыли и еще не могут полностью вспомнить.

С высокоразвитыми существами этого не происходит. Для них не обязательно видеть «негативность» непосредственно перед собой, в собственном мире, чтобы знать, насколько «позитивной» является их цивилизация. Они «позитивно осознают», Кто Они Есть, не создавая негативности, чтобы это доказать. Высокоразвитые существа просто отмечают, Кто Они *Не Есть*, наблюдая за этим *повсюду в контекстуальном поле*.

Ваша собственная планета и является, по существу, планетой, на которую высокоразвитые существа смотрят, когда хотят увидеть поле, которое можно использовать для противопоставления.

Это служит им напоминанием о том, как это было, когда *они* испытывали то, что сейчас испытываете вы, и, таким образом, они имеют постоянную систему отсчета, которая помогает им знать и понимать, что *они* сейчас испытывают.

---

* В английском языке слово революционер (revolutionary) созвучно слову «вращающийся», «поворачивающийся по кругу».

Теперь ты понимаешь, почему высокоразвитые существа не нуждаются в «зле», или «негативности», в своем обществе?

Да. Но тогда почему мы нуждаемся в нем в нашем?

Вы НЕ НУЖДАЕТЕСЬ. Это то, что Я говорю тебе на протяжении всего этого диалога.

Вы вынуждены жить в рамках контекстуального поля, в котором существует То, Кем Вы Не Есть, чтобы испытать То, Кто Вы Есть. Это Универсальный Закон, и вам его не избежать. Так что вы *живете* в таком поле, прямо сейчас. Вам не нужно создавать его. Контекстуальное поле, в котором вы живете, называется *Вселенной*.

Вам не нужно создавать контекстуальное поле поменьше у себя на приусадебном участке.

Это означает, что вы можете изменить жизнь на своей планете прямо сейчас и *ис-ключить все, что не есть вы*, никоим образом не ставя под угрозу свою способность знать и испытывать То, Кто Вы Есть.

Здорово! Это величайшее откровение во всей книге! Вот способ положить этому конец! Итак, я *не должен* продолжать вызывать к жизни *противо-положное*, чтобы создать и испытать следующую грандиознейшую версию самого прекрасного из *всех* своих представлений о том, Кто Я Есть!

Правильно. Это то, что Я пытаюсь втолковать тебе с самого начала.

Но Ты не объяснял подобным образом!

Ты не понял бы этого раньше.

Ты не должен создавать противоположное тому, Кто Ты Есть и Что Ты Выбираешь, чтобы испытать это. Тебе нужно только наблюдать то, что уже создано — повсюду. Тебе нужно только помнить, что это существует. Это есть *познание плода Древа До-бра и Зла*, что, как Я уже объяснял тебе, не проклятие, не первородный грех, а то, что Мэтью Фокс назвал Первородным Благословением.

И все, что ты должен сделать, чтобы вспомнить, что это существует, вспомнить, что *ты* испытывал все это прежде — все, что существует, — в физической форме... это поднять глаза.

Ты имеешь в виду «заглянуть внутрь»?

Нет, Я имею в виду *именно то, что Я сказал*. ПОДНЯТЬ ГЛАЗА. Посмотреть на звезды. Посмотреть на небо. НАБЛЮДАТЬ КОНТЕКСТУАЛЬНОЕ ПОЛЕ.

Я уже говорил тебе раньше, что все, что вам нужно сделать, чтобы стать высокораз-витыми существами, — это повысить *свое умение наблюдать*. Смотреть, «что есть», а затем делать то, «что работает».

Итак, следя за всем во Вселенной, я могу видеть, как все обстоит в других местах, и использовать эти противоположные элементы для формирования понимания, Кто Я Есть, прямо здесь, прямо сейчас.

Да. Это называется «вспоминание».

Ну, не совсем так. Это называется «наблюдение».

Что, по-твоему, ты наблюдаешь?

Жизнь на других планетах. В других солнечных системах, других галактиках. Я думаю, это именно то, что мы можем наблюдать, достигнув определенного технического уровня. Я думаю, это то, что высокоразвитые существа, учитывая их передовые технологии, могут наблюдать прямо сейчас. Ты Сам говоришь, что они наблюдают *нас*, прямо здесь, на Земле. Так что это то, что мы могли бы наблюдать.

Но что это такое *в действительности*, то, что вы могли бы наблюдать?

Я не понимаю вопроса.

Тогда Я дам тебе ответ.
   Вы наблюдаете собственное прошлое.

Что???

Когда ты поднимаешь глаза, ты видишь звезды — такими, какими они были сотни, тысячи, миллионы световых лет назад. Того, что ты видишь, *в действительности там нет*. Ты видишь то, что там *было*. Ты видишь прошлое. И это то прошлое, в котором *ты принимал участие.*

Повтори???

Ты был *там, испытывал* все это, *делал* все это.

Я был?

Разве Я не говорил тебе, что ты проживаешь много жизней?

Да, но... но что, если бы я отправился на одну из этих планет так много световых лет назад? Что, если бы я действительно имел возможность отправиться туда? Чтобы быть там «прямо сейчас», в тот самый момент, который я не могу «увидеть» на Земле в течение сотен световых лет? Что бы я тогда увидел? Двух «меня»? Ты утверждаешь, что я мог бы увидеть свое Я, существующее *в двух местах одновременно?*

Конечно! И ты обнаружил бы то, о чем Я говорю тебе все время, — что времени не существует и что ты не видишь «прошлого» вообще! Что это *все происходит СЕЙЧАС.*

Ты также «прямо сейчас» проживаешь жизни в том, что в вашем земном времени могло бы быть твоим будущим. Именно расстояние между многими твоими «Я» позволяет «тебе» ощущать себя в виде дискретных личностей и в дискретные «моменты времени».

Таким образом, «прошлое», которое ты вспоминаешь (членом которого опять становишься), и будущее, которое ты мог бы увидеть, — это «теперь», которое просто ЕСТЬ.

Остановись. Это невероятно.

Да, и это правда на другом уровне. Это то, что Я говорил тебе раньше: *существует только Один из нас.* Так что, когда ты поднимаешь глаза к звездам, ты видишь то, что вы назвали бы НАШИМ ПРОШЛЫМ.

Я не могу угнаться за этим!

Держись. Я должен сказать тебе еще одну вещь.

Ты *всегда* видишь то, что вы на своем языке назвали бы «прошлым», даже когда ты смотришь на то, что находится прямо перед тобой.

Я вижу?

Невозможно увидеть Настоящее. Настоящее «происходит», после чего превращается во вспышку света, возникающую в результате рассеяния энергии, и этот свет достигает твоих рецепторов, твоих глаз, но *чтобы это произошло, требуется время.*

В то время, которое требуется свету, чтобы дойти до тебя, жизнь *продолжается, движется вперед.* Когда до тебя доходит *свет последнего события,* уже происходит *следующее событие.*

Вспышка энергии достигает твоих глаз, твои рецепторы посылают этот сигнал мозгу, который интерпретирует данные и говорит тебе, что ты видишь. Но это уже совсем не то, что сейчас перед тобой. Это то, что ты думаешь, что видишь. То есть ты думаешь о том, что видишь, говоря себе, что это такое, и решая, как это назвать, тогда как то, что происходит «сейчас», предшествует этому процессу и дожидается его.

Проще это можно сформулировать таким образом: *Я всегда на один шаг впереди тебя.*

Боже Мой, это невероятно.

Теперь слушай. Чем большее расстояние ты помещаешь между своим «Я» и физическим местонахождением любого события, тем дальше в прошлое это событие уходит. Перемести себя на несколько световых лет назад, и ты будешь видеть то, что произошло очень-очень давно.

Но на самом деле все это *не* происходило «очень давно». Просто физическое *расстояние* создает иллюзию «времени» и позволяет тебе ощущать свое «Я» находящимся «здесь, сейчас» все то время, когда ты находишься *там, потом!*

Однажды ты поймешь, что то, что ты называешь временем и пространством, *одно и то же.*

Потом ты поймешь, что *все происходит прямо здесь, прямо сейчас.*

Это... это... *дико.* **Я хочу сказать, что не знаю, что со всем этим делать.**

Когда ты поймешь то, что Я тебе говорю, ты поймешь: *ничто из того, что ты видишь, не является реальным.* Ты видишь *образ* того, что было когда-то событием, но даже этот образ, эта вспышка энергии есть лишь твоя интерпретация. Твоя личная интерпретация этого образа называется твоим *во-ображением.*

И ты можешь использовать свое воображение, чтобы создавать *все, что угодно.* Потому что — и в этом секрет всего — твое во-ображение работает *в обоих направлениях.*

Объясни, пожалуйста.

Ты не только *интерпретируешь* энергию, ты создаешь ее. Воображение — функция твоего ума, одной трети твоего существа, которое состоит из трех частей. Ты что-нибудь представляешь в своем уме, и оно начинает принимать физическую форму. Чем дольше ты это представляешь (и чем больше ВАС представляют это), тем более физической становится эта форма, пока даваемая тобой энергия не превратится во *вспышку света,* создав образ, который вы называете своей действительностью.

После этого ты «видишь» образ и опять *решаешь, что это такое.* Таким образом, цикл продолжается. Это то, что Я называю Процессом.

Это то, что ТЫ ЕСТЬ. Ты ЕСТЬ этот Процесс.

Это то, что Есть Бог. Бог ЕСТЬ этот Процесс.

Это то, что Я имею в виду, когда говорю, что ты *как Творец, так и Сотворенное.*

Сейчас Я все это собираю вместе. Мы заканчиваем этот диалог, и Я объясняю тебе механику Вселенной, секрет жизни.

Я... изумлен. Я... потрясен. Теперь я хотел бы найти способ применить все это в своей повседневной жизни.

Ты *применяешь* это в своей повседневной жизни. Ты *не можешь* не применять этого. Это то, что *происходит*. Вопрос только в том, применяешь ты это *сознательно или бессознательно*, являешься ты следствием Процесса или его причиной. Будь во всем *причиной*.

Дети понимают это прекрасно. Спроси ребенка: «Почему ты это делаешь?» — и он ответит: «Потому».

Это единственная причина делать что бы то ни было.

Это поразительно. Это поразительная «мелочь» поразительного завершения этого поразительного диалога.

Лучше всего ты можешь применить свое Новое Понимание, став *причиной* своих переживаний, а не их следствием. И знай, что для того, чтобы знать и испытывать, Кто Ты Есть в Действительности и Кем Ты Выбираешь Быть, *не обязательно создавать противоположное тому, Кто Ты Есть в своем личном пространстве или личном опыте.*

Вооруженный этими знаниями, ты можешь изменить свою жизнь и ты можешь изменить свой мир.

И это истина, с которой Я пришел поделиться со всеми вами.

Стоп! Здорово! Я уловил это. *Я уловил это!*

Хорошо. Теперь знай, что через весь этот диалог проходят три основные мудрости:

1. Мы Все Есть Одно.
2. Здесь Всего Достаточно.
3. Нет Ничего, что Мы Должны Делать.

Если бы вы решили, что «мы все есть одно», вы перестали бы обращаться друг с другом так, как вы обращаетесь.

Если бы вы решили, что «всего достаточно», вы стали бы делиться всем с каждым.

Если бы вы решили, что «нет ничего, что вы *должны* делать», вы бы больше не пытались использовать «делание» для решения своих проблем, а вместо этого пришли бы к такому состоянию бытия и исходили бы *из* такого состояния, которое дало бы вам возможность ощутить исчезновение этих «проблем», в результате чего исчезли бы и сами условия для их возникновения.

Пожалуй, именно эту истину вам важнее всего понять на данном этапе вашей эволюции, и это хорошее место для окончания диалога. Помни это всегда, и пусть это станет твоей мантрой:

Я ничего не должен иметь, я ничего не должен делать, я ничем не должен быть, кроме именно того, кем я являюсь прямо сейчас.

Это не значит, что понятия «иметь» и «делать» будут исключены из твоей жизни. Это значит, что твое восприятие себя имеющим или делающим будет исходить *из* твоего бытия — а не вести *к нему.*

Когда ты исходишь *из* «счастья», ты делаешь определенные вещи, потому что ты *счастлив*, — что противоположно старой парадигме, согласно которой ты делаешь то, что, как ты надеешься, *сделает* тебя счастливым.

Когда ты исходишь *из* «мудрости», ты делаешь определенные вещи, потому что ты *мудр*, а не потому, что ты пытаешься *стать* мудрым.

Когда ты исходишь *из* «любви», ты делаешь определенные вещи потому, что ты *любишь*, а не потому, что ты хочешь *иметь* любовь.

Все полностью изменяется, когда ты исходишь *из* «бытия», вместо того чтобы искать, как «быть». Ты не можешь «найти» свой путь к тому, чтобы «быть». Пытаешься ли ты «быть» счастливым, быть мудрым, быть любимым — или быть Богом, — ты не можешь «попасть туда» с помощью делания. Но правда также и то, что ты *будешь* делать удивительные вещи, как только «попадешь туда».

Это Божественная Дихотомия. Способ «попасть туда» — просто «быть там». Просто быть там, куда ты выбрал *попасть!* Это так просто. *Тебе ничего не нужно делать.* Ты хочешь быть счастливым? *Будь счастливым.* Ты хочешь быть мудрым? *Будь мудрым.* Ты хочешь быть любимым? *Будь любимым.*

Все это То, Кто Ты Есть в любом случае.

Ты есть Мой Возлюбленный.

О! У меня захватывает дыхание! Ты умеешь все так замечательно ставить на свои места.

Это истина, говорящая сама за себя. Истина, обладающая элегантностью, благодаря которой вновь пробуждаются сердца.

Это то, что дали эти *Беседы с Богом*. Они трогают человеческие сердца, заставляя их вновь пробудиться.

Теперь они подвели тебя к решающему вопросу. Это вопрос, который должен задать себе каждый человек. Можете ли вы создать и создадите ли вы новую культуру? Можете ли вы изобрести и изобретете ли вы новый Первый Миф Вашей Культуры, на котором будут основываться все другие мифы?

Что заложено в человеческую расу от природы — добро или зло?

Это перекресток, до которого вы дошли. Будущее человечества зависит от того, по какой дороге вы пойдете.

Если вы и ваше общество верите, что в вас от природы заложено добро, вы будете принимать жизнеутверждающие решения и законы. Если вы и ваше общество верите, что в вас от природы заложено зло, вы будете принимать жизнеотрицающие и деструктивные законы.

Законы, утверждающие жизнь, — это те законы, которые позволяют вам быть, делать и иметь то, что вы хотите. Законы, отрицающие жизнь, — это те законы, которые не позволяют вам быть, делать и иметь то, что вы хотите.

Те, кто верит в Первородный Грех и в то, что в основе человеческой природы лежит *зло*, утверждают, что Бог создал законы, которые *не позволяют* вам делать то, что вы хотите, — и поддерживают человеческие законы (и им несть числа), которые предназначены для той же цели.

Те, кто верит в Первородное Благословение и в то, что в основе человеческой природы лежит *добро*, утверждают, что Бог создал законы природы, которые *позволяют* вам делать то, что вы хотите, — и поддерживают человеческие законы, которые предназначены для той же цели.

Как ты относишься к человеческой расе? Как ты относишься к своему «Я»? Если тебя полностью предоставить самому себе, будешь ли ты видеть в себе существо, которому можно доверять? Во всем? А что ты скажешь об остальных? Как ты видишь их? Если они тебе еще не успели открыться, так или иначе, из какого основного допущения ты исходишь?

А теперь ответь на такой вопрос: как ты считаешь, в будущем ваше общество будет разрушено или совершит прорыв?

Я вижу свое «Я» заслуживающим доверия. Я никогда так не считал раньше, но теперь считаю. Я *начинаю* заслуживать доверия, потому что я меняю свои представления о том, кто я есть. Кроме того, мне теперь ясно, чего Бог хочет и чего Бог не хочет. Мне все стало ясно относительно Тебя.

Огромную роль в этом изменении играют эти *Беседы с Богом*, они сделали возможным этот сдвиг. И теперь я вижу в обществе то, что вижу в себе, — не то, что приведет к разрушению, а то, что приведет к прорыву. Я вижу человеческую культуру, которая наконец пробуждается к восприятию своего божественного наследства, осознает свое божественное назначение и все больше и больше сознает свое Божественное «Я».

Если это то, что ты видишь, значит, это то, что ты создашь. Когда-то ты потерял, но сейчас ты находишь. Ты был слеп, но сейчас ты прозрел. Ты становишься удивительно симпатичным.

Иногда ты в душе отделяешься от Меня, но сейчас Мы опять одно целое, и такими Мы можем быть всегда. Потому что то, что ты соединил вместе, никто, кроме тебя, не может разделить.

Запомни: ты всегда часть, ибо ты никогда не бываешь обособленным. Ты всегда часть Бога, ибо ты никогда не бываешь обособленным от Бога.

Эта истина лежит в основе твоего существования. Мы — одно целое. Так что теперь ты знаешь всю истину.

Эта истина — пища для изголодавшейся души. Бери и ешь ее. Мир жаждет этой радости. Бери и пей ее. Делай это в память обо Мне, о том, что ты опять становишься частью Моего членства.

Потому что истина — это тело, а радость — кровь Бога, который есть любовь.

Истина.

Радость.

Любовь.

Эти три понятия взаимозаменяемы. Одно приводит к другому, и не имеет значения, в каком порядке они появляются. Все ведут ко Мне. Все *есть* Я.

Итак, Я заканчиваю этот диалог так же, как он начинался. Как и сама жизнь, он совершает полный круг. Ты получил истину. Ты получил радость. Ты получил любовь. Ты получил ответы на величайшие тайны жизни. Остался только один вопрос. Это вопрос, с которого мы начинали.

Вопрос не в том, кому Я говорю, а в том, кто слушает.

Спасибо. Спасибо Тебе, что Ты рассказал нам все это. Мы услышали Тебя, и мы будем слушать. Я люблю Тебя. И, когда этот диалог подошел к концу, я полон истины, радости и любви. Я полон Тобой. Я чувствую Единство с Богом.

Это место Единства — Небеса.

Ты теперь там.

Ты никогда не был *не* там, потому что ты никогда не был *не* Одно со Мной.

Это то, что Я хотел бы, чтобы ты знал. Это то, что Я хотел бы, чтобы ты, как минимум, вынес из этого разговора.

И вот Мое послание, послание, которое Я хочу передать с помощью следующих слов:

Дитя Мое, обитающее в Раю, да святится имя твое. Твое царство приходит, твое желание удовлетворится, на Земле, как в Раю.

В этот день ты получаешь хлеб свой насущный, тебе прощаются твои долги, твои прегрешения в той степени, в какой ты прощаешь тех, кто грешит против тебя.

Веди свое Я не к искушению, но избавляй свое Я от зла, которое ты создаешь.

Ибо тебе *принадлежит* Царство, и Сила, и Слава, навсегда.

Аминь.

Аминь.

Теперь иди и изменяй ваш мир. Теперь иди и будь своим Высшим «Я». Теперь ты понимаешь все, что ты должен понимать. Теперь ты знаешь все, что ты должен знать. Теперь ты есть все, чем ты должен быть.

Ты никогда не был ничем меньшим. Ты просто этого не знал. Ты этого не помнил.

Теперь ты помнишь. Старайся всегда нести эту память с собой. Старайся делиться ею со всеми, с кем ты будешь соприкасаться в жизни. Ибо твоя судьба величественнее, чем ты мог когда-либо себе представить.

Ты входишь в дом, чтобы исцелить дом. Ты входишь в пространство, чтобы исцелить пространство.

Других причин для того, чтобы ты был здесь, не существует.

И знай: Я люблю тебя. Моя любовь всегда с тобой, с Нами обоими, и она беспрестанно увеличивается.

Я с тобой всегда.

При всех обстоятельствах.

До свидания, Бог. Спасибо Тебе за этот диалог. Спасибо Тебе, спасибо Тебе, *спасибо Тебе.*

И тебе, Мое удивительное создание. Спасибо тебе. За то, что ты опять дал голос Богу — и место в своем сердце. А это то, чего, по существу, всегда хотел любой из Нас.

Мы опять вместе. И это очень хорошо.

Послесловие

Вот вы и закончили читать один из важнейших духовных документов нашего времени. Он оказал огромное воздействие в планетарном масштабе и будет оказывать на годы и десятилетия вперед. Спустя много лет после того, как я покину этот мир, послание будет жить и жить. Оно уже коснулось судеб семи миллионов человек, и их количество, я верю, достигнет и семидесяти, и семиста миллионов…

«Он хвастун или просто невежда?» Думаю, вы так не считаете. Ведь я лишь констатирую факт, в котором уверен на все сто: послание предназначалось не одному мне — а всему миру.

Я был лишь облечен доверием сыграть свою маленькую роль в качестве посланца. Все, что я делал, — это задавал вопросы (те самые, которые все люди задают), а затем записывал ответы. Причем записывал не очень-то опрятно, часто отвлекаясь на собственные розмыслы, — и потому не жду «особое спасибо», а, фактически, прошу прощения у вас за столь несовершенную работу с такой важнейшей миссией.

Мои ощущения и мысли (непреднамеренно, конечно!) вторгались в ход бесед, посягали на их мудрость, шли на компромисс с ясностью, возможно, даже кое-где искажали нюанс (но не суть!) посланий, которые предназначались человечеству. Пусть это была редкость, но все равно довольно огорчительная для меня. Прошу меня простить. Если добрые намерения могут служить оправданием, я заявляю, что делал все возможное, на что только способен человек, оказавшийся в таких экстраординарных обстоятельствах, как общение с Богом.

«И какую ж истину я в ваших беседах с Ним могу найти?» — часто меня спрашивают. Отвечаю: *никакую*. Ибо Истина — внутри вашего сердца, в разуме, в душе. Почувствуйте, познайте ее. Вы есть, были и всегда будете Источником, единственным для себя авторитетом и обладаете самой тесной и самой близкой связью с Богом. Не смотрите вовне, идите внутрь, вглубь, дабы найти свое Единство с Ним, ощутить любовь, которой жаждете, и постичь гармонию, превосходящую все мыслимое.

Бог — внутри и никогда вас не покинет, не важно, что вы там в прошлом натворили, сейчас творите и еще можете накуролесить. Вам Его не оттолкнуть, не отвратить «безбожными» поступками, не заставить уйти прочь. Не увидать настолько гневным, или разочарованным, или осуждающим, или карающим — чтоб Он покинул вас. Нет чистилища, нет вечной изоляции (не говоря уж о геенне огненной). Вы *всегда* в Его объятиях, всю Вечность. Такова вселенская мера Его любви.

Пожалуйста, если нашлось хоть что-то стоящее для вас в «Беседах» — пусть это будет именно такая мысль. Пусть ценное, что дала вам книга, — будет намерение о том, чтоб мир изменил свой взгляд на Бога.

Телезрители, радиослушатели, репортеры, публика на лекциях много раз меня спрашивали: «Если Бог мог бы принести лишь одно послание в мир, какое б оно было?» Ответ всегда звучал один. Всего пять слов: «Вы совсем Меня не знаете!»

И под конец еще парочка вопросов от читателей. Многие из них восклицают: «Ах, если б я прочел нечто такое в раннем возрасте! Я предлагаю, даже требую, чтоб вы нашли способ сделать эти послания доступными для молодежи и детей».

Уже сделано, и причем давно. Тем, кто постарше, адресованы «Беседы с Богом для подростков», а маленьким — специальные две книжки: «Душа-малютка и Солнце» и, в виде продолжения, «Душа-малютка и Земля».

Другие говорят: «Почему бы вам не сделать свои тексты доступными всем тем, кто не в состоянии их купить? Выложите, например, в Интернете».

Уже выложил. Электронную «The Holy Experience» совершенно бесплатно можно скачать с сайта www.nealedonaldwalsch.com. На нем же даются регулярно новости о нашей некоммерческой организации *Conversations with God Foundation* и ее филиале *Humanity's Team*.

Имеет смысл рассказать о них подробнее. Они предлагают учебный материал, программы и курсы для людей, которые желают идти дальше и хотят знать, как применять послания в повседневной жизни. Также есть особый, учительский тренинг — *The Life Education Program*. Его выпускники работают уже по всему миру — в мегаполисах, провинциальных городках и даже маленьких поселках.

Humanity's Team объединяет в своих рядах более 10 000 человек, и их число постоянно растет. Это движение посвящено освобождению человечества от ложной веры в карающего, гневного и мстительного Бога. Наша цель — расчистить пространство возможностей для возникновения новых форм духовности на Земле, познать Божественность и не обвинять других за их иные пути к Творцу...

И напоследок. Чаще всего слышу: «Что мне делать? Я хочу, чтобы каждый прикоснулся к этим знаниям! Хочу перемен, которые изменят мир. Как этого достичь?»

Стать духовным помощником нашей планеты! Стать частью перемен, таких желанных. На сайте (я уже о нем упоминал) есть лаконичный текст, он называется *PART OF THE CHANGE: Your Role as a Spiritual Helper*. В нем перечислены Десять действий, их можно предпринять без всякой подготовки, став духовным указателем для всех, чья жизнь переплетена с твоей. Я вышлю экземпляр на ваш *e-mail* бесплатно, вы только напишите.

А теперь — спасибо вам за то, что нашли свой путь к трилогии «Беседы с Богом». Если знаете кого-то, кто извлек бы из них пользу, — пожалуйста, передайте ему книгу. Вы всегда сможете взять себе еще, а этот кто-то получит бесценный шанс преображения.

Да будете благословенны, ныне и всегда. Да будет Бог проявлен в вашей жизни.

NDW (*Neal Donald Walsch*)

Другие книги автора

Беседы с Богом для нового поколения

Беседы с Богом. Новые откровения

Дома с Богом

Дружба с Богом

Единение с Богом

Завтрашний Бог

Моменты благодати

О взаимоотношениях

О целостной жизни

Об изобилии

Счастливее Бога

Чего хочет Бог

Литературно-художественное издание

Нил Доналд Уолш

БЕСЕДЫ С БОГОМ
НЕОБЫЧНЫЙ ДИАЛОГ
Книги 1–3

Перевод с английского:
Н. Рубан, Н. Рябова, Р. Тихонов, Н. Шпет

Редактор *И. Старых*
Корректор *О. Сивовок*
Оригинал-макет: *Е. Мукомол*
Обложка: *В. Миколайчук*

ООО Издательство «София»
107140, Россия, Москва, ул. Красносельская Нижняя, д. 5, стр. 1

Для дополнительной информации:
Издательство «София»
04073, Украина, Киев–73, ул. Фрунзе, 160

Подписано в печать 03.03.2009.
Формат 70×100/16. Усл. печ. л. 55,74.
Тираж 3000 экз. Заказ № 14397.

Отделы оптовой реализации издательства «София»
в Киеве: (044) 492–05–10, 492–05–15
в Москве: (499) 317-56-22, 317-56-44
в Санкт-Петербурге: (812) 676-07-68

Книга — почтой в России:
тел.: (495) 476–32–58
e-mail: kniga@sophia.ru

http://www.sophia.kiev.ua, http://www.sophia.ru

Отпечатано по технологии CtP
в ОАО «Печатный двор» им. А. М. Горького.
197110, Санкт-Петербург, Чкаловский пр., 15.